Grenzen der Haftung

Europäische Hochschulschriften
Publications Universitaires Européennes
European University Studies

Reihe II
Rechtswissenschaft

Série II Series II
Droit
Law

Bd./Vol. 4317

PETER LANG
Frankfurt am Main · Berlin · Bern · Bruxelles · New York · Oxford · Wien

Uwe Frommhold

Grenzen der Haftung

Unfallfolgenbewältigung zwischen individueller und gemeinschaftlicher Verantwortung

PETER LANG
Europäischer Verlag der Wissenschaften

Bibliografische Information Der Deutschen Bibliothek
Die Deutsche Bibliothek verzeichnet diese Publikation in der Deutschen Nationalbibliografie; detaillierte bibliografische Daten sind im Internet über <http://dnb.ddb.de> abrufbar.

Zugl.: Erlangen, Nürnberg, Univ., Diss., 2005

D 29(n2)
ISSN 0531-7312
ISBN 3-631-54757-9

www.peterlang.de

Vorwort

Diese Arbeit lag im Sommersemester 2005 der Juristischen Fakultät der Friedrich-Alexander-Universität Erlangen-Nürnberg als Dissertation vor. Sie basiert auf dem Rechts- und Meinungsstand bis einschließlich März 2004. Wichtige Gesetzesänderungen, Gerichtsentscheidungen und Arbeiten in der Literatur konnten bis zum Frühjahr 2005 berücksichtigt werden.

Inspiration und Gelegenheit zu Ihrer Erstellung erhielt ich während meiner Tätigkeit als Wissenschaftlicher Mitarbeiter bzw. Assistent am Lehrstuhl für Bürgerliches Recht, Zivilprozessrecht und Freiwillige Gerichtsbarkeit. Herrn Professor Dr. Reinhard Greger gilt deshalb mein aufrichtiger Dank. Er hat die Arbeit angeregt und mir trotz vielfältiger Aufgaben die wissenschaftliche Freiheit belassen, die für ihre Erstellung notwendig war.

Danken möchte ich an dieser Stelle auch meinen Eltern und meinen Schwiegereltern, die mich immer und in jeder erdenklichen Art und Weise unterstützt haben; weiterhin der langjährigen „Seele" des Lehrstuhls, Frau Bertraud Bößl, die über Generationen von Assistenten die Sorgen der Doktoranden ertragen und mit ihrer lebensfrohen Art gelindert hat. Dank geht zudem an meinen ehemaligen Kollegen, Herrn Dr. Hendrik Schultzky, sowie an den ehemaligen Lehrstuhlassistenten, Herrn Dr. Albrecht Bender. Beide waren Motivatoren und Ratgeber zugleich.

Zwei mir sehr nahe stehende Menschen muss ich für Ihre Unterstützung besonders hervorheben. Dies ist zum einen mein langjähriger Institutskollege und Freund, Herr Matthias Winter. Unzählige Gespräche und Diskussionen mit ihm sind in die Arbeit eingeflossen und er hat die Bürde auf sich genommen, sie vorab kritisch zu lesen. Letzteres musste auch meine Frau „erleiden", für die es als Germanistin besonders grausam gewesen sein muss, sich eine rechtswissenschaftliche Untersuchung durch den Kopf gehen zu lassen. Hierfür und für ihre immerwährende und uneingeschränkte Unterstützung meines Lebensweges schulde ich ihr mehr als nur Dank. Ich widme ihr diese Arbeit.

Inhaltsübersicht

ABKÜRZUNGSVERZEICHNIS **17**

§ 1. Einleitung **21**
A. Anlass der Untersuchung 21
B. Gegenstand und Gang der Untersuchung 26

ERSTES KAPITEL. BEGRIFF UND AUFGABEN DER AUßERVERTRAGLICHEN HAFTUNG **27**

§ 2. Begriffsbestimmung **27**
A. Deliktsrecht im engen und im weiteren Sinne 27
B. Außervertragliches Haftungsrecht 30
C. Schadens(ersatz)recht 32

§ 3. Entwicklungslinien des Haftungsrechts **34**
A. Vom Racherecht zum Ausgleichsprinzip 34
B. Haftungsrecht zwischen Kasuistik und Generalklauseln 38
C. Das Verantwortungsprinzip und sein Wandel 41
D. Die Versicherung als Haftungsbegleitung und Haftungsersetzung 53

§ 4. Die Aufgaben außervertraglicher Haftungsnormen **65**
A. Primärfunktion: Abgrenzung von Güter- und Freiheitssphären zur Bestimmung sachgerechter Risikozuständigkeit 65
B. Übergeordnete Zwecke des Rechts 77
C. Sonstige Funktionen 86
D. Kollektivbezogene Schadenszuweisung und Definition des Versicherungsfalles 99
E. Aufgabenoptimierung durch Haftungsersetzung ? 102

§ 5. Zwischenergebnis: Das Haftungsrecht als Teil des Gesamtsystems rechtlicher Risikoverteilung **114**

ZWEITES KAPITEL. DIE GRÜNDE HAFTUNGSRECHTLICHER ZURECHNUNG **117**

§ 6. Verursachung **118**
A. Kausalität als notwendige Haftungsvoraussetzung 118
B. Einschränkungen 119
C. Das Bedürfnis nach ergänzenden Haftungsvoraussetzungen 125

§ 7. Verantwortung im engeren Sinne (kommutative Individualverantwortung) **127**
A. Haftung für eigenes Fehlverhalten 128

B. Haftung ohne eigenes Fehlverhalten....133

§ 8. Zurechnung nach dem Prinzip der geringsten Schadensbelastung unter Einbeziehung kollektiver Verteilungssysteme (distributive Sozialverantwortung)....143

A. Die Abkehr von individueller Haftungsverantwortung und ihre Folgen für das Haftungsrecht....143
B. Haftung nach Billigkeit....146
C. Allgemeiner Einfluss der Versicherung auf die Haftung....155
D. Schadensstreuung durch Kostenumlage auf den Endverbraucher....172

§ 9. Zusammenfassung....174

DRITTES KAPITEL. SCHRANKEN DER ZURECHENBARKEIT....176

§ 10. Untersuchungsgegenstand: Haftungserweiterung....176

§ 11. Höherrangiges nationales Recht....178

A. Die unmittelbare Bindung des Gesetzgebers und der Gerichte an kollidierende Grundrechtspositionen....179
B. Bisher verfassungsrechtlich problematisierte Fallgruppen der Haftung....200
C. Allgemeine Aussagen zur Auferlegung einer Schadensersatzpflicht und verfassungsrechtlichen Grenzen....210
D. Konkrete Anwendung auf das zu untersuchende Haftungskonzept....240
E. Ergebnis....260

§ 12. Europäisches Recht....264

A. Mitgliedstaatliche Ausformung des Haftungsrechts....264
B. Gemeinschaftsrechtliche Ausgestaltung des Haftungsrechts....272
C. Rechtsvereinheitlichung....278

§ 13. Funktionale Schranken....280

A. Schadensausgleich....280
B. Prävention und Verhaltenssteuerung....281
C. Gerechte Schadenszuweisung....281
D. Ordnungsaufgaben innerhalb des Gesamtsystems der Risikoverteilung....284

VIERTES KAPITEL. GESAMTERGEBNIS....285

LITERATURVERZEICHNIS....292

Inhaltsverzeichnis

ABKÜRZUNGSVERZEICHNIS **17**

§ 1. Einleitung **21**
A. Anlass der Untersuchung 21
B. Gegenstand und Gang der Untersuchung 26

ERSTES KAPITEL. BEGRIFF UND AUFGABEN DER AUßERVERTRAGLICHEN HAFTUNG **27**

§ 2. Begriffsbestimmung **27**
A. Deliktsrecht im engen und im weiteren Sinne 27
B. Außervertragliches Haftungsrecht 30
C. Schadens(ersatz)recht 32

§ 3. Entwicklungslinien des Haftungsrechts **34**
A. Vom Racherecht zum Ausgleichsprinzip 34
B. Haftungsrecht zwischen Kasuistik und Generalklauseln 38
C. Das Verantwortungsprinzip und sein Wandel 41
I. Altertum 42
II. Mittelalter und Neuzeit 43
III. Liberale Industriegesellschaft und sozialer Rechtsstaat 45
D. Die Versicherung als Haftungsbegleitung und Haftungsersetzung 53
I. Definition, Ursprung und Funktion 54
1. Definition 54
2. Ursprung 54
3. Funktionale Einordnung 55
II. Insolvenzschutz durch haftungsbegleitende Versicherung 57
1. Entstehungsgeschichte 57
2. Funktionswandel 59
III. Haftungsersetzung durch Versicherungsschutz 62

§ 4. Die Aufgaben außervertraglicher Haftungsnormen **65**
A. Primärfunktion: Abgrenzung von Güter- und Freiheitssphären zur Bestimmung sachgerechter Risikozuständigkeit 65
I. Güterbezogener Ausgleich des Schadens? 65
II. Freiheitsbezogene Prävention und Verhaltenssteuerung 67
1. Schadensersatz als Abschreckung 68
2. Ökonomische Sichtweise 71
3. Generelle Steuerungspotenziale 71
III. Zusammenführung 74
B. Übergeordnete Zwecke des Rechts 77
I. Gerechtigkeit 77

1. Gerechtigkeit und Gleichheit 77
2. Begrenzte Inhaltsbestimmung 79
3. Gerechtigkeit im Haftungsrecht: Ausgleich oder Verteilung? 80
4. „Soziales" Haftungsrecht? 82
II. Befriedung und Rechtssicherheit 86
C. Sonstige Funktionen 86
I. Legitimationswirkung 87
II. Garantiefunktion: Rechtsfortsetzung und Rechtssicherung 87
III. Sanktionierung und Genugtuung 88
1. Die Rechtsprechung zum Ersatz immaterieller Schäden 89
2. Einordnungsversuche und Kritik 91
3. Stellungnahme: Zweck und Wirkung der Haftungsfolgen 93
4. Fazit 98
D. Kollektivbezogene Schadenszuweisung und Definition des Versicherungsfalles 99
I. Bestimmung der Regressvoraussetzungen 99
II. Definition des Versicherungsfalles 101
E. Aufgabenoptimierung durch Haftungsersetzung ? 102
I. Ausgleichsschwierigkeiten im Haftpflichtsystem 102
II. Für und Wider eines Systemwechsels 104
1. Schließung von Ersatzlücken 105
2. Präventionsoptimierung 107
3. Verbesserung des Regulierungsverfahrens und Koordination der Sicherungssysteme 109
4. Finanzierbarkeit und Kostenzuordnung 110
5. Fazit 112

§ 5. Zwischenergebnis: Das Haftungsrecht als Teil des Gesamtsystems rechtlicher Risikoverteilung 114

ZWEITES KAPITEL. DIE GRÜNDE HAFTUNGSRECHTLICHER ZURECHNUNG 117

§ 6. Verursachung 118

A. Kausalität als notwendige Haftungsvoraussetzung 118
B. Einschränkungen 119
I. Subjektiv verbundene, gemeinschaftliche Verursachung 119
II. Prozessuale Kausalvermutungen und Beweiserleichterungen 120
III. Market share liability und Wahrscheinlichkeitsanteilshaftung 122
C. Das Bedürfnis nach ergänzenden Haftungsvoraussetzungen 125

§ 7. Verantwortung im engeren Sinne (kommutative Individualverantwortung) 127

A. Haftung für eigenes Fehlverhalten 128

I. Willenssteuerung und objektive Verhaltensregeln zwischen Rechtswidrigkeit und Verschulden 128
II. Subjektive Vorwerfbarkeit und Verantwortungsfähigkeit 131
B. Haftung ohne eigenes Fehlverhalten 133
I. Haftung für fremdes Fehlverhalten 133
II. Fehlverhaltensunabhängige Haftung 134
1. Strikte Haftung 134
a) Allgemeines 134
b) Das dogmatische Erbe *Josef Essers* 137
c) Merkmale und Grenzen der Gefährdungshaftung 138
2. Aufopferungshaftung 139

§ 8. Zurechnung nach dem Prinzip der geringsten Schadensbelastung unter Einbeziehung kollektiver Verteilungssysteme (distributive Sozialverantwortung) 143

A. Die Abkehr von individueller Haftungsverantwortung und ihre Folgen für das Haftungsrecht 143
I. Belastungsmomente als mögliche Zurechnungsfaktoren 143
1. Schadensstreuung 143
2. Vermögensverhältnisse 144
3. Das übergeordnete Prinzip der geringsten Schadensbelastung (deep-pocket) 145
II. Der gegenströmende kommutative Bezug des Haftungsrechts 145
B. Haftung nach Billigkeit 146
I. Versicherungsschutz des Schädigers 148
1. Bestehende Versicherung 148
a) § 829 BGB 148
b) § 254 BGB 151
2. Fehlende Versicherung und Versicherbarkeit 151
II. Versicherungsschutz des Geschädigten 153
1. Bestehende Versicherung 153
2. Fehlende Versicherung und Versicherbarkeit 154
C. Allgemeiner Einfluss der Versicherung auf die Haftung 155
I. Versicherungsschutz des Schädigers 155
1. Bestehende Versicherung 155
a) Gefährdungshaftung 155
b) Kausalhaftung 158
c) Mittelbarer Einfluss des funktionalen Zusammenspiels 159
d) Fehlverhaltenshaftung 160
2. Fehlende Versicherung und Versicherbarkeit 162
a) Allgemeines 162
b) Die „Haftungsfalle“ für Anhängerhalter nach der Reform 164
(1) Ausgangslage 164
(2) Die gesetzgeberische Intention 166
(3) Ausweitung des Versicherungsschutzes 167

(4) Einschränkung der Haftung 168
(5) Ergebnis 169
II. Versicherungsschutz des Geschädigten 169
1. Bestehende Versicherung 169
2. Fehlende Versicherung und Versicherbarkeit 171
III. Ergebnis 172
D. Schadensstreuung durch Kostenumlage auf den Endverbraucher 172

§ 9. Zusammenfassung 174

DRITTES KAPITEL. SCHRANKEN DER ZURECHENBARKEIT 176

§ 10. Untersuchungsgegenstand: Haftungserweiterung 176

§ 11. Höherrangiges nationales Recht 178
A. Die unmittelbare Bindung des Gesetzgebers und der Gerichte an kollidierende Grundrechtspositionen 179
I. Das „Ob" der Bindung 180
1. Die generelle Unmittelbarkeit staatlicher Grundrechtsverpflichtung 180
2. Mittelbare Bindung von Privatrechtssubjekten 182
3. „Privatrechtlicher Grundrechtskonflikt" 183
II. Das „Wie" der Bindung 183
1. Normatives Tun: Eingriffe und Übermaßverbot 185
a) Gesetzgeberische Ausformung der Grundrechtssphären 185
b) Ausgestaltung durch die Fachgerichte 187
c) Willkürverbot, Evidenzkontrolle, Wesensgehaltsgarantie und Verhältnismäßigkeit 190
2. Normatives Unterlassen: Schutzgebote und Untermaßverbot 191
3. Gleichheitsrechtliche Aspekte 194
4. Resümee 196
III. Ein Beispiel 196
1. Haftungsausschluss 197
2. Haftung nur für Vorsatz 197
3. Haftung für grobe Fahrlässigkeit 198
4. Generelle Fehlverhaltenshaftung 199
5. Fehlverhaltensunabhängige Haftung 199
6. Fazit 199
B. Bisher verfassungsrechtlich problematisierte Fallgruppen der Haftung 200
I. Minderjährigenhaftung 200
1. Rechtsprechung 200
2. Schrifttum 202
3. Allgemeingültige Gesichtspunkte 205
II. Elternhaftung 206
III. Arbeitnehmerhaftung 207
IV. Richter- und Sachverständigenhaftung 208

V. Anwaltshaftung 208
VI. Haftungsersetzung 209
VII. Erkenntnisse 210
C. Allgemeine Aussagen zur Auferlegung einer Schadensersatzpflicht und verfassungsrechtlichen Grenzen 210
I. Das Verhältnis von Haftungsgrund und Haftungsfolgen 210
II. Belastungsmomente als Teilaspekte der Verhältnisbestimmung 211
III. Einzelheiten 212
1. Schadenshöhe 212
a) Vollstreckungsschutz 213
b) Verbraucherinsolvenzverfahren und Restschuldbefreiung 214
c) Abfederung durch Versicherungssysteme 215
2. Das Verhältnis von Schadensverantwortung und Haftungsfolgen 217
a) Fehlverhaltenshaftung 218
(1) Allgemeines 218
(2) Minderjährigenhaftung 218
(3) Verfassungskonforme Auslegung und Reduktion 219
b) Klassische Gefährdungshaftung 223
(1) Allgemeines 223
(2) Anhängerhalterhaftung 224
c) Absolute Gefährdungshaftung bzw. Kausalhaftung 225
3. Grenzen der Kollektivierung aus Sicht des Geschädigten 226
IV. Willkürverbot und Gleichbehandlungsgrundsatz 227
1. Einordnung des Willkürverbotes 227
2. Einordnung der haftungsrechtlichen Fragestellungen 228
3. Kausalunabhängige Haftung 230
a) Haftungsrechtliche Ausgangslage 230
b) Einbeziehung kollektiver Sicherungsmechanismen 231
4. Reine Kausalhaftung 232
a) Haftungsrechtliche Ausgangslage 232
b) Einbeziehung kollektiver Sicherungsmechanismen 233
5. Die Fälle „absoluter“ Gefährdungshaftung 234
a) Haftungsrechtliche Ausgangslage 234
(1) Der erweiterte Kreis betriebstypischer Risiken 234
(2) Normativer Haftungsausschluss 238
b) Einbeziehung kollektiver Sicherungsmechanismen 240
D. Konkrete Anwendung auf das zu untersuchende Haftungskonzept 240
I. Relevante verfassungsrechtliche Positionen und Prinzipien 240
1. Geschädigter 240
2. Kfz-Halter und -Fahrer 242
3. Versicherer bzw. Beitragszahler 243
II. Die Grundrechte im Einzelnen 243
1. Art. 14 I GG 243

2. Das Sozialstaatsprinzip im Zusammenhang mit Menschenwürde und dem allgemeinen Persönlichkeitsrecht 244
3. Art. 2 I GG 245
a) Schutzbereich und Eingriff 245
b) Rechtfertigung 247
4. Art. 3 I GG 250
a) Motorisierte Schädiger und nichtmotorisierte Geschädigte 250
(1) Risikoerzeugung und Risikoempfindlichkeit 251
(2) Abwägung der Verantwortlichkeiten 253
(3) Fahrzeugführer und Fahrzeughalter als „motorisierte Verkehrsteilnehmer" 255
(4) Ungleichgewicht beim Versicherungsschutz 256
(5) Vereinfachungsgesichtspunkte 257
(6) Verwirklichung der Verantwortungsabstufung 258
b) Vergleich mit anderen Schädigern 259
E. Ergebnis 260

§ 12. Europäisches Recht 264

A. Mitgliedstaatliche Ausformung des Haftungsrechts 264
I. Primärrecht 264
1. Grundrechte 264
a) Die Charta der Grundrechte der Europäischen Union 264
b) Allgemeine Grundsätze des Gemeinschaftsrechts 265
(1) Allgemeines 265
(2) Die einzelnen Grundrechtspositionen und ihr Ausgleich 267
(a) Eigentum 268
(b) Menschenwürde und allgemeines Persönlichkeitsrecht 268
(c) Allgemeine Handlungsfreiheit und Verhältnismäßigkeit 269
(d) Allgemeiner Gleichheitssatz 270
2. Europäische Wettbewerbsordnung: Beihilfevorschriften 270
II. Sekundärrecht 271
B. Gemeinschaftsrechtliche Ausgestaltung des Haftungsrechts 272
I. Kompetenz 272
1. Haftungsrecht 273
2. Haftpflichtversicherungsrecht 276
II. Gemeinschaftsgrundrechte 277
III. Nationales Verfassungsrecht, insbesondere die Grundrechte des Grundgesetzes 277
C. Rechtsvereinheitlichung 278

§ 13. Funktionale Schranken 280

A. Schadensausgleich 280
B. Prävention und Verhaltenssteuerung 281
C. Gerechte Schadenszuweisung 281
I. Die Mitverantwortlichkeit des Geschädigten 281

II. Gefahrverwirklichung....282
III. Schadensstreuung....283
D. Ordnungsaufgaben innerhalb des Gesamtsystems der Risikoverteilung....284

VIERTES KAPITEL. GESAMTERGEBNIS....285

LITERATURVERZEICHNIS....292

Abkürzungsverzeichnis

a.A.	anderer Ansicht
aaO	am angegebenen Ort
ABGB	Allgemeines bürgerliches Gesetzbuch von 1811 (Österreich)
ABlEG	Amtsblatt der Europäischen Gemeinschaften
AcP	Archiv für die civilistische Praxis
AKB	Allgemeine Bedingungen für die Kraftfahrtversicherung
All ER	The All England Law Reports
ALR	Preußisches Allgemeines Landrecht
AMG	Arzneimittelgesetz
AnwBl	Anwaltsblatt
Art.	Artikel (*singular*)
Artt.	Artikel (*plural*)
AtG	Atomgesetz
Aufl.	Auflage
BAG	Bundesarbeitsgericht
BAGE	Entscheidungen des Bundesarbeitsgerichts
BayVerfGH	Bayerischer Verfassungsgerichtshof
BB	Der Betriebs-Berater
BBergG	Bundesberggesetz
Bd.	Band
BGB	Bürgerliches Gesetzbuch
BGBl	Bundesgesetzblatt
BGH	Bundesgerichtshof
BGHZ	Entscheidungen des Bundesgerichtshofs in Zivilsachen
BImSchG	Bundes-Immissionsschutzgesetz
BMJ	Bundesministerium der Justiz
BR-Drucks.	Drucksachen des Bundesrates
BT-Drucks.	Drucksachen des Bundestages
BVerfG	Bundesverfassungsgericht
BVerfGE	Entscheidungen des Bundesverfassungsgerichts
BVerwG	Bundesverwaltungsgericht
BVerwGE	Entscheidungen des Bundesverwaltungsgerichts
BW	Nieuw Burgerlijk Wetboek
DAR	Deutsches Autorecht
DB	Der Betrieb
ders.	derselbe
dies.	dieselbe / dieselben
DR	Deutsches Recht
DRiZ	Deutsche Richterzeitung
DVBl	Deutsches Verwaltungsblatt

DZWIR	Deutsche Zeitschrift für Wirtschafts- und Insolvenzrecht
EFZG	Entgeltfortzahlungsgesetz
EG	Vertrag zur Gründung der Europäischen Gemeinschaft
EGBGB	Einführungsgesetz zum Bürgerlichen Gesetzbuch
EMRK	Europäische Menschenrechtskonvention
Etc.	et cetera
EU	Vertrag über die Europäischen Union
EuGH	Europäischer Gerichtshof
EuZW	Europäische Zeitschrift für Wirtschaftsrecht
EWiR	Entscheidungen zum Wirtschaftsrecht
f.	Folgende
FamRZ	Zeitschrift für das gesamte Familienrecht
FAZ	Frankfurter Allgemeine Zeitung
ff.	Folgende
Fn	Fußnote
GenTG	Gentechnikgesetz
GG	Grundgesetz
GRCh	Charta der Grundrechte der Europäischen Union (Grundrechtscharta)
h.L.	herrschende Lehre
h.M.	herrschende Meinung
HaftpflG	Haftpflichtgesetz
HGB	Handelsgesetzbuch
Hrsg. / hrsg.	Herausgeber / herausgegeben
i.Ü.	im Übrigen
InsO	Insolvenzordnung
IPRax	Praxis des Internationalen Privat- und Verfahrensrechts
JA	Juristische Arbeitsblätter
JBl	Juristische Blätter
JR	Juristische Rundschau
JURA	Juristische Ausbildung
JuS	Juristische Schulung
JZ	Juristenzeitung
KFG	Gesetz über den Verkehr mit Kraftfahrzeugen
KOM	Europäische Kommission
KTS	Zeitschrift für Insolvenzrecht
lat.	Lateinisch
lit	Buchstabe
LuftVG	Luftverkehrsgesetz
m.w.Nw.	mit weiteren Nachweisen
MDR	Monatsschrift für Deutsches Recht
NJW	Neue Juristische Wochenschrift
Nr.	Nummer
NZA	Neue Zeitschrift für Arbeits- und Sozialrecht

NZI	Neue Zeitschrift für das Recht der Insolvenz und Sanierung
NZV	Neue Zeitschrift für Verkehrsrecht
OGH	Oberster Gerichtshof der Republik Österreich
OLGR	OLG-Report
PflVG	Pflichtversicherungsgesetz
ProdHaftG	Produkthaftungsgesetz
RabelsZ	Zeitschrift für ausländisches und internationales Privatrecht
RGBl	Reichsgesetzblatt
RGZ	Entscheidungen des Reichsgerichts in Zivilsachen
RHG	Reichshaftpflichtgesetz
RIW	Recht der Internationalen Wirtschaft
RL	Richtlinie
Rn	Randnummer
Rpfleger	Der Deutsche Rechtspfleger
RT-Drucks.	Drucksachen des Reichstages
RVO	Reichsversicherungsordnung
Rz	Randziffer
S.	Seite / Satz / siehe
SeuffArch	Seufferts Archiv für die Entscheidungen der obersten deutschen Staaten
SGB	Sozialgesetzbuch
Slg	Sammlung der Rechtsprechung des Gerichtshofes
sog.	Sogenannte
StVG	Straßenverkehrsgesetz
StVZO	Straßenverkehrszulassungsordnung
u.a.	unter anderem / und andere
UmweltHG	Umwelthaftungsgesetz
UVG	Unfallversicherungsgesetz
v.	von / vom
v. Chr.	vor Christus
VAG	Versicherungsaufsichtsgesetz
VersR	Versicherungsrecht
vgl.	Vergleiche
vs.	Versus
VVDStRL	Veröffentlichungen der Vereinigung der Deutschen Staatsrechtslehrer
VVG	Versicherungsvertragsgesetz
WHG	Wasserhaushaltsgesetz
WM	Wertpapier-Mitteilungen
z.B.	zum Beispiel
ZEuP	Zeitschrift für Europäisches Privatrecht
ZfRV	Zeitschrift für Rechtsvergleichung, Internationales

	Privatrecht und Europarecht
zfs	Zeitschrift für Schadensrecht
ZGR	Zeitschrift für Unternehmens- und Gesellschaftsrecht
ZHR	Zeitschrift für das gesamte Handelsrecht und Konkursrecht
ZIP	Zeitschrift für Wirtschaftsrecht
ZRG	Zeitschrift der Savigny-Stiftung für Rechtsgeschichte, Germanistische Abteilung
ZRP	Zeitschrift für Rechtspolitik
ZSS	Zeitschrift der Savigny-Stiftung für Rechtsgeschichte, Romanistische Abteilung
ZvglRWiss	Zeitschrift für Vergleichende Rechtswissenschaft
ZVI	Zeitschrift für Verbraucherinsolvenzrecht
ZVR	Zeitschrift für Verkehrsrecht

§ 1. Einleitung

A. Anlass der Untersuchung

Seit der einsetzenden Industrialisierung Ende des 18. und zu Beginn des 19. Jahrhunderts hat sich das Bild des gesellschaftlichen Zusammenlebens entscheidend verändert. Nicht mehr Handwerk, Pferdegespann und Holzkohle prägen das wirtschaftliche Tagesgeschehen, sondern industrielle Massenproduktion, globale Verkehrs- und Informationsnetze sowie die Bewältigung des energetischen Austausches mit der Natur. Dabei sind sich die Menschen in den letzten beiden Jahrhunderten um ein Vielfaches näher gekommen: sowohl die Weltbevölkerung als auch die Zahl der Transport- und Informationsmöglichkeiten sind explosionsartig angestiegen.[1] Insbesondere der massenhafte Betrieb von Kraftfahrzeugen hat das Bild unserer Welt schon durch die entstandenen Verkehrsnetze so einschneidend verändert wie kaum etwas zuvor. Die Industriegesellschaft muss so trotz intensiver Sicherheitsbemühungen mit einer volkswirtschaftlich immensen Zahl an Schadensfällen umgehen.[2]

Ein wichtiges Element ist dabei das außervertragliche Haftungsrecht. Als Spiegel der gesellschaftlichen Verhältnisse hat es sich in dem genannten Zeitraum in erheblichem Maße verändert,[3] auch wenn *v. Caemmerer* noch 1978 fest-

---

[1] Vgl. allgemein *Weyers*, Unfallschäden, S. 42 ff.; speziell zum Straßenverkehr die Mitteilung der Kommission KOM (2003) 311, S. 4 ff. sowie Anhang 1; Statistisches Jahrbuch 2003 für die Bundesrepublik Deutschland, S. 306 ff.; zur jüngeren Vergangenheit auch *v. Hippel*, JZ 1977, S. 706; *ders.*, NZV 1999, S. 313; *v. Bar*, Gemeineuropäisches Deliktsrecht II, Rn 245 Fn 423; *Greger*, Einl Rn 1; *Kötz/Wagner*, Rn 374, 398; *Ronellenfitsch*, DAR 1994, S. 7, 9 f.; zum Beginn des 19. Jahrhunderts *Schubert*, ZRG 117 (2000), S. 238 ff., 255; RT-Drucks. Bd. 222 Nr. 264 (1906), S. 5595; *von Gadow*, Die Zähmung des Automobils durch die Gefährdungshaftung, S. 40 f., 46 f.

[2] Für das Europa der 15 werden im Jahr 2000 allein ca. 1,3 Millionen Verkehrsunfälle mit Personenschaden verzeichnet, Mitteilung der Kommission KOM (2003) 311, S. 4. Und bereits in Deutschland wurden 2002 insgesamt rund 2,3 Millionen Unfälle im Straßenverkehr polizeilich erfasst, Statistisches Jahrbuch 2003 für die Bundesrepublik Deutschland, S. 329. – zur Bedeutung im Übrigen *v. Hippel*, NJW 1967, S. 1729: Schadensausgleich bei Verkehrsunfällen als „Schicksalsfrage“ und „Weltproblem“.

[3] Dazu *Unger*, Handeln auf eigene Gefahr (1893), S. 1: „Das Schadensrecht ist in ganz besonderem Grade das Produkt und der Niederschlag der ethischen Ueberzeugungen sowie der socialen und wirthschaftlichen Verhältnisse einer bestimmten Culturepoche ...“; *Rinck*, Gefährdungshaftung (1959), S. 33: „Das Schadensersatzrecht hat immer in besonderem Maße die sozialen Verhältnisse und ethischen Maßstäbe der Epochen erkennen lassen. Das tut es auch heute. Es zeigt den Wandel der Anschauungen vom recht ungebundenen Liberalismus zur sozial behutsamen Schadensverteilung und neuerdings zur Übernahme eines Risikos durch den Staat. Das Zivilrecht hat damit einen Beitrag zur Ausformung des Zeitgeistes geleistet.“; *Koch*, Die Sachhaftung (1992), S. 164: „Jedes ‚System' eines Haftungsrechts fußt auf den Wertvorstellungen seiner Zeit. Daher sei die Hypothese aufgestellt, daß alle Systeme aus dem gleichen Zeit- und Sozialzusammenhang grundsätzlich zu ähnlichen Ergebnis-

stellen musste, dass die Grundlagen des Haftungsrechts „in den meisten Rechtsordnungen ... aus einer Zeit vorwiegend agrarischer und handwerklicher Wirtschaft“ stammen.[4] Seine Funktionsbedingungen jedenfalls haben sich vollkommen verändert,[5] was nicht ohne Einfluss auf Gesetzgebung, Praxis und Wissenschaft geblieben ist.[6] Das im Lichte der Aufklärung erblühte, für die individualistisch liberale Gesellschaft geschaffene Verschuldensprinzip konnte nach Einsetzen der Industriealisierung in zunehmendem Maße das Spannungsverhältnis zwischen Güterschutz und Handlungsfreiheit nicht mehr zufriedenstellend lösen.[7] Die Folge war eine fortschreitende Zurückdrängung des Verschuldens als Grundlage haftungsrechtlicher Verantwortung durch systeminterne Abschwächungen einerseits[8] und die Schaffung verschuldensunabhängiger Haftungsnormen andererseits. Als Ergebnis dieser Entwicklung existieren heute erleichterte Möglichkeiten für den Geschädigten, eine andere Person in Anspruch zu nehmen. Damit korrespondierend wächst der Verantwortungsbereich für den in der Gesellschaft Agierenden stetig an.[9] *Jherings* berühmtes Postulat[10] hat sich in vielen Bereichen gewendet: Nicht die Schuld verpflichtet zum Schadensersatz, sondern der Schaden – und aus dem Grundsatz „casum sentit dominus“ wird zunehmend ein „damnum sentit auctor“.[11]

Innerhalb dieser Entwicklung verliert die haftungsrechtliche Risikoverteilung gleichzeitig mehr und mehr von ihrer ursprünglichen Bedeutung. Häufig trifft die Last der Ersatzleistung nicht den Schädiger, sondern einen Versicherer, der diese über Prämien auf die soziale Gemeinschaft der Risikoträger verteilt. Der Einzelne ist vielfach entweder gesetzlich oder zumindest faktisch gezwungen, zum Schutze potenziell geschädigter Dritter und zum Eigenschutz vor hohen Schadensersatzzahlungen eine Haftpflichtversicherung für bestimmte Risikobereiche abzuschließen. Gesetzliche oder private Unfallversicherungen füllen

---

sen führen ...“; vgl. zuletzt im Zusammenhang mit dem Zweiten Gesetz zur Änderung des Schadensersatzrechts auch der Normgeber in BR-Drucks. 742/01, S. 23 f.

4 *v. Caemmerer*, RabelsZ 42 (1978), S. 5; s.a. BR-Drucks. 742/01, S. 23; *von Gadow*, Die Zähmung des Automobils durch die Gefährdungshaftung, S. 31 ff.

5 *Weyers*, ZRP 1977, S. 292, 295; *v. Bar*, in Gutachten und Vorschläge zur Überarbeitung des Schuldrechts II (1981), S. 1681, 1687 ff.

6 *Katzenmeier*, AcP 203 (2003), S. 79, 113 ff.

7 Grundlegend *Esser*, Grundlagen und Entwicklung der Gefährdungshaftung (1941); *ders.*, JZ 1953, S. 129; aus jüngerer Zeit stellvertretend *Zweigert/Kötz,* S. 650 ff.

8 *Kötz/Wagner*, Rn 260 ff.: objektiver statt subjektiver Verschuldensbegriff, extreme Ausweitung der Sorgfaltsanforderungen, Anscheinsbeweis und Beweislastumkehr; vertiefend *Katzenmeier*, Arzthaftung, S. 159 ff.

9 S. hierzu auch *Jansen*, Die Struktur des Haftungsrechts, S. 1 ff.

10 *Jhering*, Das Schuldmoment im Römischen Privatrecht (1867), S. 40.

11 Vgl. *Katzenmeier*, AcP 203 (2003), S. 79, 114 m.w.Nw.; *Jansen*, Die Struktur des Haftungsrechts, S. 9; zur Straßenverkehrshaftung bereits *v. Hippel*, NJW 1967, S. 1729, 1730.

zusätzlich verbleibende Haftungslücken auf Seiten des Geschädigten aus. Das Haftungssystem wird überlagert und zum Teil rechtlich bzw. faktisch verdrängt. Vielfach steht nicht mehr die individuelle Schadenszurechnung, sondern die kollektive Schadensverteilung im Vordergrund des Rechtssystems.

In engem Zusammenhang hiermit steht das zunehmende *Wegbrechen haftungsrechtlicher Zurechnungskriterien.* Besonders deutlich zeigt sich das am Modell der französischen Verkehrsunfallhaftung, das in Verbindung mit dem angekoppelten Direktregulierungsverfahren[12] in Europa zum Vorbild avancieren könnte und es zum Teil auch schon geworden ist.[13] Gemäß dem Gesetz Nr. 85-677 vom 05.07.1985[14] entstehen Ansprüche gegen Fahrer, Halter und Haftpflichtversicherer eines Kfz schon allein aus der Tatsache heraus, dass das Kfz am Unfall „beteiligt" ist, d.h. zu dem Schaden beigetragen hat oder gar nur beitragen konnte.[15] Flankiert wird der Wegfall positiver Verantwortungskriterien im klassischen Sinne durch weitreichende Einschränkungen beim Einwand der Mitverursachung bzw. des Mitverschuldens auf Seiten nichtmotorisierter, „schwacher" Verkehrsteilnehmer im Falle von Personenschäden.[16] Zudem wird generell der Einwand höherer Gewalt und der Einwirkung Dritter abgeschnitten.[17] Die Haftpflichtigen werden so nahezu für alle ursächlichen bzw. wahrscheinlichen Folgen des Kfz-Betriebes für „verantwortlich" erklärt, ohne dass es

---

[12] Hierzu *Küppersbusch*, Neue Regulierungsverfahren in der Kfz-Haftpflichtversicherung (1998); *Schirmer*, VersR 2003, S. 410; kritisch *Diehl*, DAR 2001, S. 552; *Pamer*, DAR 2003, S. 24.

[13] Vgl. *v. Bar*, Gemeineuropäisches Deliktsrecht II, Rn 382 f.; *Greger*, NZV 2001, S. 1, 3; *K. Baumann*, DAR 2001, S. 549; *Wagner*, NJW 2002, S. 2049, 2059 f.

[14] „Loi Badinter", s. *v. Bar*, VersR 1986, S. 620; *ders.*, Gemeineuropäisches Deliktsrecht II, Rn 381; *Wilmes*, VersR 1986, S. 224; *Storp*, DAR 1986, S. 311; *Tunc*, in *Pfister/Will*, Festschrift für W. Lorenz (1991), S. 805; *Hinrichs*, Die Berücksichtigung des Mitverschuldens bei der Haftung für Personenschäden, S. 137 ff.; *Ferid/Sonnenberger*, Das Französische Zivilrecht 4/1, Rn 2 O 364 ff.; *Wiederkehr*, in *Weick*, Entwicklung des Deliktsrechts in rechtsvergleichender Sicht, S. 113 ff.; *Koch*, Die Sachhaftung, S. 30 f.; sowie zum Text *v. Bar/Gotthard*, Deliktsrecht in Europa, Frankreich S. 73 f. (französisch), 76 f. (deutsch).

[15] Art. 1 des Gesetzes; *v. Bar/Gotthard*, Deliktsrecht in Europa, Frankreich S. 54; *Hinrichs*, Die Berücksichtigung des Mitverschuldens bei der Haftung für Personenschäden, S. 140 ff.; *Ferid/Sonnenberger*, Das Französische Zivilrecht 4/1, Rn 2 O 370d ff.; *Wiederkehr*, in *Weick*, Entwicklung des Deliktsrechts in rechtsvergleichender Sicht, S. 139 f. – Die Formulierung geht zurück auf Art. 1 II der Haager Konvention vom 04.05.1971 über das auf Straßenverkehrsunfälle anwendbare Recht, abgedruckt in *Jayme/Hausmann*, Nr. 100. Vgl. auch *v. Bar*, VersR 1986, S. 620, 624.

[16] Vgl. Artt. 3 und 5 des Gesetzes; hierzu *v. Bar*, VersR 1986, S. 620, 626 ff.; *Storp*, DAR 1986, S. 311, 313 f.; *Hinrichs*, Die Berücksichtigung des Mitverschuldens bei der Haftung für Personenschäden, S. 148 ff.; *Kötz*, ZEuP 1997, S. 496 f.; s.a. zuletzt im Zusammenhang mit dem Zweiten Gesetz zur Änderung des Schadensersatzrechts BR-Drucks. 742/01, S. 23 f.

[17] Art. 2 des Gesetzes; vgl. auch *v. Bar*, VersR 1986, S. 620, 622, 625.

auf die Einwirkung anderer Faktoren ankommt. Das entspricht weitestgehend einer „blanken“ Kausalhaftung, wenngleich sie hier in besonderem Maße vor dem Hintergrund versicherungsrechtlicher Abfederung steht[18] und entsprechend betrachtet werden muss.

Es stellt sich die Frage, ob eine solche Erosion des verantwortungsorientierten Haftungsrechts[19] nicht auf Bedenken stoßen muss. Darf sich der haftungsrechtliche Blick vollkommen auf das Opfer fokussieren? Stößt das herkömmliche außervertragliche Haftungsrecht nicht an seine konzeptionellen Grenzen, wenn es nur noch darum geht, einen Schaden über ein Kollektiv potenzieller Gefahrenträger abzuwickeln?[20] Hat es noch Sinn, ein auf soziale Verteilung orientiertes System an den Gedanken deliktischer Individualverantwortlichkeit zu knüpfen? Lassen sich die individuellen Unzulänglichkeiten des *casum sentit dominus*-Grundsatzes auf haftungsrechtlichem Weg beheben?

Trotz unzähliger und umfassender Arbeiten zum Haftungs- und Unfallschadensrecht unter vielfältigen Gesichtspunkten fehlt eine spezielle Untersuchung haftungsrechtlicher Grenzbereiche vor diesem Hintergrund. Die vorliegende Arbeit versucht, diese Lücke unter Einbeziehung aktueller Entwicklungen zu schließen. Es sollen Barrieren der fortschreitenden Haftungserweiterungen untersucht werden. Beispielhaft herangezogen und analysiert werden hierbei insbesondere Tendenzen im Bereich der Straßenverkehrsunfallhaftung.

Konkreter Anlass der Arbeit war der Vorschlag einer Arbeitsgruppe zum Europäischen Verkehrsrechtstag in Trier im Juni 2001, mittels einer Richtlinie europaweit Opfer aus Verkehrsunfällen vergleichbar zu behandeln. Dabei wurde in Anlehnung an das französische Verkehrshaftpflichtrecht vorgeschlagen, zum Schutz der als *schwache Verkehrsteilnehmer*[21] bezeichneten Nichtkraftfahrzeugfahrer die haftungsrechtlichen Ersatzvoraussetzungen für Personenschäden gegenüber dem jetzigen deutschen[22] und weitgehend auch gegenüber dem sonstigen europäischen Standard weiter abzusenken. Weder der Einwand der höheren

---

[18] S. *Koch*, Die Sachhaftung, S. 31.

[19] So *Katzenmeier*, Arzthaftung, S. VII (Vorwort).

[20] Allgemein zum Wandel des Unfallschadensrechts innerhalb der Sozialsysteme etwa *Hanau*, VersR 1969, S. 291, 293; *Weyers*, Unfallschäden (1971); *ders.*, ZRP 1977, S. 292; *Kötz*, Sozialer Wandel im Unfallrecht (1976); *Fuchs*, Zivilrecht und Sozialrecht, S. 157 ff.; *Münch-Komm-Oetker*, § 249 Rn 10 m.w.Nw. in Fn 21; treffend auch *Bartlsperger*, in *Isensee/Lecheler*, Festschrift für Leisner (1999), S. 1003, 1009.

[21] Vgl. *v. Bar*, Gemeineuropäisches Deliktsrecht II, Rn 246, 381 f.; *Chr. Huber*, in 40. Deutscher Verkehrsgerichtstag 2002, Veröffentlichung der Referate und Empfehlungen, S. 214 ff.

[22] Die Haftung nach dem StVG wurde zuletzt durch das Zweite Gesetz zur Änderung schadensersatzrechtlicher Vorschriften vom 19. Juli 2002, BGBl 2002 I, S. 2674, zu Gunsten der Unfallopfer ausgeweitet. Motiv war u.a. der verbesserte Schutz Minderjähriger als Teil der „schwachen“ Verkehrsteilnehmer. Vgl. *Wagner*, NJW 2002, S. 2049 ff. sowie im Vorfeld *v. Caemmerer*, Reform der Gefährdungshaftung, S. 21 ff.

Gewalt – jedenfalls soweit sie auf den Bedingungen des Straßenverkehrs beruht[23] – noch Handlungen dritter Personen sollten danach dem Anspruch entgegengesetzt werden können. Ein Verschulden des Geschädigten selbst sollte nur in besonders schweren Fällen anspruchsmindernd wirken.[24] Aufgrund dieser Initiative erschien es angebracht, die schon länger fortlaufende Tendenz erweiterter haftungsrechtlicher Verantwortlichkeit des Handelnden in der Gesellschaft bei gleichzeitiger Sozialisierung der Schäden auf ihre Kongruenz mit dem gedanklichen Konzept des außervertraglichen Haftungsrechts zu untersuchen.

Dass es insofern zunehmend zu rechtssystematischen Verwerfungen kommt, belegt die Tatsache, dass im Anschluss an die Trierer Diskussionen auf europäischer Ebene versucht wurde, Teile der gesteckten Ziele ausschließlich mittels Vorgaben für die Haftpflichtversicherung zu lösen, ohne das zu Grunde liegenden Haftungsrecht verändern zu wollen.[25] Der Ausgangspunkt des verstärkten Opferschutzes würde so nicht zur unmittelbaren haftungsrechtlichen Erweiterung, sondern zu Ansprüchen gegen den Haftpflichtversicherer ohne Prüfung der Haftungsfrage führen – ein rechtssystematisches Paradoxon,[26] das seine Ursache neben kompetenzrechtlichen Ungereimtheiten auf europäischer Ebene auch in der zunehmend unklarer werdenden *Rollenverteilung von Haftung, Haftpflichtversicherung und Unfallversicherung* bei der Bewältigung der Unfallfolgen und des Opferschutzes hat. Über die Grenzen des Haftungsrechts lassen sich die Ordnungsaufgaben der Bereiche stärker abzeichnen. Auch dazu dient die Untersuchung. Insoweit war es notwendig, bei der haftungsrechtlichen Betrachtung die mögliche Verdrängung des Haftungsrechts durch eine Unfallversicherung einzubeziehen. Das geltende System aus Haftung und obligatorischer Haftpflichtversicherung hat sich funktional einer solchen „Haftungsersetzung" stark genähert.[27] Deshalb lag eine Bestimmung von Gemeinsamkeiten, Unterschieden und Grenzen dieser Schadensbewältigungsmechanismen nahe.

---

[23] *Chr. Huber*, zfs 2001, S. 529, 530; generell *K. Baumann*, DAR 2001, S. 549.

[24] Vgl. zum Arbeitspapier und der Diskussion den Tagungsbericht von *K. Baumann*, DAR 2001, S. 549 sowie die Beiträge von *Chr. Huber*, zfs 2001, S. 529; *ders.*, in 40. Deutscher Verkehrsgerichtstag 2002, Veröffentlichung der Referate und Empfehlungen, S. 214 ff.; *ders.*, ZVR 2002, S. 38, 42 ff.; *Rothley*, DAR 2001, S. 529, 530.

[25] S. den Kommissionsvorschlag KOM (2002) 244, S. 14, 21 und 29 f. (ABlEG C E/2002/227/387); *Rothley*, DAR 2001, S. 529; kritisch hierzu *Frommhold*, NZV 2003, S. 25 sowie die Stellungnahme des Europäischen Wirtschafts- und Sozialausschusses EWSA/2003/287 (ABlEG C 2003/95/45), Rn 3.4.2. und der Bericht des Europäischen Parlaments v. 10. Oktober 2003, A5-0346/2003, S. 23 f.; zu dem Problemfeld generell bereits *Karollus*, ZfRV 1992, S. 161, 162 ff.; zur parallelen Rechtslage in Belgien *v. Bar*, Gemeineuropäisches Deliktsrecht II, Rn 368 f.

[26] S. *Frommhold*, NZV 2003, S. 25 f.

[27] Vgl. zunächst stellvertretend *Kötz/Wagner*, Rn 431; näher dazu unten § 3 D.

B. Gegenstand und Gang der Untersuchung

Gegenständlich beschäftigt sich die Arbeit mit der Stellung und Funktion des Haftungsrechts innerhalb des Rechtssystems. Angesprochen werden vor allem Bezüge zum Versicherungs- und Verfassungsrecht, wobei im ersten Kapitel zunächst der Begriff und die Gattung haftungsrechtlicher Normen definiert werden (§ 2). Anschließend sollen die markanten Veränderungslinien, die das Haftungsrecht in begrifflicher und funktionaler Hinsicht bis heute geprägt haben, sowie seine Ergänzung bzw. Ersetzung durch Versicherungsrecht dargestellt werden (§ 3). Es folgt eine Analyse der Ordnungsaufgaben haftungsrechtlicher Normen unter Einbeziehung des Zusammenspiels mit dem Versicherungsrecht (§ 4). Im zweiten Kapitel werden die Zurechnungsgründe dargestellt, die Basis der schadensbezogenen Verantwortlichkeitszuweisung sind. Unter Rückgriff auf die gewonnenen Ergebnisse wird schließlich im dritten Kapitel untersucht, welchen rechtlichen und funktionalen Schranken die Zurechenbarkeit von Fremdschäden ausgesetzt ist, wobei vor allem verfassungsrechtliche (§ 11) und funktionale (§ 13) Grenzbereiche unter Einschließung rechtssystematischer Gesichtspunkte zur Sprache kommen.

Inhaltlich beschränkt sich die Arbeit auf den Bereich der Schadensersatzhaftung außerhalb schuldrechtlicher Sonderbeziehungen. Dem Anlass der Untersuchung gemäß wird auf die Haftung im Straßenverkehr besonderes Augenmerk gelegt. Die vielfältigen Probleme des haftungsausfüllenden Schadensrechts wurden weitgehend ausgespart, um den Rahmen der Arbeit nicht zu sprengen. Argumentativ ließ sich die Untersuchung insoweit allerdings nicht mit „geschlossenen Augen“ schreiben, so dass, soweit notwendig, auch auf diesen Bereich eingegangen wird.[28]

[28] Zum Verhältnis von Haftungsgrund und Haftungsfolgen *Stoll*, Haftungsfolgen, Rz 1 ff.

Erstes Kapitel. Begriff und Aufgaben der außervertraglichen Haftung

§ 2. Begriffsbestimmung

A. Deliktsrecht im engen und im weiteren Sinne

Unter den Begriff des *Deliktsrechts* lässt das deutsche Schrifttum häufig den kompletten Bereich schadensersatzrechtlicher Haftung außerhalb von Sonderbeziehungen fallen.[29] Das Wort *delictum* bedeutet ursprünglich Fehler, Übertretung, Vergehen.[30] Es ist damit auf eine von der Rechtsordnung verbotene Handlung bezogen. Eine Unrechtshaftung in diesem Sinne ordnen genau genommen nur Normen an, die tatbestandlich eine Rechtswidrigkeit des Verhaltens voraussetzen und Letzteres folglich untersagen.[31] Im Unterschied zur Fehlverhaltens- oder Verschuldenshaftung, bei der die dogmatische Einordnung der Rechtswidrigkeit und ihr Bezug zum Verhalten bzw. zur Rechtsgutsverletzung allerdings umstritten ist,[32] werden Gefährdungs- und Aufopferungstatbestände als Haftung für an sich[33] erlaubtes Verhalten eingestuft.[34] Versteht man den Begriff des De-

---

[29] Vgl. die Titel der Standardwerke von *Kötz/Wagner*; *v. Bar*, Gemeineuropäisches Deliktsrecht, *ders.* ausdrücklich in Band I, Rn 1, 9; *Deutsch/Ahrens; Fuchs;Zimmermann*, Grundstrukturen des Europäischen Deliktsrechts (2003); sowie die Terminologie bei *Esser/Weyers*, Schuldrecht II 2, § 53; *Medicus*, BR, § 24; *Rohe*, AcP 201 (2001), S. 117, 162.

[30] *Georges*, Handwörterbuch I; weiterführend *v. Bar*, Gemeineuropäisches Deliktsrecht I, Rn 6 mit dem Hinweis auf das Verb *delinquere* („vom rechten Weg abkommen"); vgl. dazu auch *Zimmermann*, Obligations, S. 907.

[31] Deutlich in diesem Sinne *Soergel-Zeuner*, Vor § 823 Rn 1; *Larenz/Canaris*, Schuldrecht II 2, § 84 I 3 b).

[32] Zusammenfassend und rechtsvergleichend *Wagner*, in *Zimmermann*, Grundstrukturen des Europäischen Deliktsrechts, S. 213 ff.; s.a. unten § 7 A. I. sowie *Jansen*, Die Struktur des Haftungsrechts, S. 1 ff., 545 ff., der anhand von Beispielen der Haftung trotz Erlaubnis von Verhaltensweisen für ein generell stärker rechtsgutsorientiertes, vom Fehlverhalten unabhängiges Verständnis des Haftungsrechts eintritt.

[33] Maßgeblich ist der nicht an der konkreten Handlung, sondern an der Schaffung und Unterhaltung der Gefahrenquelle orientierte Haftungsansatz. Vgl. *Larenz/Canaris*, Schuldrecht II 2, § 84 I 3 a); Die Gefährdungshaftung ist allerdings keine Haftung für rechtmäßiges Verhalten im positiven Sinne, sondern sie stellt negativ gar nicht die Frage nach Rechtswidrigkeit und Verschulden. Sie umfasst auch solche Geschehnisse im natürlichen Sinne, da sie bestimmte Rechtsgutsverletzungen voraussetzt. Vgl. *Medicus*, BR, Rn 604; *Esser/Weyers*, Schuldrecht II 2, § 63 I; *Blaschczok*, Gefährdungshaftung und Risikozuweisung, S. 46, 48. Deshalb knüpft etwa *Jansen* die Haftung generell an die Erfolgsverantwortlichkeit für Integritätsverletzungen. In: Die Struktur des Haftungsrechts, S. 545 ff.

[34] *Larenz/Canaris*, Schuldrecht II 2, § 84 I 3 a) und § 85 I 1 a); *Deutsch*, Rn 9, 644, 646 und Rn 722 ff.; *RGRK-Steffen*, Vor § 823 Rn 4 – Zur Gefährdungshaftung und Rechtswidrigkeit vgl. noch *Esser*, S. 90 f., 96; RGZ 141, S. 406, 407; BGHZ 24, S. 21, 26; 34, S. 355, 361;

likts dementsprechend eng, so unterfällt ihm allenfalls die Verschuldenshaftung.[35] Historisch betrachtet bezieht sich das Deliktsrecht sogar nur auf die Haftung für eigenes Fehlverhalten, während die Verantwortlichkeit für fremdes Fehlverhalten und für „gefahrenträchtige" Sachen im römischen Obligationenrecht als Quasidelikte zusammengefasst wurden.[36]

Synonym zu Deliktsrecht wird die ins Deutsche übertragene Bezeichnung als *Recht der unerlaubten Handlungen* verwendet, und zwar sowohl dem Wortsinn gemäß[37] als auch in einem umfassenderen Sinne.[38] Auch der Gesetzgeber des BGB hat die §§ 823-853 BGB mit dem Titel „Unerlaubte Handlungen" überschrieben. Geregelt hat er darin ganz überwiegend, aber nicht ausschließlich verschuldensabhängige Unrechtstatbestände. Die Haftung des Tierhalters nach § 833 (S. 1)[39] BGB und die inzwischen aufgehobene Regelung der Haftung für Wildschäden nach § 835 BGB sind bzw. waren hingegen als „rechtswidrigkeits-"[40] und verschuldenslose Gefährdungs- bzw. Obhutshaftung ausgestaltet.[41] Daneben setzt § 829 BGB nach h.L. zwar die Rechtswidrigkeit der Handlung voraus, verzichtet aber ansonsten auf das vom historischen Gesetzgeber zum

---

105, S. 65, 68; *Larenz*, VersR 1963, S. 593, 597; *Medicus*, BR, Rn 604, 631; *Greger*, Vorbem Rn 1, § 7 Rn 125, 349, § 16 Rn 95; *Kötz/Wagner*, Rn 7, 333; *Jansen*, ZEuP 2001, S. 30, 44 f.; abweichend BGHZ 45, S. 58, 65 ff.; 57, S. 170, 176; 71, S. 339, 340; 117, S. 110, 111; OLG Celle OLGR 2001, S. 118, 119; *v. Bar*, Verkehrspflichten, S. 131 ff.; *ders.*, Gemeineuropäisches Deliktsrecht II, Rn 211 in Fn 198, Rn 312 in Fn 51, insbesondere Rn 488 ff.; *Geigel-Kunschert*, 25. Kap. Rn 4 ff.; *E. Schneider/H. Schneider*, MDR 1986, S. 991, 992 f.; *Bälz*, JZ 1992, S. 57, 62; ausführlich mit Blick auf Rechtfertigungsgründe als allgemeinen Entlastungstatbeständen *Stark*, in *Ahrens*, Festschrift für Deutsch (1999), S. 349, 359 f.; *Wagner*, in *Zimmermann*, Grundstrukturen des Europäischen Deliktsrechts, S. 270 f.

[35] *Esser*, S. 1, 50 ff.; *Soergel-Zeuner*, Vor § 823 Rn 1; *Larenz/Canaris*, Schuldrecht II 2, § 84 I 3 b); *Brüggemeier*, Prinzipien, Fn 1; *MünchKomm-Wagner*, Vor § 823 Rn 1.

[36] *v. Bar*, Gemeineuropäisches Deliktsrecht I, Rn 5, 7; so auch die Terminologie bei *Esser*, JZ 1953, S. 129, 130; *MünchKomm-Wagner*, Vor § 823 Rn 1; anders *MünchKomm-Mertens*, 3. Aufl. (1997), Vor §§ 823-853 Rn 15; zum historischen Begriff *delicta* vgl. noch *Honsell/Mayer-Maly/Selb*, § 99 II; *Hausmaninger/Selb*, S. 354.

[37] *Larenz/Canaris*, Schuldrecht II 2, Überschrift zum Ersten Kapitel des Dritten Abschnittes; *Larenz*, VersR 1963, S. 593, 596; *RGRK-Steffen*, Vor § 823 Rn 8; *Greger*, § 16 Rn 6.

[38] Vgl. *Palandt-Sprau*, Einf v § 823 Rn 1; *Erman-Schiemann*, Fünfundzwanzigster Titel, Vor § 823 Rn 1, 5; *Fikentscher*, Überschrift zum 16. Abschnitt; *RGRK-Steffen*, Vor § 823 Rn 11; *Hattenhauer*, Grundbegriffe, § 6; *Dreier*, Kompensation und Prävention, S. 9 f.

[39] Heute betrifft dies nur noch die Haftung nach Satz 1, weil seit 1908 in Satz 2 eine vermutete Verschuldenshaftung zu Gunsten der Nutztierhalter eingeführt wurde. Vgl. dazu *Benöhr*, in *Medicus/Seiler*, Festschrift für Kaser (1976), S. 689, 711 f.; *MünchKomm-Stein*, 3. Aufl. (1997), § 833 Rn 2; *Soergel-Zeuner*, § 833 Rn 1.

[40] So z.B. *Deutsch*, Rn 644; *Medicus*, BR, Rn 604.

[41] *Soergel-Zeuner*, Vor § 823 Rn 1, 13, § 833 Rn 1, § 835 Rn 4; *MünchKomm-Wagner*, Vor § 823 Rn 1.

Leitprinzip erkorene Merkmal des Verschuldens.[42] Die Schöpfer des BGB haben insofern historisch gewachsene Tatbestände übernommen,[43] brachten im Titel des Abschnittes allerdings ihre Überzeugung von der haftungsrechtlichen Leitfunktion der verschuldensabhängigen „Unrechtshaftung" zum Ausdruck.[44] Für sie war verschuldens-unabhängige Haftung ein systemwidriges Sonderphänomen.[45] Sie verwendeten den Begriff der unerlaubten Handlung aber ersichtlich nicht in seinem engen Sinne, sondern als einen funktional unterschiedliche Tatbestände erfassenden Oberbegriff für *das Recht zur Bewältigung der Schadensfälle außerhalb schuldrechtlicher Sonderbeziehungen.* Verdeutlicht wird dies auch durch den Wortlaut des § 852 BGB in seiner bis zum 31.12.2001 gültigen Fassung,[46] der sich hinsichtlich der Verjährung auf unerlaubte Handlungen bezog und dennoch die §§ 829, 833 und 835 BGB erfassen sollte. Diesbezüglich hat auch der BGH explizit von dem Begriff der „Haftung aus unerlaubter Handlung im weiteren Sinne" gesprochen.[47]

Aus diesen Feststellungen wird deutlich, dass mit den Begriffen Deliktsrecht und Recht der unerlaubten Handlungen oft mehr umschrieben wird als bloße Unrechts- bzw. Verschuldenshaftung. In der Sache hängt davon freilich wenig ab, ist man bei der Beschreibung einer Haftungsnorm doch immer gezwungen, die zu Grunde liegenden, unterschiedlichen Haftungsprinzipien eigenständig zu erläutern.[48] Daneben ist eine strikte Trennung der Haftungsformen durch Annä-

---

[42] Vgl. dazu *Deutsch*, Rn 477 ff., 481; zur Kritik an dieser Einordnung *Larenz/Canaris*, Schuldrecht II 2, § 84 VII 2.

[43] *Kötz/Wagner*, Rn 337; *Larenz/Canaris*, § 84 I 1 a); *Soergel-Zeuner*, Vor § 823 Rn 13.

[44] Konsequent bezeichnet *Larenz/Canaris*, § 84 I 1 a) die Stellung des § 833 BGB als verfehlt.

[45] Protokolle II, S. 2713 f.; vgl. auch Protokolle II, S. 569, 585, Motive II, S. 28: das Verschuldensprinzip als „höheres juristisches Axiom" sowie etwa die Ausführungen in Motive II, S. 727, 734, 736, 744 ff., und 817 zu den gesetzlichen Vorbildern; s.a. *Kötz/Wagner*, Rn 337; *Larenz/Canaris*, § 84 I 1 a).

[46] Für die Neufassung gilt im Prinzip nichts anderes.

[47] BGHZ 45, S. 58, 73; 57, S. 170, 176 – Die Ansicht des V. Senats, die Gefährdungshaftung sei deshalb eine „unerlaubte Handlung", weil auch sie die objektive Rechtswidrigkeit voraussetze, BGHZ 117, S. 110, 111, widerspricht scheinbar dem die Unterhaltung der Gefahr zulassenden Charakter dieser Haftungsform. Vgl. hierzu, wenn auch unpräzise hinsichtlich der Haftungsanknüpfung, BGHZ 24, S. 21, 26; deutlicher RGZ 141, S. 406, 407; *Larenz/Canaris*, Schuldrecht II 2, § 84 II 1 d); *Deutsch*, Rn 644. Der BGH hat allerdings „das Pferd von hinten aufgezäumt" und schon aus einer allgemeinen Begrifflichkeit eine Tatbestandsvoraussetzung gefolgert. *Larenz* spricht in VersR 1963, S. 593, 595 in einem Parallelfall zu Recht von einem Zirkelschluss. Man kann dies allerdings dogmatisch nachvollziehbar als Bezug zur Erfolgsunrechtslehre und zum Schutzbereich der verschuldensunabhängigen Haftung verstehen. So *Wagner*, in *Zimmermann*, Grundstrukturen des Europäischen Deliktsrechts, S. 270 f.; s.a. *Jansen*, Die Struktur des Haftungsrechts, S. 545 ff.

[48] So ausdrücklich *v. Bar*, Gemeineuropäisches Deliktsrecht I, Rn 9.

herungen in der Vergangenheit immer schwieriger geworden.[49] Anschließend wird daher versucht, begrifflich übergreifend an solche Merkmale anzuknüpfen, die den üblicherweise zusammengefassten Haftungsformen allen zu eigen sind. Im Übrigen werden sie individuell gekennzeichnet. Sollte im weiteren Verlauf der Arbeit dennoch aus sprachlichen Gründen der Begriff des Deliktsrechts oder ein Synonym verwendet werden, so ist selbiges im umfassenden Sinne zu verstehen. Dies entspricht heute sowohl der deutschen als auch der international üblichen Verwendung.[50] Zwar wird in manchen Ländern der Wortstamm *delict* explizit vermieden, um die Trennung des zivilen Haftungsrechts vom Strafrecht zu verdeutlichen.[51] In anderen aber hat der Gesetzgeber die unterschiedlichen Haftungsformen begrifflich und systematisch näher zueinander geführt.[52] Insbesondere die Begriffe *tort*[53] und *trespass*[54] des *common law* leiten auf den im engen Sinne zu Grunde liegenden Rechtsbruch zurück.[55] Ersterer wird international trotzdem in einem umfassenderen Sinne verwendet und umschreibt allgemein Regelungen zur außervertraglichen Bewältigung von Schadensfällen.[56]

B. Außervertragliches Haftungsrecht

Hieraus wird deutlich, welche Ungenauigkeiten zum Teil den üblichen Terminologien innewohnen. Demgegenüber lassen sich Begriffe finden, die übergreifende Charakteristika als Anknüpfungspunkte der Umschreibung wählen. Mangels hinreichend positiver Gemeinsamkeiten der einzelnen Haftungsformen bedient man sich im Verhältnis zu sonstigen Rechtsbereichen dabei auch negativer Merkmale.

---

[49] Vgl. *Stoll*, Richterliche Fortbildung und gesetzliche Überarbeitung, S. 16 ff.; daran anknüpfend jetzt *Jansen*, Die Struktur des Haftungsrechts (2003); speziell zum Verhältnis Verschuldens- und Gefährdungshaftung *Kötz/Wagner*, Rn 260 ff., 264 f.; *Zweigert/Kötz*, S. 653 ff.; *MünchKomm-Mertens*, 3. Aufl. (1997), Vor §§ 823-853 Rn 20 f.; *Larenz/Canaris*, Schuldrecht II 2, § 76 III 7; zum Verhältnis Gefährdungs- und Aufopferungshaftung *Deutsch*, Rn 729.

[50] *v. Bar*, Gemeineuropäisches Deliktsrecht I, Rn 9; anders *Jansen*, Die Struktur des Haftungsrechts, S. 31 f.

[51] *v. Bar*, Gemeineuropäisches Deliktsrecht I, Fn 1 bezüglich Spanien und Italien.

[52] *v. Bar*, Gemeineuropäisches Deliktsrecht I, Fn 41 zu Portugal, den Niederlanden, Belgien und Frankreich.

[53] Von lateinisch *tortus*: gewunden, gedreht.

[54] Von lateinisch *transpassare*: übertreten.

[55] *v. Bar*, Gemeineuropäisches Deliktsrecht I, Rn 6; vgl. auch *Zimmermann*, Obligations, S. 907.

[56] Vgl. *Atiyah-Cane*, Überschrift zu Part Two mit den Erläuterungen S. 25, 26, 75 f.; *Markesinis/Unberath*, The German Law of Torts (2002); *MünchKomm-Wagner*, Vor § 823 Rn 1.

Zusammenhängend dargestellt werden regelmäßig Verschuldens-, Gefährdungs- und Aufopferungshaftung.[57] Ihnen gemeinsam sind nur zwei Merkmale. Positiv ist dies eine tatbestandliche Rechtsgutsbeeinträchtigung oder Vermögensminderung, ein hiermit in Zusammenhang stehender Schaden[58] und korrespondierend auf der Rechtsfolgenseite ein unterschiedlich dimensionierter Ausgleich für den erlittenen Schaden.[59] In negativer Hinsicht sind sie durch die fehlende Notwendigkeit einer der Schadenszufügung vorgelagerten, rechtlichen Sonderverbindung zwischen dem Inanspruchgenommenen und dem Geschädigten geprägt.[60]

Diese beiden Merkmale werden teilweise zum Begriff des *außervertraglichen Schadensersatzrechts* zusammengeführt.[61] Daneben findet sich oftmals der Begriff des *(außervertraglichen) Haftungsrechts*.[62] Er ist nicht auf die etwa im Gesellschafts- und Steuerrecht besonders betonte Unterscheidung von Schuld und Haftung bezogen,[63] sondern stellt zumeist lediglich auf die Verpflichtung

---

[57] Vgl. *Larenz/Canaris*, Schuldrecht II 2, Dritter Abschnitt; *Deutsch*, Rn 1 ff.; *Medicus*, BR, § 24; *RGRK-Steffen*, Vor § 823 Rn 8 ff.; *v. Bar*, Gemeineuropäisches Deliktsrecht II, §§ 2, 3.

[58] Vgl. hierzu *Lange/Schiemann*, § 1.

[59] So allgemein zum Deliktsrecht im weiten Sinne *v. Bar*, Gemeineuropäisches Deliktsrecht I, Rn 1, 2 – Im Zusammenhang mit Schadensersatzansprüchen werden häufig die vom Verschulden unabhängigen und teilweise präventiv wirkenden Unterlassungs- und Beseitigungsansprüche der negatorischen und quasinegatorischen Ansprüche behandelt, die den deliktischen Schutz abrunden, im Gegensatz dazu aber nicht an einem Schaden und seiner Verlagerung anknüpfen. Vgl. *Kötz/Wagner*, Rn 646 ff.; *RGRK-Steffen*, Vor § 823 Rn 122 ff.; *Larenz/Canaris*, Schuldrecht II 2, Drittes Kapitel des dritten Abschnittes; *Medicus*, BR, Rn 628 ff.; *Soergel-Zeuner*, Vor § 823 Rn 82; *Deutsch*, JZ 1971, S. 244, 248.

[60] *v. Bar*, Gemeineuropäisches Deliktsrecht I, Rn 1; vgl. i.Ü. *Deutsch*, Rn 1; *Larenz*, Schuldrecht I, § 27 I, S. 421; *Esser/Weyers*, Schuldrecht II 2, § 53 1 c); *Jansen*, ZEuP 2002, S. 641, 643; *ders.*, Die Struktur des Haftungsrechts, S. 28 f.

[61] *Brüggemeier*, Prinzipien, Fn 1; *Larenz/Canaris*, Schuldrecht II 2, Dritter Abschnitt; *v. Bar*, Gemeineuropäisches Deliktsrecht I, Rn 2, 3 mit Hinweisen auf entsprechende Formulierungen in Österreich, Finnland und Dänemark sowie den historisch-römischen Hintergrund.

[62] Vgl. die Titel von *Deutsch*; *Greger*; *Jansen*, dort insbesondere S. 28 f. sowie *ders.*, ZEuP 2001, S. 30, Fn 1; *Brüggemeier*, Prinzipien, Fn 1; *Larenz/Canaris*, Schuldrecht II 2, Dritter Abschnitt; *v. Bar*, Gemeineuropäisches Deliktsrecht I, u.a. Rn 4, 553, 556; *Blaschczok*, Gefährdungshaftung und Risikozuweisung, S. 2; *MünchKomm-Wagner*, Vor § 823 Rn 1; *ders.*, NJW 2002, S. 2049; *Katzenmeier*, VersR 2002, S. 1449 ff.; *Zimmermann*, in *Zimmermann*, Grundstrukturen des Europäischen Deliktsrechts, S. 26; von *außervertraglicher Schadenshaftung* sprechen beispielsweise *Heldrich*, Rechtsgrundsätze, 1961; *v. Caemmerer*, RabelsZ 42 (1978), S. 5; *Wagner*, in *Zimmermann*, Grundstrukturen des Europäischen Deliktsrechts, S. 191.

[63] Vgl. *MünchKomm-Kramer*, Einl. v. § 241 Rn 46 m.w.Nw.; *Palandt-Heinrichs*, Einl v § 241 Rn 10 f.; *Erman-H. P. Westermann*, Einl § 241 Rn 22 ff.; *Kraft/Kreutz*, Gesellschaftsrecht, B III 3, S. 59 ff; *Birk*, Steuerrecht, Rn 231 ff., 276 ff.; zum historischen Ursprung der kör-

zum Ersatz ab.[64] Dem Begriff liegt insofern der Regelfall faktischer Identität des Schuldners und des Haftenden sowie das entstehungsgeschichtlich mit dem Strafrecht verwobene personelle Zugriffsrecht in klassischer Zeit zu Grunde.[65]

Deutsch definiert die Haftung als „die auf außervertraglichen Regeln beruhende Pflicht zur Abnahme eines Schadens durch den zurechenbaren Verursacher".[66] Sie ist also gedanklich auf eine *individuelle Zuordnung des Schadens* zugeschnitten.[67] Die genannten Begriffe sind geeignet, den weiten Bereich entsprechender gesetzlicher Ausgleichsregeln zu umfassen. Da sich das Wort Schadensersatzrecht allerdings mit dem Begriff des haftungsausfüllenden, allgemeinen Schadensrechts überschneidet, wird im Folgenden für den Bereich der Haftungsbegründung vom (außervertraglichen) Haftungsrecht gesprochen.

C. Schadens(ersatz)recht

Allein die Haftungsausfüllung umfasst der Begriff des Schadens(ersatz)rechts, mit dem die §§ 249 ff. BGB und vergleichbare sondergesetzliche Regelungen zusammengefasst werden.[68] Entsprechend wird er im Anschluss, soweit nötig, verwendet. Die Regelungen gelten sowohl für das außervertragliche Haftungsrecht als auch für solches innerhalb bestehender Sonderverbindungen. Schon hieraus ergibt sich die Notwendigkeit der begrifflichen Unterscheidung zum Haftungsrecht außerhalb von Sonderbeziehungen.

Eine Sonderstellung innerhalb der §§ 249 ff. BGB nimmt die *Mitverantwortung des Geschädigten bei der Haftungsbegründung* ein. Sie beeinflusst gemäß § 254 BGB regelmäßig nur die Höhe des Ersatzanspruches, in dem sie die Zurechnung des Schadens nicht von vornherein ausschließt, sondern entsprechend der Mitverantwortlichkeit eine Quotelung anordnet,[69] die allerdings auch zu einer Reduzierung auf Null führen kann. Soweit sich eine Norm mit der Mitverantwortung am Eintritt des schädigenden Ereignisses beschäftigt, handelt es sich

---

perlichen Haftung und des Überganges zum Schuld-Gedanken des Leistensollens *Kaser/Knütel*, Römisches Privatrecht, § 32 Rn 20.

[64] *MünchKomm-Kramer*, Einl. v. § 241 Rn 46; *Palandt-Heinrichs*, Einl v § 241 Rn 10.

[65] *v. Bar*, Gemeineuropäisches Deliktsrecht I, Rn 4; *Kaser*, Privatrecht I, § 39 II 2, 3; *Zimmermann*, Obligations, S. 914 f.

[66] *Deutsch*, Rn 1; ähnlich die Definition des Deliktsrechts im weiten Sinne bei *Esser/Weyers*, Schuldrecht II 2, § 53 1 a); s.a. *Jansen*, Die Struktur des Haftungsrechts, S. 28 f., 31.

[67] *Kötz/Wagner*, Rn 230; *Jansen*, Die Struktur des Haftungsrechts, S. 124; *Fuchs*, Zivilrecht und Sozialrecht, S. 159; für das Deliktsrecht im engen Sinne *Larenz/Canaris*, Schuldrecht II 2, § 75 I 1.

[68] Stellvertretend *Hohloch*, in Gutachten und Vorschläge zur Überarbeitung des Schuldrechts I (1981), S. 375, 384; *Schiemann*, Fortbildung des Schadensrechts, S. 1; *Wagner*, NJW 2002, S. 2049; anders noch *Esser*, Grundlagen und Entwicklung der Gefährdungshaftung (1941), der den Begriff im haftungsausfüllenden Sinn verwendet.

[69] Vgl. *Looschelders*, Mitverantwortlichkeit, §§ 7, 30, 31.

um eine Frage haftungsbegründender Schadenszurechnung.[70] Sie ist dogmatisch deshalb dem Haftungsrecht zuzuordnen und wird wegen ihrer allgemeinen Bedeutung im Rahmen der diesbezüglichen Betrachtung zu beachten sein.

[70] Zur entsprechenden Unterscheidung *Looschelders*, Mitverantwortlichkeit, S. 167 ff. sowie ausführlich 3. Teil, 1. und 2. Abschnitt; s.a. *Weyers*, Unfallschäden, S. 356.

§ 3. Entwicklungslinien des Haftungsrechts

Wegen der Abhängigkeit des Rechts von den gesellschaftlich-strukturellen Veränderungen hat sich im Laufe der Zeit auch die haftungsrechtliche Betonung des Schutzes von Handelnden und Geschädigten verändert. Diese Entwicklung soll im Folgenden kurz nachgezeichnet werden, um den Hintergrund für die aktuellen Tendenzen zu liefern und die Aufgaben des Haftungsrechts sowie seine Zurechnungsgründe erläutern zu können. Es wird deutlich werden, dass sich die Ausweitung haftungsrechtlicher Einstandspflichten auf mehreren Ebenen vollzog: durch die Loslösung von funktional strafrechtlichen Ursprüngen bei gleichzeitiger Verwirtschaftlichung der Tatbestände (A.); durch Generalisierung und die damit erweiterte Erfassung von Lebenssachverhalten (B.); sowie vor allem durch eine gerade in jüngerer Zeit zu beobachtende Ausdehnung der Verantwortlichkeitskriterien und ihren Zusammenhang mit dem Versicherungsrecht (C.und D.). Letztgenanntes ist für die vorliegende Untersuchung von besonderem Interesse und wird an späterer Stelle maßgeblich zu beachten sein (Drittes Kapitel).

A. Vom Racherecht zum Ausgleichsprinzip

Wertverluste gehören zum menschlichen Leben. Sie führen zu Beeinträchtigungen und werden daher zumeist mit Unbehagen aufgenommen, jedenfalls solange sie ohne Ersatz oder sonstige Wiedergutmachung bleiben. Die Geschichte der rechtlichen Risikozuständigkeit, der nachträglichen Risikoverteilung durch rechtliche Instrumentarien, ist deshalb im Grunde so alt wie die Historie des Rechts in der Gesellschaft selbst.

Nach heutigem Verständnis primitiv ist der Ursprung der deliktischen Haftung: die Berechtigung zur *Rache* am Körper des Schädigers.[71] Bestrafung, Vergeltung und Genugtuung waren im Rahmen dieser Personalhaftung die bestimmenden Ziele.[72] Der zivilrechtliche Individualanspruch musste die Sühnefunktion erfüllen, da ein eigenständiger staatlicher Vergeltungsmechanismus in Form des Strafrechts nicht in ausreichendem Umfang existierte.[73] Diese frühe Form des Deliktsrechts stand dem heutigen Strafrecht also viel näher als dem scha-

---

[71] *Kaser*, Privatrecht I, § 39 II 2; *Kaser/Knütel*, Römisches Privatrecht, § 32 Rn 3 f.; *Zimmermann*, Obligations, S. 914; *Jansen*, Die Struktur des Haftungsrechts, S. 190 f.

[72] *Kaser*, Privatrecht I, § 39 II 2 c, § 142 II; *Kaser/Knütel*, Römisches Privatrecht, § 50 Rn 3; *Zimmermann*, Obligations, S. 913; *Jansen*, Die Struktur des Haftungsrechts, S. 191 ff., 201; zu vorstaatlichen Gesellschaftsformen vgl. *Wesel*, Rn 15, Rn 29.

[73] Vgl. *Wesel*, Rn 15 (Jäger und Sammler); 29 (segmentäre Gesellschaften), 64 und 76 (Mesopotamien), 88 (Ägypten), 101 (hebräisches Recht), 112 (Griechenland); *Zimmermann*, Obligations, S. 917 f.; *Honsell/Mayer-Maly/*Selb, § 99 II; *Hausmaninger/Selb*, S. 354; *Coing*, Privatrecht I, § 100 I; *Dulckeit/Schwarz/Waldstein*, § 10 III 2; *Ebel/Thielmann*, Bd. I, Rn 64; *Jansen*, Die Struktur des Haftungsrechts, S. 198 f.

densorientierten Haftungsrecht:[74] Sie war sanktionsorientiert, nicht ersatzbezogen.[75] Doch schon in den ältesten Quellen der rechtsgeschichtlichen Forschung finden sich Normen, bei denen das körperliche Racherecht durch eine *Buße* in Geld und Vermögenswerten ersetzt werden konnte bzw. wurde.[76] Auch die Buße (*poena*)[77] war vornehmlich strafrechtlicher Natur.[78] Sie diente zunächst noch der Abwendung der körperlichen Vergeltung, wurde aber bald selbst zur primären Strafe[79] und lag zumeist um ein Mehrfaches über dem eigentlichen Schaden.[80] Durch ihre Einführung wurde der Rechtsfrieden im Verhältnis zum Verletzten gewahrt.[81] Gleichzeitig konnten konkurrierende Gewaltverhältnisse von einem Zugriffskonflikt verschont bleiben.[82]

Fortschreitend monopolisierte „der Staat" zur Verstärkung seines Herrschaftsanspruches und zur Lösung zunehmend auftretender gesellschaftlicher Konflikte die Gewalt für sich und baute die staatliche Strafverfolgung aus.[83] Das führte zusammen mit weiteren ökonomischen Ursachen zu einer Verwirtschaftlichung der Deliktshaftung.[84] Im Verlaufe von Jahrhunderten ließ dies die allmähliche Herausbildung des *Ausgleichsgedankens* in Form von restituierenden Normen zu.[85] Ende des 3. Jahrhunderts v. Chr. vollzog sich im römischen Recht

---

[74] *Jansen*, Die Struktur des Haftungsrechts, S. 197.

[75] *Jansen*, Die Struktur des Haftungsrechts, S. 221.

[76] *Ebel/Thielmann*, Bd. I, Rn 31 mit Beispielen aus dem *Codex Ur-Nammu* (ca. 2500 v. Chr.); *Wesel*, Rn 29, 64, 76, 88, 101, 112; zum Römischen Recht vgl. *Kaser*, Privatrecht I, § 39 II 2 c ff.; *Kaser/Knütel*, Römisches Privatrecht, § 32 Rn 6 ff.; *Zimmermann*, Obligations, S. 914; *Jansen*, Die Struktur des Haftungsrechts, S. 190 f., 194 f.

[77] *Kaser*, Privatrecht I, § 39 II 2 c; *Honsell/Mayer-Maly/Selb*; § 99 III 2.

[78] *Dulckeit/Schwarz/Waldstein*, § 12 V 1; *Jansen*, Die Struktur des Haftungsrechts, S. 195.

[79] *Kaser*, Privatrecht I, § 142 II; *Kaser/Knütel*, Römisches Privatrecht, § 32 Rn 20; *Jansen*, Die Struktur des Haftungsrechts, S. 205.

[80] *Coing*, Privatrecht I, § 100 I; vgl. auch *Wesel*, Rn 64, 88, 101, 112.

[81] *Ebel/Thielmann*, Bd. I, Rn 64; *Kaser/Hackl*, Zivilprozeßrecht, § 54 IV 1.

[82] *Kaser*, Privatrecht I, § 42 I zur Noxalhaftung des Gewaltinhabers bei Verweigerung der Auslieferung des Täters; dazu auch *Benöhr*, in *Medicus/Seiler*, Festschrift für Kaser (1976), S. 689, 691.

[83] *Kaser*, Privatrecht II, § 271 II 1 spricht von der „Neigung der absoluten Monarchie"; zu den Ursachen *Jansen*, Die Struktur des Haftungsrechts, S. 222 ff., zur Entwicklung 227 ff.

[84] *Kaser*, Privatrecht I, § 39 II 3; *Kaser/Hackl*, Zivilprozeßrecht, § 54 IV 1; *Honsell/Mayer-Maly/Selb*, § 92, § 99 III 2; *Ehrenzweig*, Schuldhaftung, § 18; *Jansen*, Die Struktur des Haftungsrechts, S. 206, kritisch 207, für die Republik- und Kaiserzeit aber 222 ff., 236 f., 240 ff.

[85] *Kaser*, Privatrecht II, § 257 I 1, § 271 I; s.a. *ders.*, Privatrecht I, § 117; *Zimmermann*, Obligations, S. 919; *Honsell/Mayer-Maly/Selb*, § 92 II, § 99 III 2; *Hausmaninger/Selb*, S. 355; *Jansen*, Die Struktur des Haftungsrechts, S. 205 ff., 240 ff.; *Wesel*, Rn 136; *MünchKomm-Wagner*, Vor § 823 Rn 2 f.; allgemein *Ehrenzweig*, Schuldhaftung, S. 11, 24 f.; *Wieling*, Interesse und Privatstrafe, 1970.

die für das heutige Recht bedeutsame erste Metamorphose hin zu einem funktionell eigenständigen Gedanken des Ersatzes,[86] wenngleich entsprechende Veränderungen generell mit jeder Ausformung staatlicher Herrschaftsmacht verbunden waren.[87] Die ersten Abtrennungen vom Strafrecht waren keineswegs streng und allumfassend,[88] aber als entwicklungsgeschichtliche Weichenstellung sind sie trotz ihres Ursprunges im Bereich der Haftungsausfüllung außerordentlich bedeutsam für die dogmatischen Grundlagen sowohl des Haftungs- als auch des Schadensersatzrechts. Der noch immer bestehende Streit um die Genugtuungsfunktion des Schadensersatzes belegt das.[89] In Verbindung mit der Herausbildung stärker differenzierter Kriterien zur Bestimmung der Schadensverantwortlichkeit[90] legte das römische Recht den Grundstein für das Verständnis des Haftungsrechts als Materie der Zuordnung von Schäden zwischen beteiligten Individuen.[91]

Nach dem Zerfall des römischen Reiches und der Eroberung weiter Teile durch die wandernden Völker bildeten sich – stark durch die römische Kirche beeinflusst - kulturell nachbarschaftliche Lebensverhältnisse, die in eine gemischte Rechtskultur mündeten.[92] Aus dem Leben des Mittelalters ist das römische Recht deshalb nie völlig verschwunden[93] und wirkt in ganz Europa bis heute fort. Das germanische Deliktsrecht kannte ebenfalls den Rachegedanken[94] und das privatstrafrechtliche Element der Buße.[95] *Otto von Gierke* sprach diesbezüglich von der innigen Verflechtung des deliktischen Schuldrechts mit dem Straf-

---

[86] *Wesel*, Rn 136; zu entscheidenden, stärkeren Wandlungen in späterer Zeit *Jansen*, Die Struktur des Haftungsrechts, S. 222 ff.; zur Entwicklung der geschützten Rechtsgüter *Zweigert/Kötz*, S. 598 ff.

[87] Vgl. zu dieser typischen Entwicklung *Wesel*, Rn 15 (Jäger und Sammler); 29 (segmentäre Gesellschaften), 64 und 76 (Mesopotamien), 88 (Ägypten), 101 (hebräisches Recht), 112 (Griechenland).

[88] Oft lagen Kombinationen aus Ersatz und Genugtuung vor. Vgl. *Kaser*, Privatrecht II, § 271 II 3; *Wesel*, Rn 234; *Wieling*, Interesse und Privatstrafe, S. 240; *Wagner*, in *Zimmermann*, Grundstrukturen des Europäischen Deliktsrechts, S. 201; *Jansen*, Die Struktur des Haftungsrechts, S. 187 f., 208, 223 f., kritisch hinsichtlich echter struktureller Veränderungen *ders.*, S. 207, 209.

[89] Dazu unten § 4 C. III.

[90] S. sogleich C. I.

[91] *Jansen*, Die Struktur des Haftungsrechts, S. 261, 264.

[92] *Eisenhardt*, Rn 111; *Schlosser*, Privatrechtsgeschichte, S. 7; vertiefend *Wieacker*, Privatrechtsgeschichte, S. 26 ff.

[93] *Schlosser*, Privatrechtsgeschichte, S. 29; *Wesel*, Rn 216; *Wieling*, Interesse und Privatstrafe, S. 241.

[94] *Meder*, Schuld, Zufall, Risiko, S. 54.

[95] *Eisenhardt*, Rn 81; *v. Gierke*, Privatrecht, § 215 I 1, S. 958 f; *Jansen*, Die Struktur des Haftungsrechts, S. 281 ff.; *Wesel*, Rn 183, Rn 199; *Meder*, Schuld, Zufall, Risiko, S. 55; *Kiefer*, S. 22.

recht.[96] Parallel zur antiken Entwicklung musste sich das öffentliche Strafrecht erst mit wachsender Staatsmacht und begleitet von ökonomischen Umwälzungen verselbständigen, bevor dem Deliktsrecht allmählich ein ersetzender, stärker am Schaden orientierter Charakter zufiel.[97] Gerade die (Neu-)Entwicklung von Handel und Verkehr und insbesondere die ab dem 12. Jahrhundert einsetzenden ökonomischen Veränderungen[98] führten die begonnene Verwirtschaftlichung zivilrechtlicher Haftungstatbestände fort.[99]

Markstein der europäischen Rechtsgeschichte und damit auch des Schadensersatzrechts war die Wiederentdeckung der Kodifikationssammlung Kaiser Justinians durch die Rechtsgelehrten des 11. und 12. Jahrhunderts.[100] Das römische Rechtsdenken hat hierdurch auf die Rechtsentwicklung in Europa einen überragenden Einfluss gehabt.[101] Grund für den Erfolg war die wissenschaftlich, dogmatische Überlegenheit der in Rom gelebten Rechtsvernunft und Rechtsmoral, die zu einer methodischen Disziplinierung der europäischen Rechtsordnungen und verstärkter Rechtsklarheit und Rechtssicherheit führte.[102] Durch die Rezeption des römischen Rechts, das die beschriebenen Entwicklungslinien vorgezeichnet hatte, wurden parallele Ansätze im mittelalterlichen Recht unter Anpassung an die Anforderungen der Zeit weiter vorangetrieben.[103]

Insgesamt erstreckte sich der fortwährende Entwicklungsprozess vom strafrechtlichen Hintergrund über Mischformen hin zum schadensorientierten Haftungsrecht über Jahrhunderte und vollzog sich in den einzelnen europäischen Rechtsräumen unterschiedlich schnell.[104] Reste der Vergeltungsidee kehrten

---

[96] *v. Gierke*, Privatrecht, § 173 I, S. 2; hierzu näher *Jansen*, Die Struktur des Haftungsrechts, S. 280 ff.

[97] *v. Gierke*, Privatrecht, § 211 I 1, S. 880 f., § 215 I 1, S. 958 ff.; *Wesel*, Rn 183, 199, 234; *Eisenhardt*, Rn 83; *Kiefer*, S. 25 f.; *Jansen*, Die Struktur des Haftungsrechts, S. 291.

[98] *Wesel*, Rn 202, 211.

[99] *Eisenhardt*, Rn 83; *Jansen*, Die Struktur des Haftungsrechts, S. 274; vgl. zur Entwicklung auch *Wieling*, Interesse und Privatstrafe, S. 242 ff.

[100] *Wieacker*, Privatrechtsgeschichte, S. 46 ff. und 124 ff.; *Eisenhardt*, Rn 121; *Schlosser*, Privatrechtsgeschichte, S. 31; *Wesel*, Rn 216.

[101] *Eisenhardt*, Rn 111; *Wieacker*, Privatrechtsgeschichte, S. 26; *Zimmermann*, AcP 202 (2002), S. 243 ff.

[102] *Wieacker*, Privatrechtsgeschichte, S. 151.

[103] *Kaser*, Privatrecht II, § 257 I 1, § 271 I; *v. Gierke*, Privatrecht, § 211 I 1, S. 881; *Jansen*, Die Struktur des Haftungsrechts, S. 272 ff., 291 f.; *Kiefer*, S. 29 ff.; *Wesel*, Rn 234, 257; vgl. auch *Savigny*, Geschichte des römischen Rechts III, S. 84; *Lange*, Schadensersatz und Privatstrafe, S. 10 ff. und 129 ff.

[104] *v. Bar*, Gemeineuropäisches Deliktsrecht I, Rn 4 sowie § 6 II Rn 600 ff.; *Jansen*, Die Struktur des Haftungsrechts, S. 294 f.; vgl. auch *Wieling*, Interesse und Privatstrafe, S. 245 ff.; *Kiefer*, S. 45 ff., 72 f.

teilweise wieder oder sind noch heute vorhanden.[105] Trotzdem lässt sich feststellen, dass heute das pönale Element dem zivilen Schadensersatz fremd ist.[106]

B. Haftungsrecht zwischen Kasuistik und Generalklauseln

Die zweite Ebene der entwicklungsgeschichtlichen Ausweitung haftungsrechtlicher Verantwortlichkeiten besteht in der Generalisierung von Haftungsprinzipien. Während der Einzelfall Ausgangspunkt des antiken Rechts war, führte die vernunftorientierte Strukturierung mehr und mehr zu verallgemeinerungsfähigen Prinzipien, die in der modernen Gesellschaft vor der Schwierigkeit stehen, mit komplexen und vielfältigen Neuerungen fertig zu werden.

Dabei ist aus antiker Zeit z.B. an den XII-Tafel-Gesetzen der strafrechtliche Ursprung des Deliktsrechts auch an der Regelungsmethode erkennbar. Nicht ein deliktsrechtliches Generalprinzip, sondern die kasuistische Aufzählung einzelner Privatdelikte berechtigte zu Rache-, Buße- und Ausgleichsforderungen.[107] In den jüngeren Normen der lex Aquilia wurden zum Teil mehrere Einzelbestimmungen durch allgemeinere Regelungen ersetzt, allerdings ohne dass diese Tendenz zu einem generellen Zurechnungsprinzip erstarken konnte.[108] Ein ähnliches System finden wir bis heute im *common law*.[109] Ursache ist neben dem historischen Überleben alter Traditionen zusätzlich das zum Teil unterschiedliche Verständnis der Rollen von Gesetzgebung und Rechtsprechung.[110]

Innerhalb der kontinentaleuropäischen Rezeption des römischen Rechtsdenkens hingegen stützte man sich zwar formal auf die lex Aquilia, veränderte und generalisierte deren Mechanismen jedoch stetig.[111] Trotz der Wandlung der a-

---

[105] Vgl. unten § 4 C. III.; s.a. *v. Bar*, Gemeineuropäisches Deliktsrecht I, Rn 608; *Ehrenzweig*, Schuldhaftung, S. 11 f.

[106] Zu Recht stellt daher *Jansen*, ZEuP 2001, S. 30, 47 in Fn 75 fest, dass in einem europäischen Haftungsrecht privatstrafrechtliche Elemente keinen Platz haben. S.a. *Steinbrück*, JURA 2004, S. 439 ff. – Für eine Anerkennung des rein präventiven Sanktionszwecks im Privatrecht zuletzt *P. Müller*, Punitive Damages und deutsches Schadensersatzrecht (2000); *Schäfer*, AcP 202 (2002), S. 397 ff.; *Dreier*, Kompensation und Prävention (2002).

[107] *Kötz/Wagner*, Rn 18; *Kaser*, Privatrecht I, § 41, § 117 I 1; *Ebel/Thielmann*, Bd. I, Rn 64; s.a. *Wagner*, in *Zimmermann*, Grundstrukturen des Europäischen Deliktsrechts, S. 207 zum Verbleib des Enumerationsprinzips in den Strafgesetzbüchern Europas.

[108] *Benöhr*, in *Medicus/Seiler*, Festschrift für Kaser (1976), S. 689, 693; *ders.* in *Zimmermann*, Rechtsgeschichte und Rechtsdogmatik, S. 499, 502; *Kötz/Wagner*, Rn 18; *Katzenmeier*, AcP 203 (2003), S. 79, 86; *Jansen*, Die Struktur des Haftungsrechts, S. 186 f., 225 f.

[109] *Zimmermann*, Obligations, S. 907, 913; *Zweigert/Kötz*, S. 607; *Wagner*, in *Zimmermann*, Grundstrukturen des Europäischen Deliktsrechts, S. 203 f.; *Jansen*, Die Struktur des Haftungsrechts, S. 185 f., 225.

[110] *Taupitz*, AcP 196 (1996), S. 114, 130 f., insbesondere Fn 86; *Blumenwitz*, Einführung in das anglo-amerikanische Recht, S. 45; *v. Bernstorff*, Einführung in das englische Recht, S. 9; *Hay*, US-Amerikanisches Recht, Rn 16, 21, 308.

[111] *Wesel*, Rn 257; *Kaufmann*, Rezeption und Usus Modernus, S. 29 ff., 124 f.; *Benöhr*, in *Zimmermann*, Rechtsgeschichte und Rechtsdogmatik, S. 499, 503; *Jansen*, Die Struktur des

quilischen Ansätze in Richtung einer zivilrechtlichen Generalklausel[112] war die historisch-kasuistische Methode der Rechtsentwicklung der kontinentalen Rechtstheorie noch nicht so fremd wie sie es heute zu sein scheint. Nur über die europäische Aufklärung des 17. und 18. Jahrhunderts mit ihrem tiefgreifenden Wandel im Stil des juristischen Denkens hin zur Methode der natürlichen Vernunft lässt sich das moderne Deliktsrecht erklären.[113] Einheitliche gedankliche Grundlagen ebneten den Weg für die Idee der deliktsrechtlichen Generalklausel.[114]

Ein entgegengesetzter Impuls ging mit der einsetzenden Industrialisierung einher. Ab Mitte des 19. Jahrhunderts kam es vermehrt zu richterrechtlichen und gesetzlichen Ausnahmen vom herrschenden Verschuldensprinzip.[115] Neue technische Errungenschaften schufen Risiken, die mit dem bisherigen Verständnis von Freiheit und Verantwortung nicht mehr zu bewältigen waren. Mehr oder weniger willkürlich wurden so bis heute Spezialgesetze für einzelne Gefahrenbereiche geschaffen[116] oder strenge Haftungsformen durch die Rechtsprechung im System der Verschuldenshaftung „versteckt".[117] Zu einem Analogieschluss von den gesetzlich erfassten Gefährdungstatbeständen auf vergleichbar gefährliche Anlagen oder Verkehrsmittel konnte sich die deutsche Rechtsprechung nicht durchringen.[118] Der Gesetzgeber zog oder vielmehr „hinkte" an einigen Stellen

---

Haftungsrechts, S. 278 f.; *Katzenmeier*, AcP 203 (2003), S. 79, 86 in Fn 29; vgl. auch *Savigny*, Geschichte des römischen Rechts III, S. 84.

[112] Zusammenfassend *Jansen*, Die Struktur des Haftungsrechts, S. 292 ff. m.w.Nw.

[113] *Benöhr*, ZSS 93 (1976), S. 208 ff. (Lehren), 228 ff. (Kodifikationen); *Kötz/Wagner*, Rn 19.

[114] S. *Benöhr*, ZSS 93 (1976), S. 208 ff., 228; *ders.*, in *Zimmermann*, Rechtsgeschichte und Rechtsdogmatik, S. 499, 503, 529; *Kiefer*, S. 110, 295; *Kötz/Wagner* Rn 20; *Feenstra*, ZEuP 2001, S. 585 ff.

[115] Dazu sogleich unter III. Entwicklungsgeschichtlich waren dies zunächst nur Notlösungen. Vgl. *Ogorek*, S. 137; *Esser*, S. 62; s.a. *v. Bar*, Gemeineuropäisches Deliktsrecht I, Rn 13 ff.: Je älter das jeweilige europäische Zivilgesetzbuch ist, desto regelungsärmer ist es im Allgemeinen.

[116] S. unten III.

[117] Vgl. *Zweigert/Kötz*, S. 653 ff.; *Will*, S. 41 ff; positiv hierzu *Jansen*, Die Struktur des Haftungsrechts, S. 614 f.; zum 19. Jahrhundert ausführlich *Ogorek*, mit wertender Gesamtbetrachtung S. 137 ff.; speziell zur Verkehrsunfallhaftung *Schubert*, ZRG 117 (2000), S. 238, 241 ff.

[118] RGZ 78, S. 171, 172; 147, S. 353, 355; BGH VersR 1958, S. 194; NJW 1960, S. 1345, 1346; BGHZ 54, S. 332, 336 f.; 55, S. 229, 232 ff., insbesondere 234; 63, S. 234, 237; weitere Nachweise bei *Will*, S. 70 ff.; zu Ansätzen der Analogiebildung in der Rechtsprechung *Deutsch*, VersR 1971, S. 1, 2 f.; *v. Bar*, Gemeineuropäisches Deliktsrecht II, Rn 350; zu anderen Rechtsordnungen *Will*, u.a. S. 77 ff. (Österreich), 115 ff. (Common Law), 131 ff. (Frankreich), 149 ff. (Italien); *Deutsch*, Rn 653, 706 (Österreich); *Fasterling*, ZEuP 2000, S. 229, 240 f. (Schweden); europaweit *v. Bar*, Gemeineuropäisches Deliktsrecht II, Rn 342 ff.; *Wagner*, in *Zimmermann*, Grundstrukturen des Europäischen Deliktsrechts, S. 274 ff.

mit neuen Spezialtatbeständen nach,[119] was zu vielfacher Kritik und der Forderung nach einer Generalklausel oder analogiefähigen Tatbeständen geführt hat.[120] Letztlich gelangt wie gesagt auch die Rechtsprechung mittels erhöhter und zum Teil überhöhter Sorgfaltsanforderungen zu vergleichbaren Ergebnissen innerhalb der Verschuldenshaftung.[121] Heute existieren in Europa Rechtsordnungen mit umfassenden Generaltatbeständen, andere haben mehrere spezielle, „kleine" Generalklauseln und wieder andere bauen auf der kasuistischen Ausformung des Haftungsrechts auf. Wegen jeweils vorhandener allgemeiner Prinzipien bei gleichzeitig immer vorzufindenden Differenzierungen sind sie sich aber viel ähnlicher als dies der oberflächliche Blick vermuten ließe. *Gerhard Wagner* hat das jüngst überzeugend dargelegt.[122]

Insgesamt muss man sich angesichts der Vielgestaltigkeit der modernen Lebensbereiche fragen, ob das heutige Haftungsrecht überhaupt noch auf ein einheitliches Normmodell reduzierbar ist.[123] Der Trend zur Spezialisierung jedenfalls nimmt zu und damit gewinnt auch die Kasuistik an Bedeutung.[124] Eine vollkommen normativ-kasuistische Beschränkung auf Teile der Lebenswirklichkeit ist unzureichend. Darin findet die Generalisierungsidee auch heute ihre Berechtigung.[125] In einem für Entwicklungen offenen Haftungssystem sollte der Gesetzgeber die Rechtsprechung durch Leitgedanken unterstützen, ohne sie einzuzwängen. Eine weitgehend inhaltsleere Generalklausel kann der heutigen Zeit

---

[119] Vgl. *Kötz/Wagner*, Rn 372; *Deutsch*, Rn 706.

[120] S. *Kötz*, AcP 170 (1970), S. 1, 15 ff.; ausführlich *ders.*, in Gutachten und Vorschläge zur Überarbeitung des Schuldrechts II (1981), S. 1779, 1785 ff.; *Will*, S. 243 ff., 263; *Deutsch*, VersR 1971, S. 1, 3; *ders* , Rn 652, 706 ff.; *v. Caemmerer*, Reform der Gefährdungshaftung, S. 17 ff.; *Stoll*, Richterliche Fortbildung und gesetzliche Überarbeitung, S. 20; zuletzt *Rohe*, AcP 201 (2001), S. 117, 149, 158; *Zöllner*, in *Bernat/Böhler/Weilinger*, Festschrift für Krejci II (2001), S. 1355, 1360 ff.; *Wagner*, in *Zimmermann*, Grundstrukturen des Europäischen Deliktsrechts, S. 286 f.; *Jansen*, Die Struktur des Haftungsrechts, S. 603 ff., der allerdings für unterschiedliche tatbestandliche Ausformungen plädiert, 607 ff., die Verkehrspflichtenrechtsprechung positiv einordnet, 614 ff., und deshalb eine Generalklausel für die Gefährdungshaftung als entbehrlich ansieht, 617.

[121] Vgl. *Will*, S. 41 ff.: „Der Wildwuchs der heimlichen Gefährdungshaftungs-Tatbestände"; *v. Bar*, Gemeineuropäisches Deliktsrecht I, Rn 104 f.: Generalklausel der Haftung für Verkehrspflichten; *Schubert*, ZRG 117 (2000), S. 238, 244; *Fasterling*, ZEuP 2000, S. 229, 240 f.; positiv hierzu *Jansen*, Die Struktur des Haftungsrechts, S. 614 f. mit dem Hinweis auf die Parallelen zum Maßstab des unabwendbaren Ereignisses.

[122] *Wagner*, in *Zimmermann*, Grundstrukturen des Europäischen Deliktsrechts, S. 199 ff.

[123] S. etwa *Stoll*, Richterliche Fortbildung und gesetzliche Überarbeitung, S. 11 ff., 20; daran anknüpfend *Jansens* Modell der Erfolgverantwortlichkeit, Die Struktur des Haftungsrechts, S. 567 ff.; *ders.*, zusammenfassend zu weiteren Versuchen S. 561 ff.; demgegenüber etwa *Brüggemeier*, Prinzipien, S. 24.

[124] *Zöllner*, AcP 188 (1988), S. 85, 87 f.; *Grundmann*, RabelsZ 61 (1997), S. 423, 424.

[125] Mit Blick auf das Entscheidungsprimat des Gesetzgebers nachdrücklich *Zöllner*, in *Bernat/Böhler/Weilinger*, Festschrift für Krejci II (2001), S. 1355, 1363.

nicht mehr gerecht werden.[126] Die Bedeutung richterrechtlicher Kasuistik würde in einem solchen System zunehmen und könnte mangels ausreichender Wertungsvorgaben die Rechtssicherheit gefährden.[127] Die Schwierigkeit besteht deshalb darin, ein für Entwicklungen offenes, „bewegliches" System mit den notwendigen speziellen Wertungen zu verknüpfen.[128]

C. Das Verantwortungsprinzip und sein Wandel

Die Frage, warum jemand einen Schaden tragen soll, steht sowohl mit der Verwirtschaftlichung des Deliktsrechts als auch mit der Suche nach verallgemeinerungsfähigen Prinzipien der Haftungszuweisung in Zusammenhang. Die naturwissenschaftliche Verursachung war und ist dabei notwendige Basisvoraussetzung haftungsrechtlicher Zuordnung.[129] Alleinige Haftungsgrundlage im Sinne reiner „Erfolgshaftung" war sie im Laufe der Zeit allerdings nur äußerst selten.[130] Die Verantwortlichkeit für einen Schaden als Grundlage der Zurechnung wurde und wird anhand weiterer normativer Gesichtspunkte bestimmt. Tendenziell ist insoweit aber festzustellen, dass diese Zurechnungsgesichtspunkte immer „schwächer" werden und zu Gunsten der Geschädigten eine Ausweitung der haftungsrechtlichen Einstandspflichten stattfindet. Dies steht in sehr engem Kontakt zum Auftreten des Versicherungsgedankens und seinem Einfluss auf das Haftungsrecht. Ein kurzer Streifzug durch die geschichtliche Entwicklung soll dies illustrieren.

Dabei sind mit dem *Begriff der Verantwortung* viele Unwägbarkeiten verknüpft, die ihn unbestimmt, „schlüpfrig", ja in gewissem Maße inhaltslos erscheinen lassen.[131] Dennoch soll er hier Verwendung finden, da er das dogmatische Leitprinzip des Haftungsrechts und allgemein der Schadenszuordnung zu

---

[126] *Koziol*, JBl 2001, S. 29, 33 f.; *Jansen*, Die Struktur des Haftungsrechts, S. 593 m.w.Nw.

[127] S. *Leisner*, NJW 1997, S. 636 ff. mit Forderungen an alle drei Gewalten auf S. 639; mit Blick auf die europäische Rechtsharmonisierung *Wagner*, in *Zimmermann*, Grundstrukturen des Europäischen Deliktsrechts, S. 198; *Jansen*, ZEuP 2001, S. 30, 33; zurückhaltender *v. Caemmerer*, Reform der Gefährdungshaftung, S. 18.

[128] Vgl. *v. Caemmerer*, Reform der Gefährdungshaftung, S. 19 ff.; *Deutsch*, Rn 707 ff.; *Jansen*, ZEuP 2002, S. 641, 642; ausführlich *ders.*, Die Struktur des Haftungsrechts, S. 593 ff. m.w.Nw.; *Wagner*, in *Zimmermann*, Grundstrukturen des Europäischen Deliktsrechts, S. 286 f.

[129] Zu den uneinheitlich verstandenen Begriffen Kausalität und (normativer) Zurechnung vgl. *v. Bar*, Gemeineuropäisches Deliktsrecht II, Rn 411 ff.; näher noch unten § 6.

[130] *Kaser*, Privatrecht I, § 118 II.

[131] S. *Weyers*, Unfallschäden, S. 547 ff., der u.a. auch auf die häufige Verwendung im Zusammenhang mit der Einstandspflicht als Rechtsfolge verweist, die ohne Zirkelschluss nicht mit dieser „Verantwortung" allein begründet werden kann, S.549 u. 551. Vorliegend ist mit dem Begriff der Verantwortung ein übergeordneter Haftungsgrund gemeint.

umschreiben in der Lage ist: den Schaden demjenigen Rechtsträger zuzuweisen, der ihm aus sachlichen Gründen am nächsten steht.[132]

I. Altertum

Innerhalb der römischen Kasuistik dominierte als Tatbestandsmerkmal des Deliktsrechts die äußerlich sichtbare, typischerweise vorsätzlich begangene Schädigungshandlung.[133] Das im Verhältnis zur Rechtsgüterverletzung verknüpfende Element der (zunächst unmittelbaren)[134] Kausalität war schon damals ein Produkt logischer Zusammenführung dieser Voraussetzungen.[135] Den maßgeblichen Zurechnungsgrund bildete trotz der teilweisen Ausgestaltung als Erfolgshaftung der bei bestimmten Taten typischerweise zu Grunde gelegte *Vorsatz*.[136] Als strenge Schuldform basiert er auf dem Prinzip der individuellen Verantwortung. Die Auslegung des Begriffs der *iniuria*[137] innerhalb der Tatbestände der lex Aquilia rief später das erweiterte Verschuldensmoment unter Einbeziehung von Fahrlässigkeit hervor.[138] Die *neglegentia*[139] und die *culpa*[140] waren geboren. Generell weitete sich der Anwendungsbereich des Deliktsrechts aus. Man haftete nicht mehr nur für positive, unmittelbar kausale Schädigungshandlungen, son-

---

[132] Zu den einzelnen Zurechnungsgründen und ihrer Rechtfertigung vgl. unten das Zweite Kapitel, §§ 6 ff.

[133] *Kaser/Knütel*, Römisches Privatrecht, § 36 Rn 6 ff.: als Erfolgshaftung ausgestaltet, in Wahrheit aber eine typisierte Schuldhaftung darstellend, § 50 Rn 2; *Kötz/Wagner*, Rn 18; *Deutsch*, Rn 332; vertiefend zu den Haftungsvoraussetzungen *Kaser*, Privatrecht I, § 118.

[134] Vgl. *Hausmaninger*, S. 13 ff.; *Zimmermann*, Obligations, S. 988 ff.; *Wieling*, Interesse und Privatstrafe, S. 229 ff.; *Kaser/Knütel*, Römisches Privatrecht, § 51 Rn 11 ff.; *Benöhr*, in *Zimmermann*, Rechtsgeschichte und Rechtsdogmatik, S. 499, 518; *Jansen*, Die Struktur des Haftungsrechts, S. 218, 247, 249.

[135] S. *Kaser/Knütel*, Römisches Privatrecht, § 36 Rn 3.

[136] *Kaser*, Privatrecht I, § 41 I 2, § 118 II 2; *Kaser/Knütel*, Römisches Privatrecht, § 36 Rn 6, § 50 Rn 2, § 51 Rn 11; *Benöhr*, in *Medicus/Seiler*, Festschrift für Kaser (1976), S. 689, 691; *Mataja*, S. 46 ff.

[137] Hierzu *Jansen*, Die Struktur des Haftungsrechts, S. 210 ff., 253 ff. m.w.Nw.

[138] *Kaser*, Privatrecht I, § 118 II 3; *Kaser/Knütel*, Römisches Privatrecht, § 51 Rn 11; *Zimmermann*, Obligations, S. 1004 ff.; *Wesel*, Rn 136; *Hausmaninger*, S. 20, 26 ff.; *Jansen*, Die Struktur des Haftungsrechts, S. 219 f., 253 ff. mit Hinweisen zu haftungserweiternden, aber auch haftungsbeschränkenden Folgen; *Staudinger/Hager*, Vor §§ 823 ff. Rn 1; *Kötz/Wagner*, Rn 18; *Deutsch/Ahrens*, Rn 6, 120; *Katzenmeier*, AcP 203 (2003), S. 79, 91; s.a. zu noch heute existenten Problemen als Folge des historischen Ursprungs *Jansen*, ZEuP 2002, S. 641, 642.

[139] *Katzenmeier*, AcP 203 (2003), S. 79, 91.

[140] Vgl. dazu *Zimmermann*, Obligations, S. 1027 ff.; *Kaser*, Privatrecht I, § 118 II 2 ff., übergreifend zur Haftung in Sonderbeziehungen auch § 118 III 4; *Jansen*, Die Struktur des Haftungsrechts, S. 252 ff.; *Deutsch*, Fahrlässigkeit und erforderliche Sorgfalt, S. 9 f.; zum späteren Verständnis des culpa-Begriffes im 19. Jahrhundert *Ogorek*, S. 27 ff.

dern auch für mittelbare Verursachung und pflichtwidriges Unterlassen.[141] Verteidigungsgründe wurden eingeschränkt.[142]

Daneben existierten seit jeher einzelne *Haftungsformen ohne eigenes, positives Fehlverhalten*, die auf der Verantwortlichkeit für Personen und deren Fehlverhalten oder auf der Verantwortung für Sachen beruhten. Die frühe Noxalhaftung aus Delikten Gewaltunterworfener und aus Tierschäden[143] sowie die in der Haftungsbegründung verwandten Quasidelikte unter Justinian[144] sind Beispiele dafür.[145] Darin spiegelt sich eine bis heute fortwirkende Form von Sozialbindung wieder: Die Vorteile aus der Nutzung von Personal und Sachen dürfen nicht ohne die zusammenhängenden Nachteile zu Lasten anderer Mitglieder in der Gesellschaft gezogen werden – *cuius commoda, eius et incommoda.*[146]

II. Mittelalter und Neuzeit

Nach altem germanischen Recht genügte für den Anspruch auf Ersatzleistung die kausale, widerrechtliche Schadenszufügung.[147] Hierbei wurde ebenfalls an der Verantwortung für den Schaden angeknüpft, jedoch war für die Zuordnung zu einem Verantwortungsbereich grundsätzlich schon die *Verursachung* ausreichend („Erfolgshaftung").[148] Ausschlussgrund war aber immerhin der „*äußere Zufall*".[149] Innerhalb des germanischen Rechts hat es gleichwohl ebensowenig wie im römischen „Schuldhaftungsmodell" ein einheitliches haftungsrechtliches Prinzip gegeben, sondern es existierten Einzeltatbestände mit einer mehr oder

---

[141] *Kötz/Wagner*, Rn 18; ausführlich *Jansen*, Die Struktur des Haftungsrechts, S. 224, 249 ff.

[142] *Jansen*, Die Struktur des Haftungsrechts, S. 251 f.

[143] Vgl. *Kaser*, Privatrecht I, §§ 42, 147; *Benöhr*, in *Medicus/Seiler*, Festschrift für Kaser (1976), S. 689, 691; zu den haftungsrechtlichen Einschränkungen *Kaser/Knütel*, Römisches Privatrecht, § 50 Rn 12 f.

[144] *v. Bar*, Gemeineuropäisches Deliktsrecht I, Rn 7; *Kaser*, Privatrecht II, § 271 II 2; *Benöhr*, in *Medicus/Seiler*, Festschrift für Kaser (1976), S. 689, 692.

[145] Vgl. zur besonderen Haftung der Schiffer, Gastwirte und Stallhalter *Ogorek*, S. 81; *Kaser*, JuS 1967, S. 337, 343 sowie zur hiermit verknüpften Entwicklung des Begriffes der vis maior *Städtler*, Schadensersatz im Falle höherer Gewalt?, S. 15 ff.; zur strikten Haftung von Hausbewohnern *Zimmermann*, in *Medicus/Mertens/Nörr/Zöllner*, Festschrift für Lange (1992), S. 301 ff.; zur Geschichte der außervertraglichen Haftung ohne Verschulden auch *Bienenfeld*, S. 13 ff.; *von Gadow*, Die Zähmung des Automobils durch die Gefährdungshaftung, S. 58 ff.

[146] *v. Bar*, Gemeineuropäisches Deliktsrecht I, Rn 8; *Meder*, Schuld, Zufall, Risiko, S. 219; dazu noch unten § 4 B. I. 3.

[147] *v. Gierke*, Privatrecht, § 211 I 4, S. 882.

[148] *v. Gierke*, Privatrecht, § 211 I 5, S. 884; *Esser*, S. 46; *Meder*, Schuld, Zufall, Risiko, S. 54; *Deutsch*, Fahrlässigkeit und erforderliche Sorgfalt, S. 11; *von Gadow*, Die Zähmung des Automobils durch die Gefährdungshaftung, S. 59.

[149] *Meder*, Schuld, Zufall, Risiko, S. 56; *Deutsch*, Fahrlässigkeit und erforderliche Sorgfalt, S. 11; zu späteren Formen der Haftung für „Fahrlässigkeit ohne Verschulden" bis zur höheren Gewalt (casus fortuitus) *Jansen*, Die Struktur des Haftungsrechts, S. 286 f.

weniger stark differenzierten Verantwortlichkeitsfeststellung unter teilweiser Einbeziehung der Schuld.[150]

Erst mit der Rezeption des römischen Rechts konnten sich *Verschuldenselemente* als Basis der Verantwortlichkeit endgültig durchsetzen.[151] Zusätzlich hatte sich auch die kirchenrechtliche Kasuistik des kanonischen Rechts mit abgestuften Formen missbilligter Gesinnung als Basis für Rechtsbruch und Sünde beschäftigt.[152] Der wiedererstarkte Begriff der Fahrlässigkeit gründete sich so auf römische und kanonische Wurzeln. Sein dogmatisches Fundament erhielt er allerdings erst durch die an der Vernunft orientierten Gedanken des Naturrechts und ihre weltanschaulichen Folgewirkungen,[153] auch wenn etwa *Thomasius* den Gesichtspunkt des Opferschutzes in den Vordergrund stellte und eine normative Kausalhaftung befürwortete.[154] Aus der Achtung vor dem Mitmenschen folgerte man zunächst das Verbot der Schädigungen anderer: *neminem laedere.*[155] Wie so vieles war es aus antiker Zeit bekannt, wurde aber in neuem, naturrechtlichem Licht betrachtet.[156] Weiterführend erhoben *Pufendorfs* Zurechnungslehre, *Kants* Lehre vom Recht als Organisations- und Abgrenzungsmittel unterschiedlicher Freiheitsbereiche sowie *Wolffs* pflichtenorientiertes Verständnis des Privatrechts die individuelle Verantwortung für einen Schaden kraft vorwerfbarem Fehlverhalten zum entscheidenden haftungsrechtlichen Prinzip.[157] Folge der Betonung der Freiheitssphäre anderer Menschen war zudem der Grundsatz *casum sentit*

---

[150] *Conrad*, Rechtsgeschichte I, S. 163; *Ehrenzweig*, Schuldhaftung, § 19, § 21; *Benöhr*, in *Medicus/Seiler*, Festschrift für Kaser (1976), S. 689, 693; *Meder*, Schuld, Zufall, Risiko, S. 56 f.; *Esser*, S. 47.

[151] *v. Gierke*, Privatrecht, § 211 I 5, S. 884 sowie § 212 I, S. 905 f.; *von Gadow*, Die Zähmung des Automobils durch die Gefährdungshaftung, S. 59 f.; *Jansen*, Die Struktur des Haftungsrechts, S. 284 ff., 300 ff.; *Deutsch*, Fahrlässigkeit und erforderliche Sorgfalt, S. 11 f.; *MünchKomm-Wagner*, Vor § 823 Rn 4; einschränkend *Ehrenzweig*, Schuldhaftung, § 21, der nur auf begrifflicher Ebene eine echte Verdrängung feststellen kann.

[152] *Meder*, Schuld, Zufall, Risiko, S. 59 ff.; *Hattenhauer*, Grundbegriffe, S. 111; *Jansen*, Die Struktur des Haftungsrechts, S. 280, 288 f.

[153] Vgl. *Benöhr*, ZSS 93 (1976), S. 208 ff.; *Jansen*, Die Struktur des Haftungsrechts, S. 289 ff.; *Katzenmeier*, Arzthaftung, S. 153 f.

[154] Vgl. die Zusammenstellung von *Benöhr*, ZSS 93 (1976), S. 208, 219 ff.; s.a. *Jansen*, Die Struktur des Haftungsrechts, S. 311 f., 343 ff. sowie zur Anerkennung von Ausnahmen durch *Grotius*, S. 335, und *Pufendorf*, S. 340 f.

[155] *Hattenhauer*, Grundbegriffe, S. 114 f.; zur Festschreibung des Grundsatzes durch *Pufendorf* vgl. *Benöhr*, ZSS 93 (1976), S. 208, 214; ausführlich *Kiefer*, S. 78 ff.; kritisch zu den Folgerungen hieraus *Jansen*, Die Struktur des Haftungsrechts, S. 300 ff.

[156] *Schiemann*, JuS 1989, S. 345, 348 f.

[157] S. *Jansen*, Die Struktur des Haftungsrechts, S. 338 ff.; *Meder*, Schuld, Zufall, Risiko, S. 121 ff.; *Kiefer*, S. 83 ff.; *Ogorek*, S. 23; *Hattenhauer*, Grundbegriffe, S. 115, 117 f. – ausführlich zu den Veränderungen bei der Betrachtung der Mitverantwortlichkeit des Geschädigten *Looschelders*, Mitverantwortlichkeit, S. 16 ff., zusammenfassend S. 113 f.

dominus,[158] der sich besonders klar in § 1311 S. 1 ABGB niedergeschlagen hat: „Der bloße Zufall trifft denjenigen, in dessen Vermögen oder Person er sich ereignet.“[159] Auch dieser Sichtweise liegt die, individualistisch abweichend betonte, Relation von Vor- und Nachteilen eines Rechtsgutes zu Grunde.[160] Nach Eingang der vernunftrechtlichen Gedanken in die neuzeitlichen Kodifikationen mit ihren deliktsrechtlichen Generalklauseln gab es im europäischen Rechtsraum Mitte des 19. Jahrhunderts nahezu ausschließlich nur dann Schadensersatz, wenn dem Verursacher ein *Verschulden* angelastet werden konnte.[161] Seither war das Verschulden „Dreh- und Angelpunkt der Schadenshaftung“,[162] selbst wenn beispielsweise im Preußischen Allgemeinen Landrecht (ALR) es nach dem Gesetzeswortlaut nicht beim haftungsbegründenden Tatbestand, sondern erst beim Ersatzumfang berücksichtigt wurde.[163]

Im *common law* dagegen wurde weitgehend nur für vorsätzliche Beeinträchtigungen gehaftet.[164] Erst im Laufe des 19. Jahrhunderts gab die zunehmende Verwendung von Maschinen Anlass dazu, strengere Haftungstatbestände zu entwickeln.[165] Eine neue Epoche der Zivilisation brach an, die das Haftungsrecht grundlegend beeinflusst und verändert hat.

III. Liberale Industriegesellschaft und sozialer Rechtsstaat

Als sich die genannten liberalen Anschauungen im kontinentaleuropäischen Recht durchgesetzt hatten, waren sie von der gesellschaftlichen Entwicklung zum Teil schon wieder überholt worden.[166] Nicht umsonst wird die Erfindung

---

[158] Vgl. *Kaser/Knütel*, Römisches Privatrecht, § 36 Rn 26; *Mataja*, S. 63; *Hattenhauer*, Grundbegriffe, S. 118; *Katzenmeier*, Arzthaftung, S. 153 f.; *Greger*, Einl Rn 31; *Larenz/Canaris*, Schuldrecht II 2, § 75 I 2 a); *Deutsch*, Rn 1 ff.; *Kötz/Wagner*, Rn 5; *Looschelders,* Mitverantwortlichkeit, S. 140; *Meder*, Schuld, Zufall, Risiko, S. 20 ff.; kritisch hinsichtlich Ursprung und normativem Gehalt *Koch*, Die Sachhaftung, S. 50 f.; zu den Gegensätzen von erfolgs- und verhaltensbezogenen Haftungskonzepten *Jansen*, Die Struktur des Haftungsrechts, S. 301 ff.

[159] Zur Entstehung vgl. *Benöhr*, ZSS 93 (1976), S. 208, 233 ff., 237.

[160] *Ogorek*, S. 22.

[161] *Kötz/Wagner*, Rn 23; *Katzenmeier*, AcP 203 (2003), S. 79, 90 f.; *Jansen*, Die Struktur des Haftungsrechts, S. 354 ff.; zur Entwicklung vgl. *Ogorek*, S. 24 ff.; *Benöhr*, ZSS 93 (1976), S. 208, 228 ff. mit Hinweis auf die historischen Ausnahmen der Haftung von Familienoberhäuptern, Hausherrn und Gastwirten sowie den Streit um die Regelungen für Unzurechnungsfähige und Tierhalter; s.a. *Lenz*, Haftung ohne Verschulden, S. 9 ff.; *von Gadow*, Die Zähmung des Automobils durch die Gefährdungshaftung, S. 61 in Fn 133, 134.

[162] *v. Bar*, Gemeineuropäisches Deliktsrecht I, Rn 11.

[163] Erster Theil, Sechster Titel, §§ 10 ff.; hierzu *Benöhr*, ZSS 93 (1976), S. 208, 230; s. aber zum Hintergrund der Haftungsbegründung *MünchKomm-Wagner*, Vor § 823 Rn 6.

[164] *Zweigert/Kötz*, S. 608 f.

[165] *Zweigert/Kötz*, S. 610; zur Entwicklung der negligence-Haftung *Wagner*, in *Zimmermann*, Grundstrukturen des Europäischen Deliktsrechts, S. 203 f.

[166] Vgl. *Benöhr*, ZSS 93 (1976), S. 208, 232 f.

der praxistauglichen Dampfmaschine (1769) als Beginn einer industriellen Revolution bezeichnet.[167] Die Naturgewalten wurden in den Dienst der Menschheit gezwungen.[168] Bisher unvorstellbare maschinelle Kraft bahnte sich ihren Weg in die Wirtschaftskreisläufe der Zeit.

Wie mit den damit verbundenen neuen Unfallrisiken umzugehen sein sollte, konnte sich allerdings erst allmählich herauskristallisieren. Noch in den Beratungen zum Bürgerlichen Gesetzbuch kommt der gedankliche Ausgangspunkt liberaler Verschuldenshaftung samt den wirtschaftlichen Leitvorstellungen des Liberalismus[169] sehr deutlich zum Ausdruck.[170] Dort heißt es zur Frage Verschuldens- oder Veranlassungsprinzip sowie zur dementsprechenden Organisation individueller Freiheits- und Verantwortungsbereiche:[171]

> „Die Aufstellung des Grundsatzes, daß die Schadensersatzpflicht eine Verschuldung voraussetze ... sei das Ergebnis einer höheren Kulturentwicklung. Es sei von entscheidender Bedeutung für die Abgrenzung der Rechtskreise der Einzelnen, innerhalb deren sie ihre Individualität entfalten könnten ... Eine Handlung, deren Gefährlichkeit für einen Anderen man ungeachtet einer sorgfältigen Prüfung nicht zu erkennen vermöge, dürfe vorgenommen werden; äußere sie dennoch schädliche Wirkungen auf den Rechtskreis des Anderen, so müsse der Betroffene diese Wirkung wie einen Zufall hinnehmen. Gehe man weiter, in dem man grundsätzlich den Boden des Entw. verlasse, so werde damit keineswegs der Entwickelung des Verkehres gedient, wohl aber die Bewegungsfreiheit des Einzelnen allzu sehr eingeschränkt".[172]

Das BGB hat in der Rechtsanwendung bewiesen, dass diese Einschätzung für viele Lebensbereiche richtig ist. Immerhin bezeichnete noch *Esser*, einer der dogmatischen Väter der allgemeinen Gefährdungshaftungsidee, das Verschuldensprinzip als ethisches Rückgrat des Schadensrechts.[173] Den Besonderheiten des technischen Fortschritts war die weitgehend ausschließliche Haftung für

---

[167] *Wesel*, Rn 268.

[168] *Benöhr*, in *Medicus/Seiler*, Festschrift für Kaser (1976), S. 689, 696.

[169] Zusammenfassend *Katzenmeier*, Arzthaftung, S. 154 ff. – Ähnliches gilt generell für die aufstrebenden Industrienationen der damaligen Zeit. Vgl. *v. Caemmerer*, RabelsZ 42 (1978), S. 5, 8.

[170] Zusammenfassend *von Gadow*, Die Zähmung des Automobils durch die Gefährdungshaftung, S. 107 ff.; zur konkludenten Bestätigung durch den nachkonstitutionellen Gesetzgeber vgl. BVerfG NJW 1998, S. 3557, 3558.

[171] Vgl. dazu und zu historischen Vorarbeiten auch *Benöhr*, in *Zimmermann*, Rechtsgeschichte und Rechtsdogmatik, S. 499, 523; *ders.*, in *Medicus/Seiler*, Festschrift für Kaser (1976), S. 689, 709 ff.; *Müller-Erzbach*, AcP 106 (1910), S. 309, 329 ff.; *Ogorek*, S. 124 ff.; *Lenz*, Haftung ohne Verschulden, S. 209 ff.; *Katzenmeier*, Arzthaftung, S. 151, 155; *Deutsch*, Fahrlässigkeit und erforderliche Sorgfalt, S. 69.

[172] Protokolle II, S. 2713 f.; vgl. auch Protokolle II, S. 569, 585, Motive II, S. 28: das Verschuldensprinzip als höheres juristisches Axiom, sowie die Ausführungen in Motive II, S. 727, 734, 736, 744 ff., und 817 zu den gesetzlichen Vorbildern.

[173] *Esser*, JZ 1953, S. 129.

schuldhafte Handlungen jedoch nicht gewachsen.[174] Es zeigte sich, dass die industrielle Weiterentwicklung als Motor der Gesellschaft in vielen Bereichen unverzichtbar ist. Sie sollte deshalb zunächst durch das Verschuldensprinzip vor strengeren Einstandspflichten abgeschirmt werden.[175] Schäden sind bei der massenhaften Nutzung dieser Technologien jedoch nicht immer vermeidbar. Der Liberalismus geht insoweit vom Schutz der Freiheitssphäre des Handelnden aus und weist die unvermeidbaren Folgen der Benutzung nach dem Grundsatz casum sentit dominus dem Geschädigten als allgemeines Lebensrisiko zu.[176] Liberale Entfaltung statt sozialer Gestaltung lautete deshalb das Leitmotiv der Zeit.[177] Der Güterschutz des Einzelnen musste in einer solchen Gesellschaft gegenüber den Freiheiten von Industrie und Verkehr zwangsläufig zurücktreten. Die Verschonung Letzterer vor strikteren Haftungsprinzipien zum Schutz sicheren Wachstums führte dazu, dass der Einzelne ein Opfer zu Gunsten des allgemeinen Fortschritts zu erbringen hatte.[178] Die Verwindung des Schadens musste der Geschädigte selbst über private Vorsorge oder staatliche und kirchliche Institutionen bewerkstelligen.[179]

Die Häufigkeit der industriellen Nutzung und die hieraus entstehenden Schäden sowie die teilweise existenzbedrohende Schwere der Folgen für den Betroffenen ließen dieses Opfer jedoch zu groß werden.[180] Das Verschuldensprinzip offenbarte für immer mehr Geschädigte seine materielle wie prozessuale Schwierigkeit: die Notwendigkeit des Nachweises schuldhafter Handlung.[181] Ohne das Eingreifen einer Schadensverlagerung aber generierte die Gesellschaft zunehmend nicht hinnehmbare Individualbelastungen. Das widersprach in vielen Fällen dem Gerechtigkeitsempfinden und so geriet der soziale Friede[182] ins

---

174 *Benöhr*, ZSS 93 (1976), S. 208, 232 f.; *Esser*, S. 50 ff.; *Greger*, Vorbem Rn 1; *Deutsch*, Rn 9; zur historischen Diskussion *ders.*, Fahrlässigkeit und erforderliche Sorgfalt, S. 12 ff.; *von Gadow*, Die Zähmung des Automobils durch die Gefährdungshaftung, S. 56, 512.

175 *Katzenmeier*, Arzthaftung, S. 155 m.w.Nw.; *Deutsch*, Fahrlässigkeit und erforderliche Sorgfalt, S. 69; ausführlich zu den Diskussionen im Vorfeld des KFG *Schubert*, ZRG 117 (2000), S. 238, 245 ff.; vgl. auch *Brüggemeier*, Prinzipien, S. 12 f. zum amerikanischen common law.

176 *v. Caemmerer*, Reform der Gefährdungshaftung, S. 11; *Greger*, Einl Rn 6 ff.; *Larenz/Canaris*, § 75 I 2; *Kötz/Wagner*, Rn 23 ff.

177 *Ogorek*, S. 23.

178 *Kötz/Wagner*, Rn 32; *Esser/Weyers*, Schuldrecht II 2, § 53 1 b).

179 *Katzenmeier*, Arzthaftung, S. 156.

180 *Jansen*, Die Struktur des Haftungsrechts, S. 359 bezeichnet das Fehlen fehlverhaltensunabhängiger, „fairer“ Schadenszuweisungsnormen allgemein als den hohen Preis für die Klarheit und Einfachheit der naturrechtlichen Haftungssysteme.

181 *Müller-Erzbach*, AcP 106 (1910), S. 309, 317 ff.; *Ogorek*, S. 87 ff. mit Hinweisen zu den starren Beweisregeln des damaligen Prozessrechts; s.a. *Hesse*, Verfassungsrecht und Privatrecht, S. 33.

182 Vgl. *Müller-Erzbach*, AcP 106 (1910), S. 309, 318.

Wanken. Der gesellschaftliche Schutz der „Schwachen", d.h. derjenigen, die den neuen Risiken weder ausweichen konnten noch gegen sie abgesichert waren, wurde nach und nach zum konsensfähigen Grundwert im Staat. Der Mensch rückte gesellschaftstheoretisch vom dem der Selbstregulierung überlassenen Individuum mitten hinein in die der *kollektiven, sozialen Verantwortung* verpflichtete Gemeinschaft.[183] Entsprechend wanderte der fürsorgliche Blick von Gesellschaft und Gesetzgebung hin zum Geschädigten, dessen Existenzgrundlage und Freiheit nicht übergangen werden durften.[184] Billigkeit und Humanität drängten zu einer strengeren Haftung.[185] Die Güter- und Freiheitssphären wurden deshalb haftungsrechtlich neu geordnet.

Es bildeten sich Haftungstatbestände heraus, die den konkreten Schuldvorwurf bzw. seinen Nachweis abschwächten oder ganz aufgaben. Schon 1838, also nur drei Jahre nach Eröffnung der ersten deutschen Eisenbahnlinie überhaupt und noch im Jahr der Eröffnung der ersten preußischen Strecke, erließ Preußen das Gesetz über Eisenbahnunternehmungen, dessen § 25 eine verschuldensunabhängige Verursachungshaftung für die Gefahren des Betriebes der Bahn beinhaltete.[186] Dieser Urvater moderner Gefährdungshaftungstatbestände sollte zunächst weniger dem umfassenden Schadensausgleich als vielmehr maximaler Unfallverhütung dienen.[187] Daneben war das gesamte Gesetz überwiegend auf staatliche Kontrolle angelegt.[188] Ziel war es, in Anlehnung an englische und französische Vorbilder die prozessualen Hindernisse der Verschuldenshaftung zu überwinden.[189] Entgegen dem casum sentit dominus-Grundsatz wurde darüber hinaus ein Einstehenmüssen der Betreibergesellschaft für die Gefährlichkeit ihres profitablen Gewerbes auch für unvermeidbare, betriebsbedingte Schä-

---

[183] *Ogorek*, S. 49; *von Gadow*, Die Zähmung des Automobils durch die Gefährdungshaftung, S. 63.

[184] *Larenz/Canaris*, § 75 I 1; *Kötz/Wagner*, Rn 33; *Rohe*, AcP 201 (2001), S. 117, 140; *Katzenmeier*, Arzthaftung, S. 158 f.; zur diesbezüglichen Eingliederung der jüngsten Schadensrechtsreform *Jansen*, JZ 2002, S. 964 ff. – Entsprechende Gedanken hatte schon *Thomasius* gegen den Trend der sonstigen Naturrechtler angestellt, vgl. *Benöhr*, ZSS 93 (1976), S. 208, 218 ff.

[185] *Benöhr*, in *Medicus/Seiler*, Festschrift für Kaser (1976), S. 689, 694; s.a. *Meder*, Schuld, Zufall, Risiko, S. 20 ff.

[186] S. *Schubert*, ZRG 116 (1999), S. 152 ff.; *Lenz*, Haftung ohne Verschulden, S. 57 ff.; *von Gadow*, Die Zähmung des Automobils durch die Gefährdungshaftung, S. 64 ff.; *Greger*, Vorbem Rn 2; *Benöhr*, in *Medicus/Seiler*, Festschrift für Kaser (1976), S. 689, 707; *Will*, S. 2 f.; zur internationalen Entwicklung der Eisenbahnhaftung im 19. Jahrhundert *Baron*, AcP 81 (1893), S. 177, 182 ff.

[187] *Schubert*, ZRG 116 (1999), S. 152, 181; *Lenz*, Haftung ohne Verschulden, S. 62.

[188] *Schubert*, ZRG 116 (1999), S. 152, 203.

[189] *Baums* ZRG 104 (1987), S. 277, 280.

den als gerecht angesehen.[190] Dies galt besonders für die der Gefahr dauerhaft ausgesetzten Arbeitnehmer des Bahnbetriebes.[191] Die (Feuer-)Gefahr sei bei Eisenbahnen wesentlich größer und polizeilich weit weniger verhinderbar, argumentierte man damals, weswegen im Unterschied zu Dampfschiffen, Dampfmaschinen in Fabriken, Schmieden etc. ein verstärkter staatlicher Schutz und besondere Fürsorge durch strengere Gesetze notwendig seien.[192]

In den anderen Ländern, in denen solche Normen noch nicht existierten, aber auch in Deutschland selbst führte ansonsten die erweiternde Ausfüllung des Verschuldensbegriffes oder anderer Normen[193] durch Rechtsfortbildung der Gerichte zu faktisch äquivalent strikten Haftungstatbeständen.[194] Im Laufe der Zeit schufen viele Staaten verschuldensunabhängige Spezialregelungen.[195] Neue Siedlungsschwerpunkte und die Ausdehnung von Gewerbe und Industrie veranlassten die Rechtsprechung weiterhin dazu, wenn schon nicht Unterlassung, so doch verschuldensunabhängigen Ausgleich in Geld für nachbarliche Beeinträchtigungen im weitesten Sinne zuzusprechen.[196] In England riefen Dammbruchunglücke mit immensen Personenschäden die strikte Haftung nach der Leitent-

---

[190] Diese Erkenntnis geht auf *Savigny* zurück, der offenbar schon zu einem frühen Zeitpunkt das anbrechende Industriezeitalter und seine veränderten Anforderungen an das Haftungsrecht erkannte. Vgl. *Baums* ZRG 104 (1987), S. 277, 279; *Deutsch*, Rn 705; zur allmählichen Herausbildung der endgültigen Haftungsform *Lenz*, Haftung ohne Verschulden, S. 61 ff.

[191] *Ogorek*, S. 63; *Benöhr*, in *Medicus/Seiler*, Festschrift für Kaser (1976), S. 689, 696; *Hattenhauer*, Grundbegriffe, S. 125.

[192] *Baums* ZRG 104 (1987), S. 277, 281.

[193] S. zur allgemeinen französischen Gardienhaftung und deren Grundsatz: „Nichts, was dem einen gehört, darf dem anderen zum Schaden gereichen." *Benöhr*, ZSS 93 (1976), S. 208, 249; *Wagner*, in *Zimmermann*, Grundstrukturen des Europäischen Deliktsrechts, S. 281 ff.; *Zweigert/Kötz*, S. 664.

[194] Vgl. *Ogorek*, S. 63 ff.; *Benöhr*, ZSS 93 (1976), S. 208, 232 f.; *v. Caemmerer*, RabelsZ 42 (1978), S. 5, 7 f. und 13 ff.; *Schubert*, ZRG 117 (2000), S. 238, 241 ff., 280 ff.; *von Gadow*, Die Zähmung des Automobils durch die Gefährdungshaftung, S. 70 ff.; *Jansen*, Die Struktur des Haftungsrechts, S. 366 ff.

[195] S. zusammenfassend zur Kfz-Haftung die Nachweise bei *von Gadow*, Die Zähmung des Automobils durch die Gefährdungshaftung, S. 124 ff.; allgemein zur Entwicklung in Deutschland, England und Frankreich *Wagner*, in *Zimmermann*, Grundstrukturen des Europäischen Deliktsrechts, S. 274 ff.; *v. Bar*, Gemeineuropäisches Deliktsrecht I, Rn 107 ff. mit Hinweisen zu Belgien, Luxemburg, Italien, Portugal und den Niederlanden.

[196] *Ogorek*, S. 51 ff.; *Benöhr*, in *Medicus/Seiler*, Festschrift für Kaser (1976), S. 689, 694; *ders.*, ZSS 93 (1976), S. 208, 250 f.; *Roth*, in *Roth/Lemke/Krohn*, Der bürgerlich-rechtliche Aufopferungsanspruch, S. 33 ff.; *von Gadow*, Die Zähmung des Automobils durch die Gefährdungshaftung, S. 63 in Fn 142; *Bartlsperger*, in *Isensee/Lecheler*, Festschrift für Leisner (1999), S. 1003, 1010; beispielhaft RGZ 17, S. 103, 104 zu Eisenbahnanliegern; RGZ 100, S. 69, 72 ff. zu Luftverkehrsschäden; RGZ 101, S. 102 ff. zu Sprengstoffschäden.

scheidung *Rylands v. Fletcher* hervor,[197] wenngleich die Gerichte hieraus keine allgemeine strikte Haftungsformel entwickelten.[198] Die Vorstellung eines individuell überschaubaren Verantwortungsbereiches geriet zudem durch mehrstufige und arbeitsteilige Produktionsweisen zunehmend an ihre Zurechnungsgrenzen und führte zu einer verstärkten Einstandspflicht für Hilfspersonen.[199] In Deutschland wurden die neben § 831 BGB weiter zu verzeichnenden Unzulänglichkeiten zum Teil von den späteren Gefährdungshaftungstatbeständen aufgefangen.[200]

Hauptsächlich konzentrierte sich die Diskussion um Haftungsverschärfung jedoch auf den Bereich der Arbeitsunfälle.[201] Arbeitnehmer waren den neuen Risiken am häufigsten und intensivsten ausgesetzt. Die Existenz ganzer Familien wurde durch unfallbedingte Berufsunfähigkeit bedroht. Trotz geforderter strenger Haftung für alle gefährlichen Betriebe wurde 1871 nur für den Eisenbahnbetrieb eine reichseinheitliche Gefährdungshaftung hinsichtlich der Personenschäden in § 1 des Reichshaftpflichtgesetzes (RHG) geschaffen, während es im Übrigen – unter teilweise für den Geschädigten erleichterten Bedingungen – beim Verschuldensgrundsatz verblieb.[202] Das genügte jedoch nicht. Die fortwährende Diskussion um eine Haftungsverschärfung mündete schließlich in ein gänzlich anderes Sicherungsmodell: die staatliche *Unfallversicherung* für arbeitsbedingte Personenschäden. 1884 wurde mit dem Unfallversicherungsgesetz (UVG) versucht, neben der Vermeidung innerbetrieblicher Konfliktsituationen[203] eine verbesserte staatliche Existenzsicherung zu realisieren.[204] Der Ge-

---

[197] Court of Exchequer Chamber 1866 [1861-1873] All ER 1, 6; bestätigt vom House of Lords 1868, aaO 12, *Wagner*, in *Zimmermann*, Grundstrukturen des Europäischen Deliktsrechts, S. 278; *Jansen*, JZ 2002, S. 964; *v. Bar*, Gemeineuropäisches Deliktsrecht II, Rn 356 ff.; *ders.*, Gemeineuropäisches Deliktsrecht I, Rn 265 ff.; *Will*, S. 115 ff.; *Zweigert/Kötz*, S. 672 f.; *Koch*, Die Sachhaftung, S. 39 f.

[198] S. *Wagner*, in *Zimmermann*, Grundstrukturen des Europäischen Deliktsrechts, S. 278 ff.

[199] *Zweigert/Kötz*, S. 634, 639, 642; *Ogorek*, S. 68 sowie S. 71 zur unzureichenden Übertragbarkeit römischer Ausnahmetatbestände.

[200] Vgl. zur Kfz-Halterhaftung *Schubert*, ZRG 117 (2000), S. 238, 241 ff.

[201] *Benöhr*, in *Medicus/Seiler*, Festschrift für Kaser (1976), S. 689, 696; *Ogorek*, S. 99; *v. Caemmerer*, RabelsZ 42 (1978), S. 5, 7.; *Mataja*, S. 85 ff.; *Lenz*, Haftung ohne Verschulden, S. 96 ff.

[202] *Ogorek*, S. 101 f.; *Lenz*, Haftung ohne Verschulden, S. 94 ff.; *von Gadow*, Die Zähmung des Automobils durch die Gefährdungshaftung, S. 72 ff.; *Zweigert/Kötz*, S. 634; *Müller-Erzbach*, AcP 106 (1910), S. 309, 318.

[203] Vgl. *v. Bar*, AcP 181 (1981), S. 289, 297.

[204] Zu den tatsächlichen Schwierigkeiten vgl. *Ogorek*, S. 121.

danke des individualistischen Schadensersatzes stand nicht mehr allein. Ihm wurde das *Prinzip gemeinwirtschaftlicher Schadensteilung* zur Seite gestellt.[205]

Die begonnene Entwicklung setzte sich fort und manifestierte die zu Grunde liegenden Gedanken zunehmend. Der Gesetzgeber registrierte in immer mehr Bereichen die Notwendigkeit von Veränderungen der außervertraglichen Risikoverteilung. In Deutschland wurden so nach und nach verschuldensunabhängige Haftungstatbestände für einzelne Risikobereiche geschaffen.[206] 1909 betraf dies die Gefahren des Kraftfahrzeugbetriebes,[207] 1922 Luftfahrzeuge,[208] 1943 Elekrizitäts- und Gasanlagen,[209] 1957 Einwirkungen auf das Wasser,[210] 1959 kerntechnische Gefahrenquellen,[211] 1976 Arzneimittelrisiken,[212] 1980 Bergschäden,[213] 1989 sonstige Produktfehler[214] und schließlich 1990 Umwelteinwirkungen[215] sowie gentechnische Arbeiten.[216] Weitere Anwendungsgebiete sind im Zusammenhang mit der Frage nach Generalklausel und Analogiefähigkeit in der

---

[205] *Benöhr*, in *Medicus/Seiler*, Festschrift für Kaser (1976), S. 689, 699; allgemein hierzu und zum Unterschied von Privat- und Sozialversicherung *Brüggemeier*, Prinzipien, S. 249 ff.; s.a. *Esser*, S. 121; *Jansen*, Die Struktur des Haftungsrechts, S. 133.

[206] Vgl. weiterführend die Übersichten bei *Blaschczok*, Gefährdungshaftung und Risikozuweisung, S. 9 f.; *Laufs*, Unglück und Unrecht, S. 36 ff.

[207] § 1 KFG – heute § 7 StVG; zur Genese ausführlich *Schubert*, ZRG 117 (2000), S. 238 ff., 289, der mit Blick auf die zuvor bestehende strenge Judikatur des Reichsgerichts zur Verschuldenshaftung im Kfz-Bereich zu dem Schluss kommt, die strenge Haftungsanordnung des KFG stellte „keinen großen Einschnitt in die Automobilunfallhaftung" dar. Zur Entwicklung der Gefährdungshaftung bei Kraftfahrzeugen auch *Greger*, Vorbem Rn 6 ff.; *von Gadow*, Die Zähmung des Automobils durch die Gefährdungshaftung, S. 114 ff.

[208] § 19 LuftVG – heute § 33 LuftVG; vgl. *Schwenk*, Handbuch des Luftverkehrsrechts, S. 692.

[209] § 1a RHG – heute § 2 HaftpflG, der seit 1977 allgemein Strom- und Rohrleitungsanlagen erfasst; vgl. *Filthaut*, § 2 Rn 1 f.

[210] § 22 WHG.

[211] §§ 25 ff. AtG – heute i.V.m. Art. 3 ff. des Pariser Übereinkommens vom 05.02.1976; vgl. *Geigel-Freymann*, 23. Kapitel Rn 2 f.

[212] § 84 AMG.

[213] § 114 BBergG, dessen preußischer Vorläufer schon 1865 existierte; vgl. *Brüggemeier*, Prinzipien, S. 81; *Larenz/Canaris*, Schuldrecht II 2, § 84 V 3.

[214] § 1 ProdHaftG; zum Streit um die dogmatische Einordnung *Kötz/Wagner*, Rn 461 f. m.w.Nw.

[215] § 1 UmweltHG.

[216] § 32 GenTG.

Diskussion.[217] Die betroffenen Lebensbereiche sowie ähnliche Prinzipien in der Ausgestaltung lassen sich im internationalen Vergleich wiederfinden.[218]

Das zu regulierende Spannungsfeld zwischen Güterschutz und notwendigen Handlungsfreiräumen verdeutlichen die Beratungen zum KFG. Darin wird betont,

> „daß einerseits dem Bedürfnis eines erhöhten Schutzes des Publikums gegen die Automobilgefahr zu genügen ist, daß anderseits aber vermieden werden muß, durch eine Überspannung der hierauf abzielenden Maßnahmen den Automobilverkehr in einer Weise zu belasten und zu erschweren, die seine Entwicklung hemmen und schädigen würde. Das Kraftfahrzeug bildet zweifellos ein wichtiges und aussichtsvolles Beförderungsmittel, und eine gesetzliche Regelung, die dazu führen würde, die weitere Verwendung und Vervollkommnung desselben zu unterbinden, wäre mit den Bedürfnissen des Verkehrs, dem das Automobil schon jetzt wertvolle Dienste leistet, nicht verträglich."[219]

Diesen „Spagat" kann das Haftungsrecht mit seinen an individueller Verantwortung orientierten Mechanismen nicht allein bewältigen. Insbesondere für Personenschäden werden auch verschuldensunabhängige Haftungsformen in bestimmten Lebensbereichen als unzureichend angesehen. Unfallopfer erhalten auch für schwerste Verletzungen nicht in allen Fällen eine volle Entschädigung.[220] Denn das dem System der Gefährdungshaftung zu Grunde liegende Prinzip individueller Verantwortung begrenzt den Schadensausgleich notwendig.[221] Fehlt ein zivilrechtlich Verantwortlicher, kann das Haftungsrecht keinen Ersatz gewähren.[222] Gleichzeitig müssen wie gesehen gesellschaftlich notwendige Freiheitsbetätigungen vor belastenden Haftungsfolgen bewahrt werden.[223]

---

[217] Vgl. *Zöllner*, in *Bernat/Böhler/Weilinger*, Festschrift für Krejci II (2001), S. 1355, 1358 f. zu Datenschutz und Biotechnologie, 1362 zu Skischleppliften, Radfahrern, Inlineskatern, Rollern, Heißluftrohren, 1363 zu Staudämmen und Gaswerken, 1366 zu medizinischen Operationen; *Deutsch*, Rn 706 zu Schusswaffen und Motorbooten.

[218] Speziell zur Verkehrsunfallhaftung *von Gadow*, Die Zähmung des Automobils durch die Gefährdungshaftung, S. 124 ff.; allgemein *Zweigert/Kötz*, S. 661 ff.; *v. Bar*, Gemeineuropäisches Deliktsrecht I, Rn 107 ff.; *ders.*, Gemeineuropäisches Deliktsrecht II, Rn 371 f.; *Brüggemeier*, Prinzipien, S. 14 ff., 84 ff.; *Wagner*, in *Zimmermann*, Grundstrukturen des Europäischen Deliktsrechts, S. 277 ff.; *Koch/Koziol*, Unification of Tort Law: Strict Liability (2002); *Jansen*, Die Struktur des Haftungsrechts, S. 554.

[219] RT-Drucks. Nr. 988/1908, in Stenographische Berichte über die Verhandlungen des Reichstages, 1908, Band 248, S. 5593, 5596; zusammenfassend zur Diskussion im Vorfeld des Gesetzes *Schubert*, ZRG 117 (2000), S. 238 ff.

[220] *v. Hippel*, Haftungsersetzung, S. 3 ff.; *Güllemann*, ZRP 1974, S. 35, 37 ff.; s.a. zuletzt im Zusammenhang mit dem Zweiten Gesetz zur Änderung des Schadensersatzrechts BR-Drucks. 742/01, S. 23 f.

[221] S. *Esser*, S. 120 ff., 126 f. mit Überlegungen in Richtung gemeinschaftlicher Verantwortung zur Schutzlückenschließung.

[222] *Güllemann*, ZRP 1974, S. 35, 37 f. mit Beispielen.

[223] Vgl. zum Luftverkehr und den unmittelbaren Folgen des 11. September 2001 *Müller-Rostin*, VersR 2003, S. 153, 156.

Häufig wird es also sowohl hinsichtlich des Schädigers als auch des Geschädigten als unbillig empfunden, den Schaden beim entsprechenden Individuum zu belassen.[224] Hierdurch kommen auf unterschiedlichste Weise Personengemeinschaften als Schadensträger ins Spiel. Der kollektive Konsens hinsichtlich der Notwendigkeit vieler risikobehafteter Handlungen bei paralleler Unbilligkeit der Schadensbelastung der Betroffenen hat zu der Notwendigkeit geführt, den Schaden kollektiv abzusichern, was mit dem UVG als Meilenstein der Entwicklung bereits angeklungen ist. Versicherungen werden bewusst mit dem Haftungsrecht verzahnt oder machen es gar völlig überflüssig.[225] Sie verwirklichen den Gedanken *gemeinschaftlicher Verantwortung*.[226] Diese bedeutsamen Entwicklungen sollen deshalb speziell beleuchtet werden.

D. Die Versicherung als Haftungsbegleitung und Haftungsersetzung

Fehlender Ersatz trotz verschuldensunabhängiger Haftung hat neben den materiellen Schutzlücken noch weitere Ursachen. Zum einen garantiert ein Ersatzanspruch allein nicht die Liquidität des Schuldners. Daneben kann der Haftpflichtige generell unbekannt bzw. unauffindbar sein. Der Schutzmechanismus des Gesetzes läuft in solchen Fällen mangels wirtschaftlicher oder tatsächlicher Realisierbarkeit leer.[227] „Ohne Haftplichtversicherungen stünde das Haftpflichtrecht heute weitgehend auf dem Papier."[228] Kollektive Sicherungssysteme können insoweit dazu beitragen, die sichere und schnelle Ersatzleistung an den Geschädigten zu gewährleisten. Hinzu kommt, dass strenge Haftungsformen in der Industriegesellschaft von vornherein mit Blick auf kollektive Sicherungs- und Verteilungsmechanismen geschaffen werden, das Versicherungsrecht also nicht nur notwendige Ergänzung materieller Schadenszuordnungsnormen ist, sondern schon deren Gestalt beeinflusst.[229] Von daher ist es zwingend notwendig, das Haftungsrecht nicht isoliert zu betrachten, sondern im Zusammenhang mit den kollektiven Sicherungsmechanismen.

---

[224] Vgl. zur Minderjährigen- und Elternhaftung *Schwintowski*, ZRP 2003, S. 391 ff.; *Schirmer*, DAR 2004, S. 509 ff.

[225] *Esser*, S. 120 ff.; *Sieg*, ZHR 113 (1950), S. 95, 101 ff.; *Güllemann*, S. 116 ff.; s.a. *Bartlsperger*, in *Isensee/Lecheler*, Festschrift für Leisner (1999), S. 1003, 1007 ff.; zur französischen Entwicklung hinsichtlich von behindert geborenen Kindern als Anspruchsberechtigten *Deutsch*, NJW 2003, S. 26, 27.

[226] Vgl. *Schmidt-Salzer*, in *Deutsch/Klingmüller/Kullmann*, Festschrift für Steffen (1995), S. 429 ff.; s.a. *Jansen*, Die Struktur des Haftungsrechts, S. 133.

[227] Vgl. dazu *v. Hippel*, Haftungsersetzung, S. 19 ff.; *Larenz/Canaris*, Schuldrecht II 2, § 84 I 5.

[228] *Esser/Weyers*, Schuldrecht II 2, § 53 4. a); s.a. *Hanau*, VersR 1969, S. 291, 295: „ein Schwert ohne Klinge"; *Larenz/Canaris*, Schuldrecht II 2, § 84 I 5: „Der Schutz des Geschädigten durch die Gefährdungshaftung ist de facto wertlos, falls der Ersatzpflichtige zahlungsunfähig ist oder aus ähnlichen Gründen nicht belangt werden kann.".

[229] Dazu näher § 8 C.

I. Definition, Ursprung und Funktion

1. Definition

Ziel einer Versicherung ist es aus Sicht des Versicherten, seine Anfälligkeit für ein mehr oder weniger „zufälliges" Ereignis zu minimieren. Dazu wird sein unberechenbares Einzelrisiko in ein kalkulierbares Kollektivrisiko gleichartig Gefährdeter transformiert.[230] Der Schaden verbleibt im Normalfall nicht beim Individuum, sondern wird auf eine Solidargemeinschaft verteilt.[231] Dementsprechend wird das Versicherungsgeschäft i.S.d. § 1 I VAG als ein Geschäft angesehen, bei dem „gegen Entgelt für den Fall eines ungewissen Ereignisses bestimmte Leistungen übernommen werden, wobei das übernommene Risiko auf eine Vielzahl durch die gleiche Gefahr bedrohter Personen verteilt wird und der Risikoübernahme eine auf dem Gesetz der großen Zahl beruhende Kalkulation zu Grunde liegt".[232]

2. Ursprung

Eine kollektive Absicherung von Rechtsgüterverlusten hat es wegen der Schutz- und Schirmherrschaft der Familienverbände schon immer gegeben.[233] Mit einer Versicherung ist dies allerdings nur insofern vergleichbar, als eine gemeinschaftliche Gegenseitigkeit festzustellen ist. Der Teil der Familie kommt für die notwendigen Lebensgüter auf, der dazu im jeweiligen Augenblick in der Lage ist. Später bildeten sich Zusammenschlüsse, die für bestimmte Unglücksfälle Unterstützung aus der Gemeinschaft boten, auch aufgrund religiöser, wirtschaftlicher oder sonstiger Gemeinsamkeiten.[234]

Nicht mehr auf dieser genossenschaftlich-sozialen Grundlage beruhten vertragliche Risikoübernahmen im kaufmännischen Bereich. Typisches Beispiel sind die Seedarlehen, bei denen ein Kapitalgeber das Risiko einer Seereise durch Finanzierung derselben unter Beteiligung am Gewinn übernahm.[235] Es handelte sich dabei nicht um eigentliche Versicherungen, sondern um risikobehaftete

---

[230] Vgl. *Weyers/Wandt*, Versicherungsvertragsrecht, Rn 84 ff.; *Katzenmeier*, Arzthaftung, S. 193; *ders.*, VersR 2002, S. 1449 jeweils m.w.Nw.; *Looschelders*, VersR 1996, S. 529, 530; s.a. *Esser*, S. 84 f.; zum Wesen der Versicherung ausführlich *Dreher*, Privatversicherung, S. 31 ff.

[231] *Katzenmeier*, Arzthaftung, S. 193 f.

[232] BVerwG NJW 1992, S. 2978.; s.a. *Müller-Rostin*, VersR 2003, S. 153.

[233] Vgl. für die germanische Urzeit *J. v. Gierke*, Versicherungsrecht I, S. 9; weiterhin *Sieg*, VersR 1980, S. 1085 zur Ersetzung derselben durch Gilde, Individualversicherer, Dienstherrn, Arbeitgeber und staatliche Sozialversicherungsträger; s.a. *Mataja*, S. 3.

[234] *J. v. Gierke*, Versicherungsrecht I, S. 10 zu den germanischen Gilden; zur modernen Verrechtlichung als Unterscheidungskriterium *Looschelders*, VersR 1996, S. 529, 532.

[235] Vgl. *Stefan Zweig*, Magellan, S. 58 ff., wo Hauptkapitalgeber ausnahmsweise nicht die Krone, sondern ein privater Investor war; *J. v. Gierke*, Versicherungsrecht I, S. 11; *Mataja*, S. 68 f.; *Dreher*, Privatversicherung, S. 13.

Darlehen, da sie nicht einer wirtschaftlichen Gefahrengemeinschaft entstammten, also nicht auf dem Prinzip der großen Zahl basierten und zudem auch keine Schäden ausgleichen sollten.[236] Jedenfalls aber bildeten sie die Grundlage für die ersten echten Versicherungsverträge des 14. Jahrhunderts, bei denen regelmäßige Prämienzahlungen im Fall des Verlustes der Waren und Schiffe zu Ansprüchen auf Vermögensleistungen aus dem Topf der Prämiengemeinschaft berechtigten.[237] Erst ab dem 17. Jahrhundert existierten die mathematischen Grundlagen zur wirtschaftlichen Fruchtbarmachung dieser Versicherungsidee.[238] In Verbindung mit geistesgeschichtlichen Veränderungen und der daraus folgenden stärkeren Akzeptanz konnte sich der Versicherungsgedanke im 19. und 20. Jahrhundert bis zur heutigen „Blüte" entfalten.[239]

3. Funktionale Einordnung

Üblicherweise unterscheidet man verschiedene Versicherungsformen,[240] wobei es vorliegend genügt, auf Unterschiede bei der Person des Versicherungsnehmers und des Leistungsempfängers hinzuweisen. Die genannten Prämienversicherungen zur Eigensicherung des Geschädigten werden als *Personal* oder *First-Party-Insurance* bezeichnet.[241] Bezogen auf die abzudeckenden Personen- und Sachschäden sind in Deutschland die Begriffe Unfall-[242] bzw. Kaskoversicherung[243] gebräuchlich. Versicherungsnehmer und Leistungsempfänger im Normalfall der Geschädigte. Die First-Party-Versicherungen durchbrechen mittels der versicherungsrechtlichen Schadensverteilung den Grundsatz casum sentit dominus, welcher ansonsten nur durch die individualrechtliche Verlagerung des Haftungsrechts außer Kraft gesetzt werden kann. Der Anspruch aus dem Versicherungsvertrag ist unabhängig von haftungsrechtlicher Verantwortlichkeit eines Dritten. Er richtet sich allein nach der Definition des Versicherungsfalles und der versicherungsrechtlichen Leistungsausschlussgründe. Die rein schadensorientierte, verhaltensunabhängige Ersatzgewährleistung basiert, soweit sie wie im Fall der gesetzlichen Unfallversicherung staatlich verordnet ist, auf dem

---

236 *J. v. Gierke*, Versicherungsrecht I, S. 11; *Dreher*, Privatversicherung, S. 13; *Looschelders*, VersR 1996, S. 529, 531.

237 Zur Entwicklung und Ausbreitung von Italien nach ganz Europa vgl. *J. v. Gierke*, Versicherungsrecht I, S. 12 f.; *Dreher*, Privatversicherung, S. 14 ff.; *Wesel*, Rn 256.

238 *Looschelders*, VersR 1996, S. 529 ff. m.w.Nw.

239 *Looschelders*, VersR 1996, S. 529, 531 f.

240 Vgl. dazu die Abschnitte und Titel des VVG sowie den Überblick bei *Weyers/Wandt*, Versicherungsvertragsrecht, Rn 20 ff., insbesondere Rn 27 ff.

241 Vgl. *Wagner*, in *Zimmermann*, Grundstrukturen des Europäischen Deliktsrechts, S. 194; zu den Unterschieden der *Liability Insurance* zur *Personal Insurance* vgl. *Atiyah-Cane*, S. 191 ff., 241 ff.; *Faure*, ZEuP 2000, S. 575, 582.

242 *Kötz/Wagner*, Rn 219, 398; *J. v. Gierke*, Versicherungsrecht II, S. 352.

243 *Kötz/Wagner*, Rn 227, 398; *Greger*, Einl Rn 31.

distributiven Gedanken gerechter Lastenverteilung innerhalb der Gesellschaft,[244] auch wenn die der Leistung gegenüberstehenden Prämien kommutativer Natur sind.[245] Distributive Gesichtspunkte liegen immer dann zu Grunde, wenn es um die Frage nach der gerechten Verteilung von Glück und Unglück aufgrund verhaltensunabhängiger Gesichtspunkte geht; um Schäden also, die mit verhaltensabhängigen Kriterien des Haftungsrechts nicht zu lösen sind.[246]

Die das Haftungsrecht begleitenden *Haftpflichtversicherungen* bestehen demgegenüber konstruktiv zu Gunsten des Schädigers als Versicherungsnehmer,[247] denn sie sind seine Versicherung gegenüber den Ansprüchen vom Schaden betroffener dritter Personen. Gekennzeichnet werden sie wegen ihrer diesbezüglichen Leistungsrichtung mit dem Begriff der *Liability* oder *Third-Party-Insurance*.[248] Da sie vom materiellen Haftungsrecht abhängig sind, liegt dem Haftpflichtverhältnis insgesamt die *kommutative, ausgleichende Gerechtigkeit* zu Grunde.[249] Ohne Haftpflichtversicherungen könnten heute viele Tätigkeiten wegen zu hoher individueller Haftungsrisiken nicht mehr ausgeübt werden.[250] Das liegt mittlerweile zwar vordergründig an verwaltungsrechtlichen Koppelungsregelungen wie z.B. der vom Bestehen eines bestimmten Haftpflichtversicherungsschutzes abhängigen Zulassung abstrakt gefährlicher Sachen.[251] Auch ohne diese Verknüpfung würden aufgrund der fehlenden, kalkulierbaren Verteilung bestimmter Haftungsrisiken viele Tätigkeiten in der Gesellschaft unterbleiben müssen, wenn sie nicht versicherbar sind. Die Krise der Luftfahrtgesellschaften nach den Anschlägen vom 11. September 2001 hat das überdeutlich gezeigt.[252] Die in der Versicherung liegende Absicherung individueller Freiheit des Handelnden trotz sicherem Ausgleich der Gütersphäre des Geschädigten offenbart die funktionale Ergänzung des Haftungsrechts.[253]

---

[244] *Looschelders*, VersR 1996, S. 529, 533.

[245] Näher zu distributiver und kommutativer Gerechtigkeit im Zusammenhang mit den Ordnungsaufgaben des Haftungsrechts unten § 4 B. I.

[246] Allgemein deshalb *Looschelders*, VersR 1996, S. 529, 533; näher unten § 4 B. I. 3.; s.a. *Müller-Rostin*, VersR 2003, S. 153, 156 zur Bewältigung der Schäden aus den Anschlägen vom 11. September 2001.

[247] *Ehrenzweig*, JBl 1950, S. 253, 255; *Güllemann*, S. 109, 112; *Stoll*, Haftungsfolgen, Rz 95; *Deutsch*, Rn 749; *Kötz/Wagner*, Rn 404.

[248] *Atiyah-Cane*, S. 191 ff., 241 ff.; *Faure*, ZEuP 2000, S. 575, 582.

[249] Dazu unten § 4 B. I. 3.

[250] *Katzenmeier*, Arzthaftung, S. 194 zum Arztberuf; *Müller-Rostin*, VersR 2003, S. 153, 156 zum Luftverkehr; zur französischen Entwicklung hinsichtlich von behindert geborenen Kindern als Anspruchsberechtigten *Deutsch*, NJW 2003, S. 26, 27; allgemein zu Handlungsspielräumen durch Versicherung *Looschelders*, VersR 1996, S. 529, 532.

[251] S. *Kötz/Wagner*, Rn 409; *Müller-Rostin*, VersR 2003, S. 153, 154, 156.

[252] *Müller-Rostin*, VersR 2003, S. 153, 156.

[253] Stellvertretend etwa *Hannak*, Verteilung, S. 49 ff., 55; s.a. *Schwintowski*, ZRP 2003, S. 391 ff.

Allen Versicherungen ist gemein, nicht unmittelbar die Verhinderung schädigender Ereignisse im Auge zu haben, sondern aus Sicht des Versicherten zum Zwecke des Ausgleiches geschaffen worden zu sein,[254] wenngleich versicherungsrechtliche Anreize und Sanktionen zum sorgsamen Verhalten anhalten sollen.[255] Wie bereits angedeutet liegt den privatrechtlichen Versicherungsverhältnissen auf Gleichordnungsebene zwischen Versicherer und Versicherungsnehmer die den Vertrag kennzeichnende kommutative Gerechtigkeit zu Grunde.[256] Soweit jedoch über dieses bipolare Verhältnis hinaus ein Dritter – der Schädiger bei der First-, der Geschädigte bei der Third-Party-Insurance – für die Frage der Schadenszuordnung bedeutsam ist und vom Gesetzgeber in die Ausgestaltung des Versicherungsverhältnisses einbezogen wird,[257] rücken die bipolaren Gesichtspunkte in den Hintergrund.

II. Insolvenzschutz durch haftungsbegleitende Versicherung

Treten Versicherungen neben das Haftungsrecht, haben sie einen entlastenden Effekt für den Versicherungsnehmer, d.h. im Falle einer First-Party-Insurance für den vom casum sentit dominus-Prinzip betroffenen Geschädigten und im Falle einer Third-Party-Insurance für den Haftverpflichteten. Entwicklungsgeschichtlich ist die letztgenannte Gruppe von Versicherungen besonders interessant, da der entlastende Effekt mehr und mehr dazu benutzt wurde, mittelbar für den Geschädigten einen Insolvenzschutz zu bieten und so den Opferschutz des mit der Haftpflichtversicherung verknüpften Haftungsrechts zu vervollständigen.[258]

1. Entstehungsgeschichte

In ihrer Urform waren Haftpflichtversicherungen in der Seeversicherung neben der Kaskoversicherung enthalten.[259] Ein eigenständiges Dasein erlangten sie in Deutschland erst nach Einführung der strengen Haftung durch das RHG von 1871.[260] Dabei war ursprünglich geplant gewesen, die Unternehmer mittels strenger Haftung faktisch zum Abschluss von Unfallversicherungsverträgen zu Gunsten der Arbeitnehmer, d.h. zu drittfinanzierten First-Party-Insurances zu

---

[254] *Looschelders*, VersR 1996, S. 529.

[255] Z.B. durch Schadensfreiheitsrabatt, die Abhängigkeit der Prämienhöhe von Leistungsausschüttungen sowie Obliegenheiten des Versicherungsnehmers; allgemein zur diesbezüglichen Einschränkung von Handlungsspielräumen *Looschelders*, VersR 1996, S. 529, 532 f.; s. auch unten § 4 A. II. 1.

[256] *Looschelders*, VersR 1996, S. 529, 533 f.

[257] Dazu sogleich.

[258] Vgl. *v. Caemmerer*, RabelsZ 42 (1978), S. 5, 10 f.

[259] *J. v. Gierke*, ZHR 60 (1907), S. 1, 3.

[260] *J. v. Gierke*, ZHR 60 (1907), S. 1, 4; *Katzenmeier*, VersR 2002, S. 1449; allgemein *Güllemann*, S. 108 f.; *Brüggemeier*, Prinzipien, S. 249 f.; *Becker*, Der Einfluß der Haftpflichtversicherung auf die Haftung, S. 24 f.

bewegen.[261] Marktwirtschaftlich setzten sich jedoch die für den Unternehmer weniger kostenaufwändigen, an die Haftpflicht geknüpften Versicherungen durch.[262]

Mit der später gesetzlich verwirklichten Unfallversicherung und der damit bewirkten Ersetzung der Haftung durch Sozialversicherung im Jahre 1884[263] verschwanden sie zwar vorerst wieder vom Markt und wurden in Folge dessen bei der Ausformung des Haftungsrechts im BGB trotz ihres zwischenzeitlichen Wiederauflebens noch nicht berücksichtigt.[264] Gleichzeitig hatte die Versicherungswirtschaft in der Krise jedoch erkannt, welche Aufgaben eine Versicherung gegen Haftung generell zu übernehmen im Stande ist, welcher Markt also für sie besteht. Sie übertrug die Idee in den folgenden Jahren trotz Kritik an der die individuelle Schadensersatzpflicht abmildernden Funktion[265] auf andere Lebensbereiche.[266] Nur wenige Jahre später hatte die Haftpflichtversicherung bereits bedeutenden Einfluss auf die Ausformung der strengen Haftung nach dem KFG.[267] Aus dem erzwungenen Gedanken des Opferschutzes heraus hatten Versicherungsunternehmen und potenziell Haftverpflichtete so ihre eigenen Vorteile eines Systems kollektiver Haftungseinheiten herausgefiltert. Die freiwillige Haftpflichtversicherung war etabliert und repräsentiert – trotz ihrer Freiwilligkeit – zusammen mit den Abschwächungen des Verschuldensprinzips den Übergang vom liberalen zum sozialen Risikoverteilungsmechanismus.[268]

---

[261] *v. Bar*, AcP 181 (1981), S. 289, 297; s.a. *J. v. Gierke*, Versicherungsrecht II, S. 354; *Becker*, Der Einfluß der Haftpflichtversicherung auf die Haftung, S. 46; *E. Lorenz*, in *Beuthin/Fuchs/Roth/Schiemann/Wacke*, Festschrift für Medicus (1999), S. 353, 356, 360.

[262] *v. Bar*, AcP 181 (1981), S. 289, 297, 299 f. mit einem Beispiel für die typische Kombinationen aus Haftpflicht- und Unfallversicherung bei an das Haftungsrecht gekoppeltem Ausschlusstatbestand; vgl. auch *J. v. Gierke*, ZHR 60 (1907), S. 1, 5 f.; *Becker*, Der Einfluß der Haftpflichtversicherung auf die Haftung, S. 24 f.

[263] Dazu bereits oben § 3 C. III.

[264] *v. Bar*, AcP 181 (1981), S. 289, 297 f. und 301 f.; *Becker*, Der Einfluß der Haftpflichtversicherung auf die Haftung, S. 26.

[265] Vgl. *Looschelders*, VersR 1996, S. 529, 531 f., 535; *Katzenmeier*, Arzthaftung, S. 195; *ders.*, VersR 2002, S. 1449 jeweils m.w.Nw. – Moralisch wurde sie zunächst vielfach angeprangert, da sich mit ihrer Hilfe jemand bewusst den Folgen seines eigenen Verschuldens entziehen konnte. Hinter den Vorwürfen standen aber wohl eher wirtschaftliche Interessen. Vgl. *J. v. Gierke*, ZHR 60 (1907), S. 1, 8 und 47 ff.; *Katzenmeier*, VersR 2002, S. 1449 in Fn 11.

[266] *J. v. Gierke*, ZHR 60 (1907), S. 1, 9 ff. sowie die Prognose S. 62; *ders.*, Versicherungsrecht II, S. 305; *v. Bar*, AcP 181 (1981), S. 289, 300 ff.; *Katzenmeier*, VersR 2002, S. 1449; *Becker*, Der Einfluß der Haftpflichtversicherung auf die Haftung, S. 28; *von Gadow*, Die Zähmung des Automobils durch die Gefährdungshaftung, S. 47 f.; zu heute bedeutsamen Bereichen *Kötz/Wagner*, Rn 229, 398 ff.

[267] Ausführlich zu dessen Entstehung *Schubert*, ZRG 117 (2000), S. 238 ff.

[268] Vgl. *Katzenmeier*, VersR 2002, S. 1449 f.

2. Funktionswandel

Vervollkommnet wurde der Übergang mit einem funktionalen Richtungswechsel. Akzessorische Haftpflichtversicherungen verdanken ihre Entstehung wie gesehen den Interessen der Haftverpflichteten als Versicherungsnehmern – wirtschaftlich bedeutend sind sie erst durch die gesetzgeberisch angepeilte Absicherung des Anspruchs der Geschädigten geworden. Dies geschah zunächst durch die Einführung strenger haftungsrechtlicher Einstandspflichten, für die man den Abschluss einer Haftpflichtversicherung erwartete. Nach und nach wurde Geschädigtenschutz dann auch in die Ausgestaltung der Versicherung transformiert.

Der Grundsatz der strikten Trennung von Haftpflicht- und Deckungsverhältnis führte dazu, dass die Vorzüge für den Geschädigten bloßer Reflex, nicht aber eigentliches Ziel der Versicherung waren.[269] Zur finanziellen Schonung des Versicherers und Versicherungsnehmers war sie marktwirtschaftlich gesehen sogar auf Abwehr von Schadensersatzansprüchen und folglich *gegen den Geschädigten ausgerichtet*,[270] wenngleich damit nicht gesagt ist, dass der Versicherungsnehmer kein Interesse an der Ersatzleistung zu Gunsten des Geschädigten haben konnte.[271] Jedenfalls in ihrer Grundkonstruktion diente sie allein dem Versicherungsnehmer.[272] Der Geschädigte steht außerhalb des Versicherungsvertrages und damit außerhalb der Leistungsrechte.[273]

Das hat sich bis heute grundlegend gewandelt. Haftpflichtversicherungen sind obligatorische Voraussetzung zur Ausübung vieler Tätigkeiten[274] und der Geschädigte hat unter bestimmten Voraussetzungen sogar einen direkten Anspruch gegen die Versicherung des Haftpflichtigen, obwohl er nicht Vertragspartner ist.[275] Die Haftpflichtversicherung wandelt sich so zum primär die Interessen des Geschädigten schützenden Sicherungsmittel um.[276] Sie soll in erster

---

[269] *Stoll*, Haftungsfolgen, Rz 95; *Kötz/Wagner*, Rn 404.

[270] *Deutsch*, Rn 749; s.a. *Becker*, Der Einfluß der Haftpflichtversicherung auf die Haftung, S. 29, die aufgrund der 1871 schon vorhandenen opferschützenden Intention keinen echten Funktionswandel erblicken kann, S. 46; ebenso *E. Lorenz*, in *Beuthin/Fuchs/Roth/Schiemann/Wacke*, Festschrift für Medicus (1999), S. 353, 356, 360.

[271] Vgl. *v. Bar*, AcP 181 (1981), S. 289, 305 f.

[272] Dazu *Ehrenzweig*, JBl 1950, S. 253, 256; *Güllemann*, S. 109, 112; *Weyers*, Unfallschäden, S. 360 ff.; *Stoll*, Haftungsfolgen, Rz 95; *Kötz/Wagner*, Rn 404; *Deutsch*, Rn 749; vgl. auch den Überblick bei *E. Lorenz*, in *Beuthin/Fuchs/Roth/Schiemann/Wacke*, Festschrift für Medicus (1999), S. 353, 354 ff.

[273] *Stoll*, Haftungsfolgen, Rz 95.

[274] Vgl. *Kötz/Wagner*, Rn 409.

[275] S. z.B. § 3 PflVG.

[276] BGHZ 76, S. 279, 285 f.; 127, S. 186, 191 f.; *Ehrenzweig*, JBl 1950, S. 253, 256; *v. Hippel*, NJW 1967, S. 1729, 1734; *Weyers*, Unfallschäden, S. 363 ff.; *v. Bar*, AcP 181 (1981), S. 289 ff.; *Stoll*, Haftungsfolgen, Rz 95 ff. mit rechtsvergleichenden Hinweisen; *Katzenmeier*, Arzthaftung, S. 197; *ders.*, VersR 2002, S. 1449, 1451; *Deutsch*, Rn 749; *La-*

Linie die mögliche Ersatzlücke bei Zahlungsunfähigkeit des Schuldners schließen.[277] Der Preis für diese Sicherheit ist eine finanzielle Grundbelastung aller Versicherten, die in ihrer Haftungsgemeinschaft zum Schadensträger werden. Nur auf der sekundären Regressebene kann die kollektive Schadenstragung dann noch insgesamt zum Individuum zurückgeführt werden.[278]

Auf dem Weg zu dieser *opferschützenden Funktion* wurde es zunächst im Bereich der Zwangsvollstreckung in die Versicherungsforderung und im Falle des Konkurses des Versicherungsnehmers als unbillig empfunden, den Geschädigten gegenüber anderen Gläubigern nicht zu privilegieren. Gesetzgeber und Rechtsprechung verankerten ab 1908 fortlaufend den Opferschutz der Haftpflichtversicherung durch Absicherung des für den Geschädigten notwendigen Forderungszugriffs.[279] Der Wandel im funktionalen Verständnis der Haftpflichtversicherung manifestierte sich mit Einführung gesetzlich angeordneter Versicherungspflichten ab 1922,[280] den seit 1939 vorzufindenden Regeln über das (für den Anspruch des Geschädigten unbeachtliche) „kranke" Versicherungsverhält-

---

renz/Canaris, Schuldrecht II 2, § 84 I 5; *Hannak*, Verteilung, S. 41 ff.; *E. Lorenz*, in *Beuthin/Fuchs/Roth/Schiemann/Wacke*, Festschrift für Medicus (1999), S. 353, 354 ff. – s.a. BGH VersR 1962, S. 216, 217; NJW 1974, S. 1086; OLG München VersR 1973, S. 236, 237; OLG Düsseldorf VersR 1973, S. 374; OLG Nürnberg NZV 1993, S. 273.

[277] *Looschelders*, VersR 1996, S. 529, 536; *Hannak*, Verteilung, S. 41 – Das Risiko der Zahlungsunfähigkeit eines Versicherers wird vom Verein „Solidarhilfe e.V." der Kfz-Haftpflichtversicherer gedeckt, *Kötz/Wagner*, Rn 412.

[278] *Greger*, Einl Rn 30 mit Hinweisen zu den sonstigen Fällen verbleibender Individualbelastung: Prämiennachteile und Deckungsgrenzen.

[279] Vgl. *v. Bar*, AcP 181 (1981), S. 289, 306 ff.; *Hannak*, Verteilung, S. 41 ff.; *Güllemann*, S. 110 ff.; *Dubischar*, in *Hadding*, Festgabe Zivilrechtslehrer 1934/1935, S. 59, 62 ff.; *Katzenmeier*, Arzthaftung, S. 196 f.; *ders.*, VersR 2002, S. 1449, 1450 ff.; *Becker*, Der Einfluß der Haftpflichtversicherung auf die Haftung, S. 29 ff.; *Brox/Walker*, Zwangsvollstreckungsrecht, Rn 523; *Zöller/Stöber*, § 851 Rn 3; beispielhaft hierzu aus der Rechtsprechung RG DR 1944, S. 290, 292; RGZ 70, S. 257, 261; BGHZ 7, S. 244, 249 f.; NJW 1954, S. 1034 f.; VersR 1962, S. 216, 217 – Die Umkehrung des Schutzschwergewichts wird besonders deutlich in der Verteidigung des Restbestandes an Schädigerschutz bei *Ahrens*, AcP 189 (1989), S. 526, 530 ff.

[280] Zunächst nur für die Haftung nach dem LuftVG, 1933 für Autofahrlehrer, 1934 für die Jäger und Personenbeförderer, 1935 für den Güterfernverkehr, 1939 für alle Kraftfahrzeughalter unter Strafandrohung für den Gebrauch oder seine Gestattung trotz Nichtversicherung (Artikel I § 5 des Gesetzes vom 07.11.1939, RGBl I, S. 2224); zum heutigen Stand s. *Prölss/Martin*, Vorbem IV; *Kötz/Wagner*, Rn 229, 409; *Katzenmeier*, VersR 2002, S. 1449, 1451; *Stoll*, Haftungsfolgen, Rz 96 f. mit rechtsvergleichenden Hinweisen; zu England *Zweigert/Kötz*, S. 672; *Koch*, Die Sachhaftung, S. 45 – speziell zur Kfz-Pflichtversicherung *Dubischar*, in *Hadding*, Festgabe Zivilrechtslehrer 1934/1935, S. 59 ff.; zu entsprechenden Erwägungen schon im Vorfeld des KFG *Schubert*, ZRG 117 (2000), S. 238 ff., 273 ff. – zu indirekten, richterrechtlichen Versicherungspflichten *v. Bar*, AcP 181 (1981), S. 289, 319 ff.

nis, § 158 c VVG,[281] und gipfelte im 1965 nach französischem Vorbild[282] normierten Direktanspruch des Geschädigten gegenüber dem Kfz-Haftpflichtversicherer nach § 3 Nr. 1 PflVG.[283] Inzwischen[284] spricht man offen von einer standardisierten, mittelbaren Versicherungsfunktion zu Gunsten des Geschädigten.[285] Das nicht mehr allein auf individualvertraglichen Voraussetzungen ruhende Versicherungsverhältnis erfüllt so eine gesellschaftlich notwendige Kollektivierungsaufgabe,[286] eine soziale Schutzfunktion.[287] In Fortführung wird eine alle Lebensbereiche erfassende, allgemeine obligatorische Haftpflichtversicherung für alle Bürger gefordert.[288]

Je weiter man sich einer bloßen Kausalhaftung mit zwingend angekoppelter Haftpflichtversicherung und direktem Anspruch des Verletzten gegenüber der Versicherung annähert, desto weniger unterscheidet sich solch ein System von einer primär auf Schadensausgleich angelegten *Unfallversicherung zu Gunsten Dritter*.[289] Eine im Ergebnis nahezu vollkommene Annäherung stellt ein „Haftpflichtversicherungs"-System dar, in dem der Versicherer *ohne Prüfung der Haftungsfrage* zur Leistung verpflichtet ist. Diesen Weg ist Belgien im Kraftfahrzeugbereich gegangen[290] und auf europäischer Ebene ist ein entsprechender Richtlinienentwurf ins legislative Verfahren eingebracht worden.[291] Es

---

[281] Vgl. *Sieg*, VersR 1980, S. 1085, 1088; *v. Bar*, AcP 181 (1981), S. 289, 323; *Dubischar*, in *Hadding*, Festgabe Zivilrechtslehrer 1934/1935, S. 59, 62 f.; *Kötz/Wagner*, Rn 413 ff.; *Ahrens*, AcP 189 (1989), S. 526, 531 f.; *Katzenmeier*, VersR 2002, S. 1449, 1451.

[282] *Kötz/Wagner*, Rn 406.

[283] Die Legislative wurde aufgrund des „Europäischen Übereinkommens über die obligatorische Haftpflichtversicherung für Kraftfahrzeuge" aus dem Jahre 1959 tätig. Vgl. *Prölss*, NJW 1965, S. 1737; zur Entwicklung *Dubischar*, in *Hadding*, Festgabe Zivilrechtslehrer 1934/1935, S. 59, 65 f.; *Brüggemeier*, Prinzipien, S. 252 f.; *Kötz/Wagner*, Rn 405 ff.

[284] Zur weiteren Entwicklung *Dubischar*, in *Hadding*, Festgabe Zivilrechtslehrer 1934/1935, S. 59, 67 ff.

[285] S. *v. Hippel*, NJW 1967, S. 1729, 1734; *Rohe*, AcP 201 (2001), S. 117, 160; *Katzenmeier*, VersR 2002, S. 1449, 1450; *v. Bar*, VersR 1986, S. 620, 626; *Kötz*, ZEuP 1997, 496, 499 f.

[286] *Dubischar*, in *Hadding*, Festgabe Zivilrechtslehrer 1934/1935, S. 59; *Katzenmeier*, VersR 2002, S. 1449, 1450.

[287] *Kötz/Wagner*, Rn 405; *Looschelders*, VersR 1996, S. 529, 536.

[288] Vgl. *v. Hippel*, Rechtspolitik, S. 320 f.

[289] *Kötz/Wagner*, Rn 429, 431; *v. Bar*, AcP 181 (1981), S. 289, 319; *Marschall v. Bieberstein*, BB 1983, S. 467, 471; *Stoll*, Haftungsfolgen, Rz 98; *Karollus*, ZfRV 1992, S. 161, 162 ff.; s.a. *v. Caemmerer*, Reform der Gefährdungshaftung, S. 22; *v. Bar*, VersR 1986, S. 620, 626; *Kötz*, ZEuP 1997, 496, 499 f.; *Katzenmeier*, VersR 2002, S. 1449, 1450.

[290] Vgl. *v. Bar*, Gemeineuropäisches Deliktsrecht II, Rn 368 f.; *ders.*, in PE 168.511, S. 48 f.; zur Minderjährigenhaftung und dem teilweisen Verzicht der Haftpflichtversicherer auf den Einwand der Deliktsunfähigkeit *Schwintowski*, ZRP 2003, S. 391, 394; *Schirmer*, DAR 2004, S. 509, 513.

[291] Kommissionsvorschlag KOM (2002) 244, S. 14, 21 und 29 f. (ABlEG C E/2002/227/387); kritisch hierzu *Frommhold*, NZV 2003, S. 25 sowie die Stellungnahme des Europäischen

kommt hierbei aber zu Verwerfungen zwischen Rechtsform und Zweck der modernen Haftpflichtversicherung,[292] denn eine „Haftpflicht“ kann ohne Beantwortung der Haftungsfrage begrifflich-logisch nicht vorliegen.[293] Es handelt sich vielmehr um eine durch die Pflichtversicherten, d.h. die Gefahrengemeinschaft der Kfz-Halter, finanzierte First-Party-Unfallversicherung zu Gunsten der Geschädigten.

Umgekehrt wird der gesetzlichen Unfallversicherung in Bezug auf Unternehmer eine Art Haftpflichtversicherungsfunktion zugeschrieben.[294] Das allgemeine Lebensrisiko wird in beiden Fällen unabhängig von bisher bekannten Verantwortlichkeitsbereichen dem Einzelnen abgenommen und von einer Versicherungsgemeinschaft getragen. Man kann deshalb funktional die drittfinanzierte Unfallversicherung als komprimiertes Haftpflichtmodell oder aber, und das liegt wegen der funktionalen Veränderung der Haftpflichtversicherung näher, die mit einer Kausalhaftung zwingend verknüpfte Haftpflichtversicherung als auseinandergezogene drittfinanzierte Unfallversicherung begreifen.[295] First-Party-Unfallversicherung, insbesondere solche zu Gunsten Dritter, und Third-Party-Haftpflichtversicherung haben im Opferschutz einen gemeinsamen Ausgangspunkt und stehen konstruktiv näher beieinander, als man zunächst aufgrund ihrer ursprünglichen gedanklichen Gestalt anzunehmen verleitet ist. Vom heutigen Stand des Haftpflichtsystems aus ist es also nur noch ein Katzensprung zum vermeintlich konsequenten Endpunkt einer solchen Entwicklung: der Ersetzung des Haftungssystems durch eine First-Party-Versicherung.[296]

III. Haftungsersetzung durch Versicherungsschutz

Geschichtlicher Ursprung der völligen Verdrängung des Haftungsrechts war wie erwähnt[297] der Schutz der Arbeitnehmer und ihrer Familien vor einem betriebsbedingten Verlust der Erwerbsgrundlage. Der Arbeitsunfall kommt massenhaft vor, weil in der großen Zahl zugelassener Gefahrenquellen nicht alle Schäden vermeidbar sind.[298] Er kann schwerwiegende Folgen für die Existenz des Einzelnen haben. Zur Schonung des Friedens innerhalb des Unternehmens, zur

---

Wirtschafts- und Sozialausschusses EWSA/2003/287 (ABlEG C 2003/95/45), Rn 3.4.2. und der Bericht des Europäischen Parlaments v. 10. Oktober 2003, A5-0346/2003, S. 23 f.

[292] *Marschall v. Bieberstein*, BB 1983, S. 467, 471; *Karollus*, ZfRV 1992, S. 161, 162 ff.

[293] *Frommhold*, NZV 2003, S. 25 f.

[294] *Waltermann*, Sozialrecht, Rn 249; *Stoll*, Haftungsfolgen, Rz 101; zur Ambivalenz der modernen Systeme auch *Weyers*, Unfallschäden, S. 437.

[295] *Marschall v. Bieberstein*, BB 1983, S. 467, 471; *v. Bar*, VersR 1986, S. 620, 626; *Karollus*, ZfRV 1992, S. 161, 162 ff.; *Stoll*, Haftungsfolgen, Rz 89, 98; *Kötz*, ZEuP 1997, 496, 499 f.; *Frommhold*, NZV 2003, S. 25 f.

[296] S. bereits *Möller*, JW 1934, S. 1076 ff.; *Sieg*, ZHR 113 (1950), S. 95, 101 ff.; *Rinck*, Gefährdungshaftung, S. 31 f.

[297] Oben § 3 C. III.

[298] *Deutsch*, Rn 758.

Verwirklichung gesicherten Opferschutzes sowie zur Kalkulierbarkeit des Arbeitgeberleistungsrisikos erschien eine primäre Streuung mittels Versicherung angebracht.[299] Ab Mitte des 20. Jahrhunderts mehrten sich die Rufe nach Ausweitung der Haftungsersetzungslösung auf andere Lebensbereiche, insbesondere auf Straßenverkehrsunfälle, um die Gütersphären der Geschädigten und die Freiheitssphären der Handelnden angemessener zu regulieren.[300] In unterschiedlicher Ausprägung existier(t)en solche Versicherungslösungen außerhalb der Arbeitsunfälle u.a. in Neuseeland,[301] Israel,[302] Finnland und Schweden,[303] Norwegen,[304] Polen,[305] einigen Gliedstaaten Kanadas, Australiens und der USA[306] sowie neuerdings im Kleid einer Haftpflichtversicherung ohne Prüfung der Haftungsebene auch in Belgien.[307] Die französische Verkehrsunfallhaftung steht

---

[299] Vgl. BVerfGE 34, S. 118, 132, 136; *Deutsch*, Rn 758; *Güllemann*, ZRP 1974, S. 35, 36; zur erweiternden Entwicklung *Waltermann*, NJW 2002, S. 1225 ff. und NJW 2004, S. 901 ff.

[300] Zusammenfassend *Güllemann*, S. 21 ff.; *v. Hippel*, Haftungsersetzung, S. 53 ff.; *ders.* NZV 1999, S. 313; *Weyers*, Unfallschäden, S. 149 ff., 181 ff., 261 ff.; *v. Caemmerer*, RabelsZ 42 (1978), S. 5, 9 ff.; *Wagner*, in *Zimmermann*, Grundstrukturen des Europäischen Deliktsrechts, S. 324 ff. – Bereits in den Beratungen zum KFG gab es umfangreiche Diskussionen um eine alternative Zwangskollektivierung nach dem Vorbild der Unfallversicherung, wenngleich hierbei auch Verwandtschaften zur obligatorischen Haftpflichtversicherung späterer Prägung festzustellen sind. Vgl. *Schubert*, ZRG 117 (2000), S. 238, 240, 273 ff. Später wurde im Vorfeld der Reform des Kfz-Versicherungsrechts in den Dreißigerjahren des 20. Jahrhunderts der Gedanke einer radikalen Zwangskollektivierung behandelt. Vgl. *Dubischar*, in *Hadding*, Festgabe Zivilrechtslehrer 1934/1935, S. 59, 64 sowie die Nachweise bei *Güllemann*, S. 86 ff.; *Weyers*, Unfallschäden, S. 150.

[301] Vgl. *v. Hippel*, ZRP 1976, S. 252; *Deutsch*, VersR 1994, S. 381.

[302] *v. Caemmerer*, RabelsZ 42 (1978), S. 5, 10.

[303] S. *Bengtsson*, in *Bogdan*, Swedish Law in the New Millennium, S. 303 f.; *Stoll*, Haftungsfolgen, Rz 98; *v. Bar*, Gemeineuropäisches Deliktsrecht II, Rn 370; *Deutsch*, Rn 772; *Wagner*, in *Zimmermann*, Grundstrukturen des Europäischen Deliktsrechts, S. 327; zur abweichenden Entwicklung in Dänemark vgl. *Jørgensen*, in *Deutsch/Klingmüller/Kullmann*, Festschrift für Steffen (1995), S. 205 ff.

[304] *Fleming/Hellner/v. Hippel*, Haftungsersetzung durch Versicherungsschutz, S. 49 m.w.Nw.; *Wagner*, in *Zimmermann*, Grundstrukturen des Europäischen Deliktsrechts, S. 327.

[305] *Fleming/Hellner/v. Hippel*, Haftungsersetzung durch Versicherungsschutz, S. 49 und *Kötz*, Sozialer Wandel im Unfallrecht, S. 23 Fn 36 m.w.Nw.; S. zum dortigen Haftungsrecht *Lewaszkiewicz-Petrykowska*, in *Weick*, Entwicklung des Deliktsrechts in rechtsvergleichender Sicht, S. 206 f.

[306] *Zweigert/Kötz*, S. 685 ff. m.w.Nw.; *v. Hippel*, NZV 1999, S. 313, 314; umfassend zur Entwicklung *Fleming/Hellner/v. Hippel*, Haftungsersetzung durch Versicherungsschutz, S. 11 ff., 24 ff., 40 ff., insbesondere 49 mit weiteren Hinweisen; zuletzt *Wagner*, in *Zimmermann*, Grundstrukturen des Europäischen Deliktsrechts, S. 326.

[307] *v. Bar*, Gemeineuropäisches Deliktsrecht II, Rn 368 ff. sowie Rn 182 Fn 16 zur vorherigen, unzureichenden Haftungslage; *ders.*, in PE 168.511, S. 48 f.

Letzterem kaum nach,[308] knüpft aber konstruktiv noch an der haftungsrechtlichen Verantwortungszuweisung an[309] und steht damit innerhalb der beschriebenen Annäherungstendenz der Third-Party- hin zur First-Party-Versicherung. Ab Mitte der sechziger Jahre sind „no-fault"-Lösungen intensiv z.B. in den USA, England, Frankreich, Österreich, der Schweiz und auch in Deutschland diskutiert worden.[310] Danach ist die Debatte weitgehend zum Erliegen gekommen. Neue Rechtssetzungsperspektiven in Europa lassen die Argumentationspunkte jetzt wieder aufleben, insbesondere für Straßenverkehrs- und Heilbehandlungsschäden.[311] Darauf wird zurückzukommen sein (§ 4 E.).

---

[308] *Kötz*, ZEuP 1997, S. 496, 499; *Wagner*, in *Zimmermann*, Grundstrukturen des Europäischen Deliktsrechts, S. 326 f.

[309] S. oben § 1. A.

[310] Zusammenfassend *Stoll*, RabelsZ 36 (1972), S. 285 ff.; Tagungsband des Deutschen Sozialgerichtsverbandes: Soziale Sicherung gegen Unfälle im Straßenverkehr? (1975); *Fleming/Hellner/v. Hippel*, Haftungsersetzung durch Versicherungsschutz (1980); *Zweigert/Kötz*, S. 685 ff.; *Deutsch*, Rn 751 ff.; *ders.*, VersR 1979, S. 585; *Wagner*, in *Zimmermann*, Grundstrukturen des Europäischen Deliktsrechts, S. 324 ff., jeweils m.w.Nw.

[311] *Wagner*, in *Zimmermann*, Grundstrukturen des Europäischen Deliktsrechts, S. 324 ff.; *ders.*, NJW 2002, S. 2049, 2050; *Deutsch*, Rn 770 ff.; *Katzenmeier*, Arzthaftung, S. 214 ff.

§ 4. Die Aufgaben außervertraglicher Haftungsnormen

Methodisch gehört zur Ergründung eines Rechtsgebietes die Frage nach seinem Zweck.[312] In aller Regel ist dies nicht ein einzelner, sondern mehrere Zwecke unterschiedlichen Gewichts spielen zusammen.[313] Ihre Beachtung ist für Rechtsgewinnung, Rechtsanwendung und Rechtsfortbildung von erheblicher Bedeutung.[314] Nachfolgend werden daher die Aufgaben[315] des außervertraglichen Haftungsrechts zusammengetragen und gewichtet. Aufgrund der dabei umfassten vielfältigen Haftungsformen kann eine übergreifende Betrachtung nicht vollkommen konturenscharf sein. Die unterschiedliche Akzentuierung der Haftungszwecke bei der jeweiligen Haftungsform und ihren Zurechnungsgründen wird daher vorausgesetzt.

A. Primärfunktion: Abgrenzung von Güter- und Freiheitssphären zur Bestimmung sachgerechter Risikozuständigkeit

I. Güterbezogener Ausgleich des Schadens?

Als vorrangiges Ziel des Haftungsrechts wird überwiegend der Ausgleich des Schadens angesehen („Ausgleichsfunktion").[316] Gekennzeichnet ist damit jedoch nur das augenfälligste Mittel des Haftungsrechts zur Erfüllung der „im Dunkeln" verbleibenden eigentlichen Ziele.[317] Gleichberechtigt neben der Gewährung des Schadensersatzes steht nämlich die Versagung desselben.[318] Keinesfalls ist es

---

[312] *Radbruch*, Rechtsphilosophie, S. 54; *Larenz*, Methodenlehre, S. 330 ff.; *Zippelius*, Methodenlehre, S. 50 ff.; *Deutsch*, JZ 1971, S. 244.

[313] *Larenz*, Methodenlehre, S. 331; *Deutsch*, JZ 1971, S. 244.

[314] Vgl. das überspitzte Titel-Motto bei *Jhering*, Der Zweck im Recht, Nachdruck der 4. Auflage des ersten und zweiten Bandes, 1970: „Der Zweck ist der Schöpfer des ganzen Rechts."; s.a. *Schäfer/Ott*, 4. Kapitel, 3., S. 113.

[315] Die Begriffe Zweck, Aufgabe, Ziel und Funktion des Haftungsrechts werden hier synonym verwendet, da ihr Gebrauch häufig deckungsgleich ist. Vgl. *Dreier*, Kompensation und Prävention, S. 123 f.; zu den entsprechenden Wechselwirkungen *Deutsch*, JZ 1971, S. 244.

[316] Vgl. *Deutsch*, Rn 17; *Larenz*, Schuldrecht I, § 27 I, S. 424; *MünchKomm-Mertens*, 3. Aufl. (1997), Vor §§ 823-853 Rn 41; *Staudinger/Hager*, Vorbem zu §§ 823 ff. Rn 9; internationale Nachweise enthält *Wurmnest*, Grundzüge eines europäischen Haftungsrechts, S. 94 in Fn 28.

[317] *Kötz*, in *Baur/Hopt/Mailänder*, Festschrift für Steindorff (1990), S. 643, 644 f.; *Wagner*, VersR 1999, S. 1441, 1442; *ders.*, in *MünchKomm*, Vor § 823 Rn 32 m.w.Nw.; *Kötz/Wagner*, Rn 37; *Greger*, Einl Rn 15; *Ott/Schäfer*, in *Ott/Schäfer*, Präventivwirkung, S. 131, 135 f.; *Blaschczok*, Gefährdungshaftung und Risikozuweisung, S. 343; *ders*, in *Ott/Schäfer*, Präventivwirkung, S. 156, 157.

[318] *Kötz/Wagner*, Rn 37; *MünchKomm-Wagner*, Vor § 823 Rn 32; *RGRK-Steffen*, Vor § 823 Rn 7; *Katzenmeier*, Arzthaftung, S. 180 und insbesondere die treffenden Ausführungen von *Deutsch*, Fahrlässigkeit und erforderliche Sorgfalt, S. 69.

die Funktion des Haftungsrechts, alle entstehenden Schäden auszugleichen.[319] Denn möglich wäre dies nur auf Kosten der Ersatzpflichtigen.[320] Die Zwecke des Haftungsrechts bestimmen heißt deshalb, nach dem zu suchen, was den Generator des Rechts bewegt, eine Schadensverlagerung mittels Ersatz zu bewilligen oder zu versagen.[321] Dabei sollte mit *Radbruch* nicht nur die Frage nach augenblicklich vom Recht hervorgebrachten Zwecksetzungen im Vordergrund stehen, sondern die überempirischen Zweckideen zur Messlatte des Rechts werden.[322]

Grundproblem und Aufgabe der Haftungsnormen ist die Bestimmung desjenigen, bei dem der Schaden verbleiben soll.[323] Denn es geht zunächst um den Bereich der Haftungsbegründung, des „Ob" einer Schadensverlagerung, nicht um Aufgaben der schadensrechtlichen Ausfüllung, des ausgleichenden „Wie".[324] Das Haftungsrecht entscheidet darüber, ob ein Schaden vom Inhaber des Rechtsgutes als Betroffenen endgültig getragen wird – *casum sentit dominus* – oder ob er auf eine andere Person verlagert werden kann.[325] Es bestimmt die *Risikozuständigkeit*,[326] in dem es die Verantwortungsbereiche der Beteiligten so voneinander abgrenzt, dass ein angemessener, ein „gerechter" Ausgleich der kollidierenden Interessen hergestellt wird.[327]

---

319 *Jansen*, Die Struktur des Haftungsrechts, S. 36 m.w.Nw.; *MünchKomm-Wagner*, Vor § 823 Rn 32.

320 *Medicus*, Schuldrecht I, Rn 582.

321 *Kötz/Wagner*, Rn 37; *MünchKomm-Wagner*, Vor § 823 Rn 32; *Katzenmeier*, Arzthaftung, S. 180; *Scholz*, Der Begriff der Zumutbarkeit im Deliktsrecht, S. 68; *Jansen*, Die Struktur des Haftungsrechts, S. 36 f., 97.

322 *Radbruch*, Rechtsphilosophie, S. 54; vgl. auch *Tunc*, in IntEncCompL XI/I, I-154.

323 Grundlegend *Esser*, S. 70.

324 Vgl. *MünchKomm-Oetker*, § 249 Rn 8; *Röckrath*, Kausalität, Wahrscheinlichkeit und Haftung, S. 189 f.; *Lange/Schiemann*, Einl III 2 a), wobei unter Einl III 1 allerdings von einer Deckungsgleichheit der Ziele der Haftungsgründe und der Haftungsausfüllung ausgegangen wird.

325 *Deutsch*, Rn 1 ff; *Greger*, Einl Rn 6 ff.; *Larenz/Canaris*, Schuldrecht II 2, § 75 I 2 a); *Rohe*, AcP 201 (2001), S. 117, 123; *Kötz/Wagner*, Rn 24, 34; besonders deutlich *MünchKomm-Wagner*, Vor § 823 Rn 32; vgl. auch schon *Mataja*, VI.

326 *Esser*, S. 69 ff.; *Greger*, Einl Rn 6; *Deutsch*, JZ 1971, S. 244, 245; *ders.*, NJW 1992, S. 73; *Jansen*, Die Struktur des Haftungsrechts, S. 70; vgl. auch *Zweigert/Kötz*, S. 625; *Müller-Erzbach*, AcP 106 (1910), S. 309; in Abgrenzung zum Sozialrecht *Güllemann*, ZRP 1974, S. 35, 36.

327 *Looschelders*, Mitverantwortlichkeit, S. 116 f.; *Röckrath*, Kausalität, Wahrscheinlichkeit und Haftung, S. 189 f.; s.a. *Jansen*, Die Struktur des Haftungsrechts, S. 37, 391 sowie BT-Drucks. 14/7752, S. 29: Das Haftungssystem des StVG habe sich über Jahrzehnte hinweg bewährt, weil es eine angemessene „Schadensregulierung unter Berücksichtigung der Interessen der am Straßenverkehr teilnehmenden Verantwortlichen und der Betroffenen" gewährleiste.

Von vornherein ist das Haftungsrecht verstrickt in den *Konflikt zwischen Güterschutz und Handlungsfreiheit*: entweder wird die Gütersphäre des Geschädigten mangels oder die des Schädigers kraft des Ausgleiches geschmälert und parallel wird mit Blick auf künftige Wiederholungen des Schadenseintritts die Handlungsfreiheit des Geschädigten oder des Schädigers eingeschränkt.[328] Die Zuweisung der wirtschaftlichen Schadenslast an den Schädiger oder an den Geschädigten ist vor der Struktur des Haftungsrechts eine grundsätzlich gleichwertige Alternative.[329]

Die Verfasser des BGB gründeten ihre Diskussion um das tragende Zurechnungsprinzip dementsprechend auf die Feststellung, das Deliktsrecht diene dazu, „die Rechtskreise der Einzelnen, innerhalb deren sie ihre individuelle Freiheit entfalten und ihre Interessen verfolgen dürfen, von einander abzugrenzen".[330] Darin spiegelt sich besonders deutlich *Kants* Definition des Rechts als Bedingungen zur Organisation und Abgrenzung von Freiheitsbereichen wider.[331] Letzteres mag darauf hinweisen, dass die Festlegung von Güter- und Freiheitssphären eine allgemeine Eigenschaft des Rechts ist. Sie hat jedoch hinsichtlich der Frage der Risikozuständigkeit im außervertraglichen Bereich besonderes Gewicht, da hier die außerhalb einer Sonderverbindung stehenden Handlungen der Beteiligten und der eingetretene Schaden die alleinigen Verbindungspunkte zwischen den involvierten Rechtsträgern sind. Der Konflikt wird über die Zurechnungsgründe anhand der Interaktionsumstände gelöst. Dabei stehen sich die Idealziele möglichst weiter Handlungsspielräume und umfassendem Rechtsgüterschutz im Ausgangspunkt kontradiktorisch gegenüber.[332]

Ein ausschließlich güterbezogenes Verständnis genügt daher nicht, die Funktion des Haftungsrechts zu erfassen. Da im Unterschied zur „Ausgleichsfunktion" die freiheitliche Komponente als Aufgabe aber umstritten ist, sind weitere Ausführungen vonnöten.

II. Freiheitsbezogene Prävention und Verhaltenssteuerung

Allgemein anerkannt, aber in ihrer Bedeutung umstritten, ist die präventive Wirkung des Haftungsrechts. Während manche darin nur einen erwünschten Neben-

---

[328] *Larenz/Canaris*, § 75 I 1; *Bartlsperger*, in *Isensee/Lecheler*, Festschrift für Leisner (1999), S. 1003, 1022; *Looschelders*, Mitverantwortlichkeit, S. 245; *RGRK-Steffen*, Vor § 823 Rn 7; *ders.*, VersR 1980, S. 409; *Esser/Weyers*, Schuldrecht II 2, § 53 2 b); *Medicus*, Schuldrecht I, Rn 582; *Fuchs*, Zivilrecht und Sozialrecht, S. 170; *Jansen*, Die Struktur des Haftungsrechts, S. 68 ff., 590; *Dreier*, Kompensation und Prävention, S. 1; allgemein auch *Papier*, DAR 2002, S. 532 ff.; *Gruber*, Freiheitsschutz als ein Zweck des Deliktsrechts (1998).

[329] *Jansen*, Die Struktur des Haftungsrechts, S. 68 – Plakativ ist die französischen Entwicklung zu behindert geborenen Kindern als Anspruchsberechtigten, *Deutsch*, NJW 2003, S. 26, 27.

[330] Protokolle II, S. 2712.

[331] *Larenz/Canaris*, Schuldrecht II 2, § 75 I 1; *Hattenhauer*, Grundbegriffe, S. 117.

[332] Vgl. *Fuchs*, Zivilrecht und Sozialrecht, S. 170.

effekt erblicken,[333] ist für andere die umfassende Verhaltenssteuerung nach ökonomischen Vorgaben die entscheidende Optimierungsaufgabe auch der Haftungsnormen.[334]

1. Schadensersatz als Abschreckung

Ausgangspunkt ist die unstreitige *Abschreckungswirkung* von Schadensersatzpflichten, die an sich geeignet ist, bestimmte unerwünschte Verhaltensweisen zu verhindern oder zumindest zu reduzieren.[335]

Dieser abschreckende Effekt ist heute allerdings in weiten Bereichen des Haftungsrechts durch die vorgeschriebene oder übliche, private oder staatlich-soziale *Versicherung* von Risiken deutlich eingeschränkt. Den Schädiger bedrohen innerhalb der Deckungsgrenzen nur unvollkommen ausgestaltete bzw. gehandhabte Regressansprüche und Prämiennachteile.[336] Allein auf der sekundären

---

[333] *Larenz*, Schuldrecht I, § 27 I, S. 423; *v. Caemmerer*, RabelsZ 42 (1978), S. 5, 19; *Lange/Schiemann*, Einl III 2 b); *Greger*, Einl Rn 13; *MünchKomm-Mertens*, 3. Aufl. (1997), Vor §§ 823-853 Rn 44; *Looschelders*, VersR 1996, S. 529, 536; *Katzenmeier*, VersR 2002, S. 1449, 1455; *Scholz*, Der Begriff der Zumutbarkeit im Deliktsrecht, S. 65 f.; tendenziell stärker betont bei *Deutsch*, Rn 18; *Larenz/Canaris*, Schuldrecht II 2, § 75 I 2 i) – Nachweise zur internationalen Anerkennung enthält *Wurmnest*, Grundzüge eines europäischen Haftungsrechts, S. 97 f.

[334] Grundlegend zum Haftungs- und Versicherungsrecht *Mataja*, S. 19 ff. sowie das deliktsrechtliche Judikat des amerikanischen Richters *Learned Hand* aus dem Jahre 1947, hierzu *Grundmann*, RabelsZ 61 (1997), S. 423, 428 f. und *Brüggemeier*, Prinzipien, S. 67 ff. sowie die nachfolgenden Quellen; *Calabresi*, The Cost of Accidents: A Legal and Economic Analysis (1970); *Shavell*, Economic Analysis of Accident Law (1987); *Landes/Posner*, The Economic Structure of Tort Law (1987); aus dem deutschen Schrifttum *Weyers*, Unfallschäden, S. 446 ff.; *Adams*, Ökonomische Analyse der Gefährdungs- und Verschuldenshaftung (1985); *Blaschczok*, Gefährdungshaftung und Risikozuweisung (1993); *Schäfer/Ott*, Teil 2; *Kötz/Wagner*, Rn 40, 119 ff.; *MünchKomm-Wagner*, Vor § 823 Rn 34 f., 39 ff.; *Jansen*, Die Struktur des Haftungsrechts, § 3; *Röckrath*, Kausalität, Wahrscheinlichkeit und Haftung, S. 77 ff.

[335] Vgl. z.B. *Larenz*, Schuldrecht I, § 27 I, S. 423; *Kötz*, in *Baur/Hopt/Mailänder*, Festschrift für Steindorff (1990), S. 643, 645; *Deutsch*, Rn 18; ausführlich *Dreier*, Kompensation und Prävention, S. 132 ff.

[336] Sog. *moral hazards*, vgl. *v. Hippel*, Haftungsersetzung, S. 25 ff.; *ders.*, ZRP 1998, S. 203, 204; *Güllemann*, S. 115 f.; *ders.*, ZRP 1974, S. 35, 38; *Kötz*, in *Baur/Hopt/Mailänder*, Festschrift für Steindorff (1990), S. 643, 652 f., 664 f.; *Wagner*, JZ 1991, S. 175, 178, 181 ff.; *ders.*, VersR 1999, S. 1441, 1445 f.; *Faure*, ZEuP 2000, S. 575, 580; *Jansen*, Die Struktur des Haftungsrechts, S. 167 f.; *Esser/Weyers*, Schuldrecht II 2, § 53 4 a), b); *Larenz*, Schuldrecht I, § 27 I, S. 423; *Greger*, Einl Rn 13, 30; *Staudinger/Hager*, Vorbem zu §§ 823 ff. Rn 10; *RGRK-Steffen*, Vor § 823 Rn 6; *Lange/Schiemann*, § 11 C I 3 – zur Akzentverlagerung von der Prävention und Sicherung der Rechtsordnung hin zur Schadensabnahme und Schadensstreuung *v. Bar*, AcP 181 (1981), S. 289, 311 ff.; *Katzenmeier*, VersR 2002, S. 1449 ff. – zu präventiven Argumenten gegen Haftpflichtversicherungen schon *J. v. Gierke*, ZHR 60 (1907), S. 1, 53 ff.; zusammenfassend aus neuerer Zeit *Looschelders*, VersR 1996, S. 529, 535 ff.

Regressebene kann das Haftungsrecht seine originäre verhaltenssteuernde Wirkung noch entfalten.[337] Häufig jedoch verlagert sich die Individualverhaltenssteuerung in das Versicherungsrecht und seine Instrumentarien,[338] weswegen die Präventionsfunktion des Haftungsrechts nur mittelbar bestehend bleibt.[339] Im Übrigen wird die materielle Abschreckungswirkung auch durch *Haftungshöchstsummen* beschränkt, die gerade in schweren Schadensfällen zu einer Risikodeckelung führen können.[340]

Unabhängig von Einschränkungen bei der Belastungswirkung ist weiterhin zu beachten, dass *ökonomische Motivation* weitgehend nur in Bereichen planender und organisierter Tätigkeit, also vor allem bei Unternehmen, zur Unfallverhütung erreichbar ist.[341] In den lediglich eingeschränkt planbaren Unfallsituationen des Straßenverkehrs liegen die psychologischen Voraussetzungen einer solchen Verhaltenssteuerung beim konkret handelnden Individuum allenfalls in sehr begrenztem Umfang vor.[342] Denn notwendig ist die Möglichkeit zur zweckrationalen Einflussnahme auf die Schadensentstehung, was sich regelmäßig auf den Entscheidungsbereich außerhalb der konkreten Unfallsituation beschränkt.[343] Überhaupt liegen die hierbei notwendigen Informationen in den sel-

---

337 Hierzu *Katzenmeier*, Arzthaftung, S. 210 ff.; *ders.*, VersR 2002, S. 1449, 1453 ff.

338 Vgl. dazu auch unten E. II. 2. sowie *v. Hippel*, JZ 1977, S. 706, 709; *v. Caemmerer*, RabelsZ 42 (1978), S. 5, 19; *Kötz/Wagner*, Rn 419; speziell zu den möglichen Steuerungswirkungen von Beitragsausgleichsverfahren, Prämiendifferenzierungen und Selbstbehalten *Kötz/Schäfer*, AcP 189 (1989), S. 501 ff.; *Katzenmeier*, Arzthaftung, S. 212 ff., 254 ff.; *ders.*, VersR 2002, S. 1449, 1454 ff.; *Wagner*, JZ 1991, S. 175, 178 ff.; *ders.*, VersR 1999, S. 1441, 1445 ff.; *Kötz/Wagner*, Rn 133, 380, 401; *Jansen*, Die Struktur des Haftungsrechts, S. 166 ff.; unter verfassungsrechtlichen Gesichtspunkten mit Blick auf ihre Notwendigkeit *Bullinger*, in *Ficker/u.a.*, Festschrift für v. Caemmerer (1978), S. 297, 303 ff.

339 Dazu insbesondere *MünchKomm-Wagner*, Vor § 823 Rn 35; s.a. *Cousy*, in *Koziol/Steininger*, European Tort Law 2001, S. 18 ff.

340 *Koch*, Die Sachhaftung, S. 161.

341 *Dreier*, Kompensation und Prävention, S. 130; kritisch auch in diesem Bereich unter Einbeziehung kollektiver Sicherungsmechanismen etwa *Weyers*, ZRP 1977, S. 292, 294; 569 f.; *Koch*, Die Sachhaftung, S. 50; ansonsten zusammenfassend *Jansen*, Die Struktur des Haftungsrechts, S. 170 ff., 176 f.

342 *Mataja*, S. 20; *Esser/Weyers*, Schuldrecht II 2, § 53 4 b); *Tunc*, in IntEncCompL XI/I, I-159; *Wagner*, JZ 1991, S. 175, 177; *ders.*, VersR 1999, S. 1441, 1442 f.; *Kötz/Wagner*, Rn 132 f.; *Kötz*, ZEuP 1997, S. 496, 503; *Engel*, JZ 1995, S. 213, 215 f.; *Dreier*, Kompensation und Prävention, S. 128; vgl. demgegenüber aber die Kritik und Statistik zur Haftungsersetzung, deren geringere Präventivwirkung beklagt wird, *Schäfer/Ott*, 4. Kapitel, 3., S. 115, 116; *v. Hippel*, Haftungsersetzung, S. 83 ff., 108 f.; darauf verweisend auch *Wagner*, in *Zimmermann*, Grundstrukturen des Europäischen Deliktsrechts, S. 332.

343 S. *Zweigert/Kötz*, S. 688 f.; *Kötz/Wagner*, Rn 131 ff. – Auch dort setzen die menschlichen Fähigkeiten exakter Kalkulation Grenzen, vgl. *Jansen*, Die Struktur des Haftungsrechts, S. 176 f.

tensten Fällen vor.[344] Hinzu kommt, dass Menschen ihr Handeln überhaupt nicht nur anhand einer Kosten-Nutzen-Kalkulation bestimmen, und selbst wenn, diese häufig nicht rational gefällt wird.[345] Häufig fließen nichtmonetäre Gesichtspunkte und Überzeugungen ein.[346]

Im Unterschied zur Zeit vor der Einführung strenger Haftungsregelungen durch das KFG[347] spielen heute im Bereich des Straßenverkehrs *straf- und verwaltungsrechtliche Abschreckungsmittel* zur Schadensverhütung eine wesentlich wichtigere Rolle:[348] Sie greifen zudem auch dort ein, wo eine Abschreckung notwendig erscheint, diese von der Rechtsfolge Schadensersatz jedoch mangels eines Schadens oder mangels der Geltendmachung zivilrechtlicher Ansprüche nicht ausgehen kann.[349] „Schärfste" und effektivste Waffen zur Disziplinierung der Verkehrsteilnehmer dürften verstärkte Polizeikontrollen[350] und vor allem das Fahrverbot sein, gleich ob es auf strafrechtlichem oder verwaltungsrechtlichem Wege angeordnet wird. Und der wesentlichste Grund für die seit Jahrzehnten trotz massivem Anstieg des Verkehrsaufkommens stetig sinkende Zahl der Verkehrstoten[351] sind die verbesserten aktiven und passiven Sicherungseinrichtungen der Kraftfahrzeuge.[352] Der präventive Einfluss materieller Haftungsnormen

---

344 *Jansen*, Die Struktur des Haftungsrechts, S. 177.

345 Vgl. *MünchKomm-Wagner*, Vor § 823 Rn 54.

346 *Dreier*, Kompensation und Prävention, S. 130; *Jansen*, Die Struktur des Haftungsrechts, S. 176; zu deren Berücksichtigung aber *MünchKomm-Wagner*, Vor § 823 Rn 55.

347 Vgl. *Schubert*, ZRG 117 (2000), S. 238, 240.

348 S. die Forderungen bei *v. Hippel*, JZ 1977, S. 706, 707 ff. sowie dessen Ursachenaufzählung in NZV 1999, S. 313; ansonsten *Kötz*, in *Baur/Hopt/Mailänder*, Festschrift für Steindorff (1990), S. 643, 656 ff.; *Kötz/Wagner*, Rn 132, 135; *Herzog*, in 30. Deutscher Verkehrsgerichtstag 1992, Veröffentlichung der Referate und Empfehlungen, S. 27 ff.; *Looschelders*, VersR 1996, S. 529, 536; *Scholz*, Der Begriff der Zumutbarkeit im Deliktsrecht, S. 65; *Papier*, DAR 2002, S. 532 ff.; *Jansen*, Die Struktur des Haftungsrechts, S. 174 f. mit Hinweisen zur teilweise geringen Wirkung strafrechtlicher Sanktionen; hierzu auch *Dreier*, Kompensation und Prävention, S. 523 ff. – Die Vorteile individueller, haftungsrechtlicher Verhaltenssteuerung beschreibt *Wagner*, VersR 1999, S. 1441, 1443 f.; s.a. *Engel*, JZ 1995, S. 213, 215 ff.; *Taupitz*, AcP 196 (1996), S. 114, 153; *Zweigert/Kötz*, S. 690.

349 Hierzu *Kötz/Wagner*, Rn 134 ff.

350 *Jansen*, Die Struktur des Haftungsrechts, S. 175.

351 Vgl. die Mitteilung der Kommission KOM (2003) 311, S. 6 f. sowie Anhang 1 und die Zahlen in Statistisches Jahrbuch 2003 für die Bundesrepublik Deutschland, S. 325 u. 328; s.a. *Streinz/Schäfer*, EUV/EGV, Art. 71 EGV Rn 75.

352 Für eine aus dem großen Schadensvermeidungspotenzial folgende, generelle haftungsrechtliche Motivation der häufig nicht unmittelbar am Unfall beteiligten Hersteller *Jansen*, Die Struktur des Haftungsrechts, S. 165 f. Ein Schluss, der in dieser Allgemeinheit bezogen auf das interaktionsspezifische Haftungsrecht nicht ohne weiteres nachvollziehbar ist, weshalb er später auch dahingehend relativiert wird, dass die Präventionsmöglichkeiten nur *ein* Argument für eine Haftung sein könnten, S. 179.

darf daher jedenfalls im Bereich der Straßenverkehrsunfälle nicht überschätzt werden.

2. Ökonomische Sichtweise

Diese Feststellungen werden prinzipiell auch von den Befürwortern der ökonomischen Analyse anerkannt.[353] Zusätzlich zur Frage konkreter, individueller Verhaltenssteuerung sehen sie es als Zweck gesetzgeberischen wie richterlichen Handelns an, geleitet vom Streben nach gesamtgesellschaftlicher Wohlfahrtsmaximierung das optimale Verhältnis der Kosten von anzuregenden Sicherungsmaßnahmen und zu vermeidenden Schäden zu erreichen.[354] Rechtspolitisches Ziel ist die optimale Ausnutzung gesellschaftlicher Ressourcen.[355] Betont wird die allgemeine Verhaltenssteuerung des Rechts mittels „Anreizen"[356] zu schadensverhütendem Verhalten im Verhältnis zu dessen Aufwand.[357] Durch eine gesamtwirtschaftliche „Brille" wird so versucht, das Handeln von Gesetzgeber, Rechtsprechung und Normadressaten zu erläutern bzw. zu optimieren.[358]

3. Generelle Steuerungspotenziale

Solange und soweit die Haftung an ein Individuum als Verpflichteten anknüpft und dieses die Rechtsfolgen der Schadensverlagerungsnorm zu tragen hat, wenn auch nur in gedämpfter Form, wohnen dem Recht gewisse Steuerungspotenziale inne.[359] Ihre optimale Ausnutzung wird sich schon wegen im Regelfall bestehender Schwierigkeiten bei der punktgenauen Bestimmung der finanziellen

---

[353] Vgl. stellvertretend aus dem deutschen Schrifttum *Kötz/Wagner*, Rn 128 ff.; *Wagner*, VersR 1999, S. 1441, 1442, 1445 ff. mit weiterführenden Ausführungen zu Wirkungsgrenzen aufgrund Versicherung, prozessualer Hemmnisse, Gesellschaftsrecht und des Systems der Sozialversicherung; *Ott/Schäfer*, in *Ott/Schäfer*, Präventivwirkung, S. 131, 134, 148 ff.; *Blaschczok*, in *Ott/Schäfer*, Präventivwirkung, S. 156, 160.

[354] S. *Ott/Schäfer*, in *Ott/Schäfer*, Präventivwirkung, S. 131, 132 ff.; *Kötz*, in *Baur/Hopt/Mailänder*, Festschrift für Steindorff (1990), S. 643, 646 ff.; *Grundmann*, RabelsZ 61 (1997), S. 423; *Kötz/Wagner*, Rn 119 ff.; *Wagner*, VersR 1999, S. 1441, 1442; zusammenfassend auch *Taupitz*, AcP 196 (1996), S. 114, 116 f., 121 ff.; *Scheel*, Versicherbarkeit und Prävention, S. 96 ff.; *Jansen*, Die Struktur des Haftungsrechts, S. 151 ff.

[355] Vgl. *Taupitz*, AcP 196 (1996), S. 114, 117 f., 123.

[356] Dieser positive Begriff täuscht über die Tatsache hinweg, dass vom Schädiger nicht erwünschte, ihn belastende Rechtsfolgen gemeint sind. Vgl. *Kötz/Schäfer*, AcP 189 (1989), S. 501, 502, die begrifflich unscharf auch von Sanktionen sprechen.

[357] *Kötz/Schäfer*, AcP 189 (1989), S. 501, 502; zur Unterscheidung von Prävention und Verhaltenssteuerung vgl. auch *Blaschczok*, in *Ott/Schäfer*, Präventivwirkung, S. 156, 161.

[358] S. insbesondere *Grundmann*, RabelsZ 61 (1997), S. 423, 424 ff.; zum Haftungsrecht *MünchKomm-Wagner*, Vor § 823 Rn 39 f.

[359] Vgl. die Folgerungen von *Jansen*, Die Struktur des Haftungsrechts, S. 178 f., 631 – Nicht unterschätzen sollte man auch die Präventionswirkung, die allein von der Aussicht ausgehen kann, in einem Zivilprozess als Beklagter erscheinen zu müssen. *Katzenmeier*, Arzthaftung, S. 257 f.

Wertigkeiten nur an Näherungswerten orientieren können, weshalb nur sehr begrenzt exakte Folgerungen möglich sind.[360] Eine rein materielle Bestimmung des Optimums versagt völlig, wenn es um immatierielle Werte wie Leben und Gesundheit geht, die nicht monetarisiert werden können.[361] Hieraus ergeben sich notwendig Grenzen rein mathematischer Optimierungsmethoden. Ein Kosten-Nutzen-Kalkül kann im Übrigen aber durchaus zur Verbesserung des Rechts dienlich sein, in dem es hilft, „Bauchgefühle“ bestimmter Gerechtigkeitspostulate erklärbarer, plastischer, anschaulicher werden zu lassen.[362] Ob es allein ermöglicht, konkrete Kollisionslagen entsprechend aufzulösen, erscheint nach dem Gesagten jedoch zweifelhaft.[363]

Die generelle Möglichkeit der Verhaltenssteuerung existiert davon abgesehen nicht nur für die mit dem Makel missbilligten Verhaltens behaftete Verschuldenshaftung[364], sondern auch für die *Gefährdungshaftung*. Zwar wird diesbezüglich vorgebracht, Prävention sei nicht angestrebt, wo Schäden aus rechtmäßigem, aber unvermeidbarem Verhalten ersetzt werden.[365] Die zu Grunde liegenden Handlungen seien vielmehr erlaubt oder sogar erwünscht.[366] Letzteres ist

---

[360] *Taupitz*, AcP 196 (1996), S. 114, 156 ff.; *Kötz/Wagner*, Rn 128 f.; *MünchKomm-Wagner*, Vor § 823 Rn 53 mit Hinweisen zur Haftung aus Verkehrspflichtverletzungen; eindringlich *Koch*, Die Sachhaftung, S. 16; s.a. *Jansen*, Die Struktur des Haftungsrechts, S. 176.

[361] *Larenz/Canaris*, Schuldrecht II 2, § 76 III 4 h); *Looschelders*, Mitverantwortlichkeit, S. 159 ff. m.w.Nw.; verteidigend *MünchKomm-Wagner*, Vor § 823 Rn 55.

[362] *Bartlsperger*, in *Isensee/Lecheler*, Festschrift für Leisner (1999), S. 1003, 1021: Zielfindungs- bzw. Zielbewertungsverfahren.

[363] Vgl. das entsprechende Fazit von *Taupitz*, AcP 196 (1996), S. 114, 163 ff. sowie *Koziol*, JBl 2001, S. 29, 35.

[364] S. zu spiegelbildlichen Entlastungsgründen bei der Gefährdungshaftung *Steffen*, DAR 1998, S. 135, 138.

[365] *Larenz*, Schuldrecht I, § 27 I, S. 423; *Deutsch*, Rn 697; s.a. die Entwurfsbegründung des Zweiten Schadensrechtsänderungsgesetzes BT-Drucks. 14/7752 S. 30 sowie *Steffen*, DAR 1998, S. 135, 138, der beim Übergang vom Entlastungsgrund des „unabwendbaren Ereignisses“ zur „höheren Gewalt“ Präventionsverluste befürchtet.

[366] Dahinter steht der vom Zusammenhang mit dem Versicherungsrecht getragene Gedanke, dass viele Handlungsweisen trotz ihrer Unfallträchtigkeit in der Gesellschaft notwendig sind. Deshalb versucht im Gesamtsystem rechtlicher Risikoverteilung das objektivierte Haftungsrecht heute, den Geschädigten wenigstens ex post zu entlasten, während die Kollektivierung der Schadenslast Freiheitsräume erhält. Die strengen Haftungsregeln zielen insoweit vordergründig gar nicht auf die generelle Unterbindung als notwendig erachteter Aktivitäten ab. Vgl. BGHZ 79, S. 259, 262: „Einer Gefährdungshaftung liegen keine Verhaltenspflichten zu Grunde, vielmehr dient sie dazu, die Auswirkungen einer konkreten, im Regelfall erlaubtermaßen gesetzten Gefahr auszugleichen.“; *Esser*, S. 90 ff.; *Larenz*, VersR 1963, S. 593, 596; *Deutsch*, Rn 644, 646, 722 ff., *ders.*, NJW 1992, S. 73, 74: „Die Schuldhaftung verbietet, die Gefährdungshaftung erlaubt.“; s.a. RGZ 141, S. 406, 407; *v. Bar*, Gemeineuropäisches Deliktsrecht II, Rn 313, S. 343 sowie Rn 315; *Larenz/Canaris*, Schuldrecht II 2, § 84 I 2 f).

bezogen auf die nur abstrakt mit Risiken behaftete Verfügung über Anlagen und Sachen kaum bestreitbar,[367] bedeutet aber nicht, dass alle Folgen der Ausnutzung dieser Freiheitsräume erwünscht sind. Das lässt sich schon historisch belegen. Denn ungeachtet der aus allgemeiner sozialer Nützlichkeit folgenden Unentbehrlichkeit vieler Tätigkeiten war schon bei Einführung der ersten verschuldens-unabhängigen Haftung für den Eisenbahnbetrieb im Jahre 1838 die maximale Unfallverhütung durch die Betreibergesellschaften entscheidendes Motiv für die neue Haftungsform.[368] Entsprechende Argumente finden sich auch im Rahmen der Diskussion um die Einführung verschuldensunabhängiger Haftung für den Kfz-Betrieb, wo häufig auf die Unzulänglichkeiten polizeilicher Vorschriften für die Sicherheit des Straßenverkehrs hingewiesen wurde.[369]

Die Gefährdungshaftung führt zu Schadenskosten, die vom betriebswirtschaftlich Agierenden ins Verhältnis zu seinem Nutzen aus der zu Grunde liegenden Freiheitsausschöpfung und den Kosten von Sicherungsmaßnahmen gesetzt werden können.[370] Dies führt im Optimalfall dazu, dass hinsichtlich vermeidbarer Schäden wie bei der Verschuldenshaftung rentable Sicherungsmaßnahmen ergriffen werden und zusätzlich das Aktivitätsniveau in einem Bereich gehalten wird, in dem die auftretenden Schadenskosten den Nutzen nicht zu stark schmälern.[371] Der Betroffene wird, soweit er nicht durch andere Umstände und Motive gehindert ist, auch hier versuchen, die nachteilige Rechtsfolge Schadensersatz durch rational steuerbare Handlungen zu begrenzen. Für das konkrete Fahrverhalten im Straßenverkehr haben die genannten Gesichtspunkte indes keine oder nur marginale Bedeutung.[372]

Generelle Verhaltenssteuerungspotenziale als Aufgabe des Haftungsrechts werden auch deutlich aus einem Perspektivenwechsel hin zur *Mitverantwortlichkeit des Geschädigten*. Wird ihm ein Teil des Schadens kraft eigener Verantwortung gemäß § 254 BGB oder § 17 II, III StVG angelastet, geht es ganz

---

[367] Vgl. *Kötz/Wagner*, Rn 341.

[368] *Schubert*, ZRG 116 (1999), S. 152, 181; *Lenz*, Haftung ohne Verschulden, S. 62; s.a. das Beispiel strenger Hausbewohnerhaftung im römischen Recht bei *Jansen*, Die Struktur des Haftungsrechts, S. 150.

[369] Vgl. *Schubert*, ZRG 117 (2000), S. 238, 248 ff., insbesondere 251, 254 f., 259 f.; allgemein *MünchKomm-Oetker*, § 249 Rn 9; ablehnend *Weyers*, Unfallschäden, S. 569 f.; *Koch*, Die Sachhaftung, S. 50 mit dem Argument, technische Entwicklungen seien durch haftpflichtrechtliche Belastungen noch nie wesentlich gebremst worden.

[370] S. *Bullinger*, in *Ficker/u.a.*, Festschrift für v. Caemmerer (1978), S. 297, 303 f.; *Kötz/Wagner*, Rn 346 ff.

[371] So schon *Mataja*, S. 105; *Bullinger*, in *Ficker/u.a.*, Festschrift für v. Caemmerer (1978), S. 297, 303 f.; *Deutsch*, Rn 637, *ders.*, NJW 1992, S. 73, 75; *Wagner*, VersR 1999, S. 1441, 1443 f.; *Kötz/Wagner*, Rn 346 ff.; *Kloepfer*, Umweltrecht, § 6 Rn 64 ff.; *Faure*, ZEuP 2000, S. 575, 577; *Jansen*, Die Struktur des Haftungsrechts, S. 152 ff.; s.a. *v. Bar*, Gemeineuropäisches Deliktsrecht II, Rn 313.

[372] Hierzu nochmals *Kötz/Wagner*, Rn 132 f.

offenbar nicht um den Schadensausgleich. Vielmehr wird selbiger versagt, was neben der gerechten Verteilung den Sinn und die Kraft hat, den Geschädigten künftig von den ihm angelasteten Handlungen abzuhalten, will er nicht Kürzungen seines Ersatzanspruches hinnehmen. Diese „Abschreckungswirkung" wird jedenfalls im Bereich von Sachschäden auch regelmäßig nicht durch eigenen Versicherungsschutz des Geschädigten abgemildert.[373] Insoweit gilt also, dass Vorbeugen besser ist als heilen.[374]

Aufgrund der unter 1. genannten Umstände tritt die präventive Verhaltenssteuerung also in einigen Bereichen wegen begrenzter Wirkungsmöglichkeiten zu Gunsten anderer Ziele in den Hintergrund. Innerhalb der allgemeinen Freiheits- und Gütersphärendefinition ist sie gleichwohl ein existenter Bestandteil, den das Haftungsrecht nutzen kann und, wenn möglich, auch nutzen sollte.[375]

III. Zusammenführung

Die Bestimmung der Risikozuständigkeit ist ein komplexer Prozess, bei dem die Freiheits- und Gütersphären von Schädiger und Geschädigtem gegeneinander abgegrenzt und gewichtet werden.[376] Durch diese allgemeine Feststellung soll nicht der Eindruck entstehen, die Zivilrechtsdogmatik habe nicht mehr zu bieten als eine bloße Güterabwägung im System der verfassungsrechtlichen Grundwerte.[377] Denn der werteorientierte Zweckansatz wird jeweils von Gesetzgebung und Rechtsprechung in eine bestimmte Form gegossen, erhält also erst durch die einfachrechtliche Dogmatik seine rechtssicherheitsorientierte Gestalt.[378] Gleich-

---

[373] Vgl. insoweit die Stellungnahme von *Greger*, NZV 2002, S. 222, 223 zum 2. Schadensrechtsänderungsgesetz, in der auch hinsichtlich von Personenschäden auf die Belastungswirkung von Eigenschäden im Falle verschärfter Haftung kraft des Mitverantwortlichkeitseinwandes hingewiesen wird. Kritisch zu Personenschäden wegen des Eintretens der Krankenkassen als Sozialversicherungsträger und des berechtigten Hinweises, wer sich von Risiko eigener köperlicher Verletzung nicht abhalten lasse, werde sich auch nicht durch Kürzungen beim Ersatzanspruch beeindrucken lassen, *Kötz*, ZEuP 1997, S. 496, 503.

[374] *v. Hippel*, JZ 1977, S. 706, 707 f.; *Kötz/Wagner*, Rn 126 m.w.Nw.; *Looschelders*, Mitverantwortlichkeit, S. 158; *Jansen*, Die Struktur des Haftungsrechts, S. 155 ff.

[375] *Bullinger*, in *Ficker/u.a.*, Festschrift für v. Caemmerer (1978), S. 297, 303, 308; *Kötz/Wagner*, Rn 134; *Zweigert/Kötz*, S. 688 f.; *Katzenmeier*, Arzthaftung, S. 257 ff.

[376] Vgl. *Hilse*, in Verhandlungen zum 26. DJT (1902), Bd. I, S. 27, 46 ff.; *Deutsch*, Fahrlässigkeit und erforderliche Sorgfalt, S. 69; *Steffen*, VersR 1980, S. 409; *Larenz/Canaris*, Schuldrecht II 2, § 75 I 1 u. 3 b); *v. Caemmerer*, Reform der Gefährdungshaftung, S. 11; *Güllemann*, ZRP 1974, S. 35, 36; *Bullinger*, in *Ficker/u.a.*, Festschrift für v. Caemmerer (1978), S. 297, 298 ff.; *Looschelders*, Mitverantwortlichkeit, S. 245; *Adams*, JZ 1989, S. 787, 788; *v. Bar*, Gemeineuropäisches Deliktsrecht I, Rn 13, 554; *Jansen*, Die Struktur des Haftungsrechts, S. 391; bildhaft *Schmidt-Salzer*, in *Deutsch/Klingmüller/Kullmann*, Festschrift für Steffen (1995), S. 429, 449; *Scholz*, Der Begriff der Zumutbarkeit im Deliktsrecht, S. 76 ff.; allgemein auch *Papier*, DAR 2002, S. 532 ff.

[377] Dazu *Diederichsen*, AcP 198 (1998), S. 171, 239, 254.

[378] Zu den Folgeproblemen s. unten § 11 A. II.

berechtigte Ziele des Haftungsrecht sind sowohl die sachgerechte Regulierung des eingetretenen Schadens als auch die negative oder positive Beeinflussung der mit dem Schaden in Zusammenhang stehenden Handlungsfreiheiten. Das Haftungsrecht steht im Spannungsfeld zwischen Sicherheit und Freiheit.[379] Es muss sich entscheiden, den Schaden zu verlagern oder beim Betroffenen zu belassen und damit unerwünschte Handlungen zu unterbinden wie erwünschte Freiheiten zu erhalten. Soweit über die güterrechtliche Betroffenheit die freiheitliche Entfaltung beeinflusst werden kann, ist diesem Prozess eine Verhaltenssteuerung immanent.

Wenn aufgrund sozialökonomischer Gesichtspunkte die Gesellschaft ein Interesse daran hat, die Geschädigten stärker zu schützen, gleichzeitig aber den Freiheitsrahmen der Handelnden in vielen Bereichen nicht einschränken will,[380] so nimmt die auf Letztere bezogene Verhaltenssteuerung ab, wenn von einem generellen Verbot dieser Handlungen abgesehen wird oder die Schadensersatzlast auf eine Gemeinschaft verlagert wird. Aber auch das bewusste Unterlassen einschränkender Maßnahmen unter Anerkennung des Verhaltens als erwünscht ist eine Form von Verhaltenssteuerung.[381]

Man kann wegen der sich ausweitenden Ersatzverpflichtungen und der die direkte Verhaltenssteuerung behindernden Umstände[382] feststellen, der Ausgleich des Schadens, nicht aber seine Verhinderung sei aktuelles Ziel des Haftungsrechts. Und man kann aus ökonomischer Sicht fragen, ob nicht ein besserer Ausgleich der Interessenssphären durch eine stärker präventionsorientierte Betrachtung und Regelung geschaffen werden kann. Ziel des Haftungsrechts ist und bleibt aber jeweils die Abgrenzung und der Ausgleich der genannten Interessen.[383] Die Fokussierung rechtlicher Verhaltenssteuerung auf ein wohlfahrtsökonomisches Optimum beschreibt deshalb nichts anderes als eine gesamtwirtschaftlich betrachtete Abgrenzung von Freiheits- und Gütersphären.[384] Auch hierbei wird deutlich, dass es sich um einen allgemeinen Zweck des Rechts han-

---

[379] *Steffen*, VersR 1980, S. 409; *Stürner*, VersR 1984, S. 297, 307; *Röckrath*, Kausalität, Wahrscheinlichkeit und Haftung, S. 82 ff. und 189 f.; allgemein *Papier*, DAR 2002, S. 532 ff.

[380] Vgl. oben § 3 C. III. – Ein gutes Beispiel geben die Beratungen zum KFG ab, bei denen teilweise vom „Widerspruch in sich selbst“ die Rede war. *Schubert*, ZRG 117 (2000), S. 238 ff., insbesondere 255, 274 f., 277; s.a. *Engel*, JZ 1995, S. 213, 216; besonders deutlich zum Schutz der Handlungsfreiheit *Deutsch*, Fahrlässigkeit und erforderliche Sorgfalt, S. 69.

[381] *Blaschczok*, in *Ott/Schäfer*, Präventivwirkung, S. 156, 166 f.

[382] Oben A. II. 1.

[383] Vgl. etwa *Adams*, JZ 1989, S. 787, 788; *Röckrath*, Kausalität, Wahrscheinlichkeit und Haftung, S. 189 f. und 192 f.

[384] *Scholz*, Der Begriff der Zumutbarkeit im Deliktsrecht, S. 64.

delt, der im Haftungsrecht besonders plakativ erläutert werden kann.[385] Es spricht nichts dagegen, ein wohlfahrtsökonomisches Optimum zu suchen und die momentane Rechtslage diesbezüglich zu analysieren,[386] solange die Grenzen der Aussagekraft dieser Methode beachtet werden.[387] Präventive Verhaltenssteuerung mag also nicht in besonderem Maße den Ist-Zustand des Haftungsrechts kennzeichnen, die ökonomische Analyse weist jedoch abstrakt auf einen möglichen Soll-Zustand hin und spiegelt so das entsprechende allgemeine Freiheitsdefinitionsziel des Haftungsrechts wider.[388]

Allein ökonomische Gesichtspunkte können bei der Lösung des Interessenkonflikts nicht ausschlaggebend sein, da individuelle Freiheitsräume nicht pauschal der Maximierung eines ökonomisch definierten Gemeinwohls geopfert werden können.[389] Der Normgeber hat zumeist eine Vielzahl nicht verwirtschaftlichbarer Faktoren zu berücksichtigen, insbesondere die Integrität von Leben und Gesundheit.[390] Gleichwohl können ökonomische Gesichtspunkte helfen, sinnvolle Risikoverteilungsmechanismen zu finden. Es ist nicht ersichtlich, warum man sich ihnen gegenüber ein vollkommenes Denkverbot auferlegen sollte.[391] Effizienz ist mit Sicherheit ein gewichtiges Rechtsprinzip, aber nicht das alleinige. Sie ist normgeberischer Teilaspekt innerhalb der wertenden Betrachtung zur Bestimmung haftungsrechtlicher Verantwortungsbereiche.[392] Vorgege-

---

[385] Vgl. *Schäfer/Ott*, Einleitung, 1., S. 1; *Blaschczok*, in *Ott/Schäfer*, Präventivwirkung, S. 157.

[386] S. *Wagner*, VersR 1999, S. 1441, 1442; *Ott/Schäfer*, in *Ott/Schäfer*, Präventivwirkung, S. 131, 150; *Blaschczok*, Gefährdungshaftung und Risikozuweisung, S. 187; *Grundmann*, RabelsZ 61 (1997), S. 423, 430 ff.

[387] Vgl. nochmals *Kötz/Wagner*, Rn 128 ff.; *Looschelders*, Mitverantwortlichkeit, S. 159 ff.; *Scheel*, Versicherbarkeit und Prävention, S. 105 f. sowie oben II. m.w.Nw.

[388] Vgl. *Blaschczok*, Gefährdungshaftung und Risikozuweisung, S. 4 ff.; *Scholz*, Der Begriff der Zumutbarkeit im Deliktsrecht, S. 64; *Röckrath*, Kausalität, Wahrscheinlichkeit und Haftung, S. 82 ff.; s.a. *Looschelders*, Mitverantwortlichkeit, S. 159.

[389] *Esser/Weyers*, Schuldrecht II 2, § 53 4 b); *Larenz/Canaris*, Schuldrecht II 2, § 76 III 4 h); *Taupitz*, AcP 196 (1996), S. 114, 125 f., 135 f.; *Looschelders*, Mitverantwortlichkeit, S. 159 ff.; *Bartlsperger*, in *Isensee/Lecheler*, Festschrift für Leisner (1999), S. 1003, 1022; ähnlich *Schäfer/Ott*, Einleitung, 6., S. 6; zusammenfassend zur Kritik an der ökonomischen Analyse *Scheel*, Versicherbarkeit und Prävention, S. 102 ff.; s.a. *Seelmann*, Rechtsphilosophie, § 10 Rn 5.

[390] S. die zuvor genannten Quellen sowie *Steffen*, VersR 1980, S. 409, 411; *Palandt-Heinrichs*, Einleitung Rn 38; *Bullinger*, in *Ficker/u.a.*, Festschrift für v. Caemmerer (1978), S. 297, 306, 309 f.; vermittelnd *MünchKomm-Wagner*, Vor § 823 Rn 55; ausführlich zur Kritik aus Sicht der ökonomischen Analyse *Eidenmüller*, Effizienz als Rechtsprinzip, S. 323 ff.

[391] *Scheel*, Versicherbarkeit und Prävention, S. 113; *Grundmann*, RabelsZ 61 (1997), S. 423, 424 ff.

[392] *Looschelders*, Mitverantwortlichkeit, S. 162; *Jansen*, Die Struktur des Haftungsrechts, S. 129, 630 ff.; *Scheel*, Versicherbarkeit und Prävention, S. 108, 112 f.

bene dogmatische Strukturen muss sie achten und kann sich nicht über sie hinwegsetzen. Häufig werden sich ökonomische Gesichtspunkte daher eher als Kontrollmechanismen der Ergebnisse des geltenden Rechts und als rechtspolitischer Wegweiser denn als tatbestandsinternes Element darstellen.

B. Übergeordnete Zwecke des Rechts

Innerhalb der haftungsrechtlichen Freiheits- und Gütersphärenbestimmung lassen sich weitere, allgemeine Zwecke des Rechts finden. Dass auch das Haftungsrecht „der" Gerechtigkeit und dem Rechtsfrieden dient, bedarf an sich keiner gesonderten Erwähnung. Da aber die Meinungen über das vom Haftungsrecht verfolgte, abstrakte Gerechtigkeitsziel divergieren, ist hierauf näher einzugehen.

I. Gerechtigkeit

1. Gerechtigkeit und Gleichheit

Ziel jeden Rechts muss nach *Radbruch* die Gerechtigkeit sein.[393] Das bedeutet zunächst, dass Gleiches gleich und Ungleiches ungleich zu behandeln ist.[394] Teilweise wird zur sprachlichen Verbindung von Gerechtigkeit und Gleichheit der Begriff der Gleichgerechtigkeit verwendet.[395] Die Gleichbehandlung wiederum wird anknüpfend an *Aristoteles*[396] zweigeteilt verstanden: zum einen absolut im Bezug auf die korrigierende Wiederherstellung ursprünglicher, nebengeordneter Güterzustände (*ausgleichende, kommutative*[397] *Gerechtigkeit*) und zum anderen proportional hinsichtlich der angemessenen Verteilung von Gütern zwischen Personen durch eine übergeordnete Macht (*austeilende, distributive*[398]

---

[393] *Radbruch*, Rechtsphilosophie, S. 12: „Recht kann ungerecht sein (summum ius – summa iniuria), aber es ist Recht nur, weil es den Sinn hat, gerecht zu sein.", sowie S. 34 ff. – Er fasst Gerechtigkeit, Zweckmäßigkeit und Rechtssicherheit als übergeordnete Bestandteile der Rechtsidee zusammen und benutzt insofern einen engeren, inhaltsbestimmenden Begriff des Zwecks. Trotzdem sind es natürlich alle drei Prinzipien im Zusammenspiel, die den Inhalt des Rechts bestimmen, siehe S. 73, 76.; zum Rechtsbegriff allgemein auch *Seelmann*, Rechtsphilosophie, § 2.

[394] *Radbruch*, Rechtphilosophie, S. 35 ff.; *Seelmann*, Rechtsphilosophie, § 7 Rn 3 ff.; zusammenfassend und zu weiteren Theorien der Gerechtigkeit *Zippelius*, Rechtsphilosophie, Kapitel IV; *Rüthers*, Rechtstheorie, Rn 371 ff.; speziell zu Sokrates und Platon *Böckenförde*, Rechts- und Staatsphilosophie, S. 77 ff.

[395] *Fikentscher*, Methoden IV, S. 189; *Larenz*, Richtiges Recht, S. 40.

[396] *Aristoteles*, Nikomachische Ethik (Übersetzung *Dirlmeier*), Buch V 1130 b ff.; auszugsweise auch abgedruckt bei *Jansen*, Die Struktur des Haftungsrechts, S. 77 f.

[397] Dikaion diorthotikon oder iustitia commutativa, vgl. *Böckenförde*, Rechts- und Staatsphilosophie, S. 113; s.a. *Jansen*, Die Struktur des Haftungsrechts, S. 77 in Fn 4.

[398] Dianemetikon dikaion oder iustitia distributiva, *Böckenförde*, Rechts- und Staatsphilosophie, S. 113.

Gerechtigkeit).[399] Während Erstere von arithmetischer Gleichheit bestimmter Güter- und Freiheitszustände „ohne Ansehen der Person" ausgeht, knüpft Letztere am proportionalen Maßstab der Angemessenheit unter Berücksichtigung der persönlichen Verhältnisse an.[400] Der Ausgleich ist gedanklich auf das Verhältnis gleichgeordneter Vertragspartner bzw. allgemein auf gleichgeordnete Personen zugeschnitten.[401] Charakteristisch für die distributive Gerechtigkeit ist die übermächtige, verteilende Kraft eines Dritten.[402]

Rechtssystematisch ordnet man deshalb üblicherweise die auf Interaktionen der Privatrechtssubjekte bezogenen zivilrechtlichen Normen der ausgleichenden, die von staatlicher Herrschaftsmacht getragenen öffentlich-rechtliche Normen der austeilenden Gerechtigkeit zu.[403] *Radbruch* spricht ausdrücklich von der ausgleichenden als Gerechtigkeit des Privatrechts, der austeilenden als der Gerechtigkeit des öffentlichen Rechts.[404] Diese Einordnung ist im Detail unscharf.[405] Privatrechtliche Normen beispielsweise der gesetzlichen Nachlassaufteilung können nur schwerlich, jedenfalls aber nicht vollkommen dem Ausgleich von Vor- und Nachteilen zugeschrieben werden.[406] Hinzu kommt, dass es auch im Zivilrecht staatliche Macht ist, die Güter- und Handlungsräume zumindest

---

[399] *Aristoteles*, Nikomachische Ethik (Übersetzung *Dirlmeier*), Buch V 1130 b ff.; *Radbruch*, Rechtphilosophie, S. 36; *Henkel*, Rechtsphilosophie, S. 403 ff.; *Böckenförde*, Rechts- und Staatsphilosophie, S. 113 ff.; *Canaris*, Die Bedeutung der iustitia distributiva im deutschen Vertragsrecht, S. 9 ff.; *Kaufmann*, Gerechtigkeit, S. 29, 30; *Meder*, Schuld, Zufall, Risiko, S. 114 ff., 220 ff.; *Dreier*, JuS 1996, S. 580 ff.; *Zippelius*, Rechtsphilosophie, S. 111 ff. mit kritischer Würdigung; *Coing*, Rechtsphilosophie, S. 193; *Rüthers*, Rechtstheorie, Rn 352 ff. – speziell auf das Haftungsrecht bezogen *Esser*, S. 73; *Larenz/Canaris*, Schuldrecht II/2, § 75 I 2 i), § 84 I 2 c); *Looschelders,* Mitverantwortlichkeit, S. 122; *Jansen*, Die Struktur des Haftungsrechts, S. 77 ff.

[400] *Zippelius*, Rechtsphilosophie, S. 111 f.; *Böckenförde*, Rechts- und Staatsphilosophie, S. 114 f.; *Canaris*, Die Bedeutung der iustitia distributiva im deutschen Vertragsrecht, S. 11; kritisch zu dieser Unterscheidung *Jansen*, Die Struktur des Haftungsrechts, S. 80 f.; zum notwendigen Ausgleich beider Prinzipien *Looschelders*, VersR 1996, S. 529, 538.

[401] *Aristoteles*, Nikomachische Ethik (Übersetzung *Dirlmeier*), Buch V 1131 b ff.; *Radbruch*, Rechtphilosophie, S. 36; *Canaris*, Die Bedeutung der iustitia distributiva im deutschen Vertragsrecht, S. 9 f.; Hinweise zur gedanklichen Eingliederung außervertraglicher Regeln enthalten etwa *Zippelius*, Rechtsphilosophie, S. 206; *Böckenförde*, Rechts- und Staatsphilosophie, S. 114 f.; *Canaris*, Die Bedeutung der iustitia distributiva im deutschen Vertragsrecht, S. 10 f.

[402] *Radbruch*, Rechtphilosophie, S. 36; *Canaris*, Die Bedeutung der iustitia distributiva im deutschen Vertragsrecht, S. 9 f.; *Larenz/Canaris*, Schuldrecht II 2, § 84 I 2 c); *Henkel*, Rechtsphilosophie, S. 403 f.

[403] *Böckenförde*, Rechts- und Staatsphilosophie, S. 114 f.

[404] *Radbruch*, Rechtphilosophie, S. 36.

[405] *Jansen*, Die Struktur des Haftungsrechts, S. 78 in Fn 13 ff. sowie S. 80 ff.

[406] *Zippelius*, Rechtsphilosophie, S. 207; ausführlich *Canaris*, Die Bedeutung der iustitia distributiva im deutschen Vertragsrecht (1997).

neben den Privatrechtssubjekten bestimmt und zuteilt.[407] Maßgeblich für das funktionale Verständnis des Rechts ist nicht die übliche Zuordnung einer Norm zu einem Rechtsgebiet, das vielfach, aber eben nicht immer einem der genannten Prinzipien zuzuordnen ist, sondern welche Aufgabe der konkrete Tatbestand verfolgt.[408] Noch nicht festgestellt ist damit, ob diese Funktion rechtssystematisch passend ist. Werden vornehmlich Interaktionsmomente mehrerer Privatrechtssubjekte und ihre Folgen bewertet und korrigiert, steht ausgleichende Wiederherstellung im Vordergrund. Bleiben solche Aspekte weitgehend unberücksichtigt, geht es um die Verteilung von Gütern innerhalb der Gesellschaft anhand der persönlichen Verhältnisse.[409] Überschneidungen der Prinzipien sind möglich.[410]

2. Begrenzte Inhaltsbestimmung

Insgesamt wird durch die gleichheitsbezogenen Gerechtigkeitskriterien nur ein formaler Orientierungsrahmen vorgegeben.[411] Da er aber selbst nicht festlegt, wie Gleichheit bestimmt werden kann, ist er zur Ableitung des Rechtsinhaltes weitgehend untauglich.[412] Inhaltliche Anhaltspunkte verbergen sich etwa hinter dem Begriff der *Sachgerechtigkeit*[413], mit dem die Frage nach dem „richtigen" Recht beantwortet werden soll. Teilweise wird auch von Gemeinwohlgerechtigkeit gesprochen.[414] Bei der diesbezüglichen Inhaltsbestimmung spielen naturrechtliche und ethische Werte wie Menschenrechte aber auch allgemeine Rechtsprinzipien eine entscheidende Rolle.[415] Über die Grundwerte eines Kulturkreises,[416] so schwer sie zu fassen sein mögen, lassen sich Leitlinien der

---

[407] *Jansen*, Die Struktur des Haftungsrechts, S. 85; näher hierzu *Canaris*, Die Bedeutung der iustitia distributiva im deutschen Vertragsrecht, S. 13 ff.

[408] *Henkel*, Rechtsphilosophie, S. 405 f.; s.a. *Jansen*, Die Struktur des Haftungsrechts, S. 80.

[409] Vgl. *Jansen*, Die Struktur des Haftungsrechts, S. 81 ff. mit kritischer Analyse und der weiteren Unterteilung in verhaltensbezogene und vermögensbezogene ausgleichende Gerechtigkeit, S. 88 f.

[410] *Canaris*, Die Bedeutung der iustitia distributiva im deutschen Vertragsrecht, S. 14; *Jansen*, Die Struktur des Haftungsrechts, S. 83, 89 ff.

[411] *Coing*, Rechtsphilosophie, S. 193.

[412] *Radbruch*, Rechtphilosophie, S. 54, 73; *Zippelius*, Rechtsphilosophie, S. 113 f.; *Seelmann*, Rechtsphilosophie, § 7 Rn 6 ff., 9; *Henkel*, Rechtsphilosophie, S. 416 f.; *Böckenförde*, Rechts- und Staatsphilosophie, S. 114; *Esser*, S. 80; *Weyers*, Unfallschäden, S. 573; gegenüber dem Einwand der Leerformelhaftigkeit verteidigend *Canaris*, Die Bedeutung der iustitia distributiva im deutschen Vertragsrecht, S. 18 ff.

[413] *Fikentscher*, Methoden IV, S. 189 f.; *Larenz*, Richtiges Recht, S. 39 f.

[414] *Kaufmann*, Gerechtigkeit, S. 32.

[415] *Kaufmann*, Gerechtigkeit, S. 32.

[416] *Larenz*, Richtiges Recht, S. 31, 32; *Esser*, S. 80, 84 ff.

Rechtsfindung und Rechtsbewertung innerhalb des Kulturkreises skizzieren.[417] Sie können allerdings nur Argumente auf diesem Weg sein und besonders fern liegende Ergebnisse ausschließen,[418] nicht jedoch mit Absolutheit den einzig möglichen Endpunkt festlegen. Ein objektiv richtiges Recht oder absolute Gerechtigkeit mag man bekanntlich vergebens suchen.[419] Aus dem Postulat der Gerechtigkeit ergibt sich deshalb weniger die absolute Richtigkeit eines Ergebnisses als vielmehr dessen Vernünftigkeit, was in die Notwendigkeit nach sachlicher Begründung zur Verdeutlichung derselben mündet.

3. Gerechtigkeit im Haftungsrecht: Ausgleich oder Verteilung?

Als große Aufgabe des Haftungsrechts wird angesehen, den Schaden nach Gerechtigkeit und Billigkeit zuzuordnen.[420] Diesbezüglich fällt sowohl der Begriff der kommutativen, ausgleichenden Gerechtigkeit als auch derjenige der distributiven, verteilenden Gerechtigkeit.[421] Über die Einordnung der Haftungsformen ist man sich aber nicht einig. Üblicherweise wird die Verschuldenshaftung dem ausgleichenden Gedanken der Wiederherstellung zugeschrieben, da sie der Korrektur von Unrecht diene.[422] Bei der Gefährdungshaftung dagegen gehe es um die Umverteilung von Unglücksschäden, folglich um die austeilende, distributive Gerechtigkeit.[423]

---

[417] *Zippelius*, Rechtsphilosophie, S. 118 ff.; *Blaschczok*, Gefährdungshaftung und Risikozuweisung, S. 349; *Rüthers*, Rechtstheorie, Rn 386; *Esser*, S. 80, 84 ff.; *Stürner*, VersR 1984, S. 297, 307; s.a. *Henkel*, Rechtsphilosophie, S. 406, 416 f.; *Canaris*, Die Bedeutung der iustitia distributiva im deutschen Vertragsrecht, S. 16 ff.

[418] *Larenz*, Richtiges Recht, S. 40; *Henkel*, Rechtsphilosophie, S. 401; *Esser*, S. 69.

[419] Vgl. dazu das Beispiel notwendiger Allwissenheit bei *Dreier*, JuS 1996, S. 580, 584; allgemein *Larenz*, Richtiges Recht, S. 38; *Zippelius*, Recht und Gerechtigkeit, S. 31 ff.; *Rüthers*, Rechtstheorie, Rn 389 ff.; *Meder*, Schuld, Zufall, Risiko, S. 214 ff.; *Blaschczok*, Gefährdungshaftung und Risikozuweisung, S. 361; *Kaufmann*, Gerechtigkeit, S. 34.

[420] *Zweigert/Kötz*, S. 625.

[421] *v. Gierke*, Die soziale Aufgabe des Privatrechts, in *Wolf*, Quellenbuch, S. 478, 502; *Mataja*, S. 19; *Esser*, S. 2, 5, 56, 70, 73; *Larenz/Canaris*, Schuldrecht II 2, § 75 I 2 i), § 84 I 2 c), allgemein auch § 75 I 3 b); *Blaschczok*, Gefährdungshaftung und Risikozuweisung, S. 7, 319 ff.; *ders.* in *Ott/Schäfer*, Präventivwirkung, S. 156, 162; *Eidenmüller*, Effizienz als Rechtsprinzip, S. 273 ff.; *Jansen*, Die Struktur des Haftungsrechts, S. 90 ff.; *Looschelders*, Mitverantwortlichkeit, S. 122; *Wagner*, JZ 1991, S. 175, 176; *Ott/Schäfer*, in *Ott/Schäfer*, Präventivwirkung, S. 131, 136; *Tetzlaff*, in *Ott/Schäfer*, Präventivwirkung, S. 169, 170; *Ogorek*, S. 23 – Zu den diesbezüglichen Aufgaben der heute funktional dem Haftungsrecht sehr nahe stehenden Versicherung beispielsweise *Deutsch*, VersR 1994, S. 381, 382; *Looschelders* VersR 1996, S. 529, 533; *Katzenmeier*, VersR 2002, S. 1449, 1455.

[422] Vgl. *Esser*, S. 70; *Henkel*, Rechtsphilosophie, S. 409 f.; *Larenz/Canaris*, Schuldrecht II 2, § 75 I 2 i), § 84 I 2 c).

[423] *Esser*, S. 69 ff., 73; *Larenz/Canaris*, Schuldrecht II 2, § 84 I 2 c); *Canaris*, JBl 1995, S. 2, 15 ff.; *MünchKomm-Wagner*, Vor § 823 Rn 17; *Jansen*, Die Struktur des Haftungsrechts, S. 76 ff., 90 ff. m.w.Nw.

Letzterem ist entgegenzuhalten, dass es auch bei der Gefährdungshaftung um den interaktionsbezogenen Ausgleich von Vorteilen des Nutzers und Nachteilen des Geschädigten geht,[424] also um den Ausgleich gleichgeordneter Güterzustände im Rahmen der kommutativen Gerechtigkeit.[425] Denn Hintergrund der Gefährdungshaftung ist die Austarierung der Zulassung bestimmter Gefahrenquellen mit den daraus entstehenden Schadensfolgen.[426] Die Vorteile aus der Nutzung von Personal und Sachen dürfen nicht ohne weiteres, will heißen ohne Ausgleich, zu Lasten anderer Mitglieder in der Gesellschaft gezogen werden.[427]

Ein detaillierter Einordnungsversuch moderner, stark opferschützender Haftungsnormen würde im Übrigen Unschärfen und Grauzonen der Unterteilung zum Vorschein bringen. Im Haftungsrecht greift generell die übermächtige Kraft des Staates ein,[428] um eine gerechte Verteilung zu erzielen. Das mag man wegen der notwendig übergeordneten Natur des Rechts außer Acht lassen.[429] Inhaltlich aber spielen für die Zuweisung von Verantwortlichkeit durchaus auch verteilende Elemente eine Rolle.[430] Je weiter sich das Haftungsrecht in seiner Bewertung von den Interaktionsmomenten der Beteiligten entfernt und statt dessen auf abs-

---

[424] So in der Begründung *Esser*, S. 97 ff. im Anschluss an *v. Gierke*, Die soziale Aufgabe des Privatrechts, in *Wolf*, Quellenbuch, S. 478, 502; ansonsten stellvertretend *Ehrenzweig*, JBl 1950, S. 253, 255; *Katzenmeier*, VersR 2002, S. 1449, 1456; *MünchKomm-Wagner*, Vor § 823 Rn 17; im Detail kritisch *Jansen*, Die Struktur des Haftungsrechts, S. 90 f., 97, 118 f., aber S. 124: Die Grundsätze der ausgleichenden Gerechtigkeit bilden das Gerüst des Haftungsrechts. S. auch zum Zusammenhang von Vorteilen der modernen Gesellschaft und Nachteilen *Herzog*, in 30. Deutscher Verkehrsgerichtstag 1992, Veröffentlichung der Referate und Empfehlungen, S. 25 ff.

[425] *Henkel*, Rechtsphilosophie, S. 414; *Zippelius*, Rechtsphilosophie, S. 227 f.; *Looschelders*, Mitverantwortlichkeit, S. 122; *Jansen*, JZ 2002, S. 964, 967; *ders.*, Die Struktur des Haftungsrechts, S. 80, aber S. 97, 106, 109, 118 f.; *Weyers*, Unfallschäden, S. 351 u. 577; *Leisner*, VVDStRL 20 (1963), S. 185, 202 in Fn 65; demgegenüber auf Schwierigkeiten der Einordnung hinweisend *Canaris*, Die Bedeutung der iustitia distributiva im deutschen Vertragsrecht, S. 14 f.

[426] *Esser*, S. 97 ff.; *Larenz/Canaris*, Schuldrecht II 2, § 84 I 2 a) m.w.Nw.; *Weyers*, Unfallschäden, S. 577; *Katzenmeier*, JZ 2002, S. 1029, 1030.

[427] *v. Bar*, Gemeineuropäisches Deliktsrecht I, Rn 8; *v. Hippel*, NJW 1967, S. 1729, 1730; *Meder*, Schuld, Zufall, Risiko, S. 219; vgl. auch *Larenz*, Richtiges Recht, S. 107 f.; *Canaris*, Die Bedeutung der iustitia distributiva im deutschen Vertragsrecht, S. 93.

[428] Vgl. *Larenz/Canaris*, Schuldrecht II 2, § 84 I 2 c), der dies für die Gefährdungshaftung ausdrücklich feststellt, Folgen für die Verschuldenshaftung nicht zieht. Zu den aus seiner Sicht maßgeblichen Argumenten *ders.*, Die Bedeutung der iustitia distributiva im deutschen Vertragsrecht, S. 14 f.; ansonsten *Jansen*, Die Struktur des Haftungsrechts, S. 85.

[429] Hierzu *Canaris*, Die Bedeutung der iustitia distributiva im deutschen Vertragsrecht, S. 13.

[430] *Weyers*, Unfallschäden, S. 577 f.; *Jansen*, Die Struktur des Haftungsrechts, S. 97, 109 ff., 127 ff., 135 f.; s.a. *Canaris*, Die Bedeutung der iustitia distributiva im deutschen Vertragsrecht, S. 14 f.

trakte persönliche Verhältnisse abstellt, desto mehr rückt es vom privatrechtlichen Ausgleich hin zur staatlichen Verteilung. Es kommt demnach auf den tatbestandlichen Ansatz und den Zurechnungsgrund der Vorschrift an. Ist er an eine konkrete oder abstrakte Interaktion, an einen den Güterzustand verändernden Vorgang zwischen Privatrechtssubjekten geknüpft, geht es um die Frage diesbezüglich gerechten Ausgleiches.[431] Würde die Norm dagegen überwiegend anhand bestehender Güterzustände verteilen, fiele sie in den Bereich der distributiven Gerechtigkeit.[432]

Das Leitbild des privatrechtlichen Haftungsrechts in seiner historisch gewachsenen Form entspricht nicht dem distributiven Ansatz. Es setzt schon durch den immanenten Blick auf ein Schadensereignis immer an veränderten Güterzuständen an und verteilt den Schaden grundsätzlich ohne Rücksicht auf die Vermögensverhältnisse nach konkret oder abstrakt interaktionsorientierten Verantwortungsgesichtspunkten.[433] Bei haftungsrechtlichen Normen geht es daher vornehmlich um ausgleichende, wiederherstellende Gerechtigkeit.[434] Die diesbezügliche Abgrenzung von Verantwortungsbereichen der beteiligten Individuen dient nicht dazu, manche von ihnen ärmer und andere reicher zu machen.[435] Solche distributiven Aufgaben obliegen vor allem dem Sozialrecht.[436]

4. „Soziales" Haftungsrecht?

Dennoch spiegeln sich auch im Haftungsrecht „soziale" Grundwerte unseres Kulturkreises wider. *Otto v. Gierke* prophezeite 1889 „ein Postulat sozialer Gerechtigkeit, dessen Erfüllung in sorgfältig erwogenen und abgemessenen Grenzen eine wichtige Aufgabe des Privatrechts der Zukunft bildet."[437] Unsere heutige Gesellschaft prägt gegenüber dem rein individualistischen Staat eine gesteigerte Verantwortlichkeit der Gemeinschaft.[438] Unter das Ziel sozialer Gerechtigkeit fallen so auch im Zivilrecht die an Bedeutung gewinnenden Aspekte des

---

[431] Zu den Schwierigkeiten bei der Einordnung der Gefährdungshaftung mit abweichender Kategorisierung *Canaris*, Die Bedeutung der iustitia distributiva im deutschen Vertragsrecht, S. 14 f.

[432] Diesem Ansatz stehen ökonomische Erklärungsmodelle näher, vgl. *Jansen*, Die Struktur des Haftungsrechts, S. 76 f. sowie mit abweichender Kategorisierung S. 89 ff.

[433] Abweichende Folgerungen zieht zunächst *Jansen*, Die Struktur des Haftungsrechts, S. 110, der dieses Faktum als „zufällig" und bar jeglicher normativer Grundlage bezeichnet. Dann aber im Ergebnis ähnlich, S. 124, 129 f. und schließlich wie hier S. 133; s.a. *Wagner*, in *Zimmermann*, Grundstrukturen des Europäischen Deliktsrechts, S. 289.

[434] *Leisner*, VVDStRL 20 (1963), S. 185, 202 in Fn 65.

[435] So zu Recht *Jansen*, Die Struktur des Haftungsrechts, S. 110, 112 sowie 133.

[436] *Weyers*, ZRP 1977, S. 292, 293.

[437] *v. Gierke*, Die soziale Aufgabe des Privatrechts, in *Wolf*, Quellenbuch, S. 478, 502; zum Privatrecht auch *Meder*, Schuld, Zufall, Risiko, S. 208 ff.

[438] *Meder*, Schuld, Zufall, Risiko, S. 210 f.

staatlich gewährleisteten Ausgleichs[439], der Versorgung[440] und der Schadens- bzw. Risikostreuung.[441] Entsprechend werden auch dem Haftungsrecht gewisse soziale Schutzfunktionen zugesprochen.[442] Im Hinblick auf die Gefährdungshaftung hat *Josef Esser* festgestellt:[443]

> „Die durch technische Fortschritte gefahrenreiche Produktions- und Verkehrsballung hat ... für jeden, der sich nicht vom sozialen Leben ausschließt, eine Zwangsläufigkeit der Verkehrsteilnahme unter nicht von ihm beherrschten Risiken bewirkt, eine Zwangsläufigkeit, die das auf einer größeren Gefahrenbeherrschung und eigenen Lebensführung und -gestaltung aufbauende Prinzip des ‚casum sentit dominus' heute in weitem Rahmen als unsozial erscheinen läßt. ... Wir müssen ... erkennen, daß es sich auch bei der Gefährdungshaftung um ein Aufgabengebiet und eine Methode des Sozialschutzes handelt, nämlich um die Abwendung bestimmter Zwangsrisiken – hier des Verkehrs – von dem sozial hierauf Angewiesenen."

Bei der Ausformung haftungsrechtlicher Verantwortlichkeiten spielt diese „soziale" Komponente mit Sicherheit eine Rolle, was die Tendenzen zum verstärkten Schutz „schwacher" Verkehrsteilnehmer und das korrespondierende Wegbrechen der Zurechnungskriterien untermauern.[444] Die Erosion des Verschuldensprinzips lässt sich deshalb auf ein verändertes Gerechtigkeitsverständnis zurückführen.[445] In diesem Zusammenhang bezeichnet es *v. Bar* als eine Grundidee des modernen Deliktsrechts, „über das Mittel des Schadensersatzes in vernünftigem Maße soziale Solidarität einzufordern".[446]

Aus systematischen Gründen ist jedoch einer Entwicklung entgegenzutreten, die die privatrechtliche Verantwortlichkeitszuweisung von ihren Interaktionsmomenten löst und auf eine güterrechtliche Umverteilung zu Gunsten sozial schwächerer Mitglieder der Gesellschaft abzielt. Man kann den aus dem hand-

---

[439] *Medicus*, Schuldrecht I, Rn 581 f.

[440] *Kötz*, in *Baur/Hopt/Mailänder*, Festschrift für Steindorff (1990), S. 643, 646, 658 ff.

[441] *Hannak*, Verteilung, S. 51; *Deutsch*, JZ 1971, S. 244, 245; *Esser/Weyers*, Schuldrecht II/2, § 53 4. b); *Wagner*, VersR 1999, S. 1441, 1443; *Ogorek*, S. 23; *Tunc*, in IntEncCompL XI/I, I-168 ff.; *Katzenmeier*, Arzthaftung, S. 161; s.a. *Meder*, Schuld, Zufall, Risiko, 1993.

[442] *Esser*, S. 5, 69 ff.; *Hannak*, Verteilung, S. 51; *Blaschczok*, Gefährdungshaftung und Risikozuweisung, S. 336 ff.; *Fuchs*, Zivilrecht und Sozialrecht, S. 168 ff.; *Katzenmeier*, Arzthaftung, S. 157.; *Eidenmüller*, Effizienz als Rechtsprinzip, S. 274 sowie 275 ff. zur Eignung des Zivilrechts an sich; *Ott/Schäfer*, in *Ott/Schäfer*, Präventivwirkung, S. 131, 136; *Waltermann*, Sozialrecht, Rn 25, 34 – An die Forderungen *v. Gierkes* hinsichtlich des Gedankens der Gemeinschaft im individualistischen Privatrecht und an den oft zitierten „Tropfen sozialistischen Öeles" sei erinnert. Vgl. *ders.*, Die soziale Aufgabe des Privatrechts, in *Wolf*, Quellenbuch, S. 478, 486 und zum Deliktsrecht speziell 501 f.

[443] *Esser*, S. 90; dem ausdrücklich folgend BGHZ 24, S. 21, 26.

[444] Oben § 1. A.

[445] *Esser*, S. 71 f.; *Fuchs*, Zivilrecht und Sozialrecht, S. 169 ff.; *Meder*, Schuld, Zufall, Risiko, S. XVIII; *Katzenmeier*, Arzthaftung, S. 161.

[446] *v. Bar*, Gemeineuropäisches Deliktsrecht II, Rn 306.

lungsorientierten Haftungsrecht folgenden casum sentit dominus-Grundsatz hinsichtlich seines Gerechtigkeitsgehalts durchaus in Zweifel ziehen.[447] Die Bejahung der Notwendigkeit eines Ausgleichs bestimmter Schäden besagt aber noch nichts über die Frage, ob jemand für sie haftungsrechtlich verantwortlich gemacht werden kann oder ob andere, vollkommen verhaltensunabhängige Mechanismen dritter Leistungsträger eingreifen müssen.[448] Treffend formuliert *Jansen*:[449]

> „Haftungsrisiken und Ersatzansprüche werden also nicht beliebig unter den Mitgliedern einer Gesellschaft verteilt, sondern konkret in Hinblick auf den Ausgleich zwischen jeweils durch eine Schädigung verbundenen Schädigern und Geschädigten. Nur deshalb kann die Wertungsdivergenz sinnvoll sein, daß einzelne Individuen zwar nicht für die Schäden anderer – etwa eine Behinderung – verantwortlich sind, wenn die damit ‚nichts zu tun haben', daß aber die Gesellschaft als Ganzes eine Verantwortung für alle ihre behinderten Mitglieder treffen kann. Denn hierbei handelt es sich um zwei unterschiedliche Verteilungsentscheidungen, die unterschiedliche Verhältnisse betreffen. Hier wird das durch eine Interaktion begründete Verhältnis einzelner Rechtssubjekte untereinander geregelt, dort das Verhältnis einzelner Rechtssubjekte zur Gesellschaft als Ganzer."

Die gerechte Verteilung der Lebensgüter ist eine Aufgabe des Staates im Rahmen der distributiven Gerechtigkeit.[450] Mit dem Ausgleich von handlungsbezogenen Vorteilen und güterbezogenen Nachteilen des zivilen Haftungsrechts hätte eine rein güterorientierte Ersatzregelung nichts mehr zu tun.[451] Insofern bemängelt *Zöllner*, dass schon die ständige Ausweitung von Haftungsverpflichtungen bei gleichzeitiger Kollektivierung über Haftpflichtversicherungen in ihrer Summe privatrechtsfremd ist.[452] Eine güterrechtliche Orientierung zu Ende gedacht, liegt im materiellen Sinne Sozialrecht und damit öffentliches Recht vor.[453]

Sozialstaatlich besteht z.B. ein Grundkonsens dahingehend, dass jeder von der Gemeinschaft verlangen kann, einen minimalen Standard an Basislebensbedingungen zu erhalten, die zur Möglichkeit der Persönlichkeitsentfaltung unver-

---

[447] Vgl. *Esser*, S. 90 sowie die Nachweise bei *Looschelders*, Mitverantwortlichkeit, S. 123; hierzu auch *Meder*, Schuld, Zufall, Risiko, S. 20 ff.

[448] *Looschelders*, Mitverantwortlichkeit, S. 123, 174 f., 177; *Jansen*, Die Struktur des Haftungsrechts, S. 107 in Fn 169 sowie S. 133; s.a. zur französischen Entwicklung hinsichtlich von behindert geborenen Kindern als Anspruchsberechtigte *Deutsch*, NJW 2003, S. 26, 27.

[449] *Jansen*, Die Struktur des Haftungsrechts, S. 124.

[450] *Looschelders*, Mitverantwortlichkeit, S. 123, 174 f., 177; s.a. *Weyers*, ZRP 1977, S. 292, 293; *Ott/Schäfer*, in *Ott/Schäfer*, Präventivwirkung, S. 131, 136; *Katzenmeier*, VersR 2002, S. 1449, 1455; *Jansen*, Die Struktur des Haftungsrechts, S. 25.

[451] Vgl. auch *Jansen*, Die Struktur des Haftungsrechts, S. 124.

[452] *Zöllner*, AcP 188 (1988), S. 85, 96; ablehnend gegenüber rein güterrechtlichen Regelungen, aber positiv zum Kriterium der Schadensstreuung *Hannak*, Verteilung, S. 51.

[453] Daran ändert die Tatsache nichts, dass auch die Leistungen in der Sozialversicherung mit Beitragszahlung „erkauft" werden und folglich ein Austauschverhältnis zu Grunde liegt. Hierzu *Fuchs*, Zivilrecht und Sozialrecht, S. 159.

zichtbar sind.[454] Angesprochen sind dadurch in erster Linie[455] mit anderen Rechtsgebieten als dem Zivilrecht garantierte Standards, etwa mittels Sozial-, Steuer-, Vollstreckungs- und Insolvenzrecht.[456] Im Haftungsrecht wird dagegen so gut wie nie und vor allem nicht allein auf die persönliche Leistungsfähigkeit eines Beteiligten abgestellt.[457] Es ist nicht Aufgabe des Haftungsrechts, Ungleichheiten zu regulieren, die nur aufgrund güterrechtlicher Ausgangszustände bestehen.[458] Die Handlungen der Beteiligten als Interaktionsmomente sind das entscheidende Kriterium der spezifisch haftungsrechtlichen Gerechtigkeit und müssen es auch bleiben.[459]

Von den vorstehenden Einwänden gegen „soziales" Haftungsrecht zu unterscheiden sind Versuche, unter Anerkennung der Interaktionsbezogenheit der Materie die Verantwortlichkeit bestimmter Schädiger auszuweiten. Sie können durchaus systemkonform und legitim sein. Werden zum Teil unvermeidbare Schäden aus den notwendigen und grundsätzlich erwünschten Nutzungen unserer Industriegesellschaft unter erleichterten Voraussetzungen, aber dennoch aufgrund individueller Verantwortung für den Schadensfall ersetzt, so bewegt sich dies innerhalb der Ordnungsaufgaben des privaten Haftungsrechts. Der Preis technischer Freiheitserweiterungen ist ein erleichterter und sicherer Ausgleichsmechanismus für die Betroffenen, der aber nur bedingt über das Haftungsrecht allein gewährleistet werden kann und deshalb versicherungsrechtlicher Flanken bedarf.[460]

Die haftungsrechtliche Ausrichtung anhand unterschiedlicher Verantwortlichkeiten ist eine natürliche Form sozialer Gerechtigkeit.[461] Versteht man den Begriff der sozialen Gerechtigkeit nicht nur auf die Leistungsfähigkeit an sich bezogen, so kann das Haftungsrecht in seinem Anwendungsfeld funktionale Beiträge hierzu liefern. Über die Vernetzung mit dem Versicherungsrecht steht es heute mitten im Gesamtsystem ausgleichender und verteilender Gerechtigkeits-

---

[454] Vgl. BVerfGE 40, S. 121, 133; 82, S. 60, 85; 89, S. 346, 353; 99, S. 246, 259; *Sachs-Höfling*, Art. 1 Rn 24 ff. m.w.Nw.

[455] Zur „Existenzsicherung" durch Haftungsrecht *Fuchs*, Zivilrecht und Sozialrecht, S. 168 ff.

[456] Vgl. *Eidenmüller*, Effizienz als Rechtsprinzip, S. 284 m.w.Nw.

[457] *Ott/Schäfer*, JZ 1988, S. 213, 222; *Eidenmüller*, Effizienz als Rechtsprinzip, S. 289 f, 306 ff.; s. dazu noch unten § 8.

[458] *Greger*, Einl Rn 14 unter dem Stichwort "Versorgungszweck"; ausführlich zur Umverteilung durch Zivilrecht aus Sicht der ökonomischen Analyse *Eidenmüller*, Effizienz als Rechtsprinzip, S. 283 ff.

[459] *Blaschczok*, Gefährdungshaftung und Risikozuweisung, S. 348 f.

[460] Vgl. oben § 3 D.; *Medicus*, Schuldrecht I, Rn 582, 640, 685 ff.

[461] Vgl. *v. Gierke*, Die soziale Aufgabe des Privatrechts, in *Wolf*, Quellenbuch, S. 478, 502; *Pfretzschner*, in *Duden*, Gerechtigkeit in der Industriegesellschaft (1972), S. 107, 109; *Böhmer*, JR 1972, S. 367, 369; *ders.*, DAR 1974, S. 155; *Stürner*, VersR 1984, S. 297 ff., 307; *Stoll*, Handeln auf eigene Gefahr, S. 278; *Katzenmeier*, Arzthaftung, S. 157; *Kötz/Wagner*, Rn 137 ff.

elemente. Isoliert betrachtet ist und bleibt es kraft des beabsichtigten Ausgleichs von Vor- und Nachteilen, von Handlungs- und Gütersphären, kommutativer Natur.

II. Befriedung und Rechtssicherheit

„Der Friede und das Recht kommen gemeinsam; das Recht bringt den Frieden, und die Herstellung des Friedens ist Voraussetzung für die Entfaltung des Rechts." Mit diesem Satz hat *Coing*[462] die Befriedung als notwendigen Selbstzweck des Rechts gekennzeichnet. Vorausberechenbarkeit, Einheitlichkeit und Kontinuität kennzeichnen auch die Gerechtigkeit, weshalb die Rechtssicherheit als zusätzliches Element derselben angesehen wird.[463] Sie kann Gleichheitsgesichtspunkte überwinden und somit einen Gegensatz zur ursprünglichen Gerechtigkeit bilden.[464]

Auch das Haftungsrecht zielt darauf ab, gewaltsame Selbsthilfe durch friedliche Verfahren abzulösen.[465] Diese dienen mit ihrem feststellenden Abschluss und zusammen mit der allgemeinen Verlässlichkeit gleichmäßiger Rechtsanwendung der Rechtssicherheit.[466] Spezifisch befriedende Elemente enthält der Ersatz des Schadens, der, wenn er gewährt wird, die genannten allgemeinen Zwecke besonders plastisch verwirklicht.

C. Sonstige Funktionen

Wendet man seinen Blick von der überblickenden Perspektive näher hin zu diesem positiven Mittel des Haftungsrechts, *dem Schadensersatz*, so lassen sich vermeintlich besondere Funktionen finden. Die wichtigste wurde bereits angesprochen: die Ausgleichsfunktion.[467] Auch die restlichen häufig genannten Funktionen des Schadensersatzes sollen hier betrachtet werden, weil sie immer wieder in Verbindung mit den Zwecken des Haftungsrechts auftauchen. Zuvor wird noch kurz auf eine teilweise gesondert aufgeführte, dem Schaden und seinem Ersatz vorgelagerte Aufgabe eingegangen: die sogenannte Legitimationswirkung. Sie ist, wie auch die nachfolgenden, stärker auf den Ersatz bezogenen Punkte, nur ein Unteraspekt der Freiheits- und Gütersphärendefinition mit dem Ziel der Gerechtigkeit und Befriedung.

---

[462] *Coing*, Rechtsphilosophie, S. 143; s.a. *Radbruch*, Rechtsphilosophie, S. 74.

[463] *Zippelius*, Rechtsphilosophie, S. 167; *Kaufmann*, Gerechtigkeit, S. 34; *Rüthers*, Rechtstheorie, Rn 387.

[464] *Radbruch*, Rechtsphilosophie, S. 74; *Seelmann*, Rechtsphilosophie, § 7 Rn 13; *Kaufmann*, Gerechtigkeit, S. 27.

[465] *v. Caemmerer*, RabelsZ 42 (1978), S. 5, 19; *Rohe*, AcP 201 (2001), S. 117, 118, 145; *Jansen*, Die Struktur des Haftungsrechts, S. 36; in diesem Sinne wohl auch *Staudinger/Hager*, Vorbem zu §§ 823 ff. Rn 9.

[466] *Larenz*, Richtiges Recht, S. 36; zum Begriff auch *Kaufmann*, Gerechtigkeit, S. 34.

[467] Oben A. I.

I. Legitimationswirkung

Ein bereits angedeuteter Unteraspekt der Freiheitsdefinition ist die Legalisierung und Ermöglichung von Handlungen,[468] d.h. die Anerkennung gesellschaftlich notwendiger Vorgänge durch das Fehlen haftungsrechtlicher Sanktionen. Häufig werden die Handlungen nicht durch das Haftungsrecht allein,[469] sondern unter Zuhilfenahme flankierender versicherungsrechtlicher Abfederungswirkungen ermöglicht.[470] Technisch neue Nutzungsmöglichkeiten sollen nicht übermäßig eingeschränkt werden, sondern der Gesellschaft erhalten bleiben und sich entfalten können.[471] Aus Sicht des Geschädigten notwendige Einstandspflichten müssen dennoch existieren. Den in der modernen Gesellschaft entstanden Zwiespalt aus notwendigem Freiheitserhalt auf Seiten der Schädiger und erforderlichem Güterschutz auf Seiten der Geschädigten kann das Haftungsrecht allein nicht überwinden.[472] Deshalb „legalisiert" nicht das Haftungsrecht, sondern seine in der Ersatzleistung liegende abschreckende Wirkung wird durch andere Mechanismen abgemildert. Die Güter- und Freiheitssphärendefinition wird als allgemeiner Zweck des Rechts auch über das Versicherungsrecht verwirklicht, das einen bedeutenden Teil des Gesamtsystems rechtlicher Risikoverteilung bildet.

II. Garantiefunktion: Rechtsfortsetzung und Rechtssicherung

Das geschädigte Rechtsgut wird über den gewährten Schadensersatz in gewisser Form garantiert.[473] Diese Fortsetzung des ursprünglichen Gutes ist ein Teilaspekt des bereits angesprochenen Ausgleichsgedankens.[474] Man kann ebenso von Rechtsverfolgung sprechen,[475] sofern man damit die Verfolgung des eigentlichen Gutes über unterschiedliche Wiedergutmachungsmethoden des Schadensrechts auf sekundärer Ebene meint. Der Begriff der *Rechtsfortsetzung* ist präziser.[476]

Aber auch über die Verhaltenssteuerung im Allgemeinen und die Prävention im Besonderen werden die Rechtsgüter garantiert. Dann geht es nicht um nach-

---

[468] Vgl. *Zöllner*, AcP 188 (1988), S. 85, 96; *Engel*, JZ 1995, S. 213, 216; *Scholz*, Der Begriff der Zumutbarkeit im Deliktsrecht, S. 76 ff., 115.

[469] So aber wohl *v. Caemmerer*, Reform der Gefährdungshaftung, S. 15.

[470] *Zöllner*, AcP 188 (1988), S. 85, 96.

[471] Dazu oben § 3 C. III.

[472] Vgl. oben § 3 D.

[473] *Deutsch*, JZ 1971, S. 244, 246; *ders.*, Rn 19; *Greger*, Einl Rn 15; *Tunc*, in IntEncCompL XI/I, I-172 ff.; *Bullinger*, in *Ficker/u.a.*, Festschrift für v. Caemmerer (1978), S. 297, 299: sekundärer Rechtsgüterschutz.

[474] *Larenz*, Schuldrecht I, § 27 I, S. 425.

[475] *Deutsch*, Rn 19; *Dreier*, Kompensation und Prävention, S. 144 f. m.w.Nw.

[476] *Larenz*, Schuldrecht I, § 27 I, S. 425; *Lange/Schiemann*, Einl III 2 c); *Palandt-Heinrichs*, Vorb v § 249 Rn 5.

trägliche Rechtfortsetzung, sondern um vorgelagerte *Rechtssicherung*.[477] Versteht man desweiteren die Versagung des Ersatzanspruchs konsequenterweise als Garantie der betroffenen Handlungsfreiheit,[478] gelangt man zur oben herausgearbeiteten Primärfunktion des Haftungsrechts:[479] der Abgrenzung von Güter- und Freiheitssphären.

III. Sanktionierung und Genugtuung

Regelmäßig erwähnt, aber umstritten ist eine selbständige Straf- oder Genugtuungsfunktion des Schadensersatzes. Sie wird in Deutschland neben dem besonderen Schutz des allgemeinen Persönlichkeitsrechts hauptsächlich[480] auf den Schmerzensgeldanspruch bezogen.[481] Grund ist, dass im Unterschied zum Ersatz von materiellen Schäden bei der Schadensbemessung im Rahmen des § 253 II BGB n.F. bzw. § 847 BGB a.F. auch auf den Grad des Verschuldens des Schädigers abgestellt wird.[482] Der vom auszugleichenden, aber nicht exakt bestimmbaren *immateriellen Schaden* etwas abgewendete Blick des Rechtsanwenders auf „alle in Betracht kommenden Umstände des Falles“[483] lässt den Vergleich zur Strafzumessung zumindest nicht allzu fern erscheinen.

Im internationalen Vergleich hat sich der zivilrechtliche Schadensersatz in den einzelnen Rechtsordnungen unterschiedlich stark vom Strafrecht gelöst.[484] Während etwa das spanische Haftungsrecht einen Strafzweck explizit ausschließt und in anderen kontinentaleuropäischen Ländern zumindest dem Grunde nach von einer strikten funktionalen Trennung ausgegangen wird,[485] gibt es

---

[477] *Bullinger*, in *Ficker/u.a.*, Festschrift für v. Caemmerer (1978), S. 297, 300: primärer Rechtsgüterschutz; s.a. *Looschelders*, Mitverantwortlichkeit, S. 158; *Papier*, DAR 2002, S. 532, 536 f.

[478] *Zöllner*, AcP 188 (1988), S. 85, 96; *Engel*, JZ 1995, S. 213, 216; *Scholz*, Der Begriff der Zumutbarkeit im Deliktsrecht, S. 76 ff., 115.

[479] Dazu oben A.

[480] Anders *Esser*, S. 1, 73 sowie *Güllemann*, S. 106, die den Gedanken allgemein der Verschuldenshaftung zu Grunde legen; Von einer allgemeinen Schadensanlastungsfunktion geht auch *Bullinger*, in *Ficker/u.a.*, Festschrift für v. Caemmerer (1978), S. 297, 300 ff. aus. – zu weiteren diskussionswürdigen Fallgruppen *P. Müller*, Punitive Damages, S. 99 ff.; *Schäfer*, AcP 202 (2002), S. 397, 414 ff.; OLG München, NJW 1989, S. 3102, 3103 mit ablehnender Anmerkung *Greger*.

[481] Zusammenfassend und weiterführend *Lange/Schiemann*, Einl III 2 d) sowie § 7 V 2; *Körner*, NJW 2000, S. 241 ff.; *Schäfer*, AcP 202 (2002), S. 397 ff.

[482] Vgl. BGHZ 18, S. 149, 157 f.; NJW 1993, S. 1531, 1532; NJW 1998, S. 2741, 2742; *MünchKomm-Oetker*, § 253 Rn 48 f. m.w.Nw.

[483] BGHZ 18, S. 149, 2. Leitsatz.

[484] Zu dieser allgemeinen Entwicklung oben § 3 A.

[485] *v. Bar*, Gemeineuropäisches Deliktsrecht I, Rn 608 ff.; *Wurmnest*, Grundzüge eines europäischen Haftungsrechts, S. 100 ff. mit Hinweisen zu Verankerungen des Sanktionsgedankens; zu neueren Entwicklungen u.a. in Spanien *Coderch*, ZEuP 2001, S. 604 ff.

im *common law* einen eigenständigen Strafschadensersatz.[486] Die Diskussion um pönale Elemente im Schadensersatzrecht allerdings existiert auch dort.[487]

Unabhängig von dem sogleich aufzuzeigenden Streit zum Hauptdiskussionsfeld des deutschen Rechts ist dem sonstigen Ersatz *materieller Schäden* eine Sanktionswirkung fremd, weil systematisch heute eine klare Zuordnung repressiver Aufgaben zum Strafmonopol des Staates zu verzeichnen ist.[488] Bei nominal ermittelbaren Schaden findet eine Bemessung nur nach dem Ausgleichsprinzip statt.[489] Darüber hinausgehende Sanktionen zur Prävention kennt das auf Schadenszuordnung ausgerichtete Haftungsrecht bzw. das haftungsausfüllende Schadensersatzrecht nicht.[490] *Schadensersatzleistungen sind schadensbezogen.*[491] Der Zuspruch von Geldsummen als „Schadensersatz" ohne einen Schaden dient anderen Zielen und gehört deshalb rechtssystematisch nicht ins Haftungsrecht, das sich mit der *Zuordnung eines Schadens* beschäftigt. Diese Sichtweise wird von der kollisionsrechtlichen Vorbehaltsklausel des Art. 40 III Nr. 1 und 2 EGBGB bestätigt. Sie ist Ausfluss des ordre-public-Gedankens und soll mehrfachen Schadensersatz sowie reinen Strafschadensersatz verhindern, da diese den Grundvorstellungen des deutschen Rechts widersprechen.[492]

1. Die Rechtsprechung zum Ersatz immaterieller Schäden

Das Reichsgericht hatte dementsprechend als Zweck auch des Ersatzes immaterieller Schäden den *Ausgleich* der Schmerzen des Geschädigten in den Vorder-

---

[486] *Punitive* oder *exemplary damages* vgl. BGHZ 118, S. 312, 334 ff.; zur Entwicklung und Diskussion *Cordewener*, JA 1998, S. 168, 169 ff.; *P. Müller*, Punitive Damages, S. 7 ff.; *Dreier*, Kompensation und Prävention, S. 185 ff.; *Atiyah-Cane*, S. 143; *Wagner*, ZEuP 2000, S. 200, 215 ff.; *v. Bar*, Gemeineuropäisches Deliktsrecht I, Rn 611 f.; *Coderch*, ZEuP 2001, S. 604; *Wurmnest*, Grundzüge eines europäischen Haftungsrechts, S. 101; *Steinbrück*, JURA 2004, S. 439, 443 ff.

[487] Vgl. *Cordewener*, JA 1998, S. 168, 171 ff.; *Dreier*, Kompensation und Prävention, S. 187 f.; zu Beschränkungstendenzen durch den Supreme Court der USA und den dortigen Gesetzgeber auch FAZ v. 09.04.2003, S. 13; *Buchner*, VersR 2003, S. 1203; *Pant*, NJW 2004, Editorial Heft 3.

[488] Vgl. oben § 3 A.

[489] BGHZ 118, S. 312, 344 im Anschluss an *Greger*, NJW 1989, S. 3103, 3104; *Lange/Schiemann*, Einl III 2 d); Selbst der das pönale Prinzip im Bürgerlichen Recht herausstellende Beitrag von *Schäfer*, AcP 202 (2002), S. 397 muss das konstatieren, 416 ff.; abweichend mit einer umfassenden Rechtsprechungs- und Gesetzesanalyse *P. Müller*, Punitive Damages, § 7.

[490] Allgemein *Larenz*, Richtiges Recht, S. 106 f.; *Zippelius*, Einführung in das Recht, S. 71 – Zur Unterscheidung von Präventionswirkungen des Ausgleichs und Prävention durch Sanktion *Schäfer*, AcP 202 (2002), S. 397, 399 f. mit anschließenden Untersuchungen zur Sanktionswirkung im gesamten Bürgerlichen Recht. Zum Haftungsrecht speziell S. 415 ff.

[491] *E. Lorenz*, in *Hanau/Lorenz/Matthes*, Festschrift für Wiese (1998), S. 261, 276.

[492] BT-Drucks. 14/343, S. 12; *Palandt-Heldrich*, Art. 40 EGBGB Rn 19 ff. m.w.Nw.

grund gestellt.[493] Später allerdings betonte es die verbitternde Wirkung erheblichen Verschuldens des Täters und ließ den Grad des Verschuldens als Umstand zur Bemessung des Schmerzensgeldes zu.[494] Der Große Senat für Zivilsachen beim BGH hatte dann 1955 grundsätzlich festgestellt, dass Schadensersatzansprüche aus unerlaubter Handlung entstehungsgeschichtlich Elemente des Strafrechtes seien und dass trotz vorhandener Trennung der Rechtsbereiche auch heute dem Ausgleich „noch etwas vom Charakter der Buße oder ... der Genugtuung" innewohne.[495] Deshalb sei die Höhe des Schmerzensgeldes nicht nur nach dem Maß der Lebensbeeinträchtigung auf Seiten des Geschädigten, sondern unter Berücksichtigung aller Umstände und demnach auch nach dem Grade des Verschuldens des Schädigers zu bemessen.[496] Im Zusammenhang mit dem besonderen Schutz des Persönlichkeitsrechts spricht der VI. Zivilsenat des BGH später ausdrücklich von einer *Sanktion* der Zivilrechtsordnung.[497]

Dass die sonst dominierende Ausgleichsfunktion des Schadensersatzes sogar gänzlich außer Betracht bleiben kann und Schmerzensgeld nur zur Genugtuung gewährt wird, hat der BGH für die Fälle des Verlusts der Empfindungsfähigkeit entschieden.[498] Da dann aber im Ergebnis die besondere Schwere der Beeinträchtigung zu einer Minderung des Schmerzensgeldanspruchs führen würde, weil die Ausgleichsfunktion unberücksichtigt bliebe, gab er diese Rechtsprechung später wieder auf.[499] Dabei hat das Gericht nicht nur dem immateriellen Schaden und seinem Ausgleich eine neue Gestalt in Form der empfindungsunabhängigen, körperlichen Beeinträchtigung gegeben,[500] sondern den Gedanken der Sühne im zivilrechtlichen Schadensersatzrecht für nicht tragfähig erachtet.[501] Er könne allenfalls eine untergeordnete Rolle spielen.[502] Auch BGHZ 118, S. 312, 344 hatte in anderem Zusammenhang betont, dass Bestrafung und Abschreckung grundsätzlich dem besonders ausgestalteten Verfahren staatlicher Strafverfolgung zugewiesen seien und es unerträglich erscheine, „in einem Zivilurteil eine erhebliche Geldzahlung aufzuerlegen, die nicht dem Schadensaus-

---

[493] RGZ 8, S. 117, 118: Geldäquivalent für die erlittenen Schmerzen; zusammenfassend zur Rechtsprechungsentwicklung *Steffen*, DAR 2003, S. 201, 202 ff.

[494] RGZ 136, S. 60, 62.

[495] BGHZ 18, S. 149, 155; zustimmend etwa *Larenz/Canaris*, Schuldrecht II 2, § 83 III 2 a); *Deutsch*, Rn 18, 907 ff; *Lange/Schiemann*, § 7 V 2, S. 438 f.

[496] BGHZ 18, S. 149, 157 f.

[497] BGHZ 35, S. 363, 368.

[498] BGH NJW 1976, S. 1147, 1148.

[499] BGHZ 120, S. 1, 5; s.a. OLG Koblenz NJW 2003, S. 442 f.

[500] Zur Kritik hieran *Schäfer*, AcP 202 (2002), S. 397, 421 Fn 101 m.w.Nw.; einschränkend mit Blick auf die Unbeachtlichkeit körperlicher Beeinträchtigung gegenüber dem unmittelbar nachfolgenden, nicht ausgleichsfähigen Tod BGH NJW 1998, S. 2741, 2743.

[501] BGHZ 120, S. 1, 7.

[502] BGHZ 120, S. 1, 7.

gleich dient, sondern wesentlich nach dem Interesse der Allgemeinheit bemessen wird und möglicherweise neben eine Kriminalstrafe für dasselbe Vergehen treten kann".[503]

Bei schweren Verletzungen des Persönlichkeitsrechts durch die Medien sah sich der BGH im Gegensatz dazu auch in der Folgezeit zu einer Hervorhebung des Genugtuungsgedankens gezwungen, um derart hohe Entschädigungssummen zusprechen zu können, dass „echte Hemmungseffekte" zur Vorbeugung weiterer unautorisierter Vermarktungen entstehen können.[504] Der Gesichtspunkt der Genugtuung des Opfers stehe in diesen Spezialfällen im Vordergrund.[505] Weiterführend betont das Gericht, dass mit Genugtuung nicht Rache und Privatstrafe gemeint seien, sondern nur ein *Teil des auszugleichenden Schadens*.[506] Konsequent verneint der BGH in dieser Entscheidung die funktionelle Teilbarkeit des Schmerzensgeldanspruches.[507] Gleichwohl spricht er von der Genugtuungsfunktion im Unterschied zur Ausgleichsfunktion.[508]

Zusammenfassend hat die Rechtsprechung auf dem Weg zu interessengerechten Lösungen im Bereich des schwer bestimmbaren Ersatzes immaterieller Schäden die Genugtuungsfunktion unterschiedlich stark betont, im Grunde aber anerkannt.[509]

2. Einordnungsversuche und Kritik

Begrifflich wird Genugtuung seit dem Ende des 19. Jahrhunderts als pönales Element im Gegensatz zur Wiederherstellung verstanden.[510] „Die Ersatzleistung kann auf Genugtuung oder auf Wiederherstellung abzielen und dem gemäß als Privatstrafe oder als Schadensersatz ausgestaltet sein", schreibt *Otto von Gierke*.[511] Eine inhaltliche Definition der Genugtuung lässt sich nur schwer finden,[512] soweit man sich nicht mit der bloßen Umschreibung einer allgemeinen *Besänfti-*

---

[503] BGHZ 118, S. 312, 344 im Anschluss an *Greger*, NJW 1989, S. 3103, 3104; a.A. etwa *Schäfer*, AcP 202 (2002), S. 397, 420 ff.

[504] BGHZ 128, S. 1, 15 f.; NJW 2005, S. 215, 216, 218; vgl. auch BVerfG NJW 2000, S. 2187, 2188 sowie die kritische Analyse von *Canaris*, in *Ahrens*, Festschrift für Deutsch (1999), S. 85, 99 ff.

[505] BGHZ 128, S. 1, 15; NJW 2005, S. 215, 216.

[506] BGHZ 128, S. 117, 121.

[507] BGHZ 128, S. 117, 121.

[508] BGHZ 128, S. 117, 121.

[509] Vgl. zur zurückhaltenden Tendenz zusammenfassend *MünchKomm-Mertens*, 3. Aufl. (1997), § 847 Rn 3.

[510] *Kern*, AcP 191 (1991), S. 247, 251; *Stoll* Haftungsfolgen, Rz 174; s.a. *Jansen*, Die Struktur des Haftungsrechts, S. 364.

[511] *v. Gierke*, Privatrecht, Bd. 3, § 211 I 2, vertiefend in § 215; zur Deutung als Privatstrafe *Kern*, AcP 191 (1991), S. 247 ff.

[512] Vgl. *MünchKomm-Mertens*, 3. Aufl. (1997), § 847 Rn 3 m.w.Nw.; *Kern*, AcP 191 (1991), S. 247, 249.

gung des Opfers bzw. der *Wiederherstellung* (!) des Selbstgefühls durch eine Reaktion der Rechtsordnung zufrieden gibt.[513] *Hans Stoll* hat versucht, die Genugtuung von der Strafe zu lösen und sie eigenständig zwischen Letzterer und dem ausgleichenden Ersatz zu positionieren. Er stellte dabei fest, dass erwünschter Nebeneffekt jeder Belastung des Täters die Besänftigung des Verletzten sei.[514] Im Unterschied zur Strafe geschehe die privatrechtliche Genugtuung nur dem Verletzten zuliebe ohne Einfluss von Allgemeininteressen.[515] Ähnlich betont *Hermann Lange*, dass die Genugtuung im Unterschied zur Privatstrafe ihr Schwergewicht nicht in der Sanktionierung des Schädigers, sondern in der Wiederherstellung des Selbstgefühls des Geschädigten habe.[516] Die häufig hervorgehobene Wirkung auf den Schädiger soll in einer gesonderten *Prävention* durch Sanktion bestehen, die sich von der allgemeinen Präventionswirkung des Schadensersatzes abhebt.[517]

Ob die Besänftigung durch schuldbestimmte Sühne überhaupt Aufgabe des Zivilrechtes sein kann, wird von anderen bezweifelt.[518] Das Zivilrecht habe sich vom Strafrecht emanzipiert und einer Aufgabenteilung entsprechend den Ausgleich des Opferschadens übernommen, während sich das Strafrecht der schuldangemessenen Sühne des Täters zuwendet.[519] Zusätzlich wird der Konflikt mit dem Verfassungsrecht befürchtet, wollte man im Schadensersatz eine Art Privatstrafe erkennen.[520] Auch funktional offenbarten sich Unterschiede, etwa wenn die zivilrechtliche „Bestrafung" juristische Personen treffe, die noch dazu über

---

[513] Vgl. *v. Bar*, Gemeineuropäisches Deliktsrecht I, Rn 609; *Lange/Schiemann*, § 7 V 2, S. 436; *Wessels/Beulke*, Rn 12 a; *Katzenmeier*, JZ 2002, S. 1029, 1031.

[514] *Stoll*, in Verhandlungen zum 45. DJT 1964, Bd. I, S. 149; *ders.*, Haftungsfolgen, Rz 174; vgl. auch *Kern*, AcP 191 (1991), S. 247, 255; *Wagner*, ZEuP 2000, S. 200, 206.

[515] *Stoll*, in Verhandlungen zum 45. DJT 1964, Bd. I, S. 152.

[516] *Lange/Schiemann*, § 7 V 2, S. 436; vgl. im Übrigen *Stoll*, in *v. Caemmerer/Mentschikoff/Zweigert*, Festschrift für Rheinstein II (1969), S. 569, 579; *Kern*, AcP 191 (1991), S. 247, 255; *Schäfer*, AcP 202 (2002), S. 397, 423 f.; positiv zur Begrifflichkeit *Deutsch*, Rn 907.

[517] *Deutsch*, Rn 907; *Schäfer*, AcP 202 (2002), S. 397, 399 f.; *Dreier*, Kompensation und Prävention, S. 515 ff.

[518] Zusammenfassend zur Kritik *Lange/Schiemann*, § 7 V 2, S. 435 ff.; ansonsten *Seitz*, NJW 1996, S. 2848 ff.; *E. Lorenz*, in *Hanau/Lorenz/Matthes*, Festschrift für Wiese (1998), S. 261, 272 ff.; *Canaris*, in *Ahrens*, Festschrift für Deutsch (1999), S. 85, 102 ff., jeweils m.w.Nw.; *Greger*, NJW 1989, S. 3103, 3104; *Kötz/Wagner*, Rn 521.

[519] *v. Caemmerer*, RabelsZ 42 (1978), S. 5, 19; *Greger*, NJW 1989, S. 3103, 3104.; ablehnend *Stoll* Haftungsfolgen, Rz 47 ff.; *Kern*, AcP 191 (1991), S. 247, 263 ff.; *Dreier*, Kompensation und Prävention, S. 515 ff.; zur rechtsgeschichtlichen Entwicklung *Wagner*, ZEuP 2000, S. 200, 201 ff.; zusammenfassend auch *P. Müller*, Punitive Damages, S. 31 ff.

[520] Vgl. *Greger*, § 16 Rn 21 m.w.Nw.; *Bullinger*, in *Ficker/u.a.*, Festschrift für v. Caemmerer (1978), S. 297, 301; *Canaris*, in *Ahrens*, Festschrift für Deutsch (1999), S. 85, 107; s.a. BGH NJW 2003, S. 3620; ablehnend *Kern*, AcP 191 (1991) S. 247, 262 f.; *Dreier*, Kompensation und Prävention, S. 508 ff.

Versicherungen abgefedert und preislich auf den Konsumenten umgeschlagen werde. Hierbei könne nur eine wesentlich schwächere Art Sühne und Besänftigung erreicht werden als bei einer individuellen, öffentlichen Bestrafung von Organmitgliedern oder Angestellten.[521]

3. Stellungnahme: Zweck und Wirkung der Haftungsfolgen

Die verfassungsrechtlichen Bedenken hat das *BVerfG* knapp, aber deutlich ausgeräumt. Dem Ersatz immateriellen Schadens seien „pönale Elemente" nicht fremd. Strafe im Sinne des Art. 103 II GG sei dies aber nicht.[522] Der verfassungsrechtlichen Problemstellung kann hier nicht vertieft nachgegangen werden.[523] Eines aber lässt sich feststellen: Auch aus Sicht des BVerfG werden „pönale" Elemente in Zusammenhang mit dem Ersatz immaterieller Schäden gebracht. Gleichzeitig unterscheiden sie sich aber von der herkömmlichen Strafe.

Nun ist das *Strafrecht* bekanntlich „ultima ratio" des Rechtsgüterschutzes.[524] Dieser wird gewährleistet, in dem den Täter eine auch am Interesse der Allgemeinheit bemessene, seine Güter beeinträchtigende Rechtsfolge trifft (Sanktion)[525] und dadurch sowohl er als auch andere Gesellschaftsmitglieder von entsprechenden Handlungen abgehalten werden sollen (Prävention durch Repression).[526] Gleichzeitig wird das Opfer der Rechtsgutsverletzung besänftigt und von eigenen Vergeltungsmaßnahmen abgehalten (Befriedung durch Vergeltung).[527] Unverzichtbares Fundament der Strafe ist dabei das Schuldprinzip.[528]

Auch der *privatrechtliche Schadensersatz* enthält eine den Handelnden mehr oder weniger treffende, negative Rechtsfolge.[529] Die Befriedung wird ebenfalls gefördert, erhält doch im Unterschied zum Strafrecht der Geschädigte sogar das-

---

521 *Wagner*, ZEuP 2000, S. 200, 206; *ders.*, in *MünchKomm*, Vor § 823 Rn 38; *Kötz/Wagner*, Rn 521.

522 BVerfGE 36, S. 269, 293; zustimmend BGH NJW 2005, S. 215, 216; *Kern*, AcP 191 (1991) S. 247, 263; *Schäfer*, AcP 202 (2002), S. 397, 425; *Dreier*, Kompensation und Prävention, S. 508 ff. jeweils m.w.Nw.; s.a. BVerfG JZ 1995, S. 716, 718 sowie BGH NJW 2003, S. 3620 f.

523 S. etwa die Einwände von *Canaris*, in *Ahrens*, Festschrift für Deutsch (1999), S. 85, 107 sowie ausführlich *Dreier*, Kompensation und Prävention, S. 508 ff.

524 BVerfGE 96, S. 245, 249; *Schönke/Schröder-Stree*, Vorbem §§ 38 ff. Rn 1; *Wessels/Beulke*, Rn 4, 9.

525 Vgl. *Jescheck/Weigand*, S. 13.

526 *Jescheck/Weigand*, S. 4; zur strafrechtlichen General- und Spezialprävention *Schönke/Schröder-Stree*, Vorbem §§ 38 ff. Rn 2, 12 ff. m.w.Nw.; aus zivilrechtlicher Sicht *Schäfer*, AcP 202 (2002), S. 397, 399 ff.

527 Vgl. zu den Strafzwecktheorien *Wessels/Beulke*, Rn 12 a; zusammenfassend zur Kriminalstrafe auch *Schäfer*, AcP 202 (2002), S. 397, 402 f.

528 BVerfGE 20, S. 323, 331; 50, S. 125, 133 m.w.Nw.; s.a. BGH NJW 2003, S. 3620 f.

529 Vgl. oben A. II.; zu den Unterschieden zivilrechtlicher und strafrechtlicher Sanktionen *Schäfer*, AcP 202 (2002), S. 397, 425 f.

jenige, was den Schädiger belastet.[530] Es wäre lebensfremd zu behaupten, den Geschädigten im Zivilprozess ginge es allein um den Ausgleich des Schadens, nicht aber um Genugtuung.[531] Der Wunsch, den Schädiger kraft eines Richterspruches zur Verantwortung zu ziehen, ist ohne Zweifel ein existierendes Ziel vieler zivilrechtlicher Klagen. Und auch der Beklagte wird die Verurteilung zum Schadensersatz regelmäßig als „Strafe" empfinden.[532]

Eine ganz andere Frage ist es allerdings, ob diese zu verzeichnende *Wirkung* auch gesetzgeberischer *Zweck* des Haftungsrechts ist – oder nur eine unvermeidliche „Nebenwirkung" darstellt.[533] Im Unterschied zum Strafrecht versucht das Haftungsrecht mit seiner an der Rechtsgütereinbuße orientierten, positiven Rechtsfolge eine *Wiederherstellung* beim Opfer zu erzielen. Schadensersatz beruht auf der Kompensation eines Schadens.[534] Verantwortlichkeitsfeststellung und Genugtuung im Sinne einer Befriedigung der Erwartungshaltung an die Aktivität der Rechtsordnung[535] sind notwendige Begleiterscheinungen auf dem Weg zu diesem Ausgleich. Solche „Nebenwirkungen" lassen sich nicht leugnen – Zweck des Haftungsrechts sind sie gleichwohl nicht.[536] Dafür sprechen neben den zuvor genannten, vor allem rechtssystematischen Gründen auch die im Zivilrecht üblichen, im Strafrecht dagegen unzulässigen Verschuldensvermutungen sowie weitere rechtsstaatliche Besonderheiten bei der Ausgestaltung staatlicher Schadenszuordnung gegenüber der Bestrafung.[537] Während strafrechtliche Sanktionen hauptsächlich nach den Interessen der Allgemeinheit verhängt werden, geht es bei zivilrechtlichen Ansprüchen vor allem um einen Ausgleich der Interessen eines anderen Privatrechtssubjekts.[538] Wird haftungsrechtlicher Ersatz gewährt, bestimmt allein *der Schaden* und sein Ausgleich die zugesprochene

---

[530] *Greger*, § 16 Rn 21.

[531] Vgl. *Lange/Schiemann*, § 7 V 2, S. 436.

[532] *Lange/Schiemann*, Einl III 2 d).

[533] *Lange/Schiemann*, Einl III 2 d); *Koch*, Die Sachhaftung, S. 78 f.

[534] *Jansen*, Die Struktur des Haftungsrechts, S. 635; abweichend mit Blick auf rein präventive Zwecke über den Ausgleich hinausgehender Sanktionierungen *Dreier*, Kompensation und Prävention, S. 500 ff.

[535] *Wessels/Beulke*, Rn 12 a sprechen von der Wiederherstellung der Rechtsordnung / Gerechtigkeit durch staatliche Reaktion. Ziel ist folglich auch hier ein Ausgleich, nämlich der des Unrechts, nicht aber unmittelbar der Rechtsgüter an sich.

[536] *v. Caemmerer*, RabelsZ 42 (1978), S. 5, 19; *Koch*, Die Sachhaftung, S. 78 f.; abweichend etwa *Bullinger*, in *Ficker/u.a.*, Festschrift für v. Caemmerer (1978), S. 297, 301, der zwischen der Sanktionierung vorwerfbaren Verhaltens und einer allgemeinen Kostenanlastungsfunktion unterscheidet; die damit in Zusammenhang stehende Prävention betonend *Deutsch*, Rn 907; *Schäfer*, AcP 202 (2002), S. 397, 399 f.; *Dreier*, Kompensation und Prävention, S. 515 ff.

[537] *Greger*, NJW 1989, S. 3103, 3104; *v. Bar*, Gemeineuropäisches Deliktsrecht I, Rn 595.

[538] Deutlich BGH NJW 2003, S. 3620 f.

Rechtsfolge.[539] Demgegenüber beruht die Strafe nahezu ausschließlich auf Prävention durch Sanktion, ohne sich in ihrer Höhe notwendig oder gar allein entscheidend am eingetretenen Schaden zu orientieren.[540] Deshalb ist jedenfalls in seiner systematischen Anlage das Strafrecht der entscheidende „Feldspieler“ der Abschreckungswirkung, obwohl bezweifelt werden kann, ob es dazu immer in der Lage ist.[541] Nicht jede nachteilige Rechtsfolge kann wegen präventiver Potenziale als Strafe angesehen werden.[542] Eine Schadensersatzvorschrift büßt nicht wegen möglichen Präventionswirkungen ihren Ausgleichszweck ein.

Typisch für das Strafrecht ist die grundsätzliche[543] Festlegung der Sanktion nach der Schuld des Täters.[544] Demgegenüber ist das haftungsausfüllende Schadensersatzrecht vom Grad des Verschuldens grundsätzlich unabhängig. Warum die subjektiven Tatumstände die Höhe des Ersatzes beim immateriellen Schaden beeinflussen sollen, beim Vermögensschaden dagegen nicht, lässt sich nicht ohne Weiteres begründen.[545] Der Unterschied besteht einzig und allein darin, dass sich der materielle Schaden relativ leicht beziffern lässt, der immaterielle Schaden nicht. Deshalb können die Bemessungsunterschiede nur richtig sein, wenn der Verschuldensgrad des Täterverhaltens die *Größe des immateriellen Schadens* beeinflusst.[546]

Darin liegt der Knackpunkt der Diskussion um die doppelte Funktion des Schmerzensgeldes. In dem besonderen Bereich der nicht materiell ermittelbaren Schäden ist der Rechtsanwender zu etwas Unmöglichem gezwungen: einen Nichtvermögensschaden durch Vermögen auszugleichen.[547] Trotzdem sind Unvergleichbarkeit und fehlende numerische Bestimmbarkeit keine Gründe, dem Schmerzensgeld seine Ersatzfunktion zum Teil abzusprechen.[548] In die Bemessung des Ersatzes den Vergeltungsgedanken einfließen zu lassen, ist deshalb

---

[539] Vgl. *Koziol*, JBl 2001, S. 29, 35; *Steffen*, DAR 2003, S. 201, 203.

[540] *Schäfer*, AcP 202 (2002), S. 397, 399 f.

[541] Hierzu *Dreier*, Kompensation und Prävention, S. 523 ff.; *Jansen*, Die Struktur des Haftungsrechts, S. 174 f.

[542] *Schäfer*, AcP 202 (2002), S. 397, 400 ff.; s.a. BGH NJW 2005, S. 215, 216.

[543] Anders hingegen die allein der Prävention dienenden Maßregeln der Besserung und Sicherung (§§ 61 ff. StGB), vgl. *Wessels/Beulke*, Rn 11.

[544] *Wessels/Beulke*, Rn 12 a.

[545] *MünchKomm-Wagner*, Vor § 823 Rn 38.

[546] *MünchKomm-Oetker*, § 253 Rn 13; *Jansen*, Die Struktur des Haftungsrechts, S. 38 in Fn 34; *Pauker*, VersR 2004, S. 1391, 1392 f.

[547] Vgl. *Steffen*, DAR 2003, S. 201, 202.

[548] So zu Recht schon *v. Waechter*, Die Busse, S. 74 f.; deutlich auch *Stoll*, in *v. Caemmerer/Mentschikoff/Zweigert*, Festschrift für Rheinstein II (1969), S. 569, 571; *ders.*, Haftungsfolgen, Rz 178, 180; *v. Caemmerer*, Reform der Gefährdungshaftung, S. 23; *Koch*, Die Sachhaftung, S. 79; *Canaris*, in *Ahrens*, Festschrift für Deutsch (1999), S. 85, 102 ff.; *v. Gerlach*, VersR 2002, S. 917, 920 ff.; *Jansen*, Die Struktur des Haftungsrechts, S. 635; *Pauker*, VersR 2004, S. 1391, 1392 f.

nicht von vornherein falsch, weil sich immaterieller Schaden und die Erwartung an die Selbstreaktionsfähigkeit der Rechtsordnung jedenfalls zum Teil decken können.[549] Der eigentliche Zweck des Ersatzes ist in allen Fällen der *Ausgleich des immateriellen Schadens*.[550] Bei vorsätzlichem Täterverhalten mag dieser tatsächlich einmal höher sein als in Fällen nur leichter Fahrlässigkeit oder gar verschuldensunabhängiger Einstandspflichten.[551] Die „Genugtuungsfunktion" kann deshalb allenfalls ein *unselbständiger Teil des Ausgleichsgedankens* sein.[552]

Auch ein Blick auf das 2. Schadensrechtsreformgesetz lässt an einer eigenständigen Genugtuungsfunktion zweifeln, denn die in der Rechtsprechung des BGH zu verzeichnende Zurückdrängung zu Gunsten der Ausgleichsfunktion setzt sich darin fort.[553] Mit der Neuregelung des § 253 II BGB im allgemeinen Schuldrecht und spezialgesetzlichen Anpassungen wie § 11 S. 2 StVG umfasst die *Gefährdungshaftung* jetzt auch den Anspruch auf Schmerzensgeld, was nach dem Willen des Gesetzgebers zu einer Vereinfachung der Schadensabwicklung führen soll.[554] Dies hat Auswirkungen auf die Dogmatik der Schmerzensgeldbemessung. Bejaht man wie bisher eine eigenständige Genugtuungsfunktion des Schmerzensgeldes, so muss Letzteres bei der verschuldensunabhängigen Gefährdungshaftung im Prinzip niedriger ausfallen als bei der Verschuldenshaftung. Denn wird Schmerzensgeld bei „rechtswidrigkeitsloser", verschuldensunabhängiger Gefährdungshaftung ohne Vorliegen eines Verhaltensfehlers zuge-

---

[549] So auch die Deutung von BGHZ 18, S. 149 und BGHZ 120, S. 1 durch *Steffen*, DAR 2003, S. 201, 203; ähnlich *MünchKomm-Oetker*, § 253 Rn 13; *Pauker*, VersR 2004, S. 1391, 1392 f.; zum weiten Verständnis der Ausgleichsfunktion, aber ablehnend gegenüber der Berücksichtigung subjektiver Genugtuungsbedürfnisse *Canaris*, in *Ahrens*, Festschrift für Deutsch (1999), S. 85, 102 f.; für eine Eigenständigkeit der beiden Aspekte *Lange/Schiemann*, § 7 V 2, S. 438.

[550] Das erkennt auch der BGH, der in BGHZ 128, S. 117, 121 genau in diesem Sinne argumentiert. Leider benutzt er anschließend trotzdem Ausgleichs- und Genugtuungsfunktion auf einer begrifflichen Ebene. Zu Recht ablehnend im Hinblick auf die eigentliche Ausgleichsfunktion daher *MünchKomm-Mertens*, 3. Aufl. (1997), § 847 Rn 4; *Stoll*, in *v. Caemmerer/Mentschikoff/Zweigert*, Festschrift für Rheinstein II (1969), S. 569, 570 f.; *v. Caemmerer*, Reform der Gefährdungshaftung, S. 23; *Pauker*, VersR 2004, S. 1391, 1392 f.; ähnlich auch OGH NZV 2002, S. 26, 27, der allerdings mit der Differenzierung nach der Schwere des Zurechnungsgrundes wieder in die Nähe strafrechtlicher Vergeltung rückt; a.A. *Deutsch*, Rn 908, 910; *Schäfer*, AcP 202 (2002), S. 397, 420 ff.; *P. Müller*, Punitive Damages, S. 311 ff.; *Lange/Schiemann*, § 7 V 2, S. 438.

[551] So ohnehin schon die bisherige Praxis, s. *Palandt-Heinrichs*, § 253 Rn 11 m.w.Nw.; zweifelnd etwa *Hanau*, VersR 1969, S. 291, 298.

[552] *v. Gerlach*, VersR 2002, S. 917, 921; *Steffen*, DAR 2003, S. 201, 203; *MünchKomm-Oetker*, § 253 Rn 13; *Chr. Huber*, Das neue Schadensersatzrecht, § 2 Rn 48; *Pauker*, VersR 2004, S. 1391, 1392 f.

[553] *G. Müller*, DAR 2002, S. 540, 543; *Chr. Huber*, Das neue Schadensersatzrecht, § 2 Rn 41 ff.

[554] BT-Drucks. 14/7752, S. 14 ff., 24 ff.

sprochen,[555] ist die Rechtsordnung nicht verletzt und der Vergeltungsgedanke nicht tragfähig, soweit man dies auf ein zu missbilligendes Verhalten bezieht.[556] Damit aber wäre die beabsichtigte Rationalisierung der Schadensabwicklung kraft Wiederauflebens des Verschuldensaspekts für den Geschädigten hinfällig.[557] Der angestrebte Vereinfachungseffekt könnte deshalb dazu führen, sich von einer eigenständigen Genugtuungsfunktion zu verabschieden.[558]

Tendenzen zur stärkeren *Verankerung präventiver Sanktionen im Zivilrecht* können an dieser Sichtweise nichts ändern. Kontinentaleuropäische Gerichte gehen dazu über, bei schweren Verletzungen des Persönlichkeitsrechts durch kommerzielle Nutzer so hohe Entschädigungssummen zuzusprechen, dass „echte Hemmungseffekte" zur Vorbeugung weiterer unautorisierter Vermarktung entstehen können.[559] Der Gesichtspunkt der Genugtuung des Opfers stehe hierbei im Vordergrund. Präzise betrachtet geht es wohl weniger um die Besänftigung des Opfers als vielmehr um die erst an zweiter Stelle genannte Präventionswirkung.[560] Darin wird von manchen eine Neubelebung des Privatstrafgedankens gesehen.[561] Sachlich handelt es sich indes um eine Form *bereicherungsrechtlicher bzw. eingriffsrechtlicher Gewinnabschöpfung* im Gewand delikts-

---

[555] Bis zum 2. Schadensrechtsänderungsgesetz war dies nur in den Fällen der § 833 S. 1 BGB, § 53 III LuftVG, § 29 II AtG möglich sowie bei rechtswidrigem, aber nicht schuldhaftem Handeln auch im Falle des § 829 BGB. Zum systematisch unbegründeten und rechtsvergleichend isolierten Zögern des Gesetzgebers *v. Bar*, Gemeineuropäisches Deliktsrecht I, Rn 572 ff., insbesondere 577; zusammenfassend auch *Katzenmeier*, JZ 2002, S. 1029 ff.

[556] *Güllemann*, S. 106; *Bullinger*, in *Ficker/u.a.*, Festschrift für v. Caemmerer (1978), S. 297, 301, 310; *Deutsch*, Rn 908; *Katzenmeier*, JZ 2002, S. 1029, 1031; *Schäfer*, AcP 202 (2002), S. 397, 426; *Chr. Huber*, Das neue Schadensersatzrecht, § 2 Rn 44 ff. m.w.Nw.; s.a. *G. Müller*, DAR 2002, S. 540, 543; *Lange/Schiemann*, § 7 V 2, S. 436.

[557] *Wagner*, NJW 2002, S. 2049, 2054; *Katzenmeier*, JZ 2002, S. 1029, 1031; *Palandt-Heinrichs*, § 253 Rn 11; OLG Celle NZV 2004, S. 251 f.

[558] *Katzenmeier*, JZ 2002, S. 1029, 1031 mit umfassenden Nachweisen zur früheren Kritik; *Wagner*, NJW 2002, S. 2049, 2054; *Pauker*, VersR 2004, S. 1391 ff.; *Palandt-Heinrichs*, § 253 Rn 11; *MünchKomm-Oetker*, § 253 Rn 12; *Chr. Huber*, Das neue Schadensersatzrecht, § 2 Rn 48; OLG Celle NZV 2004, S. 251 f.; in diese Richtung bereits *Hanau*, VersR 1969, S. 291, 298; ablehnend *Geigel-Pardey*, 7. Kapitel Rn 50.

[559] BGHZ 128, S. 1, 15 f.; NJW 2005, S. 215, 216, 218; zu Schweden und Italien *v. Bar*, Gemeineuropäisches Deliktsrecht I, Rn 609; *Wurmnest*, Grundzüge eines europäischen Haftungsrechts, S. 103.

[560] BGHZ 128, S. 1, 15 f.; NJW 2005, S. 215, 216; deutlicher BVerfG NJW 2000, S. 2187, 2188; *Kötz/Wagner*, Rn 643; *ders.*, in *MünchKomm*, Vor § 823 Rn 37; ausführlich *Dreier*, Kompensation und Prävention, S. 346 ff., 413 ff., 500 ff.; s.a. BGHZ 118, S. 312, 335.

[561] Vgl. *v. Bar*, Gemeineuropäisches Deliktsrecht I, Rn 609; *Körner*, NJW 2000, S. 241 ff.; kritisch wegen der dort zugleich innewohnenden Ausgleichsfunktion BGHZ 118, S. 312, 339; allgemein *Deutsch*, Rn 907 ff.; *P. Müller*, Punitive Damages und deutsches Schadensersatzrecht (2000); *Schäfer*, AcP 202 (2002), S. 397, 399 f.; *Dreier*, Kompensation und Prävention, S. 515 ff.

rechtlichen Ersatzes: „tort must not pay".[562] Gedanklich wird nicht an einem Schaden und seinem Ersatz angeknüpft, weshalb diese Entwicklung auch nichts über die Funktion des „Schadensersatzes" aussagen kann. Und bei Normen wie § 241 a BGB oder § 661 a BGB, die als Verankerungen des präventiven Strafgedankens im Privatrecht gelten,[563] handelt es sich um die Sanktionierung unerwünschten Wettbewerbsverhaltens zum Schutz des Verbrauchers. An einem Schaden und seiner Zuordnung setzen auch sie nicht an. Vielmehr liegt z.B. § 661 a BGB der Gedanke der Erfüllung eines rechtsgeschäftlichen Rechtsscheins zu Grunde.[564]

4. Fazit

Die Besänftigung des Geschädigten ist eine in vielen Fällen unvermeidliche Nebenwirkung des Schadensersatzes. Sein Ziel ist sie nicht. Beim scheinbaren Ausnahmefall des Ersatzes immaterieller Schäden ist eine monetäre Einbuße naturgemäß nicht feststellbar. Ein trotzdem in Geld vorzunehmender Ausgleich beinhaltet zum Teil auch das beschädigte Selbstgefühl des Verletzten. Darin liegt eine – zweifellos spezielle – Wiederherstellung und damit eine originäre Aufgabe des Zivilrechts. In den Fällen der Zwangskommerzialisierung des allgemeinen Persönlichkeitsrechts werden Aufgaben bereicherungsrechtlicher bzw. eingriffsrechtlicher Abschöpfung im Gewand des Schadensersatzes erfüllt. Dass Folge dieser Abschöpfung eine Präventionswirkung ist, macht die Genugtuung weder im Bereicherungsrecht noch im dogmatisch unpassenden Schadensersatzrecht zum eigentlichen Zweck. Der Strafschadensersatz ist ein systematisch-funktionaler Fremdkörper im zivilen Schadensverteilungsmechanismus. Das Haftungsrecht knüpft immer an einem entstandenen Schaden an. Auf schaden-

[562] Stellvertretend *Stoll*, in *v. Caemmerer/Mentschikoff/Zweigert*, Festschrift für Rheinstein II (1969), S. 569, 572 f.; *Seitz*, NJW 1996, S. 2848 ff.; *Canaris*, in *Ahrens*, Festschrift für Deutsch (1999), S. 85, 87 ff.; *Vollkommer*, in *Isensee/Lecheler*, Festschrift für Leisner (1999), S. 599, 604 ff.; *Wagner*, ZEuP 2000, S. 200, 217, 224; allgemein *ders.*, NJW 2002, S. 2049, 2055; *v. Gerlach*, VersR 2002, S. 917 ff.; *v. Bar*, ZEuP 2001, S. 515, 531; *Zimmermann*, AcP 202 (2002), S. 243, 301 ff.; *Dreier*, Kompensation und Prävention, S. 349 f.; *Jansen*, Die Struktur des Haftungsrechts, S. 38; *Esser/Weyers*, Schuldrecht II/2, § 53 3.; *Chr. Huber*, Das neue Schadensersatzrecht, § 2 Rn 48; *Röckrath*, Kausalität, Wahrscheinlichkeit und Haftung, S. 197. – BGHZ 128, S. 1, 16 hat eine echte Gewinnabschöpfung abgelehnt, den erzielten Gewinn aber als Bemessungsfaktor für die Geldentschädigung zugelassen. Zusammenfassend *Wagner*, ZEuP 2000, S. 200, 210 ff., insbesondere 217, der sich für die Anerkennung des vermögensrechtlichen Charakters des Persönlichkeitsrechts ausspricht; *ders.*, VersR 2000, 1305 ff.; *Kötz/Wagner*, Rn 645 mit Hinweis auf die in diese Richtung weisenden Entscheidungen BGH NJW 2000, S. 2195 und S. 2201.

[563] Vgl. *St. Lorenz*, in *Rauscher/Mansel*, Festschrift für *W. Lorenz* (2001), S. 193, 200 ff.; *ders.*, IPRax 2002, S. 192; *Körner*, NJW 2000, S. 241, 245 f.; *Schäfer*, AcP 202 (2002), S. 397, 428 ff.; *Steinbrück*, JURA 2004, S. 439, 443 sowie BGH NJW 2003, S. 3620 f.

[564] BGH NJW 2003, S. 3620 f. m.w.Nw.

sunabhängige Sanktionen ist es nicht zugeschnitten.[565] Der Schaden ist damit eine natürliche Grenze des Haftungsrechts.

D. Kollektivbezogene Schadenszuweisung und Definition des Versicherungsfalles

I. Bestimmung der Regressvoraussetzungen

Das Bestreben, die Folgen von Unfällen für die betroffenen Rechtsgutsträger zu mildern, hat zu den bereits angesprochenen kollektiven Vorsorgemechanismen geführt.[566] Die damit in Zusammenhang stehende stärkere Ausrichtung an der Erfolgsverantwortlichkeit von Risikogruppen stellt die bisher erarbeiteten Funktionen mit Individualbezug zum Teil in Frage.[567] Denn bezieht man die zu Gunsten des immer stärker werdenden Geschädigtenschutzes aufgekommene Haftungsbegleitung durch das Versicherungsrecht für die Frage mit ein, welche Aufgabe dem Haftungsrecht heute zukommt, so ergeben sich Verschiebungen innerhalb des anerkannten Funktionsspektrums. Dies führt beispielsweise zu den schon erwähnten Einschnitten beim haftungsrechtlichen Verhaltenssteuerungspotenzial.[568]

Durch die Einbindung in ein zusammen mit dem Versicherungsrecht gebildetes Risikoverteilungssystem[569] verändert sich neben den einzelnen Verschiebungen auch das Gesamtbild der Funktion des Haftungsrechts. Es wird insbesondere bei First-Party-Versicherungen für den Regress des primären Schadensträgers relevant. Eine regulierende Versicherung kann auf der sekundären Regressebene die Schadensbelastung wieder zum Individuum zurückführen. Der Regress setzt die fortdauernde Existenz des Prinzips individueller Verantwortung voraus. Das Haftungsrecht behält insofern trotz primärer Verdrängung im Verhältnis zum Geschädigten seinen Anwendungsbereich gegenüber der Versicherung.[570] Dann entscheidet es aber nicht mehr darüber, ob der Geschädigte

---

[565] *E. Lorenz*, in *Hanau/Lorenz/Matthes*, Festschrift für Wiese (1998), S. 261, 276; *Jansen*, Die Struktur des Haftungsrechts, S. 597, 635; *Röckrath*, Kausalität, Wahrscheinlichkeit und Haftung, S. 197; *Koziol*, JBl 2001, S. 29, 35; *Steffen*, DAR 2003, S. 201, 203; *Pauker*, VersR 2004, S. 1391, 1392 f.

[566] Unten § 3 D.

[567] *Weyers*, ZRP 1977, S. 292.

[568] S. oben A. II.

[569] Zuletzt rechtsvergleichend *Wagner*, in *Zimmermann*, Grundstrukturen des Europäischen Deliktsrechts, S. 305 ff.; s. auch die sozialrechtliche Literatur, wo Beispiele mit Haftungsbezug zur Veranschaulichung der Wirkungsweise des Sozialrechts in der Gesamtrechtsordnung dienen, *Waltermann*, Sozialrecht, Rn 1 und 24.

[570] *v. Hippel*, NJW 1967, S. 1729, 1731; *Katzenmeier*, Arzthaftung, S. 208 ff.

eine Ersatzleistung erhält, sondern nur noch, ob der Schädiger zur Verantwortung gezogen werden kann (Recht der Regressvoraussetzungen).[571]

Als Beispiel sei ein durch den Betrieb eines Kfz verursachter Personenschaden dienlich. Weder der Schädiger noch der Geschädigte muss den Basisschaden persönlich tragen, egal wie das Haftungsrecht über die „Individualverteilung“ entscheidet. Der Geschädigte würde von der Kranken- bzw. Unfallversicherung entlastet,[572] der Schädiger im Falle eines Regresses der Versicherungsträger des Geschädigten von seiner Haftpflichtversicherung. In solchen Fällen beiderseitigen Versicherungsschutzes entscheidet das Haftungsrecht im Regress zunächst sogar nur über das tragende Kollektiv, über diejenige Personengruppe, die die Schadenskosten durch ihre Beiträge abfedern muss.[573] Es dient insofern der kollektivbezogenen Güter- und Freiheitssphärendefinition zwischen Schädiger- und Geschädigtengemeinschaften. Die ursprüngliche individualbezogene Abgrenzung von Güter- und Freiheitssphären geht hierbei nahezu völlig verloren.[574] Nur soweit das Haftungsrecht noch Bedeutung für die Voraussetzungen des Regresses des Vorsorgeträgers direkt beim Schädiger hat,[575] behält es zum Teil sein ursprüngliches, individualbezogenes Aufgabenspektrum. Haftungs- und Versicherungsrecht arbeiten zusammen.[576] Das eine ist ohne das andere nicht mehr verständlich, weder in der Wirkungsweise noch in seiner Funktion.

Wegen starker Überlappungen der kollektiven Sicherungsmechanismen wird an einer sinnvollen Funktion des Haftungsrechts im Rahmen der Haftpflichtprozesse gezweifelt.[577] In der Praxis bestätigt sich das insoweit, als der Regress zwischen den Versicherungsgemeinschaften weithin durch Teilungsabkommen statt auf Basis des Einzelfalls vollzogen wird.[578] Die gesetzlichen Regeln des Haftungsrechts werden zu einem strategischen Argument bei den Verhandlungen pauschaler Verteilungsquoten degradiert.[579]

---

[571] *Weyers*, Unfallschäden, S. 401; *ders.*, ZRP 1977, S. 292; *Katzenmeier*, Arzthaftung, S. 211 m.w.Nw.; *Kötz/Wagner*, Rn 211.

[572] Vgl. *Kötz*, Sozialer Wandel im Unfallrecht, S. 8 ff.

[573] *Weyers*, ZRP 1977, S. 292; *Greger*, Einl Rn 30 ff.; *Katzenmeier*, Arzthaftung, S. 211; *Brüggemeier*, Prinzipien, S. 255; *Kötz/Wagner*, Rn 231 – zu den Grenzen und der alternativen pauschalen Kostenverteilung zwischen den Versicherungsgemeinschaften *MünchKomm-Wagner*, Vor § 823 Rn 29 f.

[574] *Kötz*, Sozialer Wandel im Unfallrecht, S. 27 ff.; *Weyers*, ZRP 1977, S. 292, 294.

[575] Vgl. aber zur teilweisen Übernahme auch dieser Funktion durch das Versicherungsrecht *Kötz/Wagner*, Rn 419.

[576] *Weyers*, ZRP 1977, S. 292; dazu oben § 3 D.

[577] Stellvertretend *Brüggemeier*, Prinzipien, S. 255.

[578] *Kötz*, Sozialer Wandel im Unfallrecht, S. 30; *v. Hippel*, ZRP 1998, S. 203, 204 f.; *Katzenmeier*, Arzthaftung, S. 212 ff.

[579] *Katzenmeier*, Arzthaftung, S. 214.

II. Definition des Versicherungsfalles

Obligatorische Haftpflichtversicherungen sind wegen eines besonderen Gesichtspunktes für die Funktion des Haftungsrechts von Interesse. Wird das Haftungsrecht von vornherein nur mit Blick auf die Haftpflichtversicherungsdeckung ausgestaltet,[580] so dient es letztlich der Definition des Versicherungsfalles im Bezug auf die Haftpflichtversicherung.[581] Es bestimmt diejenigen Risiken, die vom besonderen Kollektiv der Haftpflichtversicherten finanziell zu tragen sind.[582] In Fällen wie dem eingangs[583] erwähnten französischen Verkehrshaftungsmodell ist das besonders offensichtlich. Es wird eine faktische Unfallversicherung zu Gunsten Dritter erzeugt, die insbesondere an die nichtmotorisierten Geschädigten nahezu immer leisten, aber finanziell von der Gemeinschaft der motorisierten Verkehrsteilnehmer getragen werden soll.[584] Individuelle Zurechnungskriterien sind bis auf die „Unfallbeteiligung" nahezu gänzlich verschwunden, da zum Teil auch die Mitverursachung durch den Geschädigten, durch höhere Gewalt oder das Eingreifen Dritter den Anspruch nicht beseitigen können. Der Geschädigte soll den Anspruch gegen die Versicherung erhalten. Nur deshalb schlägt das Haftungsrecht so schnell eine Brücke zum Verursacher bzw. Beteiligten. Es definiert den Versicherungsfall. Hier kann man deshalb von einer Form *kollektiven Haftungsrechts* sprechen, das funktional versicherungsrechtliche Aufgaben erfüllt. Das Wegbrechen individueller Zurechnungskriterien erklärt sich daher aus der *Umwidmung des Haftungsrechts zur Versicherungskomponente*.

Am Ende einer solchen Entwicklung muss man sich fragen, ob das haftungsrechtliche Element überhaupt noch einen originären Aufgabenbereich zu erfüllen hat oder ob umgekehrt das versicherungsrechtliche Element nunmehr zu einem funktionalen Teil des Haftungsrechts geworden ist. Es ist eine Frage der Perspektive, ob man insoweit eine neue Funktion haftungsrechtlicher Normen anerkennt oder ob man gerade wegen des Funktionswandels die haftungsrechtliche Natur nunmehr verneint und die entsprechenden Regelungen dem Versicherungsrecht zuordnet.[585] Der Aufgabenwandel und sein Zusammenhang mit dem Versicherungsrecht ist in jedem Fall ein Faktum, das es zu beachten gilt.

In anderen Fällen der Koppelung von Haftung und obligatorischer Haftpflichtversicherung existieren *individuelle Zurechnungskomponenten* wie Ver-

---

[580] Dazu unten § 8 C. I.

[581] In diesem Sinne mit Blick auf den Abschnitt von Einwendungen aus dem Deckungsverhältnis *Stoll*, Haftungsfolgen, Rz 98.

[582] *Stoll*, RabelsZ 36 (1972), S. 285, 302.

[583] § 1. A.

[584] Vgl. *Wagner*, in *Zimmermann*, Grundstrukturen des Europäischen Deliktsrechts, S. 326 mit dem weiteren Hinweis auf die umfassende Einbindung der Haftpflichtversicherung in das Verfahren der Schadensabwicklung; s. noch oben § 3 D. II. 2.

[585] Vgl. in diesem Zusammenhang *Jansen*, Die Struktur des Haftungsrechts, S. 132 ff.

schulden, höhere Gewalt und Mitverursachung des Geschädigten, so dass auch die individualrechtliche Natur der außervertraglichen Schadenszuordnung erhalten bleibt. Ein Beispiel wäre die deutsche Straßenverkehrsunfallhaftung nach dem StVG. Es handelt sich trotz vielfältigem Einfluss kollektiver Schadensträger hinsichtlich seiner Zuteilungsmechanismen nach wie vor um *individualbezogenes Haftungsrecht.*

Für den Bereich fakultativer Versicherungen kann man nicht von einem echten Funktionswechsel sprechen. Hier dient das autonome Haftungsrecht ohne Zweifel der individualbezogenen Schadenszuweisung, auch wenn dieser Bezug faktisch durch das begleitende Versicherungsrecht geschmälert wird.

Schwierigkeiten einer generellen funktionalen Neuorientierung ergeben sich im Übrigen daraus, dass sich in ein und demselben Haftungsfall für ein und dieselbe Haftungsnorm unterschiedliche Aufgabenzuweisungen ergeben können, je nachdem, ob sie hinsichtlich eines aufgetretenen Schadens im Kontext kollektiver Sicherungsmechanismen steht oder nicht. Gerade schwerwiegende Unfallfolgen („*Schadensspitzen*" jenseits der Versicherungssumme) und die wegen des zumindest teilweise fortbestehenden Einwandes der Mitverantwortlichkeit nicht verlagerbaren *Eigenschäden* fallen aus dem kollektivierten Schutzraster.[586] Insoweit verbleibt es bei der individualbezogenen Güter- und Freiheitssphärendefinition.

E. Aufgabenoptimierung durch Haftungsersetzung ?

I. Ausgleichsschwierigkeiten im Haftpflichtsystem

Die existierenden Haftpflichtsysteme bieten selbst in ihren opferschützenden Formen keinen vollkommenen Geschädigtenschutz. Insbesondere Haftungshöchstbeträge und die Berücksichtigung der Mitverantwortlichkeit des Geschädigten begrenzen wie erwähnt den haftungsrechtlichen Ersatz. Bei einer angestrebten Kollektivierung mittels Haftpflichtversicherung bedingt die konstruktive Abhängigkeit von der Haftungsgrundlage zudem Streitigkeiten um die Gefahrverwirklichung, so dass der Geschädigte auf dem Weg zum Schadensersatz prozessuale Hürden überwinden muss. Die haftungsrechtliche Verantwortlichkeit hängt von den tatsächlichen Umständen des Unfallherganges ab und deren Feststellung ist kostspielig und zeitraubend oder kann zum Teil nicht mehr exakt nachvollzogen werden.[587] Das wird im Bereich massenhaft auftretender Schäden

---

[586] Stellvertretend *Kötz/Wagner*, Rn 425 ff.; *Looschelders*, VersR 1996, S. 529, 539; vgl. beispielhaft BGH NJW 2003, S. 2377; zu allgemeinen Minderungen des Lebensstandards bei Todesfällen in der Familie *Güllemann*, ZRP 1974, S. 35.

[587] *Kötz/Wagner*, Rn 425; *Güllemann*, ZRP 1974, S. 35, 37 f., 40; *v. Caemmerer*, Reform der Gefährdungshaftung, S. 5, 7, 15; *v. Bar*, Gutachten 62. Juristentag, A 13 ff.; *Katzenmeier*, VersR 2002, S. 1449, 1452.

als störend empfunden, insbesondere für Straßenverkehrsunfallschäden.[588] Es ließe sich innerhalb des geltenden Systems nur vermeiden bzw. verringern, wenn man die Haftungsverantwortung zwischen den Beteiligten umfassend[589] nach wesentlich einfacheren Kriterien verteilen würde. Weniger Haftungsvoraussetzungen und Einwendungen reduzieren den Durchsetzungsaufwand für den Geschädigten. Folge wäre eine weitere *Haftungsverschärfung* zu Lasten der Halter bzw. Nutzer der gefährdenden Gegenstände.[590] An dieser Entwicklungsrichtung setzt die vorliegende Arbeit an.

Wegen der engen Verflechtung mit kollektiven Sicherungsmechanismen liegt es als Alternative nicht fern, darüber nachzudenken, auf die haftungsrechtlichen Vorstufen der Kollektivierung gänzlich zu verzichten und Schäden direkt über ein Unfallversicherungssystem zu verteilen (*Haftungsersetzung durch Versicherung*).[591] Die Defizite des Haftpflichtrechts ließen sich so innerhalb eines Gesamtsystems umfassend lösen,[592] da man die primäre Schadenszuordnung vollkommen aus dem individualrechtlichen hinein in den sozialrechtlichen Bereich verlagert.[593] Daduch sollen auch Transaktionskosten zwischen den Systemen minimiert und die Präventionswirkung versicherungsrechtlich verbessert

---

588 Vgl. *Deutsch*, VersR 1994, S. 381, der als Grundkonstellation der Haftungsersetzung eine starke Unfallhäufung sowie eine soziale Versorgungsaufgabe nennt; *Güllemann*, ZRP 1974, S. 35; s.a. *Medicus*, JuS 1972, S. 553, 554 f.

589 Prozessökonomisch unzureichend ist etwa ein strenger Haftungstatbestand, wenn neben ihm weiterhin Schmerzensgeld überhaupt oder in erhöhtem Maße nur auf der Grundlage der Fehlverhaltenshaftung verlangt werden kann. Vgl. hierzu BT-Drucks. 14/7752, S. 14 ff., 24 ff.; *Wagner*, NJW 2002, 2049 (2054); *Katzenmeier*, JZ 2002, 1029 (1031) – Damit rücken parallel auch die zwecks Finanzierbarkeit scheinbar notwendigen Haftungshöchstbeträge in ein kritisches Licht. Vgl. *v. Caemmerer*, Reform der Gefährdungshaftung, S. 23; zur Versicherbarkeit in der Diskussion um die Einführung der Haftungshöchstbeträge *Schubert*, ZRG 117 (2000), S. 238, 263 ff.

590 Vgl. *v. Caemmerer*, Reform der Gefährdungshaftung, S. 5 ff., 21 ff.; *Güllemann*, ZRP 1974, S. 35, 40 f.; *Kötz/Wagner*, Rn 426 ff.; *v. Bar*, VersR 1986, 620 ff., 626; *Kötz*, ZEuP 1997, 496, 499 f.; *Greger*, NZV 2001, S. 1, 6; *K. Baumann*, DAR 2001, S. 549 ff.; *Chr. Huber*, zfs 2001, S. 529; *ders.*, in 40. Deutscher Verkehrsgerichtstag 2002, Veröffentlichung der Referate und Empfehlungen, S. 214 ff.; *ders.*, ZVR 2002, S. 38, 42 ff. – Beispielhaft sind die Überlegungen im Zusammenhang mit dem Europäischen Übereinkommen über die zivilrechtliche Haftpflicht für die durch Kraftfahrzeuge verursachten Schäden v. 14.05.1973, das mangels Ratifizierung nie in Kraft getreten ist. Hierzu *Bartsch*, ZRP 1975, S. 240; *Renger*, VersR 1992, S. 653; *Stoll*, Haftungsfolgen, Rz 100; *v. Bar*, Gemeineuropäisches Deliktsrecht I, Rn 378 in Fn 70.

591 Stellvertretend *v. Caemmerer*, Reform der Gefährdungshaftung, S. 5 ff.; *Wagner*, in *Zimmermann*, Grundstrukturen des Europäischen Deliktsrechts, S. 324 ff., jeweils m.w.Nw.

592 Vgl. aus dem deutschen Schrifttum insbesondere *v. Hippel*, Schadensausgleich bei Verkehrsunfällen, 1968; *ders.*, NZV 1999, S. 313.

593 S. auch BVerfGE 34, S. 118, 119.

werden.[594] Denn neben dem Haftungsrecht existieren bereits jetzt eine Vielzahl von Sicherungssystemen der Geschädigten, so in Gestalt der staatlichen Sozialversicherung, den privaten Kranken-, Kasko- und sonstigen First-Party-Versicherungen sowie der Leistungen von Arbeitgebern und Dienstherren im Krankheitsfall,[595] die alle ins Verhältnis zum Haftungs- und Haftpflichtrecht gesetzt werden müssen. Eine umfassende Kollektivierung sämtlicher Schäden und Unfallsituationen besteht nicht.[596] Von einer vollkommenen Ersetzung der Haftung kann man im Übrigen nur sprechen, wenn eine sekundäre Zuordnung anhand der Haftungsverantwortlichkeit im Regress ausgeschlossen ist.[597] Ansonsten findet nur eine Haftungsersetzung im Verhältnis Geschädigter und Schädiger, nicht aber im Verhältnis der Kollektive zueinander bzw. zwischen Kollektiv und Schädiger statt.

II. Für und Wider eines Systemwechsels

Es stellt sich die Frage, ob ein Haftungsersetzungssystem die grundlegenden Probleme der Unfallschäden besser lösen kann als der „Flickenteppich“ aus den Systemen von Haftung mit akzessorischer Haftpflichtversicherung und partiellen First-Party-Absicherungen.[598] Ziel ist jeweils ein sozial angemessener Schadensausgleich bei möglichst wirkungsvoller Schadensprävention, der mittels schneller und kostengünstiger Regulierung durchgeführt wird.[599] Damit sind die Freiheits- und Gütersphären regulierenden Funktionen des Haftungsrechts in der Diskussion um das Alternativmodell unmittelbar angesprochen. Deshalb sollen die insoweit vorgetragenen Argumente zu Gunsten und zu Lasten des jeweiligen Systems kurz zusammengetragen und bewertet werden.

---

[594] Vgl. *v. Hippel*, §§ 3, 5, 6; *Wagner*, in *Zimmermann*, Grundstrukturen des Europäischen Deliktsrechts, S. 325, 328 ff.

[595] Vgl. *Wagner*, VersR 1999, S. 1441, 1447 ff.; *ders.*, in *Zimmermann*, Grundstrukturen des Europäischen Deliktsrechts, S. 306 f.; *Güllemann*, ZRP 1974, S. 35, 38 f.; *Schiemann*, in *Weick*, Entwicklung des Deliktsrechts in rechtsvergleichender Sicht, S. 47 f.; *Hinrichs*, Die Berücksichtigung des Mitverschuldens bei der Haftung für Personenschäden, S. 90 f.; *Looschelders*, VersR 1996, S. 529, 534 f.; *Greger*, Einl Rn 30 ff.; s.a. *Esser*, S. 120 ff.; *Stoll*, Haftungsfolgen, Rz 90, 99.

[596] Vgl. *Brüggemeier*, Prinzipien, S. 255: Sachschäden, Vermögensschäden, immaterielle Schäden, Deckungssummen übersteigende Schäden, Drittschäden; *Katzenmeier*, Arzthaftung, S. 208: Hausfrauen und Jugendliche, hauptsächlich Schmerzensgeld; s.a. *Hinrichs*, Die Berücksichtigung des Mitverschuldens bei der Haftung für Personenschäden, S. 91.

[597] Dazu etwa *Greger*, Einl Rn 31; *Güllemann*, S. 103.

[598] Vgl. die Diskussionsberichte im Tagungsband des Deutschen Sozialgerichtsverbandes: Soziale Sicherung gegen Unfälle im Straßenverkehr? (1975) und bei *Fleming/Hellner/v. Hippel*, Haftungsersetzung durch Versicherungsschutz, S. 76 ff.; *Fuchs*, Zivilrecht und Sozialrecht, S. 175; *Wagner*, in *Zimmermann*, Grundstrukturen des Europäischen Deliktsrechts, S. 324 ff.; *Katzenmeier*, Arzthaftung, S. 214 ff.

[599] Vgl. *Güllemann*, S. 163; *v. Hippel*, NZV 1999, S. 313; umfassend *ders.*, in *Fleming/Hellner/v. Hippel*, Haftungsersetzung durch Versicherungsschutz, S. 56 ff.

1. Schließung von Ersatzlücken

Zu Gunsten einer Versicherungslösung werden die angedeuteten Anspruchslücken und die mangelnde Anspruchssicherung des haftungsrechtlichen Systems vorgebracht.[600] Tatsache ist, dass nach dem geltenden System ein Geschädigter nicht in jedem Fall seine gesamten Schäden verlagern bzw. kollektivieren kann. Im Unterschied zum common law[601] sind in Deutschland aber Personenschäden in weiten Bereichen in das System sozialer Absicherung integriert. Die gesetzlichen Kranken-, Unfall- und Rentenversicherungen decken das Grundrisiko körperlicher Schädigungen und ihrer Folgen ab.[602] Hinzu kommen Leistungen des Dienstherren im Bereich der Beamten, der Versorgungswerke bei Freiberuflern und der Arbeitgeber für ihre Arbeitnehmer.[603] Bei Verkehrsunfällen existiert zudem ein subsidiärer Anspruch gegen das Kollektiv der Kfz-Haftpflichtversicherer („Entschädigungsfonds"), falls Haftungsansprüche nicht realisierbar sind.[604] Weiterhin treten neben das Haftungsrecht drittfinanzierte First-Party-Versicherungen, die Ersatzleistungen unabhängig von der Haftungsfrage garantieren. So musste z.B. bis zur Umsetzung des Montrealer Übereinkommens[605] nach § 50 I LuftVG a.F. ein Luftfahrtunternehmen seine Fluggäste gegen Unfälle versichern.[606] Vergleichbares gilt für Arzneimittelhersteller zugunsten von Personen, an denen die klinische Prüfung eines Arzneimittels durchgeführt wird, § 40 I Nr. 8, III AMG.[607] Zumindest die „basic-protection"

---

[600] *v. Hippel*, Haftungsersetzung, §§ 1, 2; *ders.*, in *Fleming/Hellner/v. Hippel*, Haftungsersetzung durch Versicherungsschutz, S. 57 ff.; *Güllemann*, ZRP 1974, S. 35, 36 ff.; *Zweigert/Kötz*, S. 685 f.

[601] Zusammenfassend zu den Schwächen des amerikanischen Unfallrechts *v. Caemmerer*, Reform der Gefährdungshaftung, S. 8 m.w.Nw.

[602] *Kötz/Wagner*, Rn 211 ff.; *Wagner*, VersR 1999, S. 1441, 1447 ff.; *ders.*, in *MünchKomm*, Vor § 823 Rn 26; *Weyers*, Unfallschäden, S. 64 ff.; *Güllemann*, ZRP 1974, S. 35, 38 f.; *Kötz*, Sozialer Wandel im Unfallrecht, S. 8 ff.; *Schiemann*, in *Weick*, Entwicklung des Deliktsrechts in rechtsvergleichender Sicht, S. 47 f.; *Hinrichs*, Die Berücksichtigung des Mitverschuldens bei der Haftung für Personenschäden, S. 90 ff.; *Looschelders*, VersR 1996, S. 529, 534 f.; *Greger*, Einl Rn 30 ff.; s.a. *Esser*, S. 120 ff.; *Stoll*, Haftungsfolgen, Rz 90, 99.

[603] *MünchKomm-Wagner*, Vor § 823 Rn 26; *Schiemann*, in *Weick*, Entwicklung des Deliktsrechts in rechtsvergleichender Sicht, S. 47 f.; *Greger*, Einl Rn 31; *Lange/Schiemann*, Einl II 1; *Stoll*, Haftungsfolgen, Rz 90; s.a. den Beispielsfall von *Medicus*, JuS 1972, S. 553 ff.

[604] §§ 12, 13 PflVG; allgemein zur Fondslösung innerhalb verschiedener Kompensationsmodelle *Faure*, ZEuP 2000, S. 575, 584 ff.; zu entsprechenden gesetzgeberischen Überlegungen in der Arzneimittelhaftung *Wagner*, NJW 2002, S. 2049, 2050.

[605] Gesetz zur Harmonisierung des Luftverkehrs vom 06.04.2004, BGBl 2004 I, S. 550. Bei der Umsetzung des Montrealer Übereinkommens von 1999 ließ der Gesetzgeber die gesonderte Unfallversicherungspflicht zugunsten einer unbeschränkten Haftung mit obligatorischer Haftpflichtversicherung entfallen. S. §§ 45, 50 LuftVG n.F.; BT-Drucks. 15/2359, S. 32 f.; *Fischer*, VersR 2004, S. 1372 ff.; *Geigel-Mühlbauer*, 29. Kap. Rn 134.

[606] Vgl. *Schwenk*, Handbuch des Luftverkehrsrechts, S. 730 f.

von Körper- und Erwerbsschäden für Unfallopfer ist insgesamt also gewährleistet.[608]

Der haftungsrechtliche Opferschutz ist im Verkehrsbereich zudem durch das 2. Schadensrechtsänderungsgesetz noch einmal verstärkt worden. Die Ausschlussgründe der Gefährdungshaftung für den Kfz-Betrieb wurden zum Teil weiter eingeschränkt, die Haftungshöchstgrenzen angehoben, die Verantwortlichkeit von Kindern im Straßenverkehr eingeschränkt, Schmerzensgeld in den Haftungsumfang auch der Gefährdungshaftung aufgenommen, ihr Anwendungsbereich auf Insassen erweitert und eine eigenständige Anhängerhalterhaftung geschaffen.[609] Und etwa in Frankreich hat sich seit der Diskussion um seine mögliche Ersetzung das Haftungssystem sogar noch deutlicher verschärft.[610] Einzig Unfälle ohne Fremdbeteiligung werden vom Haftungsrecht prinzipiell nicht erfasst.[611]

Im allgemeinen kann das haftungsrechtliche System mit seinen versicherungsrechtlichen Flanken daher als für den Geschädigten durchaus umfassend und sicher bezeichnet werden. Umfassende Versicherungsmodelle müssten ihre noch breitere Absicherung durch Abstriche bei den Ersatzleistungsspitzen „erkaufen". Für das Leistungsniveau würde das unterm Strich also nicht generell eine Aufwertung des Opferschutzes bedeuten, sondern zum Teil sogar ihr Gegenteil.[612] Und ganz grundsätzlich muss man sich fragen, ob eine ständig steigende Bedürfnisbefriedigung in Form besonderer Sicherungen erreichter Lebensstandards ein sinnvolles und realisierbares Ziel ist oder ob sich nicht vielmehr der Staat auf eine Existenzsicherung gegenüber Grundrisiken im Rahmen

---

[607] *Deutsch*, Rn 766 f., weiterführend 772 ff.

[608] *Schiemann*, in *Weick*, Entwicklung des Deliktsrechts in rechtsvergleichender Sicht, S. 48; *Stoll*, Haftungsfolgen, Rz 99; *Fuchs*, Zivilrecht und Sozialrecht, S. 175; *Hinrichs*, Die Berücksichtigung des Mitverschuldens bei der Haftung für Personenschäden, S. 91; *Wagner*, in *Zimmermann*, Grundstrukturen des Europäischen Deliktsrechts, S. 329.

[609] Vgl. die Forderungen bei *v. Hippel*, Haftungsersetzung, S. 10 ff. und die jetzigen Veränderungen bei *Wagner*, NJW 2002, S. 2049.

[610] Vgl. zu Frankreich: *v. Hippel*, Haftungsersetzung, S. 13 ff. einerseits und *v. Bar*, VersR 1986, S. 620 ff. andererseits; *ders.*, Gemeineuropäisches Deliktsrecht I, Rn 598 f.; Gemeineuropäisches Deliktsrecht II, Rn 523; *Kötz/Wagner*, Rn 429 sowie die obigen Hinweise bei § 1. A. und § 3 D. II. 2.

[611] Dazu *Güllemann*, ZRP 1974, S. 35, 37 f.

[612] *Hannak*, Verteilung, S. 46 f.; *Stoll*, RabelsZ 36 (1972), S. 285, 293 f.; *v. Caemmerer*, RabelsZ 42 (1978), S. 5, 11; *Deutsch*, Rn 753, 757; *Zweigert/Kötz*, S. 688; *Wagner*, in *Zimmermann*, Grundstrukturen des Europäischen Deliktsrechts, S. 329; *Lange*, Schadensersatz, 2. Aufl. (1990), Einl VI 8; *Katzenmeier*, Arzthaftung, S. 261; s.a. *Kötz/Wagner*, Rn 600 zum Ausschluss des Schmerzensgeldes in der Sozialversicherung aus der Sicht von Schwerstverletzten.

der geltenden Sozialsysteme konzentrieren sollte.[613] Angesichts der demographischen Entwicklung, der Konjunkturkrise und der hierdurch veränderten finanziellen Verfassung des Staates ist Letzteres heute wohl sogar unausweichlich. Hinsichtlich der nicht gedeckten Schäden erscheint es jedenfalls nicht unbillig, den Betroffenen auf eine mögliche Eigenvorsorge durch private Versicherungen zu verweisen.[614] Eine realistische Alternative zur ausgleichsrechtlichen Vervollkommnung besonders sensibler Bereiche wären ansonsten drittfinanzierte Pflichtunfallversicherungen nach dem Muster von § 50 I LuftVG a.F.[615] und § 40 I Nr. 8, III AMG bzw. spezielle Entschädigungsfonds, die neben das Haftungsrecht treten.

2. Präventionsoptimierung

Zugunsten der Haftungsersetzung wird daneben vorgebracht, in einem Versicherungsmodell sei der Gedanke individueller Verantwortung als Anreiz zur Unfallverhütung mittels präzise nach individuellen Risiken abgestuften Beitragsfestlegungen, Leistungsausschlüssen und Regressregelungen besser realisierbar als im Modell des Haftungsrechts mit gekoppelter Haftpflichtversicherung. Dort werde der individuell Verantwortliche momentan nicht oder nur ungenügend zur Verantwortung gezogen.[616]

Der Gedanke individueller Verantwortung darf in jedem Fall nicht vollkommen aus dem System der Risikoverteilung verschwinden, da er ein in vielen Bereichen sachgerechtes und effizientes Mittel bei der Zuordnung von Freiheits- und Gütersphären ist.[617] Dass „der Einzelne sich für die vorhersehbaren und

---

[613] *Kötz*, AcP 170 (1970), S. 1, 8 f.; *Looschelders*, VersR 1996, S. 529, 538; *Katzenmeier*, Arzthaftung, S. 204, 271; s.a. *Weyers*, Unfallschäden, S. 536 ff., speziell zu den Verkehrsunfallfolgen S. 542 ff.; *Faure*, ZEuP 2000, S. 575, 579.

[614] *Weyers*, Unfallschäden, S. 542 f.; *Looschelders*, VersR 1996, S. 529, 538; *ders.*, Mitverantwortlichkeit, S. 175 ff.; *Wagner*, in *Zimmermann*, Grundstrukturen des Europäischen Deliktsrechts, S. 329 f.; *Katzenmeier*, Arzthaftung, S. 271; zum tatsächlichen Bestehen solcher First-Party-Insurances *Kötz/Wagner*, Rn 227.

[615] Wie bereits erwähnt ließ der Gesetzgeber bei der Umsetzung des Montrealer Übereinkommens von 1999 die gesonderte Unfallversicherungspflicht zugunsten einer unbeschränkten Haftung mit obligatorischer Haftpflichtversicherung entfallen. S. §§ 45, 50 LuftVG n.F.; Gesetz zur Harmonisierung des Luftverkehrs vom 06.04.2004, BGBl 2004 I, S. 550; BT-Drucks. 15/2359, S. 32 f.; *Fischer*, VersR 2004, S. 1372 ff.; *Geigel-Mühlbauer*, 29. Kap. Rn 134.

[616] *v. Hippel*, Haftungsersetzung, S. 25 ff., 83 ff., 107 f.; *ders.*, in *Fleming/Hellner/v. Hippel*, Haftungsersetzung durch Versicherungsschutz, S. 65 ff.; *Güllemann*, S. 115 f.; *ders.*, ZRP 1974, S. 35, 39; s.a. *Marschall v. Bieberstein*, VersR 1968, S. 509, 513 ff.; zusammenfassend *v. Caemmerer*, RabelsZ 42 (1978), S. 5, 17 ff.; *Katzenmeier*, Arzthaftung, S. 254 ff.; zur eingeschränkten Präventionswirkung der Straßenverkehrsunfallhaftung oben A. II.

[617] Vgl. *Wagner*, VersR 1999, S. 1441 ff.; *v. Hippel*, Haftungsersetzung, S. 84; *ders.*, ZRP 1972, S. 49, 50 sowie ZRP 1998, S. 203 ff.; *Güllemann*, ZRP 1974, S. 35, 37 f.; *v. Caemmerer*, Reform der Gefährdungshaftung, S. 10; *Zweigert/Kötz*, S. 690; *v. Bar*, Gutachten

vermeidbaren Folgen des eigenen Verhaltens verantwortlich fühlt, ist auch unter den modernen Bedingungen unserer Welt eine unumstößliche Realität des menschlichen Lebens, an welche das Recht anknüpfen muss, wenn es für eine angemessene Risikoverteilung sorgen will".[618]

Optimierungsversuche müssen nicht notwendig über ein neues System angegangen werden, sondern können prinzipiell auch innerhalb der bestehenden Mechanismen erfolgen. Prämiennachteile und Regressverschärfungen lassen sich im Haftpflichtsystem ebenfalls unterbringen.[619] Völlig unberücksichtigt bleibt in der Diskussion zumeist auch die präventive Rolle von Straf- und Verwaltungsrecht.[620] Hauptsächlich aber ist ungewiss, ob eine Versicherungslösung tatsächlich zu Präventionsoptimierungen in der Lage ist, oder ob sie nicht vielmehr zu weiteren Defiziten führen würde. Darauf deuten ansteigende Schadenssummen in „no-fault"-Ländern hin.[621] *Deutsch* verweist auf psychologische Erkenntnisse, wonach schon die formale Haftungszuweisung das Gefühl persönlicher Verantwortung stärke.[622] Weiterhin wird zu Recht geltend gemacht, dass die angepeilten idealtypischen Prämiendifferenzierungen nach Maßgabe des Einzelfalles unerreichbar sind und man sich ihnen nur mit Informationsaufwand zum Unfallhergang nähern kann, der Effizienzgewinne schmelzen lässt und kostspielig ist.[623] An einer echten Verbesserung der Präventionswirkungen muss daher gezweifelt werden.

---

62. Juristentag, A 13 ff.; *Looschelders*, VersR 1996, S. 529, 536; *Katzenmeier*, Arzthaftung, S. 249 ff.

[618] *Looschelders*, SchR AT, Rn 877.

[619] Vgl. *Zweigert/Kötz*, S. 688 f.; *Wagner*, VersR 1999, S. 1441, 1446 ff.; *ders.*, in *Zimmermann*, Grundstrukturen des Europäischen Deliktsrechts, S. 330 ff.; *Katzenmeier*, Arzthaftung, S. 254 f.; zur Regresspraxis *Lange/Schiemann*, § 11 C I 3 u. § 11 C II 2; s.a. den Vorschlag von *v. Hippel*, Haftungsersetzung, S. 88, Haftpflichtversicherungen gegen Rückgriffsansprüche zu beschränken; neuerdings auch *ders.*, ZRP 1998, S. 203, 204 f.

[620] Aber *v. Hippel*, NJW 1967, S. 1729, 1731; *Zweigert/Kötz*, S. 689.

[621] Vgl. *Jansen*, Die Struktur des Haftungsrechts, S. 166 ff., 173 ff. mit einer Zusammenstellung empirischer Untersuchungen zu den Auswirkungen von no-fault-Systemen auf die Schadensverhütung, die allerdings kein vollkommen sicheres Urteil erlauben. Präventionsverluste befürchten etwa *v. Caemmerer*, Reform der Gefährdungshaftung, S. 10; *Lange*, Schadensersatz, 2. Aufl. (1990), Einl VI 8; *Stoll*, Haftungsfolgen, Rz 101; *Zweigert/Kötz*, S. 688 f.; *Looschelders*, VersR 1996, S. 529, 536, 538 f.; *ders.*, SchR AT, Rn 877; *Katzenmeier*, Arzthaftung, S. 249 ff., 257 ff.; *Wagner*, VersR 1999, S. 1441 ff.; *ders.*, in *Zimmermann*, Grundstrukturen des Europäischen Deliktsrechts, S. 331 f.

[622] *Deutsch*, Rn 760; s.a. *Drewitz*, Der Grundsatz: Die Versicherung folgt der Haftung, S. 46 f.; *Katzenmeier*, Arzthaftung, S. 254; zur Psychologie aus Sicht des Geschädigten *Stoll*, RabelsZ 36 (1972), S. 285, 304.

[623] *Weyers*, ZRP 1977, S. 292, 293 f.; *Wagner*, in *Zimmermann*, Grundstrukturen des Europäischen Deliktsrechts, S. 332.

3. Verbesserung des Regulierungsverfahrens und Koordination der Sicherungssysteme

Weiterhin werden am Haftpflichtsystem Koordinierungsdefizite zu anderen Sicherungssystemen[624] sowie die zu langsame und zu kostspielige Regulierung bemängelt.[625] Die Klärung der Haftungsfrage macht die Schadensabwicklung häufig zu einem langwierigen und schwierigen Prozess, zumal die Rekonstruktion des Unfallherganges oft gar nicht mehr exakt möglich ist.[626] Wenn ein Schaden ohnehin nur zwischen Risikogemeinschaften verteilt wird, muss man sich dann überhaupt noch den kostspieligen Luxus hochdifferenzierter Zurechnungsregeln des Haftungsrechts leisten?[627] Die Gründe der individuellen Schadensüberwälzung werden schwächer, „wo alle allen aus Gefährdung haftpflichtig werden können und schließlich doch alle Entschädigungen aus der gemeinsam finanzierten Haftpflichtversicherung stammen".[628] Dies sei über eine Direktversicherung ehrlicher und billiger zu haben. Eine Vereinfachung könnte in erheblichem Maße Zeit und Kosten aller an der Regulierung Beteiligten sparen.[629] Ein weiteres Problem sind Überschneidungen der Schutzbereiche, die durch das Nebeneinander von Sozialrecht, Haftpflichtversicherungen und privaten First-Party-Insurances auftreten. Diese Mehrfachdeckung führt neben den genannten Fragen des Ausgleichs unter den Versorgungsträgern zu einer insgesamt höheren Prämienbelastung.[630]

Durch Anpassungen im materiellen Haftungs- und Versicherungsrecht einschließlich der Regelungen zur Beweislast sind Verbesserungen jedoch auch im momentanen System möglich.[631] Die Beispiele der Rahmenteilungsabkommen

---

[624] *v. Hippel*, Haftungsersetzung, S. 30 ff.

[625] *v. Hippel*, Haftungsersetzung, S. 39 ff.; *Güllemann*, ZRP 1974, S. 35 f.; *Blankenburg*, ZRP 1997, S. 183.

[626] *v. Caemmerer*, Reform der Gefährdungshaftung, S. 5, 7, 15; *Güllemann*, ZRP 1974, S. 35, 37 f., 40; *Kötz/Wagner*, Rn 425; *v. Bar*, Gutachten 62. Juristentag, A 13 ff.; *Katzenmeier*, VersR 2002, S. 1449, 1452; zu den Problemen des verkehrsrechtlichen Zivilprozesses allgemein *Greger*, NZV 2001, S. 1, 2 f., 6.

[627] *Kötz*, Sozialer Wandel im Unfallrecht, S. 29 f.; s.a. *Blankenburg*, ZRP 1997, S. 183, 185.

[628] *Weyers*, ZRP 1977, S. 292, 294.

[629] *Güllemann*, ZRP 1974, S. 35, 40; *v. Hippel*, *ders.*, in *Fleming/Hellner/v. Hippel*, Haftungsersetzung durch Versicherungsschutz, S. 60 ff, 67 f.; *Greger*, NZV 2001, S. 1, 6; *Zweigert/Kötz*, S. 686 – Leidtragende wären die „professionellen Schadensabwickler": Anwälte, Versicherer und Sachverständige. S. *Blankenburg*, ZRP 1997, S. 183. Ihr Widerstand dürfte daher vielen Reformbestrebungen gewiss sein. Deshalb ist die Frage wohl auch bisher weder vom „Karlsruher Forum" noch vom Deutschen Juristentag behandelt und auch im Rahmen der zurückliegenden Versuche der Modernisierung des Schuldrechts kaum debattiert worden. Dazu *v. Hippel*, in *Hadding*, Festgabe Zivilrechtslehrer 1934/1935, S. 195, 197 f.

[630] *Güllemann*, S. 128 ff.; *ders.*, ZRP 1974, S. 35, 39 f.;

[631] *Greger*, NZV 2001, S. 1, 3 ff.; *v. Hippel*, ZRP 1972, S. 49, 50 f.; *Wagner*, VersR 1999, S. 1441, 1446 ff.; *Lange/Schiemann*, Einl III 2 a), S. 10 f.

sowie des Direktregulierungsverfahrens zeigen,[632] dass gerade die Versicherer an einer Minimierung der Transaktionskosten zwischen den Risikogemeinschaften interessiert sind. *Wagner* hat überzeugend dargelegt, dass auch insoweit Regresse zur Verhaltenssteuerung sinnvoll sind, eine risikogerechte Kostenzuweisung bewirken können und eine Zentralisierung des Regressverfahrens zu deutlichen Effizienzgewinnen führen kann.[633] Zwar wird die „Schärfe“ der „Haftungseinstellung“ durch die Betroffenheit der Kollektivträger getrübt.[634] Das Haftungsrecht verliert aber durch das Wegbrechen der Zurechnungskriterien selbst immer mehr an „Schärfe“, wird in seiner Zuordnung tendenziell einfacher, gerade weil es mit Blick auf die Verteilungsgemeinschaften ausgestaltet wird.

Einzubeziehen in den Systemvergleich ist auch die Tatsache, dass sich in der Versicherungslösung Fragen zum Unfallhergang zum Teil nur verschieben und im Gewand der Kausalität wieder auftauchen können.[635] Das Problem der Definition und Subsumtion des Versicherungsfalles stellt sich dort ebenso.[636] Für eine risikogerechte Prämienbestimmung ist eine Rekonstruktion des Unfallgeschehens ohnehin unerlässlich.[637] Die mit einem umfassenden Versorgungsapparat verbundenen Schwierigkeiten wie Bürokratisierung und neue Streitpotenziale müssten beachtet und unterbunden werden, wenn echte Fortschritte zum jetzigen System erreicht werden sollen.[638] Tatsächliche Verringerungen des Abwicklungsaufwandes lassen sich daher nur schwer prognostizieren[639] und ihr „Preis“ im Hinblick auf Leistungseinschnitte und Präventionsverluste ist ungewiss.

4. Finanzierbarkeit und Kostenzuordnung

Hauptproblem einer generellen Haftungsersetzung scheint die Finanzierbarkeit zu sein. Denn die Versorgungsträger hätten in jedem – wegen des angestrebten

---

[632] Hierzu *v. Bar*, Gutachten 62. Juristentag, A 19 ff.; *Fuchs*, Zivilrecht und Sozialrecht, S. 188 ff.; *Brüggemeier*, Prinzipien, S. 254 f.; *Kötz/Wagner*, Rn 231, 614 f.; *Wagner*, in *Zimmermann*, Grundstrukturen des Europäischen Deliktsrechts, S. 310 f., 336 ff.; *Weyers/Wandt*, Versicherungsvertragsrecht, Rn 769 ff.; *Küppersbusch*, Neue Regulierungsverfahren in der Kfz-Haftpflichtversicherung (1998); *Greger*, NZV 2001, S. 1, 3; *Schirmer*, VersR 2003, S. 410.

[633] *Wagner*, VersR 1999, S. 1441, 1446 ff.; *ders.*, in *Zimmermann*, Grundstrukturen des Europäischen Deliktsrechts, S. 305 ff., 330 ff.; in diese Richtung bereits *Stoll*, RabelsZ 36 (1972), S. 285, 307.

[634] *Deutsch*, Rn 745, 772.

[635] *Stoll*, RabelsZ 36 (1972), S. 285, 301; *Deutsch*, VersR 1982, S. 305, 307; *ders.*, VersR 1994, S. 381 ff.; *Faure*, ZEuP 2000, S. 575, 583; *Katzenmeier*, Arzthaftung, S. 246.

[636] *Kötz*, Sozialer Wandel im Unfallrecht, S. 36 ff.; *Deutsch*, VersR 1994, S. 381 ff.; *Katzenmeier*, Arzthaftung, S. 237 ff., 245 f.

[637] *Weyers*, ZRP 1977, S. 292, 293 f.; *Wagner*, in *Zimmermann*, Grundstrukturen des Europäischen Deliktsrechts, S. 332.

[638] *v. Caemmerer*, RabelsZ 42 (1978), S. 5, 11; *Deutsch*, Rn 761.

[639] *Lange*, Schadensersatz, 2. Aufl. (1990), Einl VI 8; *Deutsch*, Rn 761.

umfassenden Ausgleichs weit gefassten – Versicherungsfall zu leisten. Parallele Einsparungen könnten sich nur durch eine spürbare Verringerung des Regulierungs- und Regressaufwandes ergeben.[640] Schematisierungen und Typisierungen der Ersatzleistungen begleitet von verstärkter summenmäßiger Beschränkung wären aber wohl dennoch unvermeidbar.[641] Die Erfahrung der Praxis Neuseelands und der skandinavischen Länder zeigt, dass Finanzierungsprobleme allgemein auftreten und zu Leistungskürzungen, Leistungserschwerungen und Beitragsanhebungen führen.[642] Diese verhindern den angestrebten, umfassenden Opferschutz und lassen ihn insgesamt auf ein mit dem geltenden System vergleichbares Niveau herabsinken. Der konkrete Nachweis, dass eine Leistungs- und Kostenexplosion strukturell vermeidbar ist, wurde bisher noch nicht erbracht. Nach einer näheren Untersuchung in der Schweiz drängt sich ein Systemwechsel dort volkswirtschaftlich jedenfalls nicht auf.[643] Dass dies in Deutschland vollkommen anders sein soll, bedürfte eines präzisen Nachweises, der bisher noch aussteht. Die vorhandenen Optimierungsmöglichkeiten des Haftpflichtsystems sprechen zusätzlich zu seinen Gunsten.[644]

Eine radikale Ersetzungslösung steht weiterhin vor dem organisatorischen Problem, eine risikospezifische Kostenzuteilung zur verursachenden Risikogruppe zu bewerkstelligen.[645] Unfallfolgen aus typischen Risiken des Straßenverkehrs sollten im Falle einer Kollektivierung von der Gruppe der Kraftfahrzeugnutzer, nicht von der unspezifischen Allgemeinheit getragen werden.[646] Umgekehrt ist es nicht immer gerechtfertigt, einem Verkehrsopfer Entschädigung zu Lasten des Kollektivs der Kfz-Halter oder Kfz-Eigentümer zu gewäh-

---

[640] Vgl. *Zweigert/Kötz*, S. 686.

[641] *v. Caemmerer*, RabelsZ 42 (1978), S. 5, 11; *Zweigert/Kötz*, S. 688; *Deutsch*, Rn 753, 759, 762; *Wagner*, in *Zimmermann*, Grundstrukturen des Europäischen Deliktsrechts, S. 329; *Lange*, Schadensersatz, 2. Aufl. (1990), Einl VI 8; *Katzenmeier*, Arzthaftung, S. 261; *v. Hippel*, ZRP 1998, S. 203, 205; allgemein zum Verhältnis von Zahlungssicherheit und vollständiger Entschädigung *Faure*, ZEuP 2000, S. 575, 587 f.

[642] Vgl. *Deutsch*, VersR 1994, S. 381 ff.; *Katzenmeier*, Arzthaftung, S. 264.

[643] Vgl. *Widmer*, in *Zimmermann*, Grundstrukturen des Europäischen Deliktsrechts, S. 155.

[644] S. nochmals *Wagner*, in *Zimmermann*, Grundstrukturen des Europäischen Deliktsrechts, S. 305 ff., 330 ff.; *Greger*, NZV 2001, S. 1, 3 ff.

[645] *Weyers*, ZRP 1977, S. 292, 293 f.; *v. Caemmerer*, RabelsZ 42 (1978), S. 5, 11; *Karollus*, ZfRV 1992, S. 161, 164; *Deutsch*, Rn 762; *Wagner*, in *Zimmermann*, Grundstrukturen des Europäischen Deliktsrechts, S. 336.

[646] *Kötz*, Sozialer Wandel im Unfallrecht, S. 30; *ders.*, ZEuP 1997, S. 496, 503, wobei nicht übersehen werden darf, dass bei der Vielzahl der auch als schwache Verkehrsteilnehmer verletzten Kfz-Halter sich die Risikogemeinschaften im Schadensfall decken können und überhaupt eine Abgrenzung der „Allgemeinheit“ von den Straßenverkehrsrisikoträgern nicht leicht fällt.

ren.[647] Haftpflichtsysteme gewährleisten aufgrund ihrer Bereichsbezogenheit und der Verantwortungsdefinition des Haftungsrechts eine spezifische Zuordnung.[648] Das macht man sich letztlich zunutze, wenn Versicherungshaftpflichten „ohne Haftung" kreiert werden oder verantwortungsunabhängige Haftungen nur den umfassenden Versicherungsfall der Haftpflichtversicherung definieren sollen, um eine bereichsbezogene, drittfinanzierte Unfallversicherung zu Gunsten der Geschädigten zu erzeugen.[649] Der Trend geht deshalb eher in diese Richtung als zur Verwirklichung einer umfassenden Haftungsersetzung.[650] Auch eine drittfinanzierte Unfallversicherung ordnet allerdings nur dann risikogerecht zu, wenn sie eine überwiegende Verantwortlichkeit des Individuums beachtet und mittels Regelungen zum Regress und zum Mitverschulden würdigt.[651] Im Übrigen müsste ein neben das Haftungsrecht tretender Unfallversicherungsschutz zusätzlich finanziert werden.

5. Fazit

Die angeprangerten „Schwächen" des geltenden Rechts lassen sich durch Anpassungen der vorhandenen Risikoverteilungsmechanismen durchaus optimieren.[652] Ob eine umfassende Neukonstruktion insgesamt besser funktionieren wird als ein „getuntes" Altmodell, hängt sehr vom Grad der zu behebenden Defizite des jeweiligen Rechtssystems,[653] von den Zielschwerpunkten sowie vor allem von der konkreten Ausgestaltung und ihrer präzisen Vorbereitung ab.[654] Solange es allerdings nicht gelingt, die Überlegenheit einer Versicherungslösung in Bezug auf Gerechtigkeit und Effizienz anhand einer konkreten empirischen Vergleichsanalyse aufzuzeigen,[655] erscheint eine Fortentwicklung des geltenden

---

[647] *Stoll*, RabelsZ 36 (1972), S. 285, 299 f.: Vorsatz und schweres Verschulden; zur Zuordnung der durch Minderjährige verursachten Schäden *Schwintowski*, ZRP 2003, S. 391, 395.

[648] *Stoll*, RabelsZ 36 (1972), S. 285, 302.

[649] Hierzu oben § 1. A., § 3 D. II. 2. und § 4 D.

[650] S. zur drittfinanzierten Unfallversicherung *Rinck*, Gefährdungshaftung, S. 31 f.; *Hannak*, Verteilung, S. 46 f.; *Kötz*, Sozialer Wandel im Unfallrecht, S. 23; *Deutsch*, Rn 766 f., weiterführend 772 ff.; *Katzenmeier*, Arzthaftung, S. 234 ff.

[651] *Stoll*, RabelsZ 36 (1972), S. 285, 307.

[652] *v. Hippel*, ZRP 1973, S. 27, 29.

[653] *v. Caemmerer*, Reform der Gefährdungshaftung, S. 8 ff.; *Deutsch*, Rn 757; *Stoll*, Haftungsfolgen, Rz 100.

[654] Vgl. *Stoll*, RabelsZ 36 (1972), S. 285, 313.

[655] Zum Defizit an empirischen Daten *v. Hippel*, in *Fleming/Hellner/v. Hippel*, Haftungsersetzung durch Versicherungsschutz, S. 75 m.w.Nw.; aus neuerer Zeit berichten *Katzenmeier*, Arzthaftung, S. 243 f.; *Wagner*, in *Zimmermann*, Grundstrukturen des Europäischen Deliktsrechts, S. 328; *Widmer*, in *Zimmermann*, Grundstrukturen des Europäischen Deliktsrechts, S. 155 und *Jansen*, Die Struktur des Haftungsrechts, S. 166 ff., 173 ff.

Systems vorzugswürdig.[656] Hierfür sprechen die existierende „basic-protection" und das zuletzt optimierte Haftungsrecht. Verbleibende Lücken können der Selbstverantwortung des Einzelnen mit Blick auf mögliche Eigensicherungen am Versicherungsmarkt zugewiesen werden.

Dass eine Versicherungslösung echte Verbesserungen bei der Verhaltenssteuerung und Prävention bringt, muss bezweifelt werden. Verringerungen des Abwicklungsaufwandes lassen sich auch im momentanen System bewerkstelligen, das zudem die Steuerungspotenziale des Regresses nutzen kann. Vor allem die Finanzierungsfrage einer flächendeckenden Unfallversicherung mit ihren Folgewirkungen beim Leistungskatalog, für die Beitragsbemessung und die risikogerechte Kostenanlastung stehen einer Haftungsersetzung entgegen. Das diesbezügliche Wiederaufleben des Ermittlungsaufwandes zum Unfallhergang ist zu befürchten und schmälert die Effizienzgewinne. Die aktuellen Probleme der deutschen und europäischen Sozialsysteme lassen eine umfassende Sozialisierung von Schadenskosten zusätzlich in weite Ferne rücken.

Verstärkter Opferschutz und Schadenskollektivierung sind aus diesen Gründen zuletzt durch Verschärfungen im Haftungsrecht unter Einbindung der Haftpflichtversicherung erfolgt. Ein Grund, von diesem Weg abzurücken, könnte aber sein, dass eine weitere Haftungsverschärfung auf Grenzen stößt. Dem soll hier nachgegangen werden, in dem anschließend die Gründe der Zurechnung und deren Grenzen untersucht werden. Mögliche Konsequenz solcher Grenzen könnte sein, den angepeilten Opferschutz statt dessen über zusätzliche, drittfinanzierte Pflichtunfallversicherungen nach dem Vorbild von § 50 I LuftVG a.F.[657] und § 40 I Nr. 8, III AMG oder verwandte Fondslösungen zu verwirklichen.

---

[656] Vgl. *v. Caemmerer*, Reform der Gefährdungshaftung, S. 8, 10; *Kötz* in *Fleming/Hellner/v. Hippel*, Haftungsersetzung durch Versicherungsschutz, S. 8; *Deutsch*, Fahrlässigkeit und erforderliche Sorgfalt, S. 425; *Fuchs*, Zivilrecht und Sozialrecht, S. 175; *Katzenmeier*, Arzthaftung, S. 267; *Lange/Schiemann*, Einl III 2 a), S. 10 f.; s.a. *Greger*, NZV 2001, S. 1, 3.

[657] Wie bereits erwähnt ließ der Gesetzgeber bei der Umsetzung des Montrealer Übereinkommens von 1999 die gesonderte Unfallversicherungspflicht zugunsten einer unbeschränkten Haftung mit obligatorischer Haftpflichtversicherung entfallen. S. §§ 45, 50 LuftVG n.F.; Gesetz zur Harmonisierung des Luftverkehrs vom 06.04.2004, BGBl 2004 I, S. 550; BT-Drucks. 15/2359, S. 32 f.; *Fischer*, VersR 2004, S. 1372 ff.; *Geigel-Mühlbauer*, 29. Kap. Rn 134.

§ 5. Zwischenergebnis: Das Haftungsrecht als Teil des Gesamtsystems rechtlicher Risikoverteilung

Das außervertragliche Haftungsrecht umfasst die Bewältigung von Schadensfällen außerhalb von Sonderbeziehungen. Im Laufe der Zeit hat es sich von seiner strafrechtlichen Abstammung mehr und mehr gelöst und zu einem schadensorientierten Verteilungsmechanismus entwickelt, dessen Anwendungsbereich sich stetig vergrößerte. Das Haftungsrecht hat nicht allein den Ausgleich des Schadens im Visier, sondern reguliert die Freiheits- und Gütersphären der Beteiligten mittels individueller Zuordnung des Schadens. Maßgebliches Kriterium ist dabei die Frage nach der Verantwortung für einen Schaden. Während in der aufgeklärten, liberalen Gesellschaft die individuelle Freiheit im Vordergrund stand und Schadensersatz ganz überwiegend nur bei nachgewiesenem Verschulden gewährt wurde, veränderten sich mit der eintretenden Industrialisierung die Gerechtigkeitsvorstellungen. Die unausweichliche Tragung auch schwerster Schäden durch den Rechtsträger war in vielen Fällen nicht mehr konsensfähig. Als Folge erodierte das Verschuldensprinzip in materieller und prozessualer Hinsicht durch den Verzicht auf das Vertretenmüssen als Tatbestandsmerkmal bzw. durch gesetzlich oder richterrechtlich begründete Verschuldensvermutungen. Zu Lasten der Handelnden wurde der Verantwortlichkeitsbegriff ausgedehnt und die Haftung verschärft.

Der gemeinschaftliche Konsens über die Notwendigkeit der Erhaltung vieler Freiheits- und Handlungsspielräume in der Gesellschaft führt zu einer immensen Steigerung zum Teil unausweichlicher Risikopotenziale. Das Haftungsrecht allein kann den „Spagat" zwischen Güterschutz und Handlungsfreiheit nicht vollführen. Deshalb setzte sich mehr und mehr der korrespondierende Gedanke kollektiver Verantwortung durch. Mittels Versicherungen werden Schäden heute weitgehend auf eine Vielzahl von Rechtsträgern gestreut und so der Einzelne von punktuellen Spitzenbelastungen durch gleichmäßige Beitragsleistungen befreit. Konstruktiv wird die Versicherung mit dem Haftungsrecht verzahnt.[658] Zum Teil tritt sie sogar an seine Stelle und übernimmt seine Aufgaben. Dies ist dann der konsequente Endpunkt des Wandels von der individuellen zur gemeinschaftlichen Verantwortung. Gleichwohl verschwindet der Gedanke individueller Verantwortlichkeit in Versicherungssystemen nicht vollkommen. Er kann auf der Ebene der Beitrags- und Leistungsbemessung und auf der Regressebene zwischen Versicherer und Schadensverursacher wiederkehren.

Nach den heutigen Gerechtigkeitsvorstellungen dienen Haftungs- und Versicherungsrecht einem gemeinsamen Ziel: der Verteilung von Risiken und der Zuordnung von Schäden in der Gesellschaft.[659] Jeweils geht es um den Schutz

---

[658] Vgl. *Pfretzschner*, in *Duden*, Gerechtigkeit in der Industriegesellschaft (1972), S. 107, 109 f.; *Hanau*, VersR 1969, S. 291, 295, 298; *Looschelders*, VersR 1996, S. 529, 533 ff.

[659] Umfassend *Weyers*, Unfallschäden (1971).

der Geschädigten bei Erhaltung von notwendigen Handlungsfreiräumen einerseits, der Unterbindung unerwünschten Verhaltens andererseits. Gemeinschaftliche und individuelle Verantwortung bilden das Gesamtsystem des Rechts der Risikoverteilung.[660] Mittels beider Bereiche wird versucht, denjenigen Rechtsträger zu bestimmen, bei dem der Schaden letztlich verbleiben soll.[661] Durch die Erweiterung um die kollektiven Systeme wird die Frage nicht mehr nur zwischen Schädiger und Geschädigtem, sondern zusätzlich auch hinsichtlich der dahinter stehenden Verteilungsgemeinschaften entschieden.

Durch die Zuordnung des Schadens einen angemessenen, gerechten Ausgleich der kollidierenden Handlungs- und Gütersphären zu gewährleisten, ist originäre Aufgabe des Haftungsrechts. Es besitzt generelle Verhaltenssteuerungspotenziale, die allerdings inmitten der Versicherungssysteme nur eingeschränkt zur Wirkung gelangen. Bei haftungsrechtlichen Normen geht es wegen deren Interaktionsbezogenheit vornehmlich um ausgleichende Gerechtigkeit, während die distributive Aufgabe der „gerechten" Verteilung vorhandener Güter nach den Vermögensverhältnissen und Bedürfnissen dem Sozialrecht obliegt. Eine eigenständige Sanktions- und Genugtuungsfunktion ist dem vom Schaden abhängigen Haftungsrecht fremd, der Schaden seine natürliche Grenze.

Im Verbund aus Haftung und Versicherung kommt dem Haftungsrecht ein zum Teil verändertes Funktionsspektrum zu. Es bestimmt die Regressvoraussetzungen und regelt so auch die kollektivbezogenen Güter- und Freiheitssphären zwischen Schädiger- und Geschädigtengemeinschaften. In Fällen strenger Haftung mit angekoppelter obligatorischer Haftpflichtversicherung definiert es am Ende nur noch den Versicherungsfall und damit die Risiken, die von der Gemeinschaft der Haftpflichtversicherten zu tragen sind. Wegen der Umwidmung zur Versicherungskomponente kann man von kollektivem Haftungsrecht sprechen.[662] Die Haftpflichtversicherung übernimmt dann eine standardisierte, mittelbare Versicherungsfunktion zu Gunsten des Geschädigten. Faktisch liegt eine Unfallversicherung zu Gunsten Dritter vor. Über vorhandene Haftungs- und Deckungsgrenzen hinausgehende Schadensspitzen sowie nicht verlagerbare Eigen-

---

[660] S. *Esser*, S. 120 ff., 127 f. 131; *Weyers*, Unfallschäden, S. 334 ff., der von „Schadenstragungssystemen" spricht; *Fuchs*, Zivilrecht und Sozialrecht, S. 159, 178 ff.; *Schmidt-Salzer*, in *Deutsch/Klingmüller/Kullmann*, Festschrift für Steffen (1995), S. 429, 446: „Schaden-Ausgleichsrecht," mit bildhafter Übersicht auf S. 449; *v. Bar*, Gemeineuropäisches Deliktsrecht I, Rn 555 f.: „Schadensersatzsystem", Rn 596: Plädoyer für ein die Haftpflichtversicherung bedenkendes Gesamtkonzept; *Schiemann*, in *Weick*, Entwicklung des Deliktsrechts in rechtsvergleichender Sicht, S. 41: „integrales Element" des übergreifenden Rechts der Unfallfolgenbewältigung; *Faure*, ZEuP 2000, S. 575, 576 ff.: „Kompensationsmodelle"; *Wagner*, in *Zimmermann*, Grundstrukturen des Europäischen Deliktsrechts, S. 305: „Patchworksystem"; funktional-verfassungsrechtlich *Bullinger*, in *Ficker/u.a.*, Festschrift für v. Caemmerer (1978), S. 297, 308, 310 f.

[661] *Esser*, S. 69 f.

[662] Vgl. auch *Jansen*, Die Struktur des Haftungsrechts, S. 133.

schäden zeigen, dass eine solche Schadensstreuung nicht allumfassend ist. Wo individuelle Zurechnungskomponenten wie Verschulden, höhere Gewalt und Mitverursachung des Geschädigten noch relevant sind, verbleibt es bei interaktionsbezogenen Zuteilungsmechanismen. Insoweit liegt individualbezogenes Haftungsrecht vor.

Eine generell bessere Erfüllung der genannten Aufgaben durch eine umfassende Versicherungslösung unter Ersetzung des Haftpflichtrechts ist zweifelhaft. Optimierungen bei Ausgleich und Prävention sowie Verringerungen beim Abwicklungsaufwand lassen sich im geltenden System im Zweifel günstiger verwirklichen. Die Tendenz geht entsprechend in Richtung der erwähnten faktischen Versicherung zu Gunsten Dritter, die eine risikospezifische Kostenzuteilung gewährleisten kann. Mögliche Grenzen des Haftpflichtsystems könnten einer weiteren Entwicklung jedoch entgegenstehen. Als Alternative kommen zusätzlich zum Haftungsrecht angeordnete, drittfinanzierte Pflichtunfallversicherungen in Betracht. Verbleibende Lücken können im Übrigen der Selbstverantwortung des Geschädigen zugewiesen werden. Das Prinzip individueller Verantwortung muss in jedem Fall, in welcher Form auch immer, erhalten bleiben, da es eine sachgerechte und effiziente Zuordnung von Freiheits- und Gütersphären gewährleistet.

Zweites Kapitel. Die Gründe haftungsrechtlicher Zurechnung

Nach wie vor ist Ausgangspunkt der rechtlichen Risikoverteilung der Satz *casum sentit dominus*, d.h. die Schadenszuständigkeit des Rechtsgutsträgers.[663] Diese Regel findet ihre Berechtigung darin, dass ihr ein elementarer Gerechtigkeitsgehalt innewohnt: Im Verhältnis der Privatrechtssubjekte zueinander hat grundsätzlich jedermann sein allgemeines Lebensrisiko selbst zu tragen.[664] Soweit das Haftungsrecht hiervon abweicht und den Schaden auf andere natürliche oder juristische Personen verlagert, existieren besondere Gründe, nach welchen diese Personen dem eingetretenen Schaden normativ näher stehen als der Geschädigte.[665] Sie rechtfertigen eine abweichende Schadenstragung.[666] Entscheidend ist die Frage, ob der potenzielle Haftungsschuldner für den Schaden verantwortlich gemacht werden kann – oder ob aufgrund der Maßgeblichkeit des Geschädigtenverhaltens bzw. sonstiger, außerhalb des bipolaren Verhältnisses stehender Umstände der Schaden beim Rechtsgutsträger verbleiben muss. „Die Zurechnung ist Ausdruck des Prinzips der persönlichen Verantwortung."[667] Ungeachtet der mit dem Begriff der „Verantwortung" verbundenen Unwägbarkeiten[668] sagt dieses Prinzip aus, dass der Schaden demjenigen Rechtsträger zuzuweisen ist, der ihm aus sachlichen Gründen am „nächsten" steht. Diese sachlichen Hintergründe sollen nachfolgend abgebildet werden.

Zu den Schadenszurechnungsgründen zählen nicht nur die positiven Zurechnungskriterien, sondern auch die negativen Kriterien des Haftungsausschlusses und der Haftungsminderung. Während sich die Verschuldenshaftung positiv über ihr charakteristisches Merkmal des Vertretenmüssens manifestiert, verwirklicht sich der Zurechnungsgedanke innerhalb der Gefährdungshaftung sowohl über positive Kriterien wie z.B. des „Betriebes" als auch über die negative Frage nach dem Einfluss höherer Gewalt bzw. unabwendbarer Ereignisse und der Mit-

---

[663] *Bartlsperger*, in *Isensee/Lecheler*, Festschrift für Leisner (1999), S. 1003, 1009 f.

[664] *Canaris*, Die Bedeutung der iustitia distributiva im deutschen Vertragsrecht, S. 91 f.; *Deutsch*, VersR 1993, S. 1041.

[665] Vgl. *v. Hippel*, NJW 1967, S. 1729, 1730; allgemein zur Verteilung von Belastungen in der Gesellschaft *Canaris*, Die Bedeutung der iustitia distributiva im deutschen Vertragsrecht, S. 91 ff.

[666] *v. Bar*, Gemeineuropäisches Deliktsrecht II, Rn 448; *Larenz/Canaris*, Schuldrecht II 2, § 75 I 2 a); *Bartlsperger*, in *Isensee/Lecheler*, Festschrift für Leisner (1999), S. 1003, 1010; zum Begriff der Zurechnung im Rahmen der Schadensabwälzung *Deutsch/Ahrens*, Rn 1 f.

[667] *Deutsch*, AcP 202 (2002), S. 889, 890 sowie 902; s.a. *Bartlsperger*, in *Isensee/Lecheler*, Festschrift für Leisner (1999), S. 1003, 1010; *Jansen*, Die Struktur des Haftungsrechts, S. 133; *MünchKomm-Wagner*, Vor § 823 Rn 32; zur Anwaltshaftung *Vollkommer/Heinemann*, Anwaltshaftungsrecht, Rn 533 ff.

[668] S. nochmals *Weyers*, Unfallschäden, S. 547 ff.

verantwortung des Geschädigten.[669] Denn erfüllt der Geschädigte „gegenüber sich selbst“ die Voraussetzung einer Schadensverlagerungsnorm, gebietet der aus der Gerechtigkeitsidee folgende Gleichbehandlungsgrundsatz, dies zu berücksichtigen und den Schaden entsprechend der Verantwortlichkeit zu teilen.[670]

Bevor die Zurechnungsgründe in einer mehr oder weniger üblichen Art und Weise dargestellt werden, ist noch darauf hinzuweisen, dass innerhalb des Abwägungsprozesses der Güter- und Freiheitssphären eine vollkommen exakte Trennlinie zwischen den unterschiedlichen Gesichtspunkten häufig nicht gezogen werden kann. Sie „färben“ aufeinander ab.[671] Deshalb wird zum Teil ein einheitlicher normativer Bewertungsvorgang angenommen.[672] Trotzdem erscheint eine grobe Unterteilung sinnvoll, um unterschiedliche Ansatzpunkte und ihre zum Teil verschiedenartigen Hintergründe zu beleuchten.

§ 6. Verursachung

A. Kausalität als notwendige Haftungsvoraussetzung

Prinzipielle Voraussetzung jeglicher Haftung ist die (Mit-)Verursachung.[673] Sie muss im Rahmen der Haftungsbegründung vorliegen zwischen schädigender Handlung und Verletzung,[674] d.h. der Beeinträchtigung eines Rechtsgutes oder sonstiger Vermögenswerte als schädigendem Ereignis.[675] Soweit die Haftung nicht am Fehlverhalten des Haftpflichtigen anknüpft, kommt es auf den Zusammenhang zwischen dem Verhalten einer dritten Person und dem Schaden an oder auf die Beziehung einer Sache zum Schaden, die dem Haftpflichtigen zuge-

---

[669] S. etwa die Modellbeschreibung von *Jansen*, Die Struktur des Haftungsrechts, S. 44 und seinen Versuch, eine einheitliche rechtsgutsorientierte Erfolgsverantwortlichkeit mit wertenden Haftungsbefreiungsgründen zu statuieren, S. 545 ff.

[670] *Looschelders,* Mitverantwortlichkeit, S. 121 ff., insbesondere 140 f.

[671] *v. Bar*, Gemeineuropäisches Deliktsrecht II, Rn 448; *ders.*, zum diesbezüglich bedeutsamen, von der Lebenswirklichkeit abhängigen Wandel des Haftungsrechts und seiner Bewertungen Rn 313; *Jansen*, JZ 2002, S. 964, 967 in Fn 56 m.w.Nw.; *ders.*, Die Struktur des Haftungsrechts, S. 41 ff.; zu Konvergenzen bei den Entlastungsgründen *Meder*, JZ 1994, S. 485; *Städtler*, Schadensersatz im Falle höherer Gewalt?, S. 22 ff.; für eine klare Unterscheidung *Esser*, JZ 1953, S. 129.

[672] *v. Bar*, ZEuP 2001, S. 515, 518 ff.; *Jansen*, Die Struktur des Haftungsrechts, S. 44 und insbesondere S. 545 ff.

[673] Vgl. die Definition bei *Deutsch*, Rn 1; *ders.*, AcP 202 (2002), S. 889, 892; s.a. *Palandt-Heinrichs*, Vorb v § 249 Rn 54; *Zippelius*, Einführung in das Recht, S. 68; *Lange/Schiemann*, § 3 I; *Looschelders*, SchR AT, Rn 889; *Koch*, Die Sachhaftung, S. 49, 179; *Jansen*, Die Struktur des Haftungsrechts, S. 597; *v. Bar*, ZEuP 2001, S. 515, 520, 527 f.

[674] *Deutsch*, Rn 125; *Palandt-Heinrichs*, Vorb v § 249 Rn 55; *Lange/Schiemann*, § 3 II.

[675] *Greger*, Beweis und Wahrscheinlichkeit, S. 124; *Looschelders*, Mitverantwortlichkeit, S. 318.

rechnet werden kann.[676] Eine außervertragliche Haftung ohne Kausalbezug gibt es auf materieller Ebene grundsätzlich nicht.[677] Kausalität ist somit die sachliche Minimalanforderung an ein verbindendes Element zwischen dem Geschädigten und einem anderen Rechtsträger, auf den abweichend vom Grundsatz der Schadenszuständigkeit des Verletzten der Schaden verlagert werden soll.[678]

In seiner konkreten Anwendung ist der Zusammenhang aus Ursache und Wirkung mit komplizierten Fragestellungen konfrontiert.[679] Hinter dem Begriff der Kausalität verbergen sich deshalb unterschiedlichste Zurechnungsgesichtspunkte,[680] die u.a. auch eine am Schutzzweck der Haftungsnorm orientierte *wertende Beurteilung* erfordern.[681] Das vermindert zu Gunsten eines flexiblen Umgangs mit Grenzfällen die Griffigkeit des Kriteriums.[682] In vielen Fällen des täglichen Lebens lässt sich der Zurechnungsgesichtspunkt der Kausalität jedoch recht einfach ermitteln und bejahen.

B. Einschränkungen

I. Subjektiv verbundene, gemeinschaftliche Verursachung

Wirken mehrere bewusst und gewollt an einer unerlaubten Handlung zusammen, erspart § 830 I S. 1, II BGB nach Meinung der Rechtsprechung dem Geschädigten die Geltendmachung individueller Kausalität.[683] Das führt dazu, dass Mittäter oder Teilnehmer auch dann haften, wenn ihr Tatbeitrag selbst nicht zum Schaden geführt hat.[684] Legitimiert werde dies durch das vorsätzliche Zusammenwirken, d.h. die gemeinsame deliktische Fokussierung der Tatbeiträge. Das subjektiv kongruente Ziel rechtfertige eine Zurechnung der objektiven Tatbei-

---

676 *Koch*, Die Sachhaftung, S. 53 ff., 179; *Lange/Schiemann*, § 3 I; vgl. auch *v. Bar*, Gemeineuropäisches Deliktsrecht II, Rn 411 in Fn 1; *Deutsch*, in *Medicus/Mertens/Nörr/Zöllner*, Festschrift für Lange (1992), S. 433 f.

677 Motive II, S. 18; *Lange/Schiemann*, § 3 I; *Palandt-Heinrichs*, Vorb v § 249 Rn 54; *Kötz/Wagner*, Rn 149; *Deutsch*, Rn 113 f.; *v. Bar*, Gemeineuropäisches Deliktsrecht II, Rn 411 f.

678 *Brüggemeier*, Prinzipien, S. 43, 50; *Looschelders*, Mitverantwortlichkeit, S. 318, 326 f.; *Koch*, Die Sachhaftung, S. 49; *Deutsch*, in *Medicus/Mertens/Nörr/Zöllner*, Festschrift für Lange (1992), S. 433 f.

679 Vgl. *Palandt-Heinrichs*, Vorb v § 249 Rn 54 ff.

680 *Lange/Schiemann*, §§ 3, 4; *Palandt-Heinrichs*, Vorb v § 249 Rn 57 ff.; zum Begriff näher *Röckrath*, Kausalität, Wahrscheinlichkeit und Haftung, S. 5 ff.; rechtsvergleichend *Wurmnest*, Grundzüge eines europäischen Haftungsrechts, S. 159 ff.

681 *Palandt-Heinrichs*, Vorb v § 249 Rn 62 ff. m.w.Nw.; *Lange/Schiemann*, § 3 IX.

682 *Palandt-Heinrichs*, Vorb v § 249 Rn 62.

683 Vgl. BGHZ 17, S. 327, 333; 63, S. 124, 126; *RGRK-Steffen*, § 830 Rn 1.

684 *MünchKomm-Stein*, 3. Aufl. (1997), § 830 Rn 8; *Erman-Schiemann*, § 830 Rn 2; rechtsvergleichend hierzu *v. Bar*, in *Heldrich/Takeyoshi*, Festschrift für Nakamura (1996), S. 17, 27 ff.

träge. Wenn man dem trotz gewichtiger Gegenargumente folgen will,[685] liegt nur bei isolierter Betrachtung eine echte Ausnahme vom Verursachungsprinzip vor. Denn der Ansatz geht ja gerade von einer durch gemeinschaftlichen Willen erzeugten gemeinschaftlichen Verursachung aus.[686] Die Verursachung aus dem Kreis Mittäter und Gehilfen, die wegen ihrer subjektiven Verbindung als Einheit betrachtet werden, ist notwendige Voraussetzung der Schadensverlagerung.

II. Prozessuale Kausalvermutungen und Beweiserleichterungen

Auf prozessualer Ebene kann es zu einer Haftung ohne Kausalzusammenhang kommen, wenn selbiger vermutet wird und es dem Beklagten nicht gelingt, den Beweis fehlender Verursachung zu führen.[687] Entsprechendes gilt für Beweiserleichterungen.[688] Aus dem materiellen Verursachungsprinzip kann so in der Prozesswirklichkeit eine faktische Wahrscheinlichkeitshaftung werden.[689] Im Rahmen des Anscheinsbeweises etwa genügt die nach der Lebenserfahrung erhebliche Wahrscheinlichkeit kausaler Verknüpfung.[690] Weitere Beispiele[691] für Kausalvermutungen bzw. für Haftungen aufgrund potenzieller Kausalität mit Entlastungsbeweismöglichkeit sind § 830 I S. 2 BGB und § 22 I S. 2 WHG bei durch multiple Kausalketten hervorgerufener Beweisnot des Geschädigten,[692] die be-

---

[685] Vgl. *Staudinger/Belling/Eberl-Borges*, § 830 Rn 21 ff. m.w.Nw.; *Larenz/Canaris*, Schuldrecht II 2, § 82 I 2 b).

[686] *Staudinger/Belling/Eberl-Borges*, § 830 Rn 13; s.a. *Jansen*, Die Struktur des Haftungsrechts, S. 597 Fn 265.

[687] Umfassend zur Haftung ohne nachgewiesene Kausalität *Röckrath*, Kausalität, Wahrscheinlichkeit und Haftung, S. 107 ff. und 211 ff.

[688] Dazu *Greger*, Beweis und Wahrscheinlichkeit, S. 123 ff., insbesondere 148 ff. sowie die Kritik in 178 ff.; *Deutsch*, in *Medicus/Mertens/Nörr/Zöllner*, Festschrift für Lange (1992), S. 433 ff.

[689] Grundlegend *Greger*, Beweis und Wahrscheinlichkeit, S. 1 f., 47 ff., 121 f., insbesondere S. 68 ff. und 159 ff.: Der Begriff der Wahrscheinlichkeit wird von der Rechtsprechung im Prozess „ ... dazu verwendet, den Unterschied zwischen ... richterliche[r] Überzeugung und der »absoluten Gewißheit« zu veranschaulichen ...“. (S. 70), „Das ausschlaggebende Merkmal ist ... die Überzeugung, und dem Tatrichter wird lediglich gesagt, dass er sich diese auch dann schon ‚bilden' dürfe, wenn er noch keine absolute Gewissheit habe.“ (S. 71), Damit wird das Beweiskriterium verschleiert: die richterliche Überzeugung von der Wahrheit (S. 74), Anstelle der Wahrheit des Kausalitätsurteils wird von den Gerichten häufig dessen sehr hohe Wahrscheinlichkeit als Objekt der richterlichen Überzeugung angesehen. (S. 167); s.a. *Katzenmeier*, ZZP 117 (2004), S. 187 ff. m.w.Nw.

[690] *Greger*, Beweis und Wahrscheinlichkeit, S. 154, 160, 162 ff. zur Rechtsprechung in Österreich und der Schweiz, 169 ff. zur Herleitung in Rechtsprechung und Literatur.

[691] Allgemein *Lange/Schiemann*, § 3 I u. XIII 2.

[692] Vgl. hierzu *Staudinger/Belling/Eberl-Borges*, § 830 Rn 64 ff.; *Röckrath*, Kausalität, Wahrscheinlichkeit und Haftung, S. 146 ff.; *Frommhold*, JURA 2003, S. 403 ff.; rechtsvergleichend *v. Bar*, in *Heldrich/Takeyoshi*, Festschrift für Nakamura (1996), S. 17; House of Lords v. 20.06.2002 (*Fairchild v. Glenhaven and others*), [2002] 3 All ER 305 mit Anmer-

sonderen Grundsätze der Arzthaftung bei grobem Behandlungsfehler[693] sowie die § 120 BergG,[694] § 34 GenTG,[695] §§ 6, 7 UmweltHG,[696] § 84 II AMG.[697] Zu nennen sind weiterhin die Verkehrspflichtverletzungsdelikte der §§ 831, 832, 833 S. 2, 834 BGB mit ihrer speziellen Vermutung von Pflichtenverstoß und Kausalität.[698]

Solche beweisrechtlichen Erleichterungen basieren auf praktischen Schwierigkeiten beim Vergleich des tatsächlichen mit dem hypothetischen Geschehensverlauf.[699] Die objektive Feststellung, was geschehen wäre, wenn sich der potenzielle Schädiger anders verhalten hätte, ist der menschlichen Erkenntnis oftmals nur schwer oder gar nicht zugänglich.[700] Das soll in bestimmten Fällen nicht zum Nachteil des Geschädigten gereichen.[701] Am materiell-rechtlichen Erfordernis der Kausalität ändert Vorgenanntes nichts. Sie ist und bleibt sachliche Voraussetzung der Haftung.[702] Prozessuale Erleichterungen sind nur Instrument, nicht aber eigentlicher Grund der Zuordnung.[703] Dem Beweisrecht kommt aber eine Art haftungsbegründende Funktion zu, da faktisch vom materiellen Recht

---

kung *Scherpe*, ZEuP 2004, S. 164; s.a. *v. Bar*, Gutachten 62. Juristentag, A 23 f. zum Massenschaden im Straßenverkehr.

693 BGHZ 85, S. 212, 216 ff.; *Katzenmeier*, Arzthaftung, S. 440 ff. m.w.Nw.; *Deutsch*, in *Medicus/Mertens/Nörr/Zöllner*, Festschrift für Lange (1992), S. 433, 440 ff.; *Geiß/Greiner*, Arzthaftpflichtrecht, Rn 251 ff.; *Kötz/Wagner*, Rn 258; *Lange/Schiemann*, § 3 XIII 2 b).

694 *Deutsch*, NJW 1992, S. 73, 76; *Larenz/Canaris*, Schuldrecht II 2, § 84 V 3 b).

695 *Deutsch*, NJW 1992, S. 73, 76; *Larenz/Canaris*, Schuldrecht II 2, § 84 V 4 c).

696 *Deutsch*, NJW 1992, S. 73, 76.

697 *Larenz/Canaris*, Schuldrecht II 2, § 84 V 2 c); *Deutsch*, Rn 131; *Wagner*, NJW 2002, S. 2049, 2050 f.; *Lange/Schiemann*, § 3 XIII 2; zur Rechtslage vor Geltung des UmweltHG aber auch schon BGHZ 92, S. 143, 146 f.

698 *Deutsch*, Rn 131; *Larenz/Canaris*, Schuldrecht II 2, § 79 III 4 a); *Erman-Schiemann*, § 831 Rn 2. – Im Unterschied dazu wird bei den §§ 836, 837, 838 BGB das Verschulden vermutet. Vgl. *Erman-Schiemann*, § 836 Rn 6, 9, 14; mit Blick auch auf das Kausalitätskriterium *v. Bar*, Gemeineuropäisches Deliktsrecht I, Rn 99.

699 Vgl. beispielhaft BGHZ 92, S. 143, 146 f.; aus der Literatur *Kötz/Wagner*, Rn 149, 253 ff.; *Greger*, Beweis und Wahrscheinlichkeit, S. 148 ff.; zum Anscheinsbeweis *ders.*, § 16 Rn 365, 377, 381 ff.

700 *Greger*, Beweis und Wahrscheinlichkeit, S. 177 f.; vgl. auch *Gold*, 96 Yale Law Journal (1986), S. 376 ff.; *Koch*, Die Sachhaftung, S. 63.

701 Kritisch zum prozessrechtlichen Lösungsweg *Wiese*, ZRP 1998, S. 27 f.

702 *Koch*, Die Sachhaftung, S. 64; *Greger*, Einl Rn 12; *Jansen*, Die Struktur des Haftungsrechts, S. 134 u. S. 597 Fn 265; vgl. parallel zur Haftungsgrundlage der deliktischen Produzentenhaftung trotz richterrechtlicher Beweislastumkehr hinsichtlich des Verschuldens *Kötz/Wagner*, Rn 445: nicht der Produktfehler an sich, sondern die Verletzung der im Verkehr erforderlichen Sorgfalt, obwohl faktisch der Nachweis eines objektiv fehlerhaften Zustandes die Haftung auslöst, Rn 442.

703 *Greger*, Einl Rn 12.

abgewichen wird.[704] Den die Ursachenvermutung auslösenden Umständen kommt so die Stellung von „Beinahe-Haftungsgründen“ zu.[705] Die eigentliche Aufgabe des Beweisrechts, für die Übereinstimmung der gerichtlichen Entscheidung mit der materiellen Rechtslage zu sorgen, mündet insoweit in eine *Risikoverteilung durch Beweislastnormen.*[706] *Greger* spricht zur allgemeinen Erfassung dieses Konstruktes und der zu Grunde liegenden undurchschaubaren Geschehensabläufe von der eigenständigen Zurechnungskategorie der *Anscheinshaftung.*[707] Und *Deutsch* kommt zu dem unbestreitbaren Schluss, dass eine Kausalhaftung mit vermuteter Kausalität die strengste Haftungsform ist, die wir kennen.[708] Rechtfertigen lässt sich dies nur durch den Vergleich zur Rechtslage beim Fehlen von Beweiserleichterungen. Dort kann es umgekehrt trotz tatsächlich vorliegender Verursachung zum Scheitern der Ansprüche kommen, was in bestimmten Bereichen mindestens ebenso misslich ist.[709]

III. Market share liability und Wahrscheinlichkeitsanteilshaftung

Eine Haftung ohne das Erfordernis konkreter Kausalität ist im Übrigen in Produkthaftungsfällen mit toxischen Massenschäden angenommen worden. Amerikanische Gerichte haben die Nachweisprobleme der Geschädigten zur Kausalitätsfrage im Hinblick auf mehrere potenzielle Verursacher bei der Arzneimittelhaftung dadurch gelöst, dass sie unabhängig hiervon eine individuelle Anteilshaftung eines Produkterzeugers in Form *statistischer Verursachungshaftung*[710] nach seinem Marktanteil generieren (*market share liability*). Diesem verbleibt die theoretische Möglichkeit, sich durch den Nachweis fehlender Kausalität zu entlasten.[711] Unter Berücksichtigung einer großen Zahl von Produktverwendungen entspreche der statistische Marktanteil der Wahrscheinlichkeit des kausalen

---

[704] *Greger*, Beweis und Wahrscheinlichkeit, S. 180; *ders.*, Einl Rn 12; *Schmidt-Salzer*, in *Deutsch/Klingmüller/Kullmann*, Festschrift für Steffen (1995), S. 429, 430 f., 443 f.; *v. Caemmerer*, Reform der Gefährdungshaftung, S. 14; *Lange/Schiemann*, Einl VI 3; *Koch*, Die Sachhaftung, S. 63; *Looschelders,* Mitverantwortlichkeit, S. 326 spricht von Durchbrechung eines wesentlichen Grundprinzips des deutschen Haftungsrechts.

[705] *Deutsch*, Rn 677.

[706] *Greger*, Beweis und Wahrscheinlichkeit, S. 179; *Deutsch*, NJW 1992, S. 73, 77.

[707] *Greger*, Einl Rn 12.

[708] *Deutsch*, NJW 1992, S. 73, 77; *ders.*, Rn 677 f.; s.a. *De Lousanoff*, RIW 1983, S. 145, 150; *Zätzsch*, ZVglRWiss 93 (1994), S. 177, 194.

[709] Vgl. *Larenz/Canaris*, Schuldrecht II 2, § 75 I 2 f) zum Verschulden.

[710] *Röckrath*, Kausalität, Wahrscheinlichkeit und Haftung, S. 135 f., 171 ff. und 211 ff.; *v. Bar*, Gutachten 62. Juristentag, A 71: statistischer Kausalitätsbeweis.

[711] Vgl. *De Lousanoff*, RIW 1983, S. 145; *Bodewig*, AcP 185 (1985), S. 505, 508 ff.; *Otte*, Marktanteilshaftung, S. 18 ff., 53 ff.; *van Rooij/Ellen Snijder*, EuZW 1993, S. 569, 570; *Zätzsch*, ZVglRWiss 93 (1994), S. 177, 178 ff.; *Wiese*, ZRP 1998, S. 27, 28 f.; *Brüggemeier*, Prinzipien, S. 160 f.; *Jansen*, Die Struktur des Haftungsrechts, S. 131 ff.

Zusammenhangs.[712] Der niederländische Hoge Raad hat in vergleichbaren Fällen eine gesamtschuldnerische Haftung aufgrund Nebentäterschaft nach Art. 6:99 BW angenommen, wobei er ebenfalls den meist faktisch nicht führbaren Entlastungsbeweis zulässt.[713] Damit stehen diese Fälle in verwandtschaftlichem Verhältnis zu den zuvor genannten Beweiserleichterungen des deutschen Rechts. Die Marktanteilshaftung nach dem beschriebenen Muster verwirklicht sich darüber hinaus aber auf materiellrechtlicher Ebene, in dem eine Haftung nach Verursachungswahrscheinlichkeiten geschaffen wird.

Generell geraten besondere Haftungskonzepte für technisch sensible Lebensbereiche in die Diskussion, da in den Grenzbereichen der Naturwissenschaften praktische Erkenntnisschwierigkeiten hinsichtlich der Entstehung von Schäden auftauchen. Der Gedanke der Wahrscheinlichkeit[714] spielt dabei eine wichtige Rolle. *V. Bar* leitet seine rechtsvergleichenden Gedanken zum Zurechnungskriterium der Kausalität mit der Feststellung ein, dass für die Bejahung bzw. Verneinung eines Kausalzusammenhanges überall in Europa Wahrscheinlichkeitsurteile von erheblicher Bedeutung sind.[715] Der Gedanke der Adäquanz ist hiermit verknüpft.[716] Schließlich enthalten auch die bereits genannten § 830 I S. 2 BGB, § 22 I S. 2 WHG, §§ 6, 7 UmweltHG, § 34 GenTG, § 120 BBergG und § 84 II AMG eine Haftung für mögliche Kausalität.[717] Statt linearer Verursachung und dem „Alles-oder-nichts-Prinzip" in Abhängigkeit von der Beweislast und der Beweisführung wird alternativ auch hierzulande an weitergehende Modelle materieller Haftung für mögliche Verursachung nach Wahrscheinlichkeitsgesichtspunkten gedacht.[718] Auf der Rechtsfolgenseite könnte in Abhängigkeit

---

[712] Vgl. *De Lousanoff*, RIW 1983, S. 145, 149; *Bodewig*, AcP 185 (1985), S. 505, 509; *v. Bar*, Gutachten 62. Juristentag, A 71.

[713] *van Rooij/Ellen Snijder*, EuZW 1993, S. 569 ff.; *Westermann/May*, DZWIR 1993, S. 257 ff. mit zustimmender Betrachtung des deutschen Rechts S. 260 f.; *v. Bar*, Gemeineuropäisches Deliktsrecht I, Rn 60; zustimmend aus Sicht des deutschen Rechts auch *Hager/Leonhard*, ZRP 1998, S. 302, 305.

[714] Zum Begriff der Wahrscheinlichkeit ausführlich *Röckrath*, Kausalität, Wahrscheinlichkeit und Haftung, S. 219 ff.

[715] *v. Bar*, Gemeineuropäisches Deliktsrecht II, Rn 449 u.a. mit dem Hinweis auf die ausdrückliche Festschreibung des Kriteriums im portugiesischen Art. 563 Code civil.

[716] Vgl. *Mühl*, in *Medicus/Mertens/Nörr/Zöllner*, Festschrift für Lange (1992), S. 583, 586 ff.

[717] S. *Looschelders*, Mitverantwortlichkeit, S. 326 und *Wagner*, NJW 2002, S. 2049, 2051 sowie die oben genannten Quellen; ergänzend *Greger*, Beweis und Wahrscheinlichkeit, S. 176; zu § 254 BGB und zur Adäquanz *Looschelders*, Mitverantwortlichkeit, S. 570 ff.; rechtsvergleichend *v. Bar*, Gemeineuropäisches Deliktsrecht I, Rn 50, 54 ff, 321 ff.; s.a. *Larenz/Canaris*, Schuldrecht II 2, § 84 I 2 b) zur Gefährdungshaftung.

[718] Vgl. *Röckrath*, Kausalität, Wahrscheinlichkeit und Haftung, S. 120 ff. und 180 m.w.Nw.; *Greger*, Beweis und Wahrscheinlichkeit, S. 175 f.; 180, 183; *Otte*, Marktanteilshaftung, S. 115 ff.; *Zätzsch*, ZVglRWiss 93 (1994), S. 177, 195 ff.; *Looschelders*, Mitverantwortlichkeit, S. 327; *Wiese*, ZRP 1998, S. 27, 28 ff.; *Schäfer/Ott*, S. 253 ff.; *Katzenmeier*, ZZP 117 (2004), S. 187, 203 ff.; bezogen auf die Haftungsausfüllung *Fleischer*, JZ 1999, S. 766;

vom prozentualen Wahrscheinlichkeitsgrad eine pro-rata-Haftung eintreten.[719] Beweisrechtliche Ungenauigkeiten bei der Bestimmung der richterlichen Überzeugung könnten ausgemerzt werden, wenn es schon materiell-rechtlich auf die bloße Wahrscheinlichkeit ankäme.[720] Das Beweisrecht bietet dogmatisch betrachtet nämlich keine Grundlage für wahrscheinlichkeitsbezogene Erleichterungen des Kausalitätsnachweises, weil im Prozess kein anderes Recht gelten kann als außerhalb desselben.[721] Soll der Geschädigte in bestimmten Situationen den Schaden auf einen nur möglichen Verursacher bzw. eine Gruppe möglicher Verursacher verlagern können, worauf die prozessrechtlichen Entwicklungen hindeuten, so muss ein entsprechender materieller Verlagerungsgrund in Form von Haftungs- oder Versicherungsansprüchen geschaffen werden.[722]

Es ist allerdings fraglich, ob die angesprochenen Opferschutzgesichtspunkte haftungsrechtlich verwirklicht werden sollten. Bedeutet Risikogemeinschaft zugleich Individualhaftungsgemeinschaft?[723] Der Weg zur Einstandsgemeinschaft liegt nahe, er muss aber nicht zwingend unter Aufgabe haftungsrechtlicher Systemgrundsätze beschritten werden. Eine individualbezogene Schadensverlagerung ohne feststehende Interaktion, geschweige denn qualifizierte Verantwortlichkeit, widerspricht der kommutativen Natur des Haftungsrechts.[724] Sie erfüllt primär distributive Aufgaben.[725] Fälle ungeklärter Verursachung mit dringendem Entschädigungsbedürfnis sollten wegen der betroffenen kollektiven Verantwortlichkeit außerhalb des individualbezogenen Haftungsrechts gelöst werden, z.B. mittels eines speziellen Entschädigungsfonds oder einer sonstigen partiellen Versicherungslösung.[726] Eine materielle Wahrscheinlichkeitsanteilshaftung ist dem deutschen Recht von daher zu Recht fremd.[727]

---

zum wahrscheinlichkeitsorientierten Verursachungsbegriff im Rahmen der Abwägung nach § 254 BGB s. BGH NJW 1994, S. 379; kritisch dazu *Looschelders*, Mitverantwortlichkeit, S. 570 ff. m.w.Nw.

[719] *Wiese*, ZRP 1998, S. 27, 28; *Brüggemeier*, Prinzipien, S. 236; *Schäfer/Ott*, S. 253 ff.; ähnlich im Bezug auf § 830 I S. 2 BGB *Larenz/Canaris*, Schuldrecht II 2, § 82 II 3 c); *T. Müller*, JuS 2002, S. 432, 433 f.; kritisch mit Blick auf die Funktionsfähigkeit *Wagner*, VersR 1999, S. 1441, 1447.

[720] Vgl. *Greger*, Beweis und Wahrscheinlichkeit, S. 140, 148, 157, 175 f. und insbesondere S. 179.

[721] *Greger*, Beweis und Wahrscheinlichkeit, S. 179; s.a. *Gold*, 96 Yale Law Journal (1986), S. 376, 386 ff.; zu beweisrechtlichen Ansätzen *Koch*, Die Sachhaftung, S. 63 ff. m.w.Nw.

[722] *Greger*, Beweis und Wahrscheinlichkeit, S. 179 f.; *Zöller/Greger*, Vor § 284 Rn 35; *Wiese*, ZRP 1998, S. 27, 30.

[723] *Brüggemeier*, Prinzipien, S. 160.

[724] Hierzu bereits oben § 4 B. I. 3.; s.a. *Katzenmeier*, ZZP 117 (2004), S. 187, 208 ff.; abweichend etwa *Wiese*, ZRP 1998, S. 27, 31.

[725] Vgl. *De Lousanoff*, RIW 1983, S. 145, 151 zum Minderheitsvotum im leading case *Sindell*.

[726] *Bodewig*, AcP 185 (1985), S. 505, 558; *Otte*, Marktanteilshaftung, S. 121 ff., insbesondere 135 ff.; *Hager/Leonhard*, ZRP 1998, S. 302, 304, abweichend auf S. 305; *Jansen*, Die

C. Das Bedürfnis nach ergänzenden Haftungsvoraussetzungen

Die haftungsbegründende Kausalität ist notwendige, nicht aber hinreichende Bedingung für eine Schadensverlagerung.[728] Zumindest muss dies für die zu weit reichende naturwissenschaftliche Formel von Ursache und Wirkung gelten.[729] *Rümelin* meinte entsprechend, dass von der natürlichen Kausalität allein in ihrer unendlichen Weite keine Brücke zur Verantwortlichkeit führe.[730] *Esser* spricht von der Willkür der Kausalität.[731] Wegen der Gleichbehandlung aller Ursachen ist sie „wertblind" und deshalb allein kein ausreichendes Zurechnungskriterium.[732] Schon eine Mitverursachung durch den Geschädigten lässt sich quasi in jeder Situation noch so geringer Interaktion vorfinden,[733] was mindestens für eine Schadensteilung spricht. Man versucht deshalb, den auf Ebene der Kausalität entstehenden weiten Zurechnungskreis normativ zu beschränken.[734] Unter starkem Einfließen wertender Gesichtspunkte kann das konstruktiv durchaus zu einer endgültigen Zurechnungsbewertung führen.[735] Um eine reine Kau-

---

Struktur des Haftungsrechts, S. 133; *Katzenmeier*, JuS 2003, S. 943, 951; s.a. *Looschelders*, Mitverantwortlichkeit, S. 123, 174 f., 177, 327.

727 *Katzenmeier*, JuS 2003, S. 943, 951; *ders.*, ZZP 117 (2004), S. 187, 203 ff.; vgl. hierzu auch *Frommhold*, JURA 2003, S. 403 ff.; OLG Bamberg NZV 2004, S. 30, 32.

728 Fächerübergreifend *Rönnau/Faust/Fehling*, JuS 2004, S. 113, 114 ff.

729 *Lange/Schiemann*, § 3 III.

730 *Rümelin*, Die Gründe der Schadenszurechnung, S. 26; zustimmend BGHZ 92, S. 357, 360; aus dem heutigen Schrifttum etwa *Lange/Schiemann*, § 3 III.; fächerübergreifend *Rönnau/Faust/Fehling*, JuS 2004, S. 113, 114 ff.; s.a. die Gedanken *Pufendorfs* und die abweichende Befürwortung reiner Kausalhaftung durch *Thomasius*, zusammengefasst bei *Benöhr*, ZSS 93 (1976), S. 208, 215, 219 f.

731 *Esser*, S. 73, s.a. S. 92 f.: Unerträglichkeit einer nackten Kausalhaftung; zustimmend *Larenz*, VersR 1963, S. 593, 597; ähnliche Fundstellen aus der Literatur der ersten Hälfte des 20. Jahrhunderts enthält *Katzenmeier*, Arzthaftung, S. 162.

732 Stellvertretend *Larenz*, VersR 1963, S. 593, 597; *Larenz/Canaris*, Schuldrecht II 2, § 84 I 2 d), § 86 V 1 a); *v. Caemmerer*, RabelsZ 42 (1978), S. 5, 22 f. mit einem anschaulichen Beispiel aus der französischen Rechtsprechung; *Looschelders*, Mitverantwortlichkeit, S. 422 f.; *Jansen*, Die Struktur des Haftungsrechts, S. 377; positiver demgegenüber die Bewertung von *Koch*, Die Sachhaftung, S. 48 ff., 181.

733 Vgl. zur Symmetrie in der Verursachung durch Schädiger und Opfer *Lange/Schiemann*, § 3 III. sowie *Adams*, JZ 1989, S. 787.

734 BGHZ 3, S. 261, 267; *Lange/Schiemann*, §§ 3, 4; *Palandt-Heinrichs*, Vorb v § 249 Rn 57 ff.; *Kötz/Wagner*, Rn 150 ff.; *Looschelders*, SchR AT, Rn 889 ff.; *v. Bar*, Gemeineuropäisches Deliktsrecht II, Rn 413 ff.; rechtsvergleichend *Wurmnest*, Grundzüge eines europäischen Haftungsrechts, S. 159 ff.; fächerübergreifend *Rönnau/Faust/Fehling*, JuS 2004, S. 113, 114 ff.; allgemein mit Blick auf die Funktionsgebundenheit der Rechtsbegriffe *Zippelius*, Einführung in das Recht, S. 69 f.

735 Vgl. etwa das Beispiel bei *Koch*, Die Sachhaftung, S. 146 in Fn 83 sowie *Jansen*, Die Struktur des Haftungsrechts, S. 96 zur Unterscheidung der maßgeblichen Schadensursache von bloßen Randbedingungen.

salhaftung handelt es sich dann aber gerade nicht mehr, sondern um eine normative Konzeption rechtlicher Verantwortlichkeit.[736]

Wer kausal eine Schädigung hervorruft, kann im weitesten Sinne als dafür verantwortlich bezeichnet werden. Verursachung ist Ausdruck einer ersten Verantwortungsstufe. Der von ihr gezogene, sehr weite Verantwortlichkeitsrahmen muss durch zusätzliche normative Kriterien eingeschränkt werden.[737] Nur so kann das Ziel gerechter Schadenslastverteilung erreicht werden.[738] Nur so kann von echter „Verantwortung" für einen Schaden gesprochen werden,[739] die eine Schadensverlagerung rechtfertigt. Deshalb ist auch die mit weiteren normativen Zurechnungsgesichtspunkten verzierte Gefährdungshaftung in Abgrenzung von der Verschuldenshaftung ihrer Natur nach zwar Kausalhaftung,[740] aber eben keine „nackte".[741]

Eine reine Kausalhaftung ohne normative Elemente würde für die Handelnden zum allzu scharfen und willkürlichen Damoklesschwert werden. Selbiges verblasst allerdings im Falle aktiver Versicherungskoppelung des „kollektiven" Haftungsrechts.[742] Notwendige Entfaltungsmöglichkeiten werden nicht erheblich eingeschränkt, soweit der haftungsrechtliche „Hieb" vom „Schild" der Versicherung abgeleitet wird.[743] Sie ist der Grund für das Wegbrechen der zusätzlichen normativen Kriterien und der hieraus folgenden Annäherung an reine Verursachungshaftungen. Auch das Kriterium gemeinschaftlicher Verantwortlichkeit ist ein normatives Element, das Einfluss auf die Zurechnungsgründe des Haftungsrechts haben kann. Auf diesen Bereich wird daher in § 8 gesondert eingegangen.

---

[736] *Deutsch*, Rn 15; *Looschelders*, SchR AT, Rn 889; *Jansen*, Die Struktur des Haftungsrechts, S. 97; s. auch noch unten § 11 C. IV. 5. a) (2) sowie *Städtler*, Schadensersatz im Falle höherer Gewalt?, S. 67 ff.

[737] *Deutsch*, Rn 1, 15.

[738] *Adams*, JZ 1989, S. 787, 788.

[739] *Larenz/Canaris*, Schuldrecht II 2, § 84 I 2 d).

[740] Vgl. *Stürner*, VersR 1984, S. 297, 298; *Deutsch*, NJW 1992, S. 73, 77; s.a. das stark an der Kausalität orientierte Haftungsmodell von *Koch*, Die Sachhaftung, S. 134 ff., 173; zur Diskussion um Verschuldens- und Verursachungsprinzip Mitte des 19. Jahrhunderts *Lenz*, Haftung ohne Verschulden, S. 138 ff.

[741] *Looschelders*, Mitverantwortlichkeit, S. 580; *Bartlsperger*, in *Isensee/Lecheler*, Festschrift für Leisner (1999), S. 1003, 1012 f.

[742] Zu diesem Begriff oben § 5.

[743] *Hannak*, Verteilung, S. 51.

§ 7. *Verantwortung im engeren Sinne (kommutative Individualverantwortung)*

Zur Schadensverlagerung muss der Schädiger wie gesagt über das Merkmal der Kausalität hinaus für den Schaden verantwortlich sein. Das wird durch weitere, normative Kriterien näher bestimmt.[744] Ein kurzer Blick auf die Tatbestandsformen der außervertraglichen Haftung soll das verdeutlichen. Bereits angedeutet wurde, dass wegen der Vielgestaltigkeit moderner Haftungstatbestände keine vollkommen präzise Typenbildung möglich ist.[745] Die objektivierten und teilweise bis zur Unerreichbarkeit gesteigerten Sorgfaltsanforderungen offenbaren Bereiche, die trotz ihrer Anknüpfung an die Verschuldenshaftung nicht mehr als Haftung für echtes Fehlverhalten bezeichnet werden können.[746] Innerhalb der Verschuldenshaftung spielen im Übrigen „Gefährdungsmomente" eine Rolle, da der Umfang des geforderten Sorgfaltsaufwandes von der Intensität der in Rede stehenden Gefahr abhängig ist.[747] Und die klassischen Gefährdungshaftungstatbestände, die nicht an ein Fehlverhalten anknüpfen, enthielten und enthalten versteckte Elemente missbilligter Verhaltensweisen im Haftungstatbestand.[748] Beweisrechtliche Vermutungen tragen wie bei der Kausalität ihren Teil zum faktischen Verschmelzen der Haftungsprinzipien bei.[749] Eine strenge Kategorisierung in Haftung mit und ohne Fehlverhalten ist angesichts der fließenden Übergänge und der praktischen Rechtswirklichkeit deshalb nicht vollkommen durchführ-

---

744 S. den Ausgangspunkt von *Stoll*, Haftungsfolgen, Rz 85 und 102 sowie *Deutsch*, AcP 202 (2002), S. 889, 890.

745 So noch deutlich *Esser*, JZ 1953, S. 129; hiergegen jetzt nachdrücklich *Jansen*, Die Struktur des Haftungsrechts (2003) mit dem generellen Einordnungsversuch in ein pflichtenunabhängiges Konzept der Erfolgsverantwortlichkeit.

746 Vgl. *Esser*, JZ 1953, S. 129, 130 ff.; *v. Caemmerer*, Reform der Gefährdungshaftung, S. 17; *ders.*, RabelsZ 42 (1978), S. 5, 16 mit rechtsvergleichenden Nachweisen.; *Stürner*, VersR 1984, S. 297, 298 ff.; *v. Bar*, Gemeineuropäisches Deliktsrecht II, Rn 307; *Kötz/Wagner*, Rn 261 f.; *Larenz/Canaris*, Schuldrecht II 2, § 75 III 7 b); *Meder*, Schuld, Zufall, Risiko, S. 228 ff.; *Koch*, Die Sachhaftung, S. 101 f.; *von Gadow*, Die Zähmung des Automobils durch die Gefährdungshaftung, S. 70 ff.; *Jansen*, Die Struktur des Haftungsrechts, S. 1 ff., 554 – vielgenannte Beispiele aus der deutschen Rechtsprechung sind OAG München v. 16.04.1861, SeuffArch 14 (1861), Nr. 208; RGZ 113, S. 293; BGH NJW 1965, S. 815; OLG Düsseldorf, VersR 1975, S. 159 f.; BGHZ 103, S. 298.

747 *Wagner*, in *Zimmermann*, Grundstrukturen des Europäischen Deliktsrechts, S. 272.

748 *Meder*, JZ 1994, S. 485 ff.; *Steffen*, DAR 1998, S. 135, 136; *v. Bar*, Gemeineuropäisches Deliktsrecht II, Rn 307; *Larenz/Canaris*, Schuldrecht II 2, § 84 I 3 b), III 1 e), III 2 d), VI 1 b); *Städtler*, Schadensersatz im Falle höherer Gewalt?, S. 22 ff.; *Koch*, Die Sachhaftung, S. 173; *Jansen*, Die Struktur des Haftungsrechts, S. 44 f.; vgl. weiterhin das anschauliche Beispiel BGH NJW 1992, S. 1684, 1685 f. zu § 7 II StVG a.F.

749 *v. Caemmerer*, Reform der Gefährdungshaftung, S. 13 f.; *Larenz/Canaris*, Schuldrecht II 2, § 84 I 3 b); *v. Bar*, Gemeineuropäisches Deliktsrecht II, Rn 308; *Koch/Koziol* in *Koch/Koziol*, Unification of Tort Law: Strict Liability, S. 395.

bar.[750] Im allgemeinen Grundansatz wird sie gleichwohl beibehalten und hat ihre dogmatische Berechtigung.[751] Sie soll auch hier zu Grunde gelegt werden.

A. Haftung für eigenes Fehlverhalten

Als Dreh- und Angelpunkt, als ethisches Fundament der haftungsrechtlichen Zurechnung wird immer noch das Verschuldensmoment bezeichnet.[752] Das dürfte sich mittlerweile allerdings weniger aus dem praktischen Bedeutungsgrad der echten Verschuldenshaftung heraus ergeben,[753] als vielmehr aus der Tatsache, dass gesetzlicher Ausgangspunkt des Haftungsrechts überwiegend ein entsprechender Grundtatbestand ist.[754] Ansonsten gilt hinsichtlich des „Verschuldensprinzips" heute nicht mehr der Satz „Keine Haftung ohne Schuld",[755] sondern nur noch die positive Feststellung, dass für vorsätzliche und fahrlässige Schädigungen prinzipiell gehaftet wird.[756]

I. Willenssteuerung und objektive Verhaltensregeln zwischen Rechtswidrigkeit und Verschulden

Inhaltlich setzt die verschuldensbezogene Zurechnung des Schadens voraus, dass sich der in Anspruch Genommene „in den Augen des Rechts" nicht korrekt verhalten hat.[757] Grundlage eines solchen Vorwurfes können nach allgemeiner

---

[750] *v. Bar*, Gemeineuropäisches Deliktsrecht II, Rn 306, 314, 329 ff.; *ders.*, Verkehrspflichten, S. 128; *Koch*, Die Sachhaftung, S. 101 f., 173; *Kötz/Wagner*, Rn 264 f.; *Katzenmeier*, Arzthaftung, S. 168 f.; *Rohe*, AcP 201 (2001), S. 117, 134 f.; *Jansen*, JZ 2002, S. 964, 967 f.; *ders.*, Die Struktur des Haftungsrechts, S. 14, 552 ff.; dogmatisch und praktisch verteidigend *Larenz/Canaris*, Schuldrecht II 2, § 84 I 3 b), wo aber sogleich ein anschauliches Beispiel zur praktischen Ergebnisgleichschaltung unter Gerechtigkeitsgesichtspunkten gegeben wird (Haftung für Mikroorganismen), § 84 II 1 a).

[751] Verteidigend etwa *Wagner*, in *Zimmermann*, Grundstrukturen des Europäischen Deliktsrechts, S. 253, 273 ff.; zur Zweispurigkeit in der Diskussion um ein europäisches Haftungsrecht auch *ders.*, ZEuP 2003, 451 f.; zur Kategorisierung *Benöhr*, ZSS 93 (1976), S. 208; *v. Caemmerer*, RabelsZ 42 (1978), S. 5, 12; *v. Bar*, Gemeineuropäisches Deliktsrecht II, §§ 2, 3; *Koch*, Die Sachhaftung, S. 114, 184; *Wagner*, in *Zimmermann*, Grundstrukturen des Europäischen Deliktsrechts, S. 249 ff., 274 , 343.

[752] *Esser*, JZ 1953, S. 129; *v. Bar*, Gemeineuropäisches Deliktsrecht I, Rn 11; *Deutsch*, AcP 202 (2002), S. 889, 893, 902.

[753] *Jansen*, Die Struktur des Haftungsrechts, S. 620 f., 625 ff.: echtes Fehlverhalten nur noch in Bereichen von Alltagstätigkeiten.

[754] *Larenz/Canaris*, Schuldrecht II 2, § 75 I 2 d); *v. Bar*, Gemeineuropäisches Deliktsrecht I, Rn 11 ff.

[755] S. oben § 1. A. und § 3 C. III.

[756] *Koch*, Die Sachhaftung, S. 103.

[757] *v. Bar*, Gemeineuropäisches Deliktsrecht II, Rn 179, 209; *Larenz/Canaris*, Schuldrecht II 2, § 84 I 2 e); *Deutsch*, Fahrlässigkeit und erforderliche Sorgfalt, S. 56 ff.; *Looschelders*, Mitverantwortlichkeit, S. 179, 203 ff.; *Wagner*, in *Zimmermann*, Grundstrukturen des Europäischen Deliktsrechts, S. 250; *Kötz/Wagner*, Rn 108; s.a. *Koch*, Die Sachhaftung, S. 107 ff.

Meinung nur bewusstseinsgesteuerte, beherrschbare Verhaltensweisen sein.[758] Die Verschuldenshaftung knüpft an menschlichem (Fehl-)Verhalten an.[759] Sie statuiert eine Haftung für Pflichtwidrigkeit[760] aufgrund von Sorgfaltspflichtverletzungen.[761]

Ob das menschliche Verhalten von der Rechtsordnung entsprechend zu beanstanden ist, erscheint bei unvoreingenommener Betrachtung als Problem der Rechtswidrigkeit. Denn stellt man die Frage nach der normativen „Richtigkeit" des Verhaltens, liegt die Zuordnung zur Rechtswidrigkeitskategorie nahe.[762] Gesetzliche Verhaltensregeln z.B. der StVO und ein objektiver Verstoß gegen sie müssten dann auf der Rechtswidrigkeitsebene einfließen.[763] So ist es vom Großen Senat des BGH für Zivilsachen Ende der fünfziger Jahre in einer vielfach kritisierten Entscheidung im Ergebnis getan worden.[764]

Der gängigen Meinung entspricht es jedoch, Verhaltensregeln erst auf der Verschuldensebene als Sorgfaltsmaßstab zu untersuchen.[765] Ausgehend vom rechtsgutsorientierten Deliktssystem in Deutschland wird die Verletzung eines absolut geschützten Rechts zuvor als rechtswidrig getadelt.[766] Für das Rechts-

---

[758] Vgl. *Larenz/Canaris*, Schuldrecht II 2, § 75 II 1 a), § 84 VII 2 a); *v. Bar*, Gemeineuropäisches Deliktsrecht II, Rn 180 f.; *Deutsch*, AcP 202 (2002), S. 889, 903; zur Willenssteuerung auch BVerfGE 34, S. 118, 130.

[759] *v. Bar*, Gemeineuropäisches Deliktsrecht II, Rn 179, 209; *Larenz/Canaris*, Schuldrecht II 2, § 84 I 2 e); *Deutsch*, Fahrlässigkeit und erforderliche Sorgfalt, S. 56; *Jansen*, Die Struktur des Haftungsrechts, S. 607.

[760] *Wagner*, in *Zimmermann*, Grundstrukturen des Europäischen Deliktsrechts, S. 250; s.a. *Bartlsperger*, in *Isensee/Lecheler*, Festschrift für Leisner (1999), S. 1003, 1014 f.

[761] *Zippelius*, Einführung in das Recht, S. 71; *Deutsch*, AcP 202 (2002), S. 889 f., 899 ff.; *Wagner*, in *Zimmermann*, Grundstrukturen des Europäischen Deliktsrechts, S. 241 ff.

[762] *Jansen*, Die Struktur des Haftungsrechts, S. 10, 424 f.; *Kötz/Wagner*, Rn 107; s.a. *Looschelders*, Mitverantwortlichkeit, S. 203 ff., aber S. 247 f.; kritisch *Wagner*, in *Zimmermann*, Grundstrukturen des Europäischen Deliktsrechts, S. 218.

[763] Vgl. *Zippelius*, Einführung in das Recht, S. 71; *Leisner*, VVDStRL 20 (1963), S. 185, 230 ff.; *Bartlsperger*, in *Isensee/Lecheler*, Festschrift für Leisner (1999), S. 1003, 1014 ff.; demgegenüber findet die herrschende Einordnung auf der Ebene der Sorgfaltspflichtverletzung statt, s. *Kötz/Wagner*, Rn 111.

[764] BGHZ 24, S. 21, 24 ff., 26; insofern positiv einordnend auch *Brüggemeier*, Prinzipien, S. 62 f.; zur berechtigten, wenngleich auf dem missglückten § 831 BGB und der Beweislastverteilung beruhenden Kritik *v. Bar*, Gemeineuropäisches Deliktsrecht I, Rn 198 f.; *Kötz/Wagner*, Rn 279 ff.; *Wagner*, in *Zimmermann*, Grundstrukturen des Europäischen Deliktsrechts, S. 296, jeweils m.w.Nw.

[765] Stellvertretend *Greger*, § 16 Rn 78, 217 ff.; *Palandt-Sprau*, § 823 Rn 45, 232 ff.

[766] *v. Bar*, Gemeineuropäisches Deliktsrecht II, Rn 211; *Deutsch*, Fahrlässigkeit und erforderliche Sorgfalt, S. 290 f.; s.a. BGHZ 24, S. 21, 27 f.; zur Abweichung im Falle nur schemenhaft begrenzter Rahmenrechte *Kötz/Wagner*, Rn 100 sowie rechtsvergleichend *Wagner*, in *Zimmermann*, Grundstrukturen des Europäischen Deliktsrechts, S. 215 ff.; zur rechtshistori-

widrigkeitsurteil ist die Verletzung, das Ergebnis, der „Erfolg" der Handlung ausreichend.[767] So verstanden dient die Rechtswidrigkeit der Definition des haftungsrechtlichen Schutzbereichs.[768] Über die Zuordnung des Schadens entscheidet die Frage nach der Sorgfaltspflichtverletzung.[769] Die Prüfung der Pflichtwidrigkeit als Zurechnungsgrund findet damit auf der objektivierten „Verschuldensebene" statt.[770]

Unabhängig von der systematischen Einordnung[771] normativ typisierter[772] Verhaltensregeln kann damit festgehalten werden, dass der Verstoß gegen dieselben als Pflichtverletzung Zurechnungsgrund der Haftung ist.[773] Er beschreibt die Verantwortung für objektiv normwidriges Verhalten.[774]

---

schen Entstehung *Benöhr*, in *Zimmermann*, Rechtsgeschichte und Rechtsdogmatik, S. 499, 521 f.

767 S. auch BGHZ 24, S. 21, 27 f.; zum Streitstand *Larenz/Canaris*, Schuldrecht II 2, § 75 II 2 c) sowie ausführlich § 75 II 3; *Kötz/Wagner*, Rn 93 ff.; historisch-philosophisch *Jansen*, Die Struktur des Haftungsrechts, S. 326 ff.; zur Abhängigkeit der Rechtswidrigkeitsdefinition vom Haftungstatbestand *Wagner*, in *Zimmermann*, Grundstrukturen des Europäischen Deliktsrechts, S. 214.

768 Ausführlich *Wagner*, in *Zimmermann*, Grundstrukturen des Europäischen Deliktsrechts, S. 214 ff.; s.a. *Jansen*, Die Struktur des Haftungsrechts, S. 412 f.; zur Funktion der Rechtswidrigkeit auch *Deutsch*, Fahrlässigkeit und erforderliche Sorgfalt, S. 250 ff., 436 ff.; rechtsvergleichend *Wurmnest*, Grundzüge eines europäischen Haftungsrechts, S. 113 ff.

769 *Wagner*, in *Zimmermann*, Grundstrukturen des Europäischen Deliktsrechts, S. 220, 241 ff., 251, 253; *Deutsch*, AcP 202 (2002), S. 889, 894.

770 Vgl. *Deutsch*, Fahrlässigkeit und erforderliche Sorgfalt, S. 159 f., 170 ff., 182 f., 290 ff., 436 f.; *Wagner*, in *Zimmermann*, Grundstrukturen des Europäischen Deliktsrechts, S. 241 ff.; *Larenz/Canaris*, Schuldrecht II 2, § 75 I 2 b), c), s.a. § 75 II 3 c) sowie § 79 III 1 a); *Jansen*, Die Struktur des Haftungsrechts, S. 407 ff. sowie aus Sicht des von ihm vorgeschlagenen Erfolgsverantwortlichkeitskonzeptes S. 479 f., 591.

771 Vgl. noch *Kötz/Wagner*, Rn 6, 99, 108; *Larenz/Canaris*, Schuldrecht II 2, § 75 II 3 c) m.w.Nw. sowie § 75 II 4 und 5; *Deutsch*, Fahrlässigkeit und erforderliche Sorgfalt, S. 399 ff.

772 Hierzu näher *Brüggemeier*, Prinzipien, S. 62 ff.; *Wagner*, in *Zimmermann*, Grundstrukturen des Europäischen Deliktsrechts, S. 252 ff.; *Deutsch*, AcP 202 (2002), S. 889, 899 ff.

773 *Kötz/Wagner*, Rn 106 ff.; *Bartlsperger*, in *Isensee/Lecheler*, Festschrift für Leisner (1999), S. 1003, 1016; *Deutsch*, AcP 202 (2002), S. 889, 899 ff., 903; *Zippelius*, Einführung in das Recht, S. 71; *Greger*, § 16 Rn 95; *Zimmermann*, in *Zimmermann*, Grundstrukturen des Europäischen Deliktsrechts, S. 24 – zum speziellen Streit um das Verhältnis von Verkehrspflichtverletzungen und Sorgfaltspflichtverletzung *Wagner*, in *Zimmermann*, Grundstrukturen des Europäischen Deliktsrechts, S. 218 m.w.Nw. und 251; *Kötz/Wagner*, Rn 106; *Jansen*, Die Struktur des Haftungsrechts, S. 11 ff.; *Looschelders*, JR 2000, S. 265 ff.

774 *Zippelius*, Einführung in das Recht, S. 71; *v. Bar*, Gemeineuropäisches Deliktsrecht II, Rn 179, 209; *Wagner*, in *Zimmermann*, Grundstrukturen des Europäischen Deliktsrechts, S. 250; *Brüggemeier*, Prinzipien, S. 66; *Larenz/Canaris*, Schuldrecht II 2, § 75 II 3 b) spricht von verletzten Gefahr- und Erfolgsvermeidungspflichten, allgemein aber unter c): Verhaltenspflicht sowie § 84 I 2 e): Einstandspflicht für Fehlverhalten und § 84 VII 2;

II. Subjektive Vorwerfbarkeit und Verantwortungsfähigkeit

Klassischerweise kennzeichnet das Verschulden die subjektive Vorwerfbarkeit des Fehlverhaltens.[775] Dabei wird geprüft, ob für den Schädiger im konkreten Fall tatsächlich eine Handlungsalternative bestand und dies erkennbar war.[776] In der zivilrechtlichen Dogmatik und Rechtswirklichkeit des europäischen Haftungsrechts dominiert jedoch der genannte objektive Fahrlässigkeitsbegriff.[777] Dieser beinhaltet weitgehend keine Fragen subjektiver Vorwerfbarkeit, sondern objektiver Verhaltensmöglichkeiten.[778] Anders als für strafrechtliche Sanktionen setzt die zivilrechtliche Schadensersatzpflicht damit keinen gesonderten subjektiven Vorwurf voraus.[779] Dieser Unterschied findet seine Berechtigung in den unterschiedlichen Ordnungsaufgaben des jeweiligen Rechtsbereichs.[780]

Deutsch, Fahrlässigkeit und erforderliche Sorgfalt, S. 56; *ders.*, NJW 1992, S. 73, 74; *ders.*, AcP 202 (2002), S. 889 f., 899 ff.; *Koch*, Die Sachhaftung, S. 103, 179.

[775] Vgl. *v. Bar*, Gemeineuropäisches Deliktsrecht II, Rn 209 ff., 226 ff.; *Larenz/Canaris*, Schuldrecht II 2, § 75 II 3 d); *Wagner*, in *Zimmermann*, Grundstrukturen des Europäischen Deliktsrechts, S. 260.

[776] *v. Bar*, Gemeineuropäisches Deliktsrecht II, Rn 227; *Deutsch*, in *Beuthin/Fuchs/Roth/Schiemann/Wacke*, Festschrift für Medicus (1999), S. 77, 78 sowie S. 84 mit Hinweisen zu möglicher Vereinheitlichung von Pflichtverletzung und Zurechnung; *ders.*, AcP 202 (2002), S. 889 f., 903 ff.

[777] Ausführlich zu Objektivierung und Individualisierung des Fahrlässigkeitsbegriffes zuletzt *Wagner*, in *Zimmermann*, Grundstrukturen des Europäischen Deliktsrechts, S. 256 ff. m.w.Nw. und *Meder*, Schuld, Zufall, Risiko, S. 151 ff.; zu Subjektivierungstendenzen in Europa und der Kritik hierzu *Jansen*, ZEuP 2002, S. 641, 642 f.; *Katzenmeier*, Arzthaftung, S. 163; abweichend etwa *v. Caemmerer*, RabelsZ 42 (1978), S. 5, 16 f. und vor allem das österreichische Recht, s. *Koziol*, AcP 196 (1996), S. 593 ff. m.w.Nw.; vermittelnd *Stürner*, VersR 1984, S. 297, 299 – In der Schweiz steht ein Wechsel zum subjektiven Fahrlässigkeitsbegriff bevor. Vgl. *Wagner*, in *Zimmermann*, Grundstrukturen des Europäischen Deliktsrechts, S. 259 m.w.Nw.; *ders.*, S. 263 auch zur englischen Entwicklung. Der diesbezügliche Einfluss der österreichischen Rechtslehre um *Helmut Koziol* und des Schweizers *Pierre Widmers* als einem der Väter des schweizer Entwurfes hat in der European Group on Tort Law dazu geführt, das diese entsprechende Vorschläge für ein europäisches Haftungsrecht gemacht hat. Vgl. *Koziol*, JBl 1998, S. 619, 622 f.; *Widmer*, in *Zimmermann*, Grundstrukturen des Europäischen Deliktsrechts, S. 147, 175; zum schweizer Entwurf im Hinblick auf die Gefährdungshaftung *Honsell*, ZSR 116 (1997), S. 297.

[778] Zu den unterschiedlichen Begrifflichkeiten und ihren Inhalten *v. Bar*, Gemeineuropäisches Deliktsrecht II, Rn 226 ff.; zur äußeren und inneren Sorgfalt auch *Kötz/Wagner*, Rn 118 m.w.Nw.

[779] *Larenz*, Richtiges Recht, S. 106 f.; *Zippelius*, Einführung in das Recht, S. 71; *v. Bar*, Gemeineuropäisches Deliktsrecht II, Rn 231; *Kötz/Wagner*, Rn 112 ff.; *Koch*, Die Sachhaftung, S. 106; vgl. auch *Larenz/Canaris*, Schuldrecht II 2, § 75 I 2 g), der dies zumeist für unerheblich hält, bei § 75 II 3 d) die Trennung jedoch dogmatisch ausdrücklich für notwendig erachtet.

[780] *Larenz*, Richtiges Recht, S. 106 f.; *Zippelius*, Einführung in das Recht, S. 71; *Leisner*, VVDStRL 20 (1963), S. 185, 229 f.; *Kötz/Wagner*, Rn 112; *Looschelders*, SchR AT, Rn

Der objektivierte Sorgfaltsmaßstab spiegelt sich besonders deutlich wieder, soweit eine Diskrepanz festzustellen ist zwischen dem, was einem durchschnittlichen Menschen möglich ist und demjenigen, was normativ von ihm erwartet wird.[781] Tatsächlich ist so gut wie niemand mehr in der Lage, in jedem Augenblick so sorgfältig zu handeln, wie es normativ von ihm verlangt wird.[782] Dennoch ist der objektive Fahrlässigkeitsmaßstab dogmatisch nicht vollkommen von spezifischen Merkmalen und Fähigkeiten abstrahiert. Denn er ist situationsbezogen und nach Verkehrskreisen differenziert, auch wenn er die subjektiven Eigenschaften des konkreten Akteurs grundsätzlich nicht berücksichtigt.[783] Auch solche Eigenschaften sind aber jedenfalls in typisierter Form zu beachten.[784] Das Alter sowie Bewusstlosigkeit und Krankheit spielen schon ausweislich der §§ 827, 828 BGB eine Rolle für die *konkrete Verantwortungsfähigkeit*.[785] Im Übrigen können diese Eigenschaften nach gängiger Meinung Einfluss auf den Fahrlässigkeitsmaßstab haben.[786] Ein objektiver Standard ist damit der Ausgangspunkt, von dem aus der Fahrlässigkeitsbegriff im Detail differenzierend ausgestaltet wird.[787] Es kommt auf die Erkennbarkeit und Vermeidbarkeit eines gewissenhaften und besonnenen Angehörigen des betroffenen Verkehrskreises an.[788]

516; *Jansen*, Die Struktur des Haftungsrechts, S. 444; *Deutsch*, AcP 202 (2002), S. 889, 904 sowie oben § 4 C. III.; rechtsvergleichend *Wagner*, in *Zimmermann*, Grundstrukturen des Europäischen Deliktsrechts, S. 256 und insbesondere S. 265 ff.

781 *Looschelders*, VersR 1996, S. 529, 536; *Larenz/Canaris*, Schuldrecht II 2, § 75 II 3 d).

782 *Looschelders*, VersR 1996, S. 529, 536; ausführlich *Jansen*, Die Struktur des Haftungsrechts, S. 1 ff.

783 *Brüggemeier*, Prinzipien, S. 63 f.; *Deutsch*, AcP 202 (2002), S. 889, 905.

784 *Kötz/Wagner*, Rn 115 f.; *Deutsch*, AcP 202 (2002), S. 889, 900.

785 *Wagner*, in *Zimmermann*, Grundstrukturen des Europäischen Deliktsrechts, S. 260; *Looschelders*, SchR AT, Rn 519; *Zippelius*, Einführung in das Recht, S. 54, 71.

786 Vgl. *Wagner*, in *Zimmermann*, Grundstrukturen des Europäischen Deliktsrechts, S. 260 ff.; *Kötz/Wagner*, Rn 115 f., 318, jeweils m.w.Nw.; *Looschelders*, SchR AT, Rn 517; *Wurmnest*, Grundzüge eines europäischen Haftungsrechts, S. 146 ff.; zu bestimmten Rechtsbereichen *Deutsch*, AcP 202 (2002), S. 889, 904; speziell zu § 254 BGB *Looschelders*, Mitverantwortlichkeit, S. 583 f.; zur Bestimmung der groben Fahrlässigkeit *Greger*, § 9 Rn 102; ablehnend *Brüggemeier*, Prinzipien, S. 62 ff.

787 So das rechtsvergleichende Resümee von *Wagner*, in *Zimmermann*, Grundstrukturen des Europäischen Deliktsrechts, S. 264 mit entsprechenden Perspektiven de lege ferenda auf den folgenden Seiten; s.a. *Wurmnest*, Grundzüge eines europäischen Haftungsrechts, S. 146.

788 *Looschelders*, Mitverantwortlichkeit, S. 237.

B. Haftung ohne eigenes Fehlverhalten

Neben der Haftung für Pflichtwidrigkeit existieren Ersatzpflichten auch in Fällen nicht zu beanstandender Verhaltensweisen des Haftenden.[789] Die entsprechenden Tatbestände fragen nicht nach einem Fehlverhalten des Haftenden, sondern bestimmen die Schadensverantwortung aufgrund anderer Gesichtspunkte.[790] Häufig werden hierbei auch die Fälle der Fehlverhaltenshaftung erfasst. Diese erlangt trotz ihrer für den Geschädigten schwieriger nachzuweisenden Voraussetzungen dann eine eigenständige Bedeutung, wenn die fehlverhaltensunabhängige Haftung z.B. wegen Haftungshöchstsummen nur eingeschränkten Ersatz gewährt.[791] Unterscheiden lassen sich innerhalb der Haftung ohne eigenes Fehlverhalten Tatbestände, die das Fehlverhalten einer anderen Person voraussetzen von solchen, die gänzlich unabhängig von einem Fehlverhalten eingreifen.

I. Haftung für fremdes Fehlverhalten

Die Haftung für dritte Personen knüpft international gesehen zumeist an der Zurechnung eines Fehlverhaltens dieser Personen an.[792] Damit stehen die haftungsauslösenden Momente zwischen der Haftung für und ohne Fehlverhalten, wenn man die Kategorisierung nicht allein auf den Haftenden bezieht.[793] In Betracht kommt eine solche Haftung z.B. für Kinder.[794] Hauptanwendungsfeld ist die Haftung für Hilfspersonen im arbeitsteiligen Wirtschaftsleben und diejenige für Organe juristischer Personen.[795] Haftpflichtiger ist die Person, die Einfluss auf das Verhalten des Dritten ausüben kann und insofern eine *individuelle Verant-*

---

789 Zu diesbezüglichen Vorbehalten der Naturrechtlehre *Grotius'* und *Christian Wolffs* zusammenfassend *Benöhr*, ZSS 93 (1976), S. 208 ff. mit Hinweisen zu Modifikationen und Abweichungen späterer Ansichten sowie 223 ff.

790 Vgl. *Larenz/Canaris*, Schuldrecht II 2, § 84 I 3 a); *Koch*, Die Sachhaftung, S. 107 ff., 111, 113 ff., der allerdings hierunter de lege ferenda nur die Fälle sachlicher Eigendynamik ohne tatsächlichen Verhaltenseinfluss bzw. ohne deren Vorhersehbarkeit zählt und klar zwischen den Ursachengruppen Mensch und Sache unterscheidet, S. 119, 123 ff., 164 f., 172.

791 Vgl. zum diesbezüglichen Hintergrund der Gewährung auch immateriellen Schadensersatzes im Falle der Gefährdungshaftung BT-Drucks. 14/7752, S. 14 ff., 24 ff.

792 *v. Caemmerer*, RabelsZ 42 (1978), S. 5, 12; *Zweigert/Kötz*, S. 632 ff.; *Kötz/Wagner*, Rn 301; *Wagner*, in *Zimmermann*, Grundstrukturen des Europäischen Deliktsrechts, S. 274; *Koch*, Die Sachhaftung, S. 114, 184.

793 *v. Caemmerer*, RabelsZ 42 (1978), S. 5, 12; *Wagner*, in *Zimmermann*, Grundstrukturen des Europäischen Deliktsrechts, S. 274.

794 Eine eigene Fehlverhaltenshaftung des Kindes kann mangels Verantwortungsfähigkeit ausscheiden. Zur Haftung für Kinder und für sonstige Personen unter Aufsicht rechtsvergleichend *v. Bar*, Gemeineuropäisches Deliktsrecht I, Rn 131 ff.

795 Vgl. *v. Bar*, Gemeineuropäisches Deliktsrecht I, Rn 168 ff.; *Wagner*, in *Zimmermann*, Grundstrukturen des Europäischen Deliktsrechts, S. 291 ff.; *Kötz/Wagner*, Rn 266 ff.

wortung für dessen Fehlverhalten trägt[796] – also z.B. der Aufsichtspflichtige, der weisungsberechtigte Geschäftsherr etc. Den Vorteilen und dem Nutzen aus der Verbindung zu der dritten Person werden die korrespondierenden Nachteile und Risiken beiseite gestellt.[797]

Im Gegensatz zu den meisten europäischen Staaten ist es in Deutschland dennoch bei dem rechtspolitisch unbefriedigenden Zustand geblieben, dass regelmäßig nur bei (vermutetem) Auswahl- oder Überwachungsverschulden des Aufsichtspflichtigen bzw. Geschäftsherrn gehaftet wird. Eine Einstandspflicht dieser Personen besteht, soweit sie sich vom Vorwurf eigenen Fehlverhaltens nicht entlasten können (§§ 831, 832 BGB).[798]

II. Fehlverhaltensunabhängige Haftung

1. Strikte Haftung

a) Allgemeines

Tatbestände fehlverhaltensunabhängiger Haftung werden in Deutschland in Anlehnung an *Rümelin*[799] als *Gefährdungshaftung* bezeichnet, während die französischen Regelungen als *Sachhaftung* umschrieben werden und der englischsprachige Rechtsraum die *strict liability* kennt.[800] Sie knüpfen regelmäßig an die Verwirklichung besonderer Gefahren[801] zumeist sachlicher oder auch personeller Art an (Anlagen, Sachen, Tätigkeiten)[802], für die ein Privatrechtssubjekt als

---

796 Protokolle II, S. 2778; *RGRK-Steffen*, § 831 Rn 2.

797 Protokolle II, S. 2778; *RGRK-Steffen*, § 831 Rn 3; *Zweigert/Kötz*, S. 648: „qui sentit commodum debet sentire et onus“ und „qui facit per alium facit per se“; *Larenz/Canaris*, Schuldrecht II 2, § 79 III 1 b); *Kötz/Wagner*, Rn 288; *v. Bar*, in Gutachten und Vorschläge zur Überarbeitung des Schuldrechts II (1981), S. 1681, 1777; *Erman-Schiemann*, § 831 Rn 1.

798 Vgl. *Zweigert/Kötz*, § 41, zusammenfassend S. 647 ff.; *v. Bar*, Gemeineuropäisches Deliktsrecht I, Rn 168 ff.; *Wagner*, in *Zimmermann*, Grundstrukturen des Europäischen Deliktsrechts, S. 291 ff.; *Kötz/Wagner*, Rn 301; zu den Ausnahmen insbesondere gemäß § 31 BGB *dies.*, Rn 269, 290, *Erman-Schiemann*, § 831 Rn 1.

799 *Rümelin*, Die Gründe der Schadenszurechnung (1896), S. 45.

800 *Wagner*, in *Zimmermann*, Grundstrukturen des Europäischen Deliktsrechts, S. 270 ff.

801 Zur konstruktiven Unabhängigkeit von der Gefährlichkeit im französischen Recht *Wagner*, in *Zimmermann*, Grundstrukturen des Europäischen Deliktsrechts, S. 283 f. mit zutreffender kritischer Würdigung S. 288 ff.

802 Vgl. *Kötz/Wagner*, Rn 7, 333; kritisch zu Tätigkeiten als Anknüpfungspunkt *v. Caemmerer*, Reform der Gefährdungshaftung, S. 21 unter Hinweis auf die reformbedürftige Geschäftsherrenhaftung; *Kötz*, in Gutachten und Vorschläge zur Überarbeitung des Schuldrechts II (1981), S. 1779, 1796 ff.; *Koch*, Die Sachhaftung, S. 104 f. sowie *Wagner*, in *Zimmermann*, Grundstrukturen des Europäischen Deliktsrechts, S. 290 unter Hinweis auf Rechtssicherheit und fehlendes Bedürfnis, jeweils m.w.Nw.

rechtlich verantwortlich angesehen wird.[803] Unabhängig von der Qualität des konkreten Verhaltens wird dabei zunächst allein eine Verursachungskette als verbindendes Element zwischen der abstrakten Gefahrenquelle und dem Schaden vorausgesetzt.[804] Häufig löst das Gesetz den unmittelbaren Haftungsansatz von der konkreten Betriebsgefahr und ihrer Verwirklichung im Schadensfall, in dem es schlicht an dem Betrieb der Sache und seinen kausalen Folgen ansetzt, also die abstrakte Betriebsgefahr genügen lässt.[805] Auf der Ebene der Haftungsausschluss- und –minderungsgründe aber kommen die Gefahrverwirklichung und damit die hinter der strengen Haftung stehenden normativen Erwägungen zum Tragen.[806] Aus ihnen ergeben sich Kriterien individueller Verantwortung, die über eine bloße Kausalhaftung hinausgehen.[807]

Haftpflichtiger ist derjenige, der abstrakt über die mit der Gefahrenquelle verbundenen Handlungsspielräume verfügt und Nutzen aus ihnen ziehen kann.[808] Die so gezogenen Verantwortungskreise betreffen meist Gefahrenbereiche mit sehr häufig auftretenden oder besonders schwerwiegenden Schadensfolgen[809] sowie mit für den Geschädigten schwer beweisbaren Geschehensabläufen.[810] Typische Anwendungsfelder sind Schäden im Zusammenhang mit Verkehrsmitteln, technischen Anlagen, gewerblichen Produkten und der Forschung.[811] Als Kriterien zur Begründung der Verantwortlichkeit sind relevant die besondere Gefahrenhöhe, die Schutzbedürftigkeit des wegen der Erlaubtheit der Gefahrveranlassung zum Teil unvermeidlich geschädigten Personenkreises,

---

[803] *Kötz/Wagner*, Rn 333; *v. Bar*, Gemeineuropäisches Deliktsrecht II, Rn 314 sowie Rn 325 ff.; umfassend und rechtsvergleichend zuletzt *Koch/Koziol*, Unification of Tort Law: Strict Liability (2002).

[804] *Koch*, Die Sachhaftung, S. 59 ff., 179; *Lange/Schiemann*, § 3 I.; zur Unabhängigkeit der Kausalität vom Verhalten *Larenz*, VersR 1963, S. 593, 597.

[805] Zur Straßenverkehrshaftung nach § 7 I StVG *Greger*, § 7 Rn 2.

[806] *Greger*, § 7 Rn 3; *Deutsch*, Rn 694 ff.; *Bartlsperger*, in *Isensee/Lecheler*, Festschrift für Leisner (1999), S. 1003, 1013.

[807] *Looschelders*, Mitverantwortlichkeit, S. 580; *Bartlsperger*, in *Isensee/Lecheler*, Festschrift für Leisner (1999), S. 1003, 1012 f.

[808] *v. Caemmerer*, Reform der Gefährdungshaftung, S. 15; *v. Bar*, Gemeineuropäisches Deliktsrecht II, Rn 325; *Bartlsperger*, in *Isensee/Lecheler*, Festschrift für Leisner (1999), S. 1003, 1011; s. auch die parlamentarischen Begründungen und Kommentierungen zum RHG, zusammengefasst bei *Lenz*, Haftung ohne Verschulden, S. 113 ff., 124 ff.; zum KFG *Schubert*, ZRG 117 (2000), S. 238, 245; *Hilse*, in Verhandlungen zum 26. DJT (1902), Bd. I, S. 27, 46 ff.; zu den entsprechenden Gedanken *Pufendorfs Benöhr*, ZSS 93 (1976), S. 208, 216, 228.

[809] *Esser*, S. 93 ff.; *Larenz*, VersR 1963, S. 593, 596 f.; *Larenz/Canaris*, Schuldrecht II 2, § 84 I 2 b); *v. Bar*, Gemeineuropäisches Deliktsrecht II, Rn 315; s.a. BGHZ 105, S. 65, 66.

[810] *Kötz/Wagner*, Rn 342.

[811] Rechtsvergleichend *v. Bar*, Gemeineuropäisches Deliktsrecht II, Rn 332 ff. sowie Rn 368 ff.; national *Larenz/Canaris*, Schuldrecht II 2, § 84.

die Abfederung der Belastungswirkung durch Versicherungen, sowie insbesondere die Veranlassung und Beherrschung des Risikos in Verbindung mit der Vorteilsziehung hieraus.[812] Es handelt sich um eine Mixtur je nach Lebensbereich abzuwägender Verantwortungselemente.[813]

Mittlerweile sind die strikten Haftungstatbestände recht vielschichtig ausgestaltet.[814] Klassische Regelungen wie § 833 S. 1 BGB, §§ 1 ff. HaftpflG oder § 7 StVG basieren auf dem Gedanken der Gefahrverwirklichung und des Risikozusammenhangs.[815] Durch Kausal- und Zurechnungszusammenhangsvermutungen wird dieses Haftungsbild zunehmend erweitert.[816] Bei den objektiven Produkthaftungstatbeständen der § 84 AMG und § 1 ProdHaftG waren die besonderen Gefahren industrieller Produktion zwar ebenfalls Motiv des Gesetzgebers, dies hat sich im Tatbestand aber nicht als notwendiger Zurechnungszusammenhang niedergeschlagen.[817] Folge ist eine eher als Kausal- denn als Gefährdungshaftung zu bezeichnende Haftungsform.[818] Doch obwohl ein spezifischer Zurechnungszusammenhang nicht verlangt wird, sollen auch hier – völlig zu Recht – nicht alle kausalen Folgen vom Schutzzweck der Haftung umfasst werden. Genannt werden Fälle vorsätzlichen Eingreifens dritter Personen oder der Einfluss unerwarteter Naturereignisse[819] – Dinge also, die ansonsten unter den Begriff der höheren Gewalt subsumiert werden. Auch hier liegt folglich keine „nackte" Kausalhaftung vor, sondern eine im Schutzbereich über die unmittelbare Gefährdung hinaus erweiterte objektive Haftung.

---

[812] Vgl. *Esser*, S. 92 ff.; *v. Caemmerer*, Reform der Gefährdungshaftung, S. 15 f.; *v. Hippel*, NJW 1967, S. 1729, 1730; *Larenz/Canaris*, Schuldrecht II 2, § 84 I 2 a) m.w.Nw. sowie § 84 III 1 b), § 84 VI 1 a); *Deutsch*, Rn 635, 660; *MünchKomm-Wagner*, Vor § 823 Rn 17; *Güllemann*, S. 104; *Blaschczok*, Gefährdungshaftung und Risikozuweisung, S. 45 ff.; *Koch*, Die Sachhaftung, S. 57 ff., 152 f.; ähnlich auch schon die Gedanken *Pufendorfs*, wiedergegeben bei *Benöhr*, ZSS 93 (1976), S. 208, 216; zur durchaus verwandten Begründung aus Sicht der ökonomischen Analyse *MünchKomm-Wagner*, Vor § 823 Rn 46; allgemein zur Zivilisation und negativen Folgen *Herzog*, in 30. Deutscher Verkehrsgerichtstag 1992, Veröffentlichung der Referate und Empfehlungen, S. 25 ff.

[813] Zur Vielschichtigkeit des Begründungsansatzes *Jansen*, Die Struktur des Haftungsrechts, S. 622 ff.

[814] *Deutsch*, NJW 1992, S. 73 ff.

[815] *Deutsch*, NJW 1992, S. 73, 75.

[816] Vgl. hierzu oben § 6 B. I.

[817] *Deutsch*, NJW 1992, S. 73, 75 f.

[818] Zur Einordnung als Haftung für Sorgfaltspflichtverletzung *Kötz/Wagner*, Rn 461 f.

[819] *Deutsch*, NJW 1992, S. 73, 76; *ders.*, Rn 699.

b) Das dogmatische Erbe *Josef Essers*

Eine fundamentale Aufarbeitung des Entwicklungsprozesses verschuldensunabhängiger Haftung erfolgte 1941 durch *Josef Esser.*[820] Er hat die Theorie der Gefährdungshaftung unter Aufnahme der Gedanken *v. Gierkes*[821] und einzelner Naturrechtslehrer[822] maßgeblich geformt. Nach *Esser* ist die Verschuldenshaftung allein auf den Unrechtsschaden und seine Wiedergutmachung zugeschnitten.[823] In der Risikogesellschaft sei zusätzlich die Bewältigung der Zufalls- oder Unglücksschäden auf besondere Weise notwendig,[824] da andernfalls zwangsläufig nichttechnisierte und insofern „schwache" Individuen zum Schadensträger werden, obwohl sie der Schadensursache ferner stehen als der Handelnde.[825] Die Aufgabe der Verteilung entsprechender Schäden komme im Rahmen der distributiven Gerechtigkeit auch der Gefährdungshaftung zu.[826] Ihr liege das Einstehenmüssen für die typischen Betriebsgefahren besonders gefährlicher Lebenssachverhalte zu Grunde,[827] wobei nicht das erlaubte Gefahrenpotential an sich, sondern der soziale Zwang zur Teilnahme an diesem nicht abwehrbaren Verkehr Basis der Haftpflicht sei.[828]

Esser sprach sich gegen eine „nackte" Kausalhaftung aus und postulierte den darüber hinausgehenden Zurechnungsgrund der sozialen Verantwortung.[829] Dieser ergebe sich aus dem Sonderrecht der gesellschaftlichen Zulassung latent ge-

---

[820] In: Grundlagen und Entwicklung der Gefährdungshaftung (1941); zusammenfassend zur wissenschaftlichen Begutachtung im Vorfeld *Jansen*, Die Struktur des Haftungsrechts, S. 377 ff.

[821] *v. Gierke*, Die soziale Aufgabe des Privatrechts, in *Wolf*, Quellenbuch, S. 478, 502.

[822] Vgl. die Zusammenstellung bei *Benöhr*, ZSS 93 (1976), S. 208 ff., insbesondere 227 f.; s.a. den Gedanken *Molinas*, wiedergegeben bei *Jansen*, Die Struktur des Haftungsrechts, S. 309 f.

[823] *Esser*, S. 1, 73, 85: Der Grundsatz casum sentit dominus soll dabei die Ohnmacht der Verschuldenshaftung gegenüber dem Zufallsschaden kennzeichnen, den sie nicht positiv bewältigen kann.

[824] Anschaulich zum Wechsel der Empfindung eines Schadens als Schicksal oder mit zunehmender Organisation als (Fehl-)Planung *Esser*, S. 81 f.; kritisch zur Aussagekraft der Unterscheidung zwischen Unglück und Unrecht zuletzt *Jansen*, Die Struktur des Haftungsrechts, S. 562 ff.

[825] *Esser*, S. 71 f. mit dem Vergleich des unschuldigen Täters zum „noch unschuldigeren" Opfer.

[826] *Esser*, S. 5, 73, 84 f., 100, zur Bewältigung des Unglücksschadens mittels Versicherung S. 78, 84, 93; zuvor schon allgemein zur Verteilungsgerechtigkeit im Haftungsrecht *v. Gierke*, Die soziale Aufgabe des Privatrechts, in *Wolf*, Quellenbuch, S. 478, 502; zur Kritik an der Einordnung in die Kategorie der distributiven Gerechtigkeit oben § 4 B. I. 3.

[827] *Esser*, S. 15 f., 23 f., insbesondere 111 ff.

[828] *Esser*, S. 90 f., 103; hierzu auch *Hannak*, Verteilung, S. 49 ff.; *Bartlsperger*, in *Isensee/Lecheler*, Festschrift für Leisner (1999), S. 1003 ff.

[829] *Esser*, S. 73, 93 ff., 100, 104.

fährlicher Handlungen und ihrer Vorteile, dem spiegelbildlich die Sonderpflicht zur Tragung nachteiliger Folgen der entsprechenden Betriebswagnisse gegenüberstehe.[830] Es gelte, typische Betriebserscheinungen von höherer Gewalt abzugrenzen.[831] Zur Erhaltung wirtschaftlicher Realisierbarkeit der Zufallsschadensverteilung seien die anzutreffenden Haftungshöchstsummen sowie die Begrenzungen auf bestimmte Schadenstypen zweckmäßige Mittel.[832] Schließlich fragt er nach dem Aufgabenfeld kollektiver Sicherungssysteme bei der Bewältigung des Zufallsschadens und spricht sich für die Vereinigung des individuellen Haftungs- und des gemeinschaftlichen Versicherungsgedankens aus.[833] Beide Systeme seien wesentliche Bausteine einer Schadensverteilungsordnung.[834]

c) Merkmale und Grenzen der Gefährdungshaftung

Diese grundsätzlichen Aussagen zur Aufgabe und zu den Wirkungsweisen der Gefährdungshaftung sind ungeachtet berechtigter Kritik zu einzelnen Punkten[835] bis zum heutigen Tag bedeutsam geblieben. Trotz der Schwierigkeiten bei der Ausfüllung der Be-griffe der besonderen Gefährlichkeit und der typischen Betriebsgefahr[836] lässt sich feststellen, dass an die Verwirklichung einer besonderen Gefahr in Abgrenzung zum allgemeinen Lebensrisiko angeknüpft wird und dass deshalb regelmäßig der Zufall in Gestalt höherer Gewalt Haftungsausschlussgrund ist, ebenso wie die maßgebliche Hervorrufung des Schadens durch eine dritte Person oder den Geschädigten selbst. Übergreifender Ausschluss-

---

830 *Esser*, S. 97 ff. im Anschluss an *v. Gierke*, Die soziale Aufgabe des Privatrechts, in *Wolf*, Quellenbuch, S. 478, 502; s.a. *Herzog*, in 30. Deutscher Verkehrsgerichtstag 1992, Veröffentlichung der Referate und Empfehlungen, S. 25 ff.

831 *Esser*, S. 111 ff.

832 *Esser*, S. 107 ff.; s.a. *Schubert*, ZRG 117 (2000), S. 238, 263 ff.; *Rinck*, Gefährdungshaftung, S. 21 ff.; kritisch zu den Haftungshöchstsummen hinsichtlich der Funktion der Gefährdungshaftung *v. Caemmerer*, Reform der Gefährdungshaftung, S. 23; *ders.*, RabelsZ 42 (1978), S. 5, 14 ff.; *Kötz*, AcP 170 (1970), S. 1, 36 ff.; *Will*, S. 305 ff., 319 ff.; *Koch*, Die Sachhaftung, S. 159 ff.; *Brüggemeier*, Prinzipien, S. 83; *Jansen*, JZ 2002, S. 964, 966; *ders.*, Die Struktur des Haftungsrechts, S. 581 Fn 190; vgl. auch BGH NJW 2003, S. 2377, 2379 f.

833 *Esser*, S. 120 ff., insbesondere 127 f.

834 *Esser*, S. 131; deutlich im Anschluss auch *Hannak*, Verteilung, S. 44; umfassend *Weyers*, Unfallschäden (1971); dazu auch oben § 3 D. und § 5.

835 S. insbesondere oben § 4 B. I. 3. sowie *Wagner*, in *Zimmermann*, Grundstrukturen des Europäischen Deliktsrechts, S. 289; *Jansen*, Die Struktur des Haftungsrechts, S. 562 ff.

836 Vgl. dazu *Esser*, S. 18 ff., 24 ff.; *Leisner*, VVDStRL 20 (1963), S. 185, 221 ff.; *Kötz*, AcP 170 (1970), S. 1, 26 ff.; *Greger*, § 7 Rn 21 ff.; *Koch*, Die Sachhaftung, S. 81 ff.; *Katzenmeier*, Arzthaftung, S. 175 ff.; s.a. die Diskussion um die besondere Gefährlichkeit von Kfz im Vorfeld des KFG bei *Schubert*, ZRG 117 (2000), S. 238, 246 ff.; zu Frankreich und England *Koch*, Die Sachhaftung, S. 19 ff.

grund der strikten Haftung ist die fehlende Fortwirkung der Gefahrenquelle.[837] Gefährdungshaftung basiert auf *Gefahrverwirklichung.*[838]

Diese Gedanken fließen ein in Fragen der Kausalität bzw. Zurechnung,[839] in die Definition des Unfalls,[840] des Betriebsbegriffes,[841] in den Einwand höherer Gewalt,[842] eines unabwendbaren Ereignisses[843] oder der Allein- bzw. überwiegenden Mitverantwortlichkeit des Geschädigten.[844] Die so verwirklichte *Unterscheidung der gesteigerten Gefahr gegenüber dem allgemeinen Lebensrisiko* ist Grund und Grenze der Gefährdungshaftung.[845]

Neben diesen individual- und interaktionsbezogenen Verantwortungsmomenten wird – im Gegensatz zur Haftung für Fehlverhalten ganz offen – die Schadensstreuung als Haftungsgrund angeführt.[846] Auch *Esser* hat ja als Zurechnungsgrund die soziale Verantwortung genannt.[847] Darauf wird sogleich zurückzukommen sein (§ 8), nachdem auf die den Verschuldens- und Gefährdungshaftungstatbeständen zur Seite gestellte Kategorie der Aufopferungshaftung eingegangen wurde.

2. Aufopferungshaftung

In einem verwandtschaftlichen Verhältnis zur strikten Haftung steht die Aufopferungshaftung, enthalten beispielsweise in §§ 904 S. 2, 906 II S. 2 BGB, § 14 S. 2 BImSchG und §§ 717 II, 945 ZPO.[848] Grundlage ist der an den Geschädig-

---

[837] RGZ 101, S. 94, 95: von „außen" kommende Ereignisse.

[838] Vgl. *v. Caemmerer*, Reform der Gefährdungshaftung, S. 21 f.; *Weyers*, Unfallschäden, S. 355: „Das rechtstechnische Grundproblem der Gefährdungshaftung liegt regelmäßig darin zu erzielen, daß alle Schäden erfaßt werden, welche typischerweise aus dem ‚Betriebe' erwachsen, aber auch nur diese."; kritisch *Koch*, Die Sachhaftung, S. 81 ff.

[839] Vgl. *Greger*, § 7 Rn 53 ff.; zur Rechtsprechung des Reichsgerichts ausführlich *von Gadow*, Die Zähmung des Automobils durch die Gefährdungshaftung, S. 140 ff.

[840] Speziell für den Verkehrsbereich *v. Bar*, Gemeineuropäisches Deliktsrecht II, Rn 387 ff.

[841] Vgl. z.B. *Greger*, § 7 Rn 21 ff.; *Larenz*, Methodenlehre, S. 351.

[842] *Jansen*, Die Struktur des Haftungsrechts, S. 608.

[843] *Greger*, § 7 Rn 334 ff.; *Jansen*, Die Struktur des Haftungsrechts, S. 611 ff.

[844] Allgemein *v. Bar*, Gemeineuropäisches Deliktsrecht II, Rn 318 ff.; *Kötz/Wagner*, Rn 363 ff.

[845] *Esser*, S. 111 ff.; *Kötz/Wagner*, Rn 359; *Larenz/Canaris*, Schuldrecht II 2, § 84 I 1 g), III 1 d); *Rohe*, AcP 201 (2001), S. 117, 143, 149; *Jansen*, Die Struktur des Haftungsrechts, S. 608; allgemein zu Schutzzweck und Gefährdungshaftung *Lange/Schiemann*, § 3 IX 9 sowie § 3 X 4; zum allgemeinen Lebensrisiko als „negativem Zurechnungsgrund" *Deutsch*, VersR 1993, S. 1041.

[846] S. *v. Caemmerer*, Reform der Gefährdungshaftung, S. 15 f.; *Larenz/Canaris*, Schuldrecht II 2, § 84 VI 1 a).

[847] *Esser*, S. 73, 93 ff., 100, 104.

[848] Vgl. *Esser*, S. 90 f., 103; *Larenz/Canaris*, Schuldrecht II 2, § 85; *Deutsch*, Rn 660, 716 ff.; *ders.*, in *Deutsch/Klingmüller/Kullmann*, Festschrift für Steffen (1995), S. 101 f., 104 u.

ten gerichtete Satz: *Dulde, wenn keine Abwehrmöglichkeit besteht, und* – oder besser aber – *liquidiere.*[849] Der Ersatzanspruch entsteht, wenn der Geschädigte rechtlich oder faktisch nicht in der Lage ist, den Schaden abzuwehren. Er bildet einen Ausgleich für die „Aufopferung" der Abwehrbefugnisse.[850]

Parallelen zur Begründung der Gefährdungshaftung liegen auf der Hand. Auch dort sollen auf der primären Ebene Handlungsfreiheiten erhalten werden, sekundär aber aufgrund von Gefahrveranlassung, Gefahrenbeherrschung und Vorteilsziehung ein Ausgleich für nicht vermeidbare Schädigungen stattfinden.[851] Auch die Aufopferungshaftung betrifft an sich missbilligte, konkrete Eingriffe in die Rechtsgüter des Geschädigten.[852] Diese werden ausnahmsweise wegen des kollidierenden Güterinteresses des Handelnden bzw. der Allgemeinheit gebilligt. Dem Geschädigten wird ein an sich bestehender Abwehranspruch von der Rechtsordnung wieder entzogen bzw. bei faktischen Hindernissen im Erst-recht-Schluss zu dieser Situation ein Ausgleichsbedürfnis gefolgert.[853] Der ausnahmsweise Verlust der Abwehrbefugnisse stellt eine Aufopferung zu Gunsten der kollidierenden Güter dar, die im Rahmen einer konkreten Abwägung höher bewertet werden.[854] Auf der zweiten Abwägungsebene kann dann unter Ge-

---

110; *MünchKomm-Wagner*, Vor § 823 Rn 25; *Roth*, in *Roth/Lemke/Krohn*, Der bürgerlichrechtliche Aufopferungsanspruch, S. 1 ff.; *Rohe*, AcP 201 (2001), S. 117, 140 f., 144 ff.; *Bälz*, JZ 1992, S. 57, 58; rechtshistorisch *Ogorek*, S. 51 ff.; kritisch gegenüber der Ableitung eines einheitlichen Prinzips *Stoll*, Haftungsfolgen, Rz 21.

[849] Vgl. *Deutsch*, in *Deutsch/Klingmüller/Kullmann*, Festschrift für Steffen (1995), S. 103 sowie S. 104 f. mit einem Entwicklungs- und Strukturvergleich zum öffentlichen Recht; *Rohe*, AcP 201 (2001), S. 117, 145; zu parallelen staatshaftungsrechtlichen Gesichtspunkten auch *Maurer*, Allgemeines Verwaltungsrecht, § 26 Rn 4 ff., § 27.

[850] *Larenz/Canaris*, Schuldrecht II 2, § 85 I 1 a); *Deutsch*, Rn 716 ff.; *Rohe*, AcP 201 (2001), S. 117, 140 f.; *Roth*, in *Roth/Lemke/Krohn*, Der bürgerlich-rechtliche Aufopferungsanspruch, S. 1.

[851] Vgl. BGH NJW 2003, S. 2377, 2379 unter Berufung auf den früheren Vorsitzenden des Senates *Hagen*, in *Medicus/Mertens/Nörr/Zöllner*, Festschrift für Lange (1992), S. 483, 501; *Esser*, S. 90 f., 103; *Deutsch*, Rn 660; *ders.*, in *Deutsch/Klingmüller/Kullmann*, Festschrift für Steffen (1995), S. 101 f., 104 u. 110; *Rohe*, AcP 201 (2001), S. 117, 140 f.; *Scholz*, Der Begriff der Zumutbarkeit im Deliktsrecht, S. 115; *Jansen*, Die Struktur des Haftungsrechts, S. 554 f.; *Bälz*, JZ 1992, S. 57, 58; *Wagner*, in *Zimmermann*, Grundstrukturen des Europäischen Deliktsrechts, S. 273.

[852] Vgl. *v. Bar*, Gemeineuropäisches Deliktsrecht II, Rn 308; *Jansen*, Die Struktur des Haftungsrechts, S. 555; s.a. BGH NJW 2003, S. 2377, 2378.

[853] *Larenz/Canaris*, Schuldrecht II 2, § 84 I 3 c); *MünchKomm-Wagner*, Vor § 823 Rn 25; *Wenzel*, NJW 2005, S. 241, 246; *Bullinger*, in *Ficker/u.a.*, Festschrift für v. Caemmerer (1978), S. 297, 300; zu den problematischen Fällen rein faktischen Duldungszwangs *Deutsch*, in *Deutsch/Klingmüller/Kullmann*, Festschrift für Steffen (1995), S. 101, 107, 111 f. und BGH NJW 2003, S. 2377, 2378 m.w.Nw.

[854] Vgl. *Deutsch*, in *Deutsch/Klingmüller/Kullmann*, Festschrift für Steffen (1995), S. 101 ff.; *ders.*, Rn 716 ff.; *Larenz/Canaris*, Schuldrecht II 2, § 85 I 1 a), V 1; *Roth*, in

rechtigkeitsgesichtspunkten ein Ausgleichsanspruch des Geschädigten geboten sein.[855]

Hierin verwirklicht sich die Primäraufgabe des Haftungsrechts, die gerechte Risikoverteilung mittels der Regulierung von Freiheits- und Gütersphären.[856] In der Aufopferungshaftung findet die Güterkollision und ihr Ausgleich mittels praktischer Konkordanz und des Verhältnismäßigkeitsprinzips eine sehr deutliche Verkörperung.[857]

Als Zurechnungsgrund lässt sich auch hier die individuelle Verantwortung des Schädigers für Handlungsfolgen bzw. für einen Zustand anführen, der nicht abwehrfähig ist.[858] Auf ihrer positiven Feststellung liegt allerdings nicht das Schwergewicht der Aufopferungstatbestände, sondern auf der „gegenüberliegenden" *fehlenden Verantwortung* desjenigen, der das Rechtsgut geopfert hat.[859] Deshalb kann der Aufopferungsgedanke nur sehr beschränkt verallgemeinert werden, da andernfalls die Verantwortlichkeitsprinzipien sowohl der Verschuldens- als auch der Gefährdungshaftung und deren spezialgesetzliche Ausgestaltung unterlaufen würden.[860]

Besonders markant zeichnet sich das diesbezügliche Konfliktpotenzial in der Rechtsprechung des V. Senats des BGH zum nachbarrechtlichen Ausgleichsanspruch analog § 906 II S. 2 BGB ab.[861] Einen solchen Anspruch bejaht der BGH auch in Fällen, in denen die Voraussetzungen des § 836 I BGB nicht vorlie-

---

Roth/Lemke/Krohn, Der bürgerlich-rechtliche Aufopferungsanspruch, S. 1; s.a. *Esser*, S. 75 f., 79.

[855] *Bullinger*, in *Ficker/u.a.*, Festschrift für v. Caemmerer (1978), S. 297, 300; *Rohe*, AcP 201 (2001), S. 117, 140 ff.; *Scholz*, Der Begriff der Zumutbarkeit im Deliktsrecht, S. 107, 109.

[856] Oben § 4 A.; *Larenz*, Richtiges Recht, S. 113; Die einzelnen Teilzwecke finden sich bei *Deutsch*, in *Deutsch/Klingmüller/Kullmann*, Festschrift für Steffen (1995), S. 101, 107.

[857] Deutlich *Bullinger*, in *Ficker/u.a.*, Festschrift für v. Caemmerer (1978), S. 297, 300; *Rohe*, AcP 201 (2001), S. 117, 140 ff.

[858] Vgl. BGH NJW 1999, S. 2896 f. und BGH NJW 2003, S. 2377, 2378 f. zum Zusammenhang von Störereigenschaft und individueller Verantwortung; s.a. *Armbrüster*, NJW 2003, S. 3087, 3088 f.; *Wenzel*, NJW 2005, S. 241 ff.

[859] *Larenz/Canaris*, Schuldrecht II 2, § 85 V 1; *Bullinger*, in *Ficker/u.a.*, Festschrift für v. Caemmerer (1978), S. 297, 300; beispielhaft OLG Düsseldorf VersR 2003, S. 74.

[860] BGH NJW 1999, S. 3633, 3635; *Larenz/Canaris*, Schuldrecht II 2, § 85 III 1 b) u. V 2; *Roth*, in *Roth/Lemke/Krohn*, Der bürgerlich-rechtliche Aufopferungsanspruch, S. 6, 12 ff.; *ders.*, JuS 2001, S. 1161, 1164; *Jansen*, Die Struktur des Haftungsrechts, S. 4 m.w.Nw.; *Armbrüster*, NJW 2003, S. 3087, 3089; unter Auseinandersetzung mit kritischen Stimmen verteidigend BGH NJW 2003, S. 2377, 2378 und *Wenzel*, NJW 2005, S. 241, 243 f. und 246 f., jeweils m.w.Nw.

[861] Aus Sicht des V. Senats zusammenfassend der frühere Vorsitzende *Hagen*, in *Medicus/Mertens/Nörr/Zöllner*, Festschrift für Lange (1992), S. 483 ff. sowie der jetzige Vorsitzende *Wenzel*, NJW 2005, S. 241 ff.; aus Sicht der Wissenschaft *Roth*, in *Roth/Lemke/Krohn*, Der bürgerlich-rechtliche Aufopferungsanspruch, S. 9 ff.

gen[862] oder überhaupt ein konkretes Fehlverhalten nicht nachweisbar ist.[863] Darüber hinaus soll das sogar dann der Fall sein, wenn ein spezieller Gefährdungshaftungstatbestand mit ersatzbegrenzenden Haftungshöchstbeträgen einschlägig ist.[864] Die Begründung wird in den personellen (Nachbarverhältnis) und sachlichen (Zumutbarkeitsschwelle) Beschränkungen der Aufopferungshaftung verankert.[865] Gegenteiliger Auffassung zur Konkurrenzsituation sind der III.[866] und der VI.[867] Senat des BGH.

Jedenfalls liegt auch nach der Rechtsprechung keine bloße Kausalverantwortlichkeit vor, sondern eine normative durch weitere Kriterien bestimmte Schadenszuweisung, die insbesondere allgemeine Lebensrisiken von der besonderen Verantwortlichkeit aufgrund Gefahrveranlassung und Gefahrenbeherrschung ausgrenzt.[868] Der BGH lässt im Übrigen „denaturierte“ Elemente der Fehlverhaltenshaftung einfließen, wenn er einerseits die Verschuldensunabhängigkeit der Aufopferungsentschädigung betont,[869] andererseits aber mit dem Argument der Vermeidbarkeit eine Verantwortlichkeitszuweisung innerhalb des Störerbegriffs trifft.[870]

---

[862] BGH VersR 1985, S. 740 m.w.Nw.; NJW 2003, S. 2377, 2378 ff. unter Hinweis auf die gegenteilige Rechtsprechung des III. Senats zur öffentlich-rechtlichen Entschädigung in BGHZ 55, S. 229, 231 und 125, S. 19, 21 und unter gleichzeitigem Abstellen auf die fehlverhaltensbezogene Vermeidbarkeit (!), S. 2379; kritisch *Larenz/Canaris*, Schuldrecht II 2, § 85 III 1 b); *Roth*, in *Roth/Lemke/Krohn*, Der bürgerlich-rechtliche Aufopferungsanspruch, S. 23 ff.

[863] BGH NJW 1999, S. 2896.

[864] BGH NJW 2003, S. 2377, 2378 ff.; *Wenzel*, NJW 2005, S. 241, 243 f., 246 f.; kritisch *Larenz/Canaris*, Schuldrecht II 2, § 85 III 1 b); *Roth*, in *Roth/Lemke/Krohn*, Der bürgerlich-rechtliche Aufopferungsanspruch, S. 24 ff.

[865] BGH NJW 2003, S. 2377, 2379 f.; kritisch *Larenz/Canaris*, Schuldrecht II 2, § 85 III 1 b).

[866] Vgl. BGH NJW 1999, S. 3633, 3635 sowie BGHZ 55, S. 229, 231; 125, S. 19, 21.

[867] BGHZ 92, S. 357, 360.

[868] BGH NJW 1999, S. 2896, 2897; *Wenzel*, NJW 2005, S. 241 ff.; s.a. BGHZ 125, S. 19, 21 und NJW 2003, S. 2377, 2378 f.; weiterführend *Lemke*, in *Roth/Lemke/Krohn*, Der bürgerlich-rechtliche Aufopferungsanspruch, S. 49 ff.; *Armbrüster*, NJW 2003, S. 3087, 3088 ff.; kritisch *Roth*, in *Roth/Lemke/Krohn*, Der bürgerlich-rechtliche Aufopferungsanspruch, S. 24 ff., 38 ff.

[869] BGH NJW 2003, S. 2377, 2378.

[870] BGH NJW 2003, S. 2377, 2379; *Wenzel*, NJW 2005, S. 241 ff.; zu handlungsbezogenen Argumenten auch OLG Düsseldorf VersR 2003, S. 74; *Larenz/Canaris*, Schuldrecht II 2, § 85 III 1 b); *Lemke*, in *Roth/Lemke/Krohn*, Der bürgerlich-rechtliche Aufopferungsanspruch, S. 48 ff.; *Jansen*, Die Struktur des Haftungsrechts, S. 368 f.; *Armbrüster*, NJW 2003, S. 3087, 3088 f.

§ 8. Zurechnung nach dem Prinzip der geringsten Schadensbelastung unter Einbeziehung kollektiver Verteilungssysteme (distributive Sozialverantwortung)

A. Die Abkehr von individueller Haftungsverantwortung und ihre Folgen für das Haftungsrecht

Betrachtet man die Entwicklung der letzten 150 Jahre, so gibt, wie *Weyers* konstatiert, die individuelle Verantwortung nur einen immer schwächer werdenden Zurechnungsgrund ab.[871] *Esser* hat wie erwähnt als Zurechnungsgrund der strikten Haftungstatbestände den Gedanken sozialer Verantwortung angeführt[872] und ihn als Verantwortlichkeit für die mit der Sozialstellung übernommenen Wagnisse definiert.[873] Nachteilige Folgen einer Nutzung werden dennoch dem individuellen Träger des erweiterten Freiheitskreises zugeordnet. Man könnte dies als *individuell-soziale Verantwortung* bezeichnen, denn sie ist auf ein Individuum und dessen Interaktionen bezogen und insofern noch „individuell", gleichzeitig aber in ihrer vom Fehlverhalten unabhängigen Ausgestaltung durch sozialstaatliche Opferschutzgedanken getragen und kann deshalb als „sozial" eingestuft werden.[874] Die individuelle Schadenszuordnung wird aber immer häufiger deshalb durchgeführt, weil der Nutzer den Schaden über Versicherungen oder Kaufpreis umverteilen kann und er somit weniger belastet wird als der Geschädigte.[875]

I. Belastungsmomente als mögliche Zurechnungsfaktoren

1. Schadensstreuung

Die – allerdings zumeist unausgesprochene und insoweit nur mittelbare – Einbeziehung der Schadensstreuung in den Haftungstatbestand basiert auf der beabsichtigten Lastentragung durch ein Kollektiv. Häufig erscheint sowohl die indi-

---

[871] *Weyers*, ZRP 1977, S. 292, 293; hierzu auch *Hohloch*, in Gutachten und Vorschläge zur Überarbeitung des Schuldrechts I (1981), S. 375, 393.

[872] *Esser*, S. 97 ff., 106.; s.a. *Hannak*, Verteilung, S. 49 f.

[873] *Esser*, S. 102.

[874] Vgl. zum Hintergrund § 3 C. III.

[875] Vgl. *Ehrenzweig*, JBl 1950, S. 253 ff.; *Hannak*, Verteilung, S. 36 ff., 51; *v. Hippel*, NJW 1967, S. 1729, 1731; *v. Caemmerer*, Reform der Gefährdungshaftung, S. 21 f.; *Sieg*, VersR 1980, S. 1085, 1089 f.; *v. Bar*, AcP 181 (1981), S. 289 ff.; *ders.*, Gemeineuropäisches Deliktsrecht I, Rn 591; *Kötz*, in *Baur/Hopt/Mailänder*, Festschrift für Steindorff (1990), S. 643, 658 ff.; *Zweigert/Kötz*, S. 649; *Katzenmeier*, Arzthaftung, S. 158; *ders.*, VersR 2002, S. 1449, 1451; *Fasterling*, ZEuP 2000, S. 229 spricht sogar davon, dass ohne „Berücksichtigung der Versicherungsverhältnisse in der Haftpflichtprüfung ... kaum noch eine zweckmäßige Risikoverteilung vorgenommen werden" kann; s.a. *Hanau*, VersR 1969, S. 291, 295: „ein Schwert ohne Klinge"; zum gegenteiligen Ausgangspunkt des individuellverantwortungsorientierten Haftungsrechts *Deutsch/Ahrens*, Rn 2.

viduelle Schadenstragung des Geschädigten als auch des Schädigers unbillig,[876] weswegen der casum sentit dominus-Grundsatz übergangen und eine den Individuen übergeordnete Personengemeinschaft als Schadensträger herangezogen wird.[877] Basis einer solchen Sichtweise ist nicht die Schadensstreuungsmöglichkeit an sich, sondern die Notwendigkeit des Schutzes sowohl der Güter- als auch der Freiheitssphären der beteiligten Individuen.[878] Zurechnungsgrund eines die Schadensstreuung integrierenden Haftungsrechts wäre die interaktionsentkoppelte, nicht mehr individualbezogene *kollektiv-soziale Verantwortung.*

Das bewusst erzeugte Gesamtsystem aus Haftung und Versicherung dient nicht mehr nur dem individuellen Ausgleich von Vor- und Nachteilen, sondern auch der übergeordneten sozialen und volkswirtschaftlichen Ordnungsaufgabe: dem gesellschaftlichen Umgang mit notwendigen „Begleitschäden" des technisierten Zusammenlebens.[879] Damit ist die notwendige Verschonung sowohl des Geschädigten als auch des abstrakt agierenden Schädigers der Auslöser für das zu verzeichnende Wegbrechen klassischer Zurechnungskriterien und für das Aufkommen des Versicherungsgedankens.[880] Das französische Verkehrsunfallrecht[881] ist in Verbindung mit der opferschützend ausgestalteten Haftpflichtversicherung das markanteste Beispiel hierfür.[882]

2. Vermögensverhältnisse

Denkbar ist es auch, statt oder neben interaktionsspezifischen Momenten die vermögensrechtlichen Verhältnisse über die Schadenstragung entscheiden zu lassen.[883] Der geringer Belastete hätte die Einbußen zu tragen. *Jansen* hält eine generelle Vermögensgefällehaftung für normativ-theoretisch idealisierungswürdig, wenngleich er sie sofort wegen Missachtung der Wertungsstruktur des Haftungsrechts als „falsch" zurückweist.[884] Mit Blick auf ihre Interaktionsunabhängigkeit stünde sie hinsichtlich der Haftungsgründe den Umverteilungsfällen nahe.

---

876 S. *Rinck*, Gefährdungshaftung, S. 1; *Schwintowski*, ZRP 2003, S. 391 ff.

877 Zur diesbezüglichen Sicht der ökonomischen Analyse *MünchKomm-Wagner*, Vor § 823 Rn 47 ff.

878 Vgl. *Schwintowski*, ZRP 2003, S. 391 ff.; ähnlich, jedoch abstrakt auf den Schutz der Allgemeinheit bezogen *Hannak*, Verteilung, S. 57.

879 *Hannak*, Verteilung, S. 49 ff., 57.

880 Dazu oben § 3 C. III. und D.

881 Vgl. oben § 1. A. m.w.Nw.

882 Zur eng verknüpften Funktion der modernen Haftpflichtversicherung § 3 D. II. 2.

883 *Koziol*, JBl 2001, S. 29, 35, 36 ff.; hierzu auch *MünchKomm-Wagner*, Vor § 823 Rn 49.

884 *Jansen*, Die Struktur des Haftungsrechts, S. 110; offenbar existierte eine solche Regel im Haftpflichtsystem der jungen Sowjetunion, s. *Weyers*, Unfallschäden, S. 319.

3. Das übergeordnete Prinzip der geringsten Schadensbelastung (deep-pocket)

Beide Elemente, Schadensstreuung und Vermögensverhältnisse, lassen sich als Zurechnungsgesichtspunkte unter dem Haftungsprinzip der geringsten Schadensbelastung zusammenfassen.[885] Der Schaden wird demjenigen zugewiesen, der ihn besser „verkraften" kann. Am praktisch bedeutsamsten ist dabei die von vielen gespeiste „Tasche" eines Versicherers oder Unternehmers. In Anlehnung an den englischsprachigen Rechtsraum fällt der Begriff des „deep-pocket-Prinzips".[886]

II. Der gegenströmende kommutative Bezug des Haftungsrechts

Unserem freiheitlichen Gesellschaftsverständnis sind zivilrechtliche Individualansprüche allein aufgrund güterrechtlicher Ungleichgewichtslagen fremd. Es ist nicht Aufgabe des Haftungsrechts, güterrechtliche Ungleichheiten nach dem Gedanken distributiver Gerechtigkeit zu korrigieren.[887] Privatrechtliche Schadenszuordnung ist interaktionsorientiert und erfüllt damit kommutative Aufgaben.[888] Normsätze austeilender Gerechtigkeit gehören rechtssystematisch ins öffentliche Recht. Zwar kann man solche Vorschriften auch formal nach ihrem Standort im Gesetz einstufen und hieraus im umgekehrten Schluss neue Aufgaben privatrechtlicher Schadensersatznormen folgern. Sie wären nach ihrer Ordnungsaufgabe dennoch nichts anderes als im Gewande des Zivilrechts verschleiertes Sozialrecht.[889] In einem stärker güterorientierten Privatrechtssystem könn-

---

[885] Vgl. *Ehrenzweig*, JBl 1950, S. 253, 254; *Koziol*, JBl 2001, S. 29, 38.

[886] *Weyers*, Unfallschäden, S. 526 m.w.Nw.; *Kötz*, in *Baur/Hopt/Mailänder*, Festschrift für Steindorff (1990), S. 643, 659, 662; *Fuchs*, AcP 191 (1991), S. 318, 326; *Rohe*, AcP 201 (2001), S. 117, 147; *Jansen*, Die Struktur des Haftungsrechts, S. 625; *MünchKomm-Wagner*, Vor § 823 Rn 49; zu weiteren Einflüssen dieses Denkens im vertraglichen Bereich *Becker*, Der Einfluß der Haftpflichtversicherung auf die Haftung, S. 55 ff.

[887] S. oben § 4 B. I. 3.; BGH NJW 1994, S. 852, 855; *Medicus*, ZIP 1989, S. 817, 823; *Prütting*, ZIP 1992, S. 882, 883; *Marhold*, JZ 1993, S. 910, 912; *Staudinger/Oechsler*, § 828 Rn 2; *Looschelders*, Mitverantwortlichkeit, S. 176 f.; *Wagner*, NJW 2002, S. 2049, 2060; *ders.*, in *MünchKomm*, Vor § 823 Rn 49 mit Hinweisen zu unerwünschten Sorgfaltsanreizen; *Jansen*, Die Struktur des Haftungsrechts, S. 110, 133.

[888] S. insoweit auch die zutreffenden Ausführungen des amerikanischen Supreme Court zur Bemessung von punitive damages in der Sache *State Farm Mutual Automobil Insurance Co. v. Cambell* v. 07.04.2003, zusammengefasst in FAZ v. 09.04.2003, S. 13; hierzu *Rüfner*, FAZ v. 16.04.2003, S. 23; *Buchner*, VersR 2003, S. 1203; *Pant*, NJW 2004, Editorial Heft 3; zu den Interaktionsmomenten Kausalität, Fehlverhalten, Gefahreneröffnung und „Störung" bereits § 6 und § 7.

[889] Vgl. auch trotz seiner distributiven Elementen zugeneigten Sichtweise *Ehrenzweig*, JBl 1950, S. 253, 257 f.; zutreffend *Jansen*, Die Struktur des Haftungsrechts, S. 133 sowie 134 f.

ten solche Aspekte daher allenfalls neben handlungsspezifischen Momenten in die gerechte Schadensverteilung einfließen.[890]

Einer sozialen Verantwortung des Haftpflichtigen vorgelagert ist die soziale Aufgabe von Gesetzgeber, Rechtsprechung und Wissenschaft, vorhandene Gerechtigkeitspostulate in Normen und Grundsätze zu gießen.[891] Inwiefern belastungsorientierte Prinzipien schon jetzt in die haftungsrechtliche Zurechnung einfließen, soll anschließend weiter beleuchtet werden. Auch nach mehr als einem halben Jahrhundert wissenschaftlicher Diskussion gehört die Beurteilung, ob und wie sich der funktionale Zusammenhang aus Haftung und Versicherung auf das isolierte Teilsystem des Haftungsrechts und seine Zurechnungsgründe auswirkt, zu den schwierigsten dogmatischen Problemen in diesem Bereich. Dabei gilt es einerseits zu fragen, ob das Haftungsrecht die Berücksichtigung des Versicherungsschutzes verlangt und gestattet, und andererseits zu überprüfen, ob das Versicherungsrecht nach seinem Zweck die Einwirkung auf die Haftung ermöglicht.[892]

B. Haftung nach Billigkeit

Einfluss auf die Schadensverlagerung haben die *Vermögensverhältnisse* und damit die Belastungswirkung der Schadenstragung bei der sogenannten Billigkeitshaftung. Sie sind dort – freilich als ganz besonderer Ausnahmefall – ein wesentlicher Abwägungsbelang.[893] In bestimmten Fällen fehlender individueller Verantwortung wird auch danach gefragt, ob eine Verlagerung des Schadens deshalb geboten erscheint, weil er den Rechtsgutsträger übermäßig, den Handelnden dagegen weit weniger belasten würde. So werden als überhart empfundene Folgen des casum sentit dominus-Prinzips aufgefangen.[894]

Der Gedanke der Billigkeit ist im Rahmen der Schadenszuordnung ein alter Wegbegleiter.[895] Selbst in den naturrechtlichen Überlegungen, bekanntermaßen dem strengen Prinzip individueller Verantwortung als Zurechnungsgrund be-

---

[890] *Ehrenzweig*, JBl 1950, S. 253, 254; *Jansen*, Die Struktur des Haftungsrechts, S. 107 ff., 133.

[891] *Ehrenzweig*, JBl 1950, S. 253, 257.

[892] *Hanau*, VersR 1969, S. 291, 293; *Drewitz*, Der Grundsatz: Die Versicherung folgt der Haftung, S. 140 ff.; *Looschelders*, Mitverantwortlichkeit, S. 369 ff. – Bewusst ausgeblendet wird weitgehend der Einfluss des Versicherungsschutzes auf die Annahme und Auslegung von Rechtsgeschäften, insbesondere in Form stillschweigender Haftungsausschlüsse. Hierzu stellvertretend BGH NJW 2003, S. 2018; *Fuchs*, AcP 191 (1991), S. 318, 325 f., 331 ff., 336 f.; *Greger*, § 16 Rn 320 ff.; *Becker*, Der Einfluß der Haftpflichtversicherung auf die Haftung, S. 94 ff.; *Drewitz*, Der Grundsatz: Die Versicherung folgt der Haftung, S. 148 ff.

[893] Vgl. stellvertretend *Drewitz*, Der Grundsatz: Die Versicherung folgt der Haftung, S. 77 ff., 98 ff.; *Greger*, § 16 Rn 149, sowie die nachfolgend aufgeführten Quellen.

[894] *Stoll*, Haftungsfolgen, Rz 23.

[895] Zu seiner allgemeinen Bedeutung für die Schadensverteilung vgl. *Lange/Schiemann*, Einl III 5.

sonders stark verhaftet, diente er zur Begründung hiervon abweichender Gerechtigkeitspostulate.[896] Er ist letztlich die Grundlage jeglicher Härteklausel.[897] Im deutschen Recht findet sich dieser Gedanke im als „Millionärsparagraphen" bezeichneten § 829 BGB,[898] wo er sowohl haftungsbegründend als auch analog innerhalb des Haftungsausschlusses nach § 254 BGB die Schadensverteilung bei Verschuldensunfähigkeit des Verursachers ausnahmsweise beeinflussen kann.[899] Hintergrund ist die Tatsache, dass der Schädiger hier nicht in der Lage ist, sein Verhalten zwecks Schadensvermeidung zu steuern und folglich interaktionsorientierte Zuordnungen nach dem Muster der Fehlverhaltenshaftung versagen.[900] Im sonstigen europäischen Rechtsraum existieren ebenfalls parallele Transferregelungen für bestimmte Sonderfälle.[901] Sie befriedigen Erfordernisse gesellschaftlicher Solidarität und sozialer Verantwortung.[902]

Ausgehend vom interaktionsbezogenen Verantwortlichkeitsansatz der Verschuldens- und Gefährdungshaftungstatbestände wirkt eine solche korrektive Billigkeitshaftung fremdartig.[903] Ihr liegt aber – auch wegen ihrer tatbestandli-

---

[896] *Benöhr*, ZSS 93 (1976), S. 208, 212, 217, 220, 231; *Staudinger/Oechsler*, § 829 Rn 1; zu Ursprüngen, Entstehung und Kritik im 19. Jahrhundert *Lenz*, Haftung ohne Verschulden, S. 19 ff.

[897] Vgl. zu den Überlegungen bezüglich einer billigkeitsrechtlichen Reduktionsklausel im Vorfeld des KFG *Schubert*, ZRG 117 (2000), S. 238, 263 f.

[898] BGH VersR 1958, S. 485, 487; *RGRK-Steffen*, § 829 Rn 13; *Staudinger/Oechsler*, § 829 Rn 1 ff. mit Hinweisen zur Genesis; *Larenz/Canaris*, Schuldrecht II 2, § 84 VII 1 b); *Kötz/Wagner*, Rn 325; *Greger*, § 16 Rn 149; *v. Bar*, Gemeineuropäisches Deliktsrecht I, Rn 78 – Im Gegensatz zu § 829 BGB setzt die Vorschrift des § 847 BGB a.F. bzw. § 253 II BGB n.F. einen allgemeinen Haftungstatbestand voraus, so dass die im Rahmen der billigkeitsrechtlichen Abwägung einfließenden Vermögensverhältnisse nicht als der maßgebliche haftungsbegründende Zurechnungsgrund angesehen werden können, sondern allenfalls als Bemessungs- und Begrenzungsfaktor eine Rolle spielen. Vgl. BGHZ 18, S. 149, 165 f.; 76, S. 279, 284; *Hanau*, VersR 1969, S. 291; *Drewitz*, Der Grundsatz: Die Versicherung folgt der Haftung, S. 72 ff., 86 ff.

[899] *Stoll*, Haftungsfolgen, Rz 23; *Koziol*, JBl 2001, S. 29, 38; zu Letzterem speziell *Looschelders*, Mitverantwortlichkeit, S. 361 ff., 566 f.; *Drewitz*, Der Grundsatz: Die Versicherung folgt der Haftung, S. 80 ff., 115 ff.; *Deutsch*, ZRP 1983, S. 137, 138 f.; *ders.*, Rn 583; *Schubert*, ZRG 117 (2000), S. 238, 263 zum KFG; zum innerbetrieblichen Schadensausgleich BGHZ 116, S. 200, 207 ff.; *Steinmeyer/Waltermann*, S. 78 ff. m.w.Nw.; *Scheel*, Versicherbarkeit und Prävention, S. 25 ff.; s.a. unten § 11 B. III.

[900] Vgl. *MünchKomm-Wagner*, Vor § 823 Rn 49 u. § 829 Rn 1.

[901] *Ehrenzweig*, JBl 1950, S. 253, 254 f.; *Staudinger/Oechsler*, § 829 Rn 12; *Stoll*, Haftungsfolgen, Rz 23; *RGRK-Steffen*, § 829 Rn 2 sowie Rn 3 zur Billigkeit als eigenständigem Zurechnungsgrund; *v. Bar*, Gemeineuropäisches Deliktsrecht I, Rn 75 ff. mit Hinweisen zur rechtsgeschichtlichen Entwicklung und unterschiedlichen Ausformung; *Zweigert/Kötz*, S. 625; zu Polen speziell *Lewaszkiewicz-Petrykowska*, in *Weick*, Entwicklung des Deliktsrechts in rechtsvergleichender Sicht, S. 206.

[902] *v. Bar*, Gemeineuropäisches Deliktsrecht I, Rn 82.

[903] *Jansen*, Die Struktur des Haftungsrechts, S. 140.

chen Unbestimmtheit[904] – kein für den Normalfall verallgemeinerungswürdiges Haftungsprinzip zu Grunde.[905] Gemäß dem Härteklauselnaturell muss ihre Anwendung auf schwerwiegende Ausnahmefälle beschränkt bleiben.[906] Das Bundesverfassungsgericht hat das im Hinblick auf das Steuerrecht unmissverständlich und prägnant festgehalten. Die zutreffenden Aussagen lassen sich verallgemeinern:

> „Billigkeitsmaßnahmen dürfen ... nicht die einem gesetzlichen ... Steuertatbestand innewohnende Wertung des Gesetzgebers generell durchbrechen oder korrigieren, sondern nur einem ungewollten Überhang des gesetzlichen Steuertatbestandes abhelfen ... Daraus folgt, daß mit verfassungsrechtlich gebotenen Billigkeitsmaßnahmen nicht die Geltung des ganzen Gesetzes unterlaufen werden kann. Wenn solche Maßnahmen ein derartiges Ausmaß erreichen müßten, daß sie die allgemeine Geltung des Gesetzes aufhöben, wäre das Gesetz als solches verfassungswidrig.“[907]

Inwiefern innerhalb dieses beschränkten Anwendungsbereiches auch die *versicherungsrechtliche Schadensstreuung* relevant ist, soll kurz aufgezeigt werden, bevor zum allgemeinen Einfluss des Gedankens auf das Haftungsrecht übergegangen wird. Differenziert wird jeweils zwischen dem Versicherungsschutz des Schädigers und des Geschädigten einerseits und zwischen bestehendem und fehlendem Versicherungsschutz andererseits.

I. Versicherungsschutz des Schädigers

1. Bestehende Versicherung

a) § 829 BGB

Für die billigkeitsrechtliche Abwägung ist umstritten, ob vorhandener Versicherungsschutz des Schädigers Berücksichtigung finden darf.[908] Argumentativ liegt die Parallele zu den Vermögensverhältnissen nahe. Denn existiert eine Haftpflichtversicherung des Schädigers, könnte ein unterschiedlichen Vermögensverhältnissen entsprechendes Belastungsgefälle entstehen, soweit der Geschädigte einen bedeutsamen Teil seiner Güter verliert, beim Handelnden eine Haftung im Ergebnis aber kaum ins Gewicht fällt. Infolge des Versicherungsschutzes steht er „wie ein Millionär“ da.[909]

---

904 Näher zu entsprechenden Entwürfen *Stoll*, Haftungsfolgen, Rz 23.

905 Für eine vorsichtige Ausweitung wohl *Koziol*, JBl 2001, S. 29, 38.

906 Zu Ausweitungstendenzen z.B. *Deutsch*, Rn 479 mit Kritik in Rn 493 ff.; s.a. *Ehrenzweig*, JBl 1950, S. 253, 255 zur Gesetzgebung; *Hanau*, VersR 1969, S. 291, 296 zur Billigkeitshaftung im Verhältnis zur Gefährdungshaftung.

907 BVerfGE 48, S. 102, 116.

908 Vgl. *Staudinger/Oechsler*, § 829 Rn 45 ff.; *MünchKomm-Wagner*, § 829 Rn 18 ff.; *E. Lorenz*, in *Beuthin/Fuchs/Roth/Schiemann/Wacke*, Festschrift für Medicus (1999), S. 353; *Looschelders*, Mitverantwortlichkeit, S. 368, jeweils m.w.Nw.

909 *Hanau*, VersR 1969, S. 291.

Gegen eine solche Betrachtungsweise spricht der aus dem Zweck der Haftpflichtversicherung folgende und in § 149 VVG verankerte *Trennungsgrundsatz*, nach dem die versicherungsrechtliche Einstandspflicht Folge der materiellen Haftung ist, nicht umgekehrt schon die Versicherung zur Haftungsbegründung führt.[910] Maßgeblich für Letzteres ist das Haftungsrecht. Im Rahmen der billigkeitsrechtlichen Tatbestände wird der Trennungsgrundsatz von vornherein eingeschränkt, da eine *Abwägung aller Umstände des Einzelfalles* stattfindet. Sie schließt bestehende Versicherungsverhältnisse nicht aus und kann selbigen folglich ausnahmsweise materiellrechtliche Bedeutung beimessen.[911] Aus dem im Trennungsprinzip enthaltenen logischen Vorrang der Haftung folgt auch, dass „die haftungsbegründende Norm frei ist, dem Haftpflichtversicherungsschutz des Schädigers haftungsbegründende oder haftungserhöhende Wirkung beizulegen".[912] Die Freiräume billigkeitsrechtlicher Korrektur eröffnen insgesamt den Weg zur Einbeziehung von Umständen, die nach der gängigen Dogmatik unbeachtet bleiben müssen.[913] Das ist der Sinn solcher Härteklauseln.

Mit dem zusätzlichen Blick auf die überwiegend opferschützende Funktion *obligatorischer Haftpflichtversicherungen*[914] wird deren Beachtlichkeit im Rahmen des § 829 BGB zu Gunsten des Geschädigten schließlich auch über-

[910] BGHZ 76, S. 279, 285; NJW 1979, S. 983; *Drewitz*, Der Grundsatz: Die Versicherung folgt der Haftung, 1977; *Staudinger/Oechsler*, § 829 Rn 52; *Greger*, Einl Rn 32, § 16 Rn 149; *Kötz/Wagner*, Rn 326; *Rodopoulos*, Reflexwirkungen der Haftpflichtversicherung auf die Haftung, S. 78 ff.; *E. Lorenz*, in *Beuthin/Fuchs/Roth/Schiemann/Wacke*, Festschrift für Medicus (1999), S. 353, 359 f.; *v. Bar*, AcP 181 (1981), S. 289, 290; *Katzenmeier*, Arzthaftung, S. 170. – *Lieb*, MDR 1995, S. 992, 993 spricht zu Recht präziser vom *Akzessorietätsprinzip*.

[911] *Larenz/Canaris*, Schuldrecht II 2, § 84 VII 1 b); *Stoll*, Haftungsfolgen, Rz 25, 88; *Looschelders*, Mitverantwortlichkeit, S. 370; *Kötz/Wagner*, Rn 328; *Greger*, § 16 Rn 149; *Jansen*, Die Struktur des Haftungsrechts, S. 625; zu Österreich und Frankreich auch *Marschall v. Bieberstein*, BB 1983, S. 467, 469; zur vertieften Auseinandersetzung vgl. *E. Lorenz*, in *Beuthin/Fuchs/Roth/Schiemann/Wacke*, Festschrift für Medicus (1999), S. 353, 362 ff., der die Vollstreckungsobjektsqualität der Versicherungsforderung betont, S. 360, diese aber den sonstigen Vollstreckungsobjekten wegen der logischen Reihenfolge Haftung – Versicherung nicht gleichstellen will, S. 362. Indes ist nicht nur dieses Vollstreckungsobjekt ein besonderes, sondern auch der Tatbestand der Billigkeitshaftung, der abweichend vom übrigen Haftungsrecht auch die potenzielle Vollstreckungsmasse einbezieht. Letztere wird in jedem Fall erst nach Bejahung der Haftung betroffen – egal ob als Vermögen an sich oder als Versicherungsforderung. Dies wird schließlich, in ausdrücklicher Abkehr von früher vertretenen Ansichten, erkannt, S. 364 f.

[912] *Stoll*, Haftungsfolgen, Rz 88; s.a. *E. Lorenz*, in *Beuthin/Fuchs/Roth/Schiemann/Wacke*, Festschrift für Medicus (1999), S. 353, 365.

[913] *MünchKomm-Wagner*, § 829 Rn 21.

[914] Zum Funktionswandel oben § 3 D. II. 2.

wiegend bejaht.[915] Umgekehrt folge aus dem Schädigerschutz *freiwilliger* Versicherungen, dass sie eine Haftung zu seinen Lasten nicht oder jedenfalls nicht allein begründen könnten.[916] Andere halten auch in diesem Fall den Geschädigten gegenüber Schädiger und Versicherer für schutzwürdiger.[917] Zu den „Verhältnissen" i.S.d. § 829 BGB können richtigerweise auch Rücklagenbildungen in Form von freiwilligen Versicherungsgemeinschaften zählen,[918] wenngleich ihnen im Rahmen der Abwägung ein gegenüber den gesetzgeberisch betont opferschützenden Pflichtversicherungen geringeres Gewicht beigemessen werden kann. Bei der ausnahmsweisen Korrektur unbilliger Ergebnisse aus der Anwendung genereller Haftungsprinzipien müssen alle Umstände berücksichtigt werden, die sich auf die Belastungswirkung für die Beteiligten auswirken.[919] Hierzu zählt unabhängig vom Entstehungsgrund auch die tatsächliche Schadensabnahme durch ein Kollektiv.[920] Ob sie allein ausreichen kann, die ausnahmsweise Haftung nicht Verantwortlicher zu begründen, ist dagegen zweifelhaft.[921]

---

[915] BGHZ 23, S. 90, 100; VersR 1958, S. 485, 487; BGHZ 76, S. 279, 285 ff.; zusammenfassend BGHZ 127, S. 186, 190 ff.; *Ehrenzweig*, JBl 1950, S. 253, 257; *Marschall v. Bieberstein*, BB 1983, S. 467, 471; *Larenz/Canaris*, Schuldrecht II 2, § 84 VII 1 b); *Looschelders*, Mitverantwortlichkeit, S. 369 f.; *Lange/Schiemann*, Einl II 3 b) dd); *E. Lorenz*, in *Beuthin/Fuchs/Roth/Schiemann/Wacke*, Festschrift für Medicus (1999), S. 353, 359 ff. unter Aufgabe seiner früheren Ansicht, aber mit abweichender Begründung; *Jansen*, Die Struktur des Haftungsrechts, S. 625; vorsichtig *Greger*, § 16 Rn 149 – a.A. etwa *Hanau*, VersR 1969, S. 291, 296 mit Blick auf den Vorrang standardisierten Schutzes durch strenge Haftpflichtregelungen; *E. Lorenz*, VersR 1980, S. 697, 700 f.; *Rodopoulos*, Reflexwirkungen der Haftpflichtversicherung auf die Haftung, S. 74 ff.; *Lieb*, MDR 1995, S. 992, 993; *Becker*, Der Einfluß der Haftpflichtversicherung auf die Haftung, S. 78; *Staudinger/Oechsler*, § 829 Rn 51 f. – zur Rechtsprechung in Österreich und der Schweiz vgl. *Deutsch*, Rn 491; zu Schweden *Fasterling*, ZEuP 2000, S. 229, 237 f. mit ökonomischen Argumenten.

[916] Vgl. BGH VersR 1958, S. 485, 487; BGHZ 76, S. 279, 285; 127, S. 186, 191; OLG Düsseldorf FamRZ 1994, S. 630, 631; LG Dortmund VersR 1994, S. 606; LG Düsseldorf VersR 1996, S. 513; *Hanau*, VersR 1969, S. 291, 293 f.; *Lieb*, MDR 1995, S. 992, 993; *Rohe*, AcP 201 (2001), S. 117, 147 f.

[917] *Larenz/Canaris*, Schuldrecht II 2, § 84 VII 1 b); *v. Bar*, AcP 181 (1981), S. 289, 326; *Marschall v. Bieberstein*, BB 1983, S. 467, 471; *Kötz/Wagner*, Rn 327; *MünchKomm-Mertens*, 3. Aufl. (1997), § 829 Rn 21; *Erman-Schiemann*, § 829 Rn 5; *E. Lorenz*, in *Beuthin/Fuchs/Roth/Schiemann/Wacke*, Festschrift für Medicus (1999), S. 353, 361, 365; zu entsprechenden Tendenzen in der Rechtsprechung *RGRK-Steffen*, § 829 Rn 14; weitere Nachweise zum Streitstand enthält *Looschelders*, Mitverantwortlichkeit, S. 368.

[918] Dazu *Kötz/Wagner*, Rn 327 f.; *MünchKomm-Wagner*, § 829 Rn 20 f.; *MünchKomm-Mertens*, 3. Aufl. (1997), § 829 Rn 21; *Soergel*-Zeuner, § 829 Rn 9; Deutsch, Rn 16, 490; *Lange/Schiemann*, Einl II 3 b) dd); *Jansen*, Die Struktur des Haftungsrechts, S. 625; *Scholz*, Der Begriff der Zumutbarkeit im Deliktsrecht, S. 166; *E. Lorenz*, in *Beuthin/Fuchs/Roth/Schiemann/Wacke*, Festschrift für Medicus (1999), S. 353, 361 ff.

[919] *Looschelders*, Mitverantwortlichkeit, S. 370.

[920] Vgl. *Stoll*, Haftungsfolgen, Rz 25.

[921] Vgl. BGHZ 127, S. 186, 192; *Staudinger/Oechsler*, § 829 Rn 43; *Greger*, § 16 Rn 149.

b) § 254 BGB

Deutsch will den Gedanken unterschiedlicher Belastungswirkung in Anlehnung an die „*Desmares*"-Rechtsprechung der französischen Cour des Cassation[922] darüber hinaus dazu verwenden, den Einwand des Mitverschuldens aus sozialen Gründen im Rahmen der „Billigkeitsnorm" § 254 BGB einzuschränken.[923] Da die Norm aber nicht auf reiner Billigkeit, sondern auf der Mitverantwortlichkeit des Geschädigten beruht,[924] wäre zu einer solchen generellen Beschränkung allenfalls der Gesetzgeber de lege ferenda befugt.[925] In den Niederlanden allerdings hat sich eine billigkeitsorientierte Rechtsprechung durchgesetzt.[926] Für das deutsche Recht ist ein solcher Ansatz de lege lata wie de lege ferenda abzulehnen, da sich das Problem rechtssystematisch nicht im kommutativen Normbereich des Haftungsrechts, sondern nur mit distributiven Mitteln zufriedenstellend lösen lässt.[927]

2. Fehlende Versicherung und Versicherbarkeit

Fehlt eine die Belastung dämpfende Kollektivierung, gibt es an sich über die sonstigen Kriterien hinaus nichts zu berücksichtigen. Die individuelle Belastungswirkung ist im Rahmen der Billigkeitsabwägung des § 829 BGB zu gewichten. Bedeutsam könnte noch sein, wenn eine Person die Belastungswirkung hätte abwenden müssen oder zumindest können, weil die Möglichkeit zum Abschluss einer Versicherung bestand (Versicherbarkeit).[928] Dann stellt sich die

---

922 Ausführlich hierzu und zur überwiegenden Kritik und Umgehung wegen der Pauschalität und Weite dieser Rechtsprechung *Hinrichs*, Die Berücksichtigung des Mitverschuldens bei der Haftung für Personenschäden, S. 109 ff.

923 *Deutsch*, ZRP 1983, S. 137, 139; *ders.*, Rn 583; dazu noch näher unten § 11 D. II. 4. a) (4).

924 Vgl. *Greger*, NJW 1985, 1130 ff.; *Larenz*, Methodenlehre, S. 388 f.; *Looschelders*, Mitverantwortlichkeit, S. 145 ff.; *Hinrichs*, Die Berücksichtigung des Mitverschuldens bei der Haftung für Personenschäden, S. 36 f., 165.

925 *v. Bar*, Gemeineuropäisches Deliktsrecht I, Rn 598 u. 599; für solche gesetzlichen Überarbeitungen z.B. *Kötz*, in Gutachten und Vorschläge zur Überarbeitung des Schuldrechts II (1981), S. 1820 ff. und 1834; *Hohloch*, in Gutachten und Vorschläge zur Überarbeitung des Schuldrechts I (1981), S. 375, 472; *Hinrichs*, Die Berücksichtigung des Mitverschuldens bei der Haftung für Personenschäden, S. 165 ff.; kritisch hierzu *Looschelders*, Mitverantwortlichkeit, S. 173 ff.; *Karollus*, ZfRV 1992, S. 161, 162 ff.; zur Kritik in Frankreich vgl. *Hinrichs*, Die Berücksichtigung des Mitverschuldens bei der Haftung für Personenschäden, S. 122 ff.

926 Vgl. *v. Bar*, Gemeineuropäisches Deliktsrecht I, Rn 599; *ders.*, Gemeineuropäisches Deliktsrecht II, Rn 523; *Kötz/Wagner*, Rn 429.

927 Vgl. insoweit *Karollus*, ZfRV 1992, S. 161, 162 ff.; *Looschelders*, Mitverantwortlichkeit, S. 175 ff.; *Wagner*, NJW 2002, 3049, 3060; zur verfassungsrechtlichen Beurteilung unten § 11 D. II. 4. a).

928 Hierzu *Ehrenzweig*, JBl 1950, S. 253, 256 ff.; *Fuchs*, AcP 191 (1991), S. 318, 330 ff.; *Jansen*, Die Struktur des Haftungsrechts, S. 630; ausführlich mit Blick auf den Geschädigten *Scheel*, Versicherbarkeit und Prävention (1999).

Frage, ob die Person nicht so zu behandeln ist, als ob die Kollektivierung bestünde.

Soweit der Gesetzgeber eine *Pflicht zur Versicherung* anordnet, ist es im Rahmen des § 829 BGB gerechtfertigt, für den hiergegen Verstoßenden die hypothetische Kollektivierung zu unterstellen. Die billigkeitsrechtliche Gesamtabwägung ermöglicht die Einbeziehung solcher sich auf die Belastungsstärke auswirkenden Pflichtverletzungen. Hintergrund der Billigkeitsklausel ist gerade die Einbeziehung von Umständen, die ansonsten dogmatisch unbeachtlich sind.

Über solche gesetzlichen Versicherungspflichten hinausgehende *Obliegenheiten bzw. Sorgfaltspflichten* des Schädigers, sich freiwillig gegen haftungsrechtliche Einstandspflichten abzusichern, sind außerhalb von Sonderbeziehungen kaum begründbar.[929] Ohne normative Grundlage zur Begründung einer Handlungspflicht aber muss das Unterlassen unbeachtlich bleiben. Deshalb ist die hypothetische Kollektivierung der Haftpflicht auf Seiten des Schädigers prinzipiell kein relevanter Umstand i.S.d. § 829 BGB. Etwas anderes ergibt sich auch nicht aus der Überlegung, wegen der Weite der Billigkeitsabwägung könne eine Obliegenheit zur Abmilderung der potenziellen eigenen Haftpflicht Berücksichtigung finden. Obliegenheiten außerhalb von echten Rechtspflichten beschränken sich auf den Selbstsschutz des Adressaten, der bei Nichtbeachtung Anspruchskürzungen hinnehmen muss – ihre Verletzung macht den Adressaten aber nicht einer anderen Person gegenüber ersatzpflichtig.[930] Aus Sicht des Schädigers geht es um die Haftungsbegründung zu seinen Lasten. Obliegenheiten können über § 254 BGB nur hinsichtlich der Eigenschäden des Verletzten Wirkung entfalten. Haftungsbegründend verbleiben damit allenfalls Sorgfaltspflichten als Anknüpfungspunkt echter Verhaltenspflichten. Bei strenger Zuordnung zur Verschuldenshaftung fällt eine Berücksichtigung innerhalb des § 829 BGB von Anfang an schwer. Hinzu kommt allgemein gesprochen, dass Sorgfaltspflichten auf den Schaden und seine Entstehung beim Geschädigten bezogen sind. Damit hat die fehlende Streuung einer Ersatzverpflichtung beim Schädiger nichts zu tun. Sie kann deshalb keine haftungsbegründende Sorgfaltspflichtverletzung darstellen. Die fehlende Haftpflichtversicherung kann es ohne

---

929 Allgemein zur Versicherbarkeit als Haftungsgrund ablehnend *Canaris*, JZ 1990, S. 679, 680; *Scholz*, Der Begriff der Zumutbarkeit im Deliktsrecht, S. 167 f.; demgegenüber *Ehrenzweig*, JBl 1950, S. 253, 256 ff.; *v. Bar*, AcP 181 (1981), S. 289, 324; *Schiemann*, in *Weick*, Entwicklung des Deliktsrechts in rechtsvergleichender Sicht, S. 46 f.; *Fuchs*, AcP 191 (1991), S. 318, 339 ff.; *Jansen*, Die Struktur des Haftungsrechts, S. 630; zu philosophischen Ansätzen in diese Richtung aus der Zeit der Aufklärung *Looschelders*, VersR 1996, S. 529, 532.

930 Hierzu *Looschelders*, Mitverantwortlichkeit, S. 194 ff.; *ders.*, SchR AT, Rn 26, 1018 ff.; zum Problemfeld des mitverschuldensrelevanten Unterlassens neben ausdrücklich normierten, aber beschränkten Handlungspflichten wie Helm- und Gurttragepflichten vgl. *Greger*, § 9 Rn 41 ff.; *Kötz/Wagner*, Rn 556.

Versicherungspflicht nicht rechtfertigen, den Schaden in einem Härtefall auf den nicht verantwortlichen Schädiger zu verlagern.

II. Versicherungsschutz des Geschädigten

1. Bestehende Versicherung

Da bei der ausnahmsweisen Korrektur unbilliger Ergebnisse alle Umstände berücksichtigt werden, ist hierzu auch die Schadensabnahme durch ein Kollektiv auf Seiten des Geschädigten zu zählen.[931] Dem Einwand, im Unterschied zur Third-Party-Insurance fehle der First-Party-Insurance auf Seiten des Geschädigten das fremdnützige Element zu Gunsten des Schädigers – dieser soll durch die Versicherung nämlich nicht entlastet werden –,[932] ist entgegenzuhalten, dass selbiges auch für die Vermögensverhältnisse des Geschädigten gelten müsste.[933] Sie jedoch werden einhellig für die Beurteilung des Vermögensgefälles in die Billigkeitsabwägung einbezogen.[934]

Argumentativ verliert die Schadensabnahme demgegenüber jedoch insoweit an Gewicht, als nach § 67 VVG und §§ 116 ff. SGB X ein Übergang des (potenziellen) Anspruches auf den Versicherungsträger erfolgt. Eine Versagung des Anspruches nach § 829 BGB würde dann zu Lasten der Versicherungsgemeinschaft gehen. Hierauf zielt der Einwand der fehlenden Fremdnützigkeit ab. Dennoch kann eine Berücksichtigung im Rahmen der Billigkeitsabwägung erfolgen. Schließlich gilt es unter Einbeziehung aller schadensbezogenen Umstände zu fragen, ob der Schaden ausnahmsweise doch auf den Schädiger verlagert werden soll. Der Geschädigte mit Versicherung „im Rücken" bedarf unter Billigkeitsgesichtspunkten einer solchen Verlagerung weniger als ein den Schaden selbst tragender Betroffener. Der Verbleib des Schadens bei der Versicherungsgemeinschaft des Geschädigten ist eher hinzunehmen als eine ausnahmsweise Verlagerung auf den Schädiger bzw. dessen Haftpflichtversicherungsgemeinschaft. Im Zweifel ist es in solchen Fällen unter Billigkeitsgesichtspunkten nicht geboten, außerhalb der gängigen Dogmatik eine Haftung des Verursachers anzunehmen.

Berücksichtigt man also eine bestehende First-Party-Versicherung auf Seiten des Geschädigten, kann das nicht dazu führen, abweichend vom casum sentit dominus-Grundsatz den Schaden auf den Handelnden zu verlagern. Sie verhindert gerade, dass der Versicherungsnehmer durch die Schäden übermäßig be-

---

[931] *RGRK-Steffen*, § 829 Rn 15; *Greger*, § 16 Rn 149; *Lange/Schiemann*, Einl II 3 b) dd); *Marschall v. Bieberstein*, BB 1983, S. 467, 471; *Fuchs*, AcP 191 (1991), S. 318, 324; *Jansen*, Die Struktur des Haftungsrechts, S. 625; *MünchKomm-Wagner*, § 829 Rn 22; vgl. auch die Gedankenführung bei *Looschelders*, Mitverantwortlichkeit, S. 370 f.

[932] So *Looschelders*, Mitverantwortlichkeit, S. 371 f., bezogen auf den Fall der analogen Anwendung des § 829 BGB im Rahmen von § 254 BGB.

[933] Zu Recht *Jansen*, Die Struktur des Haftungsrechts, S. 625.

[934] Stellvertretend *Staudinger/Oechsler*, § 829 Rn 44.

lastet wird,[935] und spricht deshalb gegen eine Haftungsverlagerung. Sie ist im Rahmen der Billigkeitsabwägung Argument contra Haftung und insofern kein positiver, aber „negativer“ Zurechnungs- und damit Haftungsausschlussgrund.[936]

2. Fehlende Versicherung und Versicherbarkeit

Gesetzliche Versicherungspflichten und ein Verstoß gegen sie müssten entsprechend dem zum Schädiger Gesagten ebenfalls Berücksichtigung finden.[937] Allerdings sind dort, wo der Gesetzgeber zur Selbstvorsorge anhält wie z.B. im Bereich der Kranken- und Rentenversicherung, seine Bemühungen sehr umfassend, so dass der Fall fehlenden Versicherungsschutzes selten auftritt.[938] Im Übrigen sind gesetzliche Pflichten zum Selbstschutz in unserem freiheitlichen Rechtssystem schwer begründbar und deshalb eher selten.[939] Er ist prinzipiell Aufgabe des mündigen Bürgers, der die Folgen des Unterlassens unmittelbar selbst zu spüren bekommt.

Außerhalb gesetzlicher oder vertraglicher Versicherungspflichten[940] könnte fehlender Versicherungsschutz dem Geschädigten im Rahmen der Billigkeitsabwägung als Obliegenheitsverletzung angelastet werden.[941] Indes ist fraglich, ob sich gesetzlich unausgesprochene Verhaltensanforderungen zum Abschluss versicherungsrechtlichen Eigenschutzes ergeben können.[942] Konstruktiv wäre eine Berücksichtigung jedenfalls möglich. Die Billigkeitsabwägung ist Ausnahme zum Grundsatz, dass der Schaden beim Geschädigten verbleibt. Spricht eine hohe Belastungswirkung zusammen mit weiteren Umständen dafür, den Schaden dennoch zu verlagern, so kann hiergegen eingewendet werden, der Geschä-

---

[935] *Greger*, § 16 Rn 149; *Larenz/Canaris*, Schuldrecht II 2, § 84 VII 1 b).

[936] *RGRK-Steffen*, § 829 Rn 15; *Marschall v. Bieberstein*, BB 1983, S. 467, 471 ff.; *Münch-Komm-Wagner*, § 829 Rn 22; ausführlich *Scheel*, Versicherbarkeit und Prävention, 1999; zu Holland und Griechenland *v. Bar*, Gemeineuropäisches Deliktsrecht I, Rn 80 f.; *Stürner*, VersR 1984, S. 297, 300.

[937] Generell *Ehrenzweig*, JBl 1950, S. 253, 256.

[938] Vgl. §§ 186 ff. SGB V.

[939] Als Beispiele sei auf die Gurt- und Helmpflichten im Straßenverkehr gemäß § 21a StVO verwiesen. Zur verfassungsrechtlichen Rechtfertigung vgl. BGH VersR 1979, S. 528, 530 f.

[940] Zur Versicherbarkeit als haftungsbeschränkendes Argument im Zusammenhang mit Sonderbeziehungen die Fallgruppen bei *Scheel*, Versicherbarkeit und Prävention, S. 25 ff.

[941] Vgl. *Fuchs*, AcP 191 (1991), S. 318, 339 ff.; allgemein *Looschelders*, SchR AT, Rn 1018 ff.

[942] S. *Canaris*, JZ 1990, S. 679, 680; *Scholz*, Der Begriff der Zumutbarkeit im Deliktsrecht, S. 167 f.; *Looschelders*, Mitverantwortlichkeit,S. 482 f. – dafür allgemein *Fuchs*, AcP 191 (1991), S. 318, 339 ff.; *Jansen*, Die Struktur des Haftungsrechts, S. 630; s.a. zu moralisch-ethischen Argumenten *Looschelders*, VersR 1996, S. 529, 532 sowie zur Parallelproblematik des Mitverschuldens des Geschädigten außerhalb gesetzlicher Gurt- und Helmpflichten im Straßenverkehr BGH NJW 1979, S. 980; VersR 1979, S. 528, 532 u. 533; OLG Nürnberg DAR 1999, S. 507; *Hentschel*, § 21a StVO Rn 8 f.; *Greger*, § 9 Rn 53.

digte hätte dies mit üblichem und naheliegendem Eigenschutz vermeiden können. Eine Härtefallausnahme kann dann – in Abhängigkeit von den weiteren Umständen und der Frage der Üblichkeit des Versicherungsschutzes – von der Billigkeit nicht mehr geboten sein.

C. Allgemeiner Einfluss der Versicherung auf die Haftung

Die konstruktiven Probleme einer Berücksichtigung kollektiver Ausgleichssysteme in Haftungstatbeständen sind damit vorgezeichnet. Außerhalb der seltenen, für verhaltens-unabhängige Gesichtspunkte offenen Billigkeitshaftung kommt hinzu, dass eine materiellrechtliche Anknüpfungsmöglichkeit nur äußerst schwer auffindbar ist.[943] Deshalb spricht viel für eine klare Trennung der Systeme.[944] Zumindest für opferschützende Third-Party-Versicherungen muss man aber den funktionalen Zusammenhang der strikten Separation gegenüberstellen, denn das naheliegende Schutzrichtungsargument[945] lässt sich durchaus verallgemeinern und ist daher näher zu untersuchen.[946]

I. Versicherungsschutz des Schädigers

1. Bestehende Versicherung

a) Gefährdungshaftung

Veranschaulichen lässt sich das anhand der Gefährdungshaftung. Konstruktiv zwar auf der individuellen Haftungsebene angesiedelt, ist sie gedanklich aus dem Prinzip kollektiver Lastenverteilung entstanden und zumeist sehr eng mit

---

[943] Vgl. *Drewitz*, Der Grundsatz: Die Versicherung folgt der Haftung, S. 23 ff. zum versicherungsfreien Normaufbau des Haftungsrechts.

[944] So etwa *Greger*, Einl Rn 32 f.; *Marschall v. Bieberstein*, BB 1983, S. 467, 469 ff.; *Fuchs*, AcP 191 (1991), S. 318, 336, 338; *Looschelders*, Mitverantwortlichkeit, S. 176 f., 370; ähnlich *Koch*, Die Sachhaftung, S. 13 f.; s.a. *Scheel*, Versicherbarkeit und Prävention, S. 18 ff. – zur Einbindung in das Haftungsrecht Schwedens *Fasterling*, ZEuP 2000, S. 229 ff.; *Bengtsson*, in *Bogdan*, Swedish Law in the New Millennium, S. 299 ff.; s.a. *v. Bar*, in PE 168.511, S. 49. – Eine begriffliche Mogelpackung ist die Berufung auf den Trennungsgrundsatz dann, wenn der Versicherungsschutz des Geschädigten mittels eines konstruierten Haftungsausschlusses auf das Verteilungsergebnis doch Einfluss nimmt, ohne dass ein übereinstimmender Vorsorgewille vorhanden ist. Dazu *Fuchs*, AcP 191 (1991), S. 318, 325, 336 f. m.w.Nw., der für eine Lösung über den Grundsatz *venire contra factum proprium* plädiert; zum Einfluss der Versicherung auf die Annahme vertraglicher oder gesetzlicher Haftungsausschlüsse und Haftungsmilderungen *Becker*, Der Einfluß der Haftpflichtversicherung auf die Haftung, S. 94 ff.; speziell zum Einfluss des Versicherungsschutzes auf den innerbetrieblichen Schadensausgleich *Greger*, § 16 Rn 335 ff.; *Steinmeyer/Waltermann*, S. 79; *Walker*, JuS 2002, S. 736, 739.

[945] *Looschelders*, Mitverantwortlichkeit, S. 370.

[946] S. dazu bereits die Zusammenstellung und Bewertung bei *Weyers*, Unfallschäden, S. 423 ff.

ihr verwoben.[947] Entscheidendes Argument dafür, dass eine strenge Haftung die Handelnden nicht zu stark belastet, war und ist die vorgesehene bzw. angestrebte versicherungsrechtliche Abfederung.[948] Haftungshöchstsummen werden mit der notwendigen Versicherbarkeit begründet und mit der Deckungsfähigkeit harmonisiert.[949] Viel spricht dafür, dass strikte Haftung und Haftpflichtversicherung eine *Einheit* bilden, in der das eine ohne das andere also weder gewollt noch effizient ist.[950] Die gesetzlichen Versicherungspflichten mit ihren verwaltungsrechtlichen Absicherungen unterstreichen das.[951]

Nicht umsonst wird die Möglichkeit diskutiert, an Stelle des Haftpflichtsystems eine unmittelbare First-Party-Unfallversicherung einzuführen.[952] Die Haftungskomponente geht im Kollektivierungsziel auf. Das wird auch als Argument gegen einen grundlegenden und aufwändigen Systemwechsles benutzt, weil das heutige Haftpflichtsystem in der praktischen Wirkungsweise nicht weit von einer umfassenden Kollektivierung entfernt ist.[953] Diese Nähe, dieses Miteinander von Individualhaftung und Kollektivierung, ist bei der Gefährdungshaftung kein Zufall, sondern gesetzgeberischer Hintergrund zur Anordnung der strengen Haf-

---

947 Vgl. oben § 3 C. III. und D. II.

948 *Schubert*, ZRG 117 (2000), S. 238, 252 ff., 262 ff. zu den Beratungen des KFG; zur Ausweitung der Gehilfenhaftung *Kötz/Wagner*, Rn 289; allgemein *Esser/Weyers*, Schuldrecht II 2, § 63 I; *Larenz/Canaris*, Schuldrecht II 2, § 84 I 2 a), VI 1 a); *MünchKomm-Wagner*, Vor § 823 Rn 50: „quasi-Versicherung durch den Schädiger"; *v. Bar*, AcP 181 (1981), S. 289, 291 f.; *Hanau*, VersR 1969, S. 291, 295; *Rodopoulos*, Reflexwirkungen der Haftpflichtversicherung auf die Haftung, S. 31 f.; *Stürner*, VersR 1984, S. 297, 300; *Stoll*, Haftungsfolgen, Rz 87; *v. Hippel*, NJW 1967, S. 1729, 1730; *ders.*, VersR 1998, S. 26; *Fasterling*, ZEuP 2000, S. 229, 243 ff.; zu jüngeren Gesetzen *Becker*, Der Einfluß der Haftpflichtversicherung auf die Haftung, S. 14, 20, 89 ff., 142 ff. sowie zum Richtlinienerlass auf europäischer Ebene S. 165 ff.; s.a. *Rohe*, AcP 201 (2001), S. 117, 146, 148, 156 – allgemein zur Idee der Haftungskanalisierung mit Blick auch auf die Haftung für Verkehrspflichtverletzungen *v. Bar*, Gemeineuropäisches Deliktsrecht II, Rn 324; insoweit kritisch *Larenz/Canaris*, Schuldrecht II 2, § 76 III 4 g).

949 *Sieg*, VersR 1980, S. 1085, 1089 f.; *v. Bar*, AcP 181 (1981), S. 289, 291 f.; *Schiemann*, in *Weick*, Entwicklung des Deliktsrechts in rechtsvergleichender Sicht, S. 45; *Stoll*, Haftungsfolgen, Rz 87.

950 Deutlich *Ogorek*, S. 141; *Rinck*, Gefährdungshaftung, S. 24; *Hannak*, Verteilung, S. 39 ff.; *v. Bar*, AcP 181 (1981), S. 289, 318; i.Ü. auch *Fasterling*, ZEuP 2000, S. 229 und 245 f.; *Esser/Weyers*, Schuldrecht II 2, § 63 I; *MünchKomm-Wagner*, Vor § 823 Rn 50; *Fuchs*, AcP 191 (1991), S. 318, 339; *Hanau*, VersR 1969, S. 291, 295, 298; *Schwintowski*, ZRP 2003, S. 391, 394 f.; Nachweise zu den Gesetzesmaterialien enthält *Becker*, Der Einfluß der Haftpflichtversicherung auf die Haftung, S. 20; zu den Wechselwirkungen vgl. S. 43 f.; speziell zum Schutz schwacher Verkehrsteilnehmer und den entsprechenden Motiven *Chr. Huber*, zfs 2001, S. 529 f.

951 Vgl.oben § 3 D. II. 2. sowie *Hanau*, VersR 1969, S. 291, 295.

952 Hierzu ausführlich § 4 E.

953 S. *Kötz/Wagner*, Rn 431; *Stoll*, Haftungsfolgen, Rz 98; näher oben § 3 D. II. 2. und § 4 D.

tung.[954] Es kann nicht geleugnet werden, dass der Versicherungsschutz der funktionsorientierten Risikoverteilung des materiellen Rechts zum Teil zu Grunde liegt. Man könnte deshalb formulieren, die strenge *Haftung* bestehe auch *wegen der Versicherung*.

Damit ist die Kollektivierung jedoch nur ein *Motiv* der Haftung, nicht der tatbestandliche Haftungsgrund selbst.[955] Denn die Haftung hängt nicht davon ab, dass auch tatsächlich Versicherungsschutz besteht. Er schlägt sich nicht unmittelbar in tatbestandlichen Zurechnungselementen nieder.[956]

Die gedankliche Einheit des Haftpflichtsystems ruht zudem auf dem logischen *Trennungsprinzip* des § 149 VVG, dass die Haftpflichtversicherung der Haftung, nicht aber umgekehrt die Haftung der Versicherung folgt.[957] Lediglich wenn die logisch vorrangige Haftungsnorm selbst die Berücksichtigung des Versicherungsschutzes vorgibt, kann dieser in die Anordnung der Haftung einfließen.[958] Das ist aber außerhalb der Billigkeitshaftung nicht der Fall. Nach wie vor ist das Verhältnis von Haftung und Haftpflichtversicherung nicht wechselseitig, sondern einseitig ausgestaltet.[959] Das Gesetz spiegelt nur den Satz wider, die *Versicherung* greife *wegen der Haftung*.

Gegen die Berücksichtigung spricht auch ein aus dem Trennungsprinzip folgender sachlicher Gesichtspunkt. Wäre die Haftpflichtversicherung des Schädigers der Grund für sein haftungsrechtliches Einstehenmüssen, dieses aber wiederum Grund für die Leistungspflicht des Versicherers, befände man sich in einem Zirkelschluss.[960] Das Haftungsrecht hätte im Rahmen der Deckung seinen Geltungsanspruch vollkommen verwirkt. Und das Versicherungsgeschäft verlöre zum Teil seine mathematische Grundlage, weil sich die Leistungspflichten nicht aus den statistisch ermittel- und umlegbaren Haftungsfällen, sondern aus sich selbst ergeben würden. Die Versicherung als Haftungsgrund zu Ende gedacht macht damit eine Versicherung nicht nur für den Versicherer zum Va-

---

[954] Stellvertretend *MünchKomm-Wagner*, Vor § 823 Rn 50.

[955] Vgl. zu dieser Unterscheidung *Deutsch*, Rn 665; *Greger*, § 7 Rn 2; wie hier *Jansen*, Die Struktur des Haftungsrechts, S. 116, 601, 630 mit Hinweisen zu weiteren Wertungsaspekten; s.a. *Larenz/Canaris*, Schuldrecht II 2, § 84 I 2 a), VI 1 a): rechtsethische Legitimation; *Weyers*, Unfallschäden, S. 426 ff.

[956] Allgemein *Scheel*, Versicherbarkeit und Prävention, S. 18 ff.; zu entsprechenden Einbindungen in Schweden *Fasterling*, ZEuP 2000, S. 229 ff.; *Bengtsson*, in *Bogdan*, Swedish Law in the New Millennium, S. 299 ff.; zur zumindest im Ansatz vergleichbaren Situation bei der Betriebsgefahr *Greger*, § 7 Rn 2.

[957] Stellvertretenden Nachweise in Fn 910.

[958] *Stoll*, Haftungsfolgen, Rz 88; *E. Lorenz*, in *Beuthin/Fuchs/Roth/Schiemann/Wacke*, Festschrift für Medicus (1999), S. 353, 365.

[959] *Hanau*, VersR 1969, S. 291 und 293 f.; *Jansen*, Die Struktur des Haftungsrechts, S. 115.

[960] *Sieg*, VersR 1980, S. 1085, 1090; *Lieb*, MDR 1995, S. 992, 993; *Jansen*, Die Struktur des Haftungsrechts, S. 115; kritisch gegenüber dem systematisch-logischen Argument mit Blick auf die veränderte Funktion der Haftpflichtversicherung *Weyers*, Unfallschäden, S. 435 ff.

banquespiel, sondern auch für den Versicherten. Er muss sich nämlich fragen, warum er eine Versicherungsprämie zahlen soll, wenn er ohne dieselbe vielleicht von der Haftpflicht ganz verschont bliebe.[961]

Aus diesen Gründen kann das Bestehen einer Haftpflichtversicherung auf Seiten des Schädigers außerhalb der Billigkeitshaftung nicht als unmittelbarer Zurechnungsgesichtspunkt anerkannt werden. Fehlverhaltensunabhängige Haftungstatbestände knüpfen an der sach- oder personenbezogenen Verantwortlichkeit an, nicht an der Kollektivierung. Distributive Argumente, die nicht an der konkreten Verantwortlichkeit für einen Schaden ansetzen, haben im Haftungstatbestand keinen Platz.[962]

b) Kausalhaftung

Am deutlichsten ausgeprägt ist der gleichwohl existierende Zusammenhang zwischen Versicherung und Haftung, wenn, wie im Falle des französischen Verkehrsunfallhaftungsrechts, die Zurechnungskriterien auf ein solches Maß heruntergeschraubt werden, dass sie letztlich nicht mehr die individuelle Verantwortung kennzeichnen, sondern eigentlich nur noch den Versicherungsfall der „verlinkten" Haftpflichtversicherung definieren.[963] Dies gilt umso mehr, als nicht nur mit Blick auf bestehenden Versicherungsschutz die haftungsrechtliche Verantwortlichkeit der „starken" Verkehrsteilnehmer ausgeweitet wird, sondern kraft fehlenden Versicherungsschutzes „schwacher" Verkehrsteilnehmer der Einwand des Mitverschuldens weitgehend ausgeschlossen wird.[964] Ist hier der Zusammenhang von Haftung und Versicherung nicht so stark, dass man Letztere als Grund der Haftung anerkennen muss?[965]

Zunächst ist festzuhalten, dass es keinen konstruktiven Unterschied zu dem zuvor genannten Fall der Gefährdungshaftung gibt. Die an die Haftung angehängte Kollektivierung mitsamt dem Ziel des Opferschutzes bei gleichzeitiger Schonung des Handelnden ist Motiv, quasi „Geschäftsgrundlage" für die Anordnung solch strenger Haftung. Doch sie taucht im letztendlichen „Geschäft" des Gesetzgebers, in der Haftungsnorm, nicht auf. Tatbestandlicher Haftungsgrund ist die mehr oder weniger weit eingegrenzte individuelle Schadensverantwortung, im Falle der Kausalhaftung die bloße Verursachung. Die Kollektivierung ist in die Ausformung dieses Haftungsgrundes nur eingeflossen.

Hierdurch wird auf Basis des Haftpflichtsystems funktional eine drittfinanzierte Unfallversicherung geschaffen.[966] Das Haftungsrecht ist insofern notwendiges Bindeglied, bei dem die Kollektivierung kein tatbestandliches Zurech-

---

[961] Vgl. *MünchKomm-Wagner*, Vor § 823 Rn 49.

[962] *Jansen*, Die Struktur des Haftungsrechts, S. 624 f., dann aber S. 630.

[963] *v. Bar*, VersR 1986, S. 620, 622 f. sowie oben § 4 D.

[964] *v. Bar*, VersR 1986, S. 620, 622.

[965] Vgl. allgemein *v. Bar*, Gemeineuropäisches Deliktsrecht I, Rn 596.

[966] *Stoll*, Haftungsfolgen, Rz 98; *Kötz/Wagner*, Rn 429; sowie oben § 3 D. II. 2. m.w.Nw.

nungselement ist. Es steht nur im Funktionsverbund mit dem separat ausgeformten Versicherungsrecht.[967] Dieses verdeckte Unfallversicherungssystem würde in sich zusammenbrechen, würde man den Versicherungsschutz schon als Haftungsgrund ausformen. Denn wenn das Haftungsrecht den Versicherungsfall definieren soll, kann man nicht mittels des Versicherungsfalls die Haftung bestimmen, ohne in den schon erwähnten Zirkel zu geraten. Das System aus Haftung und Haftpflichtversicherung gibt ein logisches Korsett vor, das man nicht einfach abstreifen kann. Strebt man eine weitere Verbesserung des Opferschutzes an, lässt sich diese nur durch eine verdeckte oder offene Unfallversicherung erzielen,[968] nicht jedoch durch die unmittelbare Einbeziehung der Kollektivierung in den haftungsrechtlichen Tatbestand.[969] Sie ist abzulehnen.

c) Mittelbarer Einfluss des funktionalen Zusammenspiels

Allein mittelbar kann der funktionale Zusammenhang eine Rolle spielen, nämlich bei der Bestimmung und Auslegung der Reichweite tatbestandlicher Haftungskriterien.[970] Wenn der Gesetzgeber für die Frage, wie weit er spezielle Einstandspflichten zieht, bestehenden oder möglichen Versicherungsschutz in seine Überlegungen einbezieht, kann und muss dies bei der *Auslegung* der Tatbestandsmerkmale in Zweifelsfällen einfließen.[971] Hierbei ist allerdings maßvolle Zurückhaltung geboten, um das vom Trennungsprinzip gezeichnete System aus haftungsrechtlicher Individualverantwortung und kollektiver Schadensabnahme nicht durch Vermischung zu unterlaufen. Im Regelfall kann es nicht angehen, ein und dasselbe Tatbestandsmerkmal unterschiedlich weit auszulegen, je nachdem, ob Versicherungsschutz besteht oder nicht.[972] Nur abstrakt und einheitlich lässt sich sagen, ob der Gesetzgeber bestimmte Schadensfälle mit Blick auf die (mögliche) Kollektivierung dem Verantwortungsbereich einzelner Schädigergruppen zuordnen wollte.[973] Da sich dies unmittelbar in der Haftungsnorm selbst niederschlägt, bedarf es darüber hinaus keiner Korrektur des Trennungsgrundsatzes. Er hat weiterhin seine logische und dogmatische Berechtigung.[974]

---

967 *Hannak*, Verteilung, S. 55.

968 Vgl. *Kötz/Wagner*, Rn 424 ff.

969 *Looschelders*, Mitverantwortlichkeit, S. 176 f.

970 So zu Recht *Jansen*, Die Struktur des Haftungsrechts, S. 116; wohl auch *Larenz/Canaris*, Schuldrecht II 2, § 84 I 2 a)), für die eine Haftpflichtversicherung zwar „kein tragfähiger Zurechnungsgrund", doch „legitimes Zusatzkriterium" zu anderen Gründen sein kann; deutlicher *MünchKomm-Stein*, 3. Aufl. (1997), § 833 Rn 4, 6; *Fuchs*, AcP 191 (1991), S. 318, 339.

971 *Jansen*, Die Struktur des Haftungsrechts, S. 116.

972 So aber *MünchKomm-Stein*, 3. Aufl. (1997), § 833 Rn 4, 6.

973 Siehe hierzu das unter 2. b) folgende Beispiel.

974 Deutlich etwa *Greger*, Einl Rn 32.

Als Beispiel kann die Auslegung des Tatbestandsmerkmals „bei dem Betrieb“ in § 7 I StVG bzw. § 1 KFG herangezogen werden. Im Unterschied zur früher vertretenen Meinung umfasst dieser Begriff auch Vorgänge, bei denen keine Triebkräfte des Motors auf das Fahrzeug wirken. Vielmehr fallen nach dem Schutzzweck der Norm alle Gefahren darunter, die vom Kraftfahrzeug und seiner Benutzung als Verkehrsmittel ausgehen, also auch solche von im Verkehrsraum abgestellten Kraftfahrzeugen.[975] Neben dem Schutzzweck als eigentlichem Hauptargument kann für diese weite Bestimmung des Begriffes auch die auf Seiten der Haftpflichtigen bestehende obligatorische Haftpflichtversicherung herangezogen werden. Im Gesetzgebungsverfahren zum KFG ist gerade über die Frage debattiert worden, wie eine übermäßige Haftpflicht der Kraftfahrzeughalter und damit eine Behinderung der wirtschaftlich notwendigen Verkehrsentwicklung vermieden werden kann.[976] Dabei ist die Frage der Kollektivierung der Schäden maßgeblich eingeflossen.[977] Hatte also der Gesetzgeber eine übermäßige Belastung der Halter im Blick, so rechtfertigt sich spätestens mit Einführung der obligtorischen Haftpflichtversicherung im Jahre 1939 auch unter diesem Gesichtspunkt ein weites Verständnis des Betriebsbegriffes.

d) Fehlverhaltenshaftung

Wenn schon in den Fällen strenger Haftung mit funktional verknüpfter obligatorischer Haftplichtversicherung der Versicherungsschutz nicht als tatbestandlicher Haftungsgrund anerkannt werden kann, muss dies erst recht für die stärker verhaltensbezogene Verschuldenshaftung gelten. Sie begutachtet Verhaltensweisen, die zu einem Schaden geführt haben,[978] nicht solche, die mit der Abnahme von Schadensersatzpflichten in Zusammenhang stehen.[979]

Soweit der Gesetzgeber bei Einführung der Verschuldenshaftungsbestände kollektive Schadenstragungssysteme nicht berücksichtigt, können des weiteren nicht rechtsfortbildend die Gerichte berufen sein, selbige mittelbar oder unmittelbar einzubeziehen.[980] Dass sie mit Blick auf die Schadensstreuung zum Teil anders entscheiden als wäre der Handelnde endgültiger Schadensträger, ist ein

---

[975] Vgl. hierzu *Greger*, § 7 Rn 21 ff. u. *Hentschel*, § 7 StVG Rn 4 ff. m.w.Nw.; *Schubert*, ZRG 117 (2000), S. 238, 282 ff.

[976] Ausführlich zur Genese *Schubert*, ZRG 117 (2000), S. 238 ff., insbesondere 255 ff. und 272 ff.

[977] *Schubert*, ZRG 117 (2000), S. 238, 252, 258 f., 262 ff., 272 ff.

[978] S. die zutreffenden Ausführungen des amerikanischen Supreme Court zur Bemessung von punitive damages in der Sache *State Farm Mutual Automobil Insurance Co. v. Cambell* v. 07.04.2003, zusammengefasst in FAZ v. 09.04.2003, S. 13; hierzu *Rüfner*, FAZ v. 16.04.2003, S. 23; *Buchner*, VersR 2003, S. 1203; *Pant*, NJW 2004, Editorial Heft 3.

[979] *Larenz/Canaris*, Schuldrecht II 2, § 76 III 4 g); *Scheel*, Versicherbarkeit und Prävention, S. 18 f.; im Ergebnis ebenso BVerfG NJW 2002, S. 2937, 2938; s.a. *E. Lorenz*, in *Beuthin/Fuchs/Roth/Schiemann/Wacke*, Festschrift für Medicus (1999), S. 353, 364.

[980] Zu weit daher auch *MünchKomm-Stein*, 3. Aufl. (1997), § 833 Rn 4, 6.

Faktum.[981] Diesbezüglich wird zu Recht der endgültige Verlust systematischer und gewaltenteilungsbezogener Trennungslinien beklagt, denn zur Korrektur der hiermit gekitteten „Haftungslücken" ist primär der Gesetzgeber berufen.[982]

„Skandalös" ist es nicht nur, „daß der Versicherungsschutz bei der Prüfung des Haftungsgrundes überhaupt berücksichtigt wird, sondern daß er nicht nachvollziehbar in eine Gerichtsentscheidung einfließt".[983] Dass es teilweise gerechter erscheint, Schäden auf ein Kollektiv zu verlagern, statt sie einem einzelnen „Unschuldigen" aufzubürden,[984] ist in der Sache ja vollkommen berechtigt. Es müsste jedoch auch erkannt werden, dass das Haftungsrecht außerhalb der Billigkeitshaftung keine Möglichkeit zur positiven Einbindung dieses Gedankens in die haftungsrechtliche Risikoverteilung bietet.[985] Der Sorgfaltsmaßstab der Fehlverhaltenshaftung lässt sich nicht im Einzelfall wegen bestehendem Haftpflichtversicherungsschutz erhöhen,[986] denn er ist wie gesagt auf Verhaltensweisen bezogen, die zu einem Schaden geführt haben, nicht auf solche, die mit der

---

[981] Ausdrückliche Bezugnahmen sind selten. Vgl. beispielhaft BAG NJW 1958, S. 964; BGHZ 27, S. 62; 39, S. 156, 161; NJW 1972, S. 150, 152; FamRZ 1983, S. 874, 875; 1986, 1080, 1081; OLG Celle NJW-RR 1989, S. 791, 792, 793; OLG Oldenburg, FamRZ 1994, S. 833, 834; zum Fall *Perruche* der französischen Cour des Cassation *Deutsch*, NJW 2003, S. 26, 27 – aus dem über die Bewertung uneinigen Schrifttum *Ehrenzweig*, JBl 1950, S. 253, 255 ff.; *Hanau*, VersR 1969, S. 291 ff.; *Sieg*, VersR 1980, S. 1085, 1089 ff.; *v. Bar*, AcP 181 (1981), S. 289 ff.; *ders.*, Gemeineuropäisches Deliktsrecht I, Rn 596; *Lange/Hagen*, Wandlungen des Schadensersatzrechts, S. 44 f.; *Lange/Schiemann*, Einleitung II 3 b) dd); *Greger*, Einl Rn 33; *Larenz/Canaris*, Schuldrecht II 2, § 76 III 4 g); *Kötz/Wagner*, Rn 140; *Kötz*, in *Baur/Hopt/Mailänder*, Festschrift für Steindorff (1990), S. 643, 662; *Deutsch*, Rn 16; *Marschall v. Bieberstein*, BB 1983, S. 467, 470; *Stürner*, VersR 1984, S. 297, 301; *Fuchs*, AcP 191 (1991), S. 318, 326 ff.; *Koch*, Die Sachhaftung, S. 94; *Looschelders*, VersR 1996, S. 529, 537; *Katzenmeier*, Arzthaftung, S. 158, 170; *Becker*, Der Einfluß der Haftpflichtversicherung auf die Haftung, S. 152 ff.; *Fasterling*, ZEuP 2000, S. 229, 239, 253.

[982] *Lieb*, MDR 1995, S. 992, 993; s.a. BVerfG NJW 2002, S. 2937, 2938; demgegenüber etwa *Schiemann*, in *Weick*, Entwicklung des Deliktsrechts in rechtsvergleichender Sicht, S. 46; *v. Bar*, Gemeineuropäisches Deliktsrecht I, Rn 596; *Jansen*, Die Struktur des Haftungsrechts, S. 614 ff., insbesondere 617 f.: „wertungskonsistente Fortbildung des Haftungsrechts ... auf der Grundlage des § 823 I BGB".

[983] *Fasterling*, ZEuP 2000, S. 229, 245; ähnlich *Koch*, Die Sachhaftung, S. 94; *Deutsch*, Rn 745; s.a. allgemein *Jansen*, Die Struktur des Haftungsrechts, S. 616, 619; für ein die Haftpflichtversicherung bedenkendes Gesamtkonzept explizit *v. Bar*, Gemeineuropäisches Deliktsrecht I, Rn 596.

[984] *Ehrenzweig*, JBl 1950, S. 253, 254 ff.; *Looschelders*, VersR 1996, S. 529, 537.

[985] Richtig daher BVerfG NJW 2002, S. 2937, 2938; s.a. *Jansen*, Die Struktur des Haftungsrechts, S. 386, 624 f.; vgl. aber etwa zu Holland *v. Bar*, Gemeineuropäisches Deliktsrecht I, Rn 563; zu Schweden *Fasterling*, ZEuP 2000, S. 229 ff.; *Bengtsson*, in *Bogdan*, Swedish Law in the New Millennium, S. 299 ff.

[986] In diese Richtung *v. Bar*, AcP 181 (1981), S. 289, 321, 325 f.; *Schiemann*, in *Weick*, Entwicklung des Deliktsrechts in rechtsvergleichender Sicht, S. 46 f.; *Fasterling*, ZEuP 2000, S. 229, 248 f.

Abnahme von Schadensersatzpflichten in Zusammenhang stehen.[987] Entsprechend lässt sich der Sorgfaltsmaßstab nicht vermindern, wenn dem Geschädigten eine Kaskoversicherung zugute kommt.[988] Maßgeblich ist allein, wie sich ein durchschnittlicher Angehöriger des betreffenden Verkehrskreises verhält, um Rechtsgutsverletzungen zu vermeiden.

Nur bei der Bestimmung dieser abstrakten Vergleichsgruppe und ihrer normativen Verhaltenspflichten kann der Versicherungsschutz mittelbar eine Rolle spielen, darf aber nicht zum eigentlichen Haftungsgrund denaturiert werden. Die Berücksichtigung des Versicherungsschutzes ist gerechtfertigt, wenn sich begründen lässt, dass die Verhaltensanforderungen sinken, sofern für den Schadensfall Vorsorge getroffen wurde. Das dürfte nur bei First-Party-Versicherungen für die Verhaltenspflichten des Geschädigten in Betracht kommen, nicht aber für den Haftpflichtversicherungsfall und die Schädigerseite. Die schadensbezogenen Verhaltensanforderungen verschärfen sich nicht, nur weil jemand für den Fall ihrer Verletzung Vorsorge für Verbindlichkeiten getroffen hat.

2. Fehlende Versicherung und Versicherbarkeit

a) Allgemeines

Mangels tatbestandlichem Zuordnungselement kann die bloße Kollektivierungsmöglichkeit bzw. die fehlende Kollektivierung ebensowenig wie die bestehende Schadensstreuung zu einer Veränderung der haftungsrechtlichen Beurteilung führen.

Wie bereits angedeutet wäre es zwar konstruktiv denkbar, den Nichtabschluss einer Versicherung selbst als haftungsrechtlich relevantes Verhalten anzusehen, in dem man ihn als haftungsbegründende Sorgfaltspflichtverletzung ansieht.[989] Einer solchen Sichtweise steht jedoch entgegen, dass das Haftungsrecht Verhaltensweisen und Umstände begutachtet, die zu einem Schaden geführt haben, nicht solche, die mit der Abnahme von Schadensersatzpflichten in Zusammenhang stehen. Dass man einen Schaden versichern kann oder soll, hat nichts damit zu tun, ob und warum der Schaden eintritt.[990]

Ein entsprechendes Fehlverhalten wäre im Übrigen nur für Forderungsausfälle bezüglich bestehender Ansprüche kausal, nicht aber hinsichtlich der vorgelagerten Rechtsgutsverletzungen. Haftungsbegründend kann der Umstand daher innerhalb der Fehlverhaltenshaftung nicht sein. Außerdem wäre es wider-

---

[987] In diesem Sinne *Larenz/Canaris*, Schuldrecht II 2, § 76 III 4 g); s.a. *Drewitz*, Der Grundsatz: Die Versicherung folgt der Haftung, S. 35 ff.

[988] Vgl. unter zutreffender Berücksichtigung weiterer Gesichtspunkte des Sorgfaltsbezuges, im Ergebnis aber abweichend BGH NJW 1972, S. 150, 152.

[989] In diese Richtung *Ehrenzweig*, JBl 1950, S. 253, 254 ff., 258; *v. Bar*, AcP 181 (1981), S. 289, 326.

[990] So zu Recht *Jansen*, Die Struktur des Haftungsrechts, S. 386.

sinnig, im Falle unterlassener Versicherung ein haftungsbegründendes Fehlverhalten anzunehmen, bei bestehender Versicherung die Haftung aber kraft des „richtigen“ Verhaltens verneinen zu müssen.[991] Nach dem deep-pocket-Gedanken ist in letzterem Fall eine Haftung ja erst recht erwünscht. Notgedrungen verschärft man statt dessen den echten, schadensbezogenen Sorgfaltsmaßstab. Ein belastungsunabhängiges Tatbestandsmerkmal wird missbraucht, um die Schadensstreuung in das Haftungsrecht hineinzupressen. Dieses bietet dafür aber keinen Platz.

Die Rechtsprechung des BGH zum teilweisen Haftungsausschluss bei sportlichen Wettbewerben mit Gefahrenpotenzial, wonach jedenfalls im Bereich fehlenden Haftpflichtversicherungsschutzes von einer Haftungseinschränkung auszugehen sei,[992] lässt sich deshalb allenfalls aufgrund anderer Gesichtspunkte halten. Maßgeblich dürfte die teilweise Inkaufnahme der Gefahr sein, also eine schadensbezogene Verhaltensweise[993] und nicht der fehlende oder bestehende Versicherungsschutz.

Einzig systemkonform konstruiert sind Versuche, gesetzliche Versicherungspflichten mit § 823 II BGB in Verbindung zu bringen. Mittelbar hat dies der BGH z.B. für den Straftatbestand des § 6 PflVG getan,[994] aber auch für die allgemeine Versicherungspflicht nach § 1 PflVG ist die Schutzgesetzeigenschaft zu Gunsten von Verkehrsunfallopfern anerkannt.[995] Richtigerweise entsteht jedoch nur eine Haftung für die fehlende Realisierbarkeit bereits begründeter Ansprüche, denn nur hiervor schützt die Versicherungspflicht, nicht vor der Schädigung als solcher.[996] Eine Haftung zu erzeugen mit dem Argument, zum Schutz der Verkehrsunfallopfer dürfe kein Fahrzeug ohne Haftpflichtversicherungsschutz im öffentlichen Verkehr gebraucht werden, ließe außer Acht, dass die Haftpflichtversicherung der tatsächlichen Realisierung bereits vorhandener Haftungsansprüche dient[997] – und eben nicht schon ihrer Begründung. Für diese sind die Verantwortungskriterien der verschiedenen Haftungsformen zuständig. Das darf über § 823 II BGB nicht unterlaufen werden. Die Strafandrohung des § 6 PflVG genügt im Übrigen, um zum Schutze der Realisierbarkeit von Ersatzforderungen für einen umfassenden Haftpflichtversicherungsschutz zu sorgen.

---

[991] Für eine Unabhängigkeit vom konkreten Versicherungsbestand unter Bezugnahme auf die abstrakte Versicherbarkeit deshalb *Stürner*, VersR 1984, S. 287, 300.

[992] BGH NJW 2003, S. 2018 unter Fortführung von BGHZ 63, 140, 142 f.; ebenso *Kötz/Wagner*, Rn 558.

[993] Zur Diskussion um die Einordnung der weitgehend unstreitigen Haftungseinschränkung *Looschelders*, JR 2000, S. 265, 267 ff.; s.a. *Kötz/Wagner*, Rn 558; *Greger*, § 16 Rn 325.

[994] BGH VersR 1962, S. 216, 217; NJW 1974, S. 1086; zustimmend OLG München VersR 1973, S. 236, 237; OLG Nürnberg NZV 1993, S. 273.

[995] OLG Düsseldorf VersR 1973, S. 374; *v. Bar*, AcP 181 (1981), S. 289, 318; *Palandt-Sprau*, § 823 Rn 67; *Staudinger-Hager*, § 823 Rn G 53.

[996] *Greger*, § 16 Rn 139; s.a. BGH VersR 1980, S. 457 f.

[997] Näher oben § 3 D. II.

b) Die „Haftungsfalle“ für Anhängerhalter nach der Reform

Auch im Falle fehlender Versicherung lässt sich der Gedanke anführen, die Möglichkeit, Versicherungsschutz zu erlangen, sei zusätzliche oder gar entscheidende Rechtfertigung der Überwälzung des Schadens auf den „unschuldigen“ Schädiger im Rahmen strenger Haftungstatbestände.[998] Dies kann wie gesagt lediglich dazu führen, den Gedanken der Kollektivierung mittelbar in die generelle Auslegung der Reichweite tatbestandlicher Elemente einzubeziehen. Eine unterschiedliche Auslegung danach, ob im konkreten Einzelfall Versicherungsschutz besteht oder nicht, kann sich hieraus nicht ergeben. Ein Beispiel soll das verdeutlichen.

(1) Ausgangslage

Durch das Zweite Gesetz zur Änderung schadensersatzrechtlicher Vorschriften vom 19. Juli 2002[999] wurde eine eigenständige verschuldensunabhängige Einstandspflicht für Kfz-Anhängerhalter in § 7 I StVG eingeführt.[1000] Anders als für Kfz besteht nicht für alle nach §§ 7, 8 StVG potenziell haftungsauslösenden Anhänger eine Versicherungspflicht, weil die § 18 II Nr. 6 StVZO, § 2 I Nr. 6 c PflVG an die neue Haftungssituation nicht angepassten wurden. Mangels umfassender Zulassungspflicht bestehen Lücken bei der Versicherungspflicht.

Ursache ist ein Synchronisationsdefizit, das den „Dreiklang“ aus Gefährdungshaftung, Zulassungspflicht und obligatorischer Haftpflichtversicherung[1001] missachtet. Bereichsausnahmen von der Zulassungspflicht nach § 18 II StVZO existieren sowohl für Kfz als auch für Anhänger. Der deckungsbezogene Unterschied besteht darin, dass zur Erreichung möglichst vollständigen Versicherungsschutzes von Kraftfahrzeugen § 2 I Nr. 6 a, b PflVG mit § 18 StVZO insofern harmoniert, als die geschwindigkeitsbezogenen Bereichsausnahmen nicht in den Gefährdungshaftungsbereich hineinfallen (§ 8 Nr. 1 StVG).[1002] Für Anhänger dagegen greift die Betriebsgefahr als Haftungsgrundlage zum Teil, ohne dass sie zwingend haftpflichtversichert sein müssen.[1003]

Es fragt sich, ob die fehlende versicherungsrechtliche Abfederung zu einer teilweisen teleologischen Reduktion der strengen Anhängerhalterhaftung führen

---

[998] Vgl. *Larenz/Canaris*, Schuldrecht II 2, § 84 I 2 a), VI 1 a); *Stoll*, Haftungsfolgen, Rz 87; *Looschelders*, VersR 1996, S. 529, 534; zur Diskussion im Vorfeld des KFG *Schubert*, ZRG 117 (2000), S. 238, 262 ff.; zur Luftverkehrshaftung im Zusammenhang mit den Ereignissen des 11. September 2001 *Müller-Rostin*, VersR 2003, S. 153 ff.

[999] BGBl 2002 I, S. 2674.

[1000] BT-Drucks. 14/7752, S. 29; *Hentschel*, NZV 2002, S. 433 f.

[1001] So die Formulierung von *Chr. Huber*, Das neue Schadensersatzrecht, § 4 Rn 92; zum Auseinanderfallen von Haftung und Deckung aufgrund des nicht angepassten § 10 a AKB *Lang/Stahl/Suchomel*, NZV 2003, S. 441, 443.

[1002] Vgl. BGH VersR 1997, S. 1525 f. mit Anmerkung *E. Lorenz*.

[1003] *Chr. Huber*, Das neue Schadensersatzrecht, § 4 Rn 93 f.

muss, weil der Gesetzgeber die entstehende „Haftungsfalle“ möglicherweise übersehen hat.[1004] Folge der momentanen Regelung ist z.B., dass der Halter eines im Verkehrsraum nur abgestellten Anhängers nach § 7 I StVG verschuldensunabhängig für einen damit in kausalem Zusammenhang stehenden Unfall haftet,[1005] ohne zwingend den Schutz der Haftpflichtversicherung im „Rücken“ zu haben.

Die strenge Haftung ist ohne die Koppelung mit dem Versicherungsschutz einerseits aus Sicht der Opfer unter Umständen „ein Schwert ohne Klinge“,[1006] andererseits belastet sie den Haftenden stark.[1007] Ein unmittelbarer normativer Bezug von Haftung und obligatorischer Haftpflichtversicherung besteht aber nicht;[1008] ebenso wenig wie umgekehrt die Bereichsdefinition der Zulassungs- und Versicherungspflicht direkt von der Reichweite der strikten Haftung abhängig gemacht wird. Gegen die unmittelbare Berücksichtigung der fehlenden Versicherungspflicht beim Haftungsgrund spricht deshalb der Trennungsgrundsatz.[1009]

Mittelbar könnte sie für die Frage der Auslegung und Fortbildung von § 7 I StVG[1010] oder aber möglicherweise von § 2 I Nr. 6 c PflVG von Bedeutung sein. Planwidrige Unvollständigkeiten des Gesetzes sind anhand der Teleologie desselben mittels Analogie und Reduktion ausfüllbar.[1011] Wenn der Gesetzgeber bei der Normierung der strengen Einstandspflicht auf den Versicherungsschutz „geschielt“ hat, ist zu betrachten, ob er die „Deckungslücke“ gesehen hat und falls „Nein“, ob er nach seinem Regelungskonzept nicht nur pflichtversicherte Anhängerhalter mit der verschuldensunabhängigen Haftung belegt bzw. andere Maßnahmen ergriffen hätte, um die persönliche Belastung des Halters abzumildern. Anders ausgedrückt: Hätte er das Schwert der Haftung zum Teil wieder in der Scheide verschwinden lassen oder aber dessen Hieb mittels der Versicherung vervollkommnet und gleichzeitig vom Schädiger abgewendet?

[1004] In diese Richtung *Lemcke*, zfs 2002, S. 318, 319.

[1005] Vgl. *Otten*, MDR 2002, S. 1100, 1102; zur Zugfahrzeughalterhaftung in diesen Fällen BGH VersR 1987, S. 259, 260; OLG Köln VersR 1991, S. 1387, 1388; zum abgestellten Kfz generell *Greger*, § 7 Rn 28, 96 ff.

[1006] *Hanau*, VersR 1969, S. 291, 295, wobei die Metapher nicht vollkommen passend ist, da das Haftungsschwert gerade vom Schild der Versicherung abgefangen werden soll. Und dennoch soll der Hieb zu Gunsten des Geschädigten wirken, effektiv sein. Insofern mag man die Klinge als Zeichen der Effektivität und Realisierbarkeit des Haftungsanspruchs verwenden.

[1007] *Hanau*, VersR 1969, S. 291, 295.

[1008] Vgl. oben I. 1.

[1009] S. nochmals I. 1.

[1010] Oben I. 1. c).

[1011] Vgl. *Zippelius*, Methodenlehre, S. 68 ff.; *Larenz*, Methodenlehre, S. 366 ff.

(2) Die gesetzgeberische Intention

Ausgangspunkt der Normierung der eigenständigen Anhängerhalterhaftung waren schwere Unfälle unter Beteiligung von LKW- oder Wohnwagengespannen sowie die Schwierigkeiten bei der Identifizierung des Zugfahrzeughalters.[1012] Zur Rechtfertigung der selbständigen Haftung wird auf die erhöhte Betriebsgefahr der Gespanneinheit, den Einfluss des Halters auf die Auswahl von Zugfahrzeug und Führer sowie die vertraglichen Beziehungen und Rückgriffsrechte im „Gespann"-Innenverhältnis verwiesen.[1013]

In der Gegenäußerung zum Regierungsentwurf begrüßt der Bundesrat die separate Gefährdungshaftung wegen der besonderen Gefährlichkeit von Anhängern im Straßenverkehr.[1014] Auch im ruhenden Verkehr seien diese mit abgestellten Kfz gleichzustellen. Die Gefährdungshaftung sei deshalb *in „gleicher Weise" vorzusehen wie für Kfz.*[1015] Im Hinblick auf § 8 Nr. 1 StVG-E wird darauf hingewiesen, dass *gerade langsame „Gespanne" ein besonderes Risiko darstellen* und deshalb vom Anwendungsbereich des StVG erfasst werden sollten.[1016]

Der Bezug zum Versicherungsrecht wird im Gesetzgebungsverfahren nur insofern erwähnt, als eine Änderung von § 3 KfzPflVV für notwendig gehalten wird.[1017] Bei dessen späterer Anpassung wurde der bisherige Absatz 2 aufgehoben. Danach konnte der Deckungsumfang der separaten Anhängerhaftpflichtversicherung im Wesentlichen auf Fälle beschränkt werden, bei denen der Anhänger nicht mit einem Kfz verbunden ist sowie hinsichtlich von Schäden, die den Insassen des Anhängers entstehen. Die Vorschrift diente früher der Vermeidung von doppelter Abdeckung durch Kfz und Anhänger, die jetzt gerade angestrebt wird.[1018] Über die Notwendigkeit des Abschlusses einer Haftpflichtversicherung wird nichts gesagt. Ausgegangen wird somit allgemein von §§ 1, 2 PflVG i.V.m. § 18 StVZO, wonach eine Zulassungs- und Versicherungspflicht mit bestimmten Bereichsausnahmen besteht.

Der Gesetzgeber hat demnach den Versicherungsschutz nicht aktiv in die Frage einbezogen, wofür er eine Gefährdungshaftung anordnet. Die Folgerungen scheinen ihm aber immerhin beachtenswert zu sein, wie die Verknüpfungen zum Deckungsumfang separater Anhänger-Haftpflichtversicherungen zeigen. Dies spricht dafür, dass der Gesetzgeber die entstehende Deckungslücke nicht gese-

---

[1012] BT-Drucks 14/7752, S. 29.

[1013] BT-Drucks 14/7752, S. 29.

[1014] BT-Drucks 14/7752, S. 50.

[1015] BT-Drucks 14/7752, S. 50 sowie die Gegenäußerung der Bundesregierung S. 56.

[1016] BT-Drucks 14/7752, S. 50; hierzu z.T. abweichend die Gegenäußerung der Bundesregierung S. 56.

[1017] BT-Drucks 14/7752, S. 29 sowie S. 50.

[1018] BGBl 2002 I, S. 2586, 2590; BT-Drucks 14/8770, S. 18.

hen hat, sonst wäre er hierauf ebenfalls eingegangen. Davon ist insbesondere auch deshalb auszugehen, weil der mit der Reform angestrebte Geschädigtenschutz zur praktischen Vollständigkeit der kongruenten Absicherung der Haftungsansprüche durch das Versicherungsrecht bedarf.

Wie hätte der Gesetzgeber bei hypothetischer Kenntnis von dieser Deckungslücke reagiert? Drei Möglichkeiten standen ihm offen: Er konnte partiell die Versicherungspflicht (bzw. vorgeschaltet die Zulassungspflicht) ausdehnen. Er hätte die Gefährdungshaftung teilweise ausschließen können. Und ihm stand es frei, die Deckungslücke hinzunehmen. Zu fragen ist an dieser Stelle, ob die Reaktionsmöglichkeiten mit den Mitteln der Methodenlehre nachgeholt werden können.

(3) Ausweitung des Versicherungsschutzes

Leitfaden bei der Bestimmung des vermeintlichen gesetzgeberischen Willens sind einerseits der bezweckte stärkere Geschädigtenschutz, andererseits die im Verhältnis zum Kfz-Bereich erweiterte Individualbelastung des Anhängerhalters. Zur Erreichung des angestrebten Geschädigtenschutzes wäre eine möglichst lückenlose Abdeckung der Schäden mittels Haftungs- und Versicherungsrecht nötig. Sehr wahrscheinlich ist deshalb, dass der Gesetzgeber die Gefährdungshaftung in der jetzt normierten Form geschaffen und sie um einen kongruenten Versicherungsschutz mittels Änderungen bei der Versicherungs- bzw. Zulassungspflicht ergänzt hätte.[1019]

Die entstandene Lücke dementsprechend auszufüllen, ist methodisch nicht möglich. Dazu wäre eine Ausweitung der Versicherungsverpflichtung durch Analogie oder mittels einer Reduktion der Ausnahmetatbestände nötig. Bei der Anhängerhalterhaftung kommt nur Letzteres in Betracht, weil die Deckungslücke allein wegen der besonderen Ausnahmetatbestände entsteht. Bezüglich § 2 I Nr. 6 c PflVG lässt sich angesichts der bloßen Koppelung zum Zulassungsrecht nur schwer einschränkend argumentieren. Auch eine Einschränkung des Ausnahmetatbestandes § 18 II Nr. 6 StVZO erscheint problematisch, da das Zulassungsrecht in erster Linie der Verkehrssicherheitsprüfung dient und allenfalls mittelbar mit Haftung und Versicherung verknüpft ist. Weder Zulassungs- noch Pflichtversicherungsrecht beziehen sich unmittelbar auf eine bestimmte Haftungsform. Rechtsfortbildend kann zudem keine Zulassungs- oder Versicherungspflicht contra legem wegen einer Verschärfung materieller Haftungsvorschriften geschaffen werden. Das gebietet die Rechtssicherheit, insbesondere aus Sicht der Anhängerhalter. In Anbetracht der strafrechtlichen Folgen der Verletzung der Versicherungspflicht nach § 6 PflVG und der ordnungswidrigkeits-

---

[1019] Vgl. *E. Lorenz*, VersR 1997, S. 1526; zu einer teilweise durch Unfallversicherungsschutz überlagerten Deckungslücke im Luftfahrthaftpflichtrecht BT-Drucks. 14/7752, S. 39 f. sowie die Pressemitteilung des BMJ Nr. 89/03 vom 05. November 2003 und BT-Drucks. 15/2359 zu aktuellen Änderungsvorhaben.

rechtlichen Folgen der Verletzung der Zulassungspflicht nach § 69 a II Nr. 3 StVZO steht dem außerdem der Grundsatz *nulla poena sine lege* entgegen.[1020]

(4) Einschränkung der Haftung

Es ist gleichfalls schwierig, umgekehrt die Halterhaftung für Anhänger teleologisch zu reduzieren.[1021] Dagegen spricht schon der angestrebte Geschädigtenschutz als Hauptzweck der Haftungseinführung. Zudem fehlt ein normativer Anknüpfungspunkt für die Beziehung von Haftung und Versicherungspflicht. Die „Deckungslücke" erfasst weiterhin nur einen geringen Teil der haftpflichtigen Anhänger und es ist durchaus wahrscheinlich, dass einige von ihnen ohnehin haftpflichtversichert sind. Den übrigen Haltern verbleibt, sich freiwillig zu versichern, nachdem sie Kenntnis von der jetzt gesteigerten Haftungsverantwortung erlangt haben.[1022]

Selbst wenn man von einer notwendigen Milderung der Individualhaftung ausginge, stoßen rechtsfortbildende Ansätze auf Hindernisse im geltenden Recht. In Betracht käme eine Reduktion von § 7 I StVG einerseits und eine Erweiterung von § 8 Nr. 1 StVG andererseits. Ersteres wäre gesetzgeberisch untypisch. Bereichsausnahmen bei der Gefährdungshaftung werden üblicherweise über einen Sondertatbestand wie § 8 StVG geregelt. Diesen Ausnahmetatbestand zu erweitern, stößt ebenfalls auf methodische Schwierigkeiten, da die dort geregelten Fälle nicht wegen fehlender Versicherungsdeckung aus dem Anwendungsbereich herausgenommen wurden.[1023] Eine Analogie mit Blick auf die Versicherungsdeckung scheitert an der Vergleichbarkeit der Sachverhalte. Zwar könnte man Parallelen zu § 8 Nr. 1 StVG ziehen. Der Ausnahmetatbestand berücksichtigt aber gerade die Situation, dass ein Anhänger mit einem nicht in den Bereich der Gefährdungshaftung fallenden Kfz verbunden ist. Das lässt sich schwerlich nur bezogen auf den Anhänger erweitern. Trotz der besonderen Gefährlichkeit[1024] gerade langsamer Gespanne sollte eine Gleichbehandlung von Kfz und Anhänger erfolgen.[1025]

Nicht überzeugend wäre es deshalb auch, wegen der methodischen Schwierigkeit wieder zur Reduktion des § 7 I StVG zurückzukehren und gesonderte

---

[1020] Zur Auslegung im Verhältnis zum Analogieverbot vgl. *Sachs-Degenhart*, Art. 103 Rn 70 ff.; *Tröndle/Fischer*, § 1 Rn 10 ff.

[1021] In diese Richtung *Lemcke*, zfs 2002, S. 318, 319.

[1022] Zum Beratungsbedarf *Lemcke*, zfs 2002, S. 318, 319; *Otten*, MDR 2002, S. 1100, 1102; *Chr. Huber*, Das neue Schadensersatzrecht, § 4 Rn 95.

[1023] Zur methodischen Behandlung von „Ausnahmevorschriften" *Larenz*, Methodenlehre, S. 355 f.

[1024] Zur mangelnden Schadensträchtigkeit als Grund der Ausnahme und der fehlenden Möglichkeit der Gerichte, diese Annahme an die tatsächlichen Verhältnisse anzupassen BGH VersR 1997, S. 1115, 1116 und VersR 1997, S. 1525 f.

[1025] Vgl. die Stellungnahme des Bundesrates in BT-Drucks 14/7752, S. 50 sowie Gegenäußerung der Bundesregierung S. 56.

Haftungsbereichsausnahmen neben § 8 StVG zu erzeugen. Aus § 7 I StVG contra legem alle Anhänger herauszunehmen, scheidet von vornherein aus.

(5) Ergebnis

Das Synchronisationsdefizit im Bereich des „Dreiklangs" aus Gefährdungshaftung, Zulassungspflicht und obligatorischer Haftpflichtversicherung lässt sich methodisch nicht beseitigen. Dem stehen der gesetzgeberische Wille zur Ausweitung der Ansprüche der Verkehrsopfer und die normative Struktur der angesprochenen Regelungen entgegen. Weder ist es möglich, contra legem eine Zulassungs- bzw. Versicherungspflicht wegen der strengen Haftung zu generieren, noch kann aufgrund fehlender Versicherung die bewusst angeordnete Haftungsverschärfung reduziert werden. Ob aus verfassungsrechtlichen Gründen eine Haftungsreduktion geboten erscheint, wird an späterer Stelle zu erörtern sein.[1026]

II. Versicherungsschutz des Geschädigten

1. Bestehende Versicherung

Eine existierende Schadenskollektivierung auf Seiten des Geschädigten könnte argumentativ dazu benutzt werden, ihm die Verlagerung des Schadens auf den Schädiger zu verweigern.[1027] Außerhalb der Billigkeitshaftung gibt es hierfür jedoch ebenso wenig wie auf der Schädigerseite einen normativen Ansatz.[1028] Die Mitverantwortlichkeit des Geschädigten nach § 254 I BGB bezieht sich auf die Verantwortlichkeit für die Schadensentstehung,[1029] nicht auf die Abnahme der Schadensfolgen.[1030] Daran ändert es nichts, dass in beiden Fällen die Schadensbelastung für den Geschädigten jeweils aufgrund eines Unterlassens größer ist.[1031] Was der Geschädigte im Bezug auf die Entstehung eines Rechtsguts- bzw. Vermögensverlustes tut und was er hinsichtlich der Abnahme eines entstandenen Schadens unternimmt, sind zwei verschiedene Dinge. Im Gegensatz zur ausnahmsweisen und von der üblichen Dogmatik gelösten Billigkeitshaftung kann die Mitverantwortlichkeit des Geschädigten nicht aus der Abnahme der Schadensfolgen hergeleitet werden.[1032]

[1026] Unten § 11 C. III. 2. b).

[1027] Vgl. *Ehrenzweig*, JBl 1950, S. 253, 256 ff.; *Scheel*, Versicherbarkeit und Prävention, S. 25 ff.; OLG Celle, VersR 1973, S. 1122, 1123 f. sowie unten § 11 B. I. 1.

[1028] *Scheel*, Versicherbarkeit und Prävention, S. 18 f.; aber zur diesbezüglichen Rechtslage in Dänemark *v. Bar*, in PE 168.511, S. 49.

[1029] Vgl. *Looschelders*, SchR AT, Rn 1022 ff.

[1030] Vgl. aber *MünchKomm-Mertens*, 3. Aufl. (1997), Vor §§ 823-853 Rn 77.

[1031] Wohl hierauf abstellend, aber vorsichtig zur Versicherbarkeit *Looschelders*, Mitverantwortlichkeit, S. 482.

[1032] So aber zur Versicherbarkeit *Fuchs*, AcP 191 (1991), S. 318, 339 ff.; ausführlich *Scheel*, Versicherbarkeit und Prävention (1999).

Insoweit müssen die Belastungsargumente innerhalb der Rechtsprechung zum innerbetrieblichen Schadensausgleich[1033] kritisch hinterfragt werden.[1034] Im Rahmen der umfassenden Abwägung entsprechend § 254 BGB soll sowohl die Versicherung des Risikos auf Arbeitgeberseite[1035] als auch auf Arbeitnehmerseite[1036] einfließen. Die rechtsfortbildend geschaffenen Grundsätze ruhen allerdings sehr stark auf der Sonderbeziehung zwischen Arbeitgeber und Arbeitnehmer. Von rein außervertraglicher Haftung kann insoweit nicht gesprochen werden. Die Rechtsprechung hat sich dabei sowohl von der Privatautonomie als auch von der übrigen Gesetzeslage derart weit entfernt, dass zum Teil sogar von einer Rechtsfortbildung contra legem gesprochen wird.[1037] Ähnlich kritisch sind Einschränkungsversuche mittels § 242 BGB[1038] zu betrachten. Sie können allenfalls als billigkeitsrechtlicher „Notnagel" zur verfassungskonformen Auslegung hingenommen werden.[1039]

Neben der haftungsbezogenen Sichtweise zeigt auch der bei Schadensversicherungen regelmäßig angeordnete Forderungsübergang, dass der Versicherungsschutz des Geschädigten nach seinem Zweck den Schädiger auf der Haftungsebene nicht entlasten soll.[1040] Der Regress hält den Gedanken individueller Verantwortung aufrecht. Summenversicherungen sind ebenfalls opferschützend. Solche Vorsorgemaßnahmen des Geschädigten dürfen dem Schädiger ebenfalls nicht zugute kommen.[1041] Nur soweit die Versicherung des Geschädigten aus der Gruppe der Schädiger gespeist wird, sollen Letztere möglicherweise in ihrer Verantwortlichkeit entlastet werden.[1042] Dies hat jedoch außerhalb gesetzgeberi-

---

[1033] Zusammenfassend *Greger*, § 16 Rn 335 ff.; *Steinmeyer/Waltermann*, S. 79; *Walker*, JuS 2002, S. 736, 739.

[1034] Kritisch etwa *Rodopoulos*, Reflexwirkungen der Haftpflichtversicherung auf die Haftung, S. 142 ff.; *Scheel*, Versicherbarkeit und Prävention, S. 25 ff.

[1035] Ständige Rechtsprechung, vgl. stellvertretend BAG NJW 1993, S. 1732, 1734; 1995, S. 210, 212; NZA 1998, S. 140 f.

[1036] Dies gilt obligatorische Haftpflichtversicherungen auf Arbeitnehmerseite, nicht aber für freiwillige Versicherungen, BAG NZA 1998, S.310, 311 f.

[1037] *Jansen*, Die Struktur des Haftungsrechts, S. 387.

[1038] Vgl. OLG Celle, VersR 1973, S. 1122, 1123 f.; LG Bremen NJW-RR 1991, S. 1432, 1433; BVerfG NJW 1998, S. 3557, 3558; OLG Celle NJW-RR 2002, S. 674; *Canaris*, JZ 1990, S. 679, 681; *Rolfs*, JZ 1999, S. 233, 240; *MünchKomm-Mertens*, 3. Aufl. (1997), Vor §§ 823-853 Rn 72, 76 f.

[1039] S. dazu die Nachweise zum Streitstand im Bezug auf die Minderjährigenhaftung bei § 11 B. I.

[1040] *Fuchs*, AcP 191 (1991), S. 318, 320; *Looschelders*, Mitverantwortlichkeit, S. 371, 483; a.A. bezüglich unternehmerischer Haftung ohne echtes Fehlverhalten *Ehrenzweig*, JBl 1950, S. 253, 256.

[1041] *Fuchs*, AcP 191 (1991), S. 318, 322; *Looschelders*, Mitverantwortlichkeit, S. 371, 483.

[1042] *Marschall v. Bieberstein*, BB 1983, S. 467, 472; *Fuchs*, AcP 191 (1991), S. 318, 323.

scher Anordnung[1043] durch schuldrechtliche Anrechnung der Versicherungsleistung,[1044] nicht durch eine Korrektur der haftungsrechtlichen Zurechnung zu geschehen.

Einfluss kann das funktionale Zusammenspiel aus Individualhaftung und Schadensverteilung wie erwähnt nur bei der Ausformung der Haftungstatbestände und infolgedessen bei der Auslegung ihrer individualbezogenen Tatbestandsmerkmale haben. So spielte die Selbstvorsorge des Geschädigten für den teilweisen personellen Ausschluss der Gefährdungshaftung nach dem KFG eine Rolle.[1045] Solche Motive tatbestandlicher Ausgestaltung können bei der abstrakten Auslegung der Reichweite der Norm herangezogen werden. Sie sind aber keine Umstände, die das Haftungsergebnis von Fall zu Fall beeinflussen können. Tatbestandlich ist die Schadensstreuung weder Haftungs- noch Haftungsausschlussgrund.

2. Fehlende Versicherung und Versicherbarkeit

Das gilt ebenso für den Fall fehlender Versicherung. Daran kann § 254 BGB und die Annahme einer versicherungsbezogenen Obliegenheitsverletzung nichts ändern.[1046] Zunächst lässt sich außerhalb von Sonderbeziehungen eine allgemeine Obliegenheit, die eigenen Rechtsgüter im Hinblick auf mögliche schädigende Ereignisse zu versichern, nicht herleiten.[1047] Die Haftungszuordnung bestimmt sich im Übrigen de lege lata nach Verantwortlichkeiten für den Schadenseintritt, nicht nach den Möglichkeiten, die Schadensfolgen zu verteilen. Gälte das Gegenteil, müsste sich der Geschädigte konsequenterweise auch das Bestehen einer Versicherung anrechnen lassen, was wie gesagt nicht möglich ist. Nach dem Schutzzweck der Versicherung kann sie dem Schädiger nicht zu Gute kommen.[1048] Warum sich diese Schutzrichtung verändern soll, wenn die Versicherung nicht besteht, aber abgeschlossen werden konnte, ist nicht erkennbar. Dem Geschädigten im Fall bestehender Versicherung den vollen Schaden zuzusprechen, im Falle fehlender dagegen den Ersatzanspruch zu kürzen, wäre widersinnig und ist daher abzulehnen. Der Schaden ist unabhängig von den Mechanismen seiner Bewältigung nach den Verantwortlichkeiten für seine Entstehung zuzuordnen.

[1043] Ein Beispiel wäre das Haftungsprivileg der die gesetzliche Unfallversicherung tragenden Arbeitgeber nach § 104 SGB VII.

[1044] *Marschall v. Bieberstein*, BB 1983, S. 467, 473; *Fuchs*, AcP 191 (1991), S. 318, 323, 325 f.

[1045] Vgl. *Schubert*, ZRG 117 (2000), S. 238, 258, 260.

[1046] So aber *Fuchs*, AcP 191 (1991), S. 318, 339 ff.; wohl auch *Jansen*, Die Struktur des Haftungsrechts, S. 630; vorsichtig *Looschelders*, Mitverantwortlichkeit,S. 482.

[1047] So zu Recht *Looschelders*, Mitverantwortlichkeit,S. 482 f.

[1048] *Fuchs*, AcP 191 (1991), S. 318, 320, 322.

III. Ergebnis

Unterschiede in der Schadensbelastung aufgrund bestehender oder möglicher Versicherung sind weder Haftungs- noch Haftungsausschlussgrund. Das gilt sowohl für den Versicherungsschutz des Schädigers als auch des Geschädigten. Es existiert kein tatbestandlicher Anknüpfungspunkt für das Einfließen dieses Belastungsmomentes. Haftungs- und Haftungsausschlussgründe beziehen sich außerhalb der Billigkeitshaftung allein auf die Verantwortlichkeit für die Schadensentstehung. Die Bewältigung der Schadensfolgen spielt hierfür keine Rolle.

Bedeutsam ist der enge Zusammenhang von Haftung und Versicherung für die tatbestandliche Ausgestaltung fehlverhaltensunabhängiger Haftungstatbestände. Er ist dort Motiv, schlägt sich aber nicht unmittelbar in den tatbestandlichen Zurechnungselementen nieder. Allein für die Auslegung der abstrakten Reichweite dieser Elemente kann der Versicherungsschutz de lege lata relevant sein. Hierbei ist Vorsicht geboten, insbesondere um das vom Trennungsprinzip geprägte System aus Haftung und akzessorischer Versicherung nicht zu unterlaufen. Im Regelfall ist es nicht möglich, ein Tatbestandsmerkmal danach unterschiedlich auszulegen, ob im Einzelfall Versicherungsschutz besteht oder nicht.

D. Schadensstreuung durch Kostenumlage auf den Endverbraucher

Eine andere Form kollektiver Lastenverteilung stellt die Umlage der Kosten auf den Endverbraucher über Waren- und Dienstleistungspreise dar.[1049] Auch sie beruht auf dem Prinzip der großen Zahl.[1050] Bei diesem Rückgriff auf eine größere Personenzahl zur Schadensstreuung wird deutlich, dass der Satz casum sentit dominus letztlich dazu führt, dass jeder Geschädigte in gewissem Maße sein eigener „Versicherer“ ist.[1051]

Da die Größe der Verteilungsmöglichkeit sowie die Reaktion der Kunden auf die Verteuerung ungewiss ist, kann sie nicht vollständig mit einem Versicherungsvertrag gleichgestellt werden, der im Schadensfall zur Zahlung verpflichtet. Außerdem stellt eine erfolgreiche Umlage immer auch einen Verzicht des Unternehmers auf Gewinn dar.[1052] Im Hinblick auf die Belastungswirkung dürften entscheidender die Vermögensverhältnisse an sich sein. Sie sind durch künftige Umsatz- bzw. Gewinnentwicklungen im Vergleich zum Verbraucher möglicherweise weniger einschneidend betroffen. Zumeist wird beim Unternehmer kumulativ bestehender oder üblicher Versicherungsschutz als Argument hinzu-

---

[1049] Vgl. *Esser*, S. 128; *Ehrenzweig*, JBl 1950, S. 253, 255; *Hannak*, Verteilung, S. 52 ff.; *v. Caemmerer*, Reform der Gefährdungshaftung, S. 16; *Stoll*, Haftungsfolgen, Rz 90; *Larenz/Canaris*, Schuldrecht II 2, § 84 VI 1 a); *Rohe*, AcP 201 (2001), S. 117, 160; *Kötz*, in *Baur/Hopt/Mailänder*, Festschrift für Steindorff (1990), S. 643, 659; *Wagner*, in *Zimmermann*, Grundstrukturen des Europäischen Deliktsrechts, S. 303.

[1050] *Hannak*, Verteilung, S. 52.

[1051] *Looschelders*, VersR 1996, S. 529, 534.

[1052] *Ehrenzweig*, JBl 1950, S. 253, 255.

treten, dessen Prämien ebenfalls auf die „mittelbare Versichertengemeinschaft“ umgelegt werden.[1053]

Diese Umlagemöglichkeit ist parallel zu den Versicherungsverhältnissen mangels tatbestandlicher Anknüpfung für die Haftungszuordnung irrelevant. Motiv ist sie bei strengen Haftungstatbeständen wie z.B. der Produkthaftung nach dem ProdHG. Dort ist sie bereits in die Ausgestaltung der Zurechnungselemente eingeflossen und bildet daneben keinen eigenständigen Zurechnungsgrund mehr. Sie kann nur dazu dienen, die Reichweite einzelner Tatbestandselemente abstrakt anhand des gesetzgeberischen Regelungshintergrundes näher zu bestimmen. Soweit die Umlagemöglichkeit ansonsten etwa bei der Haftung für Verkehrspflichten oder den market-share-liability-Ansätzen[1054] Verwendung findet, steht das im Widerspruch zum interaktionsbezogenen Verantwortungsprinzip des Haftungsrechts und ist abzulehnen.

[1053] *Ehrenzweig*, JBl 1950, S. 253, 255; *Hannak*, Verteilung, S. 53 in Fn 196; *Rohe*, AcP 201 (2001), S. 117, 147.

[1054] Hierzu oben § 6 B. III.

§ 9. Zusammenfassung

Für die Zurechung des Schadens zu einer Person ist Mindestvoraussetzung der ursächliche Zusammenhang zwischen einem der Person zugeordneten Interaktionsmoment und der Rechtsgutsverletzung. Prozessual wird dieses Postulat zum Teil eingeschränkt, was seine materiell-rechtliche Geltung aber unberührt lässt. Eine materielle Wahrscheinlichkeitsanteilshaftung ist dem deutschen Recht fremd. Die natürliche Kausalität ist notwendige, aber nicht hinreichende Bedingung für eine vom Grundsatz der Schadenstragung des Geschädigten abweichende Schadensverlagerung. Wegen der Gleichbehandlung aller Ursachen ist sie „wertblind" und deshalb allein kein ausreichendes Zurechnungskriterium. Der von ihr gezogene, sehr weite Verantwortlichkeitsrahmen muss durch weitere normative Kriterien eingeschränkt werden.

Anhand der geltenden Haftungstatbestände ist erkennbar, dass die über die bloße Verursachung hinausgehenden Zurechnungsgründe auf dem Prinzip individueller Verantwortung beruhen. Das betrifft zum einen die Haftung für eigenes Fehlverhalten. Sie beschreibt eine Verantwortung für objektiv normwidriges Verhalten. Bei der Haftung für fremdes Fehlverhalten kommen Kriterien der Verantwortung für das Verhalten der dritten Person hinzu. Fehlverhaltensunabhängige Haftung beruht parallel hierzu auf der Verantwortung für haftungsauslösende Anlagen, Sachen oder Tätigkeiten und der Verwirklichung ihrer Gefahren. Die Verantwortung gründet sich auf die Gefahrenveranlassung und Gefahrenbeherrschung. Normative Elemente sorgen für eine Abgrenzung des nutzungsspezifischen Gefahrenzusammenhangs vom allgemeinen Lebensrisiko, für dessen Folgen im Verhältnis Schädiger und Geschädigter Letzterer zuständig ist.

In der Tendenz zeichnet sich ab, dass die individuelle Verantwortung nur einen immer schwächer werdenden Zurechnungsgrund abgibt. Dennoch ist das Haftungsrecht nach wie vor interaktionsbezogen. Belastungsmomente wie die Vermögensverhältnisse oder die Versicherungssituation kommen darin grundsätzlich nicht vor. Sie haben wegen des kommutativen Charakters des Haftungsrechts darin prinzipiell keinen Platz. Haftungsnormen beziehen sich auf die Verantwortlichkeit für die Schadensentstehung, nicht auf die Bewältigung der Schadensfolgen. Unterschiede in der Schadensbelastung, insbesondere aufgrund bestehender oder möglicher Versicherung, sind weder Haftungs- noch Haftungsausschlussgrund. Abweichendes gilt allein für den beschränkten Bereich ausnahmsweiser Billigkeitshaftung, deren Sinn es als Härteklausel ist, Umstände außerhalb der üblichen Dogmatik zu berücksichtigen.

Der existierende Zusammenhang von Haftung und Versicherung fließt allerdings zum Teil mittelbar in die Frage der tatbestandlichen Ausgestaltung fehlverhaltensunabhängiger Haftungstatbestände ein. Dort ist er Motiv, nicht aber tatbestandliches Zurechnungselement. Für die Auslegung der abstrakten Reichweite individualbezogener Zurechnungselemente kann der Versicherungsschutz relevant sein. Hierbei ist Vorsicht geboten, um das vom Trennungsprinzip geprägte System aus Haftung und akzessorischer Versicherung nicht zu unterlaufen. Im Regelfall ist es nicht möglich, ein Tatbestandsmerkmal danach unterschiedlich auszulegen, ob im Einzelfall Versicherungsschutz besteht oder nicht.

Drittes Kapitel. Schranken der Zurechenbarkeit

Bei der Ausgestaltung des Haftungsrechts können sich rechtliche Grenzen für den Gesetzgeber[1055] aus höherrangigen Normen ergeben. Ihre Betrachtung bildet daher den Hauptteil der Untersuchung (§ 11 und § 12). Verfassungsrechtliche Argumente führten bisher aus Opferschutzgesichtspunkten vor allem zur Haftungserweiterung. Hier geht es dagegen hauptsächlich um die grundrechtliche Begrenzung der Haftung aus Sicht des Ersatzpflichtigen, d.h. speziell des konkret agierenden Fahrers bzw. des abstrakt über die schädigende Sache verfügenden Halters. Im Anschluss an die Überlegungen zu höherrangigen Normen wird gefragt, ob sich aus dogmatisch-funktionalen Gesichtspunkten heraus Grenzen der rechtlichen Ausformung ergeben (§ 13). Rechtssystematische und ethische Argumente fließen jeweils mit ein. Bildhaft ist mit *Bullinger* danach zu fragen, ob Funktionsverschiebungen innerhalb der Haftung zum Herausbrechen einzelner Bausteine des Rechtssystems führen und so tragende Grundsätze der Rechtsordnung ins Wanken geraten können.[1056]

§ 10. Untersuchungsgegenstand: Haftungserweiterung

Neben allgemeinen Aussagen zu den Grenzen der Ausgestaltung des Privatrechts verengt sich der Untersuchungsgegenstand auf Haftungsverschärfungen für den Kfz-Betrieb. Bezugnehmend auf das seit 1985 existierende französische Verkehrshaftpflichtrecht[1057] und die darauf aufbauenden Diskussionspapiere für eine europäische Richtlinie zum Schutz schwacher Verkehrsteilnehmer[1058] geht es hauptsächlich um zwei Gesichtspunkte:

1. Weder der Einwand höherer Gewalt – jedenfalls soweit er auf den Bedingungen des Straßenverkehrs beruht[1059] – noch das Eingreifen dritter Personen soll

---

[1055] Soweit die Gerichte rechtsfortbildend tätig werden, gelten die Ausführungen für sie entsprechend.

[1056] *Bullinger*, in *Ficker/u.a.*, Festschrift für v. Caemmerer (1978), S. 297, 298.

[1057] Vgl. *v. Bar*, VersR 1986, S. 620 ff.; *v. Bar/Gotthardt*, Deliktsrecht in Europa, Frankreich S. 52 ff.; *Kötz*, ZEuP 1997, S. 496, 497 f. sowie oben § 1. A. m.w.Nw.

[1058] Vgl. *K. Baumann*, DAR 2001, S. 549; *Chr. Huber*, zfs 2001, S. 529; *ders.*, in 40. Deutscher Verkehrsgerichtstag 2002, Veröffentlichung der Referate und Empfehlungen, S. 214 ff.; *ders.*, ZVR 2002, S. 38, 42 ff.; *Rothley*, DAR 2001, S. 529, 530 – Zum damit in Zusammenhang stehenden späteren Entwurf für eine 5. Richtlinie über die Kfz-Haftpflichtversicherung s. den Kommissionsvorschlag KOM (2002) 244, S. 14, 21 und 29 f. (ABlEG C E/2002/227/387); *Rothley*, DAR 2001, S. 529; kritisch hierzu *Frommhold*, NZV 2003, S. 25 sowie die Stellungnahme des Europäischen Wirtschafts- und Sozialausschusses EWSA/2003/287 (ABlEG C 2003/95/45), Rn 3.4.2. und der Bericht des Europäischen Parlaments v. 10. Oktober 2003, A5-0346/2003, S. 23 f.

[1059] *Chr. Huber*, zfs 2001, S. 529, 530; generell *K. Baumann*, DAR 2001, S. 549.

dem Schadensersatzanspruch einer im Moment eines „Verkehrsunfalles“ nichtmotorisierten, von einem Kraftfahrzeug verletzten Person entgegengehalten werden können. Der Anspruch richtet sich gegen den Fahrer des Kraftfahrzeuges, dessen Halter sowie gegen die akzessorische Haftpflichtversicherung.

2. Im Hinblick auf das Verhalten des Geschädigten wird der Mitverschuldenseinwand auf „besonders schweres Verschulden“ beschränkt.

Bei diesem Haftungserweiterungsmodell werden zwei Richtungen erkennbar: die Ausdehnung der Verantwortung der „starken“ Verkehrsteilnehmer unter gleichzeitiger Einengung derjenigen der „schwächeren“. Das bewirkt eine schnellere Annäherung an das Ziel des erweiterten und erleichterten Kfz-Opferschutzes. Folge des „Wegbrechens“ klassischer Zurechnungskriterien ist in beiden Fällen das Abschneiden von Entlastungsmöglichkeiten des Schädigers.

§ 11. Höherrangiges nationales Recht

Haftungsnormen konkretisieren verfassungsrechtliche Freiheitsrechte.[1060] Die Aufgabenerfüllung des Haftungsrechts zwischen Güterschutz und Handlungsfreiheit hat das bereits gezeigt.[1061] Für die Seite der zum Ersatz Verpflichteten ist eine verfassungsrechtliche Sichtweise bisher kaum bemüht worden. Befürchtungen um die zu starke Einschränkung ihrer Rechte hat es zur Zeit der Entstehung verschuldensunabhängiger Einstandspflichten gegeben und sie standen unter dem Eindruck der liberalistischen Idee individueller Bewegungsfreiheit und dem hieraus folgenden Primat der Verschuldenshaftung.[1062] Im besonders stark individualistisch geprägten anglo-amerikanischen Rechtsraum gipfelte dies gegen Ende des 19. Jahrhunderts in Entscheidungen einiger US-Bundesstaaten, Gesetze zur Auferlegung verschuldensunabhängiger Haftungspflichten für verfassungswidrig zu halten.[1063]

Der historisch fortschreitende Wandel in den Wertvorstellungen hat mit dem Hervortreten des Geschädigtenschutzes entsprechende Rufe in der Folgezeit weitgehend verstummen lassen. In Deutschland etwa wurde erst gegen Ende des 20. Jahrhunderts die haftungsrechtliche Auferlegung von Schadensersatzverpflichtungen in einigen Fällen genauer auf ihre Vereinbarkeit mit höherrangigem Recht hin in den Blick genommen.[1064] Die Betrachtung verfassungsrechtlicher Grenzen der Haftung steht insoweit vor dem Hintergrund einer Renaissance, in der das Verhältnis von Grundrechten und dem Privatrecht in den letzten 20 Jahren wieder in den Focus juristischer Diskussion geraten ist.[1065] *Wilhelm* stellt hierzu fest, in neuerer Zeit sei im Zivilrecht eine regelrechte „Grund-

---

[1060] *v. Bar*, Gemeineuropäisches Deliktsrecht I, Rn 554; *v. Caemmerer*, Reform der Gefährdungshaftung, S. 11; *Lepa*, in *Deutsch/Klingmüller/Kullmann*, Festschrift für Steffen (1995), S. 261 – Das gilt übergreifend für das gesamte Zivilrecht, *Diederichsen*, AcP 198 (1998), S. 171, 211.

[1061] Oben § 4 A.

[1062] Zu dieser, zum damaligen Zeitpunkt mangels entwickelter Grundrechtskontrolle in Deutschland und Frankreich von der Verfassung gelösten Kritik *Kötz/Wagner*, Rn 25 ff., 32; zum Fortbestehen der Argumente s. die umfangreichen Nachweise bei *Jansen*, Die Struktur des Haftungsrechts, S. 67 in Fn 118.

[1063] Vgl. die Nachweise und Zitate bei *Kötz/Wagner*, Rn 29 ff.

[1064] Stellvertretend zur besonders häufig angeprangerten Minderjährigenhaftung OLG Celle NJW-RR 1989, S. 791; LG Bremen NJW-RR 1991, S. 1432; LG Dessau NJW-RR 1997, S. 214; OLG Koblenz OLGR 1998, S. 405; BVerfG NJW 1998, S. 3557; OLG Celle NJW-RR 2002, S. 674. Näher hierzu unten B. I.

[1065] Zusammenfassend *Canaris*, Grundrechte und Privatrecht, S. 9 f.; *Oeter*, AöR 119 (1994), S. 529 ff.; ausführlich *Ruffert*, Vorrang der Verfassung und Eigenständigkeit des Privatrechts (2001); historisch *Hesse*, Verfassungsrecht und Privatrecht, S. 7 ff. mit Hinweisen zur umgekehrten Beeinflussung des Verfassungsrechts durch das Privatrecht; hierzu auch *Ruffert*, Vorrang der Verfassung und Eigenständigkeit des Privatrechts, S. 50; rechtsvergleichend aus englischer Sicht *Markesinis/Unberath*, S. 28 ff., 406 ff.

rechts-Hysterie“ ausgebrochen.[1066] Es soll deshalb untersucht werden, in welchem Maße nach heutigem Verständnis unsere nationalstaatliche Verfassungsordnung die haftungsrechtliche Risikoverteilung beschränkt.[1067] Welche Ausrichtungsmöglichkeiten bestehen für das einfache Rechts innerhalb der Grund- und Menschenrechte sowie der sonstigen objektiven Werteordnung der Verfassung?[1068] *Ob* und *wie* ist der Privatrechtsgesetzgeber an die Grundrechte gebunden?[1069]

A. Die unmittelbare Bindung des Gesetzgebers und der Gerichte an kollidierende Grundrechtspositionen

Das Bundesverfassungsgericht hat im *Lüth*-Urteil grundlegend zur Funktion der Grundrechte Stellung genommen. Darin heißt es:[1070]

> „Ohne Zweifel sind Grundrechte in erster Linie dazu bestimmt, die Freiheitssphäre des einzelnen vor Eingriffen der öffentlichen Gewalt zu sichern; sie sind Abwehrrechte des Bürgers gegen den Staat. ... Dem entspricht es, daß der Gesetzgeber den besonderen Rechtsbehelf zur Wahrung dieser Rechte, die Verfassungsbeschwerde, nur gegen Akte der öffentlichen Gewalt gewährt hat. Ebenso richtig ist es aber, daß das Grundgesetz ... in seinem Grundrechtsabschnitt auch eine objektive Wertordnung aufgerichtet hat ... Dieses Wertsystem ... muß als verfassungsrechtliche Grundentscheidung für alle Bereiche des Rechts gelten; Gesetzgebung, Verwaltung und Rechtsprechung empfangen von ihm Richtlinien und Impulse. So beeinflusst es selbstverständlich auch das bürgerliche Recht; keine bürgerlich-rechtliche Vorschrift darf in Widerspruch zu ihm stehen, jede muß in seinem Geiste ausgelegt werden.“

Diese Aussagen werden ergänzt durch die weiteren Ausführungen zur „Ausstrahlungswirkung“ auf das bürgerliche Recht mittels der Generalklauseln als „Einbruchstellen“ der Grundrechte.[1071] Im Streit um die sogenannte „mittelbare“ Drittwirkung der Grundrechte[1072] werden den gebrauchten Begriffen zum Teil

---

[1066] *Wilhelm*, Sachenrecht, Rn 825 in Fn 612.

[1067] Zu entsprechenden Bezügen in anderen europäischen Staaten *v. Bar*, Gemeineuropäisches Deliktsrecht I, Rn 562 ff.; zum Einfluss des Europarechts und den Folgen für die Überprüfbarkeit unten § 12.

[1068] *v. Bar*, Gemeineuropäisches Deliktsrecht I, Rn 554.

[1069] Nicht näher betrachtet werden die Grundrechte der einzelnen Landesverfassungen, die nach Art. 142 GG übereinstimmende Rechte gewährleisten müssen.

[1070] BVerfGE 7, S. 198, 204 f.

[1071] BVerfGE 7, S. 198, 206 f.; s.a. *Diederichsen*, AcP 198 (1998), S. 171, 234.

[1072] Umfangreiche Nachweise hierzu enthält *Diederichsen*, AcP 198 (1998), S. 171, 172 f. in den Fn 1 und 2, sowie speziell zur Terminologie S. 199 f. in Fn 116; zum Streitstand im Übrigen stellvertretend *Stern*, Das Staatsrecht der Bundesrepublik Deutschland, Bd. III/1, S. 1531 ff.; *v. Münch/Kunig-v. Münch*, Vorb. Art. 1-19 Rn 29 ff.; *Canaris*, AcP 184 (1984), S. 201, 202 ff., 210 ff.; *Oeter*, AöR 119 (1994), S. 529, 532 ff.; *Ruffert*, Vorrang der Verfassung und Eigenständigkeit des Privatrechts, S. 12 ff.; *Guckelberger*, JuS 2003, S. 1151 ff.;

unterschiedliche Inhalte zugeordnet. Vorliegend geht es allein um die Frage der Geltung der Grundrechte im Zivilrecht,[1073] konkretisiert durch die Unterteilung nach dem „Ob“ und dem „Wie“.[1074] Eine erschöpfende Erörterung des Verhältnisses von Verfassung und Privatrecht kann an dieser Stelle nicht geleistet werden. Die Darstellung beschränkt sich deshalb auf diejenigen Eckpunkte, die für die Erörterung der Grenzen einer Haftungsverpflichtung notwendig erscheinen.

I. Das „Ob“ der Bindung

1. Die generelle Unmittelbarkeit staatlicher Grundrechtsverpflichtung

Von einer vollkommenen Grundrechtsfreiheit des Privatrechts geht heute niemand aus.[1075] Debattiert wird neben der eigentlichen Ausgangsfrage der Grundrechtswirkung zwischen den Privatrechtssubjekten auch darüber, ob die Beachtenspflicht des Gesetzgebers und der Gerichte im Bereich des Privatrechtsverkehrs eine unmittelbare oder nur eine mittelbare ist.[1076] Diese Begrifflichkeiten sind für die Frage des „Ob“ der Bindung staatlicher Gewalt nicht besonders hilfreich. Da keine Mittelsperson zwischen die Grundrechte und die staatliche Gewalt tritt, ist auf dieser Stufe eine Unmittelbarkeit zu bejahen. Wie die Beachtenspflicht konkret erfüllt wird, ist dann eine Frage der zweiten Stufe, eben des „Wie“.

Art. 1 III GG bestätigt das. Die Vorschrift bestimmt in bewusster Abkehr von der Weimarer Reichsverfassung eindeutig, dass Gesetzgebung und Rechtsprechung als Teile der staatlichen Gewalt von den Grundrechten als unmittelbar geltendem Recht gebunden werden.[1077] Zwar wird hiergegen eingewendet, dass

---

kritisch zu den praktischen Auswirkungen des Streits *Lepa*, in *Deutsch/Klingmüller/Kullmann*, Festschrift für Steffen (1995), S. 261, 262 f.

1073 *Diederichsen*, AcP 198 (1998), S. 171, 205; *Guckelberger*, JuS 2003, S. 1151 f. m.w.Nw. in Fn 1 – Die Internationalität des Problems belegen *Canaris*, Grundrechte und Privatrecht, S. 10; *v. Bar*, Gemeineuropäisches Deliktsrecht I, Rn 556 ff.; *Markesinis/Unberath*, S. 28 u. 406 ff.; *Guckelberger*, JuS 2003, S. 1151, 1156 f.

1074 Vgl. *Leisner*, Grundrechte und Privatrecht, S. 306; *Stern*, Das Staatsrecht der Bundesrepublik Deutschland, Bd. III/1, S. 1530 f., 1565 f.; *Canaris*, AcP 184 (1984), S. 201, 202; *ders.*, Grundrechte und Privatrecht, S. 15; *v. Bar*, Gemeineuropäisches Deliktsrecht I, Rn 556 ff.; *Ruffert*, Vorrang der Verfassung und Eigenständigkeit des Privatrechts, S. 34 f.; *Guckelberger*, JuS 2003, S. 1151 f.

1075 *v. Münch/Kunig-v. Münch*, Vorb. Art. 1-19 Rn 29; *Guckelberger*, JuS 2003, S. 1151, 1154, 1157.

1076 Vgl. *v. Münch/Kunig-v. Münch*, Vorb. Art. 1-19 Rn 29 ff. m.w.Nw.

1077 BVerfGE 7, S. 198, 206 f. („Lüth“); 63, S. 88, 115; 81, S. 242, 253; *Maunz/Dürig-Dürig*, Stand 39. Ergänzungslieferung 2001, Art. 1 Rn 100; *Sachs-Höfling*, Art. 1 Rn 76 f., 83, 97, 100 f.; *Stern*, Das Staatsrecht der Bundesrepublik Deutschland, Bd. III/1, S. 1511 f.; *Pieroth/Schlink*, Rn 164; *Canaris*, Grundrechte und Privatrecht, S. 24 f.; *Hager*, JZ 1994, S. 373, 374 f.; *Looschelders*, in *Wolter/Riedel/Taupitz*, Einwirkungen der Grundrechte, etwa die Gerichte die Grundrechte nur zu beachten hätten, soweit sie gelten und dass eine Geltung im Privatrechtsbereich damit nicht determiniert sei.[1078] Alle Gewalten wirken aber hoheitlich auf Grundrechtsträger ein – auch die Gerichte, wenn sie das abstrakte Gesetz im Einzelfall konkretisieren oder fortbilden.[1079] Es ist nicht ersichtlich, warum die unbeschränkt angeordnete Bindung ausgerechnet beim Erlass oder der Anwendung von Privatrecht nicht gelten soll,[1080] zumal es zu ähnlichen Eingriffswirkungen kommen kann wie im verwaltungsrechtlichen Verhältnis.[1081] Das bedeutet nicht, dass jede Freiheitsbeeinträchtigung eines Grundrechtsträgers, d.h. auch solche durch andere Grundrechtsträger, dem Staat zuzuordnen ist.[1082] Staatliche Normsetzung ist aber in jedem Fall ein hoheitlicher Akt, egal ob im Strafrecht, im öffentlichen Recht oder im Zivilrecht.

Hinsichtlich des außervertraglichen Haftungsrechts hat das Bundesverfassungsgericht im *Lüth*-Urteil immerhin verlautbart, die Normen gehörten zu

---

S. 93, 94; *MünchKomm-Wagner*, Vor § 823 Rn 57; zum Streit um die Bindung der Rechtsprechung *Ruffert*, Vorrang der Verfassung und Eigenständigkeit des Privatrechts, S. 122 ff.

[1078] Vgl. *Doehring*, Staatsrecht, S. 209; *Ruffert*, Vorrang der Verfassung und Eigenständigkeit des Privatrechts, S. 18, 33 f.

[1079] Vgl. *Jarass/Pieroth-Jarass*, Art. 1 Rn 24 ff.; *Sachs-Höfling*, Art. 1 Rn 77; *Ruffert*, Vorrang der Verfassung und Eigenständigkeit des Privatrechts, S. 125 ff.

[1080] *Schwabe*, Die sogenannte Drittwirkung der Grundrechte (1971); *ders.*, AcP 185 (1985), S. 1; *Stern*, Das Staatsrecht der Bundesrepublik Deutschland, Bd. III/1, S. 1514, 1551, 1563, 1565 f.; *Maunz/Dürig-Dürig*, Stand 39. Ergänzungslieferung 2001, Art. 1 Rn 121; *Canaris*, Grundrechte und Privatrecht, S. 12 ff.; *Hillgruber*, AcP 191 (1991), S. 69, 71 f.; *Hager*, JZ 1994, S. 373, 374 ff.; *Krause*, JR 1994, S. 494, 495 f.; *Ruffert*, Vorrang der Verfassung und Eigenständigkeit des Privatrechts, S. 33 f., 90; *Röthel*, JuS 2001, S. 424, 425; *MünchKomm-Wagner*, Vor § 823 Rn 57; *Abel*, Bürgschaften zwischen Sittenwidrigkeitsrechtsprechung und insolvenzrechtlicher Restschuldbefreiung, S. 23 f. – abweichend wohl BVerfGE 7, S. 198, 206 („Lüth"); deutlicher *Böckenförde*, Der Staat 29 (1990), S. 1, 2 f.: Art. 1 III GG beziehe sich auf den vorhandenen Gehalt der Grundrechte und dieser könne subjektiv bindend oder nur objektiv leitend sein; *Guckelberger*, JuS 2003, S. 1151, 1152; kritisch auch *Diederichsen*, AcP 198 (1998), S. 171, 225 ff. aus entstehungsgeschichtlicher Sicht; erwidernd *Canaris*, Grundrechte und Privatrecht, S. 11 ff.; vermittelnd *Medicus*, AcP 192 (1992), S. 35, 46 – vgl. im Übrigen aus der Rechtsprechung des Bundesverfassungsgerichts zu privatrechtlichen Normen BVerfGE 3, S. 225, 226, 239 ff.; 31, S. 58, 72 f. („Spanier"); 37, S. 132, 139 ff.; 50, S. 290, 339 ff.; 57, S. 361, 378 ff.; 63, S. 88, 108 ff.; 72, S. 155, 167 ff.; 77, S. 308, 332 ff.; 79, S. 256, 267 ff.; 81, S. 242, 253; 87, S. 114, 138 ff.; 90, S. 263, 270 ff.; NJW 2002, S. 2937, 2938.

[1081] Vgl. *Canaris*, Grundrechte und Privatrecht, S. 12 ff. mit Beispielen: § 1004 BGB, § 823 BGB, § 564b f. BGB a.F. (jetzt §§ 549, 573 ff. BGB), § 3 EFZG; *ders.* zuvor in JuS 1989, S. 161, 162; *Stern*, Das Staatsrecht der Bundesrepublik Deutschland, Bd. III/1, S. 1567 f.; *Oeter*, AöR 119 (1994), S. 529, 534 f.; *Diederichsen*, AcP 198 (1998), S. 171, 212, 227; *Medicus*, AcP 192 (1992), S. 35, 44, 46; *Pieroth/Schlink*, Rn 178, 180 – ausdrücklich eine Eingriffswirkung verneint hat BVerfGE 30, S. 173, 199 f. („Mephisto").

[1082] Hierzu kritisch *Alexy*, Theorie der Grundrechte, S. 416 ff.; *Guckelberger*, JuS 2003, S. 1151, 1152 m.w.Nw.

„denjenigen Vorschriften des Privatrechts ... , die zwingendes Recht enthalten ... , d.h. Prinzipien, die aus Gründen des gemeinen Wohls auch für die Gestaltung der Rechtsbeziehungen zwischen den einzelnen verbindlich sein sollen und deshalb der Herrschaft des Parteiwillens entzogen sind. Diese Bestimmungen haben nach ihrem Zweck eine nahe Verwandtschaft mit dem öffentlichen Recht, dem sie sich ergänzend anfügen.“[1083] Gemeint ist damit wohl, dass die Haftungsnormen außerhalb der Privatautonomie angesiedelt sind und die Freiheit des Einzelnen kraft Gesetzes derart eingeschränkt wird, dass er fremde Rechte und Rechtsgüter jedenfalls nicht entschädigungslos verletzen darf.

Von entscheidender Bedeutung für den Grundrechtsschutz ist weiterhin die Verfassungsbeschwerdemöglichkeit nach Art. 93 I Nr. 4 a GG. Auch diese Norm stellt allgemein auf Grundrechtsverletzungen durch die öffentliche Gewalt ab, wozu ohne Zweifel Gesetzgebung und Rechtsprechung in ihrer Gesamtheit zählen.[1084] Art. 1 III GG und Art. 93 I Nr. 4 a GG liegen zudem die allgemeinen Gedanken der Normenhierarchie und der Gesetzesbindung zu Grunde,[1085] die sich auch in den Art. 1 I S. 2 und Art. 20 III GG widerspiegeln.[1086] Gesetzgeber und Richter haben die Grundrechte folglich unmittelbar zu beachten.

2. Mittelbare Bindung von Privatrechtssubjekten

Demgegenüber ist ein Privatrechtssubjekt ohne hoheitliche Funktion kein Grundrechtsverpflichteter.[1087] Das Rechtsverhältnis zwischen den Bürgern wird durch die Grundrechte nicht unmittelbar bestimmt.[1088] Eine diesbezügliche unmittelbare Drittwirkung gibt es im Regelfall nicht.[1089] Die unmittelbare Bindung

---

[1083] BVerfGE 7, S. 198, 206; hierzu *Pieroth/Schlink*, Rn 178; kritisch *v. Bar*, Gemeineuropäisches Deliktsrecht I, Rn 556 in Fn 15.

[1084] BVerfGE 7, S. 198, 206 („Lüth“); s.a. 49, S. 252, 258; *Canaris*, Grundrechte und Privatrecht, S. 14, 25 f.; *Sachs-Sturm*, Art. 93 Rn 76; *Pieroth/Schlink*, Rn 165.

[1085] *Canaris*, Grundrechte und Privatrecht, S. 15; a.A. *Diederichsen*, AcP 198 (1998), S. 171, 234 f.

[1086] *Sachs-Höfling*, Art. 1 Rn 74; *Medicus*, AcP 192 (1992), S. 35, 43; *Ruffert*, Vorrang der Verfassung und Eigenständigkeit des Privatrechts, S. 36; *Röthel*, JuS 2001, S. 424, 425; *Hesse*, Verfassungsrecht und Privatrecht, S. 20 f.; s.a. *Pieroth/Schlink*, Rn 165.

[1087] *Canaris*, JuS 1989, S. 161, 162; *Pieroth/Schlink*, Rn 173; *Guckelberger*, JuS 2003, S. 1151, 1153 f.

[1088] *Richter/Schuppert/Bumke*, S. 44 f.; vertiefend *Stern*, Das Staatsrecht der Bundesrepublik Deutschland, Bd. III/1, S. 1538 ff.; *Canaris*, AcP 184 (1984), S. 201, 202 ff.; *ders.*, Grundrechte und Privatrecht, S. 12 in Fn 14 sowie S. 22, 34 ff.; *Medicus*, AcP 192 (1992), S. 35, 43 f.; *Diederichsen*, AcP 198 (1998), S. 171, 201 in Fn 118 sowie S. 203 ff., 230 ff.

[1089] *Pieroth/Schlink*, Rn 173 und näher 175 f.; zum europäischen Grundrechtsschutz *Ehlers*, in *Ehlers*, EuGR, § 13 Rn 32 sowie § 7 Rn 42 f.

der staatlichen Gewalt bei Erlass und Anwendung des Privatrechts führt aber zur mittelbaren Grundrechtswirkung innerhalb der Privatrechtssubjekte.[1090]

3. „Privatrechtlicher Grundrechtskonflikt"

Die entscheidende Besonderheit beim Erlass und der Anwendung des Privatrechts besteht darin, dass ein Konflikt konkurrierender Grundrechtsträger zu lösen ist.[1091] Er schwächt die Wirkung des einzelnen Grundrechts, das nicht allein im Widerstreit mit staatlicher Gewalt, sondern in Entfaltungskonkurrenz mit einem prinzipiell gleichstufigen Grundrecht steht.[1092] Da die staatliche Gewalt als Entscheidungsträger die betroffenen Positionen beim Ausgleich durch und anhand des einfachen Rechts jeweils unmittelbar beachten muss,[1093] ist die entscheidende Frage, wie sich die Bindungen gegenüber dem Normgeber bei der Kollision entfalten.[1094]

II. Das „Wie" der Bindung

Das eigentliche Problem liegt also darin, wie sich die mehrfache Bindung der staatlichen Gewalt konkret verwirklicht. Welcher Prüfungsmaßstab ist gegenüber dem staatlichen Handeln anzuwenden? Eine nur eingeschränkte verfassungsrechtliche Überprüfbarkeit führt im Ergebnis zu einem faktisch beschränkten Pflichtenprogramm des die Grundrechtskollission auflösenden Entscheidungsträgers.[1095]

[1090] Allgemein *Pieroth/Schlink*, Rn 177 ff.; *Ruffert*, Vorrang der Verfassung und Eigenständigkeit des Privatrechts, S. 252 f.; *Guckelberger*, JuS 2003, S. 1151, 1157; speziell zum Haftungsrecht *v. Bar*, Gemeineuropäisches Deliktsrecht I, Rn 557; *Looschelders*, in *Wolter/Riedel/Taupitz*, Einwirkungen der Grundrechte, S. 93, 94; a.A. *Doehring*, Staatsrecht, S. 209; *v. Münch/Kunig-v. Münch*, Vorb. Art. 1-19 Rn 33 m.w.Nw.

[1091] BVerfGE 30, S. 173, 199 („Mephisto"); 63, S. 88, 115; 89, S. 214, 230, 232 („Bürgschaft"); *Stürner*, NJW 1979, S. 2334, 2336; *Medicus*, AcP 192 (1992), S. 35, 57, 59; *Canaris*, Grundrechte und Privatrecht, S. 23; *Hesse*, Verfassungsrecht und Privatrecht, S. 24 f.; *Ruffert*, Vorrang der Verfassung und Eigenständigkeit des Privatrechts, S. 72; *Larenz*, Methodenlehre, S. 412; *Lepa*, in *Deutsch/Klingmüller/Kullmann*, Festschrift für Steffen (1995), S. 261; *Goecke*, Die unbegrenzte Haftung Minderjähriger im Deliktsrecht, S. 85; *Krause*, JR 1994, S. 494, 498; *Papier*, DAR 2002, S. 532, 536; *Guckelberger*, JuS 2003, S. 1151, 1153, 1155; s.a. *Markesinis/Unberath*, S. 411.

[1092] Vgl. BVerfGE 30, S. 173, 199 („Mephisto"); 66, S. 116, 135 f. („Wallraff"); *Goecke*, Die unbegrenzte Haftung Minderjähriger im Deliktsrecht, S. 84 f.; *v. Bar*, Gemeineuropäisches Deliktsrecht I, Rn 595.

[1093] Stellvertretend *Stürner*, NJW 1979, S. 2334, 2336; *Looschelders*, VersR 1999, S. 141, 143; *Pieroth/Schlink*, Rn 178 und 185.

[1094] *Ruffert*, Vorrang der Verfassung und Eigenständigkeit des Privatrechts, S. 34 f., 90 ff.; vgl. auch die Ausführungen in BVerfGE 7, S. 198, 206 f. („Lüth").

[1095] *Goecke*, Die unbegrenzte Haftung Minderjähriger im Deliktsrecht, S. 79 f. – Davon unberührt bleibt die Möglichkeit, dogmatische Handlungsstandards von der Reichweite ihrer Überprüfbarkeit zu unterscheiden. Vgl. *Ruffert*, Vorrang der Verfassung und Eigenständigkeit des Privatrechts, S. 208 m.w.Nw.

Für Einschränkungen bei der Überprüfung sprechen rechtssystematische und – auf den ersten Blick paradox – rechtsstaatliche Überlegungen. Droht doch durch den gestrengen Blick auf die „vagen Freiheiten des Grundrechtsabschnitts" eine „Zerfaserung" vermeintlich geschlossener Konzeptionen des einfachen Rechts.[1096] Der Gesetzgeber wird mit verfassungsgerichtlichen Entscheidungslanzen quasi umzingelt.[1097] Die Rechtssicherheit kann hierunter erheblich leiden und die grundgesetzliche Aufgabenverteilung zwischen den Gewalten in eine Schieflage geraten.[1098] Deshalb darf die verfassungsrechtliche Betrachtung eines Grundrechtskonfliktes nicht zur Verflachung fachrechtlicher Gerechtigkeitspostulate führen: „Das Verfassungsrecht muß sich auf das Abschleifen von Kanten beschränken; es darf nicht selbst das Zivilrecht ersetzen wollen."[1099] Darin liegen wohl auch der eigentliche Kern und die Berechtigung der Relativierungen des „Lüth"-Urteils.[1100] Dem *Geltungsvorrang der Verfassung* steht, um mit *Ruffert* zu sprechen, ein *Erkenntnisvorrang des Privatrechts* gegenüber,[1101] oder besser, beide stehen nebeneinander.[1102] Diese Erkenntnis offenbart die Schwierigkeit bei der „Ausmessung" zweier Wirkungsbereiche, die in einem gewissen Stufenverhältnis zueinander stehen und dennoch beide zu beachten sind. Die nähere Betrachtung der isolierten Grundrechtsbereiche und ihres Ausgleiches soll das verdeutlichen.

[1096] *Maunz/Dürig-Dürig*, Stand 39. Ergänzungslieferung 2001, Art. 1 Rn 129 ff.; *Diederichsen*, AcP 198 (1998), S. 171, 214, 228, 231; *Medicus*, AcP 192 (1992), S. 35, 55; *Krause*, JR 1994, S. 494 ff., 499; *Oeter*, AöR 119 (1994), S. 529, 531 ff.; *Röthel*, JuS 2001, S. 424, 425 spricht von der verfassungsrechtlichen Überformung des Privatrechts; so zuvor schon *Hesse/Kauffmann*, JZ 1995, S. 219, 221 mit weiteren Ausführungen zur Gewaltenteilungsproblematik – zum historischen Übergewicht des Privatrechts bei der Konstitution der bürgerlich freien Gesellschaft *Hesse*, Verfassungsrecht und Privatrecht, S. 10 f.

[1097] Vgl. die Nachweise bei *Diederichsen*, AcP 198 (1998), S. 171, 218 ff.; ähnlich *Krause*, JR 1994, S. 494, 499: „ ‚Versteinerung' der Rechtsordnung durch ein ständig enger werdendes Geflecht an vermeintlich unverrückbaren Vorgaben der Verfassung"; *Pawlowski*, in *Wolter/Riedel/Taupitz*, Einwirkungen der Grundrechte, S. 39, 45 ff.

[1098] *Medicus*, AcP 192 (1992), S. 35, 57 ff.; *Hesse/Kauffmann*, JZ 1995, S. 219, 221; *Leisner*, NJW 1997, S. 636 ff.; *Stern*, Das Staatsrecht der Bundesrepublik Deutschland, Bd. III/1, S. 1554; *Hesse*, Verfassungsrecht und Privatrecht, S. 24 f., 28; *Röthel*, JuS 2001, S. 424, 426; *Guckelberger*, JuS 2003, S. 1151, 1153; im Ansatz auch BVerfGE 89, S. 214, 230, 232 („Bürgschaft").

[1099] *v. Bar*, Gemeineuropäisches Deliktsrecht I, Rn 595; eindringlich *Diederichsen*, AcP 198 (1998), S. 171, 231 ff., 256 ff.; *Stern*, Das Staatsrecht der Bundesrepublik Deutschland, Bd. III/1, S. 1553; *Looschelders*, in *Wolter/Riedel/Taupitz*, Einwirkungen der Grundrechte, S. 93, 95.

[1100] In diesem Zusammenhang *Hesse*, Verfassungsrecht und Privatrecht, S. 40 ff.

[1101] *Ruffert*, Vorrang der Verfassung und Eigenständigkeit des Privatrechts, S. 51.

[1102] *Ruffert*, Vorrang der Verfassung und Eigenständigkeit des Privatrechts, S. 52.

1. Normatives Tun: Eingriffe und Übermaßverbot

a) Gesetzgeberische Ausformung der Grundrechtssphären

Zwingende Ge- und Verbote des Privatrechts können gegenüber einem Privatrechtssubjekt eine Eingriffswirkung entfalten.[1103] Es fragt sich, inwiefern solche Privatrechtsnormen am potenziell scharfen Maßstab der Verhältnismäßigkeit zu kontrollieren sind.[1104]

Die einheitliche Bindung der Gewalten spricht für eine gleichgerichtete Messlatte. Gegen sie wird gemäß dem soeben Gesagten die Erhaltung der Eigenständigkeit des zivilrechtlichen Wertesystems vorgebracht,[1105] das der weitgehenden Gestaltungsfreiheit des einfachrechtlichen Gesetzgebers unterliegt.[1106] Eine Modifikation der Grundrechtswirkungen bzw. ihrer Gewährleistung ist notwendig, weil mit Rücksicht auf die kollidierenden Grundrechte die notwendige Konkordanz zu Abschwächungen im Schutzniveau führen muss.[1107]

Beide Aspekte sind keine Spezifika der Zivilrechtsordnung. Auch die einfachgesetzliche Ausformung verfassungsrechtlicher Werte im Verwaltungsrecht läuft zum Teil auf einen Konflikt kollidierender Grundrechte hinaus, den der einfache Gesetzgeber aufzulösen hat.[1108] Zwar beschäftigt sich das Verwaltungsrecht vornehmlich mit dem Verhältnis Staat und Bürger. Einzubeziehen sind aber häufig die Positionen anderer Grundrechtsträger.[1109]

[1103] S. hierzu Fn 1081; zur Abwehrfunktion der Grundrechte im Privatrecht ausführlich *Ruffert*, Vorrang der Verfassung und Eigenständigkeit des Privatrechts, S. 88 ff.

[1104] *Canaris*, Grundrechte und Privatrecht, S. 19; *Goecke*, Die unbegrenzte Haftung Minderjähriger im Deliktsrecht, S. 80 f., 84 ff.; *Krause*, JR 1994, S. 494, 498; *MünchKomm-Wagner*, Vor § 823 Rn 59 – vgl. auch BVerfGE 30, S. 173, 199 f. („Mephisto") einerseits und BGHZ 118, S. 312, 343 sowie BAG NJW 1993, S. 1732, 1734 andererseits.

[1105] *Diederichsen*, AcP 198 (1998), S. 171, 242 ff.; *Hesse*, Verfassungsrecht und Privatrecht, S. 25, 28, 39; *Medicus*, AcP 192 (1992), S. 35, 60; *v. Bar*, Gemeineuropäisches Deliktsrecht I, Rn 595; *Pawlowski*, JZ 2002, S. 627, 632 f.; weitere Nachweise enthält *Guckelberger*, JuS 2003, S. 1151, 1152 in Fn 1.

[1106] *Medicus*, AcP 192 (1992), S. 35, 55; vgl. auch BVerfGE 30, S. 173, 199 („Mephisto"); 50, S. 290, 333.

[1107] BVerfGE 30, S. 173, 199 („Mephisto"); 66, S. 116, 135 f. („Wallraff"); 89, S. 214, 232 („Bürgschaft"); *Stürner*, NJW 1979, S. 2334, 2336; *Hesse*, Verfassungsrecht und Privatrecht, S. 24 f.; *Canaris*, Grundrechte und Privatrecht, S. 22 f.; *Krause*, JR 1994, S. 494, 498; *Maunz/Dürig-Papier*, Art. 14 Rn 220; *v. Bar*, Gemeineuropäisches Deliktsrecht I, Rn 595; *Goecke*, Die unbegrenzte Haftung Minderjähriger im Deliktsrecht, S. 85; *MünchKomm-Wagner*, Vor § 823 Rn 59.

[1108] So zu Recht *Canaris*, AcP 184 (1984), S. 201, 212; *ders.*, JuS 1989, S. 161, 162; *ders.*, Grundrechte und Privatrecht, S. 19; *Ruffert*, Vorrang der Verfassung und Eigenständigkeit des Privatrechts, S. 93; *Kingreen*, in *Calliess/Ruffert*, EUV, Art. 6 Rn 75.

[1109] Vgl. *v. Bar*, Gemeineuropäisches Deliktsrecht I, Rn 595.

Im Zivilrecht geht es unmittelbar um die Auflösung von Grundrechtskonflikten. Der Privatrechtsgesetzgeber hat durch differenzierte, aber dennoch generelle Regelungen die Verhältnismäßigkeit auszugestalten.[1110] Er ist in erster Linie ermächtigt und verpflichtet, die Kollisionslagen aufzulösen und hat dementsprechend einen weiten Ge-staltungsspielraum.[1111] Regelmäßig existiert eine Mehrzahl „verfassungsgerechter" Entscheidungsmöglichkeiten.[1112]

Die Kontrolle der gesetzgeberischen Ausgestaltung muss angesichts der prinzipiellen Gleichstufigkeit der involvierten Grundrechte und des Lösungsspielraumes auf eine *Plausibilitätsprüfung* anhand des Verhältnismäßigkeitsgrundsatzes beschränkt bleiben,[1113] will man nicht die inhaltliche Rechtssetzungsprärogative des demokratisch legitimierten Gesetzgebers zur Farce werden lassen. Deshalb meint *Medicus* zu Recht, „das" gesetzgeberische Optimum könne nicht gefordert werden. „Vielmehr ist jede noch vertretbare gesetzgeberische Entscheidung hinzunehmen."[1114] Die häufig geforderte, größtmögliche Verwirklichung der kollidierenden Grundrechte ist angesichts der eigenständigen, gesetzgeberischen Konfliktschlichtungsfunktion als verfassungsrechtliche Messlatte fragwürdig, wenngleich sie natürlich „das" ideale Leitbild für gesetzgeberisches Handeln darstellt.[1115] „Das Leitbild der Kontrollnorm ist der Mindestschutz, nicht die optimale Grundrechtsverwirklichung."[1116]

Hinzu kommt, dass ein Gesetz notwendig generell sein muss und die Legislative im Unterschied zu der sie kontrollierenden Judikative zur planvollen und

---

1110 *Medicus*, AcP 192 (1992), S. 35, 37; *Stern*, Das Staatsrecht der Bundesrepublik Deutschland, Bd. III/1, S. 1554, 1578; *Röthel*, JuS 2001, S. 424, 426; *Lepa*, in *Deutsch/Klingmüller/Kullmann*, Festschrift für Steffen (1995), S. 261, 264; überhaupt kritisch zur entscheidungsbezogenen Aussagefähigkeit der Grundrechtsartikel *Diederichsen*, AcP 198 (1998), S. 171, 245; zum normtheoretischen Problem der Verfassungswertekonkretisierung *Ruffert*, Vorrang der Verfassung und Eigenständigkeit des Privatrechts, S. 37 ff.

1111 Vgl. BVerfGE 30, S. 173, 199 („Mephisto"); 42, S. 143, 148; 50, S. 290, 333; 95, S. 28, 38; s.a. 31, S. 58, 78 ff., 86 („Spanier"); 83, S. 130, 142; *Stürner*, NJW 1979, S. 2334, 2335 f.; *Hesse*, Verfassungsrecht und Privatrecht, S. 27 f.; *Krause*, JR 1994, S. 494, 496; *Looschelders*, VersR 1999, S. 141, 143 f.; *Bartlsperger*, in *Isensee/Lecheler*, Festschrift für Leisner (1999), S. 1003, 1007; *Macke*, DAR 2000, S. 506, 507; *Papier*, DAR 2002, S. 532, 536; *Kingreen*, in *Calliess/Ruffert*, EUV, Art. 6 Rn 75; *Guckelberger*, JuS 2003, S. 1151, 1153, 1155; abweichend z.B. *Rolfs*, JZ 1999, S. 233 f.

1112 *Medicus*, AcP 192 (1992), S. 35, 60; *Bamberger/Roth-Spindler*, Vor § 823 Rn 10; *Looschelders*, in *Wolter/Riedel/Taupitz*, Einwirkungen der Grundrechte, S. 93, 94 f.; s.a. BVerfGE 95, S. 28, 38.

1113 Vgl. BVerfGE 30, S. 173, 199 („Mephisto"); *Looschelders*, VersR 1999, S. 141, 143 f.; *Ruffert*, Vorrang der Verfassung und Eigenständigkeit des Privatrechts, S. 92 f.: „flexible Berücksichtigung der ausgleichenden Funktion des Privatrechts im Rahmen der Verhältnismäßigkeit".

1114 *Medicus*, AcP 192 (1992), S. 35, 61.

1115 Vgl. *Ruffert*, Vorrang der Verfassung und Eigenständigkeit des Privatrechts, S. 207 ff.

1116 *Ruffert*, Vorrang der Verfassung und Eigenständigkeit des Privatrechts, S. 215.

umfassenden Regelung berufen ist.[1117] Vor diesem Hintergrund sollte ein Gesetz auch bewertet werden.[1118] Das Privatrecht gewinnt durch eine Allgegenwart grundrechtlicher Argumentation wenig, während die verfassungsrechtliche Sicherung gesellschaftlicher Grundwerte an Klarheit, Akzeptanz und Bedeutung verliert.[1119] Die Grundrechte können bürgerlich-rechtliche Streitigkeiten nicht en detail auflösen,[1120] sondern sie entfalten sich nur und erst „durch das Medium der das jeweilige Rechtsgebiet unmittelbar beherrschenden Vorschriften".[1121] Verfassungsrechtliche Grenzen werden erst dort überschritten, wo eine solche Entfaltung im einfachen Recht überhaupt oder nahezu nicht mehr stattfindet.[1122]

b) Ausgestaltung durch die Fachgerichte

Ähnliches gilt für die Überprüfung der Anwendung des einfachen Rechts im Rahmen der Urteilsverfassungsbeschwerde. Die Fachgerichte sind vornehmlich an das einfache Gesetz gebunden, Art. 20 III, 100 I GG.[1123] Die verfassungsrechtliche Ebene wird für sie erst und nur dann unmittelbar relevant, wenn der Ausgleich durch den Gesetzgeber nicht erfolgt oder misslungen ist.[1124] Das gilt z.B. für einzelne Härtelagen, auf die der Gesetzgeber mit der abstrakten Normgebung nicht oder nur unzureichend reagiert hat. In diesen Einzelfällen haben die Gerichte im Rahmen der Rechtsfortbildung zunächst mit verfassungskonformer Auslegung, Analogie und teleologischer Reduktion zu reagieren, bevor das Verdikt der Verfassungswidrigkeit herangezogen wird. Denn das Gesetz

---

[1117] *Medicus*, AcP 192 (1992), S. 35, 61, 69; s.a. *Hesse*, Verfassungsrecht und Privatrecht, S. 24 f.; BVerfGE 66, S. 116, 138 („Wallraff").

[1118] *Canaris*, JuS 1989, S. 161, 164.

[1119] *Hesse*, Verfassungsrecht und Privatrecht, S. 30; allgemein *Mahrenholz/Böckenförde* im Sondervotum BVerfGE 69, S. 1, 57, 62 ff.

[1120] BVerfGE 42, S. 143, 148; *Bamberger/Roth-Spindler*, Vor § 823 Rn 10; *MünchKomm-Wagner*, Vor § 823 Rn 59; *Ruffert*, Vorrang der Verfassung und Eigenständigkeit des Privatrechts, S. 49.

[1121] BVerfGE 7, S. 198, 205 („Lüth"); 42, S. 143, 148; 73, S. 261, 269; *v. Münch/Kunig-v. Münch*, Vorb. Art. 1-19 Rn 31; *Kingreen*, in *Calliess/Ruffert*, EUV, Art. 6 Rn 75; zur Problematik des ambivalenten Verhältnises näher *Ruffert*, Vorrang der Verfassung und Eigenständigkeit des Privatrechts, S. 37 ff., 104 ff.

[1122] *MünchKomm-Wagner*, Vor § 823 Rn 60.

[1123] Vgl. *Canaris*, Grundrechte und Privatrecht, S. 23 ff., 87; *Medicus*, AcP 192 (1992), S. 35, 47 ff.; *Stern*, Das Staatsrecht der Bundesrepublik Deutschland, Bd. III/1, S. 1582 f.; *Oeter*, AöR 119 (1994), S. 529, 556 ff.; *Ruffert*, Vorrang der Verfassung und Eigenständigkeit des Privatrechts, S. 122 ff., s.a. S. 223 ff.; *Röthel*, JuS 2001, S. 424, 426 ff.; *Guckelberger*, JuS 2003, S. 1151, 1155; BVerfGE 49, S. 304, 318 ff., insbesondere 320; *Starck*, JZ 1976, S. 63, 64; *J. Schwabe*, DVBl 1979, S. 667.

[1124] *Stern*, Das Staatsrecht der Bundesrepublik Deutschland, Bd. III/1, S. 1583; *Looschelders*, VersR 1999, S. 141, 143 f.; s.a. BVerfGE 95, S. 28, 38.

kann diesem entgehen, wenn das materielle Recht selbst in der Lage ist, auf untragbare Härtefälle zu reagieren.[1125]

Des öfteren enthält das einfache Recht Einbruchstellen für eine individuelle Verhältnismäßigkeitsprüfung des Rechtsanwenders, z.B. in §§ 138, 242, 251 II S. 1, 315 III, 343, 826, 829 BGB.[1126] Auch gegenüber den hier zur Ausfüllung berufenen Fachgerichten kann es nicht Aufgabe des Bundesverfassungsgerichts sein, jede andere mögliche Ausgestaltung zum Anlass für eine Entscheidungskorrektur zu nehmen.[1127] Dann würde es die Vorgabe des Gesetzgebers, den Rechtsanwender im Einzelfall abwägen zu lassen, missachten.[1128] Wiederum kann es nur um eine Plausibilitätsschwelle gehen.[1129] Andernfalls würde der Grundrechtsschutz zudem von Zufälligkeiten der Gesetzgebungstechnik abhängen,[1130] was nicht einleuchten will. Bei der Rechtsanwendung und Rechtsauslegung darf dementsprechend kein dem Gesetzgeber verwehrtes Ergebnis entstehen.[1131] Innerhalb der Spannbreite gesetzgeberischer Freiheit ist es dann Aufgabe der Fachgerichte, die Übereinstimmung mit dem geltenden einfachen Recht zu gewährleisten.[1132] Die Rechtsprechung steht hierbei im Konflikt zwischen Gesetzes- und Verfassungsbindung.[1133] Zu folgen ist dem Bundesverfassungsgericht insofern in seiner Feststellung, es könne „einer rechtskräftigen zivilrechtlichen Entscheidung nicht schon dann entgegentreten, wenn es selbst bei der Beurteilung widerstreitender Grundrechtspositionen ... anders entschieden hät-

---

[1125] Vgl. *Moritz*, JA 1999, S. 355, 356: Das Verhältnismäßigkeitsprinzip „setzt sich im Zivilrecht um in dem Erfordernis von Härteregelungen".

[1126] Weitere Beispiele enthält *Medicus*, AcP 192 (1992), S. 35, 37 f.

[1127] Vgl. *Ruffert*, Vorrang der Verfassung und Eigenständigkeit des Privatrechts, S. 235.

[1128] *Canaris*, AcP 184 (1984), S. 201, 209 spricht von den zu achtenden, spezifisch privatrechtlichen Übermaßverboten; *Röthel*, JuS 2001, S. 424, 427: bewusste Weitergabe des Gestaltungsspielraums; *Oeter*, AöR 119 (1994), S. 529, 559 f.; *Pawlowski*, JZ 2002, S. 627, 632 f.; *Guckelberger*, JuS 2003, S. 1151, 1155: „Beauftragung" mit der Konkretisierung; zur immer noch größeren Rechtssicherheit im Verhältnis zur reinen Grundrechtsabwägung *Hesse*, Verfassungsrecht und Privatrecht, S. 28.

[1129] Vgl. *Krugmann*, JuS 1998, S. 7, 9, 12; s.a. *Larenz*, Methodenlehre, S. 412; *Oeter*, AöR 119 (1994), S. 529, 559 f.; zum allgemein bestehenden Interpretationsspielraum des Richters BVerfGE 95, S. 28, 38.

[1130] *Canaris*, JuS 1989, S. 161, 162; Die Gestaltungsfreiheit des Gesetzgebers zwischen unbestimmten Rechtsbegriffen und detaillierten Einzelfallnormen betont BVerfGE 49, S. 89, 136 f. („Kalkar").

[1131] Vgl. z.B. BVerfGE 68, 361, 372; 79, S. 283, 290; 81, S. 29, 31 f.; NJW 1991, S. 2272; *Canaris*, AcP 184 (1984), S. 201, 213; *ders.*, JuS 1989, S. 161, 162; *ders.*, Grundrechte und Privatrecht, S. 26 f. m.w.Nw. zur *Schumann'schen Formel.*

[1132] BVerfGE 18, S. 85, 93; 42, S. 143, 148; *Krause*, JR 1994, S. 494, 496.

[1133] Näher *Röthel*, JuS 2001, S. 424 ff.

te".[1134] Das Verfassungsgericht darf nicht zur jeden Einzelfall „entscheidenden" Superrevisionsinstanz werden.[1135]

In gewissem Gegensatz hierzu steht es, wenn das BVerfG verlangt, dass die im konkreten Fall schwächere Verfassungsbestimmung „nur so weit zurückgedrängt werden" darf, „wie das logisch und systematisch zwingend erscheint".[1136] Das Gericht hat in seiner Entscheidung zur Wirksamkeitskontrolle von Angehörigen-Bürgschaften deutlich gemacht, dass die betroffenen Grundrechte so zu begrenzen sind, „daß sie für alle Beteiligten möglichst weitgehend wirksam werden" und hiermit eine Optimierung als Ziel des verhältnismäßigen Ausgleichs benannt.[1137] Da die Abwägung der kollidierenden Werte auf den konkreten Fall bezogen ist,[1138] müsse der Richter in jeder Konfliktentscheidung für einen optimalen, weitgehenden Erhalt aller betroffenen Freiheiten sorgen.[1139]

Die Judikative muss jedoch in erster Linie dem Gesetz zur Geltung verhelfen. Diesbezüglich hat der Gesetzgeber einen weiten Entscheidungsspielraum, der zum Teil an die Gerichte weitergeleitet wird. Da das Bundesverfassungsgericht nicht zur jeden Einzelfall erneut entscheidenden Instanz werden darf, kann ein einzelfallbezogener „optimaler" Ausgleich nicht Gegenstand der verfassungsrechtlichen Überprüfung sein. Nur erkennbar schwerwiegende Rechtsanwendungsfehler mit unmittelbar grundrechtlicher Relevanz können die erneute Prüfung ermöglichen. Notwendig hierfür ist eine unter keinem Gesichtspunkt mehr vertretbarere Auflösung des Grundrechtskonflikts bzw. die fehlende oder unzureichende Auseinandersetzung mit demselben.[1140]

[1134] BVerfG 89, S. 214, 230 („Bürgschaft"); zuvor etwa BVerfGE 7, S. 198, 207 („Lüth"); 42, S. 143, 148.

[1135] Stellvertretend BVerfGE 42, S. 143, 148; *Canaris*, AcP 184 (1984), S. 201, 212 f.; *ders.*, JuS 1989, S. 161, 163 zur notwendigen Unterscheidung zwischen dem „Ob" und dem „Wie" gegenüber der hier auftauchenden Frage der verfahrensrechtlichen Überprüfbarkeit (Superrevision); *ders.*, Grundrechte und Privatrecht, S. 27 ff.; *Hesse*, Verfassungsrecht und Privatrecht, S. 25 f.; *v. Münch/Kunig-v. Münch*, Vorb. Art. 1-19 Rn 32; Für teilweise unvermeidlich hält die inhaltliche Revision wohl *Lepa*, in *Deutsch/Klingmüller/Kullmann*, Festschrift für Steffen (1995), S. 261, 263, beschränkt aber dennoch den Prüfungsmaßstab, S. 264.

[1136] BVerfGE 28, S. 243, 261; s.a. 81, S. 278, 292.

[1137] BVerfGE 89, S. 214, 232 („Bürgschaft"); deutlich auch BVerwGE 87, S. 37, 45 f.

[1138] BVerfGE 28, S. 243, 260 f.; 51, S. 324, 346; 77, S. 240, 253; 81, S. 278, 293; BVerwGE 87, S. 37, 45 f.; s.a. *Mahrenholz/Böckenförde* im Sondervotum BVerfGE 69, S. 1, 57, 63.

[1139] BVerfGE 89, S. 214, 232 („Bürgschaft").

[1140] Stellvertretend BVerfG 85, S. 248, 257 f.; NJW 2002, S. 2937, 2938; NJW 2003, S. 125, 126 m.w.Nw.

c) Willkürverbot, Evidenzkontrolle, Wesensgehaltsgarantie und Verhältnismäßigkeit

Die Schwierigkeit besteht darin, die Schwelle exakt zu bestimmen, ab der eine verfassungswidrige Ausgestaltung vorliegt. Führt der Respekt vor der einfachgesetzlichen Austarierung kollidierender Grundrechtspositionen zur bloßen Anwendung des *Willkürverbotes*?[1141] Was genau heißt *Unvertretbarkeits-*[1142] bzw. *Evidenzkontrolle*?[1143] Ist dies möglicherweise gleichzusetzen mit der *Wesensgehaltsgarantie* des Art. 19 II GG?[1144]

Eine Verletzung der Wesensgehaltsgarantie führt ausweislich des Art. 19 II GG definitiv zur Verfassungswidrigkeit des Aktes öffentlicher Gewalt.[1145] Andererseits kommt Art. 19 II GG in der gerichtlichen Praxis kaum eine Bedeutung zu, was an der erschöpfenden Handhabung des Verhältnismäßigkeitsprinzips liegt.[1146] Sofern man in diesem Prinzip nicht nur eine Konkretisierung des Wesensgehaltes sieht,[1147] setzt dessen Eigenständigkeit[1148] noch über Art. 19 II GG hinausgehende Anforderungen voraus. Von daher würde die Wesensgehaltsschwelle als Prüfungsmaßstab nicht genügen.

Das BVerfG orientiert sich allgemein am Maßstab der Verhältnismäßigkeit. Darin reicht die Kontrolle bezüglich der Frage der Geeignetheit in Abhängigkeit von den Umständen des Einzelfalles von der „Evidenzkontrolle" über eine „Ver-

---

1141 BVerfGE 30, S. 173, 199 („Mephisto"); s.a. BVerfG NJW 2002, S. 2937, 2938; *v. Bar*, Gemeineuropäisches Deliktsrecht I, Rn 595; ablehnend *Canaris*, JuS 1989, S. 161, 163.

1142 *Bullinger*, in *Ficker/u.a.*, Festschrift für v. Caemmerer (1978), S. 297, 310 f.; *Looschelders*, VersR 1999, S. 141, 144, 149.

1143 *Medicus*, AcP 192 (1992), S. 35, 69 f. in Fn 129 m.w.Nw.; *Krause*, JR 1994, S. 494, 499; *MünchKomm-Wagner*, Vor § 823 Rn 60; kritisch zur Evidenz als Rechtsbegriff *Krugmann*, JuS 1998, S. 7, 9 f.; zur Dogmatik der Schutzpflichtenlehre, die im Koflikt mehrerer Grundrechtsträger spiegelbildlich zur Eingriffsseite steht, *Ruffert*, Vorrang der Verfassung und Eigenständigkeit des Privatrechts, S. 210 ff.

1144 Vgl. BVerfGE 7, S. 198, 206 („Lüth"): „den Wertgehalt des Verfassungsrechtssatzes ... zur Geltung zu bringen"; *Hesse*, Verfassungsrecht und Privatrecht, S. 29; *Ruffert*, Vorrang der Verfassung und Eigenständigkeit des Privatrechts, S. 220; *Hager*, JZ 1994, S. 373, 376 f.: verfassungsrechtlich gebotenes Minimum innerhalb der Abwehrfunktion; kritisch demgegenüber *Canaris*, Grundrechte und Privatrecht, S. 45 ff. – allgemein zum Wesensgehalt *Sachs-Krüger/Sachs*, Art. 19 Rn 33 ff. und *v. Münch/Kunig-Krebs*, Art. 19 Rn 22 ff., jeweils m.w.Nw.

1145 BVerfGE 7, S. 377, 411 („Apotheke"); 28, S. 243, 261; 34, S. 238, 245; 80, S. 367, 373 („Tagebuch").

1146 *Richter/Schuppert/Bumke*, S. 29; *Sachs-Krüger/Sachs*, Art. 19 Rn 40; s.a. *Kingreen*, in *Calliess/Ruffert*, EUV, Art. 6 Rn 76; *Medicus*, AcP 192 (1992), S. 35, 50.

1147 Vgl. *v. Hippel*, Grenzen und Wesensgehalt der Grundrechte, S. 47 ff., 63.

1148 Vgl. BVerfGE 45, S. 187, 223, 270 f. („Lebenslange Freiheitsstrafe"); *Canaris*, Grundrechte und Privatrecht, S. 42 ff, 83 ff.

tretbarkeitsanalyse“ bis hin zur konkreten Verhältnisüberprüfung.[1149] Und auch ansonsten findet eine Abwägung unter Berücksichtigung aller Umstände des Einzelfalles, insbesondere der Intensität der Grundrechtsbeeinträchtigung, statt.[1150]

Ein vollkommen greifbarer Mechanismus zur Grenzbestimmung in Fällen kollidierender Verfassungswerte existiert damit nicht.[1151] Deutlich geworden ist bisher immerhin, dass ein optimaler Ausgleich der widerstreitenden Interessen zwar das Ziel privatrechtlicher Normsetzung ist, seine wertungsspezifische Unbestimmtheit aber der primären Ausfüllung durch den Gesetzgeber zugewiesen und insofern auch nur begrenzt überprüfbar ist. Verfassungsrechtliche Kontrolle muss sich darauf beschränken, die Grenzbereiche nicht mehr vertretbarer Verschiebungen zu Lasten eines Beteiligten herauszufiltern.[1152]

2. Normatives Unterlassen: Schutzgebote und Untermaßverbot

Da sich im privatrechtlichen Konflikt mehrere Grundrechtsträger gegenüber stehen, kann umgekehrt ein *fehlender Eingriff* in die Grundrechte der einen Seite zu einem Unterschreiten des verfassungsrechtlich gebotenen Minimalschutzes der anderen Partei führen.[1153] Der Staat muss Grundrechte in gewissem Umfang auch gegen Verletzungen von nichtstaatlicher Seite bewahren,[1154] d.h. vor allem vor Beeinträchtigungen durch andere Grundrechtsträger.[1155] Kraft dieser Hand-

---

[1149] Zum Prognosespielraum des Gesetzgebers siehe die umfangreichen Nachweise bei BVerfGE 50, S. 290, 333; zur Rechtsprechung BVerfGE 42, S. 143, 148 f.

[1150] Z.B. BVerfGE 35, S. 202, 221, 226 („Lebach“); 42, S. 143, 148 f.; 66, S. 116, 131 („Wallraff“); 79, S. 256, 270 ff.; 89, S. 214, 232 („Bürgschaft“).

[1151] Näher *Ruffert*, Vorrang der Verfassung und Eigenständigkeit des Privatrechts, S. 220 ff.

[1152] *Bullinger*, in *Ficker/u.a.*, Festschrift für v. Caemmerer (1978), S. 297, 310 f.

[1153] *Canaris*, AcP 184 (1984), S. 201, 225 ff.; *ders.*, Grundrechte und Privatrecht, S. 20; *Alexy*, Theorie der Grundrechte, S. 487 f.; *Ruffert*, Vorrang der Verfassung und Eigenständigkeit des Privatrechts, S. 20 ff., 139 ff.; *Hager*, JZ 1994, S. 373, 378 ff.; *Oeter*, AöR 119 (1994), S. 529, 535 ff.; *Pieroth/Schlink*, Rn 94 ff.; zum Straßenverkehr *Papier*, DAR 2002, S. 532 ff.; einschränkend *Diederichsen*, AcP 198 (1998), S. 171, 257.

[1154] BVerfGE 25, S. 256, 268 („Blinkfüer“); 34, S. 269, 281 f. („Soraya“); 35, S. 202, 221 („Lebach“); grundlegend 39, S. 1, 42 ff. („Schwangerschaftsabbruch“); 46, S. 160, 164 f. („Schleyer“); 49, S. 89, 141 f. („Kalkar“); 53, S. 30, 57 ff. („Mülheim-Kärlich“); 56, S. 54, 73 ff. („Fluglärm“); 72, S. 155, 173 f.; 77, S. 170, 214 f., 229; 79, S. 174, 201 f.; 85, S. 191, 212 f.; 88, S. 203, 251 ff. („Schwangerschaftsabbruch II“); 89, S. 276, 286; 103, S. 89, 100; zusammenfassend *Isensee/Kirchhof-Isensee*, Handbuch des Staatsrechts, Bd. V, § 111 Rn 1 ff., 77 ff.; *Ruffert*, Vorrang der Verfassung und Eigenständigkeit des Privatrechts, S. 146 ff.; *Pieroth/Schlink*, Rn 98; *Guckelberger*, JuS 2003, S. 1151, 1155 f.; zum Haftungs- und Verkehrsrecht *v. Bar*, Gemeineuropäisches Deliktsrecht I, Rn 556 ff.; *Canaris*, Grundrechte und Privatrecht, S. 82; *Hager*, JZ 1994, S. 373, 378; *Limbach*, NZV 2001, S. 97, 98; *MünchKomm-Wagner*, Vor § 823 Rn 58.

[1155] Vgl. *Ruffert*, Vorrang der Verfassung und Eigenständigkeit des Privatrechts, S. 195 f. m.w.Nw.

lungspflicht manifestiert sich im unterlassenen Einschreiten gegen eine nichtstaatliche Beeinträchtigung grundrechtlich geschützter Belange eine eigene Grundrechtsverletzung des Staates. Man spricht vom *Schutzgebot* bzw. von *Schutzpflichten*[1156] oder in abweichender, auf den Kontrollmaßstab bezogener Betonung vom *Untermaßverbot*[1157]. Die Handlungsbefugnis der einen Partei stößt insofern auf Grenzen an den Grundrechten der anderen Person.[1158] Zum Schutz der Rechtsgüter der potenziell Geschädigten kann eine verstärkte Anwendung zivilrechtlicher Haftungstatbestände geboten sein, die als Eingriff gegenüber den Schädigern wirkt.[1159] Hieraus wird deutlich, dass es sich um Kehrseiten ein und derselben Medaille handelt: Wo der Staat zum Schutz verpflichtet ist, ergeben sich zumeist Eingriffe zu Lasten anderer Beteiligter.[1160]

Zur Verwirklichung des Schutzkonzeptes gerät man in den „Schnittpunkt von Recht und Politik", da in erster Linie die politischen Entscheidungsträger berufen sind, geeignete Schutzmaßnahmen auszuwählen und in die Wege zu leiten.[1161] Es liegt vor allem in der Verantwortung des demokratisch legitimierten Gesetzgebers, für die Form der Gewährleistung zu sorgen.[1162] Der verfassungs-

---

[1156] Stellvertretend *Canaris*, AcP 184 (1984), S. 201, 225; *Limbach*, NZV 2001, S. 97, 98 f.; *Ruffert*, Vorrang der Verfassung und Eigenständigkeit des Privatrechts, S. 140 ff.

[1157] *Canaris*, AcP 184 (1984), S. 201, 228; BVerfGE 88, S. 203, 254 („Schwangerschaftsabbruch II"); *Isensee/Kirchhof-Isensee*, Handbuch des Staatsrechts, Bd. V, § 111 Rn 165; *Ruffert*, Vorrang der Verfassung und Eigenständigkeit des Privatrechts, S. 212 ff.; *Papier*, DAR 2002, S. 532, 535; zur Konkretisierung der Prüfungsdogmatik *Canaris*, Grundrechte und Privatrecht, S. 71 ff.

[1158] *Schwabe*, AcP 185 (1985), S. 1, 5 f.

[1159] Vgl. *Lepa*, in *Deutsch/Klingmüller/Kullmann*, Festschrift für Steffen (1995), S. 261, 267 f. zum deliktischen Schutz des Persönlichkeitsrecht.

[1160] Vgl. BVerfGE 35, S. 202, 221 („Lebach"); 34, S. 269, 281 ff. („Soraya"); 53, S. 30, 57 f. („Mülheim-Kärlich"); 66, S. 116, 131 („Wallraff"); 83, S. 130, 140; 88, S. 203, 254 („Schwangerschaftsabbruch II"); 96, S. 56, 64 f.; *Stern*, Das Staatsrecht der Bundesrepublik Deutschland, Bd. III/1, S. 1577; *Medicus*, AcP 192 (1992), S. 35, 62; *Hager*, JZ 1994, S. 373, 381; *Looschelders*, VersR 1999, S. 141, 143; *ders.*, in *Wolter/Riedel/Taupitz*, Einwirkungen der Grundrechte, S. 93, 95; *Ruffert*, Vorrang der Verfassung und Eigenständigkeit des Privatrechts, S. 202, 217 f.; *Röthel*, JuS 2001, S. 424, 428; *Guckelberger*, JuS 2003, S. 1151, 1155; instruktiv auch die Umkehrung des Lüth-Falles bei *Canaris*, Grundrechte und Privatrecht, S. 39 ff.

[1161] *Limbach*, NZV 2001, S. 97, 98 f.

[1162] Vgl. BVerfGE 14, S. 263, 275; 53, S. 30, 57 f. („Mülheim-Kärlich"); 77, S. 170, 214 f.; 79, S. 174, 202 ; 83, S. 130, 142; 84, S. 212, 226 f.; 88, S. 203, 254 („Schwangerschaftsabbruch II"); 96, S. 56, 64 f.; NJW 1998, S. 3264, 3265; *Rupp-v. Brünneck/Simon* in BVerfGE 39, S. 1, 68, 71 f. („Schwangerschaftsabbruch"); *Canaris*, AcP 184 (1984), S. 201, 227; *ders.*, Grundrechte und Privatrecht, S. 20; *Stern*, Das Staatsrecht der Bundesrepublik Deutschland, Bd. III/1, S. 1577 f.; *Hesse*, Verfassungsrecht und Privatrecht, S. 29; *Oeter*, AöR 119 (1994), S. 529, 537 f.; *Ruffert*, Vorrang der Verfassung und Eigenständigkeit des Privatrechts, S. 201 ff. u. 223 ff.; *Limbach*, NZV 2001, S. 97, 98 f.

gerichtlichen Überprüfung verbleibt es, ein evidentes Unterschreiten notwendiger *Mindeststandards*[1163] zu unterbinden. Das Bundesverfassungsgericht formuliert das so: „Eine Verletzung der Schutzpflicht kann nur festgestellt werden, wenn die öffentliche Gewalt Schutzvorkehrungen überhaupt nicht getroffen hat oder die getroffenen Maßnahmen gänzlich ungeeignet oder völlig unzulänglich sind, das gebotene Schutzziel zu erreichen, oder erheblich dahinter zurückbleiben."[1164] „Notwendig ist ein – unter Berücksichtigung entgegenstehender Rechtsgüter – angemessener Schutz."[1165] Der Zusammenhang mit der gegenüberliegenden, eingriffsrechtlichen Seite des Grundrechtskonflikts wird auch aus dieser Formulierung deutlich.[1166] Ein einseitiges Optimum grundrechtlicher Verwirklichung kann nicht gefordert werden.

Dem Gesetzgeber werden hinsichtlich der Ausfüllung der Schutzgebote größere Freiheiten zugesprochen als im Falles des oft spiegelbildlichen aktiven Eingriffes.[1167] Dies gründet sich neben der Vielgestaltigkeit der Handlungsmöglichkeiten im Unterlassungsfall auf die angestrebte größtmögliche Freihaltung der Gesellschaft vor staatlicher Intervention.[1168] Wie der Gesetzgeber seine Schutzpflichten erfüllt, steht ihm weitgehend frei. Soweit er dabei in Grundrechte eingreift, wird er durch das Übermaßverbot beschränkt.[1169]

Ein effizienter Grundrechtsschutz muss in der Gesamtheit und im Zusammenwirken der unterschiedlichen Instrumentarien des einfachen Rechts vorliegen.[1170] Bezogen auf das Haftungsrecht ergäben sich Grenzen etwa, wenn der Gesetzgeber Leben und Eigentum nicht mehr durch Ersatzregelungen absichern

---

[1163] Zum Verkehrsbereich BVerfGE 56, S. 54, 80 ff. („Fluglärm"); 79, S. 174, 202 („Verkehrslärmschutz"); NJW 1995, S. 2343 („Alkoholgrenzwert"); NJW 1996, S. 651 („Ozonkonzentration"), S. 651 f. („Geschwindigkeitsbeschränkung"); *Limbach*, NZV 2001, S. 97, 99; *Brenner*, DAR 2001, S. 559, 560 f.; *Papier*, DAR 2002, S. 532, 535; näher *Ruffert*, Vorrang der Verfassung und Eigenständigkeit des Privatrechts, S. 211 ff.

[1164] Aus neuerer Zeit etwa BVerfG NJW 1997, S. 2509; vgl. ansonsten BVerfGE 46, S. 160, 164 f. („Schleyer"); 49, S. 89, 142 ff.; 53, S. 30, 57 ff. („Mülheim-Kärlich"); 50, S. 290, 332 f. („Mitbestimmung"); 56, S. 54, 78, 80 ff. („Fluglärm"); 77, S. 170, 215; 79, S. 174, 202; 89, S. 276, 287 ff.; 92, S. 26, 46; NJW 1995, S. 2343 („Alkoholgrenzwert"); NJW 1996, S. 651 („Ozonkonzentration") und 651 f. („Geschwindigkeitsbeschränkung"); NJW 1997, S. 249 f.; *Limbach*, NZV 2001, S. 97, 99.

[1165] BVerfGE 88, S. 203, 254 („Schwangerschaftsabbruch II"); *Canaris*, Grundrechte und Privatrecht, S. 87.

[1166] Vgl. *Hager*, JZ 1994, S. 373, 381 ff.; s.a. BVerfGE 53, S. 30, 58 („Mülheim-Kärlich").

[1167] Z.B. BVerfGE 96, S. 56, 64; *Canaris*, Grundrechte und Privatrecht, S. 39 ff., insbesondere 42 ff. m.w.Nw.

[1168] *Canaris*, Grundrechte und Privatrecht, S. 47.

[1169] Vgl. *Canaris*, Grundrechte und Privatrecht, S. 83 ff.

[1170] *Canaris*, Grundrechte und Privatrecht, S. 82.

würde.[1171] Ein weiteres Beispiel ist die rechtsfortbildende, auf grundrechtliche Schutzgebote verweisende Anerkennung des allgemeinen Persönlichkeitsrechts im Rahmen von § 823 I BGB.[1172]

3. Gleichheitsrechtliche Aspekte

Gesetzgebung und Rechtsprechung müssen neben den Freiheitsrechten auch vor den allgemeinen und speziellen Gleichheitsrechten bestehen, insbesondere vor Art. 3 GG.[1173] Für die Rechtsprechung manifestiert sich dies im Gebot der formellen Rechtsanwendungsgleichheit, der Gleichheit vor dem Gesetz.[1174] Hierzu hat das Bundesverfassungsgericht auf seine beschränkte, nicht einer inhaltlichen Revision entsprechende Kontrollfunktion hingewiesen.[1175] Sie könne nicht bei jedem Fehler in der Rechtsanwendung greifen, sondern erst, wenn selbige nicht mehr verständlich ist und sich deshalb der Schluss aufdrängt (Evidenz)[1176], sie beruhe auf sachfremden Erwägungen.[1177] Dies wird als allgemeines Willkürverbot verstanden,[1178] dem auch der Gesetzgeber hinsichtlich der materiellen Rechtsgleichheit, der Gleichheit des Gesetzes,[1179] unterliegt.[1180]

[1171] *MünchKomm-Wagner*, Vor § 823 Rn 58; hierzu auch *Ruffert*, Vorrang der Verfassung und Eigenständigkeit des Privatrechts, S. 495 ff.

[1172] Vgl. *MünchKomm-Wagner*, Vor § 823 Rn 58 m.w.Nw.

[1173] Vgl. *Maunz/Dürig-Dürig*, Art. 3 Rn 292 f.; *Pieroth/Schlink*, Rn 428 f.; *Krugmann*, JuS 1998, S. 7 ff.; *Ruffert*, Vorrang der Verfassung und Eigenständigkeit des Privatrechts, S. 119 ff.; international *v. Bar*, Gemeineuropäisches Deliktsrecht I, Rn 555, 565 ff.; *ders.*, RabelsZ 59 (1995), S. 203, 212 ff.; mit ausdrücklichem Bezug zur Straßenverkehrshaftung *MünchKomm-Mertens*, 3. Aufl. (1997), Vor §§ 823-853 Rn 74. f

[1174] BVerfGE 54, S. 117, 124 f.; 66, S. 331, 335 f.; 71, S. 354, 362; *Sachs-Osterloh*, Art. 3 Rn 123 ff.; *Pieroth/Schlink*, Rn 428.

[1175] BVerfGE 54, S. 117, 125 m.w.Nw.

[1176] BVerfGE 55, S. 72, 90; 95, S. 267, 317; *Sachs-Osterloh*, Art. 3 Rn 9 m.w.Nw.; zur Kritik an der Evidenz als Rechtsbegriff *Krugmann*, JuS 1998, S. 7, 9 ff.

[1177] BVerfGE 54, S. 117, 125; zur Zurückhaltung bei der Überprüfung richterlicher Einzelfallentscheidungen auch BVerfGE 89, S. 1, 13 f.; zum Haftungsrecht BVerfG JZ 1979, S. 60 f.; NJW 1997, S. 249 f.

[1178] Stellvertretend BVerfGE 1, S. 14, 52; 4, S. 144, 155; 17, S. 122, 130; 55, S. 72, 89 f.; 78, S. 232, 248; speziell zu Haftungs- und Sozialversicherungsrecht BVerfGE 34, S. 118, 131 f. – Zurückzuführen ist diese Sichtweise auf den Bundesverfassungsrichter *G. Leibholz*. Vgl. *Stern*, in *Maurer*, Festschrift für Dürig (1990), S. 207, 208 ff.

[1179] *Pieroth/Schlink*, Rn 428.

[1180] Vgl. BVerfGE 34, S. 118, 131 f.; 55, S. 72, 89 f.; zusammenfassend mit weiteren Nachweisen *Krugmann*, JuS 1998, S. 7 ff.; *Stern*, Das Staatsrecht der Bundesrepublik Deutschland, Bd. III/1, S. 1569 und 1581; *Sachs-Osterloh*, Art. 3 Rn 90 ff.; zum Haftungsrecht speziell *v. Bar*, Gemeineuropäisches Deliktsrecht I, Rn 561, 565 ff. mit Beispielen aus den europäischen Haftungs- und Verfassungsordnungen.

Bei der Bewertung der in Rede stehenden Sachverhaltselemente steht dem Gesetzgeber ein Gestaltungsspielraum zu.[1181] Dieser wird nach der neueren Rechtsprechung des Bundesverfassungsgerichts in unterschiedlich starker Weise beschränkt.[1182] Die Kontrollintensität reicht vom bloßen Willkürverbot bis zur strengen Verhältnismäßigkeitsanalyse.[1183] Art und Gewicht der Gründe der Ungleichbehandlung werden ins Verhältnis gesetzt zu ihren Auswirkungen, insbesondere auf grundrechtliche Freiheiten.[1184] Die gesetzliche Differenzierung muss in dem jeweils betroffenen Sachbereich *angemessen* sein,[1185] was erneut auf den grundsätzlichen Respekt vor dem gesetzgeberischen Ermessensspielraum schließen lässt.[1186] Für die Rechtsprechung gilt weiterhin, dass auch sie im Bereich der Gleichheitsrechte bei Auslegung und Fortbildung des einfachen Rechts zu keinem dem Gesetzgeber verwehrten Ergebnis gelangen darf.[1187]

Der Übergang zur „neuen Formel" erklärt sich aus der Grobmaschigkeit der alten Willkürformel.[1188] Aus den genannten Gründen darf sich die Kontrolle aber weiterhin nicht vollends zur neuinstanzlichen Sachabwägung aufschwingen.[1189] Es muss bei einer *Vertretbarkeitsprüfung* verbleiben,[1190] für deren Feinabstimmung anhand der Regeln der *Verhältnismäßigkeitsprüfung* die Gründe des Normgebers auf ihre Nachvollziehbarkeit hin zu kontrollieren sind. Dies setzt der normgeberischen Gestaltungsfreiheit Grenzen,[1191] ohne zum Optimierungsgebot zu werden.[1192]

[1181] Vgl. *Stern*, in *Maurer*, Festschrift für Dürig (1990), S. 207, 210 f. m.w.Nw.; *Pieroth/Schlink*, Rn 430, 444.

[1182] Zu Willkürverbot und „neuer Formel" s. den Überblick bei *Sachs-Osterloh*, Art. 3 Rn 8 ff.; *Krugmann*, JuS 1998, S. 7 ff.

[1183] Vgl. BVerfGE 55, S. 72, 89; 60, S. 123, 133 f.; 70, S. 230, 239 f.; 74, S. 9, 24; 88, S. 87, 96 f.; 89, S. 15, 22 f.; 89, S. 365, 375 f.; 92, S. 53, 68 f.; 93, S. 99, 111; 95, S. 267, 316; 99, S. 367, 388; ansonsten *Sachs-Osterloh*, Art. 3 Rn 8 ff., 25 ff.; *Krugmann*, JuS 1998, S. 7 ff.; *Pieroth/Schlink*, Rn 438 ff.

[1184] BVerfGE 71, S. 39, 57 ff.; 82, S. 126, 146; 88, S. 87, 96 f.; 95, S. 267, 316 f.; *Sachs-Osterloh*, Art. 3 Rn 16 ff., 32; *Krugmann*, JuS 1998, S. 7, 8.

[1185] BVerfGE 71, S. 39, 58; 84, S. 239, 268; 90, S. 145, 196; *Richter/Schuppert/Bumke*, S. 104 m.w.Nw.; zum Haftungsrecht der §§ 425 ff. HGB vgl. *Canaris*, Handelsrecht, § 33 Rn 39 f.

[1186] *Pieroth/Schlink*, Rn 444.

[1187] Z.B. BVerfGE 58, S. 369, 374; NJW 1991, S. 2272.

[1188] Zur Kritik an der Willkürrechtsprechung des BVerfG *Stern*, in *Maurer*, Festschrift für Dürig (1990), S. 207, 211 m.w.Nw. in Fn 31 ff.

[1189] Zur ungenügenden Willkürkontrolle einerseits, zur zu weit gehenden allgemeinen Gerechtigkeitskontrolle andererseits *Krugmann*, JuS 1998, S. 7, 9 ff.

[1190] Vgl. zu Haftungs- und Sozialversicherungsrecht BVerfGE 34, S. 118, 131 f., 135.

[1191] *Krugmann*, JuS 1998, S. 7, 11 f.; *Pieroth/Schlink*, Rn 444.

[1192] S. etwa BVerfGE 34, S. 118, 131 f.; 55, S. 72, 90; 64, S. 158, 168 f.; 81, S. 108, 117 f.; *Sachs-Osterloh*, Art. 3 Rn 95; *Pieroth/Schlink*, Rn 444.

4. Resümee

Die Unbestimmtheiten des Verhältnismäßigkeitsprinzips und der aus dem Schutzgebot erwachsenden Handlungspflichten verdeutlichen die Freiheit des Gesetzgebers beim Ausgleich unterschiedlicher Grundrechtspositionen.[1193] Entsprechendes wird auch aus der Rechtsprechung zu gleichheitsrechtlichen Konfliktlagen ersichtlich. Aus dem Rahmencharakter der Verfassung lassen sich nur Mindestanforderungen entnehmen.[1194] Zwischen dem unerlässlichen Schutz des einen Grundrechts und der verfassungswidrigen Einschränkung eines anderen hat der Normgeber in den allermeisten Fällen einen breiten Spielraum zur Ausgestaltung.[1195] Diese kann anhand der konkret auftretenden Kollisionen nur auf ihre Unvertretbarkeit hin, nicht auf ein Optimum bezogen untersucht werden.[1196]

Anders ausgedrückt ist es dem Gesetzgeber möglich, mehr Gewicht auf eine Seite der grundrechtlichen Waagschale zu legen, solange die Waage insgesamt nicht vollkommen aus dem Gleichgewicht gerät. Das geringer bewertete Interesse darf nicht „ersichtlich wesentlich schwerer“ wiegen als das bevorzugte.[1197] Schon hinsichtlich der Interessenbewertung ist eine Unschärferelation zu verzeichnen, die eine vollkommen exakte Bestimmung der Wertigkeiten verhindert.[1198] Auch deshalb kommen als betrachtbare Ergebnisse des Abwägungsprozesses nur Amplituden in Betracht.

III. Ein Beispiel

Der Grundrechtskonflikt und die Freiheiten des Normgebers bei seiner Ausgestaltung wurden bisher abstrakt beschrieben. Was das konkret für das Haftungsrecht bedeuten kann, hat *Canaris* untersucht, in dem er das Haftungsmodell für Aussagen von Sachverständigen im Prozess gedanklich „hin und her“ geschoben hat.[1199] Das soll hier vertieft werden, um das Spektrum der gesetzgeberischen Möglichkeiten an einem Haftungsfall zu verdeutlichen.

[1193] *Stürner*, NJW 1979, S. 2334, 2335 f.; *Medicus*, AcP 192 (1992), S. 35, 70; *Leisner*, NJW 1997, S. 636, 638.

[1194] *Looschelders*, VersR 1999, S. 141, 143; *Stürner*, NJW 1979, S. 2334, 2335 f.

[1195] Vgl. *Canaris*, JuS 1989, S. 161, 163; *Medicus*, AcP 192 (1992), S. 35, 55 ff.; *v. Bar*, Gemeineuropäisches Deliktsrecht I, Rn 555; *Macke*, DAR 2000, S. 506, 507.

[1196] Zum Haftungsrecht *Bullinger*, in *Ficker/u.a.*, Festschrift für v. Caemmerer (1978), S. 297, 310 f.: „Die Grenze zur Verfassungswidrigkeit ist erst überschritten, wenn verfassungsrechtlich relevante Haftungsfunktionen überhaupt nicht oder außer Verhältnis zu ihrer verfassungsrechtlichen Bedeutung berücksichtigt sind oder wenn das Ergebnis der Abwägung als unvertretbar anzusehen ist.“; ebenso *MünchKomm-Wagner*, Vor § 823 Rn 60.

[1197] BVerfGE 44, S. 353, 373; *Krause*, JR 1994, S. 494, 499; *MünchKomm-Wagner*, Vor § 823 Rn 60.

[1198] Vgl. *W. Blomeyer*, JuS 1993, S. 903, 905 f.; *Krause*, JR 1994, S. 494, 496 f.; *Leisner*, NJW 1997, S. 636, 638; *Looschelders*, VersR 1999, S. 141, 143.

[1199] *Canaris*, Grundrechte und Privatrecht, S. 85 f. in Anlehnung an BVerfGE 49, S. 304.

Hintergrund ist folgender: Zur Erhaltung der inneren Freiheit des Sachverständigen werden gewisse Haftungsprivilegien für angemessen erachtet, wobei mit der Verpflichtung zur Erstattung des Gutachtens sowie mit dem Schutz der Rechtskraft des Urteils argumentiert wird.[1200] Demgegenüber ist aus Sicht des Verurteilten das besonders schwerwiegende Fortwirken der Aussage z.B. in einer Freiheitsentziehung zu berücksichtigen.

1. Haftungsausschluss

Eine gänzliche Haftungsfreistellung des Sachverständigen auch für vorsätzliche Falschaussagen ist dem Gesetzgeber verfassungsrechtlich verwehrt. Die innere Freiheit des Sachverständigen stellt keinen nachvollziehbaren Grund für seine Verschonung in diesen Fällen dar. Der z.B. von einer Freiheitsentziehung Betroffene würde in keinster Weise mehr geschützt werden. Der gesetzliche Schutzauftrag hinsichtlich des Betroffenen bliebe vollkommen unerfüllt.

2. Haftung nur für Vorsatz

Schwieriger zu beurteilen sind Fälle nicht vorsätzlichen Aussageverhaltens. Aus Gründen der Rechtssicherheit und unter Betonung der für das gerichtliche Verfahren notwendigen Unabhängigkeit des Sachverständigen hatte der BGH vor Einführung des § 839 a BGB[1201] eine § 839 II BGB vergleichbare Haftungsbeschränkung auf vorsätzlich falsche Begutachtungen vorgenommen und damit die Haftung auch für grob fahrlässige Fehler ausgeschlossen.[1202] Hier offenbarte sich ein verfassungsrechtlich diskussionswürdiger Fall, denn die Haftung war angesichts der Schwierigkeit des Nachweises vorsätzlich falscher Gutachtenerstattung mehr „akademisch" als tatsächlich einschlägig.[1203] An der effektiven und angemessenen Erfüllung des gesetzgeberischen Schutzauftrages ließ sich daher zweifeln.

Die Rechtsprechung wurde vom BVerfG unter Hinweis auf die Gesetzesbindung des Richters wegen Überschreitung der Grenzen richterlicher Rechtsfortbildung aufgehoben. Es hat die besondere Schutzpflicht des Staates gegenüber Art. 2 II GG und deren Erfüllung durch § 823 I BGB herausgestellt, gleichzeitig aber auch auf die Spielräume des Gesetzgebers verwiesen.[1204] Eine beide Seiten sowie die Allgemeininteressen wenigstens in gewissem Umfang berücksichtigende Lösung durch den Gesetzgeber parallel zu § 839 II BGB könnte insoweit

---

[1200] Vgl. BT-Drucks. 14/7752, S. 28; *Deutsch*, VersR 1987, S. 113, 114.

[1201] Zum neuen § 839 a BGB und seiner Entstehung unter Berücksichtigung der früheren Rechtsprechung BT-Drucks. 14/7752, S. 27 f.; *Wagner*, NJW 2002, S. 2049, 2061 ff.; *G. Müller*, DAR 2002, S. 540, 546 f., jeweils m.w.Nw.

[1202] BGHZ 62, S. 54, 59 f. mit ergänzenden Hinweisen zu § 826 BGB in Fällen grob fahrlässiger Falschaussage auf S. 62; s.a. *G. Müller*, DAR 2002, S. 540, 546 f.

[1203] *J. Blomeyer*, ZRP 1974, S. 214, 215.

[1204] BVerfGE 49, S. 304, 318 ff.; zweifelnd hinsichtlich des eigentlichen Aufhebungsgrundes *Starck*, JZ 1976, S. 63, 64.

gerade noch verfassungsrechtlich hinnehmbar,[1205] wenn auch rechtspolitisch fragwürdig sein.[1206] Immerhin besteht beim im Gerichtsverfahren vereidigten Sachverständigen ergänzender Schutz für fahrlässige Falschangaben über §§ 154, 163 StGB und § 823 II BGB.[1207]

Der Ausschluss der Haftung für grob fahrlässige Falschbegutachtung ist auch nach der hier vertretenen Ansicht verfassungsrechtlich bedenklich.[1208] Der Schutz der Rechtskraft wird von den §§ 578 ff. ZPO eigenständig geregelt. Ein mittelbares Aufrollen des Prozesses über Haftungsansprüche ist systemkonform und grundsätzlich sachgerecht, denn es wird die gesonderte Frage beantwortet, ob jemand für sein Verhalten im Prozess einstehen muss. Allein mit dem Schutz der Rechtskraft bzw. Rechtssicherheit kann deshalb nicht argumentiert werden. Im Übrigen beugt das Erfordernis der groben Fahrlässigkeit vielen Regressprozessen bereits vor.[1209] Und auch die „Aussagefreiheit" des Sachverständigen bietet keine Grundlage für einen Haftungsausschluss zu Lasten des Geschädigten in Fällen, wo der Sachverständige schon „einfachste, ganz naheliegende Überlegungen" nicht anstellt und das nicht beachtet, „was jedem einleuchten musste"[1210]. Trotz aller praktischen Abgrenzungsschwierigkeiten der Fahrlässigkeitsstufen muss in diesen Fällen der Schutz des Verurteilten gewährleistet werden.

3. Haftung für grobe Fahrlässigkeit

Eine Beschränkung der Haftung auf grobe Fahrlässigkeit, wie sie mittlerweile in § 839 a BGB unter Einbeziehung von Vermögensschäden verankert ist,[1211] soll dagegen nach überwiegender Auffassung dem Untermaßverbot standhalten können.[1212] Das ist im Falle einer Freiheitsentziehung zwar durchaus noch rechtspolitisch fragwürdig angesichts des Gewichts persönlicher Freiheit im Verhältnis zu versicherbaren Vermögensinteressen und den hohen Anforderungen zur Be-

---

[1205] Vgl. die Hinweise bei BVerfGE 49, S. 304, 320; ausdrücklich *Starck*, JZ 1976, S. 63, 64; so wohl auch *Hopt*, JZ 1974, S. 551, 555; a.A. *J. Schwabe*, DVBl 1979, S. 667, 668.

[1206] *Rasehorn*, NJW 1974, S. 1172 ff; *Hopt*, JZ 1974, S. 551 ff.; *J. Blomeyer*, ZRP 1974, S. 214, 215 f., 219 ff.; *Damm*, JuS 1976, S. 359 ff.

[1207] BGHZ 42, S. 313, 318; *Hopt*, JZ 1974, S. 551, 555 in Fn 36; *G. Müller*, DAR 2002, S. 540, 546 f.

[1208] *MünchKomm-Wagner*, Vor § 823 Rn 58.

[1209] *G. Müller*, DAR 2002, S. 540, 547.

[1210] Vgl. *Palandt-Heinrichs*, § 277 Rn 5 m.w.Nw.

[1211] S. nochmals BT-Drucks. 14/7752, S. 27 f.; *Wagner*, NJW 2002, S. 2049, 2061 ff.; *G. Müller*, DAR 2002, S. 540, 546 f.

[1212] Vgl. BVerfGE 49, S. 304, 323 f.; *Canaris*, Grundrechte und Privatrecht, S. 85; *Starck*, JZ 1979, S. 63, 64; *J. Blomeyer*, ZRP 1974, S. 214, 221; kritisch *Deutsch*, VersR 1987, S. 113, 114 ff.

jahung grober Fahrlässigkeit als Ausdruck bedeutender Verantwortung.[1213] Verfassungsrechtlich zu beanstanden ist eine solche Erfüllung der den Gesetzgeber zugleich treffenden Schutzgebote und Eingriffsverbote jedoch nicht.[1214] Ein solches Vorgehen ist nachvollziehbar[1215] und berücksichtigt im Mindestmaß den Schutz des Verurteilten.

4. Generelle Fehlverhaltenshaftung

Umgekehrt würde eine uneingeschränkte Verschuldenshaftung nicht am Übermaßverbot hinsichtlich der Rechte des Sachverständigen scheitern.[1216] Die stärkere Betonung des Betroffenenschutzes stellt keinen unverhältnismäßigen Eingriff in die überwiegend vermögensrechtlichen Rechtspositionen sowie die innere Freiheit des Sachverständigen dar. Auch wenn man über eine solche Lösung aus den genannten Gründen streiten kann,[1217] läge eine angemessene Berücksichtigung der Interessen des Sachverständigen vor, dessen Haftung immerhin von einem objektiv fehlerhaften Verhalten abhängig ist, sie also prinzipiell vermieden werden kann. Hinzu kommt der Gedanke der Versicherbarkeit der Haftungsrisiken.

5. Fehlverhaltensunabhängige Haftung

Gegenüber einem theoretischen Modell fehlverhaltensunabhängiger Verantwortlichkeit bestehen dagegen schon im Hinblick auf Art. 3 I GG und das rechtsstaatliche Willkürverbot gravierende Bedenken. Es würde darauf hinauslaufen, den Sachverständigen für alle Folgen seiner Begutachtung haften zu lassen. Eine solche Verantwortlichkeit ließe sich sachlich in keinster Weise rechtfertigen[1218] und wäre daher als verfassungswidrig einzustufen.

6. Fazit

Ersichtlich führen nur die extremen Haftungsamplituden unter nahezu vollkommener Zurückdrängung einer Grundrechtsposition zur verfassungsrechtlichen Beanstandung, während die übrigen, diskutablen Bereiche der Ausformung des

---

[1213] *Erman-Schiemann*, 10. Aufl. (2000), § 823 Rn 24; beschränkt auf eine entsprechende Rechtsfortbildung *Ruffert*, Vorrang der Verfassung und Eigenständigkeit des Privatrechts, S. 496; umfassende Nachweise zum Streitstand enthält *Wagner*, NJW 2002, S. 2049, 2062.

[1214] BVerfGE 49, S. 304, 323 f., wo sich vier Richter gegen eine entsprechende Rechtsfortbildung, ausdrücklich aber nicht gegen eine gesetzgeberische Ausgestaltung gewandt haben; *Erman-Schiemann*, 10. Aufl. (2000), § 823 Rn 24.

[1215] *G. Müller*, DAR 2002, S. 540, 547.

[1216] *Canaris*, Grundrechte und Privatrecht, S. 86.

[1217] Vgl. nochmals BVerfGE 49, S. 304, 323 f.; *Erman-Schiemann*, 10. Aufl. (2000), § 823 Rn 24; *Wagner*, NJW 2002, S. 2049, 2062 m.w.Nw.

[1218] Zur körperlichen Unversehrtheit und einer eventuellen Kausalhaftung von Ärzten vor dem Hintergrund der Verfassung aber *Stürner*, NJW 1979, S. 2334, 2335 f.

Grundrechtskonfliktes im Bereich rechtspolitischer Freiheit des Normgebers verbleiben.

B. Bisher verfassungsrechtlich problematisierte Fallgruppen der Haftung

Die weiteren Aussagen zur verfassungsrechtlichen Kontrolle von Haftungsnormen einleiten soll eine Sammlung bisher im außervertraglichen Haftungsrecht[1219] aufgetretener Grenzbereiche und der hierzu vorgebrachten Argumente. In Fortführung des soeben betrachteten Beispiels können sich in der Gesamtschau allgemeine Grenzbereiche abzeichnen.

I. Minderjährigenhaftung

1. Rechtsprechung

Mehrfach haben sich Gerichte in jüngerer Zeit damit auseinandergesetzt, ob die unbegrenzte Haftung Minderjähriger für deliktisches Verhalten mit deren Grundrechten vereinbar ist.[1220] Alle Entscheidungen beschränken sich auf die Erörterung einer speziellen Fallkonstellation:[1221] Das als leicht bzw. normal fahrlässig eingestufte Verhalten des Minderjährigen hatte im Verhältnis zu seinem Vermögensbestand und seinen Vermögenserwartungen zu großen Schäden geführt, die mit Blick in die Zukunft als existenzvernichtend eingestuft wurden. Eine Haftpflichtversicherung bestand nicht. Demgegenüber hatte den Geschädigten seine First-Party-Insurance (Kasko- bzw. Krankenversicherung) befriedigt, die nunmehr aus übergegangenem Recht Regress beim deliktisch Verantwortlichen suchte.

Das OLG Celle hat in solchen Fällen § 828 II BGB als nicht mit der Verfassung vereinbar angesehen. Eine unbegrenzte Haftung für kindliches Fehlverhalten („Dumme-Jungen-Streiche") verstoße gegen Art. 1, 2, 6 II S. 2 GG, soweit nur fahrlässiges Verhalten dazu führt, dass von einer würdevollen und freien Lebensgestaltung auf Jahre hinaus keine Rede mehr sein könne, obwohl beim Opfer der Schaden nicht ins Gewicht falle.[1222] Dies gelte insbesondere, wenn sich ein in seiner Entwicklung zurückgebliebenes Kind wegen des objektiven Sorgfaltsmaßstabes sowie fehlender Selbstvorsorgemöglichkeiten der Existenz-

---

[1219] Zur hier nicht näher betrachteten prozessualen Beweislastumkehr aus verfassungsrechtlicher Sicht *Reinhardt*, NJW 1994, S. 93 ff.

[1220] OLG Celle NJW-RR 1989, S. 791; LG Bremen NJW-RR 1991, S. 1432; LG Dessau NJW-RR 1997, S. 214; OLG Koblenz OLGR 1998, S. 405; BVerfG NJW 1998, S. 3557; OLG Celle NJW-RR 2002, S. 674.

[1221] Im Fall OLG Celle NJW-RR 2002, S. 674 wurde die Prüfung der Verfassungswidrigkeit nicht weiter vertieft, da abweichend von der genannten Konstellation ein erhebliches Verschulden des Minderjährigen vorlag und ein Schadensausgleich von dritter Seite nicht in Betracht kam.

[1222] OLG Celle NJW-RR 1989, S. 791 ff.

vernichtung subjektiv überhaupt nicht entziehen könne.[1223] Die teilweise Verfassungswidrigkeit ergebe sich daraus, dass eine willkürliche bzw. unverhältnismäßige Regelung zum Gesetz erhoben worden sei, obwohl andere gerechte und praktikable Lösungsmöglichkeiten zur Verfügung stünden.[1224]

Ähnlich argumentiert hat das LG Bremen und ist ebenfalls von einer Unzumutbarkeit der unbegrenzten Haftung ausgegangen. Das Interesse der Versichertengemeinschaft müsse angesichts der finanziellen „Verkrüppelung" des in Entwicklung befindlichen Kindes zurücktreten.[1225] Gründe, die für einen Verstoß gegen Art. 1 I, 2 I, 3 I, 6 I und 20 I GG sprechen, könnten jedoch schon einfachrechtlich dem Schadensersatzanspruch entgegengehalten werden, nämlich über den Einwand des Rechtsmissbrauches nach § 242 BGB.[1226] Der Grundsatz der Totalreparation sei hinter der gesellschaftlichen Entwicklung und den grundrechtlichen und sozialstaatlichen Aussagen des Grundgesetzes zurückgeblieben. In Teilbereichen müsse es deshalb mit Hilfe der Generalklauseln zu einer verfassungskonformen, der veränderten gesellschaftlichen Wirklichkeit und den gewandelten Gerechtigkeitsvorstellungen entsprechenden Haftungsbeschränkung kommen.[1227] Die pauschalen vollstreckungsrechtlichen Vorschriften reichten zur Vermeidung untragbarer Folgen nicht aus.

Perspektivlosigkeit und den Verlust der Selbstbestimmungsfähigkeit hält auch das LG Dessau im argumentativen Anschluss an die genannten Entscheidungen für unerträglich.[1228] Eine verfassungskonforme Auslegung von § 828 II BGB bzw. die grundrechtsorientierte Anwendung von § 242 BGB sei ihm jedoch verwehrt.[1229] Es gelte das Prinzip der Totalreparation, das der Gesetzgeber nachkonstitutionell in seinen Willen aufgenommen habe. Deshalb müsse das Bundesverfassungsgericht über die Vereinbarkeit mit Art. 1, 2, 6 II S. 2 GG befinden.

Das Bundesverfassungsgericht hat in einem Kammerbeschluss die Unzulässigkeit der Vorlage gerügt. Es hat aber immerhin auch bestätigt, dass die unbegrenzte Haftung Minderjähriger im Hinblick auf das allgemeine Persönlichkeitsrecht verfassungsrechtlichen Bedenken begegne.[1230] Näher zu prüfen wären jedoch einfachrechtliche Korrekturmöglichkeiten gewesen. Konkret benennt das Gericht das sozialrechtliche Forderungserlassverfahren nach § 76 II Nr. 3 SGB IV sowie das Verbraucherinsolvenzverfahren. Auf den beschleunigten Wandel

---

[1223] OLG Celle NJW-RR 1989, S. 791, 792.

[1224] OLG Celle NJW-RR 1989, S. 791, 793.

[1225] LG Bremen NJW-RR 1991, S. 1432, 1433 u. 1435.

[1226] LG Bremen NJW-RR 1991, S. 1432, 1433; zum vertraglichen Bereich zuvor schon OLG Celle, VersR 1973, S. 1122, 1123 f.; dazu *Deutsch*, Rn 632.

[1227] LG Bremen NJW-RR 1991, S. 1432, 1434.

[1228] LG Dessau NJW-RR 1997, S. 214, 215 f.

[1229] LG Dessau NJW-RR 1997, S. 214, 216 f.

[1230] BVerfG NJW 1998, S. 3557, 3558.

der gesellschaftlichen Verhältnisse und die begrenzten Reaktionsmöglichkeiten des Gesetzgebers habe die Rechtsprechung mit Anpassungen des geltenden Rechts zu reagieren. Weder der Wille des Gesetzgebers noch der Wortlaut von § 828 II BGB stehe einer Einschränkung der Minderjährigenhaftung aus Billigkeitsgründen nach § 242 BGB entgegen.[1231]

Das OLG Koblenz hat demgegenüber keinerlei verfassungsrechtliche Bedenken hinsichtlich der genannten Haftungsregelungen.[1232] Für das OLG Celle gilt das zumindest, wenn der Schädiger mangels Eintreten einer Versicherung unmittelbar Ansprüchen des ebenfalls grundrechtlich geschützten Geschädigten ausgesetzt ist und dem Minderjährigen nicht nur geringfügige, sondern mittlere, wenn nicht gar grobe Fahrlässigkeit anzulasten ist.[1233] Zudem habe der Gesetzgeber mit Einführung des Verbraucherinolvenzverfahrens samt Restschuldbefreiung der Frage der individuellen Leistungsfähigkeit des Schuldners Rechnung getragen, die im materiellen Recht grundsätzlich unbeachtlich sei.[1234]

2. Schrifttum

In der Literatur werden sowohl die angedeuteten grundsätzlichen Positionen als auch einzelne Argumentationsschritte in nahezu jeder erdenklichen Richtung vertreten. Sie können an dieser Stelle nur angerissen werden.

Kritisch hinterfragt wird, ob man hinsichtlich der haftungsbedingten Existenzvernichtung Minderjährige gesondert behandeln darf. Das Problem sei allgemeiner Natur und stelle sich auch beim Erwachsenen.[1235] Über die Art der Gleichbehandlung, durch allgemeine Bejahung[1236] oder Ablehnung einer Reduktion,[1237] besteht aber keine Einigkeit. Ebenso häufig werden Argumente für eine Sonderbehandlung vorgebracht.[1238]

[1231] BVerfG NJW 1998, S. 3557, 3558; s.a. OLG Celle NJW-RR 2002, S. 674.

[1232] OLG Koblenz OLGR 1998, S. 405, 407.

[1233] OLG Celle NJW-RR 2002, S. 674 f.

[1234] OLG Celle NJW-RR 2002, S. 674, 675.

[1235] Eindringlich *Canaris*, JZ 1990, S. 679 ff.; *Greger*, § 16 Rn 89; *Soergel-Zeuner*, § 828 Rn 4; *Macke*, DAR 2000, S. 506, 507; *Wagner*, NJW 2002, S. 2049, 2060; teilweise *Rolfs*, JZ 1999, S. 233, 239 f.; *Kohte/Ahrens/Grote-Ahrens*, § 302 Rn 6; *E. Lorenz*, VersR 1989, S. 711 f., letztlich aber im Sinne der Differenzierung; s.a. *Steffen*, VersR 1998, S. 1449, 1451; *Looschelders*, Mitverantwortlichkeit, S. 170 ff.; *Medicus*, JuS 1999, S. 833, 835.

[1236] Vgl. z.B. *Canaris*, JZ 1990, S. 679, 681; *Rolfs*, JZ 1999, S. 233, 240; *MünchKomm-Mertens*, 3. Aufl. (1997), Vor §§ 823-853 Rn 72, 76.

[1237] Z.B. *H.-F. Müller*, KTS 2000, S. 57, 65; *Macke*, DAR 2000, S. 506, 507; tendenziell *Soergel-Zeuner*, § 828 Rn 4; *Wagner*, NJW 2002, S. 2049, 2060.

[1238] *E. Lorenz*, VersR 1989, S. 712; *Kötz/Wagner*, Rn 315; *Looschelders*, VersR 1999, S. 141, 148; *Rolfs*, JZ 1999, S. 233, 236, 239; *Erman-Schiemann*, § 828 Rn 7; *Coester*, in Festschrift W. Lorenz (2001), S. 113, 129; ausführlich *Goecke*, Die unbegrenzte Haftung Minderjähriger im Deliktsrecht, S. 62 ff.; *ders.*, NJW 1999, S. 2305, 2307 ff., jeweils mit rechtsvergleichenden Hinweisen.

Die Gegner der verfassungsbedingten Haftungsreduktion bewerten das Ausgleichsinteresse des Geschädigten höher als den Schutz des Schädigers vor ruinösen Haftungsfolgen.[1239] Ganz überwiegend wird das Haftungsergebnis hingenommen, wenn der Geschädigte mangels finanzieller oder versicherungsrechtlicher Eigensicherung auf die Ersatzleistung angewiesen ist.[1240] Ähnliches wird trotz des Trennungsprinzips[1241] bei Bestehen einer Haftpflichtversicherung des Schädigers angenommen.[1242] Bei vorhandener Versicherung des Geschädigten könne im Übrigen ein den Regress betreibender Sozialversicherungsträger als Grundrechtsverpflichteter die Positionen des Schädigers berücksichtigen. Im Rahmen des Rückgriffs gelte für ihn im Gegensatz zum grundrechtsberechtigten Privatversicherer das Verhältnismäßigkeitsprinzips unmittelbar.[1243]

An der Verfassungswidrigkeit der Haftung wird darüber hinaus mit Blick auf die Versicherbarkeit gezweifelt. Die sorgeberechtigten und sorgeverpflichteten Personen könnten durch den einfachen, nicht besonders kostspieligen Abschluss einer Haftpflichtversicherung dem Problem den Nährboden entziehen.[1244] Bei unterlassenem Versicherungsabschluss kämen allenfalls Freistellungsansprüche des Minderjährigen in Betracht.[1245] Fehlende versicherungsrechtliche Vorsorge durch die Sorgeberechtigten könne den Minderjährigen im Hinblick auf die Haftung nicht entlasten.[1246] Die Versicherbarkeit sei überhaupt unbeachtlich, zumal der Schaden auch bei Erwachsenen außerhalb derselben liegen könne.[1247] Nach Meinung vieler kann ein kollektiver Schadensträger ü-

---

[1239] *H.-F. Müller*, KTS 2000, S. 57, 65; *Staudinger/Oechsler*, § 828 Rn 2, 43; *Macke*, DAR 2000, S. 506, 507; *Moritz*, JA 1999, S. 355, 357; allgemein zur Berücksichtigung des Geschädigtenschutzes *Looschelders*, Mitverantwortlichkeit, S. 171 f.; s.a. *v. Hippel*, VersR 1998, S. 26, 27, der zur Wahrung der Interessen von Schädiger und Opfer eine obligatorische Haftpflichtversicherung vorschlägt; ebenso *Schwintowski*, ZRP 2003, S. 391 ff.; ablehnend *Schirmer*, DAR 2004, S. 509 ff.

[1240] *Canaris*, JZ 1990, S. 679, 681; *Looschelders*, VersR 1999, S. 141, 149; *Goecke*, NJW 1999, S. 2305, 2309; *Rolfs*, JZ 1999, S. 233, 241; *Moritz*, JA 1999, S. 355, 357; a.A. *Kuhlen*, JZ 1990, S. 273, 279.

[1241] S. dazu oben § 8 B. I. 1. a).

[1242] *Goecke*, NJW 1999, S. 2305, 2309; kritisch *E. Lorenz*, VersR 1989, S. 711, 712; *Staudinger/Oechsler*, § 828 Rn 43.

[1243] *Looschelders*, VersR 1999, S. 141, 146 f.; ähnlich unter funktionalen Gesichtspunkten *Ahrens*, AcP 189 (1989), S. 526, 529.

[1244] *E. Lorenz*, VersR 1989, S. 711, 712; allgemein auch *v. Hippel*, VersR 1998, S. 26, 27; *Looschelders*, VersR 1999, S. 141, 145; *Macke*, DAR 2000, S. 506, 507.

[1245] *E. Lorenz*, VersR 1989, S. 711, 712.

[1246] *E. Lorenz*, VersR 1989, S. 711, 712; zustimmend *Looschelders*, VersR 1996, S. 529, 537 in Fn 124; allgemein *Macke*, DAR 2000, S. 506, 507.

[1247] *Canaris*, JZ 1990, S. 679, 680; zustimmend *Soergel-Zeuner*, § 828 Rn 4; ebenfalls kritisch mit Blick auf das versicherungsrechtliche Trennungsprinzip *Staudinger/Oechsler*, § 828 Rn 43; beschränkt auf fehlende Versicherbarkeit *Rolfs*, JZ 1999, S. 233, 240.

berhaupt nur berücksichtigt werden, wenn er zur Abnahme des Schadens auch funktional zuständig ist.[1248] Dem wird überwiegend die fehlende Möglichkeit zur Eigenvorsorge durch den Minderjährigen sowie die Unzulässigkeit des Anlastens elterlichen Versagens gegenübergestellt.[1249]

Der Umstand, dass Jugendlichen eher und häufiger objektiv sorgfaltswidrige Handlungen leichterer Art unterlaufen, wird ebenfalls unterschiedlich bewertet. Zum Teil wird dies als Grundlage einer differenzierten Betrachtung herangezogen.[1250] Für den Bereich des Straßenverkehrs dürfe es hinsichtlich des Fahrzeugführers nach Meinung von *Ahrens* keine Privilegierungen geben.[1251] *Canaris* hält die Differenzierung zwischen fahrlässigen und vorsätzlichen Taten für zu pauschal. Auch bei vorsätzlich haftungsbegründendem Verhalten könnten nicht hinnehmbare Ergebnisse entstehen[1252]

Schwergewichtigste Argumente gegen eine Verfassungswidrigkeit sind Hinweise auf bestehende Schutzmechanismen außerhalb des Haftungsrechts. Genannt werden § 76 II Nr. 3 SGB IV,[1253] der Vollstreckungsschutz,[1254] das mittlerweile existierende Restschuldbefreiungsverfahren der §§ 286 ff. InsO und das Verbraucherinsolvenzverfahren der §§ 304 ff. InsO.[1255] Andere halten diese

---

[1248] *E. Lorenz*, VersR 1989, S. 711, 712; *Looschelders*, VersR 1999, S. 141, 147; *H.-F. Müller*, KTS 2000, S. 57, 66; *Staudinger/Oechsler*, § 828 Rn 43.

[1249] *Looschelders*, VersR 1999, S. 141, 148 f. m.w.Nw.; *Goecke*, NJW 1999, S. 2305, 2309; *Rolfs*, JZ 1999, S. 233, 236, 239 f.; *Erman-Schiemann*, § 828 Rn 7; s.a. *Steffen*, VersR 1998, S. 1449, 1452; *MünchKomm-Mertens*, 3. Aufl. (1997), Vor §§ 823-853 Rn 76.

[1250] *E. Lorenz*, VersR 1989, S. 711, 712; a.A. *Canaris*, JZ 1990, S. 679, 681; *Rolfs*, JZ 1999, S. 233, 238 f.

[1251] VersR 1997, S. 1064, 1065.

[1252] JZ 1990, S. 679, 681; zustimmend *Soergel-Zeuner*, § 828 Rn 4; *Kohte/Ahrens/Grote-Ahrens*, § 302 Rn 6; s.a. *Däubler*, JuS 2002, S. 625, 628; differenzierend nach der Versicherbarkeit *Rolfs*, JZ 1999, S. 233, 240.

[1253] *Ahrens*, NJW 1989, S. 1704 ff. mit Kritik zur prozessualen Verwirklichung; *ders.*, AcP 189 (1989), S. 526, 530, 540 ff.; *ders.*, VersR 1997, S. 1064; *Erman-Schiemann*, § 828 Rn 7; *Kötz/Wagner*, Rn 332; *Goecke*, NJW 1999, S. 2305, 2309; *Moritz*, JA 1999, S. 355, 357; *Pawlowski*, in *Wolter/Riedel/Taupitz*, Einwirkungen der Grundrechte, S. 39, 44; *Macke*, DAR 2000, S. 506, 507; kritisch und modifizierend *Steffen*, VersR 1998, S. 1449, 1452; *Looschelders*, VersR 1999, S. 141, 146 f., 149.

[1254] Vgl. *Greger*, § 16 Rn 327; *Soergel-Zeuner*, § 828 Rn 4; *Ahrens*, AcP 189 (1989), S. 526, 529; *Steffen*, VersR 1998, S. 1449, 1452; *Looschelders*, VersR 1999, S. 141, 145; *Pawlowski*, in *Wolter/Riedel/Taupitz*, Einwirkungen der Grundrechte, S. 39, 44; *Macke*, DAR 2000, S. 506, 507; allgemein *Medicus*, ZIP 1989, S. 817, 822 f.; *Krause*, JR 1994, S. 494, 498; *Goecke*, NJW 1999, S. 2305, 2307; *Palandt-Heinrichs*, Vorb v § 249 Rn 6.

[1255] *H.-F. Müller*, KTS 2000, S. 57, 66 ff.; *MünchKomm-Mertens*, 3. Aufl. (1997), § 828 Rn 14; *Staudinger/Oechsler*, § 828 Rn 2, 43; *Soergel-Zeuner*, § 828 Rn 4; *Palandt-Heinrichs*, Vorb v § 249 Rn 6; *Macke*, DAR 2000, S. 506, 507; *Wagner*, NJW 2002, S. 2049, 2060; allgemein auch *Ruffert*, Vorrang der Verfassung und Eigenständigkeit des Privatrechts, S. 324 f.

Instrumente zum Schutz der Rechte des Minderjährigen nicht für ausreichend.[1256]

Soweit eine Reduktion für verfassungsrechtlich notwendig gehalten wird, sind die Meinungen im Schrifttum über eine noch mögliche Rechtsfortbildung[1257] ebenso wie in der Rechtsprechung geteilt. Manche halten nur den Gesetzgeber für zuständig.[1258]

3. Allgemeingültige Gesichtspunkte

Im Rahmen der Diskussion kristallisieren sich unterschiedliche Argumentationsebenen heraus, die nicht auf Fälle der Haftung Minderjähriger beschränkt sind. Zum einen spielt *der Grad der Verantwortung* für den Schaden eine gewichtige Rolle. Je „schwächer" die Gründe der Zurechnung des Schadens zu einer Person sind, desto eher gerät die normative Zuordnung mit Blick auf den Grundsatz der Totalreparation in den Grenzbereich des verfassungsrechtlich Zulässigen.[1259]

Anlass der Diskussion waren potenziell existenzvernichtende Schadensersatzverpflichtungen. Deshalb wurde weiterhin auf *die Höhe des Schadens und die Vermögensverhältnisse der Beteiligten* abgestellt. Eng damit zusammenhängend wurden die Auswirkungen der Risikoverteilung anhand des *bestehenden oder üblichen Versicherungsschutzes* der Beteiligten bewertet. Und schließlich wurde danach gefragt, ob *andere rechtliche Mechanismen* in der Lage sind, die

---

[1256] *Goecke*, Die unbegrenzte Haftung Minderjähriger im Deliktsrecht, S. 68 ff., 213 ff.; *ders.*, NJW 1999, S. 2305, 2308; *Looschelders*, VersR 1999, S. 141, 145 ff., 149; *Rolfs*, JZ 1999, S. 233, 235 ff.; *v. Hippel*, VersR 1998, S. 26, 27; *MünchKomm-Mertens*, 3. Aufl. (1997), Vor §§ 823-853 Rn 76; zwar nicht kraft der Verfassung, aber einfachrechtlich *Steffen*, VersR 1998, S. 1449, 1452 – Verwiesen wird häufig auch auf die Entscheidung des BVerfG vom 13.05.1986 zur elterlichen Vertretungsmacht, BVerfGE 72, S. 155. Vgl. *Goecke*, Die unbegrenzte Haftung Minderjähriger im Deliktsrecht, S. 88 ff.; *Rolfs*, JZ 1999, S. 233, 236; *Coester*, in Festschrift W. Lorenz (2001), S. 113, 129; ablehnend *H.-F. Müller*, KTS 2000, S. 57, 64 f.

[1257] *Canaris*, JZ 1990, S. 679, 681; *Looschelders*, VersR 1999, S. 141, 142, 150 f.; *ders.*, SchR AT, Rn 521, 875; im Allgemeinen aber zweifelnd *ders.*, Mitverantwortlichkeit, S. 172; *Rolfs*, JZ 1999, S. 233, 237 ff.; *MünchKomm-Mertens*, 3. Aufl. (1997), Vor §§ 823-853 Rn 77; *Lange/Schiemann*, Einl III 4; *Coester*, in Festschrift W. Lorenz (2001), S. 113, 129 f.; *Kohte/Ahrens/Grote-Ahrens*, § 302 Rn 6; mittlerweile *Goecke*, NJW 1999, S. 2305, 2306 ff. – für Extremfälle vermittelnd *Greger*, § 16 Rn 89, 327 f.; *Ahrens*, VersR 1997, S. 1064, 1066; *Palandt-Sprau*, § 828 Rn 8; *Soergel-Zeuner*, § 828 Rn 4; *Erman-Schiemann*, § 828 Rn 7.

[1258] *E. Lorenz*, VersR 1989, S. 711, 712 f.; *Scheffen*, DAR 1991, S. 121, 125; *Goecke*, Die unbegrenzte Haftung Minderjähriger im Deliktsrecht, S. 97 f.; *Pawlowski*, in *Wolter/Riedel/Taupitz*, Einwirkungen der Grundrechte, S. 39, 42 f., 44 f.; *H.-F. Müller*, KTS 2000, S. 57, 64, 69; *Kötz/Wagner*, Rn 332; *MünchKomm-Mertens*, 3. Aufl. (1997), § 828 Rn 14; *Moritz*, JA 1999, S. 355, 357; allgemein *Krause*, JR 1994, S. 494, 496; *v. Bar*, Gemeineuropäisches Deliktsrecht I, Rn 596.

[1259] Vgl. *Looschelders*, VersR 1996, S. 529, 536 f.; *ders.*, Mitverantwortlichkeit, S. 170 f.

Folgen des Ereignisses abzumildern.[1260] Die Belastungswirkung spielt also augenscheinlich für die Frage der Verfassungswidrigkeit eine Rolle.

De lege lata wie de lege ferenda wurde im materiellen Recht vornehmlich um eine schadensrechtliche Reduktion,[1261] also eine Abmilderung im Bereich der Haftungsausfüllung gerungen.[1262] Eingeflossen sind aber auch Zurechnungselemente der Haftungsbegründung, was sich schon darin zeigt, dass häufig § 828 BGB und seine Verantwortlichkeitszuweisung, nicht aber § 249 S. 1 BGB a.F.[1263] als teilweise verfassungswidrig angesehen wurde. In gewisser Weise kehrt dabei die Grundkonstellation des § 829 BGB mit umgekehrten Vorzeichen wieder. Denn wie dort geht es um die endgültige Zurechnung des Schadens zum Minderjährigen unter Billigkeitsgesichtspunkten.[1264] Im Grenzbereich verfassungskonformer Auflösung grundrechtlicher Kollisionslagen müssen offenbar alle sich auswirkenden Umstände einbezogen werden. Demzufolge liegt keine ausschließliche Frage der Haftungsausfüllung vor.

Weiterhin ist auffällig, dass es um Abmilderungen bei der Verschuldenshaftung geht, bei der die individuelle Verantwortung als Zurechnungsgrund noch am stärksten ausgeprägt ist. Als Argumente für und gegen einen (teilweisen) Haftungsausschluss werden kollektive Risikotragungsmechanismen angeführt.[1265] Nach der eine Reduktion befürwortenden Ansicht kann der individuelle Zurechnungsgrund mit Blick auf die konkreten Schadensfolgen versagen. Er wird dann vom Prinzip der geringsten Schadensbelastung in Form eines Haftungsausschlusses überlagert.

II. Elternhaftung

Gelegentlich wird im Zusammenhang mit der unbeschränkten Haftung Minderjähriger auch die Verantwortlichkeit der Aufsichtspflichtigen nach § 832 BGB problematisiert.[1266] Die auftretenden Argumente ähneln den genannten in hohem Maße, führen aber zumeist nur zu rechtspolitischer Kritik. Auch hier wird auf faktisch fehlende Vermeidbarkeit von Schädigungen und Einstandspflichten für leicht fahrlässiges Verhalten, bestehenden oder möglichen Versicherungsschutz, Kollisionen mit dem familiären Erziehungsschutz sowie auf die ruinösen Haftungsfolgen abgestellt. Anhand der sich wiederholenden Billigkeitsabwägung

---

[1260] S. ergänzend *Looschelders*, VersR 1996, S. 529, 537.

[1261] Rechtsvergleichend hierzu *v. Bar*, Gemeineuropäisches Deliktsrecht I, Rn 596 in Fn 272.

[1262] Zusammenfassend *Koch*, Die Sachhaftung, S. 162 f. m.w.Nw.

[1263] Nunmehr § 249 I BGB.

[1264] *Looschelders*, VersR 1999, S. 141, 151.

[1265] Vgl. nochmals zusammenfassend *Looschelders*, VersR 1999, S. 141, 145 ff.

[1266] *Großfeld/Mund*, FamRZ 1994, S. 1504 ff. m.w.Nw.; *v. Bar*, Gemeineuropäisches Deliktsrecht I, Rn 591; *Kötz/Wagner*, Rn 315 f.; *v. Hippel*, FamRZ 1968, S. 574, 575; *ders.*, Rechtspolitik, S. 318; *ders.*, VersR 1998, S. 26, 27; *ders.*, FamRZ 2001, S. 748; s.a. *Goecke*, Die unbegrenzte Haftung Minderjähriger im Deliktsrecht, S. 232 ff.

zeigt sich das allgemeine Problem des Schutzes vor ruinösen Haftungsrisiken. Kann der Grundsatz der Totalreparation unter Einbeziehung der Zurechnungsgründe und anderer Sicherungsmechanismen vor dem Übermaßverbot bestehen?

III. Arbeitnehmerhaftung

Auf vergleichbaren Argumenten beruht auch die Haftungsbeschränkung zu Gunsten des Arbeitnehmers gegenüber dem Arbeitgeber.[1267] Sie erhalten durch die bestehende Sonderbeziehung aber etwas „stabileren Boden“ als im Falle allein haftungsrechtlicher Interaktion. Seit 1963 ist das Problem der Arbeitnehmerhaftung im Verhältnis zum Arbeitgeber und zu anderen Betriebsangehörigen hinsichtlich des Personenschadens allerdings versicherungsrechtlich entschärft worden, zunächst durch § 637 RVO, später durch § 105 SGB VII.[1268] Für vom Arbeitgeber verursachte Sachschäden des Arbeitgebers hat das BAG ein nach Fahrlässigkeitsgraden abgestuftes System beschränkter Haftung geschaffen.[1269]

Im Außenverhältnis zu Dritten dagegen haftet der Arbeitnehmer nach herrschender Ansicht unbeschränkt. Er hat nach der Rechtsprechung zwar einen Anspruch auf Freistellung im Innenverhältnis, trägt dann aber auch das Risiko der Insolvenz des Arbeitgebers.[1270] Unter verfassungsrechtlichen Gesichtspunkten ist auch dies hinterfragt und eine billigkeitsrechtliche Reduktion erwogen worden.[1271] Die bereits erwähnten Argumente werden dabei ebenfalls aufgegriffen: nicht beeinflussbare bzw. nicht beherrschbare hohe Schadensrisiken, Existenzvernichtung, die gegensätzlichen Interessen des Geschädigten, der Einfluss kollektiver Sicherungssysteme, die Grenzen richterlicher Rechtsfortbildung sowie die Existenzsicherung durch Vollstreckungs- und Insolvenzrecht. Erneut wird

---

[1267] BAG NJW 1993, S. 1732, 1734 f.; NJW 1995, S. 210, 212 f.; NZA 1998, S. 140 f.; *MünchArbR/Blomeyer*, § 59 Rn 23 ff.; *Walker*, JuS 2002, S. 736, 737 ff.; *Greger*, § 16 Rn 329 ff.; *Looschelders*, in *Wolter/Riedel/Taupitz*, Einwirkungen der Grundrechte, S. 93, 105 ff.; *ders.*, Mitverantwortlichkeit, S. 409 ff., 414 ff., der zu Recht stärker auf einfachrechtliche Gedanken verschuldensunabhängiger Zurechnungsgründe abstellt; kritisch mit Blick auf das Insolvenzrecht *Marhold*, JZ 1993, S. 910, 912; *Steinmeyer/Waltermann*, S. 82; hinsichtlich des verfassungsrechtlichen Ansatzes überhaupt *W. Blomeyer*, JuS 1993, S. 903, 905 f.; *Krause*, JR 1994, S. 494 ff.; einschränkend auch BGH NJW 1994, S. 856.

[1268] Hierzu *MünchArbR/Blomeyer*, § 61 Rn 1 ff. – Die zuvor bestehenden Probleme beschreibt BAGE 5, S. 1 ff.

[1269] S. dazu die zuvor genannten Quellen.

[1270] BAGE 5, S. 1, 4 f., 8; BGHZ 30, S. 40, 49; insbesondere 108, S. 305, 307 ff.; NJW 1994, S. 852, 854 ff.; hierzu *Walker*, JuS 2002, S. 736, 741 f.; *Greger*, § 16 Rn 339, 742 ff.; umfassend *MünchArbR/Blomeyer*, § 60 Rn 1 ff.

[1271] *H. Baumann*, BB 1994, S. 1300, 1303 ff.; ablehnend BGHZ 108, S. 305, 309 ff.; NJW 1994, S. 852, 855 f.; zusammenfassend zur Diskussion *MünchArbR/Blomeyer*, § 60 Rn 2 ff. m.w.Nw.

der Grundsatz der Totalreparation unter Einbeziehung der Zurechnungsgründe verfassungsrechtlich auf die Probe gestellt.[1272]

IV. Richter- und Sachverständigenhaftung

Die bereits erwähnte[1273] Diskussion um die teilweise Einschränkung der Sachverständigenhaftung und ihr Vorbild im „Spruchrichterprivileg" des § 839 II BGB betreffen demgegenüber eine Sondersituation. Sie gründen sich, jeweils mit verfassungsrechtlichem Unterbau, neben der Erhaltung der Unabhängigkeit des Entscheidungsträgers hauptsächlich auf den Schutz der Rechtssicherheit und des Rechtsfriedens.[1274] Argumentativ steht hier nicht das „zu viel" an Haftung als solches in Rede, sondern Schutzgüter der Allgemeinheit im Zusammenhang mit der Entscheidung von Rechtsstreitigkeiten.

V. Anwaltshaftung

Zu verfassungsrechtlichen Bedenken hat weiterhin die Auffassung des BGH geführt, das rechtsfehlerhafte Unterlassen eines Gerichts sei für die Anwaltshaftung unbeachtlich, obwohl der Eintritt der Folgen des anwaltlichen Fehlers durch korrekte Rechtsanwendung hätte verhindert werden können.[1275]

Das Bundesverfassungsgericht führt hierzu in einem Nichtannahmebeschluss als obiter dictum aus, dass die Gerichte verfassungsrechtlich nicht legitimiert seien, „den Rechtsanwälten auf dem Umweg über den Haftungsprozess auch die Verantwortung für die richtige Rechtsanwendung zu überbürden."[1276] Die Haftungsverschiebung zu Lasten der Rechtsanwälte könne insbesondere nicht mit dem Argument der kraft Richterprivilegs ausscheidenden Amtshaftung oder der existierenden Berufshaftpflichtversicherung begründet werden.[1277]

Damit betont das Gericht die verfassungsrechtliche Verankerung des Gedankens individueller Verantwortung im Rahmen der Fehlverhaltenshaftung. Zugleich verdeutlicht es den Grenzbereich der Ausformung grundrechtlicher Konfliktlagen. Das noble Anliegen, dem Geschädigten zu einem Anspruch zu

---

[1272] Zu Recht verallgemeinernd deshalb *Krause*, JR 1994, S. 494 f.; *Marhold*, JZ 1993, S. 910, 912; ansatzweise auch BGH NJW 1994, S. 852, 855.

[1273] Oben A. III.

[1274] Vgl. die bei A. III. genannten Nachweise sowie BGH NJW-RR 1992, S. 919; OLG Frankfurt, NJW 2001, S. 3270, 3271; *MünchKomm-Papier*, § 839 Rn 322 f.; *Soergel-Vinke*, § 839 Rn 222; *Erman-J. Hecker*, § 839 Rn 62; *Staudinger/Wurm*, § 839 Rn 316 f.

[1275] BGH NJW 2002, S. 1048; BVerfG NJW 2002, S. 2937; kritsch *Zugehör*, NJW 2003, S. 3225 ff., insbesondere zu Art. 12 I GG S. 3231; ebenso *Knöfel*, AnwBl 2004, S. 76 ff.; s.a. BGH NJW-RR 2003, S. 850, 853 f.

[1276] BVerfG NJW 2002, S. 2937, 2938.

[1277] BVerfG NJW 2002, S. 2937, 2938; kritisch zu dieser Rüge an der Rechtsprechung des BGH *Zugehör*, NJW 2003, S. 3225, 3227; *Knöfel*, AnwBl 2004, S. 76, 80 ff.

verhelfen,[1278] kann nicht unbeschränkt zu Lasten des Schädigers verfolgt werden.[1279] Für die Frage der Schadenszurechnung ist insofern eine grundrechtlich vorgegebene Einteilung der Verantwortungsbereiche bedeutsam.[1280] Im konkreten Fall kann man sich freilich unter Gerechtigkeitsgesichtspunkten fragen, ob die rechtspolitisch fragwürdige Konsequenz gänzlich fehlender Einstandspflichten – der Verbleib des Schadens beim Mandanten – auch tatsächlich von der Verfassung geboten war.[1281]

VI. Haftungsersetzung

Verfassungsrechtliche Bedenken gegen haftungsersetzende Versicherungslösungen scheinen nicht unmittelbar mit dem Haftungsrecht in Verbindung zu stehen. Die diesbezüglichen Argumente basieren aber gerade auf dem Wegfall des Haftungsrechts und seinen Funktionen.[1282] Sie sind insoweit bedeutsam für die Betrachtung des Wegbrechens haftungsrechtlicher Zurechnungskriterien vor dem Hintergrund des Versicherungsrechts.[1283]

Bedenken gab und gibt es vor allem gegen den Ausschluss des Schmerzensgeldes in der gesetzlichen Unfallversicherung unter Verdrängung des Haftungsrechts. Genannt werden in diesem Zusammenhang der Gleichheitssatz, das allgemeine Persönlichkeitsrecht, Art. 2 II GG und das Sozialstaatsprinzip.[1284]

Die Ungleichbehandlung gegenüber anderen Lebensbereichen wird überwiegend nicht als verfassungswidrig angesehen. Mit dem Unfallversicherungsrecht sei ein eigenständiges Ordnungssystem geschaffen worden, das neben Nachteilen gegenüber dem Haftungsrecht auch bedeutsame Vorteile für den Geschädigten aufweist[1285] und in seiner Ausgestaltung von sachlichen Gründen ge-

---

[1278] Vgl. BGH NJW-RR 203, S. 850, 853 f.; generell zur „Prozessrisikohaftung" des Anwaltes *Vollkommer/Heinemann*, Anwaltshaftungsrecht, Rn 528 ff.

[1279] S. *Vollkommer/Heinemann*, Anwaltshaftungsrecht, Rn 535 ff. mit einem schutzzweckorientierten Ansatz unter Zuordnung der Haftungsverantwortung nach Aufgabenbereichen und unter Ausschluss der Haftung für allgemeines Prozessrisiko als Ausdruck des allgemeinen Lebensrisikos; hierzu auch *Zugehör*, NJW 2003, S. 3225, 3228 ff.; aus Mandantensicht argumentierend *Knöfel*, AnwBl 2004, S. 76, 77 ff.

[1280] *Henssler/Müller*, EWiR 2003, S. 165, 166.

[1281] Dazu *Knöfel*, AnwBl 2004, S. 76 ff.

[1282] S. insbesondere *Bullinger*, in *Ficker/u.a.*, Festschrift für v. Caemmerer (1978), S. 297, 302 ff.; dazu auch noch unten C. III. 3.

[1283] Vgl. oben § 3 C. und D.

[1284] Vgl. BVerfGE 34, S. 118, 121 ff.; NJW 1995, S. 1607; *Kötz/Wagner*, Rn 599 f. m.w.Nw.; zuletzt *Ebers*, NJW 2003, S. 2655, 2656 f.

[1285] BVerfGE 34, S. 118, 128 ff., 132 ff.: leistungsfähiger Schuldner, schnelle Regulierung ohne Streitigkeiten über Verschulden und Mitverschulden, Wahrung des Betriebsfriedens, abstrakte Rentenberechnung unter teilweisem Einschluss immaterieller Schäden; bestätigt in BVerfG NJW 1995, S. 1607; s.a. *Muchenberger/Mehrle*, NJW 2003, Heft 47, S. XVIII f.; *Steinmeyer/Waltermann*, S. 76.

tragen wird.[1286] Die übrigen gerügten Verfassungsbestimmungen wurden vom BVerfG schlicht als nicht verletzt deklariert.[1287] Für Schwerstverletzte wird die gesetzliche Ausgestaltung in der Literatur zum Teil als hart und unzumutbar kritisiert, zumeist aber ebenfalls als verfassungsgemäß angesehen.[1288]

VII. Erkenntnisse

Auffällig ist, dass hauptsächlich Bereiche der Fehlverhaltenshaftung ins verfassungsrechtliche Blickfeld geraten sind. Die eingangs[1289] genannten Bedenken gegen strengere Haftungstatbestände werden nicht reaktiviert. Dennoch offenbaren die Fallgruppen allgemeine Argumente, die auch für die fehlverhaltensunabhängige Haftung relevant sind und die bei ihr dafür gesorgt haben, dass ihre Tatbestände nicht näher verfassungsrechtlich problematisiert worden sind. Dies gilt vor allem für die regelmäßig beschränkte Belastungswirkung aufgrund von obligatorischem oder üblichem Haftpflichtversicherungsschutz und Haftungshöchstgrenzen, aber auch für die durch normative Kriterien gewährleistete echte Verantwortlichkeitszuweisung zu einem Individuum.[1290] Dementsprechend geraten fehlverhaltensunabhängige Tatbestände dann in einen Grenzbereich, wenn die Belastungswirkung mangels Vollständigkeit der Versicherungsdeckung durchschlägt (Synchronisationsdefizit)[1291] und / oder wenn die Zuordnungskriterien sich derart von der individuellen Verantwortlichkeit lösen, dass die Schadenszuweisung nicht mehr auf sachlichen Gründen beruht und sie in Willkürverdacht gerät.

C. Allgemeine Aussagen zur Auferlegung einer Schadensersatzpflicht und verfassungsrechtlichen Grenzen

I. Das Verhältnis von Haftungsgrund und Haftungsfolgen

Bei den Angriffen auf den Grundsatz der Totalreparation geht es angesichts der einfließenden haftungsbegründenden Momente um die übergreifende Frage, ob eine Schadensersatzpflicht und ihre Folgen außer Verhältnis zu ihren Haftungsvoraussetzungen stehen.[1292] Grund und Folgen der Haftung können außer Ver-

---

[1286] Zum Haftungsausschluss BVerfGE 34, S. 118, 134 f.; kritisch etwa *Kötz/Wagner*, Rn 599 f. m.w.Nw.

[1287] BVerfGE 34, S. 118, 135 f.

[1288] Vgl. *Zöllner/Loritz*, S. 250 f.; *Steinmeyer/Waltermann*, S. 76 f.; *Kötz/Wagner*, Rn 600; verteidigend BVerfG NJW 1995, S. 1607; *Muchenberger/Mehrle*, NJW 2003, Heft 47, S. XVIII f.

[1289] S. die Einleitung zu § 11.

[1290] Hierzu § 7 B.

[1291] Vgl. das Beispiel bei § 8 C. I. 2. b).

[1292] *Krause*, JR 1994, S. 494, 497; *Koch*, Die Sachhaftung, S. 163; *Looschelders*, VersR 1996, S. 529, 536 f.; *ders.*, Mitverantwortlichkeit, S. 170 ff.; zum Haftungsrecht der §§ 425 ff. HGB aus Sicht des Geschädigten *Canaris*, Handelsrecht, § 33 Rn 38 ff. – Ähnliche Gedanhältnis geraten.[1293] Ohne Blick auf die Haftungsvoraussetzungen kann eine Vertretbarkeitskontrolle anhand des Verhältnismäßigkeitsprinzips und Untermaßverbotes nicht erfolgen.[1294] Denn die Zurechnungsgründe bilden die Brücke zu den ebenfalls zu beachtenden Interessen des Geschädigten. Zu seinen Gunsten ist die Zurechnung respektive die Schadensersatzpflicht eine „rechtsstaatlich notwendige Einschränkung der ... Freiheit“ des Schädigers, die dessen freie Willensbetätigung aber nicht im Übermaß einschränken darf.[1295]

II. Belastungsmomente als Teilaspekte der Verhältnisbestimmung

Vermögens- und Versicherungsverhältnisse sind nach dem geltenden Recht abgesehen von den Sonderfällen der § 829 BGB, § 253 II BGB und des innerbetrieblichen Schadensausgleiches weder für die positive Haftungsbegründung noch für den ausnahmsweisen Haftungsausschluss als Tatbestandsmerkmale anerkannt.[1296] In die Frage nach der verfassungsrechtlichen Vertretbarkeit haftungsrechtlichen Interessenausgleiches müssen dessen ungeachtet existierende Schutzmechanismen außerhalb des Haftungsrechts einbezogen werden. Der Gesetzgeber kann die grundrechtlich notwendigen Regelungsvorgänge auf unterschiedlichen Ebenen des Rechts und tatsächlich schon vorhandene Vorsorgesysteme in sein Regelungskonzept einbeziehen.[1297]

Maßgeblich für die verfassungsrechtliche Kontrolle sind die im Ergebnis verbleibenden Auswirkungen für die Beteiligten und ihre Grundrechtssphären. Soweit die Beeinflussung dieser Sphären nicht auf bloßem Zufall sondern auf gesetzgeberischer Intention beruht, muss sie in jedem Fall berücksichtigt werden. Zu aktiv einbezogenen Abmilderungen der Haftungsfolgen gehören z.B. das Vollstreckungs- und Insolvenzrecht[1298] sowie normativ gebotener Versicherungsschutz inklusive der potenziellen Fortwirkung der Haftung über die Regressregelungen.[1299] Soweit die Auswirkungen des Rechts im Einzelfall über eine billigkeitsorientierte Härtefallklausel korrigiert werden können, muss auch

---

ken lassen sich schon im Rahmen der Diskussion um die Einführung der Gefährdungshaftung für den Kfz-Betrieb finden. S. *Schubert*, ZRG 117 (2000), S. 238, 256.

1293 Vgl. ergänzend zur Verhältnismäßigkeit von tatsächlichem Schaden und zugesprochenem Strafschadensersatz im amerikanischen Rechtskreis die zutreffenden Ausführungen des amerikanischen Supreme Court in der Sache *State Farm Mutual Automobil Insurance Co. v. Cambell* v. 07.04.2003, zusammengefasst in FAZ v. 09.04.2003, S. 13; hierzu *Rüfner*, FAZ v. 16.04.2003, S. 23; *Buchner*, VersR 2003, S. 1203; *Pant*, NJW 2004, Editorial Heft 3.

1294 Vgl. auch oben B. I. 3.

1295 *Deutsch*, AcP 202 (2002), S. 889, 892.

1296 Vgl. oben § 8; Dies gilt wegen des außervertraglichen Bezugs der Untersuchung unter Außerachtlassung privatautonomer Abweichungen.

1297 BGHZ 108, S. 305, 310; *Krause*, JR 1994, S. 494, 497; *Looschelders*, VersR 1996, S. 529, 537; *Macke*, DAR 2000, S. 506, 507.

1298 Vgl. *Wagner*, NJW 2002, S. 2049, 2060.

1299 Vgl. *Looschelders*, VersR 1996, S. 529, 537.

tatsächlich vorhandener, freiwilliger Versicherungsschutz Berücksichtigung finden. Da das Verhältnismäßigkeitsprinzip selbst die Forderung nach Härteklauseln erhebt,[1300] spielen die Belastungsmomente für die verfassungsrechtliche Beurteilung eine Rolle.

III. Einzelheiten

1. Schadenshöhe

Die Höhe des Schadens und der Ersatzleistung kann allein nicht zur Verfassungswidrigkeit führen.[1301] Vor einer vollkommenen Existenzvernichtung bewahren den Bürger die Vollstreckungsschutzvorschriften, das Insolvenzverfahren inklusive Restschuldbefreiung sowie die sozialrechtlichen Sicherungssysteme inklusive obligatorischer Haftpflichtversicherungen.[1302] Aus systematischer Sicht hat das Problem des modernen Schuldturms und der Leistungsfähigkeit im Vollstreckungs- und Insolvenzrecht seinen rechten Platz.[1303] Die Diskussion um die mögliche Verfassungswidrigkeit des Restschuldbefreiungsverfahrens[1304] verdeutlicht, dass der Gesetzgeber dort die Interessen der Schuldner zu Lasten der Gläubiger in erheblichem Maße schützt.[1305] Im Einzelnen gilt Folgendes:

[1300] BVerfGE 48, S. 102, 116; 60, S. 16, 51 f.; 68, S. 155, 173 ff.; *Moritz*, JA 1999, S. 355, 356; zum Gleicheitssatz *Sachs-Osterloh*, Art. 3 Rn 111; zum Eigentumsschutz *Pieroth/Schlink*, Rn 936, jeweils m.w.Nw.

[1301] Vgl. ergänzend zur Sittenwidrigkeit von Angehörigenbürgschaften *Thoß*, KTS 2003, S. 187, 196 ff.

[1302] *Medicus*, ZIP 1989, S. 817, 823; *ders.*, JuS 1999, S. 833, 835 f.; *Prütting*, ZIP 1992, S. 882, 883; *Marhold*, JZ 1993, S. 910, 912; *Bamberger/Roth-Spindler*, Vor § 823 Rn 11; *Staudinger/Oechsler*, § 28 Rn 2; *Looschelders*, in *Wolter/Riedel/Taupitz*, Einwirkungen der Grundrechte, S. 93, 102 f.; *Pawlowski*, in *Wolter/Riedel/Taupitz*, Einwirkungen der Grundrechte, S. 39, 52; *Zöllner*, WM 2000, S. 1, 5; *H-F. Müller*, KTS 2000, S. 57, 61; *Macke*, DAR 2000, S. 506, 507; *MünchKommInso-Stürner*, Einleitung Rn 93; *Wagner*, NJW 2002, S. 2049, 2060; *Prütting/Stickelbrock*, ZVI 2002, S. 305, 308; s.a. BGH NJW 1994, S. 852, 855; *Däubler*, JuS 2002, S. 625, 628.

[1303] *Medicus*, ZIP 1989, S. 817, 823; *Prütting*, ZIP 1992, S. 882, 883; BGH NJW 1994, S. 852, 855; *Staudinger/Oechsler*, § 828 Rn 2; *Wagner*, NJW 2002, S. 2049, 2060; *Prütting/Stickelbrock*, ZVI 2002, S. 305, 308; generell abweichend etwa *Kohte/Ahrens/Grote-Ahrens*, § 286 Rn 28a.

[1304] Vgl. den Vorlagebeschluss des AG München, ZVI 2002, S. 330 = NZI 2002, S. 676 und den hierzu ergangenen Kammerbeschluss BVerfG NJW 2004, S. 1233; ablehnend *Prütting/Stickelbrock*, NVI 2002, S. 305; *I. Pape*, NZI 2002, Heft 12, S. V (Editorial); *Sesemann*, NZI 2002, S. 655; *MünchKommInso-Stephan*, § 286 Rn 8, 13; vermittelnd *Foerste*, Insolvenzrecht, Rn 529; s.a. *Frege/Keller/Riedel*, Rn 2054 sowie die allein auf die Unzulässigkeit der Vorlage abstellende Entscheidung des BVerfG in NZI 2003, S. 162 m.w.Nw.

[1305] S. auch *B. Schmidt*, NJW 2002, Editorial Heft 42 sowie die Pressemitteilung des Bundesministeriums für Justiz Nr. 62/2002 vom 22. November 2002; *Musielak/Becker*, § 850c Rn 1.

a) Vollstreckungsschutz

Im Vollstreckungsverfahren muss der Staat als Inhaber des zwangsweisen Durchsetzungsmonopols[1306] die Rechte und damit zusammenhängend die Grundrechte des Gläubigers durchsetzen, andererseits aber auch die Grundrechte des Schuldners beachten und unverhältnismäßige Eingriffe in grundrechtlich geschützte Bereiche unterlassen.[1307] Zur Verwirklichung dieser Vorgaben stellen die §§ 811, 850 ff. ZPO in beachtlichem Umfang existenzsichernde Pfändungsverbote auf.[1308] Auf im Einzelfall zusätzlich auftretende Härtesituationen kann zudem mittels der allgemeinen Pfändungsschutzvorschrift des § 765 a ZPO reagiert werden.[1309]

Das Vollstreckungsverfahren ist auf die Vermögensverwertung und –herausgabe zugeschnitten. Dort können vermögensbezogene Umstände angemessen berücksichtigt werden, während sie als isolierter Faktor im materiellen Recht eher fremd und häufig fehl am Platze sind.[1310] Das Vollstreckungsrecht gewährleistet die Existenzgrundlagen, die für ein menschenwürdiges Dasein notwendig sind.[1311] Eine materiell-rechtliche Verpflichtung zum Schadensersatz

---

[1306] *Zöller/Stöber*, Vor § 704 Rn 1.

[1307] Vgl. *Vollkommer*, Rpfleger 1982, S. 1 ff.; *Zöller/Stöber*, Vor § 704 Rn 29; ausführlich *Abel*, Bürgschaften zwischen Sittenwidrigkeitsrechtsprechung und insolvenzrechtlicher Restschuldbefreiung, S. 107 ff.

[1308] *Vollkommer*, Rpfleger 1982, S. 1, 2; *Zöller/Stöber*, § 811 Rn 3; *Thoß*, KTS 2003, S. 187, 197 – Durch das siebte Gesetz zur Änderung der Pfändungsfreigrenzen v. 13.12.2001 wurden die Freibeträge nochmals um fast 50 % angehoben, BGBl 2001 I, S. 3638. Hierzu *B. Schmidt*, NJW 2002, Editorial Heft 42; *Foerste*, Insolvenzrecht, Rn 152, 528; *Musielak/Becker*, § 850c Rn 1.

[1309] *Zöller/Stöber*, Vor § 704 Rn 30, § 765a Rn 1 ff.

[1310] Anderes gilt bei zusätzlichen Umständen, die das Geschäft oder die Handlung anstößig erscheinen lassen. Vgl. *Pape/Uhlenbruck*, Rn 934; *Krüger*, MDR 2002, S. 855, 857 f.; *Medicus*, JuS 1999, S. 833, 835 f.; s.a. BGH NJW 1996, S. 1274, 1277; *Aden*, NJW 1999, S. 3763 f.; *H-F. Müller*, KTS 2000, S. 57, 59 ff. sowie 61, 67 f. zum umstrittenen Verhältnis von materiellem Recht und insolvenzrechtlicher Restschuldbefreiung; ausführlich *Döbereiner*, KTS 1998, S. 31, 32 ff.; *Abel*, Bürgschaften zwischen Sittenwidrigkeitsrechtsprechung und insolvenzrechtlicher Restschuldbefreiung (2002), insbesondere S. 5, 8, 169 ff., 331; *Thoß*, KTS 2003, S. 187 ff., jeweils m.w.Nw.; generell abweichend *Kohte/Ahrens/Grote-Ahrens*, § 286 Rn 28a sowie *Kohte/Ahrens/Grote-Kohte*, Vorbemerkung zu §§ 286 ff. Rn 9 ff.

[1311] *Vollkommer*, Rpfleger 1982, S. 1, 2; *Looschelders*, in *Wolter/Riedel/Taupitz*, Einwirkungen der Grundrechte, S. 93, 102 f.; *H-F. Müller*, KTS 2000, S. 57, 61; *Macke*, DAR 2000, S. 506, 507; *Krüger*, MDR 2002, S. 855, 857 f.; *Foerste*, Insolvenzrecht, Rn 528; *Zöller/Stöber*, § 811 Rn 1, der zu Recht darauf hinweist, dass hierbei eine Verlagerung der Existenzsicherung aus den sozialen Sicherungssystemen heraus in die Beziehung von Schuldner und Gläubiger stattfindet. Zu Lasten einzelner Gläubiger werden die von der Allgemeinheit getragenen Auffangsysteme geschont und dem Schuldner gleichzeitig eine Mokann deshalb *nicht allein* wegen ihres Ausmaßes als unverhältnismäßiger Grundrechtseingriff angesehen werden.

b) Verbraucherinsolvenzverfahren und Restschuldbefreiung

Darüber hinaus berücksichtigt nunmehr das Insolvenzrecht die Belange des „überforderten" Schuldners, in dem es anhand gesetzlich normierter Kriterien bei dessen Redlichkeit die Möglichkeit zum Neuanfang eröffnet, §§ 1 S. 2, 286 ff. InsO (Restschuldbefreiung).[1312] Natürliche Personen werden für insolvenzfähig erklärt, §§ 11 I S. 1, 304 ff. InsO.[1313] Damit werden neue Entfaltungsmöglichkeiten, neue Lebensperspektiven offengehalten und ein dauerhaftes Leben an den „Pfändungsgrenzen" wird vermieden, was ansonsten in Konflikt mit dem allgemeinen Persönlichkeitsrecht geraten kann („Perspektivlosigkeit").[1314] Der Zugang zum Verbraucherinsolvenzverfahren wurde durch das Insolvenzrechtsänderungsgesetz vom 26.10.2001[1315] deutlich erleichtert,[1316] mit der Folge, dass die Verfahrenszahlen spürbar angestiegen sind.[1317] Damit stellt die Restschuld-

---

tivation zur eigenständigen Lebensführung belassen. Zu diesem Gedanken auch BGHZ 137, S. 193, 197; *Zöller/Stöber*, § 850 Rn 1.

[1312] BGH NJW 1996, S. 1274, 1277; NJW 2002, S. 744, 745; *Medicus*, JuS 1999, S. 833, 836; *Aden*, NJW 1999, S. 3763; *Zöllner*, WM 2000, S. 1, 5; *H-F. Müller*, KTS 2000, S. 57, 61; *Macke*, DAR 2000, S. 506, 507; *Nobbe/Kirchhof*, BKR 2001, S. 5, 8; *Kohte/Ahrens/Grote-Ahrens*, § 286 Rn 3.

[1313] Vgl. *Frege/Keller/Riedel*, Rn 2219; *Kohte/Ahrens/Grote-Kohte*, Vor §§ 304 ff. Rn 1 ff.; *Pape/Uhlenbruck*, Rn 204, 872 sowie 933 ff. mit umfangreichen Nachweisen.

[1314] BVerfG NJW 1986, S. 1859, 1860; BGHZ 125, S. 206, 211; NJW 1998, S. 3557, 3558; NJW 1999, S. 2372, 2373; *Foerste*, Insolvenzrecht, Rn 526 ff.; *Kohte/Ahrens/Grote-Grote/Kohte*, Vorbemerkung zu §§ 286 ff. Rn 7; *Aden*, NJW 1999, S. 3763; *H-F. Müller*, KTS 2000, S. 57, 61, 66; *Däubler*, JuS 2002, S. 625, 628 und insbesondere *Abel*, Bürgschaften zwischen Sittenwidrigkeitsrechtsprechung und insolvenzrechtlicher Restschuldbefreiung, S. 136 ff., 158, 160 ff., 168: Verfassungswidrigkeit der zuvor bestehenden „lebenslangen" Haftung; allgemein zu Insolvenzrecht und Verfassungsrecht *ders.*, S. 107 ff.; *Pape/Uhlenbruck*, Rn 101 ff. – Zur die Blickrichtung wechselnden Diskussion um die Verfassungswidrigkeit des Restschuldbefreiungsverfahrens wegen Gläubigerbenachteilung s. nochmals den Vorlagebeschluss des AG München, ZVI 2002, S. 330 = NZI 2002, S. 676 und den hierzu ergangenen Kammerbeschluss BVerfG NJW 2004, S. 1233; ablehnend *Prütting/Stickelbrock*, NVI 2002, S. 305; *I. Pape*, NZI 2002, Heft 12, S. V (Editorial); *Sesemann*, NZI 2002, S. 655; *MünchKommInso-Stephan*, § 286 Rn 8, 13; vermittelnd *Foerste*, Insolvenzrecht, Rn 529; s.a. *Frege/Keller/Riedel*, Rn 2054 sowie die allein auf die Unzulässigkeit der Vorlage abstellende Entscheidung des BVerfG in NZI 2003, S. 162 m.w.Nw.

[1315] BGBl 2001 I, S. 2710.

[1316] Zu den verbleibenden Hürden *Thoß*, KTS 2003, S. 187, 191 ff.

[1317] *B. Schmidt*, NJW 2002, Editorial Heft 42; Pressemitteilung des Bundesministeriums für Justiz Nr. 62/2002 vom 22. November 2002; *Musielak/Becker*, § 850c Rn 1; *I. Pape*, NZI 2002, Heft 12, S. V (Editorial); zu den Anwendungsproblemen im Vorfeld *G. Pape*, ZIP 1999, S. 2037, 2038 ff.; *Frege/Keller/Riedel*, Rn 2056 f.; *Abel*, Bürgschaften zwischen Sittenwidrigkeitsrechtsprechung und insolvenzrechtlicher Restschuldbefreiung, S. 192 ff., befreiung zumindest jetzt ein praktikables Instrument des Schuldnerschutzes dar,[1318] das verfassungs- wie materiellrechtlich entsprechend von Bedeutung ist.[1319]

Mehr als die grundsätzliche Existenzsicherung und den Erhalt von zukünftigen Verwirklichungsmöglichkeiten kann man vom Staat unter fürsorglichen Gesichtspunkten – jedenfalls unmittelbar aus der Verfassung heraus – kaum verlangen,[1320] zumindest nicht ohne den Haftungsgrund maßgeblich mit einzubeziehen. In absoluten oder verhältnismäßigen Zahlen existieren deshalb keine verfassungsrechtlich gebotenen Haftungsobergrenzen.[1321]

c) Abfederung durch Versicherungssysteme

Gesetzgeberisch aktiv mit dem Haftungsrecht verzahnter Versicherungsschutz kann ebenfalls dazu führen, dass ein isoliert betrachtet verfassungsrechtlich bedenkliches Ergebnis in seinem Ausmaß deutlich abgemildert wird. Der Staat kann mittels obligatorischen Haftpflichtversicherungen und beschränktem Regress dafür Sorge tragen, dass den Schädiger keine existenzbedrohenden Ersatzleistungen treffen.[1322] Berücksichtigungsfähig ist außerhalb von billigkeitsrechtlichen Härtefallklauseln notwendig vorhandener bzw. normativ gebotener Versicherungsschutz. Dort fällt die vom Haftpflichtigen finanzierte Belastungsstreuung dem Gesetzgeber nicht nur zufällig in den argumentativen Schoß. Relevant ist daher in erster Linie der Bereich obligatorischer Haftpflichtversicherungen. Verstößt der Haftpflichtige gegen eine Absicherungspflicht, kann dies verfassungsrechtlich zu seinen Lasten und zu Gunsten des Gesetzgebers berücksichtigt

---

231 ff.; zu den Änderungen *Pape/Uhlenbruck*, Rn 48 b; *Riedel* NZI 2002, S. 414 f.; weiterführend *Smid*, DZWIR 2002, S. 221 ff.

1318 Kritisch zum Ausschluss von vorsätzlich begründeten Ersatzpflichten bei Minderjährigen etwa *Däubler*, JuS 2002, S. 625, 628; generell kritisch *Thoß*, KTS 2003, S. 187, 191 ff.

1319 Vgl. zunächst die Skepsis von *Odersky*, ZGR 1998, S. 169, 184; *Canaris*, AcP 200 (2000), S. 273, 298 in Fn 78; *Kohte/Ahrens/Grote-Kohte*, Vorbemerkung zu §§ 286 ff. Rn 15 sowie *Kohte/Ahrens/Grote-Ahrens*, § 286 Rn 28a; z.T. *Döbereiner*, KTS 1998, S. 31, 60 f.; aber BGH NJW 1996, S. 1274, 1277; *Aden*, NJW 1999, S. 3763; *Looschelders*, Mitverantwortlichkeit, S. 172; *Zöllner*, WM 2000, S. 1, 5; *Nobbe/Kirchhof*, BKR 2001, S. 5, 8; ausführlich untersuchen die Angemessenheit der insolvenzrechtlichen Haftungsgrenzen *Abel*, Bürgschaften zwischen Sittenwidrigkeitsrechtsprechung und insolvenzrechtlicher Restschuldbefreiung, S. 189 ff.; *Thoß*, KTS 2003, S. 187, 191 ff.

1320 *Palandt-Heinrichs*, Vorb v § 249 Rn 6; *Zöllner*, WM 2000, S. 1, 5; *Macke*, DAR 2000, S. 506, 507; s.a. *MünchKommInso-Stürner*, Einleitung Rn 93; *Looschelders*, in *Wolter/Riedel/Taupitz*, Einwirkungen der Grundrechte, S. 93, 103; kritisch zur verfassungsrechtlichen Herleitung eines Anrechts auf Entschuldung *Foerste*, Insolvenzrecht, Rn 528; zu Beanstandungen aus Gläubigersicht, die jetzige Regelung sei verfassungsrechtlich zu viel des „Guten" vgl. nochmals die Nachweise in Fn 1304.

1321 So auch *Ruffert*, Vorrang der Verfassung und Eigenständigkeit des Privatrechts, S. 325.

1322 Vgl. *Looschelders*, VersR 1996, S. 529, 537; *Zweigert/Kötz*, S. 648; *Macke*, DAR 2000, S. 506, 507.

werden. Die daneben bestehende Möglichkeit zum freiwilligen Abschluss einer Haftpflichtversicherung wird schließlich als Rechtfertigung dafür angesehen, dass sich der Schädiger hinsichtlich der Haftungsfolgen im Interesse des Geschädigten mit dem vollstreckungs- und insolvenzrechtlichen Mindestschutz begnügen muss.[1323]

Das Ergebnis strenger Haftung begegnet keinen verfassungsrechtlichen Bedenken allein wegen seiner Auswirkungen mehr, wenn die Haftpflicht von aktiv verkoppeltem Versicherungsschutz gedeckt ist. Die Folgen der Haftung werden durch die Streuung abgemildert. Ein Regress ist üblicherweise nur im Falle hoher Individualverantwortung des Schädigers möglich, angesichts derer die Haftungsfolgen angemessen erscheinen.[1324] Wird zwischen strengem Haftungsrecht und angekoppeltem Versicherungsschutz eine *saubere Synchronisation* vorgenommen, können im Verhältnis von Schädiger und Geschädigtem auch vermeintlich überharte Verantwortlichkeitszuweisungen gerechtfertigt werden.

Problematisch sind die quantitativ eher seltenen, aber qualitativ umso schwerwiegenderen Fälle, in denen der *Deckungsumfang* der Haftpflichtversicherung vom Schaden und der Haftungsverpflichtung überschritten wird.[1325] Ursache für die Deckungsbeschränkungen ist die für das Versicherungsgeschäft notwendige Kalkulierbarkeit des Risikos. Sie kann auch dadurch erreicht werden, dass wie bei den meisten strengen Haftungstatbeständen in Deutschland *Haftungshöchstsummen* angeordnet werden.[1326] Bei unbegrenzter Haftung, welche für die strengen Haftungstatbestände mehr und mehr gefordert wird,[1327] begrenzt man die Verpflichtung zur versicherungstechnischen Deckungsvorsorge in der Höhe.[1328]

Kommt es zur Überschreitung der Deckungsgrenzen, gerät das Verhältnis von Haftungsgrund und Haftungsfolgen wieder stärker in das verfassungsrecht-

---

[1323] *Looschelders*, in *Wolter/Riedel/Taupitz*, Einwirkungen der Grundrechte, S. 93, 103; für eine generell umfassende Berücksichtigung des Haftpflichtversicherungsschutzes *MünchKomm-Mertens*, 3. Aufl. (1997), Vor §§ 823-853 Rn 76..

[1324] Vgl. §§ 61, 152 VVG; *Macke*, DAR 2000, S. 506, 507.

[1325] Zu schwerwiegenden Straßenverkehrsunfällen *Kötz/Wagner*, Rn 368.

[1326] Vgl. *Esser*, S. 107 ff.; *Rinck*, Gefährdungshaftung, S. 21 ff.; *Kötz/Wagner*, Rn 367 f.; *Looschelders*, VersR 1996, S. 529, 539; *Schubert*, ZRG 117 (2000), S. 238, 263 ff.; kritisch zu den Haftungshöchstsummen stellvertretend *v. Caemmerer*, Reform der Gefährdungshaftung, S. 23; *ders.*, RabelsZ 42 (1978), S. 5, 14 ff.; *Kötz*, AcP 170 (1970), S. 1, 36 ff.; *Will*, S. 305 ff., 319 ff.; *Koch*, Die Sachhaftung, S. 159 ff.; *Brüggemeier*, Prinzipien, S. 83; *Jansen*, JZ 2002, S. 964, 966; *ders.*, Die Struktur des Haftungsrechts, S. 581 Fn 190.

[1327] *Kötz/Wagner*, Rn 370 m.w.Nw.

[1328] Z.B. §§ 31 I S. 1, 13 III AtG; hierzu *Looschelders*, VersR 1996, S. 529, 539; *Kötz/Wagner*, Rn 368; zur Richtigkeit dieser Entwicklung *Koch*, Die Sachhaftung, S. 159 f. – Besonders augenscheinlich wurde der Zusammenhang zwischen Handlungsfreiheit, Haftungsverantwortung und Versicherbarkeit im Anschluss an die Attentate des 11. September 2001, vgl. *Müller-Rostin*, VersR 2003, S. 153.

liche Blickfeld. Das gilt noch mehr für Fälle, in denen der Gesetzgeber eine Haftung aufgrund geringer Verantwortungskriterien statuiert, dabei aber – normalerweise versehentlich – die Ankopplung mit dem Versicherungsschutz nicht sauber durchführt und es z.B. schon an der Deckungspflicht mangelt (Synchronisationsdefizit). Genannt sei die bereits erwähnte neue Anhängerhalterhaftung nach § 7 I StVG, die auch für einen Teil nicht zulassungspflichtiger und damit nicht versicherungspflichtiger Anhänger gilt.[1329] Dort muss anhand der Verantwortungskriterien und des Umfangs der Haftung geprüft werden, ob der Eingriff in die Grundrechte des Schädigers verhältnismäßig ist.[1330] Ein weiteres Beispiel ist der fehlende Versicherungsschutz auch gutgläubiger Fahrzeugführer fremder Kraftfahrzeuge, wenn der Haftpflichtversicherungsschutz im Verhältnis zum Versicherungsnehmer durch Kündigung beendet wurde.[1331]

2. Das Verhältnis von Schadensverantwortung und Haftungsfolgen

Einzubeziehen ist in die Frage der Verfassungsmäßigkeit einer Haftungsanordnung der Grad der Verantwortung für den Schaden. Er ist Ausdruck der Beziehung des Schädigers zum ebenfalls grundrechtlich geschützten Geschädigten.[1332] Die eingangs genannten Fallgruppen zeigen, dass eine gegenüber dem haftungsrechtlichen „Normalfall" als geringer bewertete Verantwortlichkeit dazu führt, die Bejahung des Haftungsgrundes unter Berücksichtigung der Rechtsfolgen in Frage zu stellen bzw. die Rechtsfolgenseite unter Berücksichtigung des Haftungsgrundes zu reduzieren.[1333]

Nachdem näher auf das Verhältnis aus Haftungsvoraussetzungen und Haftungsfolgen eingegangen wird, werden im Anschluss noch gesondert verfassungsrechtliche Bedenken gegen die isolierten Haftungsvoraussetzungen beleuchtet (IV.). Im Hinblick auf die Verantwortung erscheint es im Gegensatz zur Schadenshöhe nämlich denkbar, dass schon allein das Herabsenken der Haftungsvoraussetzungen auf ein extrem niedriges Niveau zu einer verfassungsrechtlich nicht hinnehmbaren, weil willkürlichen Schadensverlagerung führt. Dies würde auch für nur geringe Haftungsfolgen gelten.

[1329] Vgl. § 18 II Nr. 6 StVZO, § 2 I Nr. 6 c PflVG sowie ausführlich oben § 8 C. I. 2. b); zur Luftverkehrshaftung *Müller-Rostin*, VersR 2003, S. 153, 154 ff.

[1330] Dazu sogleich unter 2. b).

[1331] Vgl. BGHZ 157, S. 269 = NJW 2004, S. 1250; s. im Zusammenhang auch OLG Braunschweig NZV 2004, S. 88.

[1332] Allgemein zur Verteilung von Belastungen in der Gesellschaft unter philosophischen und verfassungsrechtlichen Gesichtspunkten *Canaris*, Die Bedeutung der iustitia distributiva im deutschen Vertragsrecht, S. 91 ff.

[1333] Die Haftungshöchstbeträge der Gefährdungshaftung könnte man hiemit erklären. Sie werden aber wie gesehen weniger mit verfassungsrechtlichen Vorgaben als mit der versicherungsrechtlichen Finanzierbarkeit begründet.

a) Fehlverhaltenshaftung

(1) Allgemeines

Der Fehlverhaltenshaftung liegt eine handlungsbezogene Verantwortlichkeit zu Grunde. Es ist zur gerechten Schadenszuordnung geeignet, erforderlich und zumutbar, eine Ersatzpflicht für denjenigen zu statuieren, der sich trotz Verantwortungsfähigkeit objektiv falsch verhalten hat.[1334] Im allgemeinen lässt sich diese Haftungsform folglich nicht beanstanden. Sie liegt innerhalb der Bandbreite des gesetzgeberischen Spielraums bei der Ausgestaltung der kollidierenden Interessen.

Im Einzelfall kann allerdings ein kritisches Verhältnis erreicht werden, wie die erwähnten Beispiele andeuten.[1335] Besteht auf der haftungsbegründenden Ebene ein hoher Grad an Verantwortung, d.h. „normales“ und insbesondere grobes Verschulden, ist die Auferlegung auch hoher Ersatzsummen unproblematisch.[1336] Im Gegenteil. Hier kann die Haftung aus Sicht des Geschädigten sogar geboten sein.[1337] Liegt dagegen nur „leichte“ Fahrlässigkeit wegen geringfügiger Unachtsamkeit vor, drohen dem Schädiger aber extrem hohe Ersatzleistungen, die weder von einer Haftpflichtversicherung noch von den sonstigen, existenzsichernden Schutzmechanismen aufgefangen werden, kann ganz ausnahmsweise eine unverhältnismäßige Ersatzzuweisung vorliegen.

(2) Minderjährigenhaftung

Die unbeschränkte Haftung Minderjähriger mag ein solcher Fall sein, insbesondere wenn die zusätzlichen Entschuldungsmöglichkeiten nach der InsO tatsächlich nicht zu Gunsten des Minderjährigen greifen sollten, wie einige Stimmen in der Literatur gegen Ende der neunziger Jahre befürchtet haben.[1338] Inzwischen sind weitere Erleichterungen zu Gunsten der Schuldner eingeführt worden. Die Pfändungsfreigrenzen beim regulären Arbeitseinkommen wurden nochmals um nahezu 50%, in anderen Bereichen sogar darüber hinaus angehoben und mit ei-

---

[1334] Hierzu oben § 7 A.

[1335] Oben B.; allgemein auch *MünchKomm-Mertens*, 3. Aufl. (1997), Vor §§ 823-853 Rn 72.

[1336] Vgl. beispielhaft OLG Celle NJW-RR 2002, S. 674, 675; aber *Däubler*, JuS 2002, S. 625, 628.

[1337] S. das Gutachterhaftungsbeispiel oben bei A. III. sowie *Bullinger*, in *Ficker/u.a.*, Festschrift für v. Caemmerer (1978), S. 297, 299 ff.; *MünchKomm-Mertens*, 3. Aufl. (1997), Vor §§ 823-853 Rn 71; zu Haftung nach §§ 425 ff. HGB *Canaris*, Handelsrecht, § 33 Rn 38 ff.

[1338] *Goecke*, Die unbegrenzte Haftung Minderjähriger im Deliktsrecht, S. 68 ff., 213 ff.; *ders.*, NJW 1999, S. 2305, 2308; *MünchKomm-Mertens*, 3. Aufl. (1997), Vor §§ 823-853 Rn 76; *Steffen*, VersR 1998, S. 1449, 1452; *v. Hippel*, VersR 1998, S. 26, 27; *Looschelders*, VersR 1999, S. 141, 145 ff., 149; *ders.*, SchR AT, Rn 520; *Rolfs*, JZ 1999, S. 233, 235 ff.

ner Dynamisierungsklausel versehen.[1339] Der Zugang zum Restschuldbefreiungsverfahren wurde weiter erleichtert,[1340] was dazu geführt hat, dass die von den schuldnerbezogenen Verfassungswerten Menschenwürde, Persönlichkeitsrecht und Sozialstaatsprinzip geformten Normen nunmehr ihrerseits mit Blick auf die Grundrechte der Gläubiger verfassungsrechtlich beanstandet werden.[1341] Darüber hinausgehende Maßnahmen des Gesetzgebers zur Schonung der Schuldner fordert die Verfassung im Allgemeinen bei der Fehlverhaltenshaftung nicht, weder im Vollstreckungs- und Insolvenz- noch im materiellen Haftungsrecht.

Sollte dieser Schutzmechanismus bei Minderjährigen trotz der neuerlichen Erleichterungen tatsächlich nur unvollkommen eingreifen,[1342] können spezielle Argumente wie die Möglichkeit zur selbstbestimmten Lebensführung bei Eintritt der Volljährigkeit und die eingeschränkte Verantwortungsfähigkeit[1343] dazu führen, die Haftungszuweisung im Einzelfall als unverhältnismäßig anzusehen.[1344] Dies ist dann aber auf eine ganz außergewöhnliche Sondersituation beschränkt.[1345]

Vor dem Schluss vom Missverhältnis auf die Verfassungswidrigkeit der Norm, steht in jedem Fall das Gebot der verfassungskonformen Auslegung,[1346] d.h. die Frage nach einer de lege lata möglichen Härtefallkorrektur.

(3) Verfassungskonforme Auslegung und Reduktion

Von mehreren Auslegungs- und Anwendungsmöglichkeiten des einfachen Rechts verdient diejenige den Vorzug, die mit der Verfassung in Einklang

---

[1339] Siebtes Gesetz zur Änderung der Pfändungsfreigrenzen v. 13. Dezember 2001, BGBl 2001 I, S. 3638; vgl. hierzu den kritischen Kommentar von *B. Schmidt* im Editorial der NJW 2002, Heft 42 sowie die Anmerkungen bei *Musielak/Becker*, § 850c Rn 1.

[1340] Gesetz zur Änderung der Insolvenzänderung und anderer Gesetze v. 26. Oktober 2001, BGBl I 2001, S. 2710; hierzu *Vallender*, MDR 2002, S. 181; *Kocher*, DZWIR 2002, S. 45; *K. Fuchs*, NZI 2002, S. 239 und S. 298; kritisch *Thoß*, KTS 2003, S. 187, 191 ff.

[1341] AG München, ZVI 2002, S. 330 = NZI 2002, S. 676 und den hierzu ergangenen Kammerbeschluss BVerfG NJW 2004, S. 1233; ablehnend *Prütting/Stickelbrock*, NVI 2002, S. 305; *I. Pape*, NZI 2002, Heft 12, S. V (Editorial); *Sesemann*, NZI 2002, S. 655; *MünchKommInso-Stephan*, § 286 Rn 8, 13; s.a. *Frege/Keller/Riedel*, Rn 2054 sowie die allein auf die Unzulässigkeit der Vorlage abstellende Entscheidung des BVerfG in NZI 2003, S. 162 m.w.Nw.

[1342] Allgemein zu den Grenzen des Verfahrens *Thoß*, KTS 2003, S. 187, 191 ff.; für einen generellen Schutz der Minderjährigen auch bei Vorsatz *Däubler*, JuS 2002, S. 625, 628.

[1343] Zum Straßenverkehr *Schwintowski*, ZRP 2003, S. 391 ff.

[1344] Zur zu beachtenden Position der nicht privilegierten Geschädigten *Schwintowski*, ZRP 2003, S. 391 ff.

[1345] Vgl. *Staudinger/Oechsler*, § 828 Rn 2; *Greger*, § 16 Rn 327; *Looschelders*, SchR AT, Rn 520.

[1346] Hierzu stellvertretend *Hesse*, Grundzüge des Verfassungsrechts, Rn 79 ff.; *Sachs-Sachs*, Einführung Rn 52 ff.; *Larenz*, Methodenlehre, S. 339 ff.

steht.[1347] Der normative Gehalt einer Vorschrift darf wegen des Gewaltenteilungsgrundsatzes aber nicht grundlegend neu bestimmt werden.[1348] Wo für konkretisierende Auslegung im einfachen Recht kein Raum ist, bleibt es dem Gesetzgeber vorbehalten, die Neubestimmung des Rechts mittels Ersetzung der verfassungswidrigen Regelung durch eine verfassungsgemäße Norm durchzuführen.[1349] Regelmäßige Grenze der verfassungskonformen Auslegung sind deshalb der Wortlaut des Gesetzes und die Ziel- und Zweckvorstellung des Gesetzgebers.[1350] Der notwendige Interpretationsraum[1351] innerhalb des einfachen Rechts existiert vor allem bei Generalklauseln und unbestimmten Rechtsbegriffen.[1352]

Für die verfassungsbedingte Einschränkung eines Gesetzes gelten nach Meinung von *Larenz* Besonderheiten.[1353] Rechtsfortbildend soll eine Reduktion zu weit geratener Vorschriften grundsätzlich möglich sein.[1354] Aber auch für diesen Bereich ergeben sich die Grenzen aus dem Wortlaut und dem Telos des Gesetzes, dem die Einschränkung nicht vollkommen zuwider laufen darf.[1355]

De lege lata existiert wenig Spielraum für eine verfassungskonforme Korrektur von Haftungsanordnungen. Nötig wäre ein Haftungsausschluss oder eine Haftungsreduktion. Man könnte im haftungsbegründenden Tatbestand z.B. versuchen, *die im Verkehr erforderliche Sorgfalt* auszulegen und in Fällen geringfügiger Unachtsamkeiten noch als gegeben anzusehen, was die Haftung insge-

---

[1347] Ständige Rechtsprechung, z.B. BVerfGE 2, S. 266, 282; 8, S. 28, 34; 8, S. 38, 41; 19, S. 1, 5; 30, S. 129, 148; 32, S. 373, 383 f.; 48, S. 40, 45 f.; 49, S. 148, 157; 64, S. 229, 241 f.; 88, S. 145, 166 f.; 90, S. 263, 274 f.; 92, S. 191, 197 ff.; 100, S. 1, 43 ff.; zur Minderjährigenhaftung auch BVerfG NJW 1998, S. 3557, 3558.

[1348] Stellvertretend BVerfGE 54, S. 277, 299 f.; 71, S. 81, 105; 90, S. 263, 275; *Pieroth/Schlink*, Rn 86; *Hesse*, Grundzüge des Verfassungsrechts, Rn 83; *Sachs-Sachs*, Einführung Rn 54 f., jeweils m.w.Nw.; allgemein *Larenz*, Methodenlehre, S. 340, 374 ff.; zum Haftungsrecht speziell *Krause*, JR 1994, S. 494, 496.

[1349] Vgl. BVerfGE 8, S. 71, 78 f.; *Hesse*, Grundzüge des Verfassungsrechts, Rn 83; s. aber zur Rechtsfortbildung über den Plan des Gesetzes hinaus bei echtem Rechtsnotstand *Larenz*, Methodenlehre, S. 413 ff., insbesondere 427 f.

[1350] Z.B. BVerfGE 8, S. 28, 33 ff.; 9, S. 194, 200; 18, S. 97, 111; 54, S. 277, 299 f.; 63, S. 131, 147 f.; 86, S. 288, 320; 88, S. 145, 166; 90, S. 263, 275; 101, S. 312, 329; einschränkend hinsichtlich des Wortlautes unter Betonung des Schutzzweckes BVerfGE 97, S. 186, 196; aus dem Schrifttum stellvertretend *Hesse*, Grundzüge des Verfassungsrechts, Rn 80; *Sachs-Sachs*, Einführung Rn 54 m.w.Nw.; allgemein *Larenz*, Methodenlehre, S. 322, 340, 353 f., 366.

[1351] *Pieroth/Schlink*, Rn 84, 86.

[1352] *Pieroth/Schlink*, Rn 84, 180; *Hesse*, Grundzüge des Verfassungsrechts, Rn 80.

[1353] *Larenz*, Methodenlehre, S. 340 f. unter Bezugnahme auf BVerfGE 33, S. 52, 70; s.a. BVerfGE 49, S. 148, 157; 69, S. 315, 350 ff. („Brokdorf"); 85, S. 69, 74 f.

[1354] *Larenz*, Methodenlehre, S. 340 f., 391 ff.

[1355] Vgl. BVerfGE 9, S. 194, 200; 86, S. 288, 320 f.

samt verneinen würde. Hierbei würden jedoch die Grundrechte des Geschädigten vernachlässigt werden[1356] und es bestünde die Gefahr, noch stärker als ohnehin schon die ex-ante-bezogene Fahrlässigkeit unter Billigkeitsgesichtspunkten ex-post zu definieren. Die Kriterien der Sorgfaltspflichtverletzung und Vermeidbarkeit müssen einheitlich und vorhersehbar sein. Sie können nicht im Einzelfall billigkeitsrechtlich verschoben werden.

Angemessen könnten solche Gesichtspunkte nur im Rahmen einer einzelfallabhängigen *Reduktion* berücksichtigt werden. Hierfür bieten die existierenden Haftungstatbestände keine Grundlage. Zwar wird versucht, § 254 BGB extensiv auszulegen und über die schadensentstehungsbezogenen Zurechnungskriterien hinaus anzuwenden,[1357] was eine allgemeine Reduktionsklausel zum Teil „unter falscher Flagge" ersetzen kann.[1358] Den gesetzgeberisch vorgegebenen Grundsatz der Totalreparation sowie den auf die Schadensentstehung bezogenen Mitverantwortlichkeitseinwand in § 254 BGB billigkeitsrechtlich zu korrigieren, würde die Grenzen der Rechtsfortbildung sprengen und ist daher abzulehnen.[1359] § 254 BGB kann nur Verwendung finden, soweit unterschiedliche Verantwortlichkeiten für die Schadensentstehung vorliegen.

Allein über § 242 BGB könnte eine folgenbezogene Reduktion de lege lata erreicht werden. Die Meinungen hierzu sind geteilt. Als härtefallbezogenes „Mädchen für alles" wird der Grundsatz von Treu und Glauben in Gestalt des Rechtsmissbrauchseinwandes auch zur Abmilderung unbilliger Haftungsergebnisse herangezogen.[1360] Die Vorschrift ist ausweislich ihres Wortlautes auf die Leistungsbewirkung durch den Schuldner bezogen. Das steht einer Rechtsfortbildung nicht vollkommen im Wege, darf aber andererseits auch nicht gänzlich

---

1356 Zu diesem Gesichtspunkt *Looschelders*, Mitverantwortlichkeit, S. 171 m.w.Nw.; s.a. *Schwintowski*, ZRP 2003, S. 391 ff.

1357 Vgl. *Looschelders*, Mitverantwortlichkeit, S. 170 f.; *MünchKomm-Mertens*, 3. Aufl. (1997), Vor §§ 823-853 Rn 77 sowie oben § 8 C. II. 1. m.w.Nw.

1358 *Hohloch*, in Gutachten und Vorschläge zur Überarbeitung des Schuldrechts I (1981), S. 375, 386, 459.

1359 *Looschelders*, Mitverantwortlichkeit, S. 171 f.; s.a. oben § 8 C. II. 1. zum innerbetrieblichen Schadensausgleich, der sich rechtsfortbildend nur auf Grundlage der Sonderverbindung zwischen Arbeitnehmer und Arbeitgeber rechtfertigen lässt.

1360 LG Bremen NJW-RR 1991, S. 1432, 1433; BVerfG NJW 1998, S. 3557, 3558; OLG Celle NJW-RR 2002, S. 674; *Canaris*, JZ 1987, S. 993, 1001 f.; 1990, S. 679, 681; *Deutsch*, Rn 632 f.; *Rolfs*, JZ 1999, S. 233, 237 ff.; *Ahrens*, VersR 1997, S. 1064, 1066; *MünchKomm-Mertens*, 3. Aufl. (1997), Vor §§ 823-853 Rn 77; *Lange/Schiemann*, Einl III 4; *Coester*, in Festschrift W. Lorenz (2001), S. 113, 129 f.; *Greger*, § 16 Rn 327; *Soergel-Zeuner*, § 828 Rn 4; *Palandt-Sprau*, § 828 Rn 8; *Kohte/Ahrens/Grote-Ahrens*, § 302 Rn 6; mittlerweile *Goecke*, NJW 1999, S. 2305, 2306 ff.; *Looschelders*, VersR 1999, S. 141, 142, 150 f.; im Allgemeinen aber zweifelnd *ders.*, Mitverantwortlichkeit, S. 172; wohl auch *Moritz*, JA 1999, S. 355, 356 f.

in Vergessenheit geraten.[1361] Im außervertraglichen Haftungsrecht erreicht eine so begründete Abweichung gesetzlicher Haftungsergebnisse die Grenzen zulässiger Rechtsfortbildung.[1362] Die Entscheidung des Gesetzgebers für den Grundsatz „Alles-oder-Nichts" mit der Ausnahme im Falle der Mitverantwortlichkeit des Geschädigten ist prinzipiell zu respektieren,[1363] auch wenn dies zur Verfassungswidrigkeit einzelner Haftungszuweisungen führen kann. Abmilderungen über § 242 BGB sind außerhalb bestehender Sonderbeziehungen[1364] deshalb zweifelhaft. Soweit die Vorschrift dennoch rechtsfortbildend zur Korrektur unbilliger Ergebnisse des geltenden Rechts eingesetzt wird, kann dies nur für einzelne Sonderfälle, nicht jedoch für die Bewältigung von regelmäßig auftauchenden Unbilligkeiten gelten.[1365] Im Übrigen müsste man alternativ über die verfassungskonforme Auslegung der anderen involvierten Normbereiche,[1366] z.B. der Vorschriften zur Restschuldbefreiung nachdenken.[1367]

Nur durch die legislative Einführung einer allgemeinen oder fallgruppenbezogenen *Reduktionsklausel* ließen sich unverhältnismäßige Haftungszuweisungen ohne Gewaltenteilungskonflikt schon im materiellen Zivilrecht ausgleichen.[1368] Die Vorarbeiten hierfür sind geleistet, auch wenn Schwierigkeiten bei der Ausformulierung zu lösen sein würden.[1369] Durch eine auf Ausnahmefälle starker Diskrepanz zwischen Schadensverantwortung und Haftungsfolgen be-

---

[1361] Zum Erfordernis des Bestehens einer Sonderverbindung und dem Verhältnis zum außervertraglichen Haftungsrecht *Scholz*, Der Begriff der Zumutbarkeit im Deliktsrecht, S. 51 ff.

[1362] LG Dessau NJW-RR 1997, S. 214, 216 f.; *Hohloch*, in Gutachten und Vorschläge zur Überarbeitung des Schuldrechts I (1981), S. 375, 459; *Scheffen*, DAR 1991, S. 121, 125; *Medicus*, AcP 192 (1992), S. 35, 66 f.; *Krause*, JR 1994, S. 494, 496; *Goecke*, Die unbegrenzte Haftung Minderjähriger im Deliktsrecht, S. 97 f.; *Pawlowski*, in *Wolter/Riedel/Taupitz*, Einwirkungen der Grundrechte, S. 39, 42 ff.; *Müller*, KTS 2000, S. 57, 64; *Greger*, § 16 Rn 327; *Kötz/Wagner*, Rn 332; *v. Bar*, Gemeineuropäisches Deliktsrecht I, Rn 596; *Scholz*, Der Begriff der Zumutbarkeit im Deliktsrecht, S. 53 ff.; wohl auch *Palandt-Heinrichs*, § 242 Rn 54, Vorb v § 249 Rn 6.

[1363] Stellvertretend *Krause*, JR 1994, S. 494, 496; *Greger*, § 16 Rn 327.

[1364] *Scholz*, Der Begriff der Zumutbarkeit im Deliktsrecht, S. 51 ff.; *Palandt-Heinrichs*, § 242 Rn 54 sowie die Grundsätze des innerbetrieblichen Schadensausgleiches.

[1365] *Looschelders*, JR 2000, S. 265, 269; *Greger*, § 16 Rn 327.

[1366] Vgl. BVerfG NJW 1998, S. 3557, 3558.

[1367] Hierzu *Thoß*, KTS 2003, S. 187, 192 ff.

[1368] *Looschelders*, Mitverantwortlichkeit, S. 172; s.a. die rechtsvergleichenden Ergebnisse bei *v. Bar*, Gemeineuropäisches Deliktsrecht I, Rn 596 mit Hinweisen zu anderen Rechtsordnungen in Fn 272; speziell zum schwedischen Recht *Bengtsson*, in *Bogdan*, Swedish Law in the New Millennium, S. 311.

[1369] Vgl. die Verhandlungen des 43. Deutschen Juristentages 1960 sowie Darstellung und Nachweise bei *Hohloch*, in Gutachten und Vorschläge zur Überarbeitung des Schuldrechts I (1981), S. 375, 459 ff.; *Lange*, Schadensersatz, 2. Aufl. (1990), Einl VI 1; *Deutsch*, Rn 629 ff.; *Koch*, Die Sachhaftung, S. 162 f.; generell ablehnend *Rodopoulos*, Reflexwirkungen der Haftpflichtversicherung auf die Haftung, S. 184 ff.

schränkte Härtefallkorrektur könnten Individualverantwortung und Belastungswirkung unter Einbeziehung kollektiver Sicherungsmechanismen[1370] zwischen Schädiger und Geschädigtem zum Ausgleich gebracht werden.[1371] Der Minderjährigenhaftung vergleichbare Extremfälle mit besonderem persönlichkeitsrechtlichen Einschlag lassen sich nicht ausschließen.[1372] Deshalb erscheint eine Reduktionsklausel für außergewöhnliche Härtefälle sinnvoll, zumal wenn man den Bereich der fehlverhaltensunabhängigen Haftung mit einbezieht.[1373]

b) Klassische Gefährdungshaftung

(1) Allgemeines

Auch die Tatbestände strenger Haftung knüpfen wie gesehen an der *individuellen Verantwortung* für einen Schaden an und ordnen ihn derjenigen Person zu, die „näher" an ihm „dran" ist.[1374] Die Abgrenzung der spezifischen Gefahrverwirklichung gegenüber dem allgemeinen Lebensrisiko[1375] wird gewährleistet über die Kriterien der Kausalität bzw. Zurechnung, die Definition des Unfalls, den Betriebsbegriff, den Einwand höherer Gewalt bzw. eines unabwendbaren Ereignisses und über die Allein- bzw. Mitverantwortlichkeit des Geschädigten.

Existiert die Möglichkeit des Einwandes der Mitverantwortung des Geschädigten und ist er berechtigt, kann der Schaden diesem bei größerer Nähe zum Schaden zugeordnet werden. Fehlt es an solch einer Mitverantwortung, rechtfertigt sich eine grundsätzliche Zuordnung zum Rechtskreis des Gefahrveranlassers und des Gefahrenbeherrschers. War entscheidende Schadensursache ein außerhalb von Schädiger und Geschädigtem stehender Umstand, kann der Geschädigte mangels größerer Nähe des Gefahr-veranlassers zum Schaden denselben nicht verlagern. Der Verantwortungsgedanke spiegelt sich insoweit vor allem im Einwand der höheren Gewalt bzw. des unabwendbaren Ereignisses wider.[1376]

Es ist zur gerechten Schadenszuweisung geeignet, erforderlich und zumutbar, nach dem Prinzip individueller Verantwortung vorzugehen. Fehlverhaltensunabhängige Schadensersatzzuweisungen, die über ihre normativen Tatbestandselemente nach der stärkeren Verantwortung für den Schaden fragen, sind grundsätzlich unbedenklich. Damit ist noch nichts über die aus Sicht des Schädigers nicht zu vertiefende Frage ausgesagt, ob die Letztverantwortlichkeit des

---

[1370] *Deutsch*, Rn 632; kritisch *Hohloch*, in Gutachten und Vorschläge zur Überarbeitung des Schuldrechts I (1981), S. 375, 462.

[1371] *Koziol*, JBl 2001, S. 29, 38.

[1372] Hervorgehoben wird zum Teil die von den insolvenzrechtlichen Schutzmechanismen nicht erfasste Pflicht, dem Opfer lebenslang eine Rente zu zahlen. Vgl. *v. Hippel*, Rechtspolitik, S. 318; *Moritz*, JA 1999, S. 355, 357.

[1373] Stellvertretend *v. Caemmerer*, RabelsZ 42 (1978), S. 5, 15.

[1374] Vgl. oben § 7 B. II.; *v. Hippel*, NJW 1967, S. 1729, 1730.

[1375] Hierzu allgemein *Deutsch*, VersR 1993, S. 1041.

[1376] Vgl. *von Gadow*, Die Zähmung des Automobils durch die Gefährdungshaftung, S. 57.

Geschädigten in bestimmten Fällen durch die Letztverantwortlichkeit eines Sicherungskollektivs ersetzt werden muss. Dass der Schädiger nicht zum Ersatz verpflichtet ist, bedeutet nicht, dass der Geschädigte auf dem Schaden sitzen bleiben muss.

Die Belastungswirkung fehlverhaltensunabhängiger Haftung wird zudem regelmäßig durch *Haftungshöchstsummen* und aktiv verkoppelten *Versicherungsschutz* abgemildert.[1377] Soweit das geschieht, tritt prinzipiell keine unverhältnismäßige Belastung ein. Falls dies jedoch nicht „flächendeckend" gewährleistet ist,[1378] kann bei relativ geringer Schadensverantwortlichkeit eine hohe Haftungsbelastung eintreten. Im Einzelfall kann das verfassungsrechtlich bedenklich sein. Es erscheint daher auch und gerade für die Gefährdungshaftung überlegenswert, extreme Härtefälle mittels einer *Reduktionsklausel* vor möglichen Abgründen der Verfassungswidrigkeit aufzufangen.[1379]

(2) Anhängerhalterhaftung

Ein Beispiel kritischer Ausgestaltung ist das Synchronisationsdefizit bei der Anhängerhalterhaftung.[1380] Lässt sich eine hohe Individualbelastung des Anhängerhalters rechtfertigen, wenn z.B. ein Radfahrer auf einen im Verkehrsraum ordnungsgemäß abgestellten Anhänger auffährt und sich dabei unglücklich verletzt?[1381] Angesichts der geringen, kaum fassbaren Verantwortlichkeit des Anhängerhalters für das Unfallgeschehen ist das mehr als fragwürdig. Die methodischen Grenzen der verfassungskonformen Auslegung[1382] lassen wegen des Wortlautes und der Intention des Gesetzgebers[1383] kaum Platz für eine rettende Korrektur. Allerdings sind die schadensentstehungsbezogenen Verantwortlichkeiten über §§ 9 StVG, 254 BGB angemessen zuordenbar, was in vielen Fällen zu einer verfassungsrechtlich hinnehmbaren Verteilung führen dürfte.

Was aber ist, wenn ein neunjähriges Kind auf den Anhänger auffährt? Wegen des Wortlautes von § 828 II BGB scheidet eine Mitverantwortlichkeit vermeintlich aus, d.h. der Anhängerhalter würde zu 100 % persönlich haften.[1384] Zu Recht hat der BGH jedoch in seinen Entscheidungen vom 30.11.2004 das Haftungsprivileg des § 828 II S.1 BGB teleologisch auf die typische Überforderungssituation des Kindes durch die spezifischen Gefahren des motorisierten Verkehrs beschränkt und gerade bei Unfällen mit ruhenden Kfz eine Haftung

---

[1377] S. oben § 3 D. II. 2.

[1378] Vgl. oben 1. c)

[1379] *Koch*, Die Sachhaftung, S. 163; *v. Caemmerer*, RabelsZ 42 (1978), S. 5, 15; *Schubert*, ZRG 117 (2000), S. 238, 263.

[1380] Vgl. § 18 II Nr. 6 StVZO, § 2 I Nr. 6 c PflVG sowie ausführlich oben § 8 C. I. 2. b)

[1381] Vgl. *Otten*, MDR 2002, S. 1100, 1102.

[1382] Oben 2. a) (3).

[1383] Oben § 8 C. I. 2. b).

[1384] *Otten*, MDR 2002, S. 1100, 1102.

bzw. Mithaftung des Kindes für möglich gehalten.[1385] Damit lassen sich verfassungsrechtlich hinnehmbare Ergebnisse finden. Bei Bejahung der § 828 III BGB, § 276 BGB auf Seiten des Kindes ist eine Schadens- und Verantwortungszuweisung gerechtfertigt.[1386]

Eine Erstreckung des Haftungsprivilegs auf auch auf Unfälle ohne die Verwirklichung der spezifischen Gefahren des motorisierten Verkehrs[1387] wäre demgegenüber verfassungsrechtlich bedenklich. Entwicklungspsychologisch ließe sich die fehlende Verantwortungsfähigkeit des Kindes noch rechtfertigen.[1388] Zu Gunsten der Verantwortlichkeit des Anhängerhalters kann man argumentieren, dass dieser wegen der auch im ruhenden Verkehr existenten Betriebsgefahr[1389] näher am Schaden „dran" ist als der nicht verantwortungsfähige Minderjährige. Die tatsächlich verwirklichte Gefahr ist ohne weitere Umstände allerdings so gering, dass sich eine Individualbelastung auch vor dem Hintergrund des Vollstreckungs- und Insolvenzrechts kaum rechtfertigen lässt. Der normative Ausweg besteht in der Kollektivierung des Schadens.[1390] Mangels einer solchen und mangels eines gesetzlichen Härtefallventils, sofern man nicht auf § 242 BGB abstellt,[1391] gerät ein entsprechender Fall extrem niedriger Verantwortung bei hoher Individualbelastung in den Grenzbereich des verfassungsrechtlich Zulässigen. Auch unter diesem Gesichtspunkt ist die teleologische Reduktion von § 828 II S.1 BGB durch den BGH also zu begrüßen.

c) Absolute Gefährdungshaftung bzw. Kausalhaftung

Hieraus wird allgemein deutlich: Wo vom Prinzip der individuellen Verantwortung abgewichen wird, gerät die individualbezogene Haftungszuweisung an ihre verfassungsrechtlichen Grenzen. Ein gänzlicher Ausschluss des Mitverantwortlichkeitseinwandes sowie der Ausschluss des Einwandes höherer Gewalt, d.h. eine mehr oder weniger reine Kausalhaftung, ist daher bedenklich. Im de lege lata individualbezogenen Haftungsrecht findet sich keine Rechtfertigung für eine verantwortungsunabhängige Zuweisung der Haftpflicht. Auf diesen von der Schadenshöhe an sich unabhängigen Gesichtspunkt wird sogleich noch intensiver eingegangen.[1392]

[1385] BGH NJW 2005, S. 354 u. 356 m.w.Nw. zur Diskussion nach der Reform.

[1386] Vgl. BGH NJW 2005, S. 354, 355 f. u. 356.

[1387] S. hierzu die Nachweise bei BGH NJW 2005, S. 354.

[1388] Vgl. *Schwintowski*, ZRP 2003, S. 391 ff.

[1389] Vgl. *Greger*, § 7 Rn 38, 96 ff.

[1390] Hierzu auch *Schwintowski*, ZRP 2003, S. 391, 392 f.

[1391] Vgl. oben 2. a) (3).

[1392] IV.

Dass es bisher dennoch nicht zu durchgreifenden Bedenken gegen solche Haftungsansätze gekommen ist,[1393] erklärt sich allein aus der verkoppelten kollektiven Sicherung auf Seiten des Schädigers. Soweit im Gesamtsystem keine übermäßige Individualbelastung verbleibt, sondern von vornherein eine Kollektivierung angestrebt und gewährleistet ist, verbleibt die Haftungsregelung aus Sicht des Schädigers im Bereich des verfassungsrechtlich Zulässigen.[1394] Fehlende Verantwortlichkeitskriterien werden durch Belastungsstreuung abgefedert und damit relativiert.

3. Grenzen der Kollektivierung aus Sicht des Geschädigten

Im Zusammenhang mit diesen unmittelbar im Haftungsrecht ansetzenden Überlegungen aus Sicht des Schädigers steht die Frage, ob der mit der Kollektivierung verbundene Wegfall individualhaftungsrechtlicher Elemente aus Sicht des Geschädigten verfassungsrechtlichen Bedenken begegnet.[1395] Deshalb soll der Blick kurz vom Haftungsverantwortlichen weg auf die negativen Folgen dieser Entwicklung für den Geschädigten gelenkt werden. Hierbei geht es nicht um die Kontrolle von Versicherungslösungen an sich, sondern um den damit verbundenen Wegfall des Haftungsrechts und seiner Funktionen. Die unmittelbare oder mittelbare Kollektivierung kann Abschwächungen im primären Schutz der Rechtsgüter des Geschädigten bewirken, weil im Versicherungssystem das Bemühen um Schadensausgleich und Freiheitserhalt zu fehlender oder abgeschwächter Letztverantwortlichkeit des Individuums und damit zu Steuerungs-, d.h. Präventionsdefiziten führt.[1396] Daneben kann eine im Verhältnis zu vergleichbaren Lebenssachverhalten ungerechtfertigte „Subventionierung“ besonders risikoreicher Aktivitäten entstehen.[1397]

[1393] Ansatzweise zum schweizer Recht *Widmer*, in *Zimmermann*, Grundstrukturen des Europäischen Deliktsrechts, S. 151.

[1394] Vgl. *Weyers*, ZRP 1977, S. 292, 293.

[1395] S. oben B. IV.

[1396] Vgl. oben § 4 E. II. 2.; *Looschelders*, VersR 1996, S. 529, 538 f.; *Wagner*, VersR 1999, S. 1441 ff. – Hinzu kommt, dass regelmäßig Pauschalisierungen und Ersatzbegrenzungen existieren, der Geschädigte also einen zwar sicheren, aber möglicherweise niedrigeren Ersatzanspruch hat. Dies hat zu rechtspolitischer Kritik an der Versicherungslösung geführt, bei der die Einzelfallgerechtigkeit verloren gehe. S. dazu oben B. IV. sowie die allerdings primär die Kostenstruktur kritisierenden Initiativen amerikanischer Verbraucherschutzverbände unter Führung von *Ralph Nader*, die eine Rückkehr zum Haftungssystem fordern; dokumentiert unter http://www.citizen.org/congress/civjus/no_fault/index.cfm http://www.citizen.org/congress/civjus/no_fault/articles.cfm?ID=867 http://www.citizen.org/congress/civjus/no_fault/articles.cfm?ID=924 , jeweils aufgerufen am 01.12.2003. Zusammenfassend auch *Sugarman*, "Quebec's Comprehensive Auto No-Fault Scheme and the Failure of Any of the United States to Follow“, nachzulesen unter http://www.law.berkeley.edu/faculty/sugarmans/Quebec309.htm , aufgerufen am 01.12.2003.

[1397] *MünchKomm-Mertens*, 3. Aufl. (1997), Vor §§ 823-853 Rn 72.

Bullinger hält ein vollkommenes Entfallen der verhaltenssteuernden Elemente für verfassungsrechtlich bedenklich, da die primäre Rechtsgarantie in der Verhinderung der Verletzung bestehe und nicht in jedem Fall nur durch eine sekundäre Rechtsgarantie mittels Ausgleich ersetzt werden dürfe.[1398] Dem ist im Ausgangspunkt zuzustimmen. Eine Kollektivierung, die dazu führt, dass mangels Verhaltenssteuerung der primäre Rechtsgüterschutz vollkommen vernachlässigt wird und sich die Rechtsordnung nur noch auf den nachträglichen Ausgleich eingetretener Verletzungen beschränkt, ohne den Versuch, sie zu unterbinden, kann vor dem grundrechtlichen Schutzgebot nicht bestehen.[1399]

Gleichzeitig kann das Haftungsrecht und sein Wegfall aber nicht isoliert betrachtet werden. Zum einen behält es zum Teil auf der Regressebene seine individualverhaltenssteuernde Funktion. Wo das Haftungsrecht selbst dort keine Rolle mehr spielt, übernehmen zu allermeist versicherungsrechtliche Elemente diese Aufgabe.[1400] Und es gilt miteinzubeziehen, dass der primäre Güterschutz besonders im Straßenverkehrsbereich durch straf- und verwaltungsrechtliche Mittel erreicht wird.[1401] Fahrerlaubnisentzug und Fahrverbot sind die „Schreckgespenste“ der Autofahrer. Das Entfallen schadensersatzrechlicher Auswirkungen z.B. eines Fehlverhaltens kann hierdurch kompensiert werden. Nur wenn die Gesamtrechtsordnung einen primären Güterschutz überhaupt nicht mehr oder gänzlich unzureichend gewährleisten würde, wäre eine verfassungsrechtliche Grenze überschritten.[1402]

IV. Willkürverbot und Gleichbehandlungsgrundsatz

1. Einordnung des Willkürverbotes

Der Begriff der Willkür scheint eine natürliche Grenze des verfassungsrechtlich Zulässigen zu bilden, denn er taucht in vielfacher Hinsicht auf. Einerseits ist er eng verknüpft mit dem Gleichheitssatz.[1403] Es repräsentiert darüber hinaus eine

---

[1398] *Bullinger*, in *Ficker/u.a.*, Festschrift für v. Caemmerer (1978), S. 297, 302 ff.; zustimmend *MünchKomm-Mertens*, 3. Aufl. (1997), Vor §§ 823-853 Rn 72; s.a. *Dubischar*, in *Hadding*, Festgabe Zivilrechtslehrer 1934/1935, S. 59, 72; deutlich offener *v. Bar*, Gemeineuropäisches Deliktsrecht I, Rn 555, der aber ebenfalls die Schutzpflicht als Grenze der Systemwahlfreiheit benennt, Rn 556.

[1399] Vgl. hierzu auch die rechtspolitische Aussage von *Looschelders*, SchR AT, Rn 877.

[1400] Dies erwähnt auch *Bullinger*, in *Ficker/u.a.*, Festschrift für v. Caemmerer (1978), S. 297, 303 und 305. Vgl. ansonsten § 4 A. II. 1. und § 4 E. II. 2.; *MünchKomm-Mertens*, 3. Aufl. (1997), Vor §§ 823-853 Rn 73; *Kötz/Wagner*, Rn 419 ff.

[1401] Vgl. schon *Marschall v. Bieberstein*, VersR 1968, S. 509, 513 ff.

[1402] Zum entsprechenden Spielraum des Gesetzgebers *MünchKomm-Mertens*, 3. Aufl. (1997), Vor §§ 823-853 Rn 73.

[1403] Vgl. BVerfGE 1, S. 14, 52; 4, S. 144, 155; 17, S. 122, 130; 34, S. 118, 131 f.; 42, S. 64, 72 f.; 55, S. 72, 89 f.; 78, S. 232, 248; 92, S. 53, 68 f.; *Krugmann*, JuS 1998, S. 7, 11; zur Unterscheidung des Gebots zur Gleichheit vom Verbot der Willkür *ders.*, S. 8 m.w.Nw.

Ausprägung der aus dem Rechtsstaatsprinzip folgenden Notwendigkeit gesetzgeberischer Begründung[1404] und damit des Verhältnismäßigkeitsgrundsatzes.[1405] Sein inhaltliches Mindestgebot eines nachvollziehbaren Grundes für eine Regelung manifestiert sich dementsprechend auch in den speziellen Rechtfertigungsebenen der jeweils betroffenen Freiheitsrechte.[1406] Ohne erkennbares und zumindest im Ansatz billigenswertes Ziel darf niemand in seinen Freiheiten eingeschränkt werden. Es handelt sich um das Mindestmaß jeglicher verfassungsrechtlichen Rechtfertigung.[1407]

Gefordert wird insoweit ein „vernünftiger, sich aus der Natur der Sache ergebender oder sonst wie einleuchtender Grund" für die gesetzliche Regelung,[1408] der diese zumindest nicht als evident unsachlich erscheinen lässt.[1409] Das Urteil der Willkürlichkeit muss, um selbst nicht in Willkürverdacht zu geraten, inhaltlich begründet werden.[1410]

2. Einordnung der haftungsrechtlichen Fragestellungen

Für den von einer Haftungsregelung Betroffenen kann nur zum Teil auf Art. 3 I GG und das dort verortete allgemeine Willkürverbot zurückgegriffen werden. Zwar geht es auch darum, dass er mit bestimmten Schädigern im Ergebnis gleichgestellt und von anderen unterschieden wird. Es fragt sich, ob hierfür jeweils plausible Gründe existieren.[1411] Die Haftungsanordnung wird inso-

---

[1404] BVerfGE 9, S. 291, 294 ff.; 37, S. 38, 46 ff.; *Stern*, in *Maurer*, Festschrift für Dürig (1990), S. 207, 213 f. m.w.Nw.

[1405] S. die Rechtsprechung zur „neuen" Formel z.B. BVerfGE 55, S. 72, 89; 60, S. 123, 133 f.; 70, S. 230, 239 f.; 74, S. 9, 24; 88, S. 87, 96 f.; 89, S. 15, 22 f.; 89, S. 365, 375 f.; 92, S. 53, 68 f.; 93, S. 99, 111; 95, S. 267, 316; 99, S. 367, 388; i.Ü. *Geiger*, Sondervotum zu BVerfGE 42, S. 64, 79 ff.; BayVerfGH NJW 1986, S. 1096 f. m.w.Nw.; *Krugmann*, JuS 1998, S. 7, 9 und insbesondere 11; *v. Münch/Kunig-v. Münch*, Vorb. Art. 1-19 Rn 55 sowie *v. Münch/Kunig-Gubelt*, Art. 3 Rn 12.

[1406] Vgl. die Beispiele bei *Geiger*, Sondervotum zu BVerfGE 42, S. 64, 80.

[1407] Vgl. zur Auffangfunktion im Rahmen der Rechtsanwendungsüberprüfung *Stern*, Das Staatsrecht der Bundesrepublik Deutschland, Bd. III/1, S. 1496; hierzu kritisch *Krugmann*, JuS 1998, S. 7, 9 mit dem Hinweis, es handle sich vielmehr um eine allgemeine Gerechtigkeitskontrolle sowie weiteren Beispielen zur vielfältigen Verwendung des Evidenzmerkmals; s. dort auch die umfassenden Nachweise zu Bundesverfassungsgerichtsentscheidungen in Fn 25, bei denen das Ergebnis vom Vorliegen einer mit dem Begriff der Willkür verknüpften Evidenz abhängig gemacht wurde.

[1408] BVerfGE 1, S. 14, 52; BayVerfGH NJW 1986, S. 1096, 1097.

[1409] Beispielhaft BVerfGE 12, S. 326, 333; 23, S. 135, 143; 42, S. 64, 72 ff.; 55, S. 72, 90; 88, S. 87, 97; 89, S. 132, 142; vgl. ansonsten die umfassenden Nachweise bei *Krugmann*, JuS 1998, S. 7 in Fn 4 sowie S. 8 in Fn 10; zum Evidenzbegriff *ders.*, S. 9 f.

[1410] Darauf weist zu Recht *Krugmann*, JuS 1998, S. 7, 10 hin. Zu den prozessualen Anforderungen einer solchen Rüge BayVerfGH NJW 1986, S. 1096, 1097.

[1411] Zum Gebot der Ungleichbehandlung vgl. *Stern*, in *Maurer*, Festschrift für Dürig (1990), S. 207, 212 ff.

fern im *Verhältnis zu anderen Schädigergruppen* und den diesbezüglichen Haftungsnormen hinterfragt.

Bei der Überprüfung eines konkreten Haftungsfalls rückt zusätzlich das ebenfalls zu beachtende *Verhältnis zum Geschädigten* in den Vordergrund. Meist ist die Haftungsverteilung zwischen dem Schädiger und dem Geschädigten das Hauptproblem der Beurteilung. Auch hierfür ist ausweislich des Grundsatzes der Mitverantwortlichkeit des Geschädigten der Gleichbehandlungsgrundsatz bedeutsam.[1412] Man kann aber nur zum Teil mit der Frage agieren, ob beide gleich oder ungleich zu behandeln sind, da der eingetretene Schaden irgendwo verbleiben muss.[1413] Ist keiner verantwortlich, würde eine Gleichbehandlung zum auf haftungsrechtlicher Ebene faktisch nicht erreichbaren Ergebnis führen, dass niemand den Schaden tragen dürfte. Da er jedoch beim Geschädigten schon eingetreten ist, versagt der Gleichheitsgrundsatz in diesen Fällen. Bei der Frage, ob der Staat ein entsprechendes Ergebnis korrigieren muss und wie er dies tun darf, geht es dann um eine isolierte Gerechtigkeitskontrolle im Rahmen der jeweils eingeschränkten Freiheitsrechte und des Verhältnismäßigkeitsprinzips.[1414] Besteht nach den geltenden Zurechnungsgründen eine gemeinschaftliche Verantwortung von Schädiger und Geschädigtem, muss nach dem Muster des § 254 BGB eine aus der Gleichbehandlung folgende Schadensteilung eintreten.[1415] Eine alleinige Schadenstragung eines Individuums in diesen Fälen lässt sich vor diesem Hintergrund nicht halten.[1416] Ist nur einer für den Schaden verantwortlich, rechtfertigt und gebietet sich eine Ungleichbehandlung, da dann eine Person dem Schaden näher steht als die andere.[1417]

Ob die im Tatbestand vorgegebene Defintion haftungsrechtlicher Verantwortlichkeit selbst verfassungsrechtlich zulässig ist, bestimmt sich nach Über- und Untermaßverbot der jeweils betroffenen Freiheitsrechte. Dies betrifft einerseits die Frage, ob eine Verlagerung auf eine andere Person gerechtfertigt ist. Kann der in Zurechungsgrund und Haftungsnorm liegende Eingriff in Freiheitsrechte vor den Rechtfertigungsanforderungen des Verhältnismäßigkeitsprinzips bestehen? Umgekehrt muss gefragt werden, ob der Schaden beim Betroffenen verbleiben kann oder verfassungsrechtlich notwendig zu verlagern ist. Da beide Prüfungen an der Verhältnismäßigkeit orientiert sind und einen evident fehler-

---

1412 *Looschelders*, SchR AT, Rn 1014.

1413 Vgl. *Looschelders,* Mitverantwortlichkeit, S. 119 f.

1414 *Geiger*, Sondervotum zu BVerfGE 42, S. 64, 81 f.; *Krugmann*, JuS 1998, S. 7, 11 f.

1415 Hierzu und zum unterschiedlichen Verständnis des hinter § 254 BGB stehenden Gedankens *Looschelders,* Mitverantwortlichkeit, S. 118 ff. m.w.Nw.

1416 *Krause*, JR 1994, S. 494, 499; s.a. *Stoll*, RabelsZ 36 (1972), S. 285, 302.

1417 Vgl. die Fälle haftungsausschließender Mitverursachung durch den Geschädigten bei *Looschelders,* Mitverantwortlichkeit, S. 123 f. sowie §§ 21 ff., S. 429 ff.

haften Ausgleich der Interessen untersagen, bildet das Willkürverbot auch hier eine Grenze rechtlicher Ausgestaltung.[1418]

Wann aber kann man von einer willkürlichen Haftungsregelung sprechen? Hierfür ist ein Blick auf konkrete Ausgestaltungen und ihre Hintergründe nötig. Zur Verdeutlichung sollen daher unterschiedliche Konstellationen aufgeführt werden, beginnend mit einem theoretisch anmutenden Haftungsmodell gänzlich fehlender Verantwortung.

3. Kausalunabhängige Haftung

a) Haftungsrechtliche Ausgangslage

Angenommen, jeder Kfz-Halter bzw. -Lenker haftet nichtmotorisierten Verkehrsteilnehmern für durch irgendein Kfz zugefügten Schaden, ohne selbst notwendig am Unfall beteiligt gewesen zu sein.[1419] Man könnte dies überspitzt als „Sippenhaft" bezeichnen.[1420] Lässt es sich hier allein mit dem Schutz des Geschädigten rechtfertigen, den Schaden ohne konkrete Beziehung auf eine Person aus einer abstrakten Risikogruppe zu verteilen?

Unter isoliert individualhaftungsrechtlichen Gesichtspunkten sicher nicht. Denn der Geschädigte steht dem Schaden deutlich näher als ein in Anspruch Genommener, der in das schädigende Ereignis überhaupt nicht involviert war. Eine Verlagerung auf Letzteren muss gegenüber der Schadenstragung durch einen konkret Beteiligten, insbesondere dem Geschädigten selbst, als willkürlich erscheinen. Es ist keinerlei Grund erkennbar, einem Beteiligten den Schaden abzunehmen und statt dessen auf einen Unbeteiligten zu verlagern, der im Ausgangspunkt ebenso schutzwürdig ist wie der Geschädigte selbst.[1421]

Außerdem zwingt der Gleichbehandlungsgrundsatz konsequenterweise dazu, einem Geschädigten, der unabhängig vom Betroffensein als nichtmotorisierter Verkehrsteilnehmer ansonsten selbst Kfz-Halter bzw. –Lenker ist, zumindest die Hälfte des Schadens anzulasten. Im praktisch endlosen und rechtspolitisch deshalb unsinnigen Gesamtschuldnerausgleich zu allen anderen Kfz-Haltern bzw. –Lenkern würde letztlich eine Schadensstreuung entstehen. Hier zeigt sich, dass eine vollkommen individualverantwortungsunabhängige Schadensverlagerung nicht über das auf Individuen zugeschnittene Haftungsrecht, sondern allein auf versicherungsrechtlichem Weg in nachvollziehbarer Art und Weise möglich ist.[1422]

[1418] *Looschelders,* Mitverantwortlichkeit, S. 122 f.

[1419] Zu unterscheiden sind hiervon kollektive Fondslösungen, die den Einzelnen vor vornherein nicht als Verantwortlichen ansehen. Dazu *Jansen*, Die Struktur des Haftungsrechts, S. 123.

[1420] Am ehesten vergleichbar sind die market-share-liability-Fälle, siehe § 6 B. III. sowie *Jansen*, Die Struktur des Haftungsrechts, S. 131 ff.

[1421] Allgemein *Zippelius*, Einführung in das Recht, S. 68 ff.

[1422] Ebenso *Jansen*, Die Struktur des Haftungsrechts, S. 132 f.

Unbeteiligte vollständig und endgültig mit der Schadenslast anderer zu beschweren, hat mangels Nachvollziehbarkeit mit gerechter Schadensverteilung nichts mehr zu tun. Deshalb können andere Kriterien als solche aus der handlungsspezifischen Interaktion allenfalls zusätzlich herangezogen werden. Eine allgemeine deep-pocket-Haftung aufgrund der Vermögensverhältnisse oder anderer unfallunabhängiger Kriterien kann und darf es nicht geben. Denn es existieren keine nachvollziehbaren Voraussetzungen, um denjenigen zu bestimmen, mit dem der Geschädigte verglichen und auf den der Schaden alternativ verlagert werden könnte.[1423]

b) Einbeziehung kollektiver Sicherungsmechanismen

Kann das Ergebnis unter Einbeziehung kollektiver Sicherungsmechanismen ein anders sein? Die Antwort lautet: Ja und Nein. Soweit bei Schaffung des Haftungstatbestandes eine obligatorische Haftpflichtversicherung zu Grunde gelegt wurde, ist eine Lastentragung der Risikogruppe angestrebt. Dieses Ziel ist im Ergebnis hinnehmbar, wenngleich es mit der handlungsorientierten Individualverantwortlichkeit des Haftungsrechts nichts mehr zu tun hat.[1424] Die als Resultat von vornherein angestrebte, gestreute Schadenslast ist gegenüber der alleinigen Schadenstragung durch ein „unschuldiges" Individuum eine einleuchtende Alternativlösung und hält insofern einer verfassungsrechtlichen Überprüfung stand.[1425] Das Risiko zufälliger Schäden wird dem Einzelnen abgenommen und auf die Gruppe derjenigen Risikoträger verteilt, deren Gefahrenpotential in den Unfall verwickelt war. Diese Abnahme individueller Lasten und ihre Streuung ist nachvollziehbar, mag man auch über ihre Sinnhaftigkeit im Einzelfall und die Art der rechtlichen Konstruktion streiten. Der Sache nach geht es nur noch um eine Versicherungsfunktion, nicht um Haftung.

Notwendig ist daher, dass Restbestände willkürlicher Verteilung ausgeschlossen werden. Ohne die genannten Verantwortungskriterien dürfen dem Versicherten weder individuelle Beitragserhöhungen, Selbstbehalte noch Regressforderungen zur Last gelegt werden. Hauptproblem einer haftungsrechtlichen Konstruktion sind die kaum vermeidbaren Deckungsdefizite. Im System aus Haftung und Haftpflichtversicherung besteht immer die Gefahr mangelnder Synchronisation mit der Folge, dass die willkürliche Ersatzverpflichtung im Einzelfall doch beim Individuum verbleibt.[1426] Deshalb dürfte sich eine kraft Vollständigkeit unbedenkliche, verhaltensunabhängige Primärkollektivierung nur auf originär versicherungsrechtlichem Wege durchführen lassen.

[1423] Vgl. das Passiv-Raucher-Beispiel bei *Jansen*, Die Struktur des Haftungsrechts, S. 133.

[1424] *Zippelius*, Einführung in das Recht, S. 70.

[1425] *Looschelders*, VersR 1996, S. 529, 537: „regelmäßig gerechter".

[1426] S. das Anhängerhalterbeispiel oben § 8 C. I. 2. b) und § 11 C. III. 1. c) sowie den Fall fehlenden Versicherungsschutzes auch gutgläubiger Fahrzeugführer fremder Kraftfahrzeuge, wenn der Haftpflichtversicherungsschutz im Verhältnis zum Versicherungsnehmer durch Kündigung beendet wurde, BGHZ 157, S. 269 = NJW 2004, S. 1250.

Vorhandene freiwillige Versicherungen und die Möglichkeit ihres Abschlusses können dagegen ungeachtet ihrer Üblichkeit an der vom Normgeber angestrebten willkürlichen Individualzuordnung nichts ändern. Dann tritt eine Kollektivierung nicht zwingend ein und soweit sie existiert, kann diese Zufälligkeit den Gesetzgeber nicht entlasten.[1427]

4. Reine Kausalhaftung

In ihrer praktischen Umsetzung realistischer ist die folgende Konstellation einer weiten Kausalhaftung. Hierauf steuert, wie zu Beginn der Arbeit angedeutet, das Haftungsrecht durchaus zu.[1428]

a) Haftungsrechtliche Ausgangslage

Angenommen, jeder Kfz-Halter bzw. –Lenker haftet nichtmotorisierten Verkehrsteilnehmern für durch sein Kfz verursachten Schaden, ohne sich durch den Einwand höherer Gewalt oder der Mitverantwortung des Geschädigten entlasten zu können. Das Ergebnis wäre eine reine Kausalhaftung.

Im Verhältnis von Geschädigtem und Schädiger erscheint auch dies bei mangelnder sonstiger Schadensverantwortung des Letzteren problematisch. Da eine condicio-sine-qua-non-Mitverursachung des Geschädigten kraft seiner notwendigen Beteiligung am Unfallereignis immer zu bejahen ist,[1429] steht der in Anspruch Genommene dem Schaden abstrakt gesehen nicht näher als der Betroffene. Eine komplette Verlagerung lässt sich ohne weitere Umstände nicht rechtfertigen. Beide wären in solch einem Fall vielmehr zumindest gleich zu behandeln und der Schaden entsprechend zu teilen.

Problematisch ist auch, ob die Kausalbeziehung zum Schaden allein ein nachvollziehbarer Schadensverlagerungsgrund ist. Aus der Vielzahl möglicher Ursachen wird eine herausgegriffen, ohne z.B. zu fragen, ob nicht die Beziehung des Geschädigten zum Schaden eine engere ist. Jedenfalls im Verhältnis zu einem darüber hinaus verantwortlichen Geschädigten ist dies nicht zu rechtfertigen.

Der Einwand der Mitverantwortlichkeit ist daher als essenzieller Baustein einer gerechten und nachvollziehbaren Schadenszuordnung anzusehen. Abstufungen ergeben sich von selbst aus den unterschiedlichen Verantwortlichkeiten, z.B. aufgrund fehlender Verantwortungsfähigkeit oder größerer Gefahrverwirklichung. Ein genereller Ausschluss der Mitverantwortlichkeit wäre systematisch verfehlt.[1430]

Soweit äußerer Zufall oder die gesteigerte Verantwortlichkeit eines Dritten maßgebliche Schadensursache war, ist die Verlagerung auf einen bloßen Mit-

---

[1427] Vgl. im Zusammenhang oben III. 1. c) sowie § 8 C.

[1428] § 1. A.

[1429] Vgl. *Medicus*, Schuldrecht I, Rn 673; *Deutsch*, Rn 581; *Looschelders*, Mitverantwortlichkeit, S. 127; *Jansen*, Die Struktur des Haftungsrechts, S. 153.

[1430] Insoweit auch *Wagner*, NJW 2002, S. 2049, 2060.

verursacher aus dem Kreis einer Risikogruppe, deren Risiko sich nicht unmittelbar niedergeschlagen hat, ebenfalls nur schwer nachvollziehbar. Sie ergibt sich nicht daraus, dass der Mitverursacher sich im Regresswege ja an den eigentlich Verantwortlichen halten könnte. Denn aus welchem Grund sollte der Geschädigte das entsprechende Prozess- und Insolvenzrisiko auf jemanden verlagern können, der dem Schaden nicht näher steht als er selbst? Aus keinem.

Anderes gilt, wenn der natürliche Kausalbezug über eine weitere Zurechnungsebene noch normativ eingeschränkt wird. Das kann durchaus zu einer verantwortungsabhängigen und damit nachvollziehbaren Schadenszuweisung führen.[1431]

Im Einzelfall lässt sich vielfach darüber streiten, wann sich das Risiko eines Kfz im Schadensfall noch niederschlägt und wann der Zurechnungszusammenhang unterbrochen ist. Genannt sei ein zum französischen Verkehrsunfallrecht verwendetes Beispiel: Der Autofahrer soll dort auch dann haften, wenn der Geschädigte von einem Dritten vorsätzlich vor den Wagen gestoßen wird.[1432] Man kann den Zurechnungszusammenhang wegen des Gewichts der Drittverantwortung als unterbrochen ansehen.[1433] Es ist aber auch nachvollziehbar, die Verwirklichung der Kfz-Gefahr zu bejahen, denn darauf zielte das Eingreifen des Dritten gerade ab. Insoweit steht der Gefahrenveranlasser und –beherrscher dem Schaden doch näher als der Geschädigte. Entsprechend wird man in den Sabotage- und Terrorfälle argumentieren können, die unter 5. a) (1) noch einmal angesprochen werden.

b) Einbeziehung kollektiver Sicherungsmechanismen

Gemäß dem Gesagten gilt Abweichendes, wenn das Haftungsrecht in Verbindung mit der gesetzlichen Haftpflichtversicherung von vornherein auf eine Verteilung des Schadens abzielt. Auch wenn es systematisch zweifelhaft ist, eine Risikogruppe ohne unmittelbare Risikoverwirklichung mit den Kosten zu belasten,[1434] ist eine entsprechende Verteilung gegenüber der Alleinträgerschaft des Geschädigten verfassungsrechtlich hinnehmbar. Soweit nicht wenigstens die Verwirklichung der Betriebsgefahr vorliegt, müssen individuelle Folgen fehlender Verantwortung allerdings wiederum ausgeschlossen bleiben.

Ohne vollständige versicherungsrechtliche Absicherung sind normativ nicht näher ausgestaltete Kausalhaftungen verfassungsrechtlich höchst fragwürdig. Zur Vermeidung unbilliger Härtefälle sollte eine Reduktionsklausel eingeführt

---

[1431] S. oben § 6 C. sowie anschließend bei 5. a).

[1432] *v. Bar*, VersR 1986, S. 620, 625.

[1433] Vgl. allgemein *Palandt-Heinrichs*, Vorb v § 249 Rn 66, 73 ff.

[1434] Zur einleuchtenden Trägerschaft der Risikogruppe bei der Verwirklichung typischer, von ihr erzeugter Risiken *Kötz/Wagner*, Rn 427 und allgemein zur Kostenzuordnung oben § 4 E. II. 4. m.w.Nw.

werden, die im Gesamtsystem eine „Feinsteuerung" der Elemente individueller und kollektiver Verantwortung ermöglicht.

5. Die Fälle „absoluter" Gefährdungshaftung

a) Haftungsrechtliche Ausgangslage

Die tatsächliche Verwirklichung der gesetzten Ursache und ihres immanenten Risikos ist demnach auf haftungsrechtlicher Ebene Voraussetzung einer Schadensverlagerung. Es drängt sich die Frage auf, ob die existierenden Fälle der sogenannten reinen oder absoluten Gefährdungshaftung[1435] als zum Teil willkürlich anzusehen sind. Die Haftungsregelungen der § 33 LuftVG, § 2 III Nr. 3 HPflG, § 25 AtG, § 32 GenTG, § 29 BJagdG, § 114 I BBergG, § 84 AMG und § 1 ProdHaftG[1436] schließen den „äußeren Zufall" dem Anschein nach mit ein,[1437] wenn sie dem Verursacher nicht die Entlastungsgrund höherer Gewalt gewähren.[1438] Bei näherer Betrachtung relativiert sich dieser erste Eindruck jedoch.

(1) Der erweiterte Kreis betriebstypischer Risiken

Es lassen sich Gründe finden, warum beispielsweise der Luftfahrzeughalter für Schäden aufkommen soll, die einem am Boden Befindlichen aufgrund eines außergewöhnlichen Unwetters oder Sabotageaktes unter Beteiligung des Flugzeuges entstehen. Zum einen ist festzustellen, dass sich auch in diesen Fällen eine erhöhte Gefahr des Verkehrsmittels verwirklicht.[1439] Ohne die technische Kraft und Energiebündelung bliebe die Naturgewalt zumeist ohne Folgen und den Anschlag hätte es nicht gegeben.[1440] Es war schließlich das Kerosin als typisches Antriebsmittel eines Flugzeuges, das am 11. September 2001 mit seiner ungeheuren Hitzeentwicklung die Türme des World Trade Centers zusammenfallen

---

[1435] *Meder*, JZ 1994, S. 485, 486 in Fn 3; *Filthaut*, § 2 Rn 77; i.Ü. bereits oben III. 2. c).

[1436] Vgl. *Deutsch*, Rn 665 ff., 694; *Städtler*, Schadensersatz im Falle höherer Gewalt?, S. 8 ff.

[1437] Allgemein kritisch etwa *Stoll*, RabelsZ 36 (1972), S. 285, 308.

[1438] Zum Sonderfall der dogmatisch missglückten „Handlungshaftung" nach § 22 I WHG *Esser/Weyers*, Schuldrecht II 2, § 64 4. a) mit Hinweisen zur Einschränkung bloßer Kausalverantwortlichkeit (Adäquanz, Finalität, Eignung) unter Vermeidung des Abgleitens in die Verschuldenshaftung (Vorsatz); s.a. BGH NJW 1975, S. 2012 sowie zu Parallelen von höherer Gewalt und Adäquanz *Städtler*, Schadensersatz im Falle höherer Gewalt?, S. 72 ff.

[1439] Vgl. *Jansen*, Die Struktur des Haftungsrechts, S. 558 zum Ausschlussgrund der höheren Gewalt als teilweise Zuweisung des objektiven Risikos zum Geschädigten, etwa im Fall des kraft eines Erdbebens entgleisten Zugs; daran anknüpfend auch *ders.*, S. 609 f.; s.a. *Koch/Koziol*, in *Koch/Koziol*, Unification of Tort Law: Strict Liability, S. 421.

[1440] Allgemein zur „Aktivierung oder Beschleunigung" der Betriebsgefahr *Deutsch*, Rn 694; vgl. auch die Überlegungen zur Eigendynamik von Sachen bei *Koch*, Die Sachhaftung, S. 136 ff.; *Larenz/Canaris*, Schuldrecht II 2, § 84 III 3 b): „Stürzt also ein Flugzeug z.B. aufgrund eines Sabotageakts auf ein Haus, hat der Halter ohne weiteres für den Schaden einzustehen."; *Städtler*, Schadensersatz im Falle höherer Gewalt?, S. 14 ff., 124 ff.

ließ.[1441] Den Naturgewalten ist ein Luftfahrzeug in viel stärkerem Maße ausgesetzt als ein am Boden befindliches, befestigte und gesicherte Wege benutzendes Verkehrsmittel. Atmosphärische Ereignisse werden dementsprechend der Betriebsgefahr des Luftfahrtverkehrs eher zugerechnet[1442] als derjenigen von Eisenbahnen oder Kraftfahrzeugen.[1443] Sie sind charakteristischer Teil des Betriebsvorganges in der Luft und insoweit kein von außen kommendes Ereignis.[1444] Hieraus entstehende Auswirkungen als betriebstypisch anzusehen und dem Halter zuzuordnen, ist nicht ohne innere Rechtfertigung, auch wenn die Zuordnung nicht in jedem Fall zwingend notwendig sein mag. Der Halter des Luftfahrzeuges ist doch noch näher an den physikalisch-eigentümlichen Gefahren und dadurch vermittelten Schäden seines Nutzungsobjektes dran als der seinen Garten pflegende, vom Flugobjekt betroffene Bürger.[1445] Im Übrigen existieren Sonderausschlusstatbestände, wie z.B. bei einer Nutzung des Verkehrsmittels ohne Wissen und Wollen des Halters.[1446]

Entsprechendes gilt für die Gefahren von herabfallenden Leitungsdrähten beim Betrieb von Energieanlagen, § 2 III Nr. 3 HPflG. Die hierbei erfassten Gefahren werden in einer Vielzahl der auftretenden Fälle durch Ereignisse wie Blitz, Sturm, starken Frost und Vogelflug hervorgerufen.[1447] Es ist gerechtfertigt und folgerichtig, wenn die Haftung auf diese typische Gefahr der Energieversorgung erstreckt wird.[1448]

Kötz plädiert für eine Verallgemeinerung des Ansatzes, Anlageninhaber für Betriebsgefahren haften zu lassen, die sich oft oder sogar typischerweise unter Umständen auswirken, die ansonsten als höhere Gewalt angesehen werden können.[1449] *Filthaut* weist zu Recht darauf hin, dass diese Gefahren „nicht ganz au-

---

[1441] Ebenso *Jansen*, Die Struktur des Haftungsrechts, S. 609; s.a. *Wagner*, NJW 2002, S. 2049, 2061, der bezweifelt, ob nach den Ereignissen des 11. September im Kfz-Bereich bei Terrorakten weiterhin generell von Unabwendbarkeit und damit von höherer Gewalt ausgegangen werden kann; abweichend für den Luftverkehr unter Hinweis auf § 33 II LuftVG *Müller-Rostin*, VersR 2003, S. 153, 154.

[1442] *Kötz*, in Gutachten und Vorschläge zur Überarbeitung des Schuldrechts II (1981), S. 1779, 1806.

[1443] Vgl. *Greger*, § 7 Rn 367 f.; *Hentschel*, NZV 2002, S. 433, 435; *Filthaut*, § 1 Rn 164 ff.

[1444] *Deutsch/Ahrens*, Rn 387; vgl. zum typischen Betriebsvorgang bei Kfz *Kötz/Wagner*, Rn 427: Glatteis, Ölspuren und Tiere auf der Fahrbahn.

[1445] *Schwenk*, Handbuch des Luftverkehrsrechts, S. 692 f.

[1446] Vgl. § 33 II LuftVG; hierzu mit Blick auf die Anschläge des 11. September 2001 *Müller-Rostin*, VersR 2003, S. 153, 154.

[1447] Vgl. *Kötz*, in Gutachten und Vorschläge zur Überarbeitung des Schuldrechts II (1981), S. 1779, 1806; zu Sabotageakten BGHZ 105, S. 135, 139.

[1448] *Rinck*, Gefährdungshaftung, S. 18; *Deutsch*, Rn 698.

[1449] *Kötz*, in Gutachten und Vorschläge zur Überarbeitung des Schuldrechts II (1981), S. 1779, 1806; zur Umwelthaftung *Hager*, JZ 2002, S. 901, 904.

ßergewöhnlich“ sind und schon deshalb keine höhere Gewalt darstellen.[1450] Herabfallende Leitungsdrähte gehören zur Betriebsgefahr der Energieversorgung.[1451] Und *Deutsch* ist in seiner allgemeinen Aussage beizupflichten, es gehe „nicht an, jede betriebsfremde Einwirkung als höhere Gewalt anzusehen, denn nicht selten lösen außenstehende Einwirkungen erst die Betriebsgefahr aus.“[1452] Man kann also selbst bei gesetzlich existierendem Ausschlussgrund der „höheren Gewalt“ zu dem Ergebnis kommen, dass trotz des Einflusses von Naturgewalten oder dritter Personen ein Fall haftungsbegründender Betriebsgefahr vorliegt.[1453] Der Begriff der Außergewöhnlichkeit innerhalb der Definition der höheren Gewalt bietet hierfür Raum.[1454] Damit ist festzuhalten: Eine reine Kausalhaftung unabhängig von der Frage gesteigerter Verantwortung liegt in diesen Fällen nicht vor. Sie sind im Grundansatz verfassungsrechtlich unbedenklich.

Die Haftungen nach § 25 AtG und § 32 GenTG finden ihre Rechtfertigung darin, dass die Gefahrenpotentiale in ihrer Reichweite immens groß bzw. noch unbekannt oder nicht überschaubar sind.[1455] Bei allumfassender Gefahr schrumpft die Möglichkeit höherer Gewalt auf Null.[1456] Außerdem verlangt § 32 I GenTG einen besonderen Schutzzweckzusammenhang. Voraussetzung für eine Haftung ist, dass die Schädigung durch Eigenschaften eines Organismus′ entstanden ist, die auf gentechnischen Arbeiten beruhen.[1457] Andererseits liegt der Einwand nahe, eine Haftung lasse sich jeweils nicht rechtfertigen, wenn der potenziell Verantwortliche nachweist, dass sich das „übliche“ Gefährdungsmuster nicht verwirklicht hat. Führt die fehlende Entlastungsmöglichkeit hier zur teilweisen Willkürlichkeit der Haftungsverteilung? Dies ist zu verneinen, wenn es zumindest möglich ist, über das Merkmal der Kausalität bzw. der schutzzweckbezogenen normativen Zurechnung extreme Fälle mittelbarer Verursachung auszuschließen.[1458] Die Verbreitung und Verstärkung unbeherrschbarer und gro-

---

[1450] *Filthaut*, § 2 Rn 77; s.a. *von Gadow*, Die Zähmung des Automobils durch die Gefährdungshaftung, S. 88 ff. zum Wandel in der Rechtsprechung des Reichsgerichts, der auch von den sich wandelnden Lebensverhältnissen als Einflussfaktor für die „Außergewöhnlichkeit“ geprägt ist; *Geigel-Kunschert*, 22. Kapitel Rn 80 f.; wankend *Kötz*, in Gutachten und Vorschläge zur Überarbeitung des Schuldrechts II (1981), S. 1779, 1806: „solche Schadensursachen möglicherweise unter den Begriff der höheren Gewalt fallen“.

[1451] *Deutsch*, Rn 698.

[1452] *Deutsch*, Rn 698.

[1453] Vgl. *Deutsch*, Rn 698; *Jansen*, Die Struktur des Haftungsrechts, S. 609 in Fn 332.

[1454] *Jansen*, Die Struktur des Haftungsrechts, S. 609 in Fn 332; s.a. *Hager*, JZ 2002, S. 901, 904.

[1455] *Esser/Weyers*, Schuldrecht II 2, § 63 II 2 b); *Deutsch*, Rn 701.

[1456] *Deutsch*, Rn 698.

[1457] *Larenz/Canaris*, Schuldrecht II 2, § 84 V 4 c).

[1458] Dazu sogleich unter (2) sowie *Städtler*, Schadensersatz im Falle höherer Gewalt?, S. 67 ff., 124 ff.

ßer Risikopotenziale durch die Naturgewalten ist z.B. ein Umstand, der durchaus nachvollziehbar noch der Betriebsgefahr zugeordnet werden kann. Dass gesetzestechnisch ein Ausschluss des Einwandes der höheren Gewalt stattfindet, kann die eigentlich zu Grunde liegende, viel weiter gehende Betriebsgefahr nicht verdecken. Eine Haftung erscheint wegen der typischerweise gegebenen Unbeherrschbarkeit nicht willkürlich. Ziel der absoluten Gefährdungshaftung ist es im Übrigen auch, prozessuale Unwägbarkeiten zu vermeiden.[1459]

Begrenzt man die objektive Betriebsgefahr nicht auf die Folgen des „normalen" Betriebes,[1460] d.h. einer üblichen Nutzung, kann jede kausale Beteiligung und Verwirklichung der erhöhten Gefahren hierunter gefasst werden.[1461] Nicht präzise möglich ist es, einen Schaden in einen durch „höhere Gewalt" bedingten Teil und in einen normalbetriebsgefahrbedingten Teil aufzuspalten.[1462] In Fällen besonders großer Risikoträgerschaft des Objekts ist es durchaus sachgerecht, insgesamt eine Zurechnung zum Sachherrn des Gefährdungspotenzials bzw. der Gemeinschaft dieser Betreiber vorzunehmen, statt den Schaden beim Geschädigten bzw. der Allgemeinheit zu belassen. Eine Verwirklichung der Betriebsgefahr findet in diesen Fällen in Wahrheit statt.

Bei den „normalen" Gefährdungshaftungstatbeständen ist Gefahrverwirklichung teilweise definitorisch aus der positiven Haftungsnorm ausgespart und in den Entlastungsgrund verlagert. Der Ausschlussgrund der „höheren Gewalt" bestimmt die erfassten Auswirkungen der Betriebsgefahr und begrenzt den Schutzzweck der Haftungsnorm.[1463] Ebensogut kann man den risikobezogenen Schutzzweckbereich der Norm schon positiv bei der Haftungsbegründung weiter fassen. Für den eingebundenen Entlastungsgrund der „höheren Gewalt" verblieben dann nur wenige Anwendungsfälle. Man kann konstruktiv ohne Abweichungen im Ergebnis sogar gänzlich auf ihn verzichten, wie das Beispiel der

---

[1459] *Rinck*, Gefährdungshaftung, S. 17.

[1460] Hierzu *Deutsch*, Rn 697.

[1461] So *Hannak*, Verteilung, S. 24 f. auf die Kausalität der gefährlichen Kraft abstellend; s.a. *Koch*, Die Sachhaftung, S. 93 ff.

[1462] *Rinck*, Gefährdungshaftung, S. 18; *Jansen*, Die Struktur des Haftungsrechts, S. 610 mit kritischen Hinweisen zu Schadensteilungsmodellen; dazu *Deutsch*, Rn 695, 702; *Will*, S. 301 f.; *Kötz*, in Gutachten und Vorschläge zur Überarbeitung des Schuldrechts II (1981), S. 1779, 1808; umfassend *Städtler*, Schadensersatz im Falle höherer Gewalt?, S. 87 ff.

[1463] Näher hierzu *Will*, S. 296 ff.; *Kötz*, in Gutachten und Vorschläge zur Überarbeitung des Schuldrechts II (1981), S. 1779, 1807; *Städtler*, Schadensersatz im Falle höherer Gewalt?, S. 67 ff.; *Deutsch*, Rn 697 ff.; *Jansen*, Die Struktur des Haftungsrechts, S. 609 in Fn 332.

Tierhalterhaftung nach § 833 BGB zeigt.[1464] Regulator ist die Reichweite der erfassten Gefahr.[1465]

Bei § 29 BJagdG ist die erfasste „Gefahr“ sehr weit und insofern einer reinen Kausalhaftung stark angenähert. Das findet seine Rechtfertigung aber darin, dass in starker Verwandtschaft zur Aufopferungshaftung ein Ausgleich für die rechtlich fehlende Abwehrmöglichkeit des Geschädigten gewährt wird.[1466] Die Weite des Tatbestandes wird im Übrigen durch normative Einengungen der Kausalität – dazu sogleich – und die Berücksichtigung der Mitverantwortlichkeit des Geschädigten nach § 32 BJagdG[1467] beschränkt. Und auch § 114 I BBergG wird über die normative Bewertung der Kausalität und der Mitverantwortlichkeit des Geschädigten begrenzt, § 118 BBergG.

Zusammenfassend ist festzustellen, dass nicht der gesonderte Ausschlussgrund entscheidend ist, sondern ob überhaupt noch danach gefragt wird, wer dem Schaden begründetermaßen näher steht,[1468] d.h. ob noch eine Haftung für die Betriebsgefahren und ihre Verwirklichung vorliegt. Das ist bei den genannten Haftungstatbeständen der Fall. Existiert der Ausschlussgrund explizit im Tatbestand, hilft er, die Reichweite der Haftung näher zu bestimmen und findet hierin seine Berechtigung.[1469]

(2) Normativer Haftungsausschluss

Dementsprechend wird unabhängig von den Ausschlusstatbeständen gefragt, ob sich die spezifische Betriebsgefahr tatsächlich verwirklicht hat.[1470] Für § 833 BGB und § 32 I GenTG wurde darauf schon verwiesen. *Larenz/Canaris* nennen hinsichtlich der Luftverkehrshaftung den Problemfall des durch ein in normaler Höhe fliegendes Luftfahrzeug abgelenkten Autofahrers.[1471] *Schwenk* führt vergleichbare Fälle akustisch bedingter Schreckreaktionen unter dem Ge-

---

1464 *Will*, S. 296 ff., 297; zustimmend *Kötz*, in Gutachten und Vorschläge zur Überarbeitung des Schuldrechts II (1981), S. 1779, 1807; *Städtler*, Schadensersatz im Falle höherer Gewalt?, S. 150 ff.; *Deutsch*, Rn 698; s.a. *Koch*, Die Sachhaftung, S. 146 Fn 83.

1465 Vgl. *Städtler*, Schadensersatz im Falle höherer Gewalt?, S. 149 ff.; *Koch*, Die Sachhaftung, S. 146 Fn 83.

1466 Vgl. *Esser/Weyers*, Schuldrecht II 2, § 64, S. 281 f.; *Larenz/Canaris*, Schuldrecht II/2, § 84 II 2 a); *MünchKomm-Stein*, 3. Aufl. (1997), § 835 Rn 5.

1467 *MünchKomm-Stein*, 3. Aufl. (1997), § 835 Rn 5.

1468 Vgl. das Beispiel bei *Koch*, Die Sachhaftung, S. 146 in Fn 83; ansonsten *v. Hippel*, NJW 1967, S. 1729, 1730; *Deutsch*, Rn 668, 699: notwendiger Ausschluss von Groteskfällen.

1469 *Kötz*, in Gutachten und Vorschläge zur Überarbeitung des Schuldrechts II (1981), S. 1779, 1807; *Jansen*, Die Struktur des Haftungsrechts, S. 609 in Fn 332.

1470 Ausführlich zur höheren Gewalt als Zurechnungsproblem innerhalb der haftungsbegründenden Kausalität *Städtler*, Schadensersatz im Falle höherer Gewalt?, S. 67 ff.

1471 *Larenz/Canaris*, Schuldrecht II 2, § 84 III 3 b).

sichtspunkt adäquater Kausalität an.[1472] In ihrer physikalischen Wirkung ähneln sich optische und akustische Reize.[1473] Rechtlich können sie dennoch in unterschiedlicher Weise schadensrelevant werden. Eine dem Flugverkehr gegenüber anderen optischen Reizen eigentümliche Gefahr hat sich in dem genannten Beispiel nicht niedergeschlagen. Im Fall des Überschallknalls eines tieffliegenden Düsenjägers liegt dagegen eine charakteristische Begleiterscheinung des Flugverkehrs und damit ein luftverkehrshaftungsrelevantes Ereignis vor.

Generell sichert ansonsten der Einwand der Mitverantwortlichkeit des Geschädigten, dass der in Anspruch Genommene dem Schaden wirklich näher steht als der Geschädigte (§ 4 HPflG, § 34 LuftVG, § 27 AtG, § 32 III GenTG; § 6 ProdHaftG; § 85 AMG; § 32 BJagdG; § 118 BBergG). Von daher erfüllen auch die „absoluten" Gefährdungshaftungstatbestände den Standard des verfassungssrechtlich Gebotenen.

Eine Sonderstellung nimmt die objektive Haftung von Arzneimittelherstellern und Produzenten ein. Es wurde bereits darauf hingewiesen, dass die besonderen Gefahren industrieller Produktion zwar Motiv des Gesetzgebers für die Haftungsanordnung waren, sich dies aber nicht im Tatbestand als notwendiger Zurechnungszusammenhang niedergeschlagen hat.[1474] Die Tatbestände sind deshalb mehr als alle zuvor genannten Kausal- statt Gefährdungshaftung. Die „Verwirklichung typischer Betriebsgefahren" hilft als verantwortungsbestimmendes Merkmal deshalb dort kaum weiter.

Dennoch liegt keine „nackte" Kausalhaftung vor, sondern eine im Schutzbereich über die unmittelbare Gefährdung hinaus erweiterte objektive Haftung. Obwohl ein spezifischer Zurechnungszusammenhang nicht verlangt wird, sollen nicht alle kausalen Folgen vom Schutzzweck der Haftung umfasst werden, etwa bei vorsätzlichem Eingreifen dritter Personen oder dem Einfluss unerwarteter Naturereignisse.[1475]

Es kommt hinzu, dass das Anknüpfen an die Fehlerhaftigkeit des Produktes auch Elemente einer Sorgfaltspflichtverletzung beinhaltet. Abgestellt wird auf die objektive Erwartungshaltung des Produktempfängerkreises an bestimmte Sicherheitsgrade, weshalb sich die Rechtfertigung der Haftung aus einem objektiven Fehlverhalten herleiten lässt.[1476] Für die fehlverhaltensunabhängigen „Aus-

---

1472 *Schwenk*, Handbuch des Luftverkehrsrechts, S. 695 f. mit Beispielen aus der Rechtsprechung; ausführlich *Städtler*, Schadensersatz im Falle höherer Gewalt?, S. 124 ff.; s.a. *Geigel-Mühlbauer*, 29. Kapitel Rn 25.

1473 Vgl. *Larenz/Canaris*, Schuldrecht II 2, § 84 III 3 b) einerseits und *Schwenk*, Handbuch des Luftverkehrsrechts, S. 695 f. andererseits.

1474 Oben § 7 B. II. 1. a); *Deutsch*, NJW 1992, S. 73, 75 f.; *Larenz/Canaris*, Schuldrecht II 2, § 84 VI 1 a), 2 a).

1475 *Deutsch*, NJW 1992, S. 73, 76; *ders.*, Rn 699.

1476 *Kötz/Wagner*, Rn 461 f. m.w.Nw.; *v. Bar*, Gemeineuropäisches Deliktsrecht II, Rn 396: „Der Grund für die Schadensverantwortlichkeit des Herstellers liegt in dem Inverkehrbringen eines fehlerhaften Produkts."; zum Streit um die dogmatische Einordnung unter Zureißer"-Fälle liegt die rechtsethische Legitimation zumindest in der Professionalität des Schädigerhandelns. Der Produzent kann, so wird argumentiert, mit entsprechenden Handlungsfolgen rechnen, diese Kalkulation in seine Versicherungs- und Preisgestaltung einfließen lassen und, das ist wohl entscheidender, er steht dem Schaden wegen der Gefahreneröffnung näher als der Geschädigte.[1477] Fälle der Mitverantwortlichkeit des Geschädigten werden wie gesagt über § 6 ProdHaftG berücksichtigt. Von Willkür kann auch hier keine Rede sein.

b) Einbeziehung kollektiver Sicherungsmechanismen

Bis auf die Produkthaftungsfälle und die Haftung nach dem BBergG[1478] kommt hinzu, dass der Gesetzgeber mittels normierter Versicherungspflichten von vornherein für eine Schadensstreuung sorgt. Vom Vorwurf willkürlicher Schadensverteilung wird er hierdurch entsprechend dem bisher Gesagten zusätzlich entlastet.

D. Konkrete Anwendung auf das zu untersuchende Haftungskonzept

I. Relevante verfassungsrechtliche Positionen und Prinzipien

Im Folgenden soll die Betrachtung konkret den Positionen zugewandt werden, die den Anlass zur vorliegenden Untersuchung gaben: dem Schutz schwacher Verkehrsteilnehmer mittels Erweiterung schadensrechtlicher Einstandspflichten von Fahrzeughaltern und –fahrern.

1. Geschädigter

Der vom Schaden Betroffene erleidet Einbußen in grundrechtlich geschützten Bereichen. Körper- und Gesundheitsschäden berühren Art. 2 II GG, Sachschäden Art. 14 GG[1479] und im Übrigen sind Einschränkungen der allgemeinen Handlungsfreiheit bzw. des allgemeinen Persönlichkeitsrechts[1480] sowie Verletzungen von Art. 3 GG denkbar.[1481] Hilfsweise kann auch das Sozialstaatsprinzip (Art. 20 I, 28 I GG) zu Gunsten des Geschädigten herangezogen werden.[1482]

---

stimmung zur abweichenden Ansicht der h.L. *Larenz/Canaris*, Schuldrecht II 2, § 84 VI 1 a), b) m.w.Nw.; aber *ders.*, § 84 VI 2 a) zur Arzneimittelhaftung: objektives Fehlverhalten als Grundlage der Haftung, ähnlich unter b) zur Einschränkung der Haftung.

[1477] *Larenz/Canaris*, Schuldrecht II 2, § 84 VI 1 a), 2 a); *v. Hippel*, NJW 1967, S. 1729, 1730.

[1478] Vgl. dort aber §§ 55 I, 56 II S. 2 BBergG.

[1479] *Bullinger*, in *Ficker/u.a.*, Festschrift für v. Caemmerer (1978), S. 297, 299; *Larenz/Canaris*, Schuldrecht II 2, § 75 I 1; *Goecke*, Die unbegrenzte Haftung Minderjähriger im Deliktsrecht, S. 94; *Bartlsperger*, in *Isensee/Lecheler*, Festschrift für Leisner (1999), S. 1003, 1022.

[1480] Zusammenfassend *v. Bar*, Gemeineuropäisches Deliktsrecht I, Rn 571 ff.; vgl. auch BVerfGE 39, S. 1, 41 f. („Schwangerschaftsabbruch"); VersR 1973, S. 269, 272.

[1481] Vgl. BVerfG VersR 1973, S. 269, 271 f.

[1482] So zum Vertragsrecht BVerfGE 89, S. 214, 232 („Bürgschaft"); zum Haftungsrecht mittelbar BVerfG VersR 1973, S. 269, 272; unmittelbar *v. Hippel*, VersR 1998, S. 26, 27; aus-

In grundrechtsfunktionaler Hinsicht kommt die Abwehrfunktion der Grundrechte aus mehreren Gründen nicht zum Tragen. Zunächst setzt die Bestimmung der Risikozuständigkeit durch das Haftungsrecht den Eintritt des Schadens voraus. Dem Geschädigten kann in dieser Situation mit einem Abwehranspruch gegenüber dem Staat nicht geholfen werden.[1483] Die Schädigungen gehen, sieht man einmal von speziellen Amtshaftungstatbeständen ab, von Privatrechtssubjekten aus, gegenüber denen grundrechtliche Abwehransprüche nicht bestehen. Es ist vielmehr *das grundrechtliche Schutzgebot*, das der Normgeber bei Ausformung des Haftungsrechts zugunsten des Geschädigten zu beachten und auszufüllen hat.[1484]

Primär kann insofern schon präventive Rechtssicherung geboten sein. Sie wird allerdings weitgehend über andere Rechtsbereiche verwirklicht.[1485] Haftungsrechtliche Rechtsfolgen kommen vor allem auf der nachgeordneten Ebene der ausgleichenden Rechtsfortsetzung zum Tragen und können lediglich beschränkt präventive Wirkungen entfalten.[1486]

Der Grenzbereich des verfassungsrechtlichen Minimalschutzes, den das Haftungsrecht zu leisten im Stande ist, wird nur bei fehlenden oder gänzlich unzureichenden Haftungstatbeständen erreicht.[1487] Er spielt für die Untersuchung sehr strenger Haftungsvoraussetzungen in Bezug auf den Geschädigten deshalb zunächst keine Rolle. Dort verwirklicht sich gerade ein ausgeprägter Schutzwille des Gesetzgebers. Die Position des Geschädigten kann daher auf den ersten Blick als Grenzbereich vernachlässigt werden.

Dennoch kann sich eine strenge Haftung auch zu Lasten eines Geschädigten auswirken. In den meisten Fällen sind die Beteiligten für den Schaden jeweils

---

führlich zum Sozialstaatsprinzip und den Grundrechten *Ruffert*, Vorrang der Verfassung und Eigenständigkeit des Privatrechts, S. 256 ff.

[1483] Vgl. aber zur Genehmigung gefährlicher Handlungen BVerfGE 53, S. 30, 58 („Mülheim-Kärlich").

[1484] Z.B. BVerfGE 34, S. 269, 281 („Soraya"); 49, S. 89, 129 („Kalkar") inzident zum StVG; 49, S. 304, 319 f.; *Stürner*, NJW 1979, S. 2334, 2335 f.; *Looschelders*, VersR 1999, S. 141, 143; *ders.*, in *Wolter/Riedel/Taupitz*, Einwirkungen der Grundrechte, S. 93, 96 ff.; *v. Bar*, Gemeineuropäisches Deliktsrecht I, Rn 556 ff.; *Canaris*, Grundrechte und Privatrecht, S. 82; *Goecke*, Die unbegrenzte Haftung Minderjähriger im Deliktsrecht, S. 88; *Bartlsperger*, in *Isensee/Lecheler*, Festschrift für Leisner (1999), S. 1003, 1022 f.; *Hager*, JZ 1994, S. 373, 378; *Bullinger*, in *Ficker/u.a.*, Festschrift für v. Caemmerer (1978), S. 297, 300; allgemein *Papier*, DAR 2002, S. 532, 534 f.; vgl. auch zum diesbezüglichen Hintergrund der ersten Gefährdungshaftung für Eisenbahnen *Baums* ZRG 104 (1987), S. 277, 281.

[1485] Vgl. *Herzog*, in 30. Deutscher Verkehrsgerichtstag 1992, Veröffentlichung der Referate und Empfehlungen, S. 27 ff.

[1486] S. oben § 4 A. II. und § 4 C. II.

[1487] Vgl. *v. Caemmerer*, Reform der Gefährdungshaftung, S. 11 f.; *Bullinger*, in *Ficker/u.a.*, Festschrift für v. Caemmerer (1978), S. 297, 300; *v. Bar*, Gemeineuropäisches Deliktsrecht I, Rn 556, 573 ff.

mitverantwortlich. Für den Geschädigten kann eine allgemein erhöhte Einstandspflicht die Konsequenz haben, dass er sich *im Rahmen der Mitverursachung bzw. des Mitverschuldens* eine verstärkte Kürzung seiner Ansprüche gefallen lassen muss, wenn er zur Gruppe der mit einer strengen Haftung versehenen Personen zählt.[1488] Eine reine Kausalhaftung von Kfz-Haltern oder –fahrern z.B. führt dazu, dass diese als Geschädigte verstärkt dem Einwand der Mitverantwortlichkeit ausgesetzt sind und den Schaden verstärkt selbst zu tragen haben. Das ist deshalb von besonderer Bedeutung, weil im Haftpflichtsystem mit an der Haftpflicht angekoppelter Versicherung die Kollektivierung hinsichtlich der vom Geschädigten selbst zu tragenden Eigenschäden versagt.[1489] Diese potenzielle Rückwirkung ist zu beachten.

2. Kfz-Halter und -Fahrer

Für die Untersuchung vordergründig interessant ist die dem Geschädigten „gegenüberliegende“ Position: Wird der Handelnde von „zu viel“ Haftung in verfassungsrechtlich bedeutsamer Weise betroffen?[1490] Da die Verpflichtung[1491] zu Schadensersatzleistungen trotz § 249 I BGB in den allermeisten Fällen eine Pflicht zur Geldzahlung ist, § 249 II BGB, wird in erster Linie Art. 2 I GG berührt.[1492] Wesentlicher Prüfungspunkt wird angesichts des in der Haftungsanordnung liegenden staatlichen Eingriffs das Verhältnismäßigkeitsprinzip respektive Übermaßverbot sein.[1493] Daneben könnten Art. 14 GG,[1494] unter dem Stichwort „Existenzvernichtung durch Haftung“ die Menschenwürde bzw. das allge-

---

[1488] Vgl. *Looschelders*, VersR 1996, S. 529, 537; *Wagner*, NJW 2002, S. 2049, 2060; *Hinrichs*, Die Berücksichtigung des Mitverschuldens bei der Haftung für Personenschäden, S. 66, 89, 100 f.

[1489] *Hinrichs*, Die Berücksichtigung des Mitverschuldens bei der Haftung für Personenschäden, S. 89; *Greger*, NZV 2002, S. 222, 223.

[1490] Allgemein *v. Bar*, Gemeineuropäisches Deliktsrecht I, Rn 591 ff. – Zum Grundrechtsschutz für Verkehrsteilnehmer haben sich u.a. hochrangige und mit zwei Präsidenten und einer Präsidentin des Bundesverfassungsgerichts „höchstrangige“ Verfassungsrechtler geäußert. Das ist ein starkes Indiz für die Brisanz des Themas Automobil in unserer Gesellschaft. Vgl. *Herzog*, in 30. Deutscher Verkehrsgerichtstag 1992, Veröffentlichung der Referate und Empfehlungen, S. 25; *Ronellenfitsch*, DAR 1992, S. 321; *ders.*, DAR 1994, S. 7; *Sendler*, NJW 1995, S. 1468; *Kirchhof*, DRiZ 1995, S. 253; *Limbach*, NZV 2001, S. 97; *Brenner*, DAR 2001, S. 559; *Papier*, DAR 2002, S. 532 jeweils m.w.Nw.; s.a. *Röthel*, NZV 1999, S. 63, 65 ff.

[1491] Zur eigentlichen Unterscheidung von Schuld und Haftung sowie dem verfassungsrechtlichen Bezug Letzterer *Abel*, Bürgschaften zwischen Sittenwidrigkeitsrechtsprechung und insolvenzrechtlicher Restschuldbefreiung, S. 112 ff., 139 ff.

[1492] Vgl. *Papier*, DAR 2002, S. 532, 533 f.; *Larenz/Canaris*, Schuldrecht II 2, § 75 I 1; *Bartlsperger*, in *Isensee/Lecheler*, Festschrift für Leisner (1999), S. 1003, 1022.

[1493] S. bereits oben C. III. 2.

[1494] *Larenz/Canaris*, Schuldrecht II 2, § 75 I 1; *Bartlsperger*, in *Isensee/Lecheler*, Festschrift für Leisner (1999), S. 1003, 1022.

meine Persönlichkeitsrecht sowie das Sozialstaatsprinzip,[1495] insbesondere aber auch der Gleichbehandlungsgrundsatz zu beachten sein.[1496] Für die unfallbezogene Erörterung außer Betracht bleiben Grundrechte des Haftenden, die nicht innerhalb einer Unfallsituation mit dem Haftungsrecht in Konflikt geraten.[1497]

3. Versicherer bzw. Beitragszahler

Mittelbar von strengen Haftungsregelungen betroffen werden die letztendlichen Lastenträger, die Versicherer bzw. alle Beitragsleistenden. Um den Rahmen der Arbeit nicht zu sprengen, sollen diese mittelbar betroffenen Grundrechtspositionen hier weitgehend unberücksichtigt bleiben.[1498] Der Fokus liegt auf dem durch das Haftungsrecht unmittelbar bestimmten individuellen Verhältnis der Grundrechte des Geschädigten und derjenigen des Schädigers.

II. Die Grundrechte im Einzelnen

Bewegt sich nun das bei § 10 beschriebene Haftungsmodell – mit seinem Ausschluss des Einwandes höherer Gewalt und des Eingreifens dritter Personen sowie der Beschränkung des Mitverschuldenseinwandes auf „besonders schweres Verschulden" –innerhalb des vorstehend skizzierten Rahmens verfassungsgemäßer Ausgestaltung der genannten Grundrechtspositionen?

1. Art. 14 I GG

Die spezielle Eigentumsgarantie des Art. 14 I S. 1 GG „soll dem Grundrechtsträger einen Freiraum im vermögensrechtlichen Bereich erhalten und dem Einzelnen damit die Entfaltung und eigenverantwortliche Lebensgestaltung ermöglichen".[1499] Sie schützt trotz dieses allgemeinen Bezugs zum Vermögen nach gängiger Ansicht nur konkrete Rechtspositionen, d.h. bestimmte vermögenswerte Rechte, grundsätzlich jedoch nicht das abstrakte Vermögen als solches.[1500] Denn Letzteres ist selbst kein Recht, sondern nur der Inbegriff aller geldwerten

---

[1495] BAG NJW 1993, S. 1732, 1734; *MünchKomm-Mertens*, 3. Aufl. (1997), Vor §§ 823-853 Rn 76; *v. Hippel*, Rechtspolitik, S. 322 – weiterführend zum Grundrechtseingriff durch den vollstreckungsrechtlichen Haftungszugriff *Abel*, Bürgschaften zwischen Sittenwidrigkeitsrechtsprechung und insolvenzrechtlicher Restschuldbefreiung, S. 139 ff., 160 ff.

[1496] S. bereits oben C. IV.

[1497] Vgl. z.B. BGHZ 70, S. 277, 287 ff.; 97, S. 372, 379 f.; zu Meinungs- und Pressefreiheit BVerfGE 85, S. 1, 11 ff.; *v. Bar*, Gemeineuropäisches Deliktsrecht I, Rn 592 ff.; *ders.*, RabelsZ 59 (1995), S. 203, 222 ff.; *Lepa*, in *Deutsch/Klingmüller/Kullmann*, Festschrift für Steffen (1995), S. 261, 269 ff.

[1498] Zu verfassungsrechtlichen Grenzen kollektiver Umverteilung *Bullinger*, in *Ficker/u.a.*, Festschrift für v. Caemmerer (1978), S. 297, 302 f.; *Isensee*, Umverteilung durch Sozialversicherungsbeiträge, S. 60 ff.; *Leisner*, Sozialversicherung und Privatversicherung, S. 11, 21, 26 ff., 47 ff., 128, 209.

[1499] BVerfGE 24, S. 367, 389; 31, S. 229, 239; 36, S. 281, 290; 51, S. 193, 218.

[1500] BVerfGE 4, S. 7, 17; aus neuerer Zeit 78, S. 232, 243; 81, S. 108, 122; 95, S. 267, 300; *Maunz/Dürig-Papier*, Art. 14 Rn 160 f. mit anschließender Kritik.

Güter einer Person und kann insofern als allgemein fluktuierende Zusammenstellung kein konkretes Eigentum im Sinne von Art. 14 I GG sein.[1501] Die Eigentumsgarantie schützt daher grundsätzlich nicht vor der staatlichen Auferlegung von Geldleistungspflichten.[1502] Nach Ansicht des Bundesverfassungsgerichts soll ausnahmsweise anderes gelten, wenn der Betroffene übermäßig belastet wird und seine Vermögensverhältnisse so grundlegend beeinträchtigt werden, dass von einer „erdrosselnden" Wirkung gesprochen werden kann, die einem Zugriff auf das Eigentumsobjekt gleichkommt.[1503]

Diese Grundsätze sind primär auf die Belastung mit Geldleistungspflichten im Staat-Bürger-Verhältnis zugeschnitten, insbesondere auf steuerliche Lasten.[1504] Der Schutzbereich des Art. 14 I GG kann nicht weiter sein, wenn es darum geht, dass eine Norm des zivilen Haftungsrechts eine für den Betroffenen adäquat wirkende Zahlungspflicht als Rechtsfolge trägt. Die Eigentumsgarantie steht einer Haftungsregelung daher grundsätzlich nicht entgegen.[1505]

Es verbleibt hinsichtlich des allgemeinen Vermögens beim Schutz durch Art. 2 I GG.[1506] Aus der Rechtsprechung zur „erdrosselnden" Wirkung ergibt sich wohl auch kaum ein Restanwendungsbereich der Eigentumsgarantie. Sie ist auf den staatlichen Entzug des Kernbestandes privaten Erfolges gemünzt[1507] und passt nicht recht, wenn mit den Geldmitteln direkt den Interessen eines anderen Grundrechtsträgers Genüge getan werden soll.

2. Das Sozialstaatsprinzip im Zusammenhang mit Menschenwürde und dem allgemeinen Persönlichkeitsrecht

Möglicherweise kollidiert die Auferlegung hoher Schadensersatzpflichten bei eingeschränkten Entlastungsmöglichkeiten mit sozialstaatlichen und aus der Menschenwürde bzw. dem Persönlichkeitsrecht folgenden Existenzsicherungsgeboten.

Das in Artt. 20 I und 28 I GG verankerte Sozialstaatsprinzip[1508] verkörpert einen objektiv-rechtlichen Auftrag an die staatliche Gewalt, aus dem der Bürger

---

[1501] Vgl. BVerfGE 4, S. 7, 17; 95, S. 267, 300.

[1502] BVerfGE 95, S. 267, 300.

[1503] BVerfGE 78, S. 232, 243; 82, S. 159, 190; 87, S. 153, 169; 95, S. 267, 300; kritisch *Sachs-Wendt*, Art. 14 Rn 39.

[1504] Vgl. *Maunz/Dürig-Papier*, Art. 14 Rn 165 ff.

[1505] S. dagegen zum umgekehrten Fall von „zu wenig" Haftung und der Schutzpflicht des Staates *Bullinger*, in *Ficker/u.a.*, Festschrift für v. Caemmerer (1978), S. 297, 299.

[1506] Vgl. *Maunz/Dürig-Papier*, Art. 14 Rn 161; *Sachs-Murswiek*, Art. 2 Rn 87 a; *Goecke*, Die unbegrenzte Haftung Minderjähriger im Deliktsrecht, S. 82.

[1507] BVerfGE 87, S. 153, 169; s.a. *Maunz/Dürig-Papier*, Art. 14 Rn 169 ff.; *Sachs-Wendt*, Art. 14 Rn 39; *v. Münch/Kunig-Byrde*, Art. 14 Rn 23.

[1508] Stellvertretend BVerfGE 1, S. 97, 105; 9, S. 124, 131; 22, S. 180, 204; 27, S. 253, 283; 82, S. 60, 85; 99, S. 246, 259 f.; *Maunz/Dürig-Herzog*, Art. 20 VIII. Rn 2.

grundsätzlich keine subjektiven Rechte ableiten kann.[1509] Es hat als Auftrag an den Normgeber in erster Linie programmatischen Charakter und lässt sich kaum zu konkreten Einzelkonsequenzen verdichten.[1510] In Verbindung mit anderen Grundrechten, hier insbesondere der Menschenwürde und dem allgemeinen Persönlichkeitsrecht, kann es sich als Auslegungs- und Ausfüllungsgesichtspunkt jedoch zu Leistungs- und Abwehrrechten kom-primieren.[1511]

Konkret stellt sich die Frage, ob dem Verpflichteten die „Mindestvoraussetzungen für ein menschenwürdiges Dasein“[1512] verbleiben und wie dies im Zusammenhang mit dem Grad der Verantwortung für den Schadenseintritt und den Interessen des Geschädigten zu bewerten ist. Der Schutz schwacher Verkehrsteilnehmer als gegenüberliegende Position gliedert sich jedenfalls auch ein in den Auftrag des Sozialstaatsgedankens, den „Schutz des Schwächeren“ und das Ziel eines menschenwürdigen Daseins zu verwirklichen.[1513]

Wie oben dargelegt[1514] kommt es zur verfassungsrechtlichen Beurteilung der Haftungszuweisung auf das Gesamtbild der Rechtsordnung an. Im Gesamtsystem gewährleistet der Gesetzgeber bezogen auf zivilrechtliche Haftungsfolgen die Mindestvoraussetzungen menschenwürdiger Existenz vor allem mittels Vollstreckungsschutzvorschriften, insolvenzrechtlichen Schuldbefreiungsmöglichkeiten sowie obligatorischen Versicherungsmodellen. Mag man aus Sicht des Betroffenen bei der gesetzlichen Zuordnung von hohen Geldleistungspflichten auch von einer Art „Existenzvernichtung“ sprechen, so muss man dem Staat angesichts der genannten Sicherungsmechanismen eine prinzipielle Erfüllung seiner aus der Menschenwürde, dem Persönlichkeitsrecht und dem Sozialstaatsprinzip folgenden Lebenssicherungspflicht attestieren. Die präzise Ausgewogenheitsanalyse von Haftungsgrund und Haftungsfolgen erfolgt bei der Erörterung des jeweils konkret betroffenen Freiheitsrechts, d.h. zumeist bei Art. 2 I GG.

3. Art. 2 I GG

a) Schutzbereich und Eingriff

Seit dem *Elfes*-Urteil[1515] des Bundesverfassungsgerichts ist herrschende Ansicht, dass Art. 2 I GG über seinen Wortlaut hinaus allgemein die Handlungsfreiheit

---

[1509] BGHZ 108, S. 305, 309 f.; *Maunz/Dürig-Herzog*, Art. 20 VIII. Rn 5 f., 28; *Sachs-Sachs*, Art. 20 Rn 50.

[1510] *Sachs-Sachs*, Art. 20 Rn 47 f.

[1511] Vgl. die Beispiele bei *Richter/Schuppert/Bumke*, S. 64 f. und 298 ff; s.a. *Sachs-Sachs*, Art. 20 Rn 49 f.; zum Konflikt von Sozialstaatsprinzip und Freiheitsrechten *Maunz/Dürig-Herzog*, Art. 20 VIII. Rn 41 ff.

[1512] BVerfGE 82, S. 60, 85; 99, S. 246, 259 f.; s.a. BAG NJW 1993, S. 1732, 1734.

[1513] Vgl. *Sachs-Sachs*, Art. 20 Rn 46.

[1514] C.

[1515] BVerfGE 6, S. 32, insbesondere 36 ff.

des Individuums schützt.[1516] Dem Schutzbereich dieses Grundrechts unterfallen sämtliche menschlichen Verhaltensweisen.[1517] Insofern gewährleistet es generell die Freiheit vor unberechtigten staatlichen Eingriffen („allgemeine Eingriffsfreiheit")[1518], d.h. vor Nachteilen und Belastungen aufgrund von formell oder materiell nicht verfassungsgemäßen Vorschriften.[1519] Der materielle Maßstab der Verhältnismäßigkeit schützt speziell vor ungeeigneten, unnötigen sowie übermäßigen Eingriffen.[1520] Als Auffanggrundrecht ist Art. 2 I GG im klassischen Abwehrbereich immer einschlägig, zu speziellen Grundrechtsgewährleistungen jedoch subsidiär.[1521] Persönlich geschützt werden neben natürlichen Personen auch inländische juristische Personen in ihrer Handlungsfreiheit, Art. 19 III GG.[1522]

Bezüglich der zu untersuchenden Haftungsregelung umfasst der Schutzbereich der allgemeinen Handlungsfreiheit auch die Freiheit des Kfz-Halters und -Fahrers, von Zahlungspflichten aufgrund gesetzlicher Anordnung verschont zu bleiben. In der belastenden Verpflichtung zum Ersatz liegt eine Einschränkung menschlicher Freiheit und damit ein unmittelbarer[1523] Eingriff in die allgemeine Handlungsfreiheit.[1524] Ein vorrangiges spezielles Freiheitsrecht mit besonderen Schutzbereichs- und Schrankenregelungen ist wie gesehen nicht einschlägig. Einzig das auch in Art. 2 I GG verortete allgemeine Persönlichkeitsrecht[1525] könnte man als qualifizierten Verletzungsbereich ansehen („Existenzvernichtung").[1526] Vom Sonderfall der Haftung Minderjähriger[1527] abgesehen kann man eine Schadensersatzverpflichtung jedoch nicht als Eingriff ansehen, der geeignet

[1516] Zusammenfassend *Lege*, JURA 2002, S. 753 ff.

[1517] Stellvertretend *Pieroth/Schlink*, Rn 368; *Sachs-Murswiek*, Art. 2 Rn 42 ff., 52 ff.; kritisch etwa *Hesse*, Grundzüge des Verfassungsrechts, Rn 425 ff.; *Grimm*, in Sondervotum zu BVerfGE 80, S. 137, 164 ff. („Reiten im Walde").

[1518] *Lege*, JURA 2002, S. 753, 755.

[1519] Vgl. BVerfGE 6, S. 32, 41 („Elfes"); 10, S. 89, 99; 80, S. 137, 152 ff. („Reiten im Walde") m.w.Nw.; *Lege*, JURA 2002, S. 753, 758.

[1520] *Richter/Schuppert/Bumke*, S. 69.

[1521] Vgl. *Pieroth/Schlink*, Rn 369 ff.; *Lege*, JURA 2002, S. 753, 756.

[1522] BVerfGE 10, S. 89, 99; *Sachs-Murswiek*, Art. 2 Rn 39; zum Streitstand *Lege*, JURA 2002, S. 753, 756.

[1523] Zum Streit um die Relevanz mittelbarer Beeinträchtigungen vgl. *Sachs-Murswiek*, Art. 2 Rn 79 ff.; *Lege*, JURA 2002, S. 753, 760; *Pieroth/Schlink*, Rn 379 ff.

[1524] *v. Bar*, Gemeineuropäisches Deliktsrecht I, Rn 595; *Looschelders*, Mitverantwortlichkeit, S. 245; *ders.*, VersR 1999, S. 141, 143; *Deutsch*, AcP 202 (2002), S. 889, 892; s.a. BVerfGE 57, S. 361, 378; 63, S. 88, 109.

[1525] *Sachs-Murswiek*, Art. 2 Rn 59 ff.; *Pieroth/Schlink*, Rn 373 ff.; *Richter/Schuppert/Bumke*, S. 77 ff.

[1526] So bezogen auf die Haftung Minderjähriger *Goecke*, Die unbegrenzte Haftung Minderjähriger im Deliktsrecht, S. 83 f.

[1527] Dazu oben B. I.

ist, die engere Persönlichkeitssphäre zu beeinträchtigen.[1528] Jedenfalls liegt kein Eingriff in den unantastbaren Kernbereich „Intimssphäre“ oder den verstärkt geschützten Bereich der „Privat- oder Geheimsphäre“ vor, sondern eine sonstige, dem Verhältnismäßigkeitsgrundsatz unterworfene Beeinträchtigung.[1529] Unabhängig von der Einordnung des betroffenen Schutzbereiches muss sich die Haftungsregelung also hieran messen lassen.[1530]

b) Rechtfertigung

Parallel zum weiten Schutzbereichsverständnis sieht das Bundesverfassungsgericht als Schranke der allgemeinen Handlungsfreiheit die gesamte „verfassungsmäßige Ordnung“ und damit jede formell und materiell mit der Verfassung in Einklang stehende Norm an („einfacher Gesetzesvorbehalt“).[1531] Von der formellen Rechtmäßigkeit wird hier ausgegangen, insbesondere der Kompetenz zum Erlass einer entsprechenden Haftungsnorm. Es verbleibt die Prüfung der materiellen Rechtfertigungsebene, d.h. des Verhältnismäßigkeitsgrundsatzes als „Schranken-Schranke“ der Eingriffsgrundlage.[1532]

Am Beginn der Verhältnismäßigkeitsprüfung steht die Bestimmung des Zwecks des einschränkenden Gesetzes.[1533] Dieser besteht bei dem unter § 10 beschriebenen Haftungsregime darin, nichtmotorisierte „schwache“ Verkehrsteilnehmer mittels weitreichender Ersatzansprüche gegen die Folgen des motorisierten Straßenverkehrs abzusichern. Ziel ist die generelle Schadensabnahme durch das Kollektiv der motorisierten „starken“ Verkehrsteilnehmer. Die verringerten Haftungsvoraussetzungen und Einwendungen sollen zudem den Durchsetzungsaufwand für den Verletzten verringern.

Hierzu ist eine Ausweitung der Haftung motorisierter Verkehrsteilnehmer grundsätzlich geeignet.[1534] Schwieriger zu beurteilen ist, ob sie auch erforderlich ist, d.h. ob ein milderes Mittel zur Verfügung steht. Als Alternative ist eine Versicherungslösung mit in die Betrachtung einzubeziehen.[1535] Ein milderes Mittel lässt sich darin aber zumindest nicht auf Anhieb sehen.[1536] Zwar erfolgt dort

---

[1528] BVerfGE 54, S. 148, 153; vgl. auch die Fallgruppenauflistung bei *Sachs-Murswiek*, Art. 2 Rn 68 ff.

[1529] Zusammenfassend zur „Sphärentheorie“ des Bundesverfassungsgerichts *Sachs-Murswiek*, Art. 2 Rn 104 ff.

[1530] Vgl. *Pieroth/Schlink*, Rn 382, 384.

[1531] Vgl. BVerfGE 6, S. 32, 37 ff. („Elfes“); 63, S. 88, 108 f.; 80, S. 137, 153 („Reiten im Walde“); weitere Nachweise bei *Sachs-Murswiek*, Art. 2 Rn 89.

[1532] *Pieroth/Schlink*, Rn 274 ff., 384; *Sachs-Murswiek*, Art. 2 Rn 101.

[1533] Vgl. *Sachs-Sachs*, Art. 20 Rn 149; *Richter/Schuppert/Bumke*, S. 22; *Pieroth/Schlink*, Rn 272, 279; *Krause*, JR 1994, S. 494, 498.

[1534] Vgl. allgemein *Kötz/Wagner*, Rn 424 ff. sowie oben § 4 E. I.; zum Kriterium der Geeignetheit *Sachs-Sachs*, Art. 20 Rn 150 f.; *Pieroth/Schlink*, Rn 283 f.

[1535] *Kötz/Wagner*, Rn 430 ff. sowie oben § 3 D. II. 2. und § 4 E.

[1536] Zu den Schwierigkeiten der Bestimmung vgl. *Richter/Schuppert/Bumke*, S. 24.

schon primär eine Kollektivierung der Schadenslast und der Einzelne wird nur über seine Beitragsleistung und im Regressfall unmittelbar belastet. Selbiges gilt aber auch für moderne Haftpflichtsysteme, in denen das Haftungsrecht von vornherein mit einer Haftpflichtversicherung zu einer funktionalen Einheit verschmolzen wird.[1537] Einwenden lässt sich, dass im Haftpflichtsystem Lücken aufgrund von Synchronisationsdefiziten auftreten können, die zur primären Belastung führen.[1538] Diese Flanken des Systems angestrebter Kollektivierung unter Zugrundelegung individueller Verantwortung sind problematisch. Vor Schutzlücken ist aber auch eine Versicherungslösung nicht gefeit. Sie ruht auf der Kalkulierbarkeit des Risikos und weist insofern meist Deckungsgrenzen unterschiedlicher Art auf. Unterstellt man eine saubere Ausformung des strengen Haftpflichtsystems, so wiegt dieses im Ergebnis für den Haftenden nicht schwerer als ein Versicherungssystem.

In der Rolle des Geschädigten allerdings kann der „starke" Verkehrsteilnehmer vom Haftpflichtsystem in größerem Maße betroffen werden. Denn die an die Haftpflicht gekoppelte Kollektivierung versagt hinsichtlich der aufgrund gesteigerter Mitverantwortlichkeit vom Geschädigten selbst zu tragenden Eigenschäden.[1539] Nur zum Teil werden diese Lasten von First-Party-Versicherungen abgefangen.[1540] Die Gerichte könnten hierdurch veranlasst sein, innerhalb der Abwägung der Mitverantwortlichkeitsanteile korrigierend einzugreifen und die Verantwortlichkeit der „starken" Verkehrsteilnehmer in der Geschädigtenrolle geringer zu gewichten.[1541] Eine dogmatisch nicht zu rechtfertigende Zweiteilung der Verantwortlichkeitszuweisung wäre die Folge: unterschiedlich bewertet je nach der prozessual meist zufälligen Schädiger- und Geschädigten-Perspektive. Ein Unfallversicherungssystem könnte dies von vornherein vermeiden.

Andererseits führt ein Unfallversicherungssystem dazu, dass aufgrund geschmälerter Präventionswirkung und einer insgesamt größeren Anzahl kollektivierter Schäden höhere Beitragslasten entstehen, die von eingesparten Transaktionskosten nicht unbedingt aufgefangen werden.[1542] Die Präventionsdefizite können im Versicherungssystem zu vermehrten Grundrechtsbeeinträchtigungen

---

[1537] Oben § 3 D. II. 2. und § 8 A.

[1538] Vgl.§ 8 C. I. 2. b).

[1539] *Looschelders*, VersR 1996, S. 529, 537; *ders.*, Mitverantwortlichkeit, S. 82 f.; *Wagner*, NJW 2002, S. 2049, 2060; *Greger*, NZV 2002, S. 222, 223; *Hinrichs*, Die Berücksichtigung des Mitverschuldens bei der Haftung für Personenschäden, S. 66, 89, 100 f.; *Wiederkehr*, in *Weick*, Entwicklung des Deliktsrechts in rechtsvergleichender Sicht, S. 137 f. sowie oben D. I. 1.

[1540] Oben § 4 E. II. 1.

[1541] Allgemein zur Gewichtung strenger Haftpflichten bei der Abwägung der Verantwortlichkeiten *Looschelders*, Mitverantwortlichkeit, S. 598 ff.

[1542] § 4 E. II. 4.

der Verkehrsteilnehmer führen.[1543] Beides relativiert die vermeintliche „Milde“ der Versicherungslösung. Im Zweifel ist zu Gunsten des Gesetzgebers und seiner Einschätzungsprärogative von der Notwendigkeit der von ihm gewählten Lösung auszugehen.[1544]

Fraglich bleibt, ob die Haftungslast in Anbetracht des verfolgten Zwecks für den Betroffenen zumutbar ist; oder anders ausgedrückt, ob ein angemessener Ausgleich zwischen der Handlungsfreiheit des Normadressaten und dem Rechtsgüterschutzinteresse des Geschädigten vorliegt.[1545]

Soweit die Schadenslast kollektiviert wird, ist das trotz der verbleibenden Beitragsrate zu bejahen. Denn die Kosten körperlicher Schäden nichtmotorisierter Verkehrsteilnehmer auf die Risikoerzeugergruppe motorisierter Verkehrsteilnehmer zu verteilen und diese mit anteiligen Finanzierungskosten zu belasten, ist im Ergebnis angemessen.[1546] Eine individuell hohe Belastung bei geringer individueller Verantwortung ist dagegen problematisch (Synchronisationsdefizite). Insoweit bedarf es für Härtefälle geringer Verantwortlichkeit und hoher Belastungswirkung zumindest einer Reduktionsmöglichkeit zur Gewährungleistung des angemessenen Haftungsverhältnisses. Spiegelbildlich muss das auch gelten, wenn der „starke“ Verkehrsteilnehmer als Geschädigter betroffen ist und die Kollektivierung versagt.

Die Individualbelastung allein kann angesichts der vorhandenen Existenzschutzmechanismen nicht zu einem Unangemessenheitsurteil führen.[1547] Maßgeblich ist die Relation aus Schadensverantwortung und Haftungsfolgen, die bei risikoverwirklichungssensitiven Kausalhaftungen im Regelfall angemessen ist. Im extremen Einzelfall kann das Verhältnis jedoch so weit auseinanderklaffen, dass es der Korrektur mittels Härtefallklausel bedarf.[1548] Für die einige Risiko-

---

[1543] Oben C. III. 3.; zur Einbeziehung der Grundrechte anderer Personen in den Vergleich *Richter/Schuppert/Bumke*, S. 24.

[1544] *Pieroth/Schlink*, Rn 287; s.a. *Sachs-Sachs*, Art. 20 Rn 153: „eindeutig fehlende Erforderlichkeit“ m.w.Nw. sowie BVerfGE NJW 2004, S. 146, 148 f.: „Bei Beeinträchtigungen ... durch die Auferlegung von Kostenlasten entfällt die Erforderlichkeit nicht schon deshalb, weil eine Finanzierung der Aufgabe aus Steuermitteln für die Betroffenen ein milderes Mittel wäre ... Mildere Mittel sind nicht solche, die eine Kostenlast lediglich verschieben ... Es liegt grundsätzlich im Ermessen des Gesetzgebers, die nach seiner Überzeugung gebotene und dem Gemeinwohl dienende Maßnahme zu bestimmen ... Ob und in welchem Umfang die Kosten ... vom Arbeitgeber zu tragen sind, ist keine Frage der Erforderlichkeit, sondern der Zumutbarkeit der gesetzlichen Regelung“.

[1545] Vgl. allgemein *Looschelders*, Mitverantwortlichkeit, S. 245; *Papier*, DAR 2002, S. 532, 537; *Goecke*, Die unbegrenzte Haftung Minderjähriger im Deliktsrecht, S. 85, 91; s.a. BVerfGE NJW 2004, S. 146, 149.

[1546] S. oben C. IV. 3. b).

[1547] Oben C. III. 1.

[1548] Oben C. III. 2.; vgl. auch die Schlussfolgerung aus einer rechtsvergleichenden Analyse bei *v. Bar*, Gemeineuropäisches Deliktsrecht I, Rn 596.

verwirklichungsmechanismen abstreifende strenge Haftung des beschriebenen Modells gilt das erst recht.

„Risikoverwirklichungsblinde" Haftungsformen sind in ihrer Rechtfertigung problematisch. Der Gesetzgeber hat mit dem Haftungsrecht trotz abnehmender Verhaltensbezogenheit und verstärktem Integritätsschutz allgemein im Sinn, den Schaden aufgrund von Verantwortlichkeitskriterien demjenigen zuzuweisen, der „näher an ihm dran ist". Eine „nackte" Kausalhaftung ohne wertende Risikoverwirklichungsmomente ist hierfür schon ungeeignet und wegen ihrer Willkürlichkeit auch nicht zumutbar.[1549] Entscheidend ist, ob noch normative Elemente zur Beurteilung des Risikoverwirklichungsgedankens existieren.[1550] Der hierin liegende argumentative Ansatz lässt sich noch stärker, wenngleich nicht vollkommen,[1551] der gleichheitsrechtlichen Untersuchung zuordnen. Dort wird insbesondere das Problem der Mitverantwortlichkeit des Geschädigten als Achillesverse strenger Haftpflichtsysteme deutlich. Bezieht man existierende Third- und First-Party-Insurances mit ein, geht es um die Frage, ob die Zuordnung der Schadenskosten zum Kollektiv der Kfz-Halter im Vergleich zur Gruppe der Geschädigten nachvollziehbar und damit gerechtfertigt ist.

4. Art. 3 I GG

Gesucht wird ein sachgerechter Grund dafür, die haftungsrechtliche Verantwortlichkeit der Kfz-Führer und -Halter strenger als die des Geschädigten und anderer Schädiger auszugestalten. Existiert kein solcher Grund, müsste eine Gleichbehandlung entweder beim Zurechnungsgrund in Verbindung mit dem Gesamtschuldnerausgleich bzw. im Rahmen der Regelungen zur schadensrechtlichen Mitverantwortung hergestellt werden. Denn wie unter § 10 beschrieben, vollzieht sich das Abschneiden von Entlastungsmöglichkeiten der „starken" Verkehrsteilnehmer in diese beiden Richtungen. Deren Haftungsverantwortung wird bei den Zurechnungsnormen ausgedehnt. Gleichzeitig verengt sich diejenige der „schwächeren" Verkehrsteilnehmer bei der Mitverantwortung.[1552] Beides ist für den Vergleich mit dem Geschädigten und anderen Schädigern einzubeziehen.

a) Motorisierte Schädiger und nichtmotorisierte Geschädigte

Das Fehlverhalten des Geschädigten bei der Bestimmung der Verantwortlichkeit für den Schaden zwischen Schädiger und Geschädigtem zum Teil unberücksichtigt zu lassen, stößt zunächst auf allgemeine Bedenken. Fehlverhalten begründet eine Verantwortlichkeit für den Schaden und kann deshalb von vornherein nicht vollkommen gegenüber objektiven Verursachungsanteilen außer Betracht blei-

---

[1549] Vgl. oben C. IV.; BGHZ 3, S. 261, 267; s.a. *Scholz*, Der Begriff der Zumutbarkeit im Deliktsrecht, S. 118 ff.; *Krause*, JR 1994, S. 494, 499.

[1550] S. oben § 7 B. II. 1. c).

[1551] Vgl. oben C. IV. 2.

[1552] Kritisch hierzu wegen der verbleibenden Haftungsebene *Wagner*, NJW 2002, S. 2049, 2060.

ben.[1553] Gefährdungs- wie Fehlverhaltenshaftung sind prinzipiell gleichwertige Begründungen haftungsrechtlicher Verantwortlichkeit.[1554] Sachgerecht ist die Abwägung der Verantwortungsmomente nach ihrer konkreten Verwirklichung im Schaden. Gewisse allgemeine Abstufungen lassen sich dennoch rechtfertigen.

(1) Risikoerzeugung und Risikoempfindlichkeit

Die „starken", mit Motorenkraft und hohen Massen agierenden Verkehrsteilnehmer abstrakt stärker in die haftungsrechtliche Folgenverantwortung zu nehmen, erscheint im Ausgangspunkt sachgerecht. Sie tragen abstrakt eine größere Ursachenverantwortung für die Risiken des Straßenverkehrs. Höhere Massen und Geschwindigkeiten führen zu höheren Kräften. Die Gefahrschaffung für andere ist deshalb um ein vielfaches höher als bei einem nicht motorisierten Verkehrsteilnehmer („Betriebsgefahr").[1555] Einem Fußgänger oder Radfahrer drohen beim Zusammenstoß mit einem Kfz viel größere Gefahren als beim Zusammentreffen mit „seinesgleichen".

Hinzu kommt, dass der motorisierte Verkehrsteilnehmer, abgesehen von Motorradfahrern,[1556] in seinem Fahrzeug von massiven Sicherungseinrichtungen umgeben ist, während „schwache" Verkehrsteilnehmer den Kräften schutzlos ausgeliefert sind.[1557] Der motorisierte Verkehrsteilnehmer nutzt starke Energien und ist selbst vor ihnen besonders geschützt; die Nichtnutzer dagegen sind allein den hieraus entstehenden energetischen Wirkungen ausgesetzt – ohne „Knautschzone" irgendeiner Art. Zu verzeichnen ist folglich ein *Ungleichgewicht* von starker Risikoerzeugung bei verringerter Risikoempfindlichkeit gegenüber schwacher Risikoerzeugung bei starker Risikoempfindlichkeit.[1558]

Strukturelle Ungleichsgewichtslagen rechtfertigen bzw. gebieten eine Ungleichbehandlung.[1559] Die Abstufung der Verantwortungsgrade zwischen „Kfz"

[1553] *Looschelders*, Mitverantwortlichkeit, S. 581 sowie allgemein S. 124 f.

[1554] *Looschelders*, Mitverantwortlichkeit, S. 600 f.

[1555] *Weyers*, ZRP 1977, S. 292, 293; vgl. zu dem Kriterium *Greger*, § 7 Rn 2, 4; aus Sicht des § 254 BGB *Looschelders*, Mitverantwortlichkeit, S. 587.

[1556] Zur Irrelevanz dieser „eigenen" Risikoempfindlichkeit für die Bestimmung der Betriebsgefahr gegenüber „anderen" Verkehrsteilnehmern *Greger*, § 7 Rn 4; für den Bereich des § 254 BGB jedoch einschränkend *Looschelders*, Mitverantwortlichkeit, S. 587 f.

[1557] Zu dieser Argumentation auch *Looschelders*, Mitverantwortlichkeit, S. 588 f.

[1558] Zur entsprechenden Begründung des französischen Regierungsentwurfs zur „*Loi Badinter*" vgl. *Hinrichs*, Die Berücksichtigung des Mitverschuldens bei der Haftung für Personenschäden, S. 148.

[1559] *Looschelders*, Mitverantwortlichkeit, S. 417 – Hinsichtlich von Sachschäden ist das Kfz zwar ebenso oder gar noch mehr gefährdet als Sachen nichtmotorisierter Verkehrsteilnehmer, dies aber nur, weil es selbst als Schadensobjekt zur risikobelasteten Nutzung geschaffen und zum Schutz auch vor von ihm ausgehenden Energien mit teuren Sicherungselementen versehen wurde. Das ist eine logische Folge der Werteanhäufung in unserer Gesell-

und „Nicht-Kfz" nach der abstrakten „Betriebsgefahr"[1560] ist deshalb nachvollziehbar.

Bei einem Unfall im Straßenverkehr kann im Rahmen der Abwägung der Verantwortlichkeiten ein Fehlverhalten nichtmotorisierter Verkehrsteilnehmer gegenüber der Betriebsgefahr eines Kfz zurücktreten. Wie bei betrieblicher Tätigkeit[1561] sind die Menschen den massiven Gefahren des Verkehrs ständig ausgesetzt, was zu Gewöhnungseffekten führt, die wiederum vermehrt Unaufmerksamkeiten nach sich ziehen. Isoliert betrachtet klare Verhaltensfehler erscheinen im Licht des Alltags nur noch als leichte Unaufmerksamkeiten.[1562] Sie können gegenüber der Betriebsgefahr in den Hintergrund treten, weil sie maßgeblich und typischerweise Risiken des Kraftverkehrs sind.[1563] Bei sich wiederholenden Verhaltensmustern verschwinden mögliche Gefahren mehr und mehr aus dem Fokus der Aufmerksamkeit. Das kann in Abhängigkeit von der Art des Fehlverhaltens des Geschädigten zu einer Höherbewertung der Betriebsgefahr als Einflussfaktor für den Unfall führen.[1564] Die modernen Verhältnisse machen es dem Geschädigten immer schwerer, Schäden von sich abzuwenden. Seine soziale Schutzbedürftigkeit steigt. Korrespondierend ist es sachgerecht, seine (Mit-)Verantwortlichkeit geringer zu gewichten.[1565] Eine völlige Gleichbehandlung der Verantwortlichkeitskriterien ist nicht geboten.

---

schaft. Wir verzeichnen vor allem deshalb nicht gekannte Schadenshöhen bei sich wiederholenden Schadensereignissen wie Flut- und Naturkatastrophen, weil wir immer mehr zerstörbare Werte schaffen. Gegenüber dem Risiko von Personenschäden kann der sachlich-materielle Gesichtspunkt ohnehin nicht fruchtbar sein.

[1560] Vgl. hierzu *Greger*, § 7 Rn 2.

[1561] Hierzu schon *Esser*, S. 84.

[1562] *v. Caemmerer*, RabelsZ 42 (1978), S. 5, 20; *Kötz*, in Gutachten und Vorschläge zur Überarbeitung des Schuldrechts II (1981), S. 1779, 1821; *ders.*, ZEuP 1997, 496, 501; *Hinrichs*, Die Berücksichtigung des Mitverschuldens bei der Haftung für Personenschäden, S. 99 f.; s.a. *Looschelders*, Mitverantwortlichkeit, S. 254 f.

[1563] Vgl. *Hinrichs*, Die Berücksichtigung des Mitverschuldens bei der Haftung für Personenschäden, S. 160 f.; *Looschelders*, Mitverantwortlichkeit, S. 254 f., 602, kritisch S. 174 ff.; zu weit *Hannak*, Verteilung, S. 17 ff.; kritisch gegenüber einer einseitigen Berücksichtigung dieses Umstandes *Karollus*, ZfRV 1992, S. 161, 163; zu Recht unter Hinweis auf die Abmilderungen durch obligatorische Haftpflichtversicherungen motorisierter Schädiger aber *Hinrichs*, Die Berücksichtigung des Mitverschuldens bei der Haftung für Personenschäden, S. 100 – Speziell zum objektiven Fehlverhalten von Kindern im Straßenverkehr s. § 828 II BGB; *Wagner*, NJW 2002, S. 2049, 2060; *Schwintowski*, ZRP 2003, S. 391 f.; *Looschelders*, Mitverantwortlichkeit, S. 603 f.; *Lang/Stahl/Suchomel*, NZV 2003, S. 441, 444.

[1564] Vgl. *Looschelders*, Mitverantwortlichkeit, S. 254 f.

[1565] Vgl. *Looschelders*, Mitverantwortlichkeit, S. 114, 254 f.; *v. Caemmerer*, RabelsZ 42 (1978), S. 5, 20 f.; *Wagner*, NJW 2002, S. 2049, 2060; *Hinrichs*, Die Berücksichtigung des Mitverschuldens bei der Haftung für Personenschäden, S. 100, 159 ff.; kritisch *Karollus*, ZfRV 1992, S. 161, 163 – Hinter der Verantwortungsverschiebung in Richtung grobe Fahrlässigkeit steht angesichts der teilweise denaturierten, weil faktisch unerfüllbaren Verhal-

(2) Abwägung der Verantwortlichkeiten

Darauf kann man normativ reagieren, in dem man das Fehlverhalten der „schwachen" Verkehrsteilnehmer im Rahmen der Abwägung der gegenseitigen Verantwortungsbeiträge niedriger gewichtet als die Betriebsgefahr des Kfz. Die von der Rechtsprechung insofern gewonnenen Ergebnisse befriedigen aber anscheinend nicht,[1566] denn es wird schon länger gefordert, gegenüber der Kraftfahrhaftung für Personenschäden nur noch grobes Mitverschulden anspruchskürzend wirken zu lassen.[1567]

Eine Abstufung schon nach der Gefahr, die jeder Teilnehmer ohne Rücksicht auf die Begleitumstände des Einzelfalles für andere Verkehrsteilnehmer mit sich bringt,[1568] ist wegen ihrer Abstraktheit zu pauschal. Nach dem geltenden deutschen Recht erfolgt eine Feinsteuerung über die Beurteilung der konkret verwirklichten Betriebsgefahr.[1569] Hierdurch wird eine präzisere Zuweisung der Verantwortlichkeit im Einzelfall anhand der tatsächlichen Realisierung gewährleistet.[1570] Würde man auf eine Betrachtung des Einzelfalles gänzlich verzichten, ließe sich in einigen Fällen die Annahme alleiniger Verantwortlichkeit des Kfz-Halters oder –Fahrers nicht rechtfertigen. Denn dass jemand seinen Schaden trotz grob fahrlässiger Verursachung, „unentschuldbarem Fehlverhalten"[1571] oder vorsätzlicher Herbeiführung auf einen anderen Beteiligten gänzlich verlagern kann, will angesichts des Prinzips der Schadensverantwortlichkeit nicht einleuchten.[1572] Ein solches Verhalten verletzt in hohem Maße Handlungsverbo-

---

tenspflichten im modernen Leben wohl auch der Gedanke, neben der strikten Haftung wieder einen Bereich echter Fehlverhaltenshaftung zu statuieren. Vgl. *v. Bar*, Gemeineuropäisches Deliktsrecht II, Rn 313 in Fn 61 zum Östereichischen Atomhaftpflichtrecht.

1566 S. die Zusammenstellung bei *Grüneberg*, Haftungsquoten, E. und F.

1567 *v. Caemmerer*, RabelsZ 42 (1978), S. 5, 20; allgemein *Hohloch*, in Gutachten und Vorschläge zur Überarbeitung des Schuldrechts I (1981), S. 471 f. und 475; *Kötz*, in Gutachten und Vorschläge zur Überarbeitung des Schuldrechts II (1981), S. 1820 ff. und 1834; *Deutsch*, ZRP 1983, S. 137; zusammenfassend *Hinrichs*, Die Berücksichtigung des Mitverschuldens bei der Haftung für Personenschäden im französischen und deutschen Recht (1991); *Looschelders,* Mitverantwortlichkeit, S. 42 f., 81 ff., 173 ff.; *v. Bar*, Gemeineuropäisches Deliktsrecht II, Rn 522 ff.; *Kötz/Wagner*, Rn 428 f., jeweils m.w.Nw.

1568 *Greger*, § 7 Rn 2.

1569 *Greger*, § 7 Rn 3, § 9 Rn 103 ff.; *Looschelders*, Mitverantwortlichkeit, S. 586, 590 ff.

1570 *Looschelders*, Mitverantwortlichkeit, S. 586.

1571 Zum französischen Verkehrsunfallrecht im Vergleich zum deutschen Recht *Kötz*, ZEuP 1997, 496, 498 ff.

1572 Vgl. *Hinrichs*, Die Berücksichtigung des Mitverschuldens bei der Haftung für Personenschäden, S. 162: Es lässt sich bezogen auf die Kfz-Haftung dann nämlich „nicht mehr von einer typischen, mehr oder weniger unvermeidlichen Verwirklichung der technischen Gefahr sprechen."; *Krause*, JR 1994, S. 494, 499; kritisch zum französischen Recht auch *Ferid/Sonnenberger*, Das Französische Zivilrecht 4/1, Rn 2 O 365 sowie 370j f. – Abweichente bzw. –gebote. Es hat, seine Verwirklichung im Unfall vorausgesetzt,[1573] eine entscheidende Bedeutung für die Entstehung des Schadens. Gegenüber der Betriebsgefahr kann es nicht vernachlässigt werden, weil es nicht nur ein typisches und faktisch unvermeidliches Abirren der menschlichen Leistung in den schnell wechselnden Situationen des modernen Verkehrslebens darstellt.

Es gilt deshalb der Satz, dass *schwer schuldhaftes Verhalten* nicht ohne Folgen bleiben darf.[1574] Die Wertungen des Versicherungsrechts z.B. in §§ 61, 152 VVG, § 110 SGB VII sowie die Rechtsprechung zum innerbetrieblichen Schadensausgleich unterstreichen das trotz ihrer teils abweichenden Ausgangssituationen.[1575] Für diese Fälle muss eine Haftungsausschlussmöglichkeit existieren, sei es über das haftungsbegründende Element der Verwirklichung der Betriebsgefahr, sei es über haftungsausschließende Elemente wie dem Einwand höherer Gewalt oder, und das bietet sich wegen der Flexibilität des Abwägungsvorgangs und seiner Ergebnisses an, über den Einwand der Mitverantwortlichkeit des Geschädigten.[1576] Letzterem liegt der Gedanke zu Grunde, dass sich in bestimmten Grenzen auch der Schädiger auf die eigenverantwortliche Wahrung der Rechtsgüter durch den Geschädigten verlassen können muss.[1577] Deswegen ist es gerechtfertigt und notwendig, in Fällen, bei denen es für den Geschädigten ein leichtes gewesen wäre, den Eintritt des Schadens zu verhindern, den Verantwortungsbereich des Schädigers geringer zu gewichten oder im Einzelfall sogar ganz zurücktreten zu lassen.

Das bei § 10 beschriebene Haftungsmodell hält diesen Prämissen stand. Es berücksichtigt im Verhältnis zu nichtmotorisierten Geschädigten die abstrakt

---

des gilt logischerweise bei fehlender Verantwortungsfähigkeit wie im Falle des § 828 BGB. Dort existiert aus Sicht des Geschädigten das billigkeitsrechtliche Korrektiv des § 829 BGB.

[1573] *Greger*, § 9 Rn 104.

[1574] *v. Caemmerer*, RabelsZ 42 (1978), S. 5, 21; *Karollus*, ZfRV 1992, S. 161, 165: unbillig; ebenso Teile des französischen Schrifttums: Anrechnung qualifizierten Mitverschuldens als Gebot der Billigkeit, zusammengefasst bei *Hinrichs*, Die Berücksichtigung des Mitverschuldens bei der Haftung für Personenschäden, S. 127 f., der dies ebenso sieht, S. 162; s.a. *Greger*, § 9 Rn 107; *Stoll*, RabelsZ 36 (1972), S. 285, 302; abweichend *Deutsch*, ZRP 1983, S. 137, 138 f. mit positiver Bewertung der inzwischen durch den Gesetzgeber überholten Rechtsprechung „*Desmares*“ der französischen Cour de Cassation aus dem Jahre 1982; offenbar zurückhaltender aber *ders.*, Rn 583 u. 750.

[1575] *Hinrichs*, Die Berücksichtigung des Mitverschuldens bei der Haftung für Personenschäden, S. 105 f.; *Kötz*, in Gutachten und Vorschläge zur Überarbeitung des Schuldrechts II (1981), S. 1779, 1821 f.; *Kötz/Wagner*, Rn 429; zur Diskussion um das versicherungsrechtliche Alles-oder-nichts-Prinzip *Prölss*, VersR 2003, S. 669 u. *Armbrüster*, VersR 2003, S. 675.

[1576] *Krause*, JR 1994, S. 494, 499; zur Abwägung von Normwidrigkeit und Verschulden gegen die Betriebsgefahr *Looschelders*, Mitverantwortlichkeit, S. 600 ff.; allgemein *ders.*, S. 124 f.

[1577] Vgl. *Looschelders*, Mitverantwortlichkeit, S. 112 ff.; *Stoll*, RabelsZ 36 (1972), S. 285, 302.

höhere Verantwortlichkeit der motorisierten Verkehrsteilnehmer, belässt über den Einwand „besonders schweren Verschuldens“ aber auch die Möglichkeit zur konkreten Berücksichtigung maßgeblicher Verantwortlichkeit des „schwachen“ Verkehrsteilnehmers.

(3) Fahrzeugführer und Fahrzeughalter als „motorisierte Verkehrsteilnehmer“

Wenn vorstehend auf den „starken“, mit hohen Energien *agierenden* Verkehrsteilnehmer abgestellt wurde, dann betrifft dies vor allem den jeweiligen Nutzer, den motorisierten Fahrzeugführer. Nach dem geltenden deutschen Recht bestehen demgegenüber stärkere Haftungsverschärfungen zu Lasten des die Verfügungsgewalt innehabenden Halters, § 7 I StVG. Der Fahrer haftet gemäß § 18 I StVG nur für Fehlverhalten, wenngleich er durch die prozessuale Verschuldensvermutung bzw. durch den gegenüber § 7 StVG erleichterten Entlastungsbeweis[1578] einfacher zur Verantwortung gezogen werden kann als nach § 823 BGB. In welcher Beziehung stehen Halter und Fahrer zu dem aufgezeigten Ungleichgewicht aus Risikoerzeugung und Risikoempfindlichkeit?

Angesichts seines unmittelbaren Einflusses auf die konkrete Gefährdung rechtfertigt sich eine Höherbewertung der Schadensverantwortung des Kfz-Führers. Argumentativer Ansatz ist die unmittelbare Steuerung des Kfz. Die Betriebsgefahr als Haftungsgrundlage wird dabei mit verhaltensbedingten Umständen verknüpft. Konsequent legt das deutsche Recht der Fahrerhaftung die Verantwortlichkeit für ein Fehlverhalten zu Grunde.

Nominal gleich schweres Fehlverhalten von Fußgängern und Kfz-Führern wirkt sich wegen der einfließenden Betriebsgefahr[1579] in unterschiedlichem Maße auf die Unfallfolgen aus. Dasjenige des „starken“ Verkehrsteilnehmers ist mit einem energetisch erheblich höheren Gefährdungspotenzial vorbelastet. Sein vermutetes Fehlverhalten kann demnach stärker gewichtet werden als das im Schweregrad vergleichbare Fehlverhalten „schwächerer“ Unfallbeteiligter.

Wie ist eine vom Verhalten abstrahierte Gefährdungshaftung des Fahrzeughalters zu bewerten? Die angesprochene energetische Vorbelastung, die Betriebsgefahr, bringt jedes Kraftfahrzeug mit sich, unabhängig vom Verhalten des Nutzers.[1580] Letzteres kann, neben anderen Umständen, die abstrakte Gefahr des Kfz im Einzelfall konkret erhöhen.[1581] Haftpflichtiger für dieses Risiko ist grundsätzlich derjenige, der nicht nur vorübergehend Nutzen aus der Sache zieht, d.h. der Halter als dauerhafter Verfügungsgewaltinhaber.[1582] Er kann den Einsatz der Betriebsgefahr steuern und trägt deshalb unabhängig von der kon-

---

[1578] Vgl. zur dogmatische Einordnung von § 18 StVG *Greger*, § 18 Rn 1 f.

[1579] Zu abstrakter und konkreter Betriebsgefahr *Greger*, § 7 Rn 2 f. und § 9 Rn 104 ff.

[1580] *Greger*, § 7 Rn 2.

[1581] Vgl. nochmals *Greger*, § 7 Rn 2 und § 9 Rn 104 ff.

[1582] *Greger*, § 7 Rn 231 ff.; vgl. auch *MünchKomm-Wagner*, § 833 Rn 20 ff.

kreten Art und Weise der Benutzung eine Verantwortung für die Folgen des Betriebes.

Wegen der Auswirkungen der abstrakten Betriebsgefahr und der häufigen Unvermeidbarkeit alltäglicher Fehler im Straßenverkehr ist es möglich, die fehlverhaltensun-abhängigen Risikomomente des Kfz höher zu bewerten als fehlverhaltensbezogene Umstände „schwacher" Verkehrsteilnehmer. Kommt zu solchen Elementen auf Seiten des Halters noch ein Fehlverhalten hinzu, ist eine verstärkte Verantwortungszuweisung zu dem mit „doppeltem" Haftungsgrund agierenden Kfz-Verkehr nicht nur sachgerecht, sondern geboten. Das gilt jedenfalls, sofern auf Seiten des „schwachen" Verkehrsteilnehmers lediglich ein „normales" Fehlverhalten vorliegt.

Argumentativ kann man entsprechend die abstrakte Betriebsgefahr auch dem Fahrzeugführer zuordnen, wie dies bei der fehlverhaltensunabhängigen Straßenverkehrshaftung in Frankreich der Fall ist. Er besitzt ebenfalls die Verfügungs- und Entscheidungsgewalt im Vorfeld der Benutzung. Sie ist Basis der Gefährlichkeit seines Handelns und der hieraus entstehenden Folgen. Vor diesem Hintergrund lassen sich fehlverhaltens-unabhängige Einstandspflichten sowie Abstufungen beim Mitverschuldenseinwand auch bei ihm rechtfertigen.

(4) Ungleichgewicht beim Versicherungsschutz

Hauptargument der Befürworter einer Einschränkung des Mitverschuldenseinwandes bei Personenschäden ist – wie auch bei der Erweiterung der Haftungsbegründung[1583] – die letztendlich von der Schadenslast betroffene Versicherungsebene als soziale Komponente.[1584] Sind wie im Straßenverkehrsbereich die motorisierten Schädiger zwingend haftpflichtversichert und somit weitgehend gegen individuelle Belastungen geschützt, genießen nichtmotorisierte Geschädigte hingegen nur sozialversicherungsrechtlichen Mindestschutz, so lässt sich eine Begünstigung nichtmotorisierter Geschädigter mit der größeren Belastungswirkung rechtfertigen.[1585] Die Anrechnung jeden Mitverschuldens gegenüber einer versicherten Haftpflicht kann als sozial ungerecht angesehen werden.[1586] Die angestrebte Schadenstragung durch die Gemeinschaft der Risikoinitiatoren ist gegenüber einer mangels umfassender „Volksunfallversicherung" möglichen Individualbelastung des Geschädigten eine nachvollziehbare Alterna-

---

[1583] S. oben § 8 und § 11 C. III. 1. c).

[1584] Vgl. *Hohloch*, in Gutachten und Vorschläge zur Überarbeitung des Schuldrechts I (1981), S. 375, 472; *Deutsch*, ZRP 1983, S. 137, 138 f.; *ders.*, Rn 583; *Hellmann*, VersR 1989, S. 775; *v. Bar*, Gemeineuropäisches Deliktsrecht II, Rn 522; eingehend *Hinrichs*, Die Berücksichtigung des Mitverschuldens bei der Haftung für Personenschäden, S. 85 ff., 111 ff. mit weiteren Quellen S. 99 in Fn 69.

[1585] Zusammenfassend *Looschelders*, Mitverantwortlichkeit, S. 42 f., 173, 175 m.w.Nw. und kritischer Auseinandersetzung; ebenfalls kritisch *Karollus*, ZfRV 1992, S. 161, 163 ff.

[1586] *Deutsch*, ZRP 1983, S. 137, 138.

tive. Das Prinzip der geringsten Schadensbelastung ist insoweit Motiv der Verantwortungszuweisung.[1587]

Freilich muss ebenso realisiert werden, dass das Ungleichgewicht nicht so bedeutsam ist, wie es argumentativ oft hingestellt wird. Denn Personenschäden sind weitgehend sozialisiert.[1588] *Kötz* hat entsprechend festgestellt, dass die Neuregelung des französischen Verkehrsunfallrechts in erster Linie nicht den Unfallopfern, sondern den Krankenkassen zugute kommt.[1589] Die Besserstellung der Sozialversicherungsträger rechtfertigt sich damit, dass die zuvor angesprochene größere Betriebsgefahr und ihre Auswirkungen von der entsprechenden Risikogemeinschaft, nicht von der Allgemeinheit finanziert werden sollte.[1590] Auch deshalb liegt die Beschränkung des Mitverantwortungseinwandes auf „besonders schweres Verschulden" des „schwachen" Verkehrsteilnehmers innerhalb des von Art. 3 I GG vorgegebenen Rahmens – mögen auch an der systematischen Verortung der Lösung des sozialen Problems berechtigte Zweifel bestehen.[1591]

(5) Vereinfachungsgesichtspunkte

Als rechtspolitische Gründe werden daneben – parallel zur Argumentationsquelle rund um die „Haftungsersetzung"[1592] – die Vereinfachung und Beschleunigung der Schadensregulierung sowie eine größere Rechtssicherheit angeführt.[1593] Große Vereinfachungen werden sich bei dem hier befürworteten Erhalt des Einwandes „grober" Fahrlässigkeit oder „unentschuldbaren" Fehlverhaltens des Verletzten kaum ergeben können, da die Begriffe der Ausfüllung und Klärung bedürfen. Die genannten Argumente zu Gunsten der Beibehaltung haftungsrechtlicher Verantwortungselemente können durch weitere Rationalisierungseffekte nicht überwunden werden, da dies in tiefgreifender Weise zu Lasten der Sachgerechtigkeit gehen würden. Beschränkt man die soziale Korrektur

---

[1587] Ausführlich oben § 8 C. I.

[1588] Oben § 4 E. II. 1.

[1589] *Kötz*, ZEuP 1997, 496, 503; ähnlich *Karollus*, ZfRV 1992, S. 161, 162 f.

[1590] Vgl. hierzu § 4 E. II. 4. sowie *Kötz*, ZEuP 1997, 496, 503; *Hinrichs*, Die Berücksichtigung des Mitverschuldens bei der Haftung für Personenschäden, S. 161 f.; zweifelnd *Karollus*, ZfRV 1992, S. 161, 164: allgemeines Lebensrisiko – Hingewiesen sei nochmals darauf, dass bei der Vielzahl der auch als schwache Verkehrsteilnehmer verletzten Kfz-Halter sich die Risikogemeinschaften im Schadensfall decken können und eine Abgrenzung der „Allgemeinheit" von den Straßenverkehrsrisikoträgern nicht leicht fällt.

[1591] Vgl. insoweit *Karollus*, ZfRV 1992, S. 161, 162 ff.; *Looschelders*, Mitverantwortlichkeit, S. 175 ff.; *Wagner*, NJW 2002, 3049, 3060 sowie oben § 8 B. I. 1. b) und sogleich unter (6).

[1592] Oben § 4 E.

[1593] Vgl. *Kötz*, in Gutachten und Vorschläge zur Überarbeitung des Schuldrechts II (1981), S. 1779, 1821; *ders.*, ZEuP 1997, 496, 501; *Hinrichs*, Die Berücksichtigung des Mitverschuldens bei der Haftung für Personenschäden, S. 101 ff.; zum Erfolg dieses Bestrebens *Kötz/Wagner*, Rn 429.

wie gefordert auf Personenschäden, zwänge der Prozess um den Sachschadensersatz zudem zu den bekannten Ermittlungen und Schadensteilungsfolgen.[1594]

(6) Verwirklichung der Verantwortungsabstufung

Als Ergebnis bleibt festzuhalten, dass eine stärkere Haftungsbelastung der „stärkeren" gegenüber den „schwächeren" Verkehrsteilnehmern grundsätzlich, aber nicht grenzenlos möglich ist. Sie kommt schon auf der Haftungsbegründungsebene durch die geringeren Anforderungen an die Erfüllung des Haftungstatbestandes zum Tragen. Zusätzliche Einschränkungen des Mitverschuldenseinwandes sind bis zur Grenze „schwerwiegender" Verfehlungen des Geschädigten möglich. Vorsatz gehört in jedem Fall hierzu. Im Bereich der Fahrlässigkeit kommt es weniger auf begriffliche Ausformungen wie „grobe Fahrlässigkeit", „unentschuldbares Fehlverhalten" oder „schwerwiegendes Verschulden" an,[1595] die ohnehin kaum vollkommen konturenscharf voneinander und von „normaler" Fahrlässigkeit abgrenzbar sind. Entscheidend ist vielmehr, dass die Schadenszuordnung und –verteilung durch das Haftungsrecht anhand der verwirklichten Gefahren und Verantwortlichkeiten stattfindet. Solange dies gewährleistet ist, gerät eine Haftungsregelung nicht in „Willkürverdacht".

Korrekturen allein beim Mitverschulden sind, und darauf verbleibt abschließend nochmals hinzuweisen, zur Verwirklichung unterschiedlicher Verantwortungszuweisungen ungenügend.[1596] Es hängt von den Zufälligkeiten der Anspruchsdurchsetzung ab, ob der hinsichtlich des Eigenschadens Privilegierte als Opfer oder als Täter auftritt. Als Schädiger wäre er bezüglich des Fremdschadens aus dem selben Unfallereignis plötzlich doch einstandspflichtig.[1597] Ungleichheiten sind einheitlich beim Haftungsgrund zu berücksichtigen. Dort können sie abstrakt zu verschärften, z.B. § 7 II StVG n.F., oder zu verminderten Einstandspflichten führen, z.B. § 828 II BGB n.F. Im Rahmen des Einwandes der Mitverantwortlichkeit können die konkret zu Grunde liegenden Verantwortlichkeiten weiterhin sachgerecht berücksicht und entsprechend ihrem Ausmaß gewichtet werden.[1598]

Die Bildung von „Superprivilegierten"-Gruppen wie im französischen Verkehrsunfallrecht[1599] begegnet Bedenken.[1600] Für Heranwachsende ist es noch

[1594] *Kötz*, in Gutachten und Vorschläge zur Überarbeitung des Schuldrechts II (1981), S. 1779, 1821.

[1595] Vgl. zu den Unterschieden im Detail *Kötz*, ZEuP 1997, 496, 498 ff.

[1596] S. bereits § 8 B. I. 1. b).

[1597] *Wagner*, NJW 2002, S. 3049, 3060; *v. Bar*, VersR 1986, S. 620, 621; *Hellmann*, VersR 1989, S. 775, 777 f.; *Karollus*, ZfRV 1992, S. 161, 163 ff.; *Ferid/Sonnenberger*, Das Französische Zivilrecht 4/1, Rn 2 O 374h; *Looschelders*, Mitverantwortlichkeit, S. 173 ff.

[1598] Vgl. *Looschelders*, Mitverantwortlichkeit, S. 254 f.

[1599] Dort für Kinder, Personen über 70 Jahre und Erwerbsunfähige; zur bedeutsamen Vorgeschichte, die zu einer entsprechenden „Gegenreaktion" des Gesetzgebers geführt hat, *Wagner*, in *Zimmermann*, Grundstrukturen des Europäischen Deliktsrechts, S. 261 f. u. 284 f.

einsichtig, kindliche Verfehlungen mit Ausnahme des Vorsatzes generell von einer Verantwortlichkeit im motorisierten Verkehr auszunehmen. Dem entspricht jetzt § 828 II BGB.[1601] Bei Kindern ist es kaum vorstellbar, ein zum Verhalten eines Erwachsenen adäquat schwerwiegendes Fehlverhalten außerhalb des Vorsatzes überhaupt anzunehmen. Von daher kann es vernachlässigt werden. Auf Personen über 70 Jahren oder Erwerbsunfähige lässt sich diese Argumentation nicht automatisch übertragen. Die soziale Schutzbedürftigkeit dieser Personen kann nicht zu einem generellen Ausschluss ihrer Verantwortlichkeit auf Kosten des Schädigers führen, auch wenn er zwingend haftpflichtversichert ist.[1602] Die Regelungen zur Schuldunfähigkeit und damit zur Verantwortungsfähigkeit gewährleisten bereits, dass im Einzelfall subjektive Behinderungen der Verhaltenssteuerung berücksichtigt werden und eine angemessene Schadensverteilung anhand der Verantwortlichkeiten stattfindet. Darüber hinaus können die Umstände des modernen Verkehrs und ihre begrenzte Verarbeitung durch ältere Menschen bei der Bestimmung des Gewichts des Fehlverhaltens berücksichtigt werden.[1603] Mehr kann das verantwortungsbezogene Haftungsrecht nicht leisten. Sozialpolitische und damit rein dis-tributive Aufgaben hat statt dessen das Sozialversicherungsrecht zu verwirklichen, wenn man den Einzelnen von privater Vorsorge entlasten will.[1604]

b) Vergleich mit anderen Schädigern

Die für das Verhältnis motorisierter und nichtmotorisierter Verkehrsteilnehmer vorgebrachten Unterscheidungsgründe gelten wie gesagt auch, soweit Letztere nicht als Geschädigte, sondern in der Rolle der Schädiger betrachtet werden. Die Betriebsgefahr liefert den Grund dafür, den über sie Verfügenden stärker heranzuziehen als einen sonst Beteiligten, d.h. den motorisierten Verkehrsteilnehmer strenger haften zu lassen als den nichtmotorisierten. Unterschiedliche Verantwortlichkeiten rechtfertigten verschiedenartige Haftungsregelungen.

Schwieriger ist es, Gründe zu finden, warum die Verfügung über vermeintlich vergleichbar große Gefahren zum Teil nicht mit ähnlichen Einstandspflichten belegt wird.[1605] Doch schon die Vergleichbarkeit der Gefahrenquellen des

---

1600 So aber die Forderung von *Haupfleisch* für das österreichische Recht, DAR 2003, S. 403, 407.

1601 Kritisch zur „sektoralen“ Bestimmung der Deliktsfähigkeit *Greger*, NZV 2002, S. 222, 224 unter Befürwortung gesonderter Ausschlusstatbestände bei den jeweiligen Gefährdungshaftungen.

1602 *Hinrichs*, Die Berücksichtigung des Mitverschuldens bei der Haftung für Personenschäden, S. 162; s.a. *Ferid/Sonnenberger*, Das Französische Zivilrecht 4/1, Rn 2 O 374h.

1603 Vgl. allgemein *Looschelders*, Mitverantwortlichkeit, S. 254 f.

1604 *Karollus*, ZfRV 1992, S. 161, 166; *Looschelders*, Mitverantwortlichkeit, S. 177.

1605 Zur Diskussion *Kötz*, AcP 170 (1970), S. 1, 15 ff.; ausführlich *ders.*, in Gutachten und Vorschläge zur Überarbeitung des Schuldrechts II (1981), S. 1779, 1785 ff. sowie *Will*, S. 243 ff., 263; *Deutsch*, VersR 1971, S. 1, 3; *ders* , Rn 652, 706; *v. Caemmerer*, Reform der modernen Lebens bereitet Schwierigkeiten. Das Kriterium der „Gefährlichkeit“ ist so schwer bestimmbar, dass kaum eine Gefahrenquelle überzeugend mit einer anderen verglichen werden kann und es insofern bei der Einschätzungsprärogative des Normgebers verbleibt.[1606]

Nur Unterschiede größeren Ausmaßes lassen sich feststellen. Radfahren und Inlineskaten beispielsweise ist für andere qualitativ weniger unfallträchtig als motorisierte Fortbewegungsarten. Bei Achterbahnen, Motorbooten, Sprengstoffen und Schusswaffen gilt dies zwar nicht unbedingt für die „qualitative“,[1607] aber für die quantitative Unfallträchtigkeit. Die Haftungen für Motorboote und Schusswaffen allerdings liegen wegen der vielzählig vorhandenen Gefahrenquellen in Verbindung mit schweren und schwersten Unfallfolgen im Grenzbereich sachgemäßer Differenzierung.[1608] Fragwürdig ist angesichts der typischerweise großen Massen, der Schwerfälligkeit sowie der hierdurch auftretenden gefährlichen Verkehrssituationen auch der Haftungsausschluss für langsame Fahrzeuge nach § 8 Nr. 1 StVG.[1609] Zum Teil abgemildert wird die Unterscheidung dadurch, dass die Gefährlichkeit der Objekte auch zur Bestimmung der im Verkehr erforderlichen Sorgfalt dient[1610] und so in vielen Fällen sachgerechte Ergebnisse erzielt werden können.

Die spezielle Ausformung der Haftung für Kfz jedenfalls kann – angesichts ihrer „besonderen“ Gefahr und des Bedeutungsgrades was Quantität und „Qualität“ der durch sie hervorgerufenen Unfälle angeht – nicht als völlig sachwidrig und willkürlich angesehen werden.

E. Ergebnis

Sowohl der Gesetzgeber als auch die Gerichte müssen die Grundrechte der Beteiligten im Privatrechtsverkehr beachten, denn die Rechtssetzung, Rechtsanwendung und Rechtsfortbildung ist ihnen gegenüber eine Ausübung hoheitlicher Gewalt. Die unmittelbare Bindung der staatlichen Gewalt bei Erlass und Anwendung des Privatrechts führt zur mittelbaren Grundrechtswirkung innerhalb der Privatrechtssubjekte. Dabei entsteht ein Konflikt konkurrierender Grund-

---

Gefährdungshaftung, S. 17 ff.; *Zöllner*, in *Bernat/Böhler/Weilinger*, Festschrift für Krejci II (2001), S. 1355 ff.; deutlich zurückhaltender *Larenz/Canaris*, Schuldrecht II 2, § 75 I 3 d) und § 84 I 1 b); *Lühn*, S. 70 f.; *Stoll*, Richterliche Fortbildung und gesetzliche Überarbeitung, S. 20; *Rohe*, AcP 201 (2001), S. 117, 149.

[1606] Vgl. BGHZ 55, S. 229, 234; *Larenz/Canaris*, Schuldrecht II 2, § 84 I 1 b); *Pieroth/Schlink*, Rn 444 sowie oben A. II. 3.; zu den Motiven des *common law*, die Verkehrsunfallhaftung dem Verschuldensregime zu unterstellen, *Widmer*, in *Zimmermann*, Grundstrukturen des Europäischen Deliktsrechts, S. 174.

[1607] Zu Skiliften vgl. *Larenz/Canaris*, Schuldrecht II 2, § 84 I 1 b).

[1608] *Deutsch*, Rn 706.

[1609] Vgl. BT-Drucks. 7/4825, S. 16; *Kötz*, in Gutachten und Vorschläge zur Überarbeitung des Schuldrechts II (1981), S. 1779, 1808 f.

[1610] *MünchKomm-Wagner*, Vor § 823 Rn 21.

rechte. Die Wirkung des einzelnen Grundrechts gegenüber der staatlichen Gewalt nimmt wegen der zusätzlich bestehenden Entfaltungskonkurrenz mit einem gleichstufigen Grundrecht ab. Die staatliche Gewalt muss bei der Auflösung der Kollisionslage Eingriffsverbote gegenüber der einen Seite und Schutzgebote gegenüber der anderen Seite beachten. Darin und in der sich anschließenden Frage, wie die mehrfache Bindung konkret wirkt und welcher Prüfungsmaßstab anzulegen ist, liegt die Schwierigkeit der Grundrechtsbindung im Privatrechtsverkehr.

Die Grundsätze der Rechtssicherheit und Gewaltenteilung sprechen dafür, die Auflösung des Konflikts durch den Normgeber nur eingeschränkt zu überprüfen. In erster Linie ist der Gesetzgeber hierzu ermächtigt und verpflichtet. Er hat dementsprechend einen weiten Gestaltungsspielraum. Dem Rahmencharakter der Verfassung entsprechend lassen sich dieser nur Mindestvoraussetzungen entnehmen. Mit den Grundrechten allein lässt sich ein privatrechtlicher Konflikt nicht en detail auflösen. Prüfungsmaßstab des dies verwirklichenden einfachen Rechts ist nicht ein Optimum in der Austarierung, sondern die Plausibilität und Vertretbarkeit der Gewichtung anhand des Verhältnismäßigkeitsprinzips. Notwendig ist ein angemessener Ausgleich. Entsprechendes gilt, soweit die Gerichte das einfache Recht konkretisieren und fortbilden. Daneben sind die aus dem Gleichheitssatz und dem allgemeinen Willkürverbot folgenden Notwendigkeiten gesetzgeberischer Begründung zu beachten.

Hinsichtlich des Haftungsrechts ergeben sich Grenzbereiche aus Sicht des Haftenden dann, wenn die Beziehung aus Haftungsgrund und Haftungsfolgen außer Verhältnis gerät. Dabei spielt der Grad der individuellen Verantwortung auf der einen und die Belastungswirkung auf der anderen Seite eine Rolle.

Die Schadenshöhe allein kann nicht zur Verfassungswidrigkeit einer Haftungsregelung führen. Vor der schuldbedingten Existenzvernichtung schützen den Bürger die speziellen Vollstreckungs- und Insolvenzvorschriften. Deshalb gibt es keine verfassungsrechtlich gebotenen Haftungsobergrenzen. Gesetzgeberisch aktiv mit dem Haftungsrecht verzahnter Versicherungsschutz kann im Übrigen dazu führen, dass ein isoliert betrachtet verfassungsrechtlich bedenkliches Verhältnis von Haftungsgrund und Schadensersatzpflicht in seinem Ausmaß deutlich abgemildert wird und dadurch hinnehmbar ist. Wird zwischen strengem Haftungsrecht und angekoppeltem Versicherungsschutz eine saubere Synchronisation vorgenommen, können im Verhältnis von Schädiger und Geschädigtem auch vermeintlich überharte Verantwortlichkeitszuweisungen gerechtfertigt werden. Problematisch sind Deckungsgrenzen und Synchronisationsdefizite.

Einzubeziehen ist in die Frage der Verfassungsmäßigkeit einer Haftungsanordnung der Grad der Verantwortung für den Schaden. Er ist Ausdruck der Beziehung des Schädigers zum ebenfalls grundrechtlich geschützten Geschädigten. Zur gerechten Schadenszuweisung ist es geeignet, erforderlich und zumutbar, Haftungsnormen nach dem Prinzip individueller Verantwortung auszurichten. Dazu muss gewährleistet sein, dass das spezifische, dem Haftungsträger zuzurechnende Risiko vom allgemeinen Lebensrisiko abgegrenzt wird und der Haftende dem Schaden „näher steht“ als der Geschädigte. Hierbei ist der Einwand der Mitverantwortlichkeit des Geschädigten essenzieller Baustein einer gerechten und nachvollziehbaren Schadenszuordnung. Wenn die Zuordnungskriterien sich von der individuellen Verantwortlichkeit derart lösen, dass ihr keine nachvollziehbaren Gedanken mehr zu Grunde liegen, verstößt die Regelung gegen das Willkürverbot als Mindestmaß verfassungsrechtlicher Rechtfertigung. Der generelle Ausschluss des Mitverantwortlichkeitseinwandes sowie reine, normativ nicht beschränkte Kausalhaftungen sind – jedenfalls ohne vollständige Kollektivierung – als „risikoverwirklichungsblinde“ Haftungsformen unzulässig.

Soweit man die neue Anhängerhalterhaftung für Grenzfälle nicht normativ beschränkt, gerät sie nach den vorgenannten Kriterien in den Grenzbereich verfassungsrechtlich zulässiger Ausgestaltung. Nicht nachvollziehbar und damit willkürlich sind kausalunabhängige Haftungsformen und normativ nicht beschränkte Kausalhaftungen, wenn eine Individualbelastung nicht von vornherein und vollständig ausgeschlossen ist. Trotz des nominal nicht vorhandenen Einwandes höherer Gewalt lassen sich die existierenden „absoluten“ Gefährdungshaftungstatbestände rechtfertigen. Dort werden normativ betriebstypische Risiken vom allgemeinen Lebensrisiko abgegrenzt. Ihnen liegt ein erweiterter Kreis betriebstypischer Risiken zu Grunde, nach deren Verwirklichung gefragt wird.

Das zu untersuchende Haftungskonzept für „starke“ Verkehrsteilnehmer hält einer verfassungsrechtlichen Überprüfung weitgehend stand. Zum verstärkten Schutz „schwacher“ Verkehrsteilnehmer ist eine solche Regelung geeignet. Unter Berücksichtigung der Einschätzungsprärogative des Gesetzgebers ist sie auch als erforderlich anzusehen. Alternativ stünde eine echte Versicherungslösung zur Verfügung, der moderne Haftpflichtlösungen in ihrer Wirkung aber sehr nahe stehen. Grenzlastig sind die stärkeren Belastungen der motorisierten Verkehrsteilnehmer hinsichtlich ihrer Eigenschäden. Bei diesen versagt die Kollektivierung im Haftpflichtsystem. Dem stehen die nicht übermäßigen, aber vorhandenen Präventionsvorteile der Haftpflichtlösung gegenüber. Im Zweifel ist von der Notwendigkeit der gesetzgeberisch gewählten Lösung auszugehen. Soweit keine Kollektivierung stattfindet, können hohe Individualbelastungen bei geringer individueller Schadensverantwortlichkeit im Extremfall unzumutbar sein. Für solche Fälle bedarf es einer Korrekturmöglichkeit mittels einer härtefallbezogenen Reduktionsklausel. Durch eine solche, auf Ausnahmefälle starker Diskrepanz zwischen Schadensverantwortung und Haftungsfolgen beschränkte Härtefallkorrektur könnten Individualverantwortung und Belastungswirkung unter Einbeziehung kollektiver Sicherungsmechanismen zwischen Schädiger und Geschädigtem zum Ausgleich gebracht werden. Spiegelbildlich muss dies auch in Fällen gelten, in denen der „starke“ Verkehrsteilnehmer als Geschädigter betroffen ist.

Vor Art. 3 I GG und dem Willkürverbot respektive dem Verhältnismäßigkeitsgrundsatz lässt sich die unterschiedliche Behandlung „schwacher“ und „starker“ Verkehrsteilnehmer rechtfertigen. Es besteht ein Ungleichgewicht aus Risikoerzeugung und Risikoempfindlichkeit, das eine Differenzierung der Verantwortlichkeit nach der abstrakten Betriebsgefahr plausibel macht. Die tatsächliche Verwirklichung der konkreten Betriebsgefahr muss aber zusätzlich geprüft werden. Die Berücksichtigung der maßgeblichen Mitverantwortlichkeit des Geschädigten muss erhalten bleiben. Das gilt für grob fahrlässige Verursachungen und für die vorsätzliche Herbeiführung des Schadens durch den „schwachen" Verkehrsteilnehmer („unentschuldbares Fehlverhalten"). Solche Verhaltensweisen können gegenüber der Betriebsgefahr nicht vernachlässigt werden. Das vorgeschlagene Haftungsmodell entspricht diesen Vorgaben. Mit anderen Schädigergruppen sind die motorisierten Verkehrsteilnehmer nicht vergleichbar, weswegen sich eine Sonderbehandlung rechtfertigt.

§ 12. Europäisches Recht

Auch das europäische Gemeinschaftsrecht zählt zu höherrangigen Normen, die einer nationalen Rechtsordnung entgegenstehen können. Im Interesse der mit den Gemeinschaftsverträgen beabsichtigten einheitlichen Geltung und Anwendung des Gemeinschaftsrechts in den Mitgliedstaaten ist ein Vorrang desselben vor dem nationalen Recht trotz unterschiedlicher Begründungen anerkannt.[1611] Soweit ein Geltungsvorrang angenommen wird, sind entgegenstehende nationale Normen nichtig. Soweit lediglich von einem Anwendungsvorrang ausgegangen wird, kommt es zur Verdrängung der nationalen Norm durch die Gemeinschaftsnorm im Kollisionsfall.[1612] Zur Feststellung möglicher Kollisionsfälle muss das Gemeinschaftsrecht dahingehend untersucht werden, ob Regelungen oder Grundsätze existieren, die einer unter § 10 beschriebenen Haftungsordnung entgegenstehen könnten. Hierzu wird das Primär- sowie Sekundärrecht als mögliche Grenze einer *nationalen* Ausgestaltung betrachtet (A.).

Unter B. soll anschließend auf mögliche primärrechtliche Grenzen einer *gemeinschaftsrechtlichen* Ausgestaltung des Haftungsrechts eingegangen werden. Darauf aufbauend wird der hiermit verbundene Rechtsvereinheitlichungsprozess als quasi-funktionale Schranke rein nationaler Reformen gestreift (C.). Er leitet zu den funktionalen Grenzen über.

A. Mitgliedstaatliche Ausformung des Haftungsrechts

I. Primärrecht

1. Grundrechte

Es ist naheliegend, auch im europäischen Recht zunächst nach höherrangigen Individualrechtsverbürgungen zu suchen. Da sich die grundrechtliche Konfliktsituation in Form der beteiligten Interessen und Argumentationslinien mit jener der nationalen Grundrechtsprüfung deckt, kann vielfach auf das bereits Erarbeitete verwiesen werden.[1613] Im Einzelnen gilt Folgendes:

a) Die Charta der Grundrechte der Europäischen Union

Gemäß Art. 51 I GRCh gilt die Charta der Grundrechte der Europäischen Union für die Organe und Einrichtungen der Union und für die Mitgliedstaaten bei der Durchführung des Rechts der Union.[1614] Diese Ausformung der Charta, als ob sie Teil des Primärrechts wäre und unmittelbare Verbindlichkeit beanspruchen

---

[1611] Zusammenfassend, u.a. zu den unterschiedlichen Positionen von EuGH und BVerfG *Streinz*, Rn 179 ff.

[1612] Vgl. *Streinz*, Rn 200.

[1613] § 11.

[1614] Näher hierzu *Calliess*, in *Ehlers*, EuGR, § 19 Rn 24 ff.; *Streinz/Streinz*, EUV/EGV, GR-Charta Art. 51 Rn 3 ff.

könnte,[1615] entspricht jedoch nicht dem tatsächlichen Rechtszustand. Sie wurde im Dezember 2000 lediglich „feierlich proklamiert“, also erklärt, „ausgerufen“ – aber nicht von den Mitgliedstaaten in die Verträge aufgenommen.[1616] Ihr aktuelles Ziel ist es damit mangels unmittelbarer Verbindlichkeit lediglich, die neben den Grundfreiheiten anerkannten, aber größtenteils ungeschriebenen[1617] Gemeinschaftsgrundrechte „sichtbar“ zu machen.[1618]

Am 29. Oktober 2004 haben die Staats- und Regierungschefs der Mitgliedstaaten den *Vertrag über eine Verfassung für Europa* unterzeichnet.[1619] In Teil II des Vertrages wird die Charta aufgenommen und damit primärrechtlich verankert. Nach Abschluss der Ratifikation in den Mitgliedstaaten entfaltet sie damit ihre entsprechende Wirkung.

Sie betrifft gemäß Art. 51 I GRCh bzw. Art. II-111 I des Verfasungsvertrages ohnehin nur Rechtsakte, die im europäischen Recht ihren Ursprung finden.[1620] Eine vom Mitgliedstaat autonom geformte Haftungsordnung würde hiervon nicht erfasst werden. Relevant wären die Individualrechtsverbürgungen der Charta nach ihrer Vergemeinschaftlichung demnach allenfalls für mitgliedstaatliche Haftungsordnungen, die auf einer europäischen Richtlinie beruhen,[1621] wobei eine Bindung bei Umsetzungsspielräumen des nationalen Gesetzgebers problematisch ist.[1622]

b) Allgemeine Grundsätze des Gemeinschaftsrechts

(1) Allgemeines

Trotz bisher fehlendem Grundrechtskatalog in den Gemeinschaftsverträgen sind entsprechende Rechte neben den Grundfreiheiten als ungeschriebene Grundsätze

---

1615 Vgl. *Triebel*, JURA 2003, S. 525; *Streinz/Pechstein*, EUV/EGV, EUV Art. 6 Rn 12, 16.

1616 Hierzu mit weiteren Nachweisen *Calliess*, in *Ehlers*, EuGR, § 19 Rn 3; *Walter*, in *Ehlers*, EuGR, § 1 Rn 31.

1617 *Ehlers*, in *Ehlers*, EuGR, § 13 Rn 6 ff.

1618 Vgl. den 4. Erwägungsgrund der Präambel; *Calliess*, in *Ehlers*, EuGR, § 19 Rn 2, 28 u. 34; *Streinz/Streinz*, EUV/EGV, Vorbem GR-Charta Rn 5; *Triebel*, JURA 2003, S. 525 u. 527.

1619 ABlEG C 2004/310/01; abrufbar unter http://www.europa.eu.int/constitution/index_de.htm, besucht am 12.03.2005; zum Entwurf des Verfassungskonvents http://european-convention.eu.int, besucht am 17.09.2003; *Streinz/Streinz*, EUV/EGV, Vorbem GR-Charta Rn 13 ff.; *Herdegen*, Rn 472 b; kritisch zu den Folgen *Calliess*, in *Ehlers*, EuGR, § 19 Rn 20 ff.

1620 Vgl. *Calliess*, in *Ehlers*, EuGR, § 19 Rn 26.

1621 Beachte aber auch die „Schutzverstärkungsklausel“ Art. 53 GRCh; hierzu *Calliess*, in *Ehlers*, EuGR, § 19 Rn 26; *Streinz/Streinz*, EUV/EGV, GR-Charta Art. 53 Rn 1 ff.

1622 Vgl. *Calliess*, in *Ehlers*, EuGR, § 19 Rn 26; siehe parallel *Kingreen*, in *Calliess/Ruffert*, EUV, Art. 6 Rn 57, 59.

des Gemeinschaftsrechts anerkannt.[1623] Der EuGH hat sie unter Berufung auf Art. 220 EG richterrechtlich entwickelt und sich dabei rechtsvergleichend auf die gemeinsamen Verfassungsüberlieferungen der Mitgliedstaaten sowie auf völkerrechtliche Verträge über den Schutz der Menschenrechte, hauptsächlich die Europäische Menschenrechtskonvention, bezogen.[1624] 1993 ist die Grundrechtsbindung im Vertrag über die Europäische Union ausdrücklich fixiert worden, Artt. 6 II, 46 lit d) EU. Obwohl darin die Grundrechts-Charta nicht als Quelle genannt wird,[1625] wurde auch vor ihrer Aufnahme in den Verfassungsvertrag angenommen, dass sie als Verkörperung der Verfassungsüberlieferungen verstanden wird und so trotz ihrer Unverbindlichkeit als Hilfe bei der Interpretation der Gemeinschaftsgrundrechte fungieren wird.[1626] Mangels eines der Verfassungsbeschwerde vergleichbaren individuellen Rechtsbehelfs ist der Bürger bei der Durchsetzung seiner Rechte noch stärker als in Deutschland auf die mitgliedstaatlichen Gerichte angewiesen, Art. 234 EG.[1627]

Verpflichtungsadressaten der Gemeinschaftsgrundrechte sind zunächst die Organe und Einrichtungen der Europäischen Gemeinschaften.[1628] Die Mitgliedstaaten werden nur gebunden, soweit sie Gemeinschaftsrecht umsetzen oder vollziehen und wenn sie Grundfreiheiten durch nationale Maßnahmen beschränken („Schranken-Schranke“).[1629] Im Gegensatz zu Art. 51 I GRCh bzw. Art. II-111 I des Verfassungsvertrages bedeutet Letzteres, dass auch außerhalb von Richtlinienumsetzungen[1630] das nationale Recht im Anwendungsbereich des Gemeinschaftsrechts den Gemeinschaftsgrundrechten unterworfen ist.[1631] Ansonsten sind mitgliedstaatliche Maßnahmen grundsätzlich allein an den nationa-

---

[1623] Zusammenfassend *Kingreen*, in *Calliess/Ruffert*, EUV, Art. 6 Rn 20 ff.; *Walter*, in *Ehlers*, EuGR, § 1 Rn 19 ff.; *Ehlers*, in *Ehlers*, EuGR, § 13 Rn 3 ff.; kritisch zu diesem Zustand *Calliess*, in *Ehlers*, EuGR, § 19 Rn 1 f.

[1624] Grundlegend EuGH, Slg 1969, S. 419, 425 („Stauder“); Slg 1970, S. 1125, 1135 Rz 4 („Internationale Handelsgesellschaft“); Slg 1974, S. 491, 507 Rz 13 („Nold“).

[1625] *Calliess*, in *Ehlers*, EuGR, § 19 Rn 28; *Ehlers*, in *Ehlers*, EuGR, § 13 Rn 8, 16.

[1626] Vgl. *Triebel*, JURA 2003, S. 525 ff.; *Streinz/Pechstein*, EUV/EGV, EUV Art. 6 Rn 13 f.; *Streinz/Streinz*, EUV/EGV, Vorbem GR-Charta Rn 5 ff.; *Calliess*, in *Ehlers*, EuGR, § 19 Rn 28; *Ehlers*, in *Ehlers*, EuGR, § 13 Rn 16; *Walter*, in *Ehlers*, EuGR, § 1 Rn 32; *Herdegen*, Rn 174 b.

[1627] *Calliess*, in *Ehlers*, EuGR, § 19 Rn 30.

[1628] Vgl. Art. 6 II EU, Art. 51 I GRCh.

[1629] *Kingreen*, in *Calliess/Ruffert*, EUV, Art. 6 Rn 56 ff.; *Streinz/Streinz*, EUV/EGV, GR-Charta Art. 51 Rn 7 ff.; *Ehlers*, in *Ehlers*, EuGR, § 13 Rn 30 f. u. 12; s.a. *Calliess*, in *Ehlers*, EuGR, § 19 Rn 26; *Hirsch*, DAR 2000, S. 500, 501 ff.

[1630] Zur Geltung der nationalen Grundrechte bei Umsetzungsspielräumen *Ehlers*, in *Ehlers*, EuGR, § 13 Rn 15; *Kingreen*, in *Calliess/Ruffert*, EUV, Art. 6 Rn 57, 59 m.w.Nw.

[1631] *Calliess*, in *Ehlers*, EuGR, § 19 Rn 26; *Kingreen*, in *Calliess/Ruffert*, EUV, Art. 6 Rn 56 ff., *Streinz/Pechstein*, EUV/EGV, EUV Art. 6 Rn 9; *Streinz/Streinz*, EUV/EGV, GR-Charta Art. 51 Rn 9; jeweils m.w.Nw.

len Grundrechten zu messen.[1632] Da bei einer allgemeinen Verkehrsunfallhaftungsordnung nach dem in § 10 beschriebenen Muster zumindest nicht auf den ersten Blick Grundfreiheiten tangiert werden, käme gemeinschaftsgrundrechtlich vor allem ein mitgliedstaatlicher Richtlinien-Umsetzungsfall zum Tragen.[1633] Dort wird eine Bindung nur für den durch die Richtlinie determinierten Bereich anerkannt, während Umsetzungsspielräume des nationalen Gesetzgebers aus dem europarechtlichen Grundrechtsschutz herausfallen.[1634] Soweit eine Bindung besteht, erfasst diese die mitgliedstaatliche Legislative auch bei der Schaffung von Privatrecht.[1635]

Bedeutendster Unterschied zum Grundrechtsschutz nach deutschem Recht ist die z.T. deutlich zurückbleibende Kontrolldichte in der Rechtsprechung des EuGH. Er begnügt sich im Rahmen einer mehr oder minder sofortigen Rechtfertigungsprüfung häufig mit der Feststellung, die ergriffenen Maßnahmen seien nicht offensichtlich ungeeignet.[1636] Im klassischen Staat-Bürger-Verhältnis ist diese Überbetonung des Beurteilungsspielraums des Gesetzgebers zu weitgehend.[1637] Wenn jedoch der Gesetzgeber mittels des Privatrechts einen Ausgleich zwischen mehreren Grundrechtsträgern erbringen muss, sind Abschwächungen des Schutzniveaus der betroffenen Einzelrechte unvermeidlich.[1638] In diesen Fällen ist eine verstärkte Achtung des zur Auflösung des Konfliktes berufenen Gesetzgebers und seines Beurteilungsspielraums angebracht. Die Kontrolle verengt sich daher auf Fälle evidenter Fehlgewichtungen.[1639]

(2) Die einzelnen Grundrechtspositionen und ihr Ausgleich

Bezüglich der Grundrechtsbetroffenheit und der Grenzbereiche gesetzgeberischer Ausgestaltung kann angesichts sehr ähnlicher Gewährleistungen auf europäischer Ebene und des identischen Grundrechtskonflikts zum Großteil auf die

---

[1632] *Kingreen*, in *Calliess/Ruffert*, EUV, Art. 6 Rn 56.

[1633] Zu dem insofern bestehenden Problem einer gemeinschaftsrechtlichen Rechtssetzungskompetenz sogleich unter B. I.

[1634] *Kingreen*, in *Calliess/Ruffert*, EUV, Art. 6 Rn 57, 59 m.w.Nw.

[1635] Zur umfassenden Bindung *Streinz/Streinz*, EUV/EGV, GR-Charta Art. 51 Rn 8; zur diesbezüglichen Grundrechtsbindung allgemein oben § 11 A.

[1636] *Ehlers*, in *Ehlers*, EuGR, § 13 Rn 45 f.; *Kingreen*, in *Calliess/Ruffert*, EUV, Art. 6 Rn 74, jeweils m.w.Nw.; *Calliess*, in *Ehlers*, EuGR, § 19 Rn 1; vertieft vergleichend *Hommel*, Grundrechtsschutz im Gemeinschaftsrecht, S. 48 ff.; s. aber *Kingreen*, in *Calliess/Ruffert*, EUV, Art. 6 Rn 106.

[1637] Vgl. *Calliess*, in *Ehlers*, EuGR, § 19 Rn 1 sowie die Nachweise zum kritischen Schrifttum bei *Kingreen*, in *Calliess/Ruffert*, EUV, Art. 6 Rn 74 Fn 212; zurückhaltender *ders.*, Rn 75; *Ehlers*, in *Ehlers*, EuGR, § 13 Rn 45.

[1638] S. oben § 11 A.

[1639] Vgl. § 11 A. II.; s.a. *Ehlers*, in *Ehlers*, EuGR, § 13 Rn 45; *Kingreen*, in *Calliess/Ruffert*, EUV, Art. 6 Rn 75.

obigen Überlegungen zum deutschen Recht verwiesen werden.[1640] Jedenfalls im Verhältnis zum deutschen Recht muss eine Bewertung der gesetzgeberischen Abwägung der Grundrechtspositionen zu ähnlichen Ergebnissen führen. Bei anderen Rechtsordnungen, auf die hier nicht näher eingegangen wird, kann es aufgrund abweichender Rahmenbedingungen zu anderen Ergebnissen kommen, insbesondere wegen anders ausgestalteten Systemen der sozialen Sicherung und z.T. anderen Zwecken bzw. Zweckgewichtungen des Haftungsrechts.

Als Argument tritt das jeweilige gemeinschaftsrechtliche Ziel hinzu, welches der Regelungsanordnung zu Grunde liegt. Problematisch sind wie gesehen die Bereiche „Existenzvernichtung durch Haftung" sowie „Haftung ohne Verantwortungsbezug". Zu den möglicherweise verletzten Positionen der Haftpflichtigen ist Folgendes zu sagen:

(a) Eigentum

Der Eigentumsschutz ist mittlerweile in Art. 17 GRCh bzw. Art. II-77 des Verfassungsvertrages verankert. Wie im deutschen Verfassungsrecht[1641] unterfällt das Vermögen als solches nicht dem Eigentumsbegriff.[1642] Die Auferlegung von Geldleistungspflichten berührt das spezielle Eigentumsgrundrecht grundsätzlich nicht.[1643]

(b) Menschenwürde und allgemeines Persönlichkeitsrecht

Sowohl die Menschenwürde als auch die Achtung des Privatlebens und der Persönlichkeit genießen – inzischen basierend auf Artt. 1 ff. GRCh bzw. Artt. II-61 ff. des Verfassungsvertrages – europarechtliche Anerkennung.[1644] Dem deutschen Gesetzgeber ist die prinzipielle Erfüllung der sich hieraus möglicherweise[1645] ergebenden Lebenssicherungsgebote durch vielfältige soziale Sicherungsmechanismen nach dem Gesagten zu attestieren.[1646]

[1640] Vgl. § 11.

[1641] Oben § 11 D. II. 1.

[1642] *Kingreen*, in *Calliess/Ruffert*, EUV, Art. 6 Rn 146; *Streinz/Streinz*, EUV/EGV, GR-Charta Art. 17 Rn 7; *Calliess*, in *Ehlers*, EuGR, § 16 Rn 12; *Müller-Michaels*, Grundrechtlicher Eigentumsschutz in der Europäischen Union (1997), S. 42.

[1643] Vgl. EuGH, Slg 1991, I-415, 552 Rz 74 („Süderdithmarschen"); *Kingreen*, in *Calliess/Ruffert*, EUV, Art. 6 Rn 146; *Streinz/Streinz*, EUV/EGV, GR-Charta Art. 17 Rn 7.

[1644] *Schorkopf*, in *Ehlers*, EuGR, § 14 Rn 3 ff., 13 ff.; *Kingreen*, in *Calliess/Ruffert*, EUV, Art. 6 Rn 93 ff.; *Streinz/Streinz*, EUV/EGV, GR-Charta Art. 1 Rn 1 ff.

[1645] Zum eher auf den Bereich der Privatsphäre beschränkten Schutzbereich *Kingreen*, in *Calliess/Ruffert*, EUV, Art. 6 Rn 97 ff.; *Streinz/Streinz*, EUV/EGV, GR-Charta Art. 8 Rn 3 ff.; s.a. zur EMRK *Uerpmann*, in *Ehlers*, EuGR, § 3 Rn 3.

[1646] Vgl. oben § 11 C. III. 1. und § 11 D. II. 2.

(c) Allgemeine Handlungsfreiheit und Verhältnismäßigkeit

Neben den speziellen Grundrechtsgewährleistungen wird in den Zusammenstellungen der Gemeinschaftsgrundrechte z.T. keine von den Grundfreiheiten abgekoppelte allgemeine Handlungsfreiheit aufgeführt, die als solche benannt lückenlosen Schutz gegen staatliche Eingriffe bietet.[1647] Für die EMRK als bedeutendster Erkenntnisquelle des europäischen Grundrechtsstandards wird ein solches Recht sogar ausdrücklich abgelehnt.[1648] Der EuGH hat die allgemeine Handlungsfreiheit als Rechtsgrundsatz des Gemeinschaftsrechts immerhin einmal ausdrücklich benannt, ohne ihren Inhalt näher zu bestimmen.[1649] Er hat weiterhin festgestellt, dass generell Eingriffe der öffentlichen Gewalt in die Sphäre der privaten Betätigung einer Rechtsgrundlage bedürfen und aus gesetzlich vorgesehenen Gründen gerechtfertigt sein müssen.[1650] Es existiert demnach ein allgemeiner Schutz gegen willkürliche und unverhältnismäßige Eingriffe in die Betätigungsfreiheit.[1651] Auch nach dem Gemeinschaftsrecht wäre eine Haftungsordnung am Maßstab der Verhältnismäßigkeit zu messen.[1652]

Auf die zu beobachtende Zurücknahme grundrechtlicher Kontrolldichte durch den EuGH wurde bereits hingewiesen. Die im Bereich des Privatrechts gerechtfertigte Betonung der Einschätzungsprärogative des Gesetzgebers sowie des Rahmencharakters der Verfassung darf aber nicht in eine völlige Aufgabe der Verhältnismäßigkeitsprüfung münden.[1653] Insoweit kann auf die bereits dokumentierten Gedanken zum Prüfungsmaßstab verwiesen werden.[1654] Maßgeblich ist das Verhältnis aus Haftungsgrund und Haftungsfolgen, welches vom Grad der individuellen Schadensverantwortung einerseits und der individuellen Schadensbelastung andererseits abhängig ist. Auch insoweit gilt das Gesagte.[1655]

[1647] Vgl. *Ehlers*, EuGR, §§ 14 – 18; s.a. *Streinz/Streinz*, EUV/EGV, GR-Charta Art. 6 Rn 4.

[1648] *Uerpmann*, in *Ehlers*, EuGR, § 3 Rn 3; *Ehlers*, in *Ehlers*, EuGR, § 2 Rn 8; *Wegener*, in *Ehlers*, EuGR, § 5 Rn 47; zur GRCh sowie den Gewährleistungen der Mitgliedstaaten *Kingreen*, in *Calliess/Ruffert*, EUV, Art. 6 Rn 169; *Streinz/Streinz*, EUV/EGV, GR-Charta Art. 6 Rn 4.

[1649] EuGH, Slg 1987, S. 2289, 2338 Rz 15 („Rau").

[1650] EuGH, Slg 1989, S. 2859, 2924 Rz 19 („Hoechst"); Slg 1989, S. 3165, 3186 Rz 16 („Dow Chemical").

[1651] EuGH, Slg 1989, S. 2859, 2924 Rz 19 („Hoechst"); Slg 1989, S. 3165, 3186 Rz 16 („Dow Chemical"); EuGH, Slg 2002, I-9011 Rz 27 ff., 36 („Roquette"); *Kingreen*, in *Calliess/Ruffert*, EUV, Art. 6 Rn 169; *Streinz/Streinz*, EUV/EGV, GR-Charta Art. 6 Rn 5, jeweils m.w.Nw.

[1652] *Streinz/Streinz*, EUV/EGV, GR-Charta Art. 6 Rn 5; s.a. *v. Bar*, Gemeineuropäisches Deliktsrecht I, Rn 595 Fn 266.

[1653] *Kingreen*, in *Calliess/Ruffert*, EUV, Art. 6 Rn 75.

[1654] § 11 A. II.

[1655] § 11 C. und § 11 D. II. 3.

(d) Allgemeiner Gleichheitssatz

Anerkannt ist weiterhin ein Schutz gegen unsachgemäße (Nicht-)Differenzierung,[1656] mittlerweile ausgeformt in Artt. 20 ff. CRCh bzw. Art. II-80 ff. des Verfassungsvertrages. Da inhaltlich ebenso wie im deutschen Recht auf der ersten Stufe die Ungleichbehandlung vergleichbarer bzw. die Gleichbehandlung verschiedenartiger Sachverhalte als Tatbestand und auf der zweiten Stufe die Rechtfertigungsprüfung anhand sachlicher Gründe und der Verhältnismäßigkeit geprüft wird,[1657] kann ebenfalls auf die obigen Ergebnisse verwiesen werden.[1658] Im Wesentlichen gilt: Unterschiedliche Verantwortlichkeiten rechtfertigen unterschiedliche Haftungsfolgen.

2. Europäische Wettbewerbsordnung: Beihilfevorschriften

Bullinger sieht in der Schadenstragung durch ein Kollektiv – nichts anderes ist zum Schutz „schwacher" Verkehrsteilnehmer beabsichtigt – eine Subventionierung desjenigen, der eine individuelle Verantwortung für den eingetretenen Schaden trägt.[1659] Dies könne sowohl national als auch europarechtlich auf Bedenken stoßen, denn beispielsweise Wirtschaftsunternehmen könnten nicht ohne rechtfertigende Gründe gezwungen werden, ihre Konkurrenten zu finanzieren.[1660] *Mertens* stimmt dem zu, betont aber weniger den Subventionsaspekt als vielmehr die Bezüge zur Handlungsfreiheit und zum Gleichbehandlungsgrundsatz.[1661] Neben den Grundrechten könnte einem stark „kollektivierten" Haftungsrecht in Fortführung des Subventionsgedankens das gemeinschaftsrechtliche Beihilferecht entgegenstehen.[1662] Dazu müsste die Kollektivierung eine staatliche oder aus staatlichen Mitteln gewährte Beihilfe i.S.d. Art. 87 I EG sein. Der Begriff wird weit ausgelegt und umfasst alle staatlichen Maßnahmen, die Belastungen für ein Unternehmen verringern, ohne eine marktgerechte Gegenleistung für von diesem Wirtschaftsteilnehmer erbrachte Leistungen darzustellen.[1663] Zumindest mittelbar muss dabei eine finanzielle Belastung des Staates

---

[1656] *Kingreen*, in *Ehlers*, EuGR, § 17 Rn 2, 10; *ders.*, in *Calliess/Ruffert*, EUV, Art. 6 Rn 170; *Streinz/Streinz*, EUV/EGV, GR-Charta Art. 20 Rn 1 ff., jeweils mit umfassenden Nachweisen.

[1657] *Kingreen*, in *Ehlers*, EuGR, § 17 Rn 7 f., 12 ff.; *Streinz/Streinz*, EUV/EGV, GR-Charta Art. 20 Rn 9 ff.

[1658] § 11 C. IV. und § 11 D. II. 4.

[1659] *Bullinger*, in *Ficker/u.a.*, Festschrift für v. Caemmerer (1978), S. 297, 302.

[1660] *Bullinger*, in *Ficker/u.a.*, Festschrift für v. Caemmerer (1978), S. 297, 302 f.

[1661] *MünchKomm-Mertens*, 3. Aufl. (1997), Vor §§ 823-853 Rn 72.

[1662] So im Ansatz *Bullinger*, in *Ficker/u.a.*, Festschrift für v. Caemmerer (1978), S. 297, 302.

[1663] *Cremer*, in *Calliess/Ruffert*, EGV, Art. 87 Rn 7; *Streinz/Koenig/Kühling*, EUV/EGV, Art. 87 EGV Rn 27 ff., jeweils m.w.Nw.

entstehen.[1664] Eine solche fehlt bei der Anordnung eines Haftungs- und Haftpflichtversicherungssystems, das von privaten Personen und Versicherern getragen wird. Ein solches System unterfällt nicht dem Anwendungsbereich des Beihilferechts.[1665]

II. Sekundärrecht

Auf sekundärrechtlicher Ebene zählen zu vorrangigem Gemeinschaftsrecht in erster Linie Verordnungen und Richtlinien. Während die Schaffung eines europäischen Vertragsrechts verstärkt ins Auge gefasst wird,[1666] ist die allgemeine Harmonisierung des Haftungsrechts in allernächster Zeit noch nicht angestrebt.[1667] Für spezielle Bereiche existieren aber schon jetzt, wenn auch spärlich, europarechtliche Vorgaben für die Ausgestaltung der Haftungsordnungen,[1668] so in der Produkthaftungsrichtlinie[1669] und der Luftfahrthaftungsverordnung.[1670] Mitten im Rechtssetzungsprozess ist eine europäische Richtlinie zur Umwelthaftung.[1671] Ein solches Stadium ist für den Bereich der Straßenverkehrshaftung noch nicht erreicht. Die Rufe nach dem verstärkten Schutz „schwacher“ Ver-

---

1664 Vgl. EuGH, EuZW 2001, S. 242, 245 f. Rz 58 ff. („PeussenElektra"); *Cremer*, in *Calliess/Ruffert*, EGV, Art. 87 Rn 10 ff.; *Streinz/Koenig/Kühling*, EUV/EGV, Art. 87 EGV Rn 44.

1665 Problematischer sind staatliche Sozialversicherungsmonopole, bei denen auch die Artt. 81, 82, 86 EG zu beachten sind. Vgl. hierzu EuGH, EuZW 2002, S. 146 („INAIL“) mit zusammenfassender Anmerkung *Lübbig*; zur Subvention durch staatliche Übernahme von Kosten des Wirtschaftsverkehrs aus philosophischer Sicht *Canaris*, Die Bedeutung der iustitia distributiva im deutschen Vertragsrecht, S. 92 f.

1666 Vgl. die Mitteilungen der Kommission zum europäischen Vertragsrecht aus dem Jahr 2003, KOM (2003) 68, z.T. abgedruckt in ZEuP 2003, S. 656, und aus dem Jahr 2001, KOM (2001) 398, abgedruckt in ZEuP 2001, S. 963 mit Anmerkung *v. Bar*, S. 799; *Grundmann*, NJW 2002, S. 393; sowie Entschließung des Rates v. 14.10.2003, Abl. EG 2003/C 246/01, S. 1; weitere Hinweise enthalten z.B. *Zimmermann*, in *Zimmermann*, Grundstrukturen des Europäischen Deliktsrechts, S. 19 f.; *Basedow*, JuS 2004, S. 89 ff.

1667 Vgl. *Wurmnest*, Grundzüge eines europäischen Haftungsrechts, S. 2; *ders.*, ZEuP 2003, S. 714 ff., jeweils m.w.Nw.; zu den langfristigen Bestrebungen nach einem Europäischen Zivilgesetzbuch s. *Barrett/Bernardeau*, Towards a European Civil Code (2002); *Möllers*, JZ 2002, S. 121, 132 f.; *Schwintowski*, JZ 2002, S. 205; *C. Schmid*, JZ 2001, S. 674; *Zimmermann*, in *Zimmermann*, Grundstrukturen des Europäischen Deliktsrechts, S. 20 f.; *Basedow*, JuS 2004, S. 89; zum Haftungsrecht auch *MünchKomm-Wagner*, Vor § 823 Rn 81; *ders.*, in *Zimmermann*, Grundstrukturen des Europäischen Deliktsrechts, S. 192 ff.

1668 *Magnus*, Europäisches Schuldrecht, S. 261 ff.; *Wurmnest*, Grundzüge eines europäischen Haftungsrechts, S. 63 ff.; *Koziol*, JBl 2001, S. 29 ff.

1669 RL 85/374/EWG v. 25.07.1985.

1670 VO Nr. 2027/97 v. 09.10.1997, geändert durch die VO Nr. 889/2002 v. 13.05.2002; hierzu BT-Drucks. 14/7752, S. 36 f.; *Geigel-Mühlbauer*, 29. Kap. Rn 11.

1671 Vgl. den Vorschlag der Kommission KOM (2002) 17 und die Besprechung bei *Hager*, JZ 2002, S. 901; aus dem Rechtssetzungsverfahren KOM (2004), 55 sowie die Pressemitteilungen IP/04/246 v. 20.02.2004 und C/04/44 v. 23.02.2004.

kehrsteilnehmer sind aber zum Teil insoweit vorgedrungen, als im Vorschlag für eine 5. Kfz-Haftpflichtversicherungsrichtlinie Regelungen vorgesehen waren, die eine strenge „Haftpflicht ohne Haftung" des Versicherers zu Gunsten von Fußgängern und Radfahrern hinsichtlich der Personenschäden statuieren.[1672] Systemkonform verwirklichen ließen sich solche Ansprüche gegenüber einem Versicherer nur durch ein Sozialversicherungsmodell oder durch deutliche Verschärfungen des Haftungsrechts mit der Folge, dass die Haftpflichtversicherung quasi bei jeder Unfallbeteiligung eines versicherten Kfz zur Zahlung verpflichtet wäre.[1673]

Soweit eine europäische Richtlinie in Zukunft tatsächlich Ausgangspunkt einer Haftungsverschärfung zu Gunsten „schwacher" Verkehrsteilnehmer ist, müssen die Mitgliedstaaten das enthaltene Regelungsprogramm effektiv umsetzen, Art. 249 III EG.[1674] Der mitgliedstaatlich vermittelte Schutz kann auf der anderen Seite über ein mit einer Richtlinie lediglich angestrebtes Mindestschutzniveau auch hinausgehen, wie dies etwa Art. 153 V EG für den Verbraucherschutz vorsieht.[1675] Allerdings ist momentan fraglich, ob die Gemeinschaft überhaupt die Kompetenz zur Regelung des materiellen Haftungsrechts besitzt. Damit ist eine entscheidende Grenze gemeinschaftsrechtlicher Einflussnahme auf die mitgliedstaatlichen Haftungsordnungen in Europa angesprochen.

B. Gemeinschaftsrechtliche Ausgestaltung des Haftungsrechts

I. Kompetenz

Das Problem einer europäisch veranlassten Haftungsverschärfung ist in erster Linie die Frage nach der entsprechenden Kompetenz, Artt. 5 I, 7 I, 249 I EG.[1676] Im Hinblick auf die in der 5. Kfz-Haftpflichtrichtline geplante „Haftpflicht ohne Haftung" haben der Berichterstatter des Europäischen Parlaments *Willi Rothley*[1677] sowie der Europäische Wirtschafts- und Sozialausschuss[1678] selbiges hervorgehoben, da die Kommission mit ihrer extravaganten Versicherungslösung offenbar versucht hat, dem Punkt auszuweichen.[1679] Der Berichterstatter

---

1672 S. oben § 1 A. m.w.Nw.

1673 *Frommhold*, NZV 2003, S. 25 f.; *Chr. Huber*, zfs 2001, S. 529, 530.

1674 Vgl. stellvertretend *Ruffert*, in *Calliess/Ruffert*, EGV, Art. 249 Rn 43 ff.; *Streinz*, Rn 384 ff.

1675 Zur Haustürwiderrufsrichtlinie *St. Lorenz*, NJW 1998, S. 2937, 2939.

1676 Zur Privatrechtsangleichung unter dem Gesichtspunkt der Subsidiarität nach Art. 5 II EG *Baldus*, in *Barrett/Bernardeau*, Towards a European Civil Code, S. 96 f.

1677 In einem dem Verfasser vorliegenden Arbeitsdokument, das in die offiziellen Dokumente PE 329.421 und PE A5-0346/2003 eingeflossen ist. S. auch PE 333.864 und *Lemor* NJW 2002, S. 3666, 3669.

1678 EWSA/2003/287 (ABlEG C 2003/95/45), Rn 3.4.2.

1679 Vgl. auch *Chr. Huber*, zfs 2001, S. 529, 530 u. 531.

geht von einer Kompetenz zur Regelung der materiellen Haftungsfrage aus[1680] und auch der Ausschuss scheint, wenn auch deutlich zurückhaltender, dem zuzuneigen.[1681] An dieser Stelle kann eine solch grundlegende und vielschichtige Frage nicht endgültig beantwortet werden. Aufgezeigt werden soll aber, dass eine entsprechende Ermächtigungsgrundlage zumindest nicht selbstverständlich und offensichtlich ist.

1. Haftungsrecht

Eine spezielle Kompetenz zur Vereinheitlichung des Haftungsrechts existiert ebenso wenig wie für das sonstige Privatrecht.[1682] In den Verträgen ist die Rechtsangleichung nicht Selbstzweck, nicht eigenständiges Vertragsziel.[1683]

Art. 80 II EG, auf den die Luftfahrthaftungsverordnung gestützt ist, gilt nur für Seeschiff- und Luftfahrt. Die Artt. 70 ff. EG beschäftigen sich gesondert mit dem Verkehr. Die hiermit u.a. bezweckte Angleichung der Wettbewerbsbedingungen lässt sich für Regelungen zum Schutz „schwacher" Verkehrsteilnehmer nur schwerlich heranziehen. Unter die in Art. 71 I lit c) EG genannten „Maßnahmen zur Verbesserung der Verkehrssicherheit" fallen Haftungsregelungen bei unbefangener Betrachtung und wegen der im Verkehrsbereich nur sehr beschränkten Präventivwirkung ebenfalls nicht. Gemeint sind vor allem Verkehrsordnungsregelungen und solche zu ihrer Überwachung sowie zur technischen Ausstattung der Kfz.[1684] Ziel der Verkehrspolitik ist neben der Förderung der Mobilität und Sicherheit allerdings auch eine „sozialverträgliche" Einflussnahme, nach der zumindest die dem Verkehr nur eingeschränkt gewachsenen Personen wie Kinder und Senioren zu schützen sein sollen.[1685] Hierauf und auf die Auffangbefugnis des Art. 71 I lit d) EG ließen sich Vorgaben zum haftungsrechtlichen Schutz „schwacher" Verkehrsteilnehmer angesichts des weit formulierten Tatbestandes und der relativ unbestimmten Zieldefinition wohl stützen.

Soweit es nicht um die Spezialfragen der Artt. 70 ff. EG geht, sondern das Haftungsrecht allgemein harmonisiert werden soll, kommen die Normen der Rechtsangleichung in Betracht, Artt. 94, 95 EG ,[1686] die auch der Produkthaf-

---

[1680] Abweichend noch *ders.*, DAR 2001, S. 529.

[1681] A.A. *Chr. Huber*, zfs 2001, S. 529, 530.

[1682] Vgl. *Wurmnest*, Grundzüge eines europäischen Haftungsrechts, S. 71; *Bangemann*, ZEuP 1994, S. 377, 378; ausführlich zur Kompetenzfrage für ein Europäisches Zivilgesetzbuch *Lurger*, Grundfragen der Vereinheitlichung des Vertragsrechts in der Europäischen Union, S. 22 ff., 43 ff., 104 ff.

[1683] *Schwartz*, ZEuP 1994, S. 559, 570; *Dreier*, Kompensation und Prävention, S. 197.

[1684] S. die Aufzählung verkehrssicherheitsbezogener Maßnahmen durch die Kommission in KOM (2003) 311, S. 13.

[1685] Vgl. *Streinz/Schäfer*, EUV/EGV, Art. 70 EGV Rn 39.

[1686] Vgl. *Tilmann/van Gerven*, in PE 168.511, S. 195 ff.; *Basedow*, AcP 200 (2000), S. 445, 474 f.; *ders.*, in *Barrett/Bernardeau*, Towards a European Civil Code, S. 52 ff.; *C. Schmid*, JZ 2001, S. 674, 676; *Wurmnest*, Grundzüge eines europäischen Haftungsrechts, S. 71; *Möl-*

tungsrichtlinie zu Grunde liegen. Sie ermöglichen jedoch nur Maßnahmen zur Errichtung und Funktionsfähigkeit des Gemeinsamen Marktes bzw. Binnenmarktes, weshalb zu begründen wäre, warum die Straßenverkehrshaftung einen entsprechenden Bezug aufweist.[1687] Wie *Gerhard Wagner* zu Recht bemerkt, ist das angesichts der Ausführungen des EuGH im Urteil zur Tabakwerberichtlinie fraglich.[1688] Danach setzen Harmonisierungsmaßnahmen mehr voraus als „die bloße Feststellung von Unterschieden zwischen den nationalen Vorschriften und die abstrakte Gefahr von Beeinträchtigungen der Grundfreiheiten oder daraus möglicherweise entstehender Wettbewerbsverzerrungen".[1689] Notwendig sind konkrete Hindernisse.[1690] Ohne eine solche konkrete „Spürbarkeit" einer Wettbewerbsverzerrung wäre die Zuständigkeit des Gemeinschaftsgesetzgebers grenzenlos.[1691]

In Anbetracht der existierenden Vorgaben für die obligatorische Haftpflichtversicherung lassen sich echte Hemmnisse im zwischenstaatlichen Verkehr durch Unterschiede bei der Verkehrsunfallhaftung aus Sicht der Haftenden kaum ausmachen, jedenfalls nicht in einer Art, die zur allgemeinen Rechtsangleichung berechtigt.[1692] Man könnte als vermeintliches Hemmnis für den

---

lers, JZ 2002, S. 121, 124; *Schwintowski*, JZ 2002, S. 205 u. 208; *Lurger*, Grundfragen der Vereinheitlichung des Vertragsrechts in der Europäischen Union, S. 105 ff.; *Dreier*, Kompensation und Prävention, S. 197; *Wagner*, in *Zimmermann*, Grundstrukturen des Europäischen Deliktsrechts, S. 192; *Rothley*, DAR 1992, S. 134 f.; *de Groot/Schneider*, in *Bleckmann*, Europarecht, Rn 1325 ff.

1687 Vgl. *Rothley*, DAR 1992, S. 134 f.; *ders.*, DAR 2001, S. 529; *Tilmann/van Gerven*, in PE 168.511, S. 199 ff.; *Magnus*, ZEuP 1998, S. 602, 604; *Basedow*, AcP 200 (2000), S. 445, 474 ff.; *Schwartz*, ZEuP 1994, S. 559, 570; *Möllers*, JZ 2002, S. 121, 133; *Dreier*, Kompensation und Prävention, S. 197; *Lurger*, Grundfragen der Vereinheitlichung des Vertragsrechts in der Europäischen Union, S. 22 f., 105 ff. m.w.Nw.; zum Binnenmarktbezug des „wirtschaftsnahen" Haftungsrechts *v. Bar*, in PE 168.511, S. 167 f.

1688 *Wagner*, in *Zimmermann*, Grundstrukturen des Europäischen Deliktsrechts, S. 192; allgemein *Baldus*, in *Barrett/Bernardeau*, Towards a European Civil Code, S. 91 ff.; *Herdegen*, Rn 333.

1689 EuGH, Slg. 2000, I-8419, 8524 Rz 83 ff. („Tabakwerbeverbot"); generell für das Privatrecht aber *C. Schmid*, JZ 2001, S. 674, 675 f. unter Hinweis auf die Besonderheiten der Entscheidung; ähnlich *Schwintowski*, JZ 2002, S. 205 u. 208.

1690 EuGH, Slg. 2000, I-8419, 8524 Rz 86 („Tabakwerbeverbot"); *Baldus*, in *Barrett/Bernardeau*, Towards a European Civil Code, S. 93 f. – Die Kommission sucht bereits nach entsprechenden Bereichen, s. *Schwintowski*, JZ 2002, S. 205.

1691 *Streinz/Schäfer*, EUV/EGV, Art. 95 EGV Rn 20; *Baldus*, in *Barrett/Bernardeau*, Towards a European Civil Code, S. 93.

1692 Davon unabhängig auch *Rothley*, DAR 1992, S. 134, 135, mit Blick auf die Problembewältigung über Pflicht-Haftpflichtversicherungen dann aber S. 136; allgemein abweichend für das Deliktsrecht *Magnus*, ZEuP 1998, S. 602, 606 u. 609 in Fn 34; kritisch zur Notwendigkeit einer Rechtsangleichung für das Funktionieren des Binnenmarktes aus ökonomischer Sicht *Faure*, in *Zimmermann*, Grundstrukturen des Europäischen Deliktsrechts,

Grenzübertritt lediglich noch auf den unzureichenden Schutz von Verkehrsunfallopfern abstellen.[1693] Die Annahme einer entsprechenden Steuerungswirkung spiegelt sich jedoch in der Realität nicht wieder. Das liegt neben der Tatsache, dass eine unterschiedliche Verkehrsunfallhaftung schlicht niemanden von der Grundfreiheitenausübung abhält, auch an den existierenden Pflicht-Haftpflichtversicherungen und der Ergänzung durch fakultative First-Party-Insurances. Der Marktbezug des Haftungsrechts ist im Ausgangspunkt nicht wesentlich größer als der des Familien- und Erbrechts oder auch des Sachenrechts, für die er jeweils als unbeachtlich qualifiziert wird,[1694] sieht man einmal vom Spezialproblem grenzüberscheitender Mobiliarsicherheiten ab.[1695]

Im Hinblick darauf und auf Art. 3 I lit h) EG stößt die Zugrundelegung der ergänzenden Rechtssetzungsbefugnis des Art. 308 EG[1696] ebenfalls auf Bedenken.[1697] Es verbleibt die Subsumtion unter den in Art. 293 EG genannten „Schutz der Personen".[1698] Folge ist aber nur die gemeinschaftsrechtliche Verpflichtung der Mitgliedstaaten, in Verhandlungen über völkerrechtliche Abkommen zu treten und diese gegebenenfalls abzuschließen.[1699] Auch ein Vorgehen nach Art. 65 EG erscheint kaum möglich, da hiernach Maßnahmen im Bereich der justiziellen Zusammenarbeit in Zivilsachen einen grenzüberschreitenden Bezug voraussetzen. Sie bewegen sich deshalb primär im Bereich der Angleichung des Internationalen Zivilverfahrensrechts sowie des Internationalen Privatrechts.[1700]

S. 51 ff.; s.a. *Lurger*, Grundfragen der Vereinheitlichung des Vertragsrechts in der Europäischen Union, S. 22 f. m.w.Nw.

1693 In diese Richtung *Magnus*, ZEuP 1998, S. 602, 604 u. 606.

1694 *Rothley*, DAR 1992, S. 134, 135; *Basedow*, AcP 200 (2000), S. 445, 475 f.; *C. Schmid*, JZ 2001, S. 674, 676; *Möllers*, JZ 2002, S. 121, 133; *Schwintowski*, JZ 2002, S. 205, 210; *Lurger*, Grundfragen der Vereinheitlichung des Vertragsrechts in der Europäischen Union, S. 22 f. mit Nachweisen zur allgemeinen Kritik, dann abweichend zur außervertraglichen Haftung S. 43 ff. m.w.Nw.

1695 S. dazu die Nachweise bei *Lurger*, Grundfragen der Vereinheitlichung des Vertragsrechts in der Europäischen Union, S. 44 in Fn 127.

1696 *Zweigert*, RabelsZ 28 (1964), S. 601, 618; allgemein *de Groot/Schneider*, in *Bleckmann*, Europarecht, Rn 1326 ff.; *Basedow*, AcP 200 (2000), S. 445, 477 f.

1697 *Rothley*, DAR 1992, S. 134, 135.

1698 *Rothley*, DAR 1992, S. 134, 136; näher *Lurger*, Grundfragen der Vereinheitlichung des Vertragsrechts in der Europäischen Union, S. 116 ff.; *de Groot/Schneider*, in *Bleckmann*, Europarecht, Rn 1337 ff.

1699 *Streinz/Leible*, EUV/EGV, Art. 293 EGV Rn 1 f.; *Bröhmer*, in *Calliess/Ruffert*, EGV, Art. 293 Rn 1 ff.; s.a. *Tilmann/van Gerven*, in PE 168.511, S. 193.

1700 S. *Lurger*, Grundfragen der Vereinheitlichung des Vertragsrechts in der Europäischen Union, S. 44 mit abweichender Sicht zum außervertraglichen Haftungsrecht sowie allgemein S. 112 ff. Diesbezüglich weist *Wagner* darauf hin, dass Harmonisierungsbedarf gerade wegen des Fehlens eines einheitlichen Kollisionsrechts besteht, *ders.*, in *Zimmermann*, Grundstrukturen des Europäischen Deliktsrechts, S. 193, was aber zunächst einmal den

Dennoch wird eine grenzüberschreitende Relevanz des außervertraglichen Haftungsrechts parallel zum vertraglichen Bereich anerkannt.[1701] Sie ist abstrakt gesehen auch nicht zu leugnen. Denn natürlich würden einheitliche Regelungen in diesen Bereichen das Leben „des Unionsbürgers" vereinfachen. Das sagt aber eben noch nichts darüber aus, ob ohne eine Vereinheitlichung wirklich echte Hemmnisse bestehen.[1702] Speziell für den Straßenverkehrsbereich hat *Günter Hirsch* im Zusammenhang mit dem Binnenmarkt für Versicherungen gleichwohl festgestellt:[1703]

> „Die ... Freizügigkeit ist unmittelbar betroffen durch die Art und Weise der grenzüberschreitenden Regulierung von Personen- und Sachschäden aufgrund von Verkehrsunfallschäden in der Gemeinschaft. Die Mobilität in Europa, die Touristenströme ... und die Zahl von jährlich etwa 500.000 Auslandsunfälle[n] in Europa machen die Verkehrsunfallhaftung quantitativ und qualitativ zu einem europarechtlichen und europapolitischen Problem erster Ordnung, das nur gemeinschaftsrechtlich zufriedenstellend gelöst werden kann. ... Die Freizügigkeit in der Gemeinschaft wäre notleidend, wenn Verkehrsunfallopfer nicht in allen Mitgliedstaaten ähnlich abgesichert sind und die grenzüberschreitende Haftpflicht effizient ausgestaltet ist."

2. Haftpflichtversicherungsrecht

Mit der Regulierung von Schäden ist auch das Haftpflichtversicherungsrecht angesprochen. Für den Wettbewerb unter den Versicherungsunternehmen wiederum ist das Haftungsrecht als Grundlage für die Leistungspflichten und Regressansprüche von Bedeutung. Ohne einheitliche Haftungsgrundlagen basiert der Wettbewerb unter den Versicherern nicht auf denselben Voraussetzungen.[1704] Hieraus lässt sich ein Binnenmarktbezug herleiten.[1705] Entsprechend

---

Schluss auf die Notwendigkeit einer Rechtsvereinheitlichung in diesem Bereich nahe legt. Zu Recht ablehnend gegenüber einer Befugnis zum Erlass von materiellen Vorschriften deshalb *Streinz/Leible*, EUV/EGV, Art. 65 EGV Rn 20; *Brechmann*, in *Calliess/Ruffert*, EGV, Art. 65 Rn 1; *Tilmann/van Gerven*, in PE 168.511, S. 194 f.

1701 Vgl. *Lurger*, Grundfragen der Vereinheitlichung des Vertragsrechts in der Europäischen Union, S. 44 ff. m.w.Nw.; *v. Bar*, in PE 168.511, S. 167 ff.; *Tilmann/van Gerven*, in PE 168.511, S. 188; *MünchKomm-Wagner*, Vor § 823 Rn 81.

1702 *Wagner*, in *Zimmermann*, Grundstrukturen des Europäischen Deliktsrechts, S. 192; zum Vertragsrecht *Lurger*, Grundfragen der Vereinheitlichung des Vertragsrechts in der Europäischen Union, S. 105 ff.

1703 *Hirsch*, DAR 2000, S. 500, 504 f.; s.a. *Lemor*, in 30. Deutscher Verkehrsgerichtstag 1992, Veröffentlichung der Referate und Empfehlungen, S. 71 ff.

1704 Näher hierzu *Wagner*, in *Zimmermann*, Grundstrukturen des Europäischen Deliktsrechts, S. 193 ff.; zuvor bereits *v. Bar*, in PE 168.511, S. 168 f. – Andererseits bleibt es den Versicherern unbenommen, für das jeweilige Land bzw. das jeweilige Haftungsregime eine entsprechende Versicherung anzubieten. Ein Wettbewerb ist also durchaus auch ohne einheitliches Haftungsrecht möglich. Zum Diskrimierungspotenzial und Binnenmarktbezug des Versicherungsvertragsrechts in der Gemeinschaft *Basedow*, in PE 168.511, S. 99 ff., 161 ff.

sind die bisherigen Richtlinien zur Kfz-Haftpflichtversicherung in erster Linie auf die binnenmarktbezogenen Rechtsangleichungsbefugnisse gestützt worden.[1706]

Es kann jedoch nicht angehen, unter dem Mantel des Haftpflichtversicherungswettbewerbes die Frage der haftungsrechtlichen Einstandspflicht zum Schutz „schwacher" Verkehrsteilnehmer zu regeln. Hierbei geht es offensichtlich um ein abweichendes Ziel. Auch zeigt der Vergleich zum Binnenmarkt der USA, dass ein solcher generell existent und funktionsfähig ist, ohne dass Vorgaben für die einzelstaatliche Verkehrsunfallhaftung existieren.[1707] Das mittlerweile erreichte Integrationsniveau im Versicherungsbereich ist im Übrigen der Grund dafür, dass die Funktionsfähigkeit des europäischen Binnenmarktes für den freien Waren- und Personenverkehr gesichert erscheint. Der beabsichtigte Schutz „schwacher" Verkehrsteilnehmer betrifft funktional den Bereich sozialer Sicherheit. Das Gemeinschaftsrecht lässt die Zuständigkeit der Mitgliedstaaten zur Ausgestaltung ihrer Systeme der sozialen Sicherheit bis auf Maßnahmen nach Art. 42 I EG unberührt.[1708]

II. Gemeinschaftsgrundrechte

Der Gemeinschaftsgesetzgeber muss die Gemeinschaftsgrundrechte achten. Insofern gilt das Gesagte.[1709]

III. Nationales Verfassungsrecht, insbesondere die Grundrechte des Grundgesetzes

Woran er dagegen prinzipiell nicht gebunden ist, sind mitgliedstaatliche Grundrechtsgewährleistungen, da das Gemeinschaftsrecht grundsätzlich nicht am

---

[1705] Vgl. die zuvor genannten Quellen; zu den Hemmnissen für den freien Waren- und Personenverkehr die 1. Kfz-Haftpflichtversicherungsrichtlinie 72/166/EWG v. 24.04.1972 (ABlEG Nr. L 103 v. 02.05.1972, S. 1 f.); s.a. *Dreier*, Kompensation und Prävention, S. 197, 199.

[1706] Vgl. Richtlinie 72/166/EWG v. 24.04.1972 (ABlEG Nr. L 103 v. 02.05.1972, S. 1); Richtlinie 84/5/EWG v. 30.12.1983 (ABlEG Nr. L 8 v. 11.01.1984, S. 17); Richtlinie 90/232/EWG v. 14.05.1990 (ABlEG Nr. L 129 v. 19.05.1990, S. 33); Richtlinie 2000/26/EG v. 16.05.2000 (ABlEG Nr. 181 v. 20.07.2000, S. 65).

[1707] Kritisch zu diesem Argument bezogen auf das Deliktsrecht im Allgemeinen *v. Bar*, in PE 168.511, S. 169; zu den *Restatements* im Haftungsrecht *Wagner*, in *Zimmermann*, Grundstrukturen des Europäischen Deliktsrechts, S. 279; allgemein *C. Schmid*, JZ 2001, S. 674, 680 ff.; s.a. *Baldus*, in *Barrett/Bernardeau*, Towards a European Civil Code, S. 90 mit dem Hinweis auf die bereits vor der zivilrechtlichen Rechtsvereinheitlichung abgebauten Handelshemmnisse im Deutschland des 19. Jahrhunderts.

[1708] EuGH NJW 1985, S. 542, 543 Rz 16 („Duphar"); NJW 1998, S. 1771, 1772 Rz 17 f. („Kohll"); NJW 2001, S. 3391, 3393 Rz 44 f. („Smits"); EuZW 2002, S. 146, 148 Rz 31 („INAIL"); *Wagner*, in *Zimmermann*, Grundstrukturen des Europäischen Deliktsrechts, S. 194 f.

[1709] Vgl. A. I. 1. b) (1).

Maßstab des nationalen Rechts gemessen werden kann.[1710] Nach der Rechtsprechung des Bundesverfassungsgerichts müssen Gemeinschaftsakte dem deutschen Recht mit Blick auf die zu Grunde liegende Integrationsermächtigung nur insoweit genügen, als sie die unabdingbaren Grundrechtsstandards des Grundgesetzes generell wahren müssen und keine Bereiche betreffen dürfen, die den Gemeinschaften nicht übertragen worden sind („ausbrechende Akte").[1711] Letzteres ist für das Haftungsrecht angesichts der europarechtlichen Kompetenzfrage nicht vollkommen unproblematisch. Die vom Bundesverfassungsgericht im Bananenmarktbeschluss hinsichtlich der Grundrechtsgewährleistung aufgestellten Hürden zur Überprüfung des Gemeinschaftsrechts sind dagegen derart hoch, dass eine solche praktisch ausscheiden dürfte.[1712] Das Erfordernis einer generellen[1713] Nichtgewährleistung unabdingbarer Grundrechtsstandards verengt den Prüfungsmaßstab auf einen minimalen, ja minimalsten Evidenzbereich. Die zu beobachtenden Ausfälle in der Verhältnismäßigkeitsprüfung durch den EuGH könnten allerdings einmal dazu führen, ein generelles Unterschreiten der deutschen Standards anzunehmen.[1714]

C. Rechtsvereinheitlichung

Obwohl die europäische Kompetenz zur Vereinheitlichung des materiellen Haftungsrechts fraglich ist, wird dieser Punkt ohne Zweifel auf der Tagesordnung erscheinen. Die Europäisierung des materiellen Rechts wird Realität werden, sei es auch nur in Form von „soft law"[1715] und auf Teilbereiche begrenzt. Seit mehreren Jahren wird deshalb auch fieberhaft an der Ausformung von Grundstrukturen des Europäischen Haftungs- und Schadensersatzrechts gearbeitet.[1716] Dies

---

[1710] Grundlegend EuGH, Slg 1964, S. 1251, 1269 ff. („Costa"); Slg 1978, S. 629, 643 Rz 17 ff. („Simmenthal II"); zusammenfassend *Kingreen*, in *Calliess/Ruffert*, EUV, Art. 6 Rn 84 ff.; *Ehlers*, in *Ehlers*, EuGR, § 13 Rn 14.

[1711] BVerfGE 37, S. 271, 280 ff. („Solange I"); 73, S. 339, 378 („Solange II"); 75, S. 223, 240 f. („Kloppenburg"); 89, S. 155, 174 f. („Maastricht"); 102, S. 147, 163 f. („Bananenmarkt"); speziell hinsichtlich der Europäisierung des Straßenverkehrsrechts *Papier*, DAR 2002, S. 532, 539.

[1712] Vgl. *Streinz*, Rn 202, 217; *Ehlers*, in *Ehlers*, EuGR, § 13 Rn 14.

[1713] Hierzu *Kingreen*, in *Calliess/Ruffert*, EUV, Art. 6 Rn 89: ein über den Einzelfall hinausgehendes, strukturelles Defizit.

[1714] *Kingreen*, in *Calliess/Ruffert*, EUV, Art. 6 Rn 89, 90 m.w.Nw.; ausführlich *Hommel*, Grundrechtsschutz im Gemeinschaftsrecht, Teil III.

[1715] Vgl. *C. Schmid*, JZ 2001, S. 674, 679 ff.; *Möllers*, JZ 2002, S. 121, 133; *Wurmnest*, ZEuP 2003, S. 714, 721 ff.

[1716] Zu erwähnen sind vor allem die *European Group on Tort Law* (frühere *Tilburg*-Gruppe) um *Jaap Spier* und *Helmut Koziol* sowie die *Working Group on Torts* der *Study Group on a European Civil Code* unter Leitung *Christian v. Bars*. – Vgl. *Magnus*, ZEuP 1998, S. 602; *ders.*, ZEuP 2004, S. 562; *Spier/Haazen*, ZEuP 1999, S. 469; *Banakas*, in *Ahrens*, Festschrift für Deutsch (1999), S. 11; *Jansen*, ZEuP 2001, S. 30; *Koziol*, JBl 2001, S. 29; *ders.*, ZEuP 2004, S. 234 sowie den Abdruck der „Principles" in ZEuP 2004, S. 427 ff.; *v. Bar*, sollte bei Überlegungen zur Neuordnung des nationalen Rechts bereits beachtet werden. Im „Wettstreit der Rechtsordnungen“ bei der Vereinheitlichung dient häufig ein klares, einfaches, aber funktionsfähiges Recht als Vorbild. Diesen Wettbewerbsvorteil sollte der Gesetzgeber versuchen zu nutzen.[1717] Hieraus ergeben sich zwar keine echten „Grenzen“ einer nationalen Ausgestaltung, aber hierbei einzubeziehende Gesichtspunkte und damit quasi-funktionale Schranken.

ZEuP 2001, S. 515; *ders.*, in *Barrett/Bernardeau*, Towards a European Civil Code, S. 67; *Zimmermann*, Grundstrukturen des Europäischen Deliktsrechts (2003); *Wagner*, ZEuP 2003, S. 451; *Wurmnest*, ZEuP 2003, S. 714, 725 ff. – Aktualle Informationen zu den Gruppen finden sich unter http://civil.udg.es/tort/ und http://www.ectil.org/ sowie http://www.europe.uos.de/ECC/index.htm.

[1717] *Möllers*, JZ 2002, S. 121, 133 f.; *Wagner*, ZEuP 2003, S. 451, 453; *Widmer*, in *Zimmermann*, Grundstrukturen des Europäischen Deliktsrechts, S. 155; zur Schadensrechtsreform aus dem Jahre 2002 BT-Drucks. 14/7752 S. 1, 2, 11 f.; *Bollweg*, NZV 2000, S. 185, 186; *Lang/Stahl/Suchomel*, NZV 2003, S. 441, 445; zur schwedischen Entwicklung *Bengtsson*, in *Bogdan*, Swedish Law in the New Millennium, S. 300.

§ 13. Funktionale Schranken

„Der Durchbrechung tragender Grundsätze des Privatrechts ist auch dort entgegenzutreten, wo das Verfassungsrecht nicht verletzt ist.“[1718] Die sich aus der Funktion ergebende Dogmatik des Rechts kann gegen eine Neuregelung sprechen, wenn diese zu nicht gerechtfertigten Brüchen im System oder unbilligen Ergebnissen führt. Solche funktionalen Schranken muss der Normgeber außerhalb von Verfassungsverstößen nicht beachten, die Vernunft gebietet es ihm aber. Es gilt immer zu fragen, ob eine Regelung sinnvoll ist. Entsprechende Verwerfungen sind im Rahmen der verfassungsrechtlichen Untersuchung bereits angeklungen. Die dort geltenden Rechtfertigungsanforderungen filtern gerade Fehlfunktionsamplituden heraus. Auf grundlegende Argumentationslinien kann daher zurückgegriffen werden.

Wie zu Beginn gezeigt[1719] bestimmt das Haftungsrecht die gerechte Risikozuständigkeit unter Abgrenzung der Güter- und Freiheitssphären. Welche sich hieraus ergebenden Argumente stehen dem unter § 10 beschriebenen Haftungsmodell entgegen?

A. Schadensausgleich

Der Ausschluss des Einwandes höherer Gewalt, des Eingreifens dritter Personen und die Beschränkung des Mitverschuldenseinwandes führen dazu, dass nichtmotorisierte Verkehrsteilnehmer in nahezu allen Unfallsituationen unter Beteiligung eines Kfz einen Ersatzanspruch gegenüber dem Fahrer, dem Halter und dessen Kfz-Haftpflichtversicherung haben. Das deckt sich mit dem Teilziel des Haftungsrechts, die beeinträchtigte Gütersphäre des Geschädigten möglichst auszugleichen.

Umgekehrt führt dies aus Sicht des „starken“ Verkehrsteilnehmers jedoch dazu, dass er sich in erhöhtem Maße die Mitverantwortlichkeit hinsichtlich seiner eigenen Schäden anrechnen lassen muss. Dadurch entsteht eine Belastungswirkung, die von einer Haftpflichtversicherung nicht aufgefangen wird. Soweit die Haftungsverschärfung nur Personenschäden erfasst, würde dies nur für solche Schäden gelten. Nur zum Teil würde eine Abfederung durch die Kranken- und Sozialsysteme eintreten.

Damit ist eine entsprechende Haftungsverschärfung in gewissem Maße ausgleichsneutral. Sie gibt auf der einen Seite und nimmt auf der anderen. Über ihre Berechtigung kann nur anhand weiterer Kriterien entschieden werden. Will man insgesamt eine Verbesserung des Schadensausgleiches erzielen, müsste parallel der Unfallversicherungsschutz der „starken“ Verkehrsteilnehmer intensiviert werden.[1720]

[1718] *Zöllner*, AcP 188 (1988), S. 85, 94.

[1719] Oben § 3.

[1720] Vgl. *Greger*, NZV 2002, S. 222, 223.

B. Prävention und Verhaltenssteuerung

Die Beschränkung des Mitverschuldenseinwandes gegenüber dem nichtmotorisierten Verkehrsteilnehmer führt dazu, dass dieser auch in den Fällen Ersatz erhält, in denen er sich sorgfaltswidrig verhalten hat, ihm aber noch kein „besonders schweres" Verschulden zur Last gelegt werden kann. Hierdurch entfallen Anreize zu sorgfältigem Verhalten.[1721] Andererseits ist bei Körperschäden mit einem natürlichen, haftungsunabhängigen Selbstschutz zu rechnen. Gleichwohl muss man sich fragen, ob es Sinn macht, einen Schaden den „starken" Verkehrsteilnehmern zuzuweisen, obwohl der nichtmotorisierte Unfallbeteiligte ihn mit geringem Aufwand vermeiden konnte. Ziel dieses an die Thesen zur ökonomischen Analyse des Haftungsrechts angelehnten Gedankens ist nicht allein die Frage nach Prävention und Verhaltenssteuerung[1722], sondern die Beurteilung der Gerechtigkeit der Schadenszuweisung.[1723]

C. Gerechte Schadenszuweisung

I. Die Mitverantwortlichkeit des Geschädigten

Zu den Grundfesten einer gerechten Schadenszuweisung zählt – sieht man von der individualhaftungsrechtlich nicht aufzulösenden Letztverantwortlichkeit des Rechtsgutsträgers ab –, dass die Schadenslast denjenigen trifft, der für ihre Entstehung verantwortlich ist und denjenigen verschont, dem die Entstehung des Schadens nicht zugerechnet werden kann. Beides spiegelt sich im Einwand der Mitverantwortlichkeit des Geschädigten wider. Unter dem Blickwinkel der ökonomischen Analyse formuliert man das derart, dass eine strenge Haftung ohne Mitverschuldensklausel nicht zu wünschenswerten Ergebnissen führt, weil dem Geschädigten keine Anreize vermittelt werden, den Schaden zu vermeiden.[1724] Anders ausgedrückt ist die Selbstverantwortung das tragende Prinzip unserer Privatrechtsordnung,[1725] auch wenn es im Zeitalter allgegenwärtiger Sonderrechte für „Verbraucher" bei Verträgen zunehmend in Frage gestellt wird.

Unter dieser Prämisse ist es zu begrüßen, dass der Einwand der Mitverantwortlichkeit nicht völlig verschwunden ist. Streiten kann man darüber, ob es im normativen Ausgangspunkt sinnvoll ist, den Einwand auf „schwere" Verfehlungen zu beschränken. Man will damit erreichen, dass sich die als für den Schaden abstrakt bedeutsamer bewertete Betriebsgefahr des Kfz im Rahmen der konkreten Abwägung der Verantwortlichkeiten auch tatsächlich durchsetzt. Hierbei verschiebt man viele Unwägbarkeiten nur in die Ausfüllung der Begriffe „be-

---

[1721] Allgemein *MünchKomm-Wagner*, Vor § 823 Rn 44.

[1722] Vgl. dazu oben § 4 A. II.

[1723] Oben § 4 A. III. sowie zum normativen Ausgangspunkt *MünchKomm-Wagner*, Vor § 823 Rn 35.

[1724] *MünchKomm-Wagner*, Vor § 823 Rn 44.

[1725] Vgl. *Zöllner*, AcP 188 (1988), S. 85, 95 f.; *Fuchs*, Zivilrecht und Sozialrecht, S. 160.

sonders schweres Verschulden", „grob fahrlässig" usw., über die ein aus Sicht des Richters relevantes Mitverschulden mit gewissem Begründungsaufwand wohl in nahezu ebenso vielen Fällen wie bei der jetzigen Gesetzeslage in die Haftungsverteilung einfließen könnte. Andererseits ist angesichts der aufgestellten Hürden zu erwarten, dass dann, wenn überhaupt ein relevantes Mitverschulden feststeht, tendenziell die Zahl hoher Mitverschuldensquoten zunimmt, während in Fällen niedriger Mitverschuldensanteile eine Quotelung unterbleibt.

Bei richtiger Handhabung ist eine generelle Beachtlichkeit der Mitverantwortung des Geschädigten vorzugswürdig. Einstellschraube der Haftungsverteilung zwischen Geschädigtem und Schädiger sollte das sachgerecht bewertete Verhältnis ihrer Verantwortlichkeiten sein. Dafür bietet eine generelle Mitverantwortlichkeitsregel den geeigneten Platz und es ist Sache des Rechtsanwenders, die zutreffenden Gewichtungen vorzunehmen. In der gängigen Praxis kommt es offenbar zu Ergebnissen, die den Gesetzgeber bewegen, über eine Höhergewichtung der Betriebsgefahr nachzudenken. Solche vermeintlichen Fehlgewichtungen können es jedoch nicht rechtfertigen, die Verantwortlichkeit des Geschädigten in Teilbereichen von vornherein für unbeachtlich zu erklären. Das würde falsche Signale setzen und einer verantwortungsorienten Schadenszuweisung widersprechen.[1726] Ungleichheiten der abstrakten Haftungsverantwortung sind vielmehr einheitlich beim Haftungsgrund zu berücksichtigen.[1727] Auf die insoweit bereits bestehenden Unterschiede in der Verantwortungszuweisung könnte der Gesetzgeber bei den Abwägungstatbeständen zur Mitverantwortlichkeit deklaratorisch hinweisen, um auf eine sachgerechte Berücksichtigung in der Rechtsanwendung hinzuwirken. Denkbar wäre folgender Satz: „Die Betriebsgefahr technischer Risiken wie des motorisierten Straßen- und Schienenverkehrs hat besonderes Gewicht."

II. Gefahrverwirklichung

Mit der Beachtlichkeit der Verantwortung des Geschädigten in Zusammenhang steht die Notwendigkeit der Verneinung einer Haftung, wenn sich die als Haftungsanknüpfungspunkt dienenden Umstände nicht im Schaden verwirklicht haben. Der Ausschluss des Einwandes höherer Gewalt und des Eingreifens dritter Personen kann nicht hingenommen werden, wenn hierdurch eine Haftung für allgemeine Lebensrisiken oder für ausschließliche Verantwortungsbereiche Dritter geschaffen wird. Es ist dann nicht nachvollziehbar, warum statt des Rechtsgutsträgers jemand den Schaden tragen soll, dem dieser nicht zugerechnet werden kann.[1728] Notwendig ist eine normative Zurechnung des Schadenserfolges.

[1726] Vgl. bereits oben § 11 C. IV. 4. a) und § 11 D. II. 4. a) m.w.Nw.

[1727] § 11 D. II. 4. a) (6).

[1728] S. oben § 11 C. IV. 4.; zum allgemeinen Lebensrisiko als „negativem Zurechnungsgrund" *Deutsch*, VersR 1993, S. 1041.

Sie kann über unterschiedliche tatbestandliche Kriterien erfolgen.[1729] Ein sachgerechtes Kriterium zur schutzzweckbezogenen Bestimmung der Gefahrenverwirklichung ist das Ausschlussmerkmal der „höheren Gewalt“.[1730] Es sollte beibehalten werden.

III. Schadensstreuung

Die sachgerechte Schadenszuordnung kann auch darin bestehen, weder dem Geschädigten noch dem Schädiger den Schaden individuell anzulasten, sondern ihn auf eine Gruppe nach dem Gesetz der großen Zahl umzuverteilen.[1731] Naheliegendes Mittel hierfür ist eine First-Party-Insurance auf Seiten des Betroffenen. Wie gesehen geht die Tendenz jedoch dahin, mittels des Haftungsrechts die tatbestandlichen Voraussetzungen einer angekoppelten Haftpflichtversicherung zu definieren und so eine Kollektivierung auf die „Schädigergemeinschaft“ zu erzielen.[1732] Das gilt auch im Falle des zu untersuchenden Haftungskonzepts. Ziel ist die Schadenstragung durch die Gemeinschaft der Kfz-Halter.

Soweit dies vollständig gelingt, tritt eine im Hinblick auf Ausgleich und Belastungswirkung sachgerechte Schadensstreuung ein. Da aber im System aus Haftung und Haftpflichtversicherung Letztere auf dem Fundament der Ersteren aufbaut, besteht immer die Gefahr mangelnder Synchronisation.[1733] Deckungslücken haben zur Folge, dass die Haftungsfolge auch bei nicht verantwortlichen Individuen verbleibt. Für solche Fälle kann eine verantwortungsorientierte Schadenszuordnung erreicht werden, in dem im Einzelfall die Haftung doch verneint wird. Hierfür müsste man über die Einführung einer Reduktionsklausel nachdenken.[1734]

Die dann wieder entstehende Schadenszuständigkeit des Rechtsgutsträgers kann allerdings ebenfalls unbillig sein, wenn ihn ein Schaden trifft, der aufgrund von gesellschaftlich als notwendig erachteten Gefahrenpotenzialen ohne maßgebliche eigene Verantwortung eintritt. Die sachgerechte Lösung dieser Fälle liegt wegen der dahinter stehenden gemeinschaftlichen Verantwortung in der Vervollständigung der gemeinschaftlichen Schadensabnahme.[1735] Man könnte hierfür die Lücken des Haftpflichtversicherungsschutzes stopfen und eventuell parallel dazu, aber konträr zur fehlenden Verantwortlichkeit des „Schädigers“, dessen haftungsrechtliche Primärzuständigkeit ausweiten. Falls dann noch Kollektivierungslücken verbleiben, treten verfassungsrechtlich bedenkliche Ergeb-

---

[1729] § 11 C. IV. 5. a).

[1730] Vgl. § 11 C. IV. 5. a).

[1731] *Looschelders*, VersR 1996, S. 529, 537.

[1732] Vgl. oben § 3 D., § 4 D. und § 8.

[1733] Vgl. oben § 8 C. I. 2. b) und § 11 C. III. 1. c).

[1734] § 11 C. III. 2. b).

[1735] Vgl. nochmals zu individueller und kollektiver Verantwortlichkeit *Jansen*, Die Struktur des Haftungsrechts, S. 133.

nisse ein.[1736] Konsequent, nicht lückenanfällig und deshalb systematisch vorzugswürdig ist demgegenüber eine Lösung dieser Fälle mittels *partieller* First-Party-Versicherungen.[1737] Durch ein Zusammenspiel aus individualverantwortungsbezogenem Haftungsrecht und den der gemeinschaftlichen Verantwortung verpflichteten Versicherungssystemen kann eine sachgerechte Schadenszuordnung verwirklicht werden.[1738]

D. Ordnungsaufgaben innerhalb des Gesamtsystems der Risikoverteilung

Dem Haftungsrecht kommen auch im Systemverbund mit den Versicherungen entscheidende Aufgaben zu, die es zu beachten gilt. Es kann – direkt oder über den Regressweg[1739] – dafür sorgen, dass der Schaden der verantwortlichen Risikogruppe zugeordnet wird.[1740] Eine Haftung überträgt den Schaden häufig auf eine speziellen Gruppe haftpflichtversicherter Risikoträger, z.B. der Kfz-Halter. Fehlt ein Haftpflichtiger, verbleibt der Schaden über die First-Party-Versicherungssysteme bei der regelmäßig unterscheidbaren größeren Gruppe der Allgemeinheit.[1741] Die Zuordnung zur ersten Gruppe ist bei Verkehrsunfallfolgen nur gerechtfertigt, wenn sich ein spezifisches Risiko des Kfz-Betriebes verwirklicht hat.

Im Übrigen kann die tragende Gemeinschaft die Kosten mittels Regress oder versicherungsvertraglichen Methoden auf den Versicherungsnehmer zurückführen, was Verhaltenssteuerungspotenziale beinhaltet.[1742] In Fortsetzung der individualbezogenen Gedanken zur gerechten Schadenszuweisung ergibt sich deshalb auch im Verbund mit dem Versicherungsrecht die Notwendigkeit, den Einwand der Mitverantwortlichkeit des Geschädigten sowie normative Kriterien zur Bestimmung der Gefahrverwirklichung zu erhalten.

[1736] S. den gedanklichen Durchlauf verschiedenster Haftungsszenarien bei § 11 C. IV.

[1737] Vgl. *Looschelders*, Mitverantwortlichkeit, S. 176 f. – zu den Bedenken gegen eine *vollständige* Ablösung des Haftungssystems oben § 4 E.

[1738] Zur Koordination von Haftungs- und Versicherungsrecht *Wagner*, in *Zimmermann*, Grundstrukturen des Europäischen Deliktsrechts, S. 305 ff.; im Übrigen auch *Weyers*, ZRP 1977, S. 292 ff.; *Looschelders*, VersR 1996, S. 529, 533 ff.; *Katzenmeier*, VersR 2002, 1449, 1455 ff.

[1739] Zu den Grenzen und der alternativen pauschalen Kostenverteilung zwischen den Versicherungsgemeinschaften *MünchKomm-Wagner*, Vor § 823 Rn 29 f.

[1740] Zur Kostenanlastung und Verantwortungsbeziehung aus verfassungsrechtlicher Sicht auch BVerfGE NJW 2004, S. 146, 149.

[1741] Hierzu *Stoll*, RabelsZ 36 (1972), S. 285, 299 ff. sowie oben § 4 D. sowie § 4 E. II. 3.

[1742] Vgl. *MünchKomm-Wagner*, Vor § 823 Rn 35 sowie oben § 11 C. III. 3.

Viertes Kapitel. Gesamtergebnis

1. Das System des außervertraglichen Haftungsrechts ist begrifflich auf die Verteilung der Schadenslast zwischen unterschiedlichen Rechtsträgern außerhalb von Sonderbeziehungen zugeschnitten. Es gerät bei der funktionalen Bestimmung der Risikozuständigkeit in den *Konflikt zwischen Güterschutz des Geschädigten und der Handlungsfreiheit anderer Personen*. Beide Gesichtspunkte stehen sich im Ausgangspunkt kontradiktorisch gegenüber.

2. Im Laufe der Zeit hat sich das Haftungsrecht von seiner strafrechtlichen Abstammung gelöst und zu einem schadensorientierten Verteilungsmechanismus entwickelt, dessen Anwendungsbereich sich stetig vergrößerte. Im geschichtlichen Rückblick ist erkennbar, dass der Ausgleich des Schadens beim Betroffenen mehr und mehr in den Mittelpunkt des Haftungsrechts gerückt ist. Sowohl in seiner Rechtsfolge, als auch im tatbestandlich erfassten Bereich gab und gibt es Erweiterungstendenzen.

3. Seit der Industrialisierung existiert ein gemeinschaftlicher Konsens über die Notwendigkeit der Erhaltung vieler Freiheits- und Handlungsspielräume. Dies hat zu einer immensen Steigerung zum Teil unausweichlicher Risikopotenziale geführt, deren Schadensfolgen nicht ohne Weiteres beim geschädigten Individuum belassen werden können. Das Haftungsrecht allein kann den hierbei entstandenen „Spagat" zwischen den Notwendigkeiten des Güterschutzes und der Handlungsfreiheit nicht vollführen. Folge war die funktionale Zurückdrängung des Prinzips individueller Verantwortung zu Gunsten der *Idee gemeinschaftlicher Folgentragung* nach dem Prinzip kollektiver Verantwortung. Insbesondere mit Hilfe von Versicherungen werden Schäden auf eine Vielzahl von Rechtsträgern gestreut und so der Einzelne von punktuellen Spitzenbelastungen durch gleichmäßige Beitragsleistungen befreit. Zur Bewältigung der Schadensfälle wird die Versicherung mit dem Haftungsrecht zumeist verzahnt. Wegen ihrer Beeinflussung der Güter- und Freiheitssphären entstehen Wechselwirkungen. Zum Teil tritt die Versicherung sogar an die Stelle des Haftungsrechts und übernimmt seine Aufgaben. Der Gedanke individueller Verantwortlichkeit existiert dabei auch in den Versicherungssystemen. Er kehrt auf der Ebene der Beitrags- und Leistungsbemessung sowie auf der Regressebene zwischen Versicherer und Schadensverursacher wieder.

4. *Ordnungsaufgabe* des Haftungsrechts ist es primär, eine gerechte Zuteilung der Schadenslast zu gewährleisten. Es hat nicht nur den Ausgleich des Schadens im Visier, sondern reguliert die Freiheits- und Gütersphären der Beteiligten auch durch das Unterlassen einer Schadensverlagerung. Maßgebliches Kriterium der Schadenszuweisung ist die interaktionsbezogene Verantwortung für den Schaden. Wegen dieser Interaktionsbezogenheit dient das Haftungsrecht vornehmlich der ausgleichenden Gerechtigkeit, während die distributive Aufgabe der „ge-

rechten" Verteilung vorhandener Güter nach den Vermögensverhältnissen und Bedürfnissen dem Sozialrecht obliegt.

5. Eine eigenständige Sanktions- und Genugtuungsfunktion ist dem vom Schaden abhängigen Haftungsrecht fremd. Der Schadensersatz verwirklicht Gesichtspunkte der gerechten Schadenszuweisung in Form von Rechtsgarantie und Befriedung mittels Ausgleich und Prävention. Er repräsentiert ein Mittel zur Verwirklichung der Ordnungsaufgabe des Haftungsrechts.

6. Im Verbund aus Haftung und Versicherung treten zum Teil Veränderungen im Funktionsspektrum des Haftungsrechts auf. Es bestimmt häufig die Regressvoraussetzungen und regelt so auch die kollektivbezogenen Güter- und Freiheitssphären zwischen Schädiger- und Geschädigtengemeinschaften. Haftungs- und Versicherungsrecht dienen andererseits einem gemeinsamen Ziel: der Verteilung von Risiken und der Zuordnung von Schäden in der Gesellschaft. Gemeinschaftliche und individuelle Verantwortung bilden das Gesamtsystem des Rechts der Risikoverteilung. In Fällen strenger Haftung mit angekoppelter obligatorischer Haftpflichtversicherung definiert das Haftungsrecht den Versicherungsfall und damit die Risiken, die von der Gemeinschaft der Haftpflichtversicherten zu tragen sind. Funktional steht dahinter weniger der Gedanke der Abnahme der Haftpflicht, sondern die Konstruktion einer Unfallversicherung zu Gunsten Dritter. Die hierdurch erreichte Kollektivierung ist lückenhaft (Deckungsgrenzen, Eigenschäden).

7. Als Alternative wird eine umfassende Versicherungslösung unter Ersetzung des Haftpflichtrechts diskutiert. Optimierungen bei Ausgleich und Prävention sowie Verringerungen beim Abwicklungsaufwand lassen sich jedoch im Zweifel im geltenden System mindestens ebensogut verwirklichen. Die Tendenz geht deshalb in Richtung der haftpflichtrechtlich konstruierten faktischen Versicherung zu Gunsten Dritter. Bei der weiteren Entwicklung sind die Grenzen dieses Systems zu beachten.

8. Die sich gegenüberstehenden Teilziele des Haftungsrechts werden bei den jeweiligen Haftungsformen unterschiedlich akzentuiert, was sich in den *Zurechnungsgründen* niederschlägt. Ein Verursachungszusammenhang allein genügt zur Verlagerung des Schadens nicht. Wegen der Gleichbehandlung aller Ursachen ist das Kriterium der Kausalität „wertblind" und deshalb kein ausreichendes Zurechnungskriterium. Der von ihr gezogene, viel zu weite Verantwortlichkeitsrahmen muss durch weitere normative Kriterien eingeschränkt werden. Andererseits ist der ursächliche Zusammenhang zwischen einem dem potenziell Haftenden zugeordneten Interaktionsmoment und der Rechtsgutsverletzung Mindestvoraussetzung für die Zurechung des Schadens.

9. Anhand der geltenden Haftungstatbestände ist erkennbar, dass die über die bloße Verursachung hinausgehenden Zurechnungsgründe auf dem *Prinzip individueller Verantwortung* beruhen. Es spiegelt sich allerdings immer schwächer in den Tatbeständen der Haftung wider. Grenzposten zwischen noch von der in-

dividuellen Verantwortung ausgehenden Tatbeständen und solchen, die im Zusammenhang mit dem Haftpflichtversicherungsschutz ausschließlich von einer gemeinschaftlichen Verantwortung bestimmt werden, ist der aus dem *allgemeinen Lebensrisiko* erwachsende Zufallsschaden. Je mehr das Haftungsrecht auf Tatbestandsmerkmale individueller Verantwortung und Zurechnung verzichtet und auch allgemeine Lebensrisiken mit einbezieht, desto mehr nähert es sich in Verbindung mit den begleitenden Haftpflichtversicherungen dem primär auf Gesamtverantwortlichkeit zugeschnittenen System an: der haftungsersetzenden Versicherung. Immerhin lässt sich feststellen, dass das Haftungsrecht nach wie vor interaktionsbezogen ist. Belastungsmomente wie die Vermögensverhältnisse oder die Versicherungssituation kommen darin grundsätzlich nicht vor und haben wegen des kommutativen Charakters zivilrechtlicher Haftungsnormen darin auch keinen Platz. Abweichendes gilt allein für den beschränkten Bereich billigkeitsrechtlicher Korrekturen von mit der üblichen Dogmatik nicht bewältigbaren Härtefällen.

10. Der Zusammenhang zwischen Haftungszuweisung und versicherungsbedingter Schadensstreuung fließt mittelbar in die tatbestandliche Ausgestaltung fehlverhaltens-unabhängiger Haftungsnormen ein. Dort ist er Motiv, nicht jedoch unmittelbares Zurechnungselement. Für die Auslegung der abstrakten Reichweite einiger Tatbestandselemente kann der Versicherungsschutz relevant sein. Das vom Trennungsprinzip geprägte System aus Haftung und akzessorischer Versicherung darf dabei aber nicht vollkommen unterlaufen werden. Ein Tatbestandsmerkmal danach unterschiedlich auszulegen, ob im konkreten Einzelfall Versicherungsschutz besteht oder nicht, ist nicht möglich.

11. Grenzen einer fortschreitenden Haftungserweiterung ergeben sich aus dem *Verfassungsrecht*. Die unmittelbare Bindung der staatlichen Gewalt bei Erlass und Anwendung des Privatrechts führt zur mittelbaren Grundrechtswirkung innerhalb der Privatrechtssubjekte. Bei der Auflösung des Konflikts konkurrierender Grundrechte obliegt dem Gesetzgeber ein weiter Gestaltungsspielraum. Dem Rahmencharakter der Verfassung können nur Grenzbereiche und Mindestvoraussetzungen entnommen werden.

12. Aus Sicht des Haftenden ergeben sich Grenzbereiche, wenn die Beziehung aus Haftungsgrund und Haftungsfolgen außer Verhältnis gerät. Verglichen werden der Grad der individuellen Verantwortung auf der einen und die Belastungswirkung auf der anderen Seite. Als Ausdruck der Beziehung zum ebenfalls grundrechtlich geschützten Geschädigten markiert die Schadensverantwortung das „Stellrad“ zum Ausgleich der sich gegenüber stehenden Verfassungspositionen. Die Schadenshöhe allein kann nicht zur Verfassungswidrigkeit einer Haftungsregelung führen, da die Leistungsfähigkeit des Schuldners im Vollstreckungs- und Insolvenzrecht Beachtung findet. Es gibt deshalb keine verfassungsrechtlich gebotenen Haftungsobergrenzen.

13. Schadensfolgen zwischen den Grundrechtsträgern nach dem Prinzip individueller Verantwortung zuzuordnen, ist zur gerechten Schadenszuweisung geeig-

net, erforderlich und zumutbar. Abweichende Regelungen bedürfen einer im Plausibilitätsgrad vergleichbaren Rechtfertigung. Bei mangelnden sachlichen Gründen der Schadensverlagerung steht ihr das Willkürverbot entgegen. Trifft die Schadenslast ein Individuum, muss gewährleistet sein, dass das spezifische, dem Haftungsträger zuzurechnende Risiko vom allgemeinen Lebensrisiko abgegrenzt wird. Der Haftende muss dem Schaden „näher stehen" als der Geschädigte. Unzulässig sind ohne vollständige Kollektivierung der generelle Ausschluss des Mitverantwortlichkeitseinwandes und reine, normativ nicht beschränkte Kausalhaftungen sowie Modelle kausalunabhängiger Haftung. Konkret gilt für die Straßenverkehrsunfallhaftung z.B., dass gegenüber der Betriebsgefahr grob fahrlässige Verursachungen und die vorsätzliche Herbeiführung des Unfalls durch den Geschädigten nicht von vornherein vernachlässigt werden dürfen („unentschuldbares Fehlverhalten").

14. Gesetzgeberisch aktiv mit dem Haftungsrecht verzahnter *Versicherungsschutz* kann dazu führen, dass ein auf indivdiueller Ebene bedenkliches Verhältnis von Haftungsgrund und Schadensersatzpflicht in seinem Ausmaß abgemildert wird und durch die Verteilung auf eine Vielzahl von Risikoträgern sachlich gerechtfertigt ist. Wird zwischen strengem Haftungsrecht und angekoppeltem Versicherungsschutz eine saubere *Synchronisation* vorgenommen und werden hierdurch Individualbelastungen vermieden, können im Verhältnis von Schädiger und Geschädigtem auch vermeintlich überharte Verantwortlichkeitszuweisungen gerechtfertigt werden. Geschieht dies jedoch nicht vollständig, können gerade im System aus strenger Haftung und Haftpflichtversicherung nicht gerechtfertigte Haftungsergebnisse entstehen. Extreme Härtelagen wegen hoher Individualbelastung bei geringer individueller Schadensverantwortlichkeit bedürfen dann zumindest eines Korrektivs, z.B. mittels Reduktionsklausel.

15. Wegen sich aus Synchronisationsdefiziten ergebender Deckungslücken gerät etwa die neue Anhängerhalterhaftung in den Grenzbereich des verfassungsrechtlich Zulässigen. Bei nicht vollständiger Kollektivierung bedarf die Zurechnung normativer Beschränkungen anhand der Kriterien Gefahrenverantwortung und Gefahrenverwirklichung. Die existierenden „absoluten" Gefährdungshaftungstatbestände berücksichtigen das und sind insofern gerechtfertigt. Ähnliches gilt für *das angepeilte Haftungskonzept* im Verhältnis „starker" und „schwacher" Verkehrsteilnehmer. Es hält einer verfassungsrechtlichen Überprüfung im Wesentlichen stand. Zum erweiterten Schutz „schwacher" Verkehrsteilnehmer sind die geplanten Regelungen geeignet und im Zweifel auch als erforderlich anzusehen. Problematisch sind die stärkeren Belastungen der motorisierten Verkehrsteilnehmer bezüglich ihrer Eigenschäden. Dort versagt die Kollektivierung im Haftpflichtsystem, was unter Zumutbarkeitsgesichtspunkten in einigen Fällen nicht hinnehmbar ist. Vor Art. 3 I GG lässt sich die unterschiedliche Behandlung „schwacher" und „starker" Verkehrsteilnehmer rechtfertigen. Das Ungleichgewicht aus Risikoerzeugung und Risikoempfindlichkeit macht eine Differenzierung der Verantwortlichkeit nach der abstrakten Betriebsgefahr plausibel. Die

Prüfung der tatsächlichen Verwirklichung der konkreten Betriebsgefahr bleibt möglich und die maßgebliche Mitverantwortlichkeit des Geschädigten wird berücksichtigt. Mit anderen Schädigergruppen sind die motorisierten Verkehrsteilnehmer nicht vergleichbar, weswegen eine Sonderbehandlung nicht beanstandet werden kann.

16. Als allgemeine Grundsätze des Gemeinschaftsrechts können einer mitgliedstaatlichen Haftungsverschärfung *europarechtlich* ebenfalls Individualgrundrechte entgegenstehen, soweit der Anwendungsbereich des Gemeinschaftsrechts betroffen ist. Das ist der Fall, wenn die Mitgliedstaaten Gemeinschaftsrecht umsetzen oder vollziehen und wenn Grundfreiheiten beschränkt werden. Angesichts der sehr ähnlichen Gewährleistungen und des identischen Grundrechtskonflikts verlaufen die Grenzlinien parallel zu den auf deutscher Ebene herausgearbeiteten. Sekundärrechtliche Vorgaben für die materielle Straßenverkehrsunfallhaftung existieren derzeit nicht. Zukünftig sind insoweit aber Impulse zur weiteren Verschärfung der Halterhaftung zu erwarten. Deswegen sind neben den Grenzen für die mitgliedstaatliche Ausgestaltung auch die Schranken des Gemeinschaftsgesetzgebers von Interesse. Zweifelhaft ist eine Kompetenz zur Vereinheitlichung des materiellen Haftungsrechts. Der Schutz „schwacher" Verkehrsteilnehmer könnte der „sozialverträglichen" Verkehrspolitik zugeordnet werden. Eine allgemeine Kompetenz zur Vereinheitlichung des Haftungsrechts könnte sich aus der Relevanz der Haftungsgrundlagen für den Wettbewerb der Versicherungsunternehmen und damit für die Rechtsangleichung im Bereich der Haftpflichtversicherungen ergeben. Das deckt aber nicht jede Regelung haftungsrechtlicher Einstandspflichten, sondern nur solche, die in erster Line der Angleichung der Wettbewerbsbedingungen der Versicherungswirtschaft dienen. Neben der Kompetenz muss der Gemeinschaftsgesetzgeber die Gemeinschaftsgrundrechte mit den genannten Vorgaben beachten. Das deutsche Verfassungsrecht setzt ihm nach der Rechtsprechung des Bundesverfassungsgerichts über die Kompetenzenfrage hinaus nur insofern Grenzen, als die unabdingbaren Grundrechtsstandards des Grundgesetzes generell gewahrt werden müssen.

17. Die fortschreitende Europäisierung sollte der nationale Gesetzgeber unter *funktionalen* Gesichtspunkten auch bei der eigenständigen Fortentwicklung des Haftungsrechts beachten, um sich mit einer klaren, einfachen und funktionsfähigen Regelung einen „Wettbewerbsvorteil" bei der Rechtsangleichung zu verschaffen. Die funktionalen Leitlinien werden ansonsten primär durch die Funktionen und die Dogmatik des zu regelnden Rechtsbereiches vorgegeben. Das Haftungsrecht muss für die gerechte Risikozuständigkeit unter Abgrenzung der beteiligten Güter- und Freiheitssphären sorgen. Nach dem Gesagten folgt hieraus, die Schadenslast demjenigen aufzuerlegen, der für ihre Entstehung verantwortlich ist und denjenigen zu verschonen, dem die Entstehung des Schadens nicht zugerechnet werden kann. Es besteht daher die Notwendigkeit, die Mitverantwortung des Geschädigten zu berücksichtigen. Der Einwand der Mitverantwortlichkeit des Geschädigten ist insofern essenzieller Baustein einer gerechten

und nachvollziehbaren Schadenszuordnung. Vermeintliche Fehlgewichtungen in der Praxis können es nicht rechtfertigen, die Verantwortlichkeit des Geschädigten in Teilbereichen von vornherein außer Acht zu lassen. Vielmehr ist sie im Rahmen einer allgemeinen „Mitverschuldensklausel" angemessen zu gewichten. Eine Haftung ist weiterhin zu verneinen, wenn sich die als Haftungsanknüpfungspunkt dienenden Umstände nicht im Schaden verwirklicht haben. Für allgemeine Lebensrisiken oder für ausschließliche Verantwortungsbereiche Dritter sollte nicht gehaftet werden. Das Ausschlussmerkmal der „höheren Gewalt" ist insofern ein sachgerechtes Kriterium, denn es gewährleistet, dass der Schadenerfolg dem Haftenden normativ zugerechnet wird.

18. War weder der Schädiger noch der Geschädigte für den Schaden verantwortlich, ist alternativ über dessen Verteilung auf eine größere Gruppe nachzudenken. Haftpflichtversicherungslösungen erweisen sich insofern als zum Teil problematisch, da sie wie gesehen die Gefahr mangelnder Synchronisation bergen. Bei fehlender Deckung hat ein als bloße Versicherungskomponente konzipiertes strenges Haftungsrecht individuelle Konsequenzen für nicht verantwortliche Schädiger, was weder der Funktion des Haftungsrechts als solchem noch der Funktion im Verbund mit dem Versicherungsrecht entspricht. Konsequent, nicht lückenanfällig und deshalb systematisch vorzugswürdig ist in solchen Fällen eine Streuung mittels partieller First-Party-Versicherung.

19. Im Systemverbund mit den Versicherungen hat das Haftungsrecht weiterhin dafür zu sorgen, dass die Schadenskosten der verantwortlichen Risikogruppe zugeordnet werden. Auch hieraus ergibt sich die Notwendigkeit, den Einwand der Mitverantwortlichkeit des Geschädigten sowie normative Kriterien zur Bestimmung der Gefahrverwirklichung zu erhalten.

20. Insgesamt sollte das Recht der Risikoverteilung individuell zurechenbare Schäden den individuell Verantwortlichen und kollektivierungswürdige Schäden der richtigen Gemeinschaft zuweisen. *Canaris* hat zu Recht auf die vier unterschiedlichen Gruppen potenzieller Belastungsträger hingewiesen: den Betroffenen, ein anderes Privatrechtssubjekt, ein spezielles Kollektiv und die durch den Staat bzw. die Steuerlast verkörperte Allgemeinheit der Gesellschaftsmitglieder.[1743] Der Schaden muss demjenigen Träger zugewiesen werden, der in spezifischer Beziehung bzw. Sachnähe zu ihm steht, der „näher an ihm dran ist". Er verbleibt beim Betroffenen und dessen Vorsorgeverantwortung, wenn kein aus der Sachnähe folgender besonderer Grund zur Schadensabnahme besteht.[1744] Das Haftungsrecht regelt nur die Zuordnung zu einem anderen Privatrechtssubjekt bzw. einer speziellen Gruppe der Gesellschaft. Eine Sicherung erreichter Lebensstandards auch gegenüber allgemeinen Lebensrisiken kann und soll es nicht leisten. Sie ist als Ordnungsaufgabe des Haftungsrechts abzulehnen. Die

---

[1743] *Canaris*, Die Bedeutung der iustitia distributiva im deutschen Vertragsrecht, S. 91 f.

[1744] *Canaris*, Die Bedeutung der iustitia distributiva im deutschen Vertragsrecht, S. 91 ff.

existenzielle Basissicherung hat vielmehr im Rahmen der Sozialsysteme zu erfolgen und obliegt im Übrigen der Eigenverantwortung der Betroffenen. Der sachgerechte Weg zur Bewältigung von Schäden, die weder der Verantwortung eines Einzelnen noch der einer besonderen Gruppe zugeordnet werden können, besteht deshalb in First-Party-Sicherungsmechanismen auf Seiten des Geschädigten. Das Prinzip individueller Verantwortung sollte erhalten bleiben, da es für eine sachgerechte und effiziente Zuordnung der Freiheits- und Gütersphären sorgt. Es gilt hinsichtlich der Schadensbewältigung wie auch im Allgemeinen in Anlehnung an *Larenz*, die Qualität der Rechtsordnung dadurch zu verbessern, dass man sie auf einleuchtende Prinzipien gründet, die dem Bedürfnis nach Gerechtigkeit genüge tun.[1745] Dieses allgemeine Postulat, das weniger ein vollkommen erreichbares Ziel als vielmehr eine Blick- und eine stetige Entwicklungsrichtung vorgibt, steht Seite an Seite mit der nie vollends zu lösenden Aufgabe der Jurisprudenz, die *Zippelius* besonders eindrucksvoll beschrieben hat:[1746] *„Ewig auf der Suche nach Gerechtigkeit zu sein, sie nie endgültig und vollkommen fassen zu können und doch jeden Tag Interessenkonflikte zu einem gerechten Ausgleich bringen zu müssen, das ist die Not des Juristen.“*

[1745] *Larenz*, VersR 1963, S. 593.

[1746] *Zippelius*, Recht und Gerechtigkeit, S. 50.

Literaturverzeichnis

Abel, Paul: Bürgschaften zwischen Sittenwidrigkeitsrechtsprechung und insolvenzrechtlicher Restschuldbefreiung, Lohmar, Köln 2002.

Adams, Michael: Ökonomische Analyse der Gefährdungs- und Verschuldenshaftung, Heidelberg 1985.

- Das „Verursacherprinzip“ als Leerformel, JZ 1989, S. 787-789.

Aden, Menno: Bürgschaft vermögensloser Nahbereichspersonen versus insolvenzbedingte Restschuldbefreiung, Von einer überflüssigen Vorlage, NJW 1999, S. 3763-3764.

Ahrens, Hans-Jürgen: Die Beschränkung des Regresses der Sozialversicherungsträger gegen deliktische Schädiger, Zur Bewältigung der Folgen „kranker“ KFZ-Haftpflichtversicherungsverhältnisse durch § 76 Abs. 2 SGB IV und zur Diskussion um die Reduktion von Schadensersatzansprüchen, AcP 189 (1989), S. 526-558.

- Der Rechtsschutz des unversicherten deliktischen Schädigers beim Regreß des Sozialversicherungsträgers, NJW 1989, S. 1704-1708.

- Existenzvernichtung Jugendlicher durch Deliktshaftung?, Zu einer Fehlentscheidung des LG Dessau, VersR 1997, S. 1064-1066.

Alexy, Robert: Theorie der Grundrechte, Baden-Baden 1985.

Aristoteles: Nikomachische Ethik, übersetzt von Franz Dirlmeier, Darmstadt 1956.

Armbrüster, Christian: Abstufungen der Leistungsfreiheit bei grob fahrlässigem Verhalten des VN, VersR 2003, S. 675-682.

- Eigentumsschutz durch den Beseitigungsanspruch nach § 1004 I 1 BGB und durch Deliktsrecht, NJW 2003, S. 3087-3090.

Baldus, Christian: Codification of Private Law in the European Community: Legal Basis, Subsidiarity and Other Questions, Aus: Barrett, Gavin / Bernardeau, Ludovic (Hrsg.): Towards a European Civil Code, Reflections on the Codification of Civil Law in Europe, Trier 2002, S. 89-107.

Bälz, Ulrich: Ersatz oder Ausgleich?, Zum Standort der Gefährdungshaftung im Licht der neuesten Gesetzgebung, JZ 1992, S. 57-72.

Bamberger, Heinz Georg / Roth, Herbert (Hrsg.): Kommentar zum Bürgerlichen Gesetzbuch, Band 2, München 2003. (zitiert: *Bamberger/Roth-Bearbeiter*)

Banakas, Stathis: Thoughts on a New European Tort Law, Aus: Festschrift für Erwin Deutsch, zum 70. Geburtstag, hrsg. von Hans-Jürgen Ahrens, Köln, München 1999, S. 11-25.

Bangemann, Martin: Privatrechtsangleichung in der Europäischen Union, ZEuP 1994, S. 377-380.

Bar, Christian von: Verkehrspflichten, Richterliche Gefahrsteuerungsgebote im deutschen Deliktsrecht, Köln, Berlin, Bonn, München 1980.

\- Das „Trennungsprinzip“ und die Geschichte des Wandels der Haftpflichtversicherung, AcP 181 (1981), S. 289-327.

\- Deliktsrecht, Empfiehlt es sich, die Voraussetzungen der Haftung für unerlaubte Handlung mit Rücksicht auf die gewandelte Rechtswirklichkeit und die Entwicklung der Rechtsprechung und Lehre neu zu ordnen? Wäre es insbesondere zweckmäßig, die Grundtatbestände der §§ 823 Absätze 1 und 2, § 826 BGB zu erweitern und zu ergänzen?, Aus: Bundesminister der Justiz (Hrsg.): Gutachten und Vorschläge zur Überarbeitung des Schuldrechts, Band II, Köln 1981, S. 1681-1778.

\- Neues Verkehrshaftpflichtrecht in Frankreich, VersR 1986, S. 620-629.

\- Deliktsrecht in Europa, Systematische Einführungen, Gesetzestexte, Übersetzungen, Köln, Berlin, Bonn, München 1994.

\- Der Einfluß des Verfassungsrechts auf die westeuropäischen Deliktsrechte, RabelsZ 59 (1995), S. 203-228.

\- Gemeineuropäisches Deliktsrecht, Erster Band: Die Kernbereiche des Deliktsrechts, seine Angleichung in Europa und seine Einbettung in die Gesamtrechtsordnungen, München 1996. (zitiert v. *Bar*, Gemeineuropäisches Deliktsrecht I)

- Die Haftung von Nebentätern, Teilnehmern und Beteiligten in den kontinentalen Deliktsrechten der Europäischen Union, Aus: Festschrift für Hideo Nakamura zum 70. Geburtstag am 2. März 1996, hrsg. von Andreas Heldrich, Uchida Takeyoshi, Tokyo 1996, S. 17-39.

- Empfehlen sich gesetzgeberische Maßnahmen zur rechtlichen Bewältigung der Haftung für Massenschäden?, Gutachten A für den 62. Deutschen Juristentag, München 1998.

- Gemeineuropäisches Deliktsrecht, Zweiter Band: Schaden und Schadensersatz, Haftung für und ohne eigenes Fehlverhalten, Kausalität und Verteidigungsgründe, München 1999.
(zitiert *v. Bar*, Gemeineuropäisches Deliktsrecht II)

- Konturen des Deliktsrechtskonzepts der Study Group on a European Civil Code, Ein Werkstattbericht, ZEuP 2001, S. 515-532.

- Die Mitteilung der Europäischen Kommission zum Europäischen Vertragsrecht, ZEuP 2001, S. 799-804.

- On Drafting Principles of Tortious Liability, Aus: Barrett, Gavin / Bernardeau, Ludovic (Hrsg.): Towards a European Civil Code, Reflections on the Codification of Civil Law in Europe, Trier 2002, S. 67-73.

Baron, Julius: Der Mönchensteiner Eisenbahnunfall, AcP 81 (1893), S. 177-261.

Barrett, Gavin / Bernardeau, Ludovic (Hrsg.): Towards a European Civil Code, Reflections on the Codification of Civil Law in Europe, Trier 2002.

Bartlsperger, Richard: Die deliktsrechtliche Gefahrenverantwortung, Aus: Festschrift für Walter Leisner zum 70. Geburtstag, Freiheit und Eigentum, hrsg. von Josef Isensee, Helmut Lecheler, Berlin 1999, S. 1003-1032.

Bartsch, Hans-Jürgen: Die Harmonisierung des Kraftfahrhaftpflichtrechts - ein Beispiel europäischer Rechtspolitik, ZRP 1975, S. 240-243.

Basedow, Jürgen: Das BGB im künftigen europäischen Privatrecht: Der hybride Kodex, Systemsuche zwischen nationaler Kodifikation und Rechtsangleichung, AcP 200 (2000), S. 445-492.

- The European Union and the Harmonisation of Private Law, Aus: Barrett, Gavin / Bernardeau, Ludovic (Hrsg.): Towards a European Civil Code, Reflections on the Codification of Civil Law in Europe, Trier 2002, S. 47-56.

- Grundlagen des europäischen Privatrechts, JuS 2004, S. 89-96.

Baumann, Horst: Die deliktische Außenhaftung des Arbeitnehmers in der Privat- und Verfassungsordnung, BB 1994, S. 1300-1307.

Baumann, Karl W.: Harmonisierung des Europäischen Autorechts, Europäische Verkehrsrechtstage (Trier II), DAR 2001, S. 549-552.

Baums, Theodor: Die Einführung der Gefährdungshaftung durch F. C. von Savigny, ZRG 104 (1987), S. 277-282.

Becker, Desiree: Der Einfluß der Haftpflichtversicherung auf die Haftung, Sinzheim 1996.

Benöhr, Hans-Peter: Zur außervertraglichen Haftung im Gemeinen Recht, Aus: Festschrift für Max Kaser zum 70. Geburtstag, hrsg. von Dieter Medicus, Hans Hermann Seiler, München 1976, S. 689-713.

- Außervertragliche Schadensersatzpflicht ohne Verschulden?, Die Argumente der Naturrechtslehren und -kodifikationen, ZSS 98 (1976), S. 208-252.

- Die Redaktion der Paragraphen 823 und 826 BGB, Aus: Zimmermann, Reinhard (Hrsg.): Rechtsgeschichte und Privatrechtsdogmatik, Heidelberg 1999, S. 499-547.

Bernstorff, Christoph Einführung in das englische Recht, 2. Aufl. München 2000.

Bienenfeld, Rudolf: Die Haftung ohne Verschulden, Typenlehre und System der außergeschäftlichen Obligationen im deutschen, österreichischen und schweizerischen Recht, Berlin, Wien 1933.

Birk, Dieter: Steuerrecht, 5. Aufl. Heidelberg 2002.

Blankenburg, Erhard: Warum müssen Verkehrsunfälle vor Gericht?, ZRP 1997, S. 183-185.

Blaschczok, Andreas: Gefährdungshaftung und Risikozuweisung, Köln, Berlin, Bonn, München 1993.

- Kommentar zu Claus Ott / Hans-Bernd Schäfer: Anreiz- und Abschreckungsfunktion im Zivilrecht, Aus: Ott, Claus / Schäfer, Hans-Bernd (Hrsg.): Die Präventivwirkung zivil- und strafrechtlicher Sanktionen, Beiträge zum VI. Travemünder Symposium zur ökonomischen Analyse des Rechts vom 25.-28. März 1998, Tübingen 1999, S. 156-168. (zitiert *Bearbeiter*, in *Ott/Schäfer*, Präventivwirkung)

Bleckmann, Albert (Hrsg.): Europarecht, Das Recht der Europäischen Union und der Europäischen Gemeinschaften, 6. Aufl. Köln, Berlin, Bonn, München 1997.

Blomeyer, Jürgen: Zur zivilrechtlichen Haftung des gerichtlichen Sachverständigen, ZRP 1974, S. 214-221.

Blomeyer, Wolfgang: Beschränkung der Arbeitnehmerhaftung bei nicht gefahrgeneigter Arbeit - BAG-GS, NJW 1993, 1732, JuS 1993, S. 903-907.

Blumenwitz, Dieter: Einführung in das anglo-amerikanische Recht, Rechtsquellenlehre, Methode der Rechtsfindung, Arbeiten mit praktischen Rechtsfällen, 6. Aufl. München 1998.

Böckenförde, Ernst-Wolfgang: Grundrechte als Grundsatznormen, Zur gegenwärtigen Lage der Grundrechtsdogmatik, Der Staat 29 (1990), S. 1-31.

- Geschichte der Rechts- und Staatsphilosophie, Antike und Mittelalter, Tübingen 2002.

Bodewig, Theo: Probleme alternativer Kausalität bei Massenschäden, AcP 185 (1985), S. 505-558.

Bogdan, Michael (Hrsg.): Swedish Law in the New Millennium, Stockholm 2000.

Böhmer, Emil: Höhere Gewalt oder unabwendbares Ereignis?, JR 1972, S. 367-369.

- Gedanken zur Gefährdungshaftung bei Kraftfahrzeugen und Eisenbahnen, DAR 1974, S. 155-156.

Brenner, Michael: Grundgesetz und automobile Freiheit, DAR 2001, S. 559-564.

Brox, Hans / Walker, Wolf-D.: Zwangsvollstreckungsrecht, 7. Aufl. Köln, Berlin, Bonn, München 2003.

Brüggemeier, Gert: Prinzipien des Haftungsrechts, Eine systematische Darstellung auf rechtsvergleichender Grundlage, Baden-Baden 1999. (zitiert *Brüggemeier*, Prinzipien)

Buchner, Benedikt: Die Grenzen zulässiger Strafschadensersatzurteile nach der neuesten Rechtsprechung des US Supreme Court, Die State-Farm-Entscheidung als Anfang vom Ende exorbitanter punitive damages?, VersR 2003, S. 1203-1207.

Bullinger, Martin: Verfassungsrechtliche Aspekte der Haftung, Aus: Festschrift für Ernst von Caemmerer zum 70. Geburtstag, hrsg. von Hans Claudius Ficker, Detlef König, Karl F. Kreuzer, Hans G. Leser, Wolfgang Frhr. Marschall v. Bieberstein, Peter Schlechtriem, Tübingen 1978, S. 297-312.

Bundesminister der Justiz (Hrsg.): Gutachten und Vorschläge zur Überarbeitung des Schuldrechts, Band I, Köln 1981.

- Gutachten und Vorschläge zur Überarbeitung des Schuldrechts, Band II, Köln 1981.

Caemmerer, Ernst von: Reform der Gefährdungshaftung, Berlin, New York 1971.

- Das Verschuldensprinzip aus rechtsvergleichender Sicht, RabelsZ 42 (1978), S. 5-27.

Calabresi, Guido: The Cost of Accidents: A Legal and Economic Analysis, New Haven 1970.

Calliess, Christian / Ruffert, Matthias (Hrsg.): Kommentar des Vertrages über die Europäische Union und des Vertrages zur Gründung der Europäischen Gemeinschaft,
2. Aufl. Neuwied, Kriftel 2002.
(zitiert *Bearbeiter*, in *Calliess/Ruffert*)

Canaris, Claus-Wilhelm: Grundrechte und Privatrecht, AcP 184 (1984), S. 201-246.

- Verstöße gegen das verfassungsrechtliche Übermaßverbot im Recht der Geschäftsfähigkeit und im Schadensersatzrecht, JZ 1987, S. 993-1004.

- Grundrechtswirkungen und Verhältnismäßigkeitsprinzip in der richterlichen Anwendung und Fortbildung des Privatrechts, JuS 1989, S. 161-172.

- Die Verfassungswidrigkeit von § 828 II BGB als Ausschnitt aus einem größeren Problemfeld - Zugleich eine Besprechung des Vorlagebeschlusses des OLG Celle vom 26.5.1989, JZ 1990, S. 679-681.

- Die Gefährdungshaftung im Lichte der neueren Rechtsentwicklung, JBl 1995, S. 2-17.

- Die Bedeutung der iustitia distributiva im deutschen Vertragsrecht, München 1997.

- Grundrechte und Privatrecht - eine Zwischenbilanz, Berlin, New York 1999.

- Gewinnabschöpfung bei Verletzung des allgemeinen Persönlichkeitsrechts, Aus: Festschrift für Erwin Deutsch, zum 70. Geburtstag, hrsg. von Hans-Jürgen Ahrens, Köln, München 1999, S. 85-109.

- Handelsrecht, 23. Aufl. München 2000.

- Wandlungen des Schuldvertragsrecht - Tendenzen zu seiner „Materialisierung", AcP 200 (2000), S. 273-364.

Cane, Peter: Atihay's Accidents, Compensation and the Law, 6. Aufl. London, Edinburgh, Dublin 1999.
(zitiert *Atihay-Cane*)

Coderch, Pablo Salvador: Punitive Damages and Continental Law, ZEuP 2001, S. 604-616.

Coester, Michael: Die beschränkbare Haftung von Minderjährigen - schuldrechtliche Risiken und Nebenwirkungen, Aus: Festschrift für Werner Lorenz zum 80. Geburtstag, hrsg. von Thomas Rauscher, Heinz-Peter Mansel, München 2001, S. 113-146.

Coing, Helmut: Europäisches Privatrecht, Band I: Älteres Gemeines Recht, München 1985.
(zitiert *Coing*, Privatrecht I)

- Grundzüge der Rechtsphilosophie, 5. Aufl. Berlin, New York 1993.
(zitiert *Coing*, Rechtsphilosophie)

Conrad, Hermann: Deutsche Rechtsgeschichte, Band I: Frühzeit und Mittelalter, 2. Aufl. Karlsruhe 1962.
(zitiert *Conrad*, Rechtsgeschichte I)

Cordewener, Axel: Strafschadensersatz, ("Punitive Damages") im US-amerikanischen Law of Torts, JA 1998, S. 168-176.

Cousy, Herman A.: Tort Liability and Liability Insurance: A Difficult Relationship, Aus: Koziol, Helmut/Steininger, Barbara C. (Hrsg.): European Tort Law 2001, Wien, New York 2002, S. 18-55.

Damm, Reinhard: Die zivilrechtliche Haftung des gerichtlichen Sachverständigen, BGHZ 62, 54, JuS 1976, S. 359-363.

Däubler, Wolfgang: Der Reform des Schadensersatzrechts, JuS 2002, S. 626-630.

Deutsch, Erwin: Die Zwecke des Haftungsrechts, JZ 1971, S. 244-248.

- Methode und Konzept der Gefährdungshaftung, VersR 1971, S. 1-6.

- Tendenzen des modernen Arztrechts, VersR 1982, S. 305-307.

- Einschränkung des Mitverschuldens aus sozialen Gründen?, ZRP 1983, S. 137-139.

- Zivilrechtliche Verantwortlichkeit psychiatrischer Sachverständiger, VersR 1987, S. 113-116.

- Das neue System der Gefährdungshaftungen: Gefährdungshaftung, erweiterte Gefährdungshaftung und Kausal-Vermutungshaftung, NJW 1992, S. 73-77.

- Beweis und Beweiserleichterungen des Kausalzusammenhangs im deutschen Recht, Aus: Festschrift für Hermann Lange, zum 70. Geburtstag am 24. Januar 1992, hrsg. von Dieter Medicus, Hans-Joachim Mertens, Knut Wolfgang Nörr, Wolfgang Zöllner, Stuttgart, Berlin, Köln 1992, S. 433-445.

- Das „allgemeine Lebensrisiko“ als negativer Zurechnungsgrund, VersR 1993, S. 1041-1046.

- Die Wiederkehr der Fahrlässigkeit, Neuseeland definiert den „medizinischen Behandlungsfall“, VersR 1994, S. 381-384.

- Zivilrechtliche Haftung aus Aufopferung, Aus: Festschrift für Erich Steffen zum 65. Geburtstag am 28. Mai 1995, Der Schadensersatz und seine Deckung, hrsg. von Erwin Deutsch, Ernst Klingmüller, Hans Josef Kullmann, Berlin, New York 1995, S. 101-120.

- Fahrlässigkeit und erforderliche Sorgfalt, 2. Aufl. Köln, Berlin, Bonn, München 1995.

- Allgemeines Haftungsrecht, 2. Aufl. Köln, Berlin, Bonn, München 1996.
(zitiert *Deutsch*)

- Zurechnungszusammenhang, Rechtswidrigkeit und Verschulden, Aus: Festschrift für Dieter Medicus, zum

70. Geburtstag, hrsg. von Volker Beuthin, Maximilian Fuchs, Herbert Roth, Gottfried Schiemann, Andreas Wacke, München 1999, S. 77-88.

- Die Fahrlässigkeit im neuen Schuldrecht, AcP 202 (2002), S. 889-911.

- Das behindert geborene Kind als Anspruchsberechtigter, NJW 2003, S. 26-28.

Deutsch, Erwin / Ahrens, Hans-Jürgen: Deliktsrecht, Unerlaubte Handlungen, Schadensersatz, Schmerzensgeld, 4. Aufl. Köln, Berlin, Bonn, München 2002. (zitiert *Deutsch/Ahrens*)

Deutsche Akademie für Verkehrswissenschaft e.V. (Hrsg.): 30. Deutscher Verkehrsgerichtstag, Veröffentlichung der auf dem 30. Deutschen Verkehrsgerichtstag am 30. und 31. Januar 1992 in Goslar gehaltenen Referate und erarbeiteten Empfehlungen, Hamburg 1992.

- 40. Deutscher Verkehrsgerichtstag, Veröffentlichung der auf dem 40. Deutschen Verkehrsgerichtstag am 24. und 25. Januar 2002 in Goslar gehaltenen Referate und erarbeiteten Empfehlungen, Hamburg 2002.

Diederichsen, Uwe: Das Bundesverfassungsgericht als oberstes Zivilgericht - ein Lehrstück der juristischen Methodenlehre, AcP 198 (1998), S. 171-260.

Diehl, Heinz: Die Direktregulierung des Kfz-Unfallschadens durch den eigenen Haftpflichtversicherer, DAR 2001, S. 552-558.

Döbereiner, Stephan: Die Notwendigkeit eines Entschuldungsverfahrens, KTS 1998, S. 31-61.

Doehring, Karl: Staatsrecht der Bundesrepublik Deutschland, 3. Aufl. Frankfurt am Main 1984. (zitiert *Doehring*, Staatsrecht)

Dreher, Meinrad: Die Versicherung als Rechtsprodukt, Die Privatversicherung und ihre Gestaltung, Tübingen 1991. (zitiert *Dreher*, Privatversicherung)

Dreier, Ralf: Was ist Gerechtigkeit?, JuS 1996, S. 580-584.

Dreier, Thomas: Kompensation und Prävention, Rechtsfolgen unerlaubter Handlungen im Bürgerlichen, Immaterialgüter- und Wettbewerbsrecht, Tübingen 2002.

Drewitz, Hans-Dieter: Der Grundsatz: Die Versicherung folgt der Haftung, Mannheim 1977.

Dubischar, Roland: Die KFZ-Pflichtversicherung und ihre Wandlungen, Aus: Festgabe Zivilrechtslehrer 1934/1935, hrsg. von Walter Hadding, Berlin, New York 1999, S. 59-72.

Duden, Konrad u.a. (Hrsg.): Gerechtigkeit in der Industriegesellschaft, Karlsruhe 1972.

Dulckeit, Gerhard / Schwarz, Fritz / Waldstein, Wolfgang: Römische Rechtsgeschichte, 9. Aufl. München 1995. (zitiert *Dulckeit/Schwarz/Waldstein*)

Ebel, Friedrich / Thielmann, Georg: Rechtsgeschichte, Band I: Antike und Mittelalter, 2. Aufl. Heidelberg 1998. (zitiert *Ebel/Thielmann*, Bd. I)

Ebers, Martin: Haftungslücken beim Schadensersatz für Schulunfälle, NJW 2003, S. 2655-2657.

Ehlers, Dirk (Hrsg.): Europäische Grundrechte und Grundfreiheiten, Berlin 2003. (zitiert *Bearbeiter* in *Ehlers*, EuGR)

Ehrenzweig, Albert A.: Die Schuldhaftung im Schadenersatzrecht, Wien 1936. (zitiert *Ehrenzweig*, Schuldhaftung)

- Versicherung als Haftungsgrund, JBl 1950, S. 253-258.

Eidenmüller, Horst: Effizienz als Rechtsprinzip, Möglichkeiten und Grenzen der ökonomischen Analyse des Rechts, 2. Aufl. Tübingen 1998.

Eisenhardt, Ulrich: Deutsche Rechtsgeschichte, 3. Aufl. München 1999. (zitiert *Eisenhardt*)

Engel, Christoph: Zivilrecht als Fortsetzung des Wirtschaftsrechts mit anderen Mitteln, Rechtspolitische und verfassungsrechtliche Überlegungen am Beispiel des Haftungsrechts, JZ 1995, S. 213-218.

Erman: Bürgerliches Gesetzbuch, hrsg. von Harm Peter Westermann, 11. Aufl. Köln 2004. (zitiert *Erman-Bearbeiter*)

- 10. Aufl. Köln 2000. (zitiert *Erman-Bearbeiter*, 10. Aufl. [2000])

Esser, Josef: Grundlagen und Entwicklung der Gefährdungshaftung, Beiträge zur Reform des Haftpflichtrechts und zu seiner Wiedereinordnung in die Gedanken des allgemeinen Privatrechts, München, Berlin 1941. (zitiert *Esser*)

- Die Zweispurigkeit unseres Haftungsrechts, JZ 1953, S. 129-134.

Esser, Josef / Weyers, Hans-Leo: Schuldrecht, Band II: Besonderer Teil, Teilband 2: Gesetzliche Schuldverhältnisse, 8. Aufl. Heidelberg 2000.
(zitiert *Esser/Weyers*, Schuldrecht II 2)

Fasterling, Björn: Versicherungsverhältnisse in der Haftpflichtprüfung, Ein Blick nach Schweden zum außervertraglichen Haftungsrecht, ZEuP 2000, S. 229-253.

Faure, Michael G.: Kompensationsmodelle für Heilwesenschäden in Europa mit Ausblick auf die EG-Rechtsharmonisierung, ZEuP 2000, S. 575-600.

- How Law and Economics May Contribute to the Harmonisation of Tort Law in Europe, Aus: Zimmermann, Reinhard (Hrsg.): Grundstrukturen des Europäischen Deliktsrechts, Baden-Baden 2003, S. 31-82.

Feenstra, Robert: Zum Ursprung der deliktischen Generalklausel in den modernen europäischen Kodifikationen, ZEuP 2001, S. 585-594.

Ferid, Murad / Sonnenberger, Hans Jürgen: Das Französische Zivilrecht, Band 4/1.Teil, Ergänzungen, 2. Aufl. Heidelberg 1993.
(zitiert *Ferid/Sonnenberger*, Das Französische Zivilrecht 4/1)

Festgabe Zivilrechtslehrer 1934/1935: hrsg. von Walter Hadding, Berlin, New York 1999.

Festschrift für von Caemmerer, Ernst: zum 70. Geburtstag, hrsg. von Hans Claudius Ficker, Detlef König, Karl F. Kreuzer, Hans G. Leser, Wolfgang Frhr. Marschall v. Bieberstein, Peter Schlechtriem, Tübingen 1978.
(zitiert Festschrift für E. v. Caemmerer [1978])

Festschrift für Deutsch, Erwin: zum 70. Geburtstag, hrsg. von Hans-Jürgen Ahrens, Köln, München 1999.
(zitiert Festschrift für Deutsch [1999])

Festschrift für Dürig, Günter: zum 70. Geburtstag, Das akzeptierte Grundgesetz, hrsg. vom Hartmut Maurer, München 1990.
(zitiert Festschrift für Dürig [1990])

Festschrift für Kaser, Max: zum 70. Geburtstag, hrsg. von Dieter Medicus, Hans Hermann Seiler, München 1976.
(zitiert Festschrift für Kaser [1976])

Festschrift Krejci, Heinz: zum 60. Geburtstag, hrsg. von Erwin Bernat, Elisabeth Böhler, Arthur Weilinger, Zweiter Band: Zum Recht der Wirtschaft, Wien 2001.
(zitiert Festschrift für Krejci [2001])

Festschrift für Lange, Hermann: zum 70. Geburtstag am 24. Januar 1992, hrsg. von Dieter Medicus, Hans-Joachim Mertens, Knut Wolfgang Nörr, Wolfgang Zöllner, Stuttgart, Berlin, Köln 1992.
(zitiert Festschrift für Lange [1992])

Festschrift für Leisner, Walter: zum 70. Geburtstag, Freiheit und Eigentum, hrsg. von Josef Isensee, Helmut Lecheler, Berlin 1999.
(zitiert Festschrift für Leisner [1999])

Festschrift für Lorenz, Werner: zum siebzigsten Geburtstag, hrsg. von Bernhard Pfister, Michael R. Will, Tübingen 1991.
(zitiert Festschrift für W. Lorenz [1991])

- zum 80. Geburtstag, hrsg. von Thomas Rauscher, Heinz-Peter Mansel, München 2001.
(zitiert Festschrift für W. Lorenz [2001])

Festschrift für Medicus, Dieter: zum 70. Geburtstag, hrsg. von Volker Beuthin, Maximilian Fuchs, Herbert Roth, Gottfried Schiemann, Andreas Wacke, München 1999.
(zitiert Festschrift für Medicus [1999])

Festschrift für Nakamura, Hideo: zum 70. Geburtstag am 2. März 1996, hrsg. von Andreas Heldrich, Uchida Takeyoshi, Tokyo 1996.
(zitiert Festschrift für Nakamura [1996])

Festschrift für Rheinstein, Max: zum 70. Geburtstag am 5. Juli 1969, Ius Privatum Gentium, hrsg. von Ernst v. Caemmerer, Soia Mentschikoff, Konrad Zweigert, Band II: Nationales und vergleichendes Privatrecht, Tübingen 1969.
(zitiert Festschrift für Rheinstein II [1969])

Festschrift für Steffen, Erich: zum 65. Geburtstag am 28. Mai 1995, Der Schadensersatz und seine Deckung, hrsg. von Erwin Deutsch, Ernst Klingmüller, Hans Josef Kullmann, Berlin, New York 1995.
(zitiert Festschrift für Steffen [1995])

Festschrift für Steindorff, Ernst: zum 70. Geburtstag am 13.März 1990, hrsg. von Jürgen F. Baur, Klaus J. Hopt, K. Peter Mailänder, Berlin, New York 1990.
(zitiert Festschrift für Steindorff [1990])

Festschrift für Wiese, Günther: zum 70. Geburtstag, hrsg. von Peter Hanau, Egon Lorenz, Hans-Christoph Matthes, Neuwied, Kriftel 1998. (zitiert Festschrift für Wiese [1998])

Fikentscher, Wolfgang: Methoden des Rechts in rechtsvergleichender Darstellung, Band IV, Dogmatischer Teil, Tübingen 1977. (zitiert *Fikentscher*, Methoden IV)

\- Schuldrecht, 9. Aufl. Berlin, New York 1997. (zitiert *Fikentscher*)

Filthaut, Werner: Haftpflichtgesetz, 6. Aufl. München 2003. (zitiert *Filthaut*)

Fischer, Michael T.: Versicherungspflicht von Passagierhaftungsschäden bei Luftbeförderungen, - Eine Bestandsaufnahme -, VersR 2004, S. 1372-1376.

Fleischer, Holger: Schadensersatz für verlorene Chancen im Vertrags- und Deliktsrecht, JZ 1999, S. 766-775.

Fleming, John G. / Hellner, Jan / Hippel, Eike von (Hrsg.): Haftungsersetzung durch Versicherungsschutz, Länderberichte zum anglo-amerikanischen Recht und zum schwedischen Recht zusammen mit einem rechtsvergleichenden Generalbericht und einem Bericht über die Diskussion, Frankfurt am Main 1980.

Foerste, Ulrich: Insolvenzrecht, München 2003.

Frege, Michael C. / Keller, Ulrich / Riedel, Ernst (Hrsg.): Insolvenzrecht, Handbuch der Rechtspraxis, Band 3, 6. Aufl. München 2002. (zitiert *Frege/Keller/Riedel*)

Frommhold, Uwe: Haftpflicht ohne Haftung?, Bemerkungen zum Vorschlag für eine 5. Richtlinie über die Kfz-Haftpflichtversicherung, NZV 2003, S. 25-26.

\- Der „Rohrloch"-Fall und die Anwendung von § 830 I 2 BGB, JURA 2003, S. 403-410.

Fuchs, Karlhans: Die Änderungen im Verbraucherinsolvenzverfahren - Problemlösung oder neue Fragen?, NZI 2002, S. 239-244.

\- Die Änderungen im Restschuldbefreiungsverfahren - Problemlösung oder neue Fragen?, NZI 2002, S. 298-303.

Fuchs, Maximilian: Versicherungsschutz und Versicherbarkeit als Argumente bei der Schadensverteilung, AcP 191 (1991), S. 318-345.

- Zivilrecht und Sozialrecht, Recht und Dogmatik materieller Existenzsicherung in der modernen Gesellschaft, München 1992.

- Deliktsrecht, 3. Aufl. Berlin, Heidelberg, New York, London, Paris, Tokyo, Hong Kong, Barcelona, Budapest 2001.
(zitiert *Fuchs*)

Gadow, Olaf von: Die Zähmung des Automobils durch die Gefährdungshaftung, Eine Analyse der Entscheidungen des Reichsgerichts zu § 7 des Gesetzes über den Verkehr mit Kraftfahrzeugen vom 03.05.1909, Berlin 2002.

Geigel, Reinhart (Hrsg.): Der Haftpflichtprozeß, mit Einschluss des materiellen Haftpflichtrechts, hrsg. v. Günter Schlegelmilch, 24. Aufl. München 2004.
(zitiert *Geigel-Bearbeiter*)

Geiß, Karlmann / Greiner, Hans-Peter: Arzthaftpflichtrecht, 4. Aufl. München 2001.

Georges, Karl Ernst: Ausführliches Lateinisch-Deutsches Handwörterbuch, Erster Band, unveränderter Nachdruck der 8. Aufl. von 1913, Darmstadt 1998.
(zitiert *Georges*, Handwörterbuch)

Gerlach, Jürgen von: Gewinnherausgabe bei Persönlichkeitsverletzungen nach schweizer Vorbild?, Das Anspruchssystem der Schweiz und Deutschlands im Vergleich, VersR 2002, S. 917-927.

Gierke, Julius von: Die Haftpflichtversicherung und ihre Zukunft, ZHR, 60 (1907), S. 1-66.

- Versicherungsrecht unter Ausschluß der Sozialversicherung, Band I, Stuttgart 1937.
(zitiert *J. v. Gierke*, Versicherungsrecht I)

- Versicherungsrecht unter Ausschluß der Sozialversicherung, Band II, Stuttgart 1947.
(zitiert *J. v. Gierke*, Versicherungsrecht II)

Gierke, Otto von: Die soziale Aufgabe des Privatrechts, Aus: Wolf, Erik (Hrsg.): Quellenbuch zur Geschichte der Deutschen Rechtswissenschaft, Gustav Radbruch zum siebzigsten Geburtstag, 21.11.1948, Frankfurt am Main 1949, S. 478-511.

- Deutsches Privatrecht, Dritter Band, Schuldrecht, München, Leipzig 1917. (zitiert *v. Gierke*, Privatrecht)

Goecke, Klaus: Die unbegrenzte Haftung Minderjähriger im Deliktsrecht, Bewertung, Änderungsmöglichkeiten und Änderungsvorschlag auf der Grundlage einer rechtsvergleichenden Untersuchung, Berlin 1997.

- Unbegrenzte Haftung Minderjähriger?, NJW 1999, S. 2305-2310.

Gold, Steve: Causation in Toxic Torts: Burdens of Proof, Standards of Persuation, and Statistical Evidence, Yale Law Journal, 96 (1986), S. 376-402.

Greger, Reinhard: Beweis und Wahrscheinlichkeit, Köln, Berlin, Bonn, München 1978.

- Mitverschulden und Schadensminderungspflicht - Treu und Glauben im Haftungsrecht?, NJW 1985, S. 1130-1134.

- Anmerkung zu OLG München v. 9.5.1989 - 9 VA 3/89, NJW 1989, S. 3103-3104.

- Haftungsrecht des Straßenverkehrs, 3. Aufl. Berlin, New York 1997.
(zitiert *Greger*)

- Überlegungen zur Zivilprozessreform aus verkehrsrechtlicher Sicht, NZV 2001, S. 1-6.

- Stellungnahme zum Entwurf eines Zweiten Gesetzes zur Änderung schadensersatzrechtlicher Vorschriften - (BT-Drs 14/7752), NZV 2002, S. 222-224.

Großfeld, Bernhard / Mund, Birgit: Die Haftung der Eltern nach § 832 I BGB, FamRZ 1994, S. 1504-1509.

Gruber, Markus: Freiheitsschutz als ein Zweck des Deliktsrechts, Versuch einer methodengerechten Begründung, Berlin 1998.

Grundmann, Stefan: Methodenpluralismus als Aufgabe, Zur Legalität von ökonomischen und rechtsethischen Argumenten in Auslegung und Rechtsanwendung, RabelsZ, 61 (1997), S. 423-453.

- Harmonisierung, Europäischer Kodex, Europäisches System der Vertragsrechte - Die Perspektiven der Kommissionsmitteilung zum Europäischen Vertragsrecht, NJW 2002, S. 393-396.

Grüneberg, Christian: Haftungsquoten bei Verkehrsunfällen, Eine systematische Zusammenstellung veröffentlichter Entscheidungen nach dem StVG, 8. Aufl. München 2004. (zitiert *Grüneberg*, Haftungsquoten)

Guckelberger, Annette: Die Drittwirkung der Grundrechte, JuS 2003, S. 1151-1157.

Güllemann, Dirk: Ausgleich von Verkehrsunfallschäden im Licht internationaler Reformprojekte, Untersuchungen zur Einführung einer obligatorischen Unfall- und Sachversicherung, Berlin 1969. (zitiert *Güllemann*)

- Der Ausgleich von Verkehrsunfallschäden - ein ungelöstes Problem, ZRP 1974, S. 35-43.

Hagen, Horst: Der nachbarrechtliche Ausgleichsanspruch nach § 906 Abs. 2 Satz 2 BGB als Musterlösung und Lösungsmuster - Rechtsfortbildung in mehreren Etappen, Aus: Festschrift für Hermann Lange, zum 70. Geburtstag am 24. Januar 1992, hrsg. von Dieter Medicus, Hans-Joachim Mertens, Knut Wolfgang Nörr, Wolfgang Zöllner, Stuttgart, Berlin, Köln 1992, S. 483-507.

Hager, Günter: Der Vorschlag einer europäischen Richtlinie zur Umwelthaftung, JZ 2002, S. 901-911.

Hager, Günter / Leonhard, Marc: Maßnahmen zur rechtlichen Bewältigung der Haftung für Massenschäden, ZRP 1998, S. 302-307.

Hager, Johannes: Grundrechte im Privatrecht, JZ 1994, S. 373-383.

Hanau, Peter: Rückwirkungen der Haftpflichtversicherung auf die Haftung, VersR 1969, S. 291-298.

Hannak, Karl: Die Verteilung der Schäden aus gefährlicher Kraft, Grundsätze einer Schadensordnung für die Gefahren der modernen Technik, Tübingen 1960. (zitiert *Hannak*, Verteilung)

Hattenhauer, Hans: Grundbegriffe des Bürgerlichen Rechts, Historisch-dogmatische Einführung, 2. Aufl. München 2000. (zitiert *Hattenhauer*, Grundbegriffe)

Haupfleisch, Hugo: Forderungen aus der Praxis für menschengerechten Schadenersatz, DAR 2003, S. 403-409.

Hausmaninger, Herbert: Das Schadensersatzrecht der lex Aquilia, 5. Aufl. Wien 1996. (zitiert *Hausmaninger*)

Hausmaninger, Herbert / Selb, Walter: Römisches Privatrecht, 8. Aufl., Wien, Köln, Weimar 1997. (zitiert *Hausmaninger/Selb*)

Hay, Peter: US-Amerikanisches Recht, München 2000.

Heldrich, Andreas: Die allgemeinen Rechtsgrundsätze der außervertraglichen Schadenshaftung im Bereich der Europäischen Wirtschaftsgemeinschaft, Frankfurt am Main, Berlin 1961. (zitiert *Heldrich*, Rechtsgrundsätze)

Hellmann, Wolfram: Die Behandlung der Regreßansprüche gegenüber den „Superprivilegierten" im französischen Kfz-Haftungsrecht, VersR 1989, S. 775-778.

Henckel, Wolfram: Richter im demokratischen und sozialen Rechtsstaat, JZ 1987, S. 209-215.

Henkel, Heinrich: Einführung in die Rechtsphilosophie, Grundlagen des Rechts, München 1977. (zitiert *Henkel*, Rechtsphilosophie)

Henssler, Martin / Müller, Carsten: Kurzkommentar zu BVerfG, Beschl. v. 12.8.2002 - 1 BvR 399/02, EWiR 2003, S. 165-166.

Hentschel, Peter: Änderungen im Haftungsrecht des Straßenverkehrs durch das Zweite Gesetz zur Änderung schadensersatzrechtlicher Vorschriften vom 19.7.2002, NZV 2002, S. 433-443.

\- Straßenverkehrsrecht, 38. Aufl. München, 2005. (zitiert *Hentschel*)

Herdegen, Matthias: Europarecht, 5. Aufl. München 2003. (zitiert *Herdegen*)

Herzog, Roman: Die Bedeutung des Verkehrsrechts in einer mobilen Gesellschaft, Aus: Deutsche Akademie für Verkehrswissenschaft e.V. (Hrsg.): 30. Deutscher Verkehrsgerichtstag, Veröffentlichung der auf dem 30. Deutschen Verkehrsgerichtstag am 30. und 31. Januar 1992 in Goslar gehaltenen Referate und erarbeiteten Empfehlungen, Hamburg 1992, S. 25-33.

Hesse, Hans Albrecht / Kauffmann, Peter: Die Schutzpflicht in der Privatrechtsprechung, JZ 1995, S. 219-223.

Hesse, Konrad: Verfassungsrecht und Privatrecht, Heidelberg 1988.

\- Grundzüge des Verfassungsrechts der Bundesrepublik Deutschland, 20. Aufl. Heidelberg 1995.

(zitiert *Hesse*, Grundzüge des Verfassungsrechts)

Hillgruber, Christian: Grundrechtsschutz im Vertragsrecht - zugleich: Anmerkung zu BVerfG NJW 1990, 1469, AcP 191 (1991), S. 69-86.

Hilse, Karl: Empfiehlt sich und in welchem Umfange die Ausdehnung der Haftpflicht auf Fahrzeuge, welche unabhängig von Schienensträngen auf öffentlichen Straßen durch elementare Kraft bewegt werden?, Aus: Verhandlungen des Sechsundzwanzigsten Deutschen Juristentages, hrsg. vom Schriftführer-Amt der ständigen Deputation des Deutschen Juristentages, Erster Band (Gutachten), Berlin 1902, S. 27-55.

Hinrichs, Thomas: Die Berücksichtigung des Mitverschuldens bei der Haftung für Personenschäden im französischen und deutschen Recht, Baden-Baden 1991.
(zitiert *Hinrichs*, Die Berücksichtigung des Mitverschuldens bei der Haftung für Personenschäden)

Hippel, Eike von: Grenzen und Wesensgehalt der Grundrechte, Berlin 1965.

- Schadensausgleich bei Verkehrsunfällen, NJW 1967, S. 1729-1737.

- Schadensausgleich bei Verkehrsunfällen, Haftungsersetzung durch Versicherungsschutz, Tübingen 1968.
(zitiert *v. Hippel*, Haftungsersetzung)

- Zur Haftung Aufsichtspflichtiger für durch Kinder verursachte Schäden, Ein Ruf nach Reform, FamRZ 1968, S. 574-575.

- Reform des Regresses der Sozialversicherer?, ZRP 1972, S. 49-51.

- Schadensausgleich bei Verkehrsunfällen - mögliche Wege einer Reform, ZRP 1973, S. 27-30.

- Haftungsersetzung durch Volksunfallversicherung?, Das neuseeländische Beispiel, ZRP 1976, S. 252-254.

- Unfallrecht: Vorbeugen ist besser als heilen, JZ 1977, S. 706-710.

- Rechtspolitik, Ziele-Akteure-Schwerpunkte, Berlin 1992.

- Ungerechtigkeiten im Schadensrecht wegen Mißachtung des Verursacherprinzips?, ZRP 1998, S. 203-205.

- Nochmals: Existenzvernichtung Jugendlicher durch Deliktshaftung?, VersR 1998, S. 26-27.

- Schadensausgleich bei Verkehrsunfällen: Haftungsersetzung durch Versicherungsschutz?, NZV 1999, S. 313-316.

- Erfahrungen und Reflexionen, Aus: Festgabe Zivilrechtslehrer 1934/1935, hrsg. von Walter Hadding, Berlin, New York 1999, S. 195-205.

- Ruinöse Haftung von Eltern und Minderjährigen?, FamRZ 2001, S. 748.

Hirsch, Günter: Verkehrsrecht in Europa, DAR 2000, S. 500-505.

Hirte, Heribert / Otte, Karsten / Willamowski, Marcus: Die Rechtsentwicklung im Haftungsrecht in den Vereinigten Staaten von Amerika von 1996 bis 2000 (Teil 1), VersR 2002, S. 678-685.

Hohloch, Gerhard: Allgemeines Schadensrecht, Empfiehlt sich eine Neufassung der gesetzlichen Regelung des Schadensrechts (§§ 249 - 255 BGB)?, Aus: Bundesminister der Justiz (Hrsg.): Gutachten und Vorschläge zur Überarbeitung des Schuldrechts, Band I, Köln 1981, S. 375-478.

Hommel, Ulf: Grundrechtsschutz im Gemeinschaftsrecht, Defizite und Wege zu ihrer Behebung, Eine Untersuchung anhand der Rechtsprechung des EuGH zur Bananenmarkt-Verordnung, Regensburg 2002.

Honsell, Heinrich: Die Reform der Gefährdungshaftung, ZSR, 116 (1997), S. 297-314.

Honsell, Heinrich / Mayer-Maly, Theo / Selb, Walter: Römisches Recht, 4. Aufl. Berlin, Heidelberg, New York, London, Paris, Tokyo 1987.
(zitiert *Honsell/Mayer-Maly/Selb*)

Hopt, Klaus: Anmerkung zu BGH v. 18.12.1973 (VI ZR 113/71), JZ 1974, S. 551-555.

Huber, Christian: Die schadensersatzrechtliche Einstandspflicht bei einem Verkehrsunfall - nicht mehr bloß eine Angelegenheit des nationalen Gesetzgebers?, zfs 2001, S. 529-531.

- Künftige Änderungen im deutschen und europäischen Schadensersatzrecht, ZVR 2002, S. 38-46.

- Kraftfahrzeug-Unfall in Europa, - Der Schutz schwacher Verkehrsteilnehmer -, Aus: Deutsche Akademie für Verkehrswissenschaft e.V. (Hrsg.): 40. Deutscher

Verkehrsgerichtstag, Veröffentlichung der auf dem 40. Deutschen Verkehrsgerichtstag am 24. und 25. Januar 2002 in Goslar gehaltenen Referate und erarbeiteten Empfehlungen, Hamburg 2002, S. 214-224.

\- Das neue Schadensersatzrecht, Bonn 2003.

Isensee, Josef: Umverteilung durch Sozialversicherungsbeiträge: eine finanzverfassungsrechtliche Studie über den Solidarausgleich in der Gesetzlichen Krankenversicherung, Berlin 1973.

Isensee, Josef / Kirchhof, Paul (Hrsg.): Handbuch des Staatsrechts der Bundesrepublik Deutschland, Band V: Allgemeine Grundrechtslehren, 2. Aufl. Heidelberg 2000.
(zitiert *Isensee/Kirchhof-Bearbeiter*, Handbuch des Staatsrechts, Bd. V)

Jansen, Nils: Auf dem Weg zu einem europäischen Haftungsrecht, ZEuP 2001, S. 30-65.

\- Grundstrukturen eines Europäischen Deliktsrechts, ZEuP 2002, S. 641-644.

\- Tagespolitik, Wertungswandel und Rechtsdogmatik, Zur Reform des Schadensersatzrechts 2002, JZ 2002, S. 964-969.

\- Die Struktur des Haftungsrechts, Geschichte, Theorie und Dogmatik außervertraglicher Ansprüche auf Schadensersatz, Tübingen 2003.

Jarass, Hans D. / Pieroth, Bodo: Grundgesetz für die Bundesrepublik Deutschland, Kommentar, 7. Aufl. München 2004
(zitiert *Jarass/Pieroth-Bearbeiter*)

Jayme, Erik / Hausmann, Rainer: Internationales Privat- und Verfahrensrecht, Textausgabe, 11. Aufl. München 2002.
(zitiert *Jayme/Hausmann*)

Jescheck, Hans-Heinrich / Weigand, Thomas: Lehrbuch des Strafrechts, Allgemeiner Teil, 5. Aufl. Berlin 1996.
(zitiert *Jescheck/Weigand*)

Jhering, Rudolph von: Das Schuldmoment im Römischen Privatrecht, Gießen 1867.

\- Der Zweck im Recht, hrsg. von Christian Helfer, Erster Band: Nachdruck der 4. Aufl. von 1904, Zweiter Band: Nachdruck der 4. Aufl. von 1905, Hildesheim, New York 1970.

Joergensen, Stig: „Bürgerliches Mittelmaß“, Aus: Festschrift für Erich Steffen zum 65. Geburtstag am 28. Mai 1995, Der Schadensersatz und seine Deckung, hrsg. von Erwin Deutsch, Ernst Klingmüller, Hans Josef Kullmann, Berlin, New York 1995, S. 204-212.

Karollus, Martin: Abschneiden des Mitverschuldenseinwandes im Verkehrshaftpflichtrecht?, Zugleich eine Buchbesprechung, ZfRV 1992, S. 161-167.

Kaser, Max: Der römische Anteil am deutschen bürgerlichen Recht, JuS 1967, S. 337-344.

\- Das Römische Privatrecht, Erster Abschnitt: Das altrömische, das vorklassische und das klassische Recht, 2. Aufl. München 1971.
(zitiert *Kaser*, Privatrecht I)

Kaser, Max / Hackl, Karl: Das Römische Zivilprozeßrecht, 2. Aufl. München 1996.
(zitiert *Kaser/Hackl*, Zivilprozeßrecht)

Kaser, Max / Knütel, Rolf: Römisches Privatrecht, 17. Aufl. München 2003.

Katzenmeier, Christian: Arzthaftung, Tübingen 2002.

\- Die Neuregelung des Anspruchs auf Schmerzensgeld, JZ 2002, S. 1029-1036.

\- Überlagerungen des Schadensrechts durch das Versicherungsrecht, VersR 2002, S. 1449-1456.

\- Zur neueren dogmengeschichtlichen Entwicklung der Deliktstatbestände, AcP 203 (2003), S. 79-118.

\- Beweismaßreduzierung und probabilistische Proportionalitätshaftung, ZZP 117 (2004), S. 187-216.

Kaufmann, Arthur: Über Gerechtigkeit, Dreißig Kapitel praxisorientierter Rechtsphilosophie, Köln, Berlin, Bonn, München 1993.
(zitiert *Kaufmann*, Gerechtigkeit)

Kaufmann, Horst: Rezeption und Usus Modernus der Actio Legis Aquiliae, Köln, Graz 1958.
(zitiert *H. Kaufmann*, Rezeption und Usus Modernus)

Kern, Bernd-Rüdiger: Die Genugtuungsfunktion des Schmerzensgeldes - ein pönales Element im Schadensrecht?, AcP 191 (1991), S. 247-272.

Kiefer, Thomas: Die Aquilische Haftung im „Allgemeinen Landrecht für die Preußischen Staaten“ von 1794, Pfaffenweiler 1989.
(zitiert *Kiefer*)

Kirchhof, Paul: Verkehrspolitik im Lichte des deutschen Verfassungsrechts, DRiZ 1995, S. 253-260.

Kloepfer, Michael: Umweltrecht, 2. Aufl. München 1998.

Knöfel, Oliver: Anwaltshaftung und Verfassungsrecht, Kein Grundrecht auf haftungsfreie berufliche Schlechtleistung, AnwBl 2004, S. 76-82.

Koch, Bernhard A.: Die Sachhaftung, Beiträge zu einer Neuabgrenzung der sogenannten Gefährdungshaftung im System des Haftungsrechts, Berlin 1992.

Koch, Bernhard A. / Koziol, Helmut (Hrsg.): Unification of Tort Law: Strict Liability, The Hague/London/New York 2002.

Kocher, Eva: Entschuldung jetzt auch für mittellose Schuldner?, Zur Teilreform des Insolvenzverfahrens durch das InsOÄndG, DZWIR 2002, S. 45-53.

Körner, Martina: Zur Aufgabe des Haftungsrechts - Bedeutungsgewinn präventiver und punitiver Elemente, NJW 2000, S. 241-246.

Kohte, Wolfhard / Ahrens, Martin / Grote, Hugo (Hrsg.): Verfahrenskostenstundung, Restschuldbefreiung und Verbraucherinsolvenzverfahren, 2. Aufl. Neuwied, Kriftel 2002.
(zitiert *Kohte/Ahrens/Grote-Bearbeiter*)

Kötz, Hein: Haftung für besondere Gefahr, Generalklausel für die Gefährdungshaftung, AcP 170 (1970), S. 1-41.

\- Sozialer Wandel im Unfallrecht, Karlsruhe, Heidelberg 1976.

\- Die Reform des Unfallrechts in Großbritannien, Zum Bericht der Pearson Commission, VersR 1979, S. 585-594.

\- Gefährdungshaftung, Empfiehlt sich eine Vereinheitlichung und Zusammenfassung der gesetzlichen Vorschriften über die Gefährdungshaftung im BGB und erscheint es erforderlich, das Recht der Gefährdungshaftung weiterzuentwickeln?, Aus: Bundesminister der Justiz (Hrsg.): Gutachten und Vorschläge zur Überarbeitung des Schuldrechts, Band II, Köln 1981, S. 1779-1834.

- Ziele des Haftungsrechts, Aus: Festschrift für Ernst Steindorff, zum 70. Geburtstag am 13.März 1990, hrsg. von Jürgen F. Baur, Klaus J. Hopt, K. Peter Mailänder, Berlin, New York 1990, S. 643-666.

- Zum Mitverschuldenseinwand bei der Haftung für Verkehrsunfälle, ZEuP 1997, S. 496-503.

Kötz, Hein / Schäfer, Hans-Bernd: Schadensverhütung durch ökonomische Anreize, Eine empirische Untersuchung, AcP 189 (1989), S. 501-525.

Kötz, Hein / Wagner, Gerhard: Deliktsrecht, 9. Aufl. Neuwied, Kriftel 2001. (zitiert *Kötz/Wagner*)

Koziol, Helmut: Objektivierung des Fahrlässigkeitsmaßstabes im Schadensersatzrecht?, AcP 196 (1996), S. 593-610.

- Rechtswidrigkeit, bewegliches System und Rechtsangleichung, JBl 1998, S. 619-627.

- Ein europäisches Schadenersatzrecht - Wirklichkeit und Traum, JBl 2001, S. 29-38.

- Die „Principles of European Tort Law“ der „European Group on Tort Law“, ZEuP 2004, S. 234-259.

Koziol, Helmut / Steininger, Barbara C. (Hrsg.): European Tort Law 2001, Wien, New York 2002.

Kraft, Alfons / Kreutz, Peter: Gesellschaftsrecht, 11. Aufl. Neuwied, Kriftel 2000.

Krause, Rüdiger: Haftungsbegrenzung kraft Verfassungsrechts?, JR 1994, S. 494-499.

Kreuzer, Karl: Prinzipien des deutschen außervertraglichen Haftungsrechts, Eine Skizze, Aus: Festschrift für Werner Lorenz zum siebzigsten Geburtstag, hrsg. von Bernhard Pfister, Michael R. Will, Tübingen 1991, S. 123-141.

Krüger, Ulrich: Angehörigenbürgschaften - Keine Sittenwidrigkeit des Vertrages bei Möglichkeit der Restschuldbefreiung?, MDR 2002, S. 855-858.

Krugmann, Michael: Gleichheit, Willkür und Evidenz, JuS 1998, S. 7-13.

Kuhlen, Lothar: Strafrechtliche Grenzen der zivilrechtlichen Deliktshaftung Minderjähriger?, Zugleich eine Anmerkung zum Vorlagebeschluss des OLG Celle vom 26.5.1989 (4 U 53/88), JZ 1990, S. 273-279.

Küppersbusch, : Gerhard: Neue Regulierungsverfahren in der Kfz-Haftpflichtversicherung, Können wir von anderen europäischen Ländern lernen?, Karlsruhe 1998.

Landes, William M. / Posner, Richard A.: The Economic Structure of Tort Law, Cambridge 1987.

Lang, Herbert / Stahl, Kerstin / Suchomel, Andreas: Die Unfallregulierung nach neuem Schadensersatzrecht, NZV 2003, S. 441-447.

Lange, Hermann: Schadensersatz und Privatstrafe in der mittelalterlichen Rechtstheorie, Münster, Köln 1955. (zitiert *Lange*, Schadensersatz und Privatstrafe)

\- Schadensersatz, 2. Aufl. Tübingen 1990. (zitiert *Lange*, Schadensersatz, 2.Aufl. [1990])

Lange, Hermann / Hagen, Horst: Wandlungen des Schadensersatzrechts, Heidelberg 1987.

Lange, Hermann / Schiemann, Gottfried: Schadensersatz, 3. Aufl. Tübingen 2003. (zitiert *Lange/Schiemann*)

Larenz, Karl: Die Schadenshaftung nach dem Wasserhaushaltsgesetz im System der zivilrechtlichen Haftungsgründe, VersR 1963, S. 593-605.

\- Richtiges Recht, Grundzüge einer Rechtsethik, München 1979.

\- Lehrbuch des Schuldrechts, Erster Band: Allgemeiner Teil, 14. Aufl. München 1987. (zitiert *Larenz*, Schuldrecht I)

\- Methodenlehre der Rechtswissenschaft, 6. Aufl. Berlin, Heidelberg, New York, London, Paris, Tokyo, Hong Kong, Barcelona, Budapest 1991. (zitiert *Larenz*, Methodenlehre)

Larenz, Karl / Canaris, Claus-Wilhelm: Lehrbuch des Schuldrechts, Zweiter Band: Besonderer Teil, 2. Halbband, 13. Aufl. München 1994. (zitiert *Larenz/Canaris*, Schuldrecht II 2)

Laufs, Adolf: Unglück und Unrecht, Ausbau oder Preisgabe des Haftungssystems?, Heidelberg 1994.

Lege, Joachim: Die allgemeine Handlungsfreiheit gemäß Art. 2 I GG, JURA 2002, S. 753-761.

Leisner, Walter: Grundrechte und Privatrecht, München 1960.

- Gefährdungshaftung im öffentlichen Recht?, VVDStRL 20 (1963), S. 185-245.

- Sozialversicherung und Privatversicherung: dargestellt am Beispiel der Krankenversicherung, Berlin 1974.

- „Abwägung überall" - Gefahr für den Rechtsstaat, NJW 1997, S. 636-639.

Lemcke, Hermann: Gefährdungshaftung im Straßenverkehr unter Berücksichtigung der Änderungen durch das 2. SchadÄndG, zfs 2002, S. 318-328.

Lemor, Ulf: Gleicher Schadensersatz für Verkehrsopfer in Europa?, Diskrepanzen in Haftung und Durchsetzung, Aus: Deutsche Akademie für Verkehrswissenschaft e.V. (Hrsg.): 30. Deutscher Verkehrsgerichtstag, Veröffentlichung der auf dem 30. Deutschen Verkehrsgerichtstag am 30. und 31. Januar 1992 in Goslar gehaltenen Referate und erarbeiteten Empfehlungen, Hamburg 1992, S. 71-84.

- Vierte Kraftfahrzeughaftpflicht-Richtlinie - Inhalt, Umsetzung und offene Fragen, NJW 2002, S. 3666-3669.

Lenz, Lukas: Haftung ohne Verschulden in deutscher Gesetzgebung und Rechtswissenschaft des 19. Jahrhunderts, Untersuchungen zur Entstehung des Haftungsrechts im BGB, Münster 1995.
(zitiert *Lenz*, Haftung ohne Verschulden)

Lepa, Manfred: Die Einwirkung der Grundrechte auf die Anwendung des Deliktsrechts in der Rechtsprechung des Bundesgerichtshofs, Aus: Festschrift für Erich Steffen zum 65. Geburtstag am 28. Mai 1995, Der Schadensersatz und seine Deckung, hrsg. von Erwin Deutsch, Ernst Klingmüller, Hans Josef Kullmann, Berlin, New York 1995, S. 261-272.

Lewaszkiewicz-Petrykowska, Biruta: Die deliktsrechtliche Verantwortlichkeit auf der Grundlage des Risikoprinzips, Aus: Weick, Günter (Hrsg.): Entwicklung des Deliktsrechts in rechtsvergleichender Sicht, Frankfurt am Main 1987, S. 206-207.

Lieb, Manfred: Anmerkung zu BGH VI ZR 303/93 v. 11.10.1994, MDR 1995, S. 992-993.

Limbach, Jutta: Verkehrsrecht in guter Verfassung?, NZV 2001, S. 97-100.

Looschelders, Dirk: Bewältigung des Zufalls durch Versicherung, VersR 1996, S. 529-540.

- Die Mitverantwortlichkeit des Geschädigten im Privatrecht, Tübingen 1999.
(zitiert *Looschelders*, Mitverantwortlichkeit)

- Die Ausstrahlung der Grundrechte auf das Schadensrecht, Aus: Wolter, Jürgen / Riedel, Eibe / Taupitz, Jochen (Hrsg.): Einwirkungen der Grundrechte auf das Zivilrecht, Öffentliche Recht und Strafrecht, Mannheimer Fakultätstagung über 50 Jahre Grundgesetz, Heidelberg 1999, S. 93-111.

- Verfassungsrechtliche Grenzen der deliktischen Haftung Minderjähriger - Grundsatz der Totalreparation und Übermaßverbot, VersR 1999, S. 141-151.

- Die haftungsrechtliche Relevanz außergesetzlicher Verhaltensregeln im Sport, JR 2000, S. 265-274.

- Schuldrecht Allgemeiner Teil, Köln, Berlin, Bonn, München 2003.
(zitiert *Looschelders*, SchR AT)

Lorenz, Egon: Billigkeitshaftung und Haftpflichtversicherung, Ein Harmonisierungsvorschlag, VersR 1980, S. 697-703.

- Anmerkung zu OLG Celle v. 26.05.1989 - 4 U 53/88, VersR 1989, S. 711-713.

- Anmerkung zu BGH, Urteil vom 30.9.1997 (VI ZR 347/96), VersR 1997, S. 1526.

- Schmerzensgeld für die durch eine unerlaubte Handlung wahrnehmungs- und empfindungsunfähig gewordenen Verletzten?, Aus: Festschrift für Günther Wiese zum 70. Geburtstag, hrsg. von Peter Hanau, Egon Lorenz, Hans-Christoph Matthes, Neuwied, Kriftel 1998, S. 261-277.

- Einfluß der Haftpflichtversicherungen auf die Billigkeitshaftung nach § 829 BGB, Aus: Festschrift für Dieter Medicus, zum 70. Geburtstag, hrsg. von Volker Beuthin, Maximilian Fuchs, Herbert Roth, Gottfried Schiemann, Andreas Wacke, München 1999, S. 353-365.

Lorenz, Stephan: Richtlinienkonforme Auslegung, Mindestharmonisierung und der „Krieg der Senate“, Zur Anwendung des Haustürgeschäftewiderrufsgesetzes auf Bürgschaften, NJW 1998, S. 2937-2940.

- § 241 a BGB und das Bereicherungsrecht - zum Begriff der „Bestellung“ im Schuldrecht, Aus: Festschrift für Werner Lorenz zum 80. Geburtstag, hrsg. von Thomas Rauscher, Heinz-Peter Mansel, München 2001, S. 193-214.

- Internationale Zuständigkeit deutscher Gerichte und Anwendbarkeit von § 661 a BGB bei Gewinnmitteilungen aus dem Ausland: Erweiterungen des Verbrauchergerichtsstands durch die „Brüssel-I-Verordnung“, IPRax 2002, S. 192-196.

Lousanoff, Oleg de: „Market Share“ Liability - Die neueste Entwicklung im amerikanischen Recht der Produzentenhaftung, RIW 1983, S. 145-152.

Lübbig, Thomas: Anmerkung zu EuGH, Urteil vom 22.01.2002 - Rs. C-218/00, EuZW 2002, S. 149-150.

Lühn, Hans: Empfiehlt sich die Regelung der Gefährdungshaftung in einer Generalklausel?, Bamberg 1971.
(zitiert *Lühn*)

Lurger, Brigitta: Grundfragen der Vereinheitlichung des Vertragsrechts in der Europäischen Union, Wien, New York 2002.

Macke, Peter: Aktuelle Tendenzen bei der Regulierung von Unfallschäden, DAR 2000, S. 506-517.

Magnus, Ulrich: Elemente eines europäischen Deliktsrechts, ZEuP 1998, S. 602-614.

- Europäisches Schuldrecht, Verordnungen und Richtlinien, München 2002.

- Vergleich der Vorschläge zum Europäischen Deliktsrecht, ZEuP 2004, S. 562-580.

Marhold, Franz: Anmerkung zu BAG v. 12.6.1992 - GS 1/89, JZ 1993, S. 910-912.

Markesinis, Basil S. / Unberath, Hannes: The German Law of Torts, A Comparative Treatise, Fourth Edition, Oxford and Portland, Oregon 2002.
(zitiert *Markesinis/Unberath*)

Marschall v. Bieberstein, Haftungsbefreiung im dreispurigen Schadensausgleich, Versicherungsprinzip und Präventivfunktion bei der

Wolfgang Freiherr: Haftung des Unternehmers nach § 640 RVO, VersR 1968, S. 509-516.

- Zum Einfluß von Versicherungsschutz auf die Haftpflicht, BB 1983, S. 467-473.

Mataja, Victor: Das Recht des Schadenersatzes vom Standpunkte der Nationalökonomie, Leipzig 1888.
(zitiert *Mataja*)

Maunz, Theodor / Dürig, Günter u.a. (Hrsg.): Grundgesetz, Kommentar, Band I: Art. 1-11, Stand 39. Lieferung, München 2001.
(zitiert *Maunz/Dürig-Bearbeiter*, Stand 39. Ergänzungslieferung 2001)

- Grundgesetz, Kommentar, Band I: Art. 1-11, Stand 42. Lieferung, München 2003.
(zitiert *Maunz/Dürig-Bearbeiter*)

- Grundgesetz, Kommentar, Band II: Art. 12-20, Stand 42. Lieferung, München 2003.
(zitiert *Maunz/Dürig-Bearbeiter*)

Maurer, Hartmut: Allgemeines Verwaltungsrecht, 13. Aufl. München 2000.
(zitiert *Maurer*)

Meder, Stephan: Schuld, Zufall, Risiko, Untersuchungen struktureller Probleme privatrechtlicher Zurechnung, Frankfurt am Main 1993.
(zitiert *Meder*, Schuld, Zufall, Risiko)

- Höhere Gewalt als Entlastungsgrund - ein Beispiel für die Konvergenz zweier Haftungsprinzipien, JZ 1994, S. 485-492.

Medicus, Dieter: Durchblick: Schadensabwälzung beim Verkehrsunfall, JuS 1972, S. 553-561.

- Leistungsfähigkeit und Rechtsgeschäft, ZIP 1989, S. 817-824.

- Der Grundsatz der Verhältnismäßigkeit im Privatrecht, AcP 192 (1992), S. 35-70.

- Entwicklungen im Bürgschaftsrecht - Gefahren für die Bürgschaft als Mittel der Kreditsicherung?, JuS 1999, S. 833-839.

- Schuldrecht II, Besonderer Teil, 11. Aufl. München 2003.
(zitiert *Medicus*, Schuldrecht II)

- Bürgerliches Recht, 19. Aufl. Köln, Berlin, Bonn, München 2002.
(zitiert *Medicus*, BR)

- Schuldrecht I, Allgemeiner Teil, 14. Auflage München 2003.
(zitiert *Medicus*, Schuldrecht I)

Möller, Hans: Die Überwindung der Haftpflichtversicherung, JW 1934, S. 1076-1080.

Möllers, Thomas: Europäische Richtlinien zum Bürgerlichen Recht, JZ 2002, S. 121-134.

Moritz, Heinz Peter: §§ 828 II, 242 BGB: Haftungsbegrenzung Minderjähriger, JA 1999, S. 355-357.

Muchenberger, Ulrike / Mehrle, Gebhard: Nochmals: Haftungslücken beim Schadensersatz für Schulunfälle, NJW 2003, Heft 47, S. XVIII-XIX.

Mugdan, Benno: Die gesammelten Materialien zum Bürgerlichen Gesetzbuch für das Deutsche Reich, Band 2: Recht der Schuldverhältnisse, Neudruck der Ausgabe Berlin 1899, Aalen 1979.
(zitiert *Mugdan*, II)

Mühl, Otto: Wahrscheinlichkeitsurteile, Prognosen und Kausalitätsfragen im privaten und öffentlichen Recht, Aus: Festschrift für Hermann Lange, zum 70. Geburtstag am 24. Januar 1992, hrsg. von Dieter Medicus, Hans-Joachim Mertens, Knut Wolfgang Nörr, Wolfgang Zöllner, Stuttgart, Berlin, Köln 1992, S. 583-597.

Münchener Kommentar zum Bürgerlichen Gesetzbuch: hrsg. von Kurt Rebmann, Franz Jürgen Säcker, Roland Rixecker, Band 5: Schuldrecht Besonderer Teil III, §§ 705 - 853, Partnerschaftsgesellschaftsgesetz, Produkthaftungsgesetz, 3. Aufl. München 1997.
(zitiert *MünchKomm-Bearbeiter*, 3. Aufl. [1997])

- Band 2a: Schuldrecht Allgemeiner Teil, §§ 241-432, 4. Aufl. München 2003.
(zitiert *MünchKomm-Bearbeiter*)

- Band 5: Schuldrecht, Besonderer Teil III, §§ 705-853, Partnerschaftsgesellschaftsgesetz, Produkthaftungsgesetz, 4. Aufl. München 2004.
(zitiert *MünchKomm-Bearbeiter*)

Münchener Kommentar zur Insolvenzordnung: Hans-Peter Kirchhof, Hans-Jürgen Lwowski, Rolf Stürner, Band 1: §§ 1-102, Insolvenzrechtliche Vergütungsverordnung, München 2001.

(zitiert *MünchKommInso-Bearbeiter*)

\- Band 3: §§ 270-335, Internationales Insolvenzrecht, Insolvenzsteuerrecht, München 2003.

Müller, Gerda: Die Reform des Schadensersatzrechts, DAR 2002, S. 540-551.

Müller, Hans-Friedrich: Restschuldbefreiung und materielles Recht, KTS 2000, S. 57-69.

Müller, Peter: Punitive Damages und deutsches Schadensersatzrecht, Berlin, New York 2000.
(zitiert *P. Müller*, Punitive Damages)

Müller, Tobias: Beteiligungshaftung bei Konkurrenz mit einer Zufallsursache - BGH, NJW 2001, 2538, JuS 2002, S. 432-434.

Müller-Erzbach, Rudolf: Gefährdungshaftung und Gefahrtragung, AcP 106 (1910), S. 309-476.

Müller-Michaels, Olaf: Grundrechtlicher Eigentumsschutz in der Europäischen Union, Das Eigentumsgrundrecht in der Rechtsordnung der EU, in der EMRK und in den Verfassungen Deutschlands, Italiens und Irlands, Berlin 1997.

Müller-Rostin, Wolf: Terroristische Angriffe auf den Luftverkehr - eine Herausforderung auch für die Luftfahrtversicherer, VersR 2003, S. 153-161.

Münch, Ingo von / Kunig, Philip (Hrsg.): Grundgesetz-Kommentar, Band 1: Präambel bis Art. 19, 5. Aufl. München 2000.
(zitiert *v. Münch/Kunig-Bearbeiter*)

Münchener Handbuch zum Arbeitsrecht: hrsg. von Reinhard Richardi, Otfried Wlotzke, Band 1: Individualarbeitsrecht I, 2. Aufl. München 2000.
(zitiert *MünchArbR/Bearbeiter*)

Musielak, Hans-Joachim (Hrsg.): Kommentar zur Zivilprozessordnung mit Gerichtsverfassungsgesetz, 3. Aufl. München 2002.
(zitiert *Musielak/Bearbeiter*)

Nobbe, Gerd / Kirchhof, Hans-Peter: Bürgschaften und Mithaftungsübernahmen finanziell überforderter Personen, BKR 2001, S. 5-15.

Odersky, Walter: Ruinöse Bürgschaften - Rechtsethik und Zivilrecht, ZGR 1998, S. 169-186.

Oeter, Stefan: „Drittwirkung" der Grundrechte und die Autonomie des Privatrechts, Ein Beitrag zu den funktionellrechtlichen Dimensionen der Drittwirkungsdebatte, AöR 119 (1994), S. 529-563.

Ogorek, Regina: Untersuchungen zur Entwicklung der Gefährdungshaftung im 19. Jahrhundert, Köln, Wien 1975. (zitiert *Ogorek*)

Ott, Claus / Schäfer, Hans-Bernd: Die ökonomische Analyse des Rechts - Irrweg oder Chance wissenschaftlicher Rechtserkenntnis?, JZ 1988, S. 213-223.

\- Die Präventivwirkung zivil- und strafrechtlicher Sanktionen, Beiträge zum VI. Travemünder Symposium zur ökonomischen Analyse des Rechts vom 25.-28. März 1998, Tübingen 1999. (zitiert *Bearbeiter*, in *Ott/Schäfer*, Präventivwirkung)

\- Die Anreiz- und Abschreckungsfunktion im Zivilrecht, Aus: Ott, Claus / Schäfer, Hans-Bernd (Hrsg.): Die Präventivwirkung zivil- und strafrechtlicher Sanktionen, Beiträge zum VI. Travemünder Symposium zur ökonomischen Analyse des Rechts vom 25.-28. März 1998, Tübingen 1999, S. 131-155.

Otte, Karsten: Marktanteilshaftung, Rechtsvergleich und Alternativen im US-amerikanischen und deutschen Recht, Berlin 1990.

Otten, Thomas: Das neue Schadensersatzrecht - Haftungsfalle Unfallschadensregulierung, MDR 2002, S. 1100-1102.

Palandt, Otto: Bürgerliches Gesetzbuch, 64. Aufl. München 2005. (zitiert *Palandt-Bearbeiter*)

Pamer, Jochen: Direktregulierung aus Sicht der Anwaltschaft, DAR 2003, S. 24-30.

Pant, Michael: Punitive Damages - Quo vadis California?, NJW 2004, Editorial Heft 3.

Pape, Gerhard: Ein Jahr Verbraucherinsolvenz - eine Zwischenbilanz, ZIP 1999, S. 2037-2047.

Pape, Gerhard / Uhlenbruck, Wilhelm: Insolvenzrecht, München 2002. (zitiert *Pape/Uhlenbruck*)

Pape, Irmtraut: Die Restschuldbefreiung vor dem Aus?, NZI 2002, Heft 12, S. V (Editorial).

Papier, Hans-Jürgen: Grundrechtsschutz für Verkehrsteilnehmer, DAR 2002, S. 532-539.

Pauker, Werner Die Berücksichtigung des Verschuldens bei der Bemessung des „Schmerzensgeldes“, VersR 2004, S. 1391-1395.

Pawlowski, Hans-Martin: Verfassungsgerichtsbarkeit und Privatrecht, Aus: Wolter, Jürgen / Riedel, Eibe / Taupitz, Jochen (Hrsg.): Einwirkungen der Grundrechte auf das Zivilrecht, Öffentliche Recht und Strafrecht, Mannheimer Fakultätstagung über 50 Jahre Grundgesetz, Heidelberg 1999, S. 39-53.

\- Verfassungsrechtliche Vorgaben für die Auslegung des § 242 BGB?, Zur Auslegung des § 93 c BVerfGG, JZ 2002, S. 627-633.

Pfretzschner, Herbert: Gefährdungshaftung, Aus: Duden, Konrad u.a. (Hrsg.): Gerechtigkeit in der Industriegesellschaft, Karlsruhe 1972, S. 107-115.

Pieroth, Bodo / Schlink, Bernhard: Grundrechte Staatsrecht II, 19. Aufl. Heidelberg 2003. (zitiert *Pieroth/Schlink*)

Prölss, Erich R.: Kraftfahr-Haftpflichtschäden im Zeichen der action directe, NJW 1965, S. 1737-1743.

Prölss, Erich R. / Martin, Anton: Versicherungsvertragsgesetz, 27. Aufl. München 2003. (zitiert *Prölss/Martin*)

Prölss, Jürgen: Das versicherungsrechtliche Alles-oder-nichts-Prinzip in der Reformdiskussion, Allgemeine Überlegungen zum Zwischenbericht der Kommission zur Reform des Versicherungsvertragsrechts vom 30.5.2002, VersR 2003, S. 669-675.

Prütting, Hanns: Restschuldbefreiung, ZIP 1992, S. 882-883.

Prütting, Hanns / Stickelbrock, Barbara: Ist die Restschuldbefreiung verfassungswidrig?, Zugleich Besprechung von AG München, Beschluss vom 30.8.2002 - 1506 IN 953/02, ZVI 2002, 330, ZVI 2002, S. 305-308.

Radbruch, Gustav: Rechtsphilosophie, Studienausgabe, hrsg. von Ralf Dreier und Stanley L. Paulson, Nachdruck der 3. Aufl. von 1932, Heidelberg 1999.

Ramm, Thilo: Drittwirkung und Übermaßverbot, JZ 1988, S. 489-499.

Rasehorn, Theo: Zur Haftung für fehlerhafte Sachverständigengutachten, NJW 1974, S. 1172-1174.

Reinhardt, Michael: Die Umkehr der Beweislast aus verfassungsrechtlicher Sicht, NJW 1994, S. 93-99.

Renger, Reinhard: Perspektiven einer Vereinheitlichung von Haftung und Versicherung, VersR 1992, S. 653-657.

RGRK: Das Bürgerliche Gesetzbuch mit besonderer Berücksichtigung der Rechtsprechung des Reichsgerichts und des Bundesgerichtshofes, Kommentar, Band II, 5. Teil: §§ 812-831, 12. Aufl. Berlin, New York 1989. (zitiert *RGRK-Bearbeiter*)

Richter, Ingo / Schuppert, Gunnar Folke / Bumke, Christian: Casebook Verfassungsrecht, 4. Aufl. München 2001. (zitiert *Richter/Schuppert/Bumke*)

Riedel, Ernst: Deliktische Ansprüche in der Restschuldbefreiung, NZI 2002, S. 414-415.

Rinck, Gerd: Gefährdungshaftung, Göttingen 1959.

Röckrath, Luidger: Kausalität, Wahrscheinlichkeit und Haftung, Rechtliche und ökonomische Analyse, München 2004. (zitiert *Röckrath*, Kausalität, Wahrscheinlichkeit und Haftung)

Rodopoulos, Georges: Kritische Studie der Reflexwirkungen der Haftpflichtversicherung auf die Haftung, Frankfurt am Main 1981. (zitiert *Rodopoulos*, Reflexwirkungen der Haftpflichtversicherung auf die Haftung)

Rohe, Mathias: Gründe und Grenzen deliktischer Haftung - die Ordnungsaufgaben des Deliktsrechts (einschließlich der Haftung ohne Verschulden) in rechtsvergleichender Betrachtung, AcP 201 (2001), S. 117-164.

Rolfs, Christian: Neues zur Deliktshaftung Minderjähriger, JZ 1999, S. 233-242.

Ronellenfitsch, Michael: Mobilität: Vom Grundbedürfnis zum Grundrecht?, DAR 1992, S. 321-325.

\- Verfassungs- und verwaltungsrechtliche Vorbemerkungen zur Mobilität mit dem Auto, DAR 1994, S. 7-13.

Rönnau, Thomas / Faust, Florian / Fehling, Michael: Durchblick: Kausalität und objektive Zurechnung, JuS 2004, S. 113-118.

Rooij, Ingrid Klinge van / Snijder, Ellen: Auf dem Weg zu einem neuen Produkthaftungsrecht, Das DES-Urteil des Hogen Raad, EuZW 1993, S. 569-573.

Roth, Herbert: Zur Bedeutung des § 906 BGB für deliktische Schadensersatzansprüche - BGH NJW-RR 2001, 1208, JuS 2001, S. 1161-1165.

- Der bürgerlich-rechtliche Aufopferungsanspruch, Aus: Roth, Herbert / Lemke, Reiner / Krohn, Günter (Hrsg.): Der bürgerlich-rechtliche Aufopferungsanspruch, Ein Problem der Systemgerechtigkeit im Schadensersatzrecht, Heidelberg 2001, S. 1-45.

Roth, Herbert / Lemke, Reiner / Krohn, Günter (Hrsg.): Der bürgerlich-rechtliche Aufopferungsanspruch, Ein Problem der Systemgerechtigkeit im Schadensersatzrecht, Heidelberg 2001.

Röthel, Anne: Individuelle Mobilität in der Interessenabwägung, NZV 1999, S. 63-69.

- Verfassungsprivatrecht aus Richterhand? - Verfassungsbindung und Gesetzesbindung der Zivilgerichtsbarkeit, JuS 2001, S. 424-429.

Rothley, Willi: Planierung des Rechts oder Überwindung der Grenzen?, DAR 1992, S. 134-136.

- Quo vadis, Europa?, DAR 2001, S. 529-530.

Ruffert, Matthias: Vorrang der Verfassung und Eigenständigkeit des Privatrechts, Eine verfassungsrechtliche Untersuchung zur Privatrechtswirkung des Grundgesetzes, Tübingen 2001.

Rüfner, Thomas: Für Beklagte ist in Amerika das Risiko gesunken, Oberstes Gericht zieht Schadensersatzzahlungen eine Grenze, FAZ v. 16.04.2003, S. 23.

Rümelin, Max: Die Gründe der Schadenszurechnung und die Stellung des deutschen bürgerlichen Gesetzbuchs zur objektiven Schadensersatzpflicht, Freiburg i. B., Leipzig 1896.
(zitiert *Rümelin*, Die Gründe der Schadenszurechnung)

Rüthers, Bernd: Rechtstheorie, München 1999.

Sachs, Michael (Hrsg.): Grundgesetz, Kommentar, 3. Aufl. München 2003.
(zitiert *Sachs-Bearbeiter*)

Savigny, Friedrich Karl von: Geschichte des römischen Rechts im Mittelalter, Band III, 5. Ausgabe 1986 der 2. Aufl. 1834, Darmstadt 1986.
(zitiert *Savigny*, Geschichte des römischen Rechts III)

Schäfer, Carsten: Strafe und Prävention im Bürgerlichen Recht, AcP 202 (2002), S. 397-434.

Schäfer, Hans-Bernd / Ott, Claus: Lehrbuch der ökonomischen Analyse des Zivilrechts, 3. Aufl. Berlin, Heidelberg, New York, Barcelona, Hongkong, London, Mailand, Paris, Singapur, Tokio 2000.
(zitiert *Schäfer/Ott*)

Scheel, Jochen: Versicherbarkeit und Prävention, Ökonomische Analyse eines Zielkonflikts, Heidelberg 1999.

Scheffen, Erika: Der Kinderunfall - Eine Herausforderung für Gesetzgebung und Rechtsprechung, DAR 1991, S. 121-126.

Scherpe, Jens M.: Ausnahmen vom Erfordernis eines strikten Kausalitätsnachweises im englischen Deliktsrecht, Anmerkung zum Urteil des House of Lords vom 20.Juni 2002, ZEuP 2004, S. 164-173.

Schiemann, Gottfried: Argumente und Prinzipien bei der Fortbildung des Schadensrechts, dargestellt an der Rechtsprechung des BGH, München 1981.
(zitiert *Schiemann*, Fortbildung des Schadensrechts)

\- Das Verhältnis zwischen der deliktischen Haftung und den Systemen privater und öffentlicher Vorsorge, Aus: Weick, Günter (Hrsg.): Entwicklung des Deliktsrechts in rechtsvergleichender Sicht, Frankfurt am Main 1987, S. 39-51.

\- Das allgemeine Schädigungsverbot: „alterum non laedere“, JuS 1989, S. 345-350.

Schirmer, Helmut: Vom Direktanspruch zur Direktregulierung?, VersR 2003, S. 401-410.

\- Zwangshaftpflichtversicherung für Kinder?, DAR 2004, S. 509-513.

Schlosser, Hans: Grundzüge der Neueren Privatrechtsgeschichte, 8. Aufl. Heidelberg 1996.
(zitiert *Schlosser*, Privatrechtsgeschichte)

Schmid, Christoph: Legitimitätsbedingungen eines Europäischen Zivilgesetzbuchs, JZ 2001, S. 674-683.

Schmidt, Bernd: Gläubiger sein - wird zur Pein, NJW 2002, Editorial Heft 42.

Schmidt-Salzer, Joachim: Verschuldensprinzip, Verursachungsprinzip und Beweislastumkehr im Wandel der Zeitströmungen, Aus: Festschrift für Erich Steffen zum 65. Geburtstag am 28. Mai 1995, Der Schadensersatz und seine

	Deckung, hrsg. von Erwin Deutsch, Ernst Klingmüller, Hans Josef Kullmann, Berlin, New York 1995, S. 429-450.
Schneider, Egon / Schneider, Harald:	Problemfälle aus der Prozeßpraxis, Gestellte Unfälle, MDR 1986, S. 991-994.
Scholz, Karsten:	Der Begriff der Zumutbarkeit im Deliktsrecht, Berlin 1996.
Schönke, Adolf / Schröder, Horst:	Strafgesetzbuch, Kommentar, 26. Aufl. München 2001. (zitiert *Schönke/Schröder-Bearbeiter*)
Schubert, Werner:	Das preußische Eisenbahngesetz von 1838, ZRG, 116 (1999), S. 152-203.
-	Das Gesetz über den Verkehr mit Kraftfahrzeugen vom 3.5.1909, ZRG, 117 (2000), S. 238-289.
Schwabe, Jürgen:	Die sogenannte Drittwirkung der Grundrechte, Zur Einwirkung der Grundrechte auf den Privatrechtsverkehr, München 1971.
-	Anmerkung zu BVerfG v. 11.10.1978 (1 BvR 84/74), DVBl 1979, S. 667-668.
-	Grundrechte und Privatrecht, AcP 185 (1985), S. 1-8.
Schwartz, Ivo E.:	Perspektiven der Angleichung des Privatrechts in der Europäischen Gemeinschaft, ZEuP 1994, S. 559-584.
Schwenk, Walter:	Handbuch des Luftverkehrsrechts, 2. Aufl. Köln, Berlin, Bonn, München 1996.
Schwintowski, Hans-Peter:	Auf dem Wege zu einem Europäischen Zivilgesetzbuch, JZ 2002, S. 205-211.
-	Pflicht einer Privatpflichtversicherung für Schäden durch Kinder?, ZRP 2003, S. 391-395.
Seelmann, Kurt:	Rechtsphilosophie, München 2001.
Seitz, Walter:	Prinz und die Prinzessin - Wandlungen des Deliktsrechts durch Zwangskommerzialisierung der Persönlichkeit, NJW 1996, S. 2848-2850.
Sendler, Horst:	Wundersame Vermehrung von Grundrechten - insbesondere zum Grundrecht auf Mobilität und Autofahren, NJW 1995, S. 1468-1469.
Sesemann, Richard:	Restschuldbefreiung - verfassungswidrig oder nicht?, NZI 2002, S. 655-657.

Shavell, Steven: Economic Analysis of Accident Law, Cambridge, London 1987.

Sieg, Karl: Haftungsersetzung durch Versicherungsschutz?, ZHR, 113 (1950), S. 95-118.

- Überlagerung der bürgerlich-rechtlichen Haftung durch kollektive Ausgleichssysteme, VersR 1980, S. 1085-1091.

Smid, Stefan: Einige Fragen des InsOÄndG und der weiteren Reparatur der InsO, DZWIR 2002, S. 221-232.

Soergel, Hans Theodor (Hrsg.): Kommentar zum Bürgerlichen Gesetzbuch mit Einführungsgesetz und Nebengesetzen, hrsg. von W. Siebert, Band 5/2, Schuldrecht IV/2: §§ 823-853, Produkthaftungsgesetz, Umwelthaftungsgesetz, 12. Aufl. Stuttgart, Berlin, Köln 1999.
(zitiert *Soergel-Bearbeiter*)

Spier, Jaap / Haazen, Olav A.: The European Group on Tort Law („Tilburg Group") and the European Principles of Tort Law, ZEuP 1999, S. 468-493.

Städler, Ulrike: Schadensersatz im Falle höherer Gewalt?, Begriff und Wirkung des Instituts der höheren Gewalt im deutschen und französischen Schadensersatzrecht - Ein Beitrag zur Lehre über die Zurechnung von Schadensursachen, Göttingen 1986.

Starck, Christian: Anmerkung zu BVerfG (1 BvR 84/74) v. 11.10.1978, JZ 1979, S. 63-64.

Stark, Emil W.: Gedanken zur Widerrechtlichkeit als Haftungsvoraussetzung bei den Gefährdungshaftungen, Aus: Festschrift für Erwin Deutsch, zum 70. Geburtstag, hrsg. von Hans-Jürgen Ahrens, Köln, München 1999, S. 349-360.

Staudinger, J. von (Hrsg.): Kommentar zum Bürgerlichen Gesetzbuch mit Einführungsgesetz und Nebengesetzen, Zweites Buch: Recht der Schuldverhältnisse, §§ 823-825, 13. Bearbeitung Berlin 1999.
(zitiert *Staudinger/Bearbeiter*)

- Zweites Buch: Recht der Schuldverhältnisse, §§ 826-829, Produkthaftungsgesetz, 13. Bearbeitung Berlin 1998.

- Zweites Buch: Recht der Schuldverhältnisse, §§ 830-838, 13. Bearbeitung, Neubearbeitung Berlin 2002.

- Zweites Buch: Recht der Schuldverhältnisse, §§ 839, 839a, 13. Bearbeitung Berlin 2002.

Steffen, Erich: Verkehrspflichten im Spannungsfeld von Bestandsschutz und Handlungsfreiheit, VersR 1980, S. 409-412.

- „Höhere Gewalt" statt „unabwendbares Ereignis" in § 7 Abs. 2 StVG?, DAR 1998, S. 135-138.

- Zur Haftung von Kindern im Straßenverkehr, VersR 1998, S. 1449-1452.

Steinbrück, Ben: Geldentschädigung bei ethnischen Disriminierungen – *punitive damages* als zivilrechtliche Sanktion?, JURA 2004, S. 439-446.

Steinmeyer, Heinz-Dietrich / Waltermann, Raimund: Casebook Arbeitsrecht, München 2000. (zitiert *Steinmeyer/Waltermann*)

Stern, Klaus: Das Staatsrecht der Bundesrepublik Deutschland, Band III/1, Allgemeine Lehren und Grundrechte, München 1988. (zitiert *Stern*, Das Staatsrecht der Bundesrepublik Deutschland, Bd. III/1)

- Das Gebot zur Ungleichbehandlung, Aus: Festschrift für Günter Dürig zum 70. Geburtstag, Das akzeptierte Grundgesetz, hrsg. vom Hartmut Maurer, München 1990, S. 207-219.

Stoll, Hans: Das Handeln auf eigene Gefahr, Eine rechtsvergleichende Untersuchung, Berlin, Tübingen 1961.

- Empfiehlt sich eine Neuregelung der Verpflichtung zum Geldersatz für immaterielle Schäden?, Aus: Verhandlungen des Fünfundvierzigsten Deutschen Juristentages, hrsg. von der ständigen Deputation des Deutschen Juristentages, Karlsruhe 1964, Band I (Gutachten), München, Berlin 1964.

- Schadensersatz und Strafe, Eine rechtsvergleichende Skizze, Aus: Festschrift für Max Rheinstein zum 70. Geburtstag am 5. Juli 1969, Ius Privatum Gentium, hrsg. von Ernst v. Caemmerer, Soia Mentschikoff, Konrad Zweigert, Band II: Nationales und vergleichendes Privatrecht, Tübingen 1969, S. 569-590.

- Reform des Kraftfahrzeughaftpflichtrechtes?, RabelsZ 36 (1972), S. 285-314.

- Richterliche Fortbildung und gesetzliche Überarbeitung des Deliktsrechts, Heidelberg 1984.
(zitiert *Stoll*, Richterliche Fortbildung und gesetzliche Überarbeitung)

- Haftungsfolgen im bürgerlichen Recht, Eine Darstellung auf rechtsvergleichender Grundlage, Heidelberg 1993.
(zitiert *Stoll*, Haftungsfolgen)

Storp, Roger: Französisches Kfz-Schadensrecht - tiefgreifende Reformen durch Rechtsprechung und Gesetzgebung, DAR 1986, S. 311-314.

Streinz, Rudolf: Europarecht, 6. Aufl. Heidelberg 2003.
(zitiert *Streinz*)

- EUV/EGV, München 2003.
(zitiert *Streinz/Bearbeiter*, EUV/EGV)

Stürner, Rolf: Die Einwirkung der Verfassung auf das Zivilrecht und den Zivilprozeß, NJW 1979, S. 2334-2338.

- Zur Gerechtigkeit richterlicher Schadenszuweisung, VersR 1984, S. 287-308.

Taupitz, Jochen: Ökonomische Analyse und Haftungsrecht - Eine Zwischenbilanz, AcP 196 (1996), S. 114-167.

Tetzlaff, Christian: Diskussion, Aus: Ott, Claus / Schäfer, Hans-Bernd (Hrsg.): Die Präventivwirkung zivil- und strafrechtlicher Sanktionen, Beiträge zum VI. Travemünder Symposium zur ökonomischen Analyse des Rechts vom 25.-28. März 1998, Tübingen 1999, S. 169-170.

Thoß, Axel: Restschuldbefreiung und teleologische Reduktion des § 138 I BGB, Neues gegen die Sittenwidrigkeit von so genannten Angehörigenbürgschaften?, KTS 2003, S. 187-203.

Triebel, Matthias: Die rechtliche Bedeutung der Grundrechtecharta, JURA 2003, S. 525-527.

Tröndle, Herbert / Fischer, Thomas: Strafgesetzbuch und Nebengesetze, 51. Aufl. München 2003. (zitiert *Tröndle/Fischer*)

Tunc, André (Hrsg.): International Encyclopedia of Comparative Law, Volume XI: Torts, Part I, Tübingen, The Hague, Boston, London 1983.
(zitiert in IntEncCompL XI/I)

- Responsabilité civile et droit des accidents, Aus: Festschrift für Werner Lorenz zum siebzigsten Geburtstag, hrsg. von Bernhard Pfister, Michael R. Will, Tübingen 1991, S. 805-824.

Unger, Joseph: Handeln auf eigene Gefahr, Ein Beitrag zur Lehre vom Schadensersatz, 2. Aufl. Jena 1893.

Vallender, Heinz: Insolvenzordnung - Wesentliche Änderungen durch das InsOÄG 2002 und das Zivilprozessreformgesetz, MDR 2002, S. 181-186.

Verhandlungen des Deutschen Sozialgerichtsverbandes (Hrsg.): Soziale Sicherung gegen Unfälle im Straßenverkehr?, Verbandstagung Berlin, 17. und 18. Oktober 1974, Bonn-Bad Godesberg 1975.

Verhandlungen des Sechsundzwanzigsten Deutschen Juristentages: hrsg. vom Schriftführer-Amt der ständigen Deputation des Deutschen Juristentages, Erster Band (Gutachten), Berlin 1902.

Verhandlungen des Fünfundvierzigsten Deutschen Juristentages: hrsg. von der ständigen Deputation des Deutschen Juristentages, Karlsruhe 1964, Band I (Gutachten), München, Berlin 1964.

Vollkommer, Max: Verfassungsmäßigkeit des Vollstreckungszugriffs, Rpfleger 1982, S. 1-9.

- Zum Schutz der Persönlichkeit vor unbefugter Vermarktung durch die Medien, Aus: Festschrift für Walter Leisner zum 70. Geburtstag, Freiheit und Eigentum, hrsg. von Josef Isensee, Helmut Lecheler, Berlin 1999, S. 599-614.

Vollkommer, Max / Heinemann, Jörn: Anwaltshaftungsrecht, 2. Aufl. München 2003.

Waechter, Carl Georg von: Die Buße bei Beleidigungen und Körperverletzungen nach dem heutigen Gemeinen Recht, Leipzig 1874. (zitiert *Waechter*, Die Buße)

Wagner, Gerhard: Die Aufgaben des Haftungsrechts - eine Untersuchung am Beispiel der Umwelthaftungsrechts-Reform, JZ 1991, S. 175-183.

- Haftung und Versicherung als Instrumente der Techniksteuerung, VersR 1999, S. 1441-1453.

- Geldersatz für Persönlichkeitsverletzungen, ZEuP 2000, S. 200-228.

- Prominente und Normalbürger im Recht der Persönlichkeitsverletzungen, VersR 2000, S. 1305-1310.

- Das Zweite Schadensersatzrechtsänderungsgesetz, NJW 2002, S. 2049-2064.

- Drafting European Tort Law, Tagung vom 18. / 19. November 2002 in Trier, ZEuP 2003, S. 451-453.

- Grundstrukturen des Europäischen Deliktsrechts, Aus: Zimmermann, Reinhard (Hrsg.): Grundstrukturen des Europäischen Deliktsrechts, Baden-Baden 2003, S. 189-340.

Walker, Wolf-Dietrich: Die eingeschränkte Haftung des Arbeitnehmers unter Berücksichtigung der Schuldrechtsmodernisierung, JuS 2002, S. 736-743.

Waltermann, Raimund: Aktuelle Fragen der Haftungsbeschränkung bei Personenschäden, NJW 2002, S. 1225-1231.

Haftungsfreistellung bei Personenschäden – Grenzfälle und neue Rechtsprechung, NJW 2004, S. 901-907.

Weick, Günter (Hrsg.): Entwicklung des Deliktsrechts in rechtsvergleichender Sicht, Frankfurt am Main 1987.
(zitiert *Bearbeiter*, in *Weick*)

Wenzel, Joachim: Der Störer und seine verschuldensunabhängige Haftung im Nachbarrecht, NJW 2005, S. 241-247.

Wesel, Uwe: Geschichte des Rechts, 2. Aufl. München 2001.
(zitiert *Wesel*)

Wessels, Johannes / Beulke, Werner: Strafrecht Allgemeiner Teil, 33. Aufl. Heidelberg 2003.
(zitiert *Wessels/Beulke*)

Westermann, Harm Peter / May, Oliver: Alternative Kausalität in der Arzneimittelhaftung, Zum Urteil des niederländischen Hoge Raad vom 9.10.1992, DZWIR 1993, S. 257-261.

Weyers, Hans-Leo: Unfallschäden, Praxis und Ziele von Haftpflicht- und Vorsorgesystemen, Frankfurt a.M. 1971.

- Perspektiven für das Unfallschadensrecht, ZRP 1977, S. 292-295.

Weyers, Hans-Leo / Wandt, Manfred: Versicherungsvertragsrecht, 3. Aufl. Neuwied 2003.

Widmer, Pierre: Reform und Vereinheitlichung des Haftpflichtrechts auf schweizerischer und europäischer Ebene, Aus: Zimmermann, Reinhard (Hrsg.): Grundstrukturen des Europäischen Deliktsrechts, Baden-Baden 2003, S. 147-188.

Wieacker, Franz: Privatrechtsgeschichte der Neuzeit, unter besonderer Berücksichtigung der deutschen Entwicklung, 2. unveränderter Nachdruck der 2. Aufl. von 1967, Göttingen 1996.
(zitiert *Wieacker*, Privatrechtsgeschichte)

Wiederkehr, Georges: Die Auswirkungen des Verhaltens des Opfers auf die Verantwortlichkeit im französischen Recht, Aus: Weick, Günter (Hrsg.): Entwicklung des Deliktsrechts in rechtsvergleichender Sicht, Frankfurt am Main 1987, S. 137-140.

Wieling, Hans Josef: Interesse und Privatstrafe vom Mittelalter bis zum Bürgerlichen Gesetzbuch, Köln, Wien 1970.
(zitiert *Wieling*, Interesse und Privatstrafe)

Wiese, Göth Tobias: Wahrscheinlichkeitshaftung, Anmerkungen zu einem alternativen Haftungskonzept, ZRP 1998, S. 27-31.

Wilhelm, Jan: Sachenrecht, 2. Aufl. Berlin, New York 2002.

Will, Michael R.: Quellen erhöhter Gefahr, Rechtsvergleichende Untersuchungen zur Weiterentwicklung der deutschen Gefährdungshaftung durch richterliche Analogie oder durch gesetzliche Generalklausel, München 1980.
(zitiert *Will*)

Wilmes, Helmut: Verbessertes Entschädigungsverfahren für Verkehrsopfer in Frankreich, VersR 1986, S. 224-226.

Wolf, Erik (Hrsg.): Quellenbuch zur Geschichte der Deutschen Rechtswissenschaft, Gustav Radbruch zum siebzigsten Geburtstag, 21.11.1948, Frankfurt am Main 1949.
(zitiert *Wolf*, Quellenbuch)

Wolter, Jürgen / Riedel, Eibe / Taupitz, Jochen (Hrsg.): Einwirkungen der Grundrechte auf das Zivilrecht, Öffentliche Recht und Strafrecht, Mannheimer Fakultätstagung über 50 Jahre Grundgesetz, Heidelberg 1999.
(zitiert *Bearbeiter* in *Wolter/Riedel/Taupitz*, Einwirkungen der Grundrechte)

Wurmnest, Wolfgang: Grundzüge eines europäischen Haftungsrechts, Eine rechtsvergleichende Untersuchung des Gemeinschaftsrechts, Tübingen 2003.

- Common Core, Grundregeln, Kodifikationsentwürfe, Acquis-Grundsätze, Ansätze internationaler Wissenschaftlergruppen zur Privatrechtsvereinheitlichung in Europa, ZEuP 2003, S. 714-744.

Zätzsch, Jörg: Kausalitätsprobleme bei deliktischen Massenschäden, Die Probleme der alternativen Kausalität in den U.S.A., den Niederlanden und in Deutschland, ZVglRWiss, 93 (1994), S. 177-201.

Zimmermann, Reinhard: The Law of Obligations, Roman Foundations of the Civilian Tradition, Cape Town, Wetton, Johannesburg 1990.
(zitiert *Zimmermann*, Obligations)

- Effusum vel deiectum, Aus: Festschrift für Hermann Lange, zum 70. Geburtstag am 24. Januar 1992, hrsg. von Dieter Medicus, Hans-Joachim Mertens, Knut Wolfgang Nörr, Wolfgang Zöllner, Stuttgart, Berlin, Köln 1992, S. 301-330.

- Rechtsgeschichte und Privatrechtsdogmatik, Heidelberg 1999.

- Europa und das römische Recht, AcP 202 (2002), S. 243-316.

- Grundstrukturen des Europäischen Deliktsrechts, Baden-Baden 2003.

- Wege zu einem europäischen Haftungsrecht, Aus: Zimmermann, Reinhard (Hrsg.): Grundstrukturen des Europäischen Deliktsrechts, Baden-Baden 2003, S. 19-30.

Zippelius, Reinhold: Juristische Methodenlehre, 8. Aufl. München 2003.
(zitiert *Zippelius*, Methodenlehre)

- Recht und Gerechtigkeit in der offenen Gesellschaft, 2. Aufl. Berlin 1996.
(zitiert *Zippelius*, Recht und Gerechtigkeit)

- Einführung in das Recht, 3. Aufl. Heidelberg 2000.

- Rechtsphilosophie, 4. Aufl. München 2003.

Zöller, Richard (Hrsg.): Zivilprozessordnung mit Gerichtsverfassungsgesetz und den Einführungsgesetzen, mit Internationalem Zi-

vilprozessrecht, EG-Verordnungen, Kostenanmerkungen, Kommentar, 25. Aufl. Köln 2005.
(zitiert *Zöller/Bearbeiter*)

Zöllner, Wolfgang: Zivilrechtswissenschaft und Zivilrecht im ausgehenden 20. Jahrhundert, AcP 188 (1988), S. 85-100.

- Die Bürgschaft des Nichtunternehmers, WM 2000, S. 1-11.

- Gefährdungshaftung wohin?, Aus: Festschrift Heinz Krejci zum 60. Geburtstag, hrsg. von Erwin Bernat, Elisabeth Böhler, Arthur Weilinger, Zweiter Band: Zum Recht der Wirtschaft, Wien 2001, S. 1355-1369.

Zöllner, Wolfgang / Loritz, Karl-Georg: Arbeitsrecht, 5. Aufl. München 1998.
(zitiert *Zöllner/Loritz*)

Zugehör, Horst: Anwaltsverschulden, Gerichtsfehler und Anwaltshaftung, NJW 2003, S. 3225-3232.

Zweig, Stefan: Magellan, Eine Biographie, Wien 1938, ungekürzte Ausgabe 1977, Frankfurt am Main 1977.

Zweigert, Konrad: Der Einfluss des Europäischen Gemeinschaftsrechts auf die Rechtsordnungen der Mitgliedstaaten, RabelsZ 28 (1964), S. 601-643.

Zweigert, Konrad / Kötz, Hein: Einführung in die Rechtsvergleichung auf dem Gebiete des Privatrechts, 3. Aufl. Tübingen 1996.
(zitiert *Zweigert/Kötz*)

Kathrin Sailer

Prävention im Haftungsrecht

Frankfurt am Main, Berlin, Bern, Bruxelles, New York, Oxford, Wien, 2005. 265 S.
Europäische Hochschulschriften: Reihe 2, Rechtswissenschaft. Bd. 4204
ISBN 3-631-52843-4 · br. € 45.50*

Die Untersuchung geht der Frage nach, ob und welche Rolle der Präventionsgedanke für das zivile Haftungsrecht spielt. Neben den Positionen der Lehre wird insbesondere die Rechtsprechung zum Persönlichkeitsschutz und zur Vollstreckbarkeit US-amerikanischer *punitive damages*-Urteile in Deutschland beleuchtet. Über den *effet utile* findet die Idee der Schadensprävention Eingang in die Rechtsprechung des EuGH. Auch in den europäischen Richtlinien zum Schutz immaterieller Güter steht der Zweck der Abschreckung vor Rechtsverletzungen an vorderer Stelle. Die Ökonomische Analyse des Rechts schließlich sieht in der Senkung der Unfallkosten die zentrale Aufgabe eines Haftungsinstruments. Sie bietet Lösungen zur Erreichung einer wohlfahrtsoptimalen Risiko- und Schadensverteilung.

Aus dem Inhalt: Prävention als Sinn und Zweck des zivilen Haftungsrechts · Rechtsprechung und Lehre, europarechtliche Tendenzen · Persönlichkeitsschutz, Anerkennung und Vollstreckbarkeit von *punitive damages*-Urteilen in Deutschland · Europarecht: *effet utile*; „Courage", „Draempael" (EuGH); Schutz des Rechts am geistigen Eigentum, Antidiskriminierungsrichtlinien und Umsetzung in Deutschland · Ökonomische Analyse des Rechts, Ökonomische Analyse von Haftungsregeln, Allokationseffizienz, Einfluss von Versicherungen, zur Ausgestaltung eines wohlfahrtsökonomisch effizienten Haftungsrechts, Umwelthaftung, immaterielle Schäden in der Ökonomischen Analyse des Rechts

MIX
Papier | Fördert gute Waldnutzung
FSC® C083411

Kolibri 360 GmbH
Ferdinand-Jühlke-Straße 7
99095 Erfurt, Deutschland
produktsicherheit@kolibri360.de

Druck:
CPI Druckdienstleistungen GmbH
im Auftrag der
Kolibri 360 GmbH
Ferdinand-Jühlke-Str. 7
99095 Erfurt